普兰县志

སྤུ་ཧྲེང་རྫོང་གི་དཀར་ཆག

2001—2010

普兰县地方志编纂委员会　编

方志出版社
Publishing House of Local Records

图书在版编目（CIP）数据

普兰县志 ： 2001—2010 / 普兰县地方志编纂委员会编.—北京 ： 方志出版社， 2022.12

ISBN 978-7-5144-5117-7

Ⅰ. ①普… Ⅱ. ①普… Ⅲ. ①普兰县－地方志－2001-2010 Ⅳ. ①K297.55

中国国家版本馆CIP数据核字(2023)第033546号

责任编辑：程倩
责任校对：刘玉霞
责任印制：梅中英
出 版 者：方志出版社
地　　址：北京市朝阳区潘家园东里 9 号（国家方志馆4层）
邮　　编：100021
网　　址：http://www.zgfzcb.cn
发　　行：方志出版社图书营销中心（010-67110500）
印　　刷：河南和印印务有限公司
开　　本：889毫米×1194毫米　1/16
印　　张：45.75
字　　数：1071千字
版　　次：2022年12月第1版
印　　次：2022年12月第1次印刷
定　　价：398.00元

普兰县地方志编纂委员会

2016年10月—2017年5月

主　任：	曲　次			
副主任：	刘　鹏	赵其明	顿　尼	
委　员：	刘建宇	索朗群宗	边旦益西	石　伟
	高元昆	次仁贡桑	拉　珍	

2017年5月—2018年5月

主　任：	曲　次			
副主任：	曹甲伟	赵其明	王水旺	顿　尼
委　员：	刘建宇	石　伟	阿琼次仁	边旦益西
	次仁贡桑	高元昆	拉　珍	

2018年5月—2019年10月

主　任：	曲　次			
副主任：	蒲　东	翟　旭		
委　员：	张性铎	曹　赟	边旦益西	黄明富
	高元昆	拉　珍		

2019年10月—2021年6月

总顾问： 杨　辉

主　任： 曲　次

副主任： 顿　尼　洛桑旦增　甲　措　旺　琼　翟　旭

委　员： 张性铎　赵海荣　桑珠拉姆　阿旺卓玛　阿琼次仁　多吉扎堆　拉　玛　拉　珍　旦增赤列　金美佑　次仁拉珍　高元昆　益西仁增

2021年6月—

总顾问： 李　平

主　任： 顿　珠

副主任： 龙小文　翟　旭　洛桑旦增　白　珍

成　员： 马克礼　桑珠拉姆　旦增西绕　阿旺卓玛　张　霞　阿琼次仁　贾亦真　毕　帅　康达卓　边　琼　邱　科　普布顿珠　阿旺巴桑　韩　静　索南卓嘎　益西拉姆　舒　林　益西措成　尼玛顿珠

《普兰县志（2001—2010）》编纂办公室

2016年3月—2021年6月

主　　编：高宝军　杨　辉　曲　次
常务副主编：刘　鹏　曹甲伟　蒲　东　顿　尼
　　　　　　甲　措
副 主 编：白　珍　拉　珍
编　　辑：夏晓凤　洛桑卓玛　达瓦吉宗　边巴欧珠
援藏专家：张　帜　高勇杰
特邀编辑：赵文治

2021年6月—2022年12月

主　　编：李　平　顿　珠
常务副主编：龙小文　向　斌
副 主 编：边　琼
编　　辑：拉　珍　洛桑卓玛
特邀编辑：赵文治

《普兰县志（2001—2010）》初审领导小组

2019年6月

组　长： 曲　次

副组长： 土旦格勒

成　员：

尼　珍	拉　珍	邱　建	石　伟
仓木次仁	毕　帅	元旦扎西	普　尺
班　旦	桑吉卓玛	扎西顿珠	次仁平措
普布顿珠	李永彬	次仁吉宗	仁增曲珍
伟色多杰	边巴次仁	普布扎西	马　帅
边巴顿珠	杜海萍	郭士英	白玛卓嘎
边　琼	巧　珠	次仁贡桑	卓玛欧珠
巴　鲁	李　波	贡秋顿珠	赵玉龙
旦增伦珠	丹巴次仁	白玛加布	王　建
仁　平			

《普兰县志（2001—2010）》复审领导小组

2019年12月

组　长： 张会明

副组长： 曲　次　赵　军

成　员：

李　平	唐宗贵	郑屹宾	刘军卫
杨旺祥	陈　鹏	甲　措	张　帜
高勇杰	次仁曲珍	拉　珍	

《普兰县志（2001—2010）》终审领导小组

2020年1月

组　长： 杨　辉

副组长： 曲　次　　甲　措

成　员： 洛桑旦增　杨国栋　王俊华　尼　珍　阿琼次仁　拉　玛　边巴欧珠　旦增赤列　金美佑　高元昆　黄明富　刘　宝　尼玛次仁　益西旺堆　琼　拉　次仁旺堆　益西旦增　土登曲扎　江　赞　巴桑次仁　巴　次　德瓦旦增　拉　珍

《普兰县志（2001—2010）》验收领导小组

2020年8月

组　长： 汪德军

副组长： 王会世　边巴卓玛

成　员： 杨　辉　韩　勉　次旦扎西　赵首辰　邹廷波　陈　鹏　益西仁增　白　珍

《普兰县志（2001—2010）》总编审定小组

组　长： 汪德军

副组长： 王会世　旦巴旺久

成　员： 邹廷波　陈　鹏　杨　辉　曲　次　李　平　顿　珠　龙小文　边　琼　拉　珍　洛桑卓玛

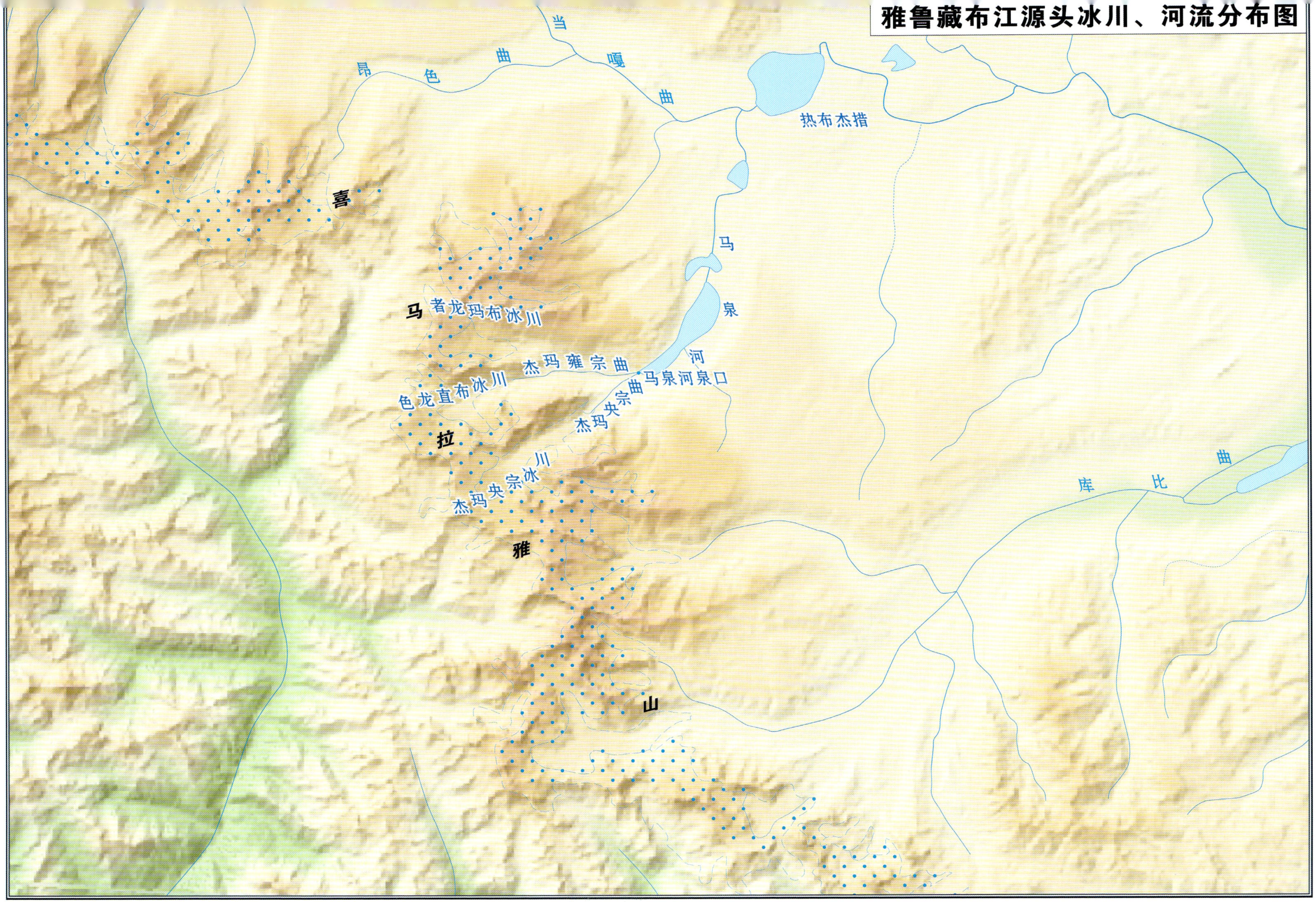
雅鲁藏布江源头冰川、河流分布图
当嘎曲
昂色曲
热布杰措
马泉河
马泉河泉口
马者龙玛布冰川
杰玛雍宗曲
色龙直布冰川
杰玛央宗曲
杰玛央宗冰川
喜马拉雅山
库比曲

普兰县城全景（2007 年）

冈仁波齐峰

纳木那尼峰，海拔 7694 米

雅鲁藏布江源头——杰玛雍宗曲上端色龙直布冰川前端的冰舌

马甲藏布（孔雀河）源头

拉昂错

玛旁雍错湿地自然保护区

玛旁雍错

热布杰错

斑头雁

黑颈鹤

藏野驴

野牦牛

盘羊

藏原羚

藏鼠兔

猞猁

火绒草

红景天

棘豆

冬葵

荨麻

马莲

藏玄参

2007 年 11 月，西藏自治区党委副书记张裔炯在阿里地区调研。图为 11 月 7 日张裔炯（右二）在普兰县与基层群众交谈，详细了解他们的生产生活情况

2009 年 6 月 23 日，西藏自治区人民检察院党组书记、检察长张培中（中）在普兰县考察工作

2009 年 4 月 1—3 日，普兰县第十届人民代表大会第三次会议在普兰会堂召开

2009 年 4 月 2—3 日，中国人民政治协商会议普兰县第六届三次会议在政协三楼会议室召开

2009 年 4 月 1 日，普兰县召开 2009 年经济工作会议

2009 年，全区第二批深入学习实践科学发展观活动普兰县动员大会召开

2009 年，普兰县“两基”攻坚暨迎国检动员大会召开

2009 年，普兰县教育支部学习实践科学发展观宣传新《九年义务教育法》

2009 年 5 月 14 日，普兰县财政局工作人员走进农牧区宣传党的惠民政策

2009 年，普兰县公安局与消防大队联合开展新《消防法》宣传活动

2010 年，普兰县统计局工作人员走村入户统计农牧民生产生活数据

2010 年 4 月，普兰县旅游局开展宣传工作

陕西省第三批援藏项目——普兰县文化广场

普兰县人民法院办公楼

2011 年时的中国农业银行普兰县支行办公楼

2009 年时的普兰县卫生服务中心门诊楼

喜玛拉雅·普兰酒店

科迦村

通向斜尔瓦口岸的公路

位于县城西部马甲藏布（孔雀河）河上的赤德桥

位于仁贡村的仁贡桥

位于科迦村岗孜组 207 省道上的岗孜桥

唐嘎市场旧址（2005 年 4 月）

桥头市场（2003 年）

普兰边贸市场（2019年）

岗莎村牦牛运输队（2008年）

多油村农田

2004年年初，普兰县落实曲龙温室所有权，成立蔬菜种植协会

2009 年 11 月，吉让居委会加兴组安全饮水工程施工现场

普兰县胜利灌区工程

霍尔乡中心小学（2000 年）

普兰县九年一贯制学校全景（2012 年）

2003 年，巴嘎乡中心小学举行运动会

2009 年，霍尔乡中心小学学生参加课间活动

2010 年 5 月 11 日，县九年一贯制学校进行信息技术应用能力考核

2010 年 9 月 15 日，县九年一贯制学校学生在上化学实验课

2009 年 10 月时的普兰县卫生服务中心门诊楼，2009 年年底，县卫生服务中心迁至人民路

普兰镇科迦村卫生室

2010 年，普兰“雅尔松吧”歌列入自治区级非物质文化遗产项目

2010 年，赤德“仲”舞列入自治区级非物质文化遗产项目

2010 年，普兰“果尔子”舞列入自治区级非物质文化遗产项目

2010 年，“科迦那木冬”列入自治区级非物质文化遗产项目

2005年，普兰县举行“户户通”“寺寺通”直播卫星设备发放仪式

2006年，普兰县开展电影放映活动，丰富群众精神文化生活

2009年，普兰县举办庆祝“西藏百万农奴解放纪念日”文艺活动

民间艺术团“三下乡”文艺演出

普兰宣舞

普兰“果尔子”舞

嘎尔舞

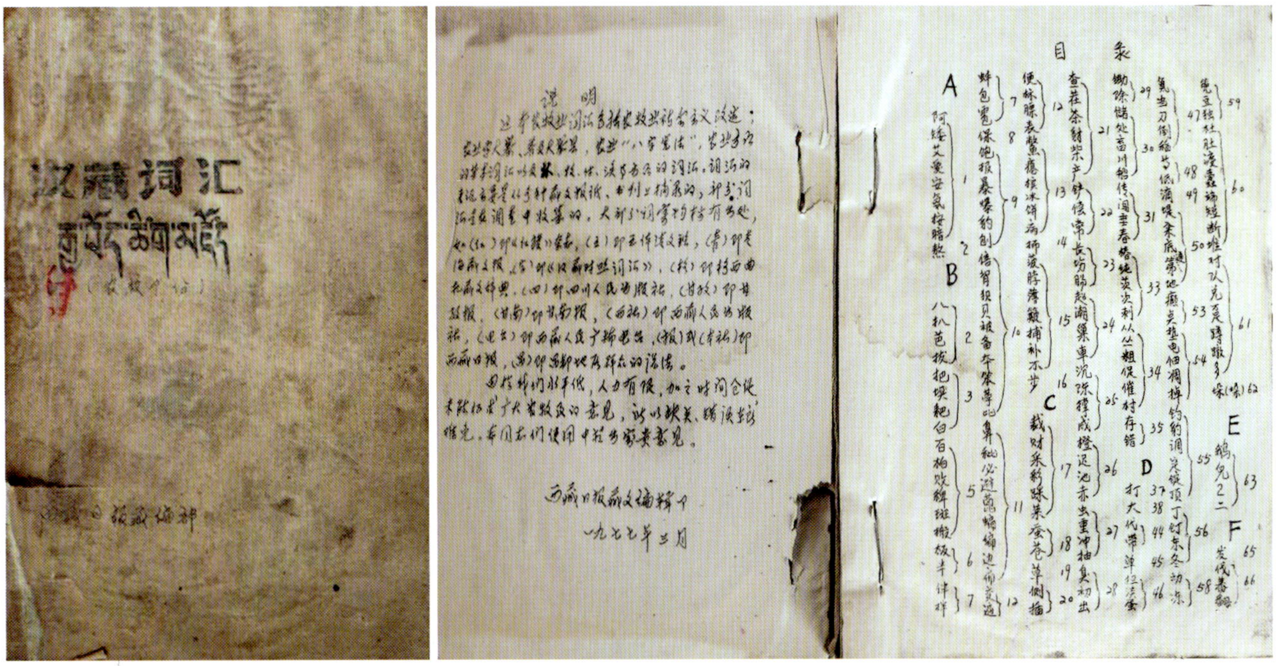

西藏日报社藏编部在普兰县收集藏语词汇后编撰的《汉藏词汇》手抄本

普兰县民间收藏的文成公主嫁到雪域成为松赞干布的王妃后第一次形成的《婚礼歌》

达拉卡遗址

西德观音碑

科迦寺早期佛像

位于普兰镇科迦村的科迦寺

位于普兰镇吉让居委会的古宫拉康

位于县城西北部达拉卡山顶的贤柏林寺

普兰飞天服饰（国家非物质文化遗产）

普兰传统服饰

普兰民间婚礼仪式上男方家派出的 11 位身着红色藏袍的迎亲者

冈仁波齐矿泉水

普兰细德优质白糌粑

普兰木雕艺术

序

“以铜为鉴，可以正衣冠；以史为鉴，可以知兴替。”志者，一域之重典；修志，一方之盛事。盛世修志，志载盛世，惠泽无穷！《普兰县志（2001—2010）》几经寒暑，现付梓成书，这是普兰县第二部社会主义方志，可喜可贺！

普兰县位于西藏自治区西南部，是祖国西南边陲中印尼三国政治、经济、文化交流的重镇。普兰县地形复杂，山峦起伏，沟谷纵横，草场广阔；自然资源丰富，飞禽走兽，奇珍药材，不乏其数；文化源远流长，有世界独一无二的冈仁波齐、玛旁雍错，有灿烂的民族文化和独具特色的民族服饰；历史底蕴深厚，普兰唐嘎市场有500多年历史；民风淳朴，各族人民和谐共处，勤劳勇敢，热情奔放，能歌善舞。

2001年中央第四次西藏工作座谈会以后，普兰乘发展之东风，在中共中央、国务院的亲切关怀下，在西藏自治区党委、政府和阿里地委、行署的坚强领导下，在陕西省的无私援助下，十年间沧桑巨变，各项工作进入快速发展时期，社会文明进步，人民安居乐业，生活水平显著提高，呈现出政通人和、安居乐业的大好局面。

普兰县委、县政府调有识之士，集各方之力，经广征博采，严谨治学，数易其稿，在各级各部门密切配合下，方成此书。在此，向全体编撰人员致以崇高的敬意！向支持编修《普兰县志（2001—2010）》的各级领导、各位编委、各界人士表示衷心的感谢！

《普兰县志（2001—2010）》仍续前志体例，用“述、记、志、传、图、表、录”之体裁，取“篇、章、节、目”之架构。以马克思列宁主义、毛泽东思想、邓小平理论、“三个代表”重要思想、科学发展观、习近平新时代中国特色社会主义思想为指导，以政治经济文化发展为主线，运用辩证唯物主义与历史唯物主义观点分析事物规律，把握发展脉络，详细系统记述了普兰2001—2010年自然、政治、经济、文化和社会等各方面的发展巨变。

该志体例完备，内容翔实。既有宏观鸟瞰，一县概况，尽收眼底；又有微观透视，沧桑变化，了然志中。一卷在手，犹如全县在胸，于县委、县政府而言，是地情书、社情书；对普通百姓来讲，是了解家乡、热爱家乡、建设家乡的生动教材，是联系人们乡土感情的重要纽带，也是普兰各民族传递正能量的有效途径之一。对于全体普兰民众构建和谐社会，弘扬民族精神和时代精神，增强民族认同、凝聚民族力量有着独特作用。其“存史、育人、资政”意义价值重大，是一部有益当代、惠及后世的重要历史文献。

志书修撰工程浩繁，工作艰辛，编纂诸同志治学之严谨，各部门配合之密切，尤为世人所钦佩。在此，谨向关心、支持、从事县志编修的各位同志，谨表敬意与感谢！

历史证明，只有坚持中国共产党领导，才能建设社会主义新普兰，才能描绘出一幅更加壮丽的新篇章。当前，普兰县委、县政府举全县之力，大力实施“五五战略”（实施五大工程：普兰先锋工程、六零创建工程、脱贫攻坚工程、教育提升工程、干部暖心工程；打造五张名片：“世界中心”名片、“三国重镇”名片、“藏西江南”名片、“阿里粮仓”名片、“飞天故里”名片），抓稳定、保增长、惠民生、促和谐、强党建，普兰县呈现出经济发展、社会稳定、生态美丽、群众富裕、文化丰富的新局面。

祝愿勤劳、智慧、善良的普兰人民在中国共产党领导下，秉先辈之志，尚拼搏精神，穷集体智慧，尽民众力量，共展小康蓝图，共创美好明天！

中共普兰县委员会、普兰县人民政府

2022年12月

凡 例

一、指导思想。本志以马克思列宁主义、毛泽东思想、邓小平理论、“三个代表”重要思想、科学发展观、习近平新时代中国特色社会主义思想为指导，坚持辩证唯物主义和历史唯物主义的立场、观点和方法，全面、客观、系统地记述普兰县2001—2010年政治、经济、文化和社会发展历程，力求客观真实地反映普兰县改革、发展取得的显著成就和人民生活发生的巨大变化。

二、记述时限。本志内容上限起于2001年1月1日，下限止于2010年12月31日。为阐明事物因果，突出变化，个别内容适当上溯或下延。

三、记述范围。本志原则上以2010年年末普兰县行政区划为记述范围，对与普兰县密切相关的县域外情况选择重大历史事件或重要历史人物进行记述。

四、体裁形式。本志采用述、记、志、传、图、表、录等体裁，以志为主。志首设图片、序、概述，志中设专志，志末设人物、大事记、附录、索引等。志采用篇、章、节、目结构。

五、体例分类。本志按“横分门类、以类系事、竖写历史”的体例编纂，按科学性、专业性与当代社会分工及突出地方特色与时代特色相结合的原则分篇设章。记事以“详今明古、详要略次”为原则。

六、语言文体。本志采用现代语体文记述，坚持平铺直叙、述而不论的原则，行文表达准确，简洁流畅。

七、历史纪年。1949年10月1日之前采用朝代纪年，并在括号内加注公元纪年和藏历纪年；1949年10月1日之后使用公元纪年。朝代纪年、藏历纪年用汉字表述，公元纪年用阿拉伯数字表述。

八、数字用法、标点符号、计量单位。数字书写遵照《出版物上数字用法》（GB/T15835—2011），除习惯用语、专用名词外均用阿拉伯数字，绝对数、相对数四舍五入后分别保留至小数点后2位、1位，正文不保留小数点后无实质意义的“0”，序数词一般用汉字标示。标点符号、计量单位分别执行国家标准《标点符号用法》（GB/T15834—2011）、《国际单位制及其应用》（GB3100—1993）和《有关量、单位、符号的一般原则》（GB3101—1993）。考虑到社会使用习惯，本志中亩不统一换算。

九、机构名称。党政组织、社会团体、企事业单位等机构与职务的名称均以当时的标准名称为准，多次使用的名称首次用全称，括注简称，之后用简称。

十、地名人名。地名以地名工作机构公布的名称为准，古地名括注今地名。人名除引文和为反映史实必须冠以职务者外，一律直书姓名。本志部分地名、人名由藏语音译而来，其后括注藏文。外国的国名、地名、人名和党派团体等机构的名称均以新华社的译名或社会公认的译名为准，外国人名首次出现时注明外文原名，无标准译名的采用相关学科习惯译名。

十一、入志人物。人物坚持“生不立传”原则，立传人物只收录已过世，且在普兰影响较大或有代表性的人物。简介人物主要包括在普兰有较大影响的人物，以及普兰籍在外地有较大影响的人物。立传人物以卒年排序，简介人物以生年排序。对获得县级以上表彰的个人列表反映。

十二、大事记。大事记运用编年体与纪事本末体相结合的方法，“一事一记”，记述普兰的大事、要事。

十三、文字特例。汉字繁体字、冷僻字用简化字、通用字或常用异体字替代，易产生歧义、误解者保留。

十四、资料来源。本志资料由普兰县各部门提供，辅以档案、图书等资料，一般不注明出处。

目　录

概　述 …… 1

第一篇　自然地理与生态保护

第一章　地质　地貌 …… 3
第一节　地　质 …… 3
第二节　矿　产 …… 4
第三节　地　貌 …… 4

第二章　气候　物候 …… 8
第一节　气候特征 …… 8
第二节　气候分区 …… 8
第三节　气象要素 …… 9
第四节　物　候 …… 12

第三章　水　文 …… 13
第一节　河　流 …… 13
第二节　湖　泊 …… 14
第三节　雅鲁藏布江源头 …… 15

第四章　土壤　动植物 …… 17
第一节　土地资源 …… 17
第二节　土　壤 …… 17

第三节　植　被 …… 19
第四节　植物资源 …… 22
第五节　野生动物资源 …… 28

第五章　自然灾害 …… 32
第一节　气象灾害 …… 32
第二节　地质灾害 …… 35

第六章　生态保护 …… 37
第一节　玛旁雍错湿地自然保护区 …… 37
第二节　环境保护 …… 38

第二篇　建置　区划　人口

第一章　建置　区划 …… 43
第一节　位置　境域 …… 43
第二节　建置沿革 …… 43
第三节　行政区划 …… 46

第二章　人　口 …… 49
第一节　人口分布与结构 …… 49
第二节　人口变动 …… 54

第三篇　政党　人民团体

第一章　中国共产党普兰县地方组织 …… 57
第一节　中国共产党普兰县代表大会 …… 57
第二节　机　构 …… 58

第三节　会　议 ……62

第二章　党务工作 ……71
第一节　组织工作 ……71
第二节　宣传工作 ……83
第三节　统战工作 ……89
第四节　政法协调 ……91
第五节　党校工作 ……99
第六节　档案管理 ……101
第七节　保密机要 ……102

第三章　纪检监察 ……105
第一节　机　构 ……105
第二节　党风廉政建设 ……106
第三节　监督检查 ……111
第四节　案件办理 ……113
第五节　信访接待 ……113
第六节　政务公开 ……114

第四章　人民团体 ……115
第一节　总工会 ……115
第二节　共青团 ……119
第三节　妇女联合会 ……124

第四篇　政权　政务　政治协商

第一章　地方人民代表大会 ……131
第一节　代表选举 ……131
第二节　代表大会 ……132
第三节　机　构 ……134
第四节　履行职能 ……136

第二章　人民政府 …… 143
第一节　机　构 …… 143
第二节　会　议 …… 147
第三节　施　政 …… 153
第四节　信　访 …… 166
第五节　地方志工作 …… 167
第六节　藏语文工作 …… 168

第三章　政协地方组织 …… 171
第一节　机　构 …… 171
第二节　会　议 …… 173
第三节　履行职能 …… 174

第四章　人事管理 …… 178
第一节　机　构 …… 178
第二节　人事工作 …… 179
第三节　工资福利 …… 182

第五章　劳动和社会保障 …… 192
第一节　机　构 …… 192
第二节　劳动就业 …… 192
第三节　劳动保护 …… 194
第四节　社会保险 …… 195

第六章　民　政 …… 200
第一节　机　构 …… 200
第二节　救灾救济 …… 200
第三节　社会救助 …… 203
第四节　社会福利 …… 206
第五节　拥军优属 …… 208
第六节　区划界线管理 …… 209
第七节　基层民主政治建设 …… 210
第八节　婚姻管理 …… 215

第九节 老龄工作 …… 216

第七章 扶贫开发 …… 217
第一节 农业综合开发 …… 217
第二节 扶 贫 …… 218

第八章 受援工作 …… 225
第一节 支援思路 …… 225
第二节 人才支援 …… 225
第三节 资金项目支援 …… 227
第四节 其他支援 …… 227

第五篇 法治 军事

第一章 公 安 …… 231
第一节 机 构 …… 231
第二节 治安管理 …… 232
第三节 案件侦查 …… 235
第四节 户政管理 …… 236
第五节 交通管理 …… 239
第六节 监所管理 …… 240
第七节 安全保卫 …… 241
第八节 出入境管理 …… 242

第二章 检 察 …… 243
第一节 机 构 …… 243
第二节 刑事检察 …… 244
第三节 经济检察 …… 245
第四节 法纪检察 …… 245
第五节 民事行政检察与监所检察 …… 247
第六节 法律监督 …… 247

第七节　法治宣传教育 …………………………………………… 248

第三章　法　院 …………………………………………… 250

第一节　机　构 …………………………………………… 250
第二节　审判改革 …………………………………………… 251
第三节　刑事审判 …………………………………………… 252
第四节　民商事审判与行政审判 …………………………………………… 253
第五节　案件执行 …………………………………………… 255
第六节　涉诉援助与信访 …………………………………………… 256
第七节　审判监督 …………………………………………… 257

第四章　司法行政 …………………………………………… 258

第一节　机　构 …………………………………………… 258
第二节　法律援助 …………………………………………… 258
第三节　安置帮教 …………………………………………… 259
第四节　人民调解 …………………………………………… 260
第五节　普法宣传 …………………………………………… 261

第五章　军　事 …………………………………………… 264

第一节　武装力量 …………………………………………… 264
第二节　兵　役 …………………………………………… 273
第三节　拥政爱民 …………………………………………… 274

第六篇　口岸　海关　边贸

第一章　普兰口岸 …………………………………………… 281

第一节　口岸分布 …………………………………………… 281
第二节　口岸发展 …………………………………………… 281

第二章　海　关 …………………………………………… 283

第一节　机　构 …………………………………………… 283

第二节　海关业务 …… 284

第三章　出入境检验检疫 …… 287
第一节　机　构 …… 287
第二节　检验检疫工作 …… 288

第四章　边境贸易 …… 290
第一节　边贸市场 …… 290
第二节　对外贸易 …… 291
第三节　经济合作 …… 292

第七篇　旅　游

第一章　旅游资源 …… 295
第一节　自然旅游资源 …… 295
第二节　人文旅游资源 …… 298
第三节　民俗文化旅游资源 …… 300

第二章　旅游开发 …… 302
第一节　旅游发展区位条件 …… 302
第二节　旅游开发思路 …… 303
第三节　旅游线路 …… 303
第四节　旅游项目建设 …… 304
第五节　旅游宣传 …… 305
第六节　旅游商品 …… 305

第三章　旅游市场与收入 …… 306
第一节　旅游市场 …… 306
第二节　旅游服务 …… 307
第三节　旅游收入 …… 308

第四章　旅游管理 …… 310
第一节　机　构 …… 310
第二节　从业人员培训 …… 310
第三节　票务管理 …… 311
第四节　旅游市场监管 …… 312
第五节　景区环境保护 …… 313

第八篇　交通　邮政　通信　城乡建设

第一章　交　通 …… 317
第一节　机　构 …… 317
第二节　公路桥梁 …… 317
第三节　交通建设 …… 321
第四节　公路养护与抢险保通 …… 322
第五节　运　输 …… 324
第六节　交通管理 …… 325

第二章　邮　政 …… 326
第一节　机　构 …… 326
第二节　邮政建设 …… 326
第三节　邮政业务 …… 327
第四节　邮政管理 …… 328

第三章　通　信 …… 330
第一节　电　信 …… 330
第二节　移　动 …… 332

第四章　城乡建设 …… 334
第一节　机　构 …… 334
第二节　城乡规划 …… 334
第三节　城镇建设 …… 335
第四节　住房制度改革 …… 337

第五节 安居工程 …… 338

第九篇 经济综合管理

第一章 经济综述 …… 343
第一节 国民经济发展状况 …… 343
第二节 经济收入 …… 345
第三节 固定资产投资与重点项目建设 …… 347

第二章 计划管理 …… 349
第一节 机 构 …… 349
第二节 计划编制 …… 350
第三节 计划执行 …… 350

第三章 统计管理 …… 353
第一节 机 构 …… 353
第二节 日常性统计 …… 353
第三节 专项调查和普查 …… 355

第四章 物价管理 …… 356
第一节 机 构 …… 356
第二节 物价监管 …… 356

第五章 国土资源管理 …… 358
第一节 机 构 …… 358
第二节 土地调查与规划 …… 358
第三节 土地征管 …… 359
第四节 矿产资源管理 …… 362

第六章 工商行政管理 …… 363
第一节 机 构 …… 363
第二节 登记管理 …… 364

第三节　市场管理 …… 370
第四节　商标管理 …… 371
第五节　消费者权益保护 …… 372

第七章　食品药品监督管理 …… 374
第一节　机　构 …… 374
第二节　食品监督管理 …… 374
第三节　药品监督管理 …… 375

第八章　安全生产监督管理 …… 377
第一节　机　构 …… 377
第二节　安全生产体系建设 …… 377
第三节　安全生产宣传 …… 379
第四节　安全生产监管 …… 380
第五节　安全生产事故 …… 388

第十篇　农牧林水

第一章　农　业 …… 391
第一节　机　构 …… 391
第二节　农作物种植 …… 392
第三节　农技推广 …… 395
第四节　病虫害防治 …… 397

第二章　畜牧业 …… 399
第一节　草　场 …… 399
第二节　畜禽种类 …… 400
第三节　畜牧业生产 …… 401
第四节　疫病防治 …… 404

第三章　林　业 …… 406
第一节　机　构 …… 406

第二节　林业资源 …… 406
第三节　造林育林 …… 407
第四节　林政管理 …… 409
第五节　动植物保护 …… 410

第四章　水　利 …… 411
第一节　机　构 …… 411
第二节　水利设施建设 …… 412
第三节　安全饮水 …… 412
第四节　防汛抗旱 …… 414

第十一篇　工业　商贸　粮油

第一章　工　业 …… 417
第一节　机　构 …… 417
第二节　电　力 …… 417
第三节　矿　业 …… 419
第四节　工业企业 …… 420

第二章　商　贸 …… 422
第一节　机　构 …… 422
第二节　市场建设 …… 422
第三节　商业管理 …… 423
第四节　招商引资 …… 424
第五节　服务业 …… 424

第三章　粮　油 …… 426
第一节　机　构 …… 426
第二节　粮油储藏 …… 426
第三节　粮油购销 …… 427

第十二篇　财税　金融

第一章　财　政 …… 431
第一节　机　构 …… 431
第二节　财政收入 …… 431
第三节　财政支出 …… 433
第四节　财政管理 …… 436
第五节　财政体制改革 …… 440

第二章　税　务 …… 442
第一节　机　构 …… 442
第二节　税　种 …… 442
第三节　税款征收 …… 444
第四节　农牧区税费改革 …… 444
第五节　税收征管 …… 446

第三章　金　融 …… 449
第一节　机　构 …… 449
第二节　储　蓄 …… 449
第三节　信　贷 …… 450
第四节　货币业务 …… 452
第五节　中间业务 …… 453
第六节　金融管理 …… 453

第十三篇　教育　科技

第一章　教　育 …… 459
第一节　机　构 …… 459
第二节　基础教育 …… 459
第三节　“两基”工作 …… 465

第四节　教师队伍 …… 468
第五节　教育经费 …… 470
第六节　教学管理 …… 472
第七节　学校安全与卫生工作 …… 474

第二章　科　技 …… 475
第一节　机　构 …… 475
第二节　科技经费 …… 475
第三节　农牧业科技 …… 475

第三章　气　象 …… 480
第一节　机　构 …… 480
第二节　气象观测与气象预报 …… 481
第三节　人影作业 …… 481
第四节　防雷工作 …… 482

第十四篇　文化　卫生　体育

第一章　文化管理 …… 487
第一节　机　构 …… 487
第二节　文化设施建设 …… 488
第三节　历史文化村 …… 489
第四节　非物质文化遗产 …… 489
第五节　文化活动 …… 491
第六节　文化市场管理 …… 492

第二章　文学艺术 …… 493
第一节　文学艺术创作 …… 493
第二节　民间文艺整理与抢救 …… 494

第三章　广播影视 …… 495
第一节　广播电视 …… 495

第二节　中波转播台 …… 497
第三节　电影放映 …… 499

第四章　文　物 …… 501
第一节　机　构 …… 501
第二节　文物普查 …… 501
第三节　遗址遗迹 …… 502
第四节　壁　画 …… 509
第五节　文物保护 …… 512

第五章　卫　生 …… 514
第一节　机　构 …… 514
第二节　医疗设施与队伍建设 …… 517
第三节　医疗服务 …… 518
第四节　疾病预防控制 …… 520
第五节　妇幼保健 …… 524
第六节　优生优育 …… 525
第七节　卫生管理 …… 525
第八节　新型农村合作医疗 …… 528

第六章　体　育 …… 532
第一节　体育设施 …… 532
第二节　群众体育 …… 532
第三节　学校体育 …… 534

第十五篇　民族　宗教　民俗

第一章　民族事务管理 …… 537
第一节　机　构 …… 537
第二节　民族政策 …… 537

第三节 民族团结 …… 538
第四节 兴边富民行动 …… 538

第二章 宗 教 …… 539
第一节 宗教政策 …… 539
第二节 宗教场所 …… 539
第三节 宗教活动 …… 541
第四节 宗教事务管理 …… 543

第三章 民 俗 …… 546
第一节 生活习俗 …… 546
第二节 婚姻、生育与丧葬 …… 549
第三节 礼节礼仪 …… 551
第四节 节 庆 …… 552
第五节 禁 忌 …… 554
第六节 方 言 …… 555

第十六篇 乡 镇

第一章 普兰镇 …… 559
第一节 行政区划与人口 …… 559
第二节 经济发展 …… 560
第三节 基础设施建设 …… 562
第四节 社会事业 …… 563

第二章 巴嘎乡 …… 565
第一节 行政区划与人口 …… 565
第二节 经济发展 …… 566
第三节 基础设施建设 …… 569
第四节 社会事业 …… 569

第三章　霍尔乡 …… 571
第一节　行政区划与人口 …… 571
第二节　经济发展 …… 572
第三节　基础设施建设 …… 574
第四节　社会事业 …… 575

人　物 …… 577
大事记 …… 631
附　录 …… 645
索　引 …… 677
编后记 …… 685

概 述

一

普兰县位于西藏自治区西南部、阿里地区南部，属阿里地区辖县。东与日喀则地区仲巴县接壤，北与阿里地区革吉县、噶尔县为邻，西与阿里地区札达县毗邻，南与印度、尼泊尔两国相接。县人民政府驻普兰镇，距阿里地区行署所在地狮泉河镇395千米，距西藏自治区首府拉萨市1206千米。普兰自古以来是中国、印度、尼泊尔三国边民进行政治、经济、文化、宗教交流的重要通道。

普兰县地处喜马拉雅山脉与冈底斯山脉之间，属喜马拉雅山脉西段湖盆区的一部分。地势南北高中间低，总体上向南倾斜。北部和南部雪山耸立，群峰叠嶂，气势恢宏；中部高原湖盆交织逶迤，湖泊浩渺，草原广阔，河流蜿蜒，滩地肥沃，风积地形和堆积地形发育。马甲藏布（孔雀河）蜿蜒高原湖盆，往南切穿喜马拉雅山，形成若干宽窄相间的河流地貌，形成众多峡谷。绝大部分海拔在3633～4500米，海拔超过6000米的山峰有13座，最高点为纳木那尼峰，海拔7694米，终年积雪覆盖，云雾缭绕；最低点为县境南部马甲藏布出境处，海拔3633米，相对高差4061米。冈仁波齐峰（冈底斯山脉西段主峰，海拔6656米）雄伟陡峻，岩层近水平，为水平胎生造就的山峰，峰顶上半部终年积雪。

普兰县水力资源较丰富，以马甲藏布河源为分水岭，南部、东部、西部为外流区，主要河流有马甲藏布及其众多支流；东北部为以玛旁雍错、拉昂错、公珠错等湖泊为中心的内流区，主要河流有扎藏布、达钦曲、色尔雄曲、久玛隆曲等；杰玛雍宗曲为雅鲁藏布江主源头，热布杰错为雅鲁藏布江源头处的湖泊，是普兰、仲巴两县界湖。

普兰县冬季寒冷，夏季温凉，空气稀薄，气候干燥，具有明显的高原大陆性气候特征。年平均气温4.3℃，气温日较差大，南北地域的气温分布差异较大。春季升温迟缓，夏季短促，秋季降温快，冬季漫长，寒冷期长、温凉期短，没有明显的四季之分。海拔4500米以上的地区，春夏秋三季在100天以下，植被生长期短促。日照时间长，年日照时数3184.4小时。日照时数随季节变化，由冬至夏渐增，2月最少，5月最多。太阳辐射强烈，年辐射量每平方米6000～8000兆焦耳。年平均降水量147.1毫米，降水量分布总趋势为南部多于北部、山地多于平地，降水年内分布相对均匀，6—9月降水量占全年降水总量的48.5%。水热同期有利于各种植物生长及土壤发育。多雷电、大雪、冰雹、大风。自然景观具有明显的地域水平分异和垂直分异，气候、土壤、植被明显呈垂直变化，是阿里地区垂直分异层次较丰富的地区之一。

受气温、降水垂直变化及纬度的双重影响，普兰县土壤类型较多，其分布相对较为复杂，土壤类型有高山寒漠土、高山草甸土、高山草原土、亚高山草原土、草甸土、寒原盐土、潮土、灌淤土、灌漠土、新积土、石质土、沼泽土，有机质、氮、钾含量高。植被呈垂直分布规律，植被生态类型有高山寒漠植被、高山草甸植被、高山灌丛草原植被、高山草原植被、灌丛草原植被、亚高山草原植被、亚高山荒漠草原植被、草甸植被、沼泽植被。

普兰县自然资源丰富。耕地面积1.1万亩，主要农作物有青稞、小麦、豌豆、油菜等。草场总面积1136万亩。林业用地面积19.88万公顷，森林资源主要为原生灌木林，灌木林是普兰县陆地生态系统的主体，主要种类有变色锦鸡儿、沙棘、水泊枝、蔷薇等。

普兰县地形复杂，气候区域性差异大，适宜多种植物生长和动物生存，动植物资源丰富。由于海拔相对较低，马甲藏布沿岸独特的环境，普兰县各种植被发育相对较好，以耐寒耐旱的禾本科、莎草科和蒿类为主。野生动物种类繁多，国家一级保护动物有雪豹、野驴、野牦牛、黑颈鹤、白肩雕，国家二级保护动物有黄羊、岩羊、盘羊、棕熊、藏雪鸡、秃鹫、苍鹰，自治区一级保护动物有狼、赤狐等。分布较广、数量较多的有黄羊、旱獭、野兔、高原鼠兔等。禽类比较珍稀的有黑颈鹤、雪鸡、斑头雁等，其次有棕头鸥、鹰、猫头鹰、秃鹫等，分布较广的有野鸽子、麻雀、山雀、乌鸦、红嘴乌鸦等。每年开春季节，候鸟飞越喜马拉雅山脉，成群在玛旁雍错营巢产卵，孵化育幼；湖中盛产裸鲤，鱼类资源较为丰富。此外，普兰县还有种类繁多的昆虫类动物和其他爬行动物。

普兰县矿产资源较为丰富，已探明的主要有砂金矿、铁矿、硼等。石灰岩、硅岩、铅、锌、锰等具有较大的中远期开发价值。天然矿泉水流量大、品质优，为国内少有的优质矿泉饮品。温泉资源丰富。

普兰县旅游资源丰富，知名度较高，自然人文景观主要有冈仁波齐、玛旁雍错、纳木那尼峰、拉昂错、公珠错、马甲藏布（孔雀河）、达却藏布（马泉河）、朗钦藏布（象泉河），玛旁布莫卡城堡、达拉卡城堡、噶尔东城堡，以及科迦寺、贤柏林寺、江扎寺、曲古寺、古宫拉康等。冈仁波齐、玛旁雍错旅游景区世界闻名，千百年来朝圣者风雨兼程、艰难跋涉到此膜拜，围绕冈仁波齐转山，围绕玛旁雍错转湖，尤其是藏历马年，转山道上和转湖道上人山人海。

二

普兰原称“布让”，“布”意为“头”，“让”意为“马”；另一说，“布”意为“雪”，“让”意为“山”，指被雪山包围的区域。

普兰初为象雄部落联盟辖地，后为吐蕃地方政权辖地。

后梁龙德三年（后唐同光元年，923年，藏历水羊年），吐蕃末代赞普达玛乌东赞（朗达玛）的曾孙吉德尼玛衮（སྐྱིད་ལྡེ་ཉི་མ་མགོན།）逃到象雄，受到布让地方首领扎西赞的礼遇，扎西赞将女儿卓萨阔琼（འབྲོ་བཟའ་འཁོར་སྐྱོང་།）嫁给吉德尼玛衮，并推举他为地方首领。吉德尼玛衮制定新法，建立新军，南征北战，逐渐统辖古格、如托（今日土）等象雄旧地，建立地方政权。吉德尼玛衮三子分别统辖阿里三围，史称“上部三衮占三围”，其中次子扎西衮（བཀྲ་ཤིས་མགོན།）称布让首领，统辖布让、古格、亚泽等地。扎西衮生二子，长子阔日（ཁོར་རེ།）统治布让、亚泽（ཡ་རྩེ།），次子松艾（སྲོང་ངེ།）统治古格。

元至元二十九年（1292年，藏历第五饶迥水龙年），元朝设置纳里速古鲁孙元帅府，府址位于下部阿里的宗嘎（今日喀则吉隆县宗嘎镇），设元帅2人，统管上部阿里和下部阿里，上部阿里包括仲巴、普兰、札达、噶尔、日土和羌塘草原的大部分，下部阿里包括吉隆、定日、拉孜、萨嘎一带。布让、古格等地方政权沿袭旧制。14世纪初，布让势力达到极盛。

明袭元制，设俄力思军民元帅府。15世纪初，布让与洛波门唐之间发生战争，洛波加藏统治布让数年。古格第15代首领拉钦·扎巴德在位时，古格重新崛起，15世纪初先后兼并布让、亚泽领地，并占领南部的佳南（觉南）、尼底、主尼等地方，派员征收赋税。布让传19代，历400余年。

明末，基督教传教士进入古格，古格首领意欲借助基督教削弱藏传佛教格鲁派势力，遭到格鲁派势力的强烈抵抗。崇祯三年（1630年，藏历第十一饶迥铁马年），古格发生僧人、平民暴动，拉达克出兵占领古格，古格地方政权覆灭。拉达克统治古格全境50余年。

清康熙二十年（1681年，藏历第十一饶迥铁鸡年），蒙古和硕特部达赖汗派甘丹才旺率领蒙藏联军赴阿里驱逐拉达克军队。后甘丹才旺收复古格全境，攻入拉达克首府列城。康熙二十二年（1683年，藏历第十一饶迥水猪年），西藏地方政府（甘丹颇章地方政权）、拉达克双方达成协议，协议确立原古格首领自管区域收归西藏地方政府管理，拉达克为西藏地方政府的藩属。拉达克每三年向达赖喇嘛和西藏地方政府缴纳年贡，史称“拉达克年贡”。

康熙二十五年（1686年，藏历第十一饶迥火虎年），西藏地方政府在阿里设置“噶本”，管辖范围包括今阿里全境和仲巴等地，下设四宗（普兰宗、扎布让宗、达巴宗、日土宗）、六本（左左本、那木如本、曲木底本、萨让如本、帮巴本、朵盖齐本）。甘丹才旺出任第一任噶本。

1951年6月，中国人民解放军进驻普兰宗。1959年，废除宗本管理体制。1960年5月，普兰县成立，归阿里专区管辖。普兰县辖巴嘎、霍尔、兴巴3个区。1999年撤区并乡，兴巴区更名为普兰镇，巴嘎区更名为巴嘎乡，霍尔区更名为霍尔乡，原各乡改为村。普兰县原3个区、10个乡、51个村改为1个镇2个乡、10个村、51个作业组。

至2010年年底，普兰县辖1个镇2个乡（普兰镇、巴嘎乡、霍尔乡），9个行政村（多油、科迦、赤德、西德、仁贡、岗莎、雄巴、贡珠、帮仁），1个居委会（吉让居委会），52个村民小组。

据2010年第六次全国人口普查统计，全县有2421户，总人口9657人，人口密度为每平方千米0.7人。其中，城镇人口1287人，农牧区人口8370人；藏族人口8712人，占总人口的90.2%；还有汉族、维吾尔族、回族等。

三

2001—2010年，随着改革开放的深入深化和西部大开发战略的实施，普兰县以强县富民为目标，探索完善县域经济发展战略，社会主义市场经济体制逐步建立，经济发展迅速，经济发展的质量和效益稳步提升。三大产业结构持续优化，地方财政收入快速增长，人民生活水平不断提高。

“十五”期间（2001—2005年），普兰县经济体制改革取得较大进展，社会主义市场经济框架基本形成，国民经济社会化、市场化程度普遍提高，对外开放格局基本形成。2001年，普兰县地区生产总值3732.8万元，其中第一产业1943.92万元、第二产业636万元、第三产业1152.88万元。社会固定资产投资1578万元，社会消费品零售总额900万元，本级财政收入153万元，农牧民人均纯收入1745.08元。

“十一五”期间（2006—2010年），普兰县按照“生态立县、产业富县、旅游兴县、边贸活县、城镇靓县”的发展战略，正确处理发展与稳定的关系，各项约束性指标保持年均两位数增长，外向型经济迅速发展，为普兰加快发展和长远发展奠定了坚实基础。2006年，科迦村被评为西藏自治区小康示范村。2008年，普兰县地区生产总值突破1亿元（11227.99万元），非公有制经济占地区生产总值的比重上升到10%以上。2009年，本级财政收入400万元，农牧民人均纯收入突破3000元（3190.62元）。

2010年，普兰县地区生产总值14744万元，其中第一产业3532.75万元、第二产业2500万元、第三产业8711.25万元，三大产业结构调整为24∶17∶59。社会固定资产投资6601万元，社会消费品零售总额2698万元；本级财政收入472万元，是2000年（111万元）的4.25倍；城镇居民人均可支配收入35292元；农牧民人均纯收入3702元，是2000年（1668.89元）的2.22倍。

普兰县为阿里地区粮食主产县，耕地面积1.1万亩。普兰县稳固农牧业基础地位，坚持执行“两个长期不变”（在坚持土地、森林、草场公有制的前提下，农区实行“土地归户使用，自主经营，长期不变”，牧区实行“牲畜归户，私有私养，自主经营，长期不变”）方针，加大科技、资金投入，调整农业种植结构，推广蔬菜种植，调整畜群结构，引进推广特色优良品种，农牧业稳步发展。2001年，农牧业总产值1390.5万元，农牧业收入1983.8万元。自2006年起，围绕农牧民增收和市场需求，调整产业结构，采取政策推动、服务促进、科技支持等措施，狠抓新农村建设、劳务经济发展等重点，农牧业和农牧区经济发展活力明显增强。2006年，农牧业总产值2328.4万元，农畜产品综合商品率60.2%。至2010年，粮食作物播种面积8681.85亩，粮食总产量2896.83吨。年末牲畜存栏13.43万头（只、匹），出栏4.44万头（只、匹），出栏率33%，肉类总产量552.01吨，奶产量732.67吨，绒产量15.22吨，毛产量68.16吨。农牧业总产值4806.17万元，农畜产品综合商品率53.1%。

普兰县工业基础薄弱，着力将优质资源、优质产业推向市场，开展多种形式的联合与合作，现代工业初见雏形，经济效益稳步增长。2003年，普兰县争取到国家和个人投资183万元，成立岗仁波齐矿泉水公司，10月1日正式投产并投放市场。岗仁波齐矿泉水公司日产矿泉水20吨，年产量超过4000吨。2009年，西藏阿里藏酿青稞酒业有限公司成立，年产青稞白酒50吨。扶持传统民族工业，手工业产品主要有服饰、帐篷、藏香、奶制品、木碗、果盘、杯套、卡垫、手工饰品、编织包、地毯等。

除粮食、食盐、石油、烟草等特殊商品外，流通市场全面放开。商贸服务业发展迅速，综合超市、专卖店等新兴销售形式涌现，市场网点遍布城乡，商品供应充裕。国营商业所占比重降低，个体、私营商业成为市场的主力军。2010年，社会消费品零售总额2697.96万元，是2001年900万元的近3倍。

普兰县实施“边贸活县”战略，利用与印度、尼泊尔毗邻的地缘优势，加强横向经济联合，边贸投资环境显著改善，国外商户逐年增加。2002年，普兰县举办第三届普兰口岸边贸物交会，商品成交额921万元。10月，唐嘎国际边贸市场竣工。边境贸易总额突破1280万元。2006年，普兰口岸实现四季通商。2010年，普兰县国外商户达到300家，进出口总额2457万元。

普兰县依托旅游资源优势，加大旅游开发力度，完善旅游基础设施，旅游接待能力和服务质量不断提高，旅游市场不断成熟、扩大。2002—2010年，普兰县累计接待国内外游客309248人次，实现旅游收入6044.97万元。2010年，参与旅游接待人员1386人（农牧民旅游从业人员1019人），接待国内外游客28573人次（外宾7012人次，内宾21561人次），旅游总收入1495万元。

普兰县在扶持传统民族工业的同时，在种植、养殖、农产品加工、运输、汽车维修、饮食服务、采矿、劳务输出等行业发展多种经营，培育西德糌粑加工厂、吉让预制厂、岗莎扶贫家庭旅馆、吉吾温泉澡堂、吉吾宾馆、岗措公司、西德农机维修厂、雍措旅馆和扶贫加油站等农牧民经济合作实体。至2010年，全县从事多种经营生产的有568户1050人，多种经营总收入1200万元，乡镇企业创收327万元。

城乡储蓄存款不断增长。2010年，普兰县金融机构存款总额14688万元，比2001年年末增长8.4倍，其中城镇储蓄存款13607万元，农牧区存款1081万元，比

2001年年末增长5.2倍。

四

2001—2010年，随着改革开放的深入深化和经济发展，普兰县基础设施建设得到全面加强，建成一大批交通、通信、水利、电力项目。交通、通信、水利、电力等条件的改善，制约经济社会发展的“瓶颈”得到进一步缓解，增强了经济发展的后劲。

普兰县通外公路主要有219国道、207省道（巴嘎至斜尔瓦）、强拉及丁嘎口岸通道，有省级砂石道路通往札达县和革吉县，有简易砂石土路连接县内乡村，有传统道路通往尼泊尔西北部和印度北部。2001—2010年，普兰县推进交通综合运输体系建设，狠抓农村公路建设，优化路网结构，交通运输条件大为改善。2006年，基本实现村村通公路。2007年，对207省道巴嘎至斜尔瓦段进行四级油路改造，2008年建成通车。2010年，全县公路总里程1120千米，其中乡村公路通车里程490余千米，基本实现乡、村通汽车。普兰至拉萨年平均客运量6000余人次，普兰至狮泉河年平均客运量4000余人次。2010年7月1日，阿里昆莎机场通航，进出普兰更加方便快捷。

普兰县通信业发展迅猛，通信基础设施建设成效显著，GSM（2G，也称第二代移动通信标准）、TD（3G，也称第三代移动通信标准）以及传输网络呈快速发展趋势，移动电话普及率快速提高，综合通信能力显著增强。至2010年，普兰县实现县、乡、村2G、3G全覆盖，普兰构建起全方位、多层次、多元化的电信服务体系。

普兰县加快城乡建设步伐，城区重点向南部拓展，完善城区功能，有效提升城区服务水平。实施文化广场、客运站、普兰会堂、县城给排水工程、霍尔乡市政道路、县卫生服务中心、县文化广播电视中心、农牧民安居工程、廉租房及附属设施、农牧民培训中心、县城改造、科迦村容村貌整治、科迦寺维修工程、文化馆维修工程、配套县完小语音室等项目，城乡面貌焕然一新。

普兰县为改善群众用水条件，投入大量资金建设各类水利工程，实施人畜饮水工程，解决农牧民群众和牲畜的饮水问题。建设水电站，实施三期农网改造项目，供电质量显著提高。2003年8月，斜尔瓦水电站开工建设，装机容量30千瓦，2005年6月完工。2004年5月1日，多玛水电站开工建设，装机容量2×55千瓦，同年10月完工。

五

2001—2010年，普兰县教育、文化、卫生、社会保障等各项社会事业取得长足发展。

普兰县将发展教育事业作为一项重要基础工程，本级财政对教育投入逐年增加，办学条件得到改善，师资队伍不断壮大，教育质量不断提高，广大少年儿童接受义务教育的权益得到保障。全县有幼儿园2所，小学5所，九年一贯制学校1所。2007年，小学在校生1063人，适龄儿童入学率98.1%；初中在校生362人（包括职业班80人），初中入学率91.14%。享受国家“三包”（包吃、包住、包着装费）政策1217人，其中小学861人，初中356人。2009—2010学年，全县有小学教师62人，其中专任教师59人（包括幼教2人）；有中学教师28人，其中专任教师23人。2000年普兰县通过自治区“普六”（普及六年义务教育）评估验收，2004年通过自治区“扫盲”评估验收，2006年通过自治区“普九”（普及九年义务教育）评估验收。

2001—2010年，普兰县整合国家投资、支援资金和地、县财政资金，推进文化设施、文化队伍建设，加强风俗文化、民族服饰文化整理保护工作，公共文化服务覆盖面进一步扩大，服务功能和水平显著提高。2004年，普兰县民间艺术团挂牌成立，为西藏首批县级民间艺术团。2006年，科迦村被评为全国文明村镇。2007年，建设县文化广播电视中心。2009年，新建文化广播电影电视大楼。2010年，实施普兰镇文化站建设项目。至2010年，普兰县有业余群众文艺团队5个（科迦藏戏团、西德果尔子舞团、赤德仲舞团、多油宣舞团、巴嘎牧民文艺团）。全县有国家级非物质文化遗产1个，自治区级非物质文化遗产5个，自治区级非物质文化遗产传承人1人。

2001—2010年，普兰县深入推进“村村通”工程、农村电影“2131工程”（在21世纪初，基本实现全国农村一村一月放映一场电影的目标）等，改善广播电视设施，扩大信号覆盖面，信号质量大幅度提高。2001年，普兰县有县级电视转播台1座，县级调频转播台1座，乡村广播电视收转站25座。至2008年，全县累计建立“村村通”基站125座，其中广播电视单收站101座、收转站13座、广播收转电视单收站11座，普兰县基本实现广播电视全覆盖，牧区广播电视覆盖率在88%以上。2009年，有线电视节目增至42套。2010年，“村村通”工程覆盖率92%，“户户通”工程覆盖率85%，普兰台自办节目开播，有线电视用户800余户。推进电影“2131”工程。2001年，普兰县有县电影站1座，乡镇电影队2个。至2010年，乡镇电影队增至3个，全县电影放映机更新为数字电影放映机。

至2010年，普兰县有国家级文物保护单位1家（科迦寺）；自治区级野外文物保护点4个（贤柏林寺、古宫拉康、那曲宗普洞窟、西德观音碑），其中自治区级文物保护单位寺庙2家；县级野外文物保护点17个，其中县级文物保护单位寺庙（拉康）11家。

普兰县深化卫生体制和城乡医疗制度改革，逐步健全医疗网络，完善医疗设施，提高医务人员素质，卫生事业得到全面进步，人民就医条件大大改善。至2010年年底，普兰县有县级医疗机构1个（县卫生服务中心），乡级医疗机构2个（巴嘎乡卫生院、霍尔乡卫生院），床位35张，卫生技术人员51人；各行政村设有卫生室，配有乡村医生、接生人员。普兰县形成县、乡、村三级医疗卫生网络，基本实现“小病不出乡、大病不出县”。着重开展传染病、地方流行病的预防和治疗，地方病、传染病、多发病得到有效控制，人民健康水平显著提高。1998年，普兰县在兴巴区开展新型农村合作医疗试点工作。2002年，在巴嘎、霍尔两乡全面推广农村合作医疗。2005年，普兰县单独建立学生合作医疗制度。至2010年，普兰县有农牧民1614户、7874人，全部参加合作医疗。全县设立各级合作医疗点11个。

普兰县健全社会保障体系，逐步建立以养老保险、医疗保险为主体，失业保险、工伤保险、大病保险、生育保险等为补充的社会保障体制。2010年7月1日，普兰县正式启动新型农村社会养老保险工作。2010年，全县城镇职工养老保险参保86人；新型农村社会养老保险参保3502人，上缴养老金37.86万元，年满60周岁及以上享受养老金人数687人，发放养老金22.64万元。城镇职工基本医疗保险参保680人，城镇居民基本医疗保险参保204户290人。城镇职工生育保险参保596人，失业保险和工伤保险参保198人。

2002年，《西藏自治区实施〈城市居民最低生活保障条例〉办法》制定出台。普兰县按照“应保尽保、应保才保、分类施保”要求，健全完善低保工作机制。2007年，启动农村最低生活保障工作。至2010年，全县有低保对象355户、762人，其中城镇低保对象33户、54人，农村低保对象322户、708人，落实保障金585424元。

普兰县坚持“国家定补、集体统筹、群众服务”的原则供养五保户，供养方式从分散供养逐步调整为分散供养与集中供养相结合，按时落实五保供养金，基本实现有吃、有穿、有住房、有病可治和有人照料。五保户供养标准从2002年每人每年482元提高到2010年每人每年2000元。2010年，全县有27户30人被纳入五保供养范围，其中集中供养9人、分散供养21人，发放五保户供养金6万元。

普兰县利用国家扶贫政策，加大扶贫力度，拓宽扶贫途径，将扶贫与经济开发结合起来，因地制宜，采取项目扶贫、搬迁扶贫、劳务扶贫、对口帮扶等措施，取得了良好效果。2001年，普兰县有贫困人口624户、3323人。2001—2008年，普兰县脱贫1654人，贫困面下降5个百分点。扶贫开发有效缓解了普兰县贫困状况，有效改善了贫困地区的基本生产条件，促进了农牧区经济社会持续、快速、健康发展。

六

普兰县坚持以习近平新时代中国特色社会主义思想为指导，紧紧围绕稳定、发展、生态、强边四件大事，深入实施“五五战略”（实施五大工程、打造五张名片），进一步夯实普兰长治久安和高质量发展的基础。持续补齐农村基础设施短板，巩固提升贫困人口脱贫成效，脱贫攻坚成果持续提升。2018年，普兰县贫困发生率降至0.37%，10个贫困村（居）全部退出，实现自治区级脱贫摘帽。2020年，普兰县决战决胜脱贫攻坚，完成贫困人口清零目标，彻底消除了绝对贫困。

站在新的历史起点上，中共中央、国务院关心支持民族地区、边疆地区加快发展的力度不断加大，西部大开发、“一带一路”倡议、区域协调发展和乡村振兴等国家战略红利持续释放，西藏自治区加快南亚大通道建设、打造“重要的世界旅游目的地”的力度空前，普兰支线机场、巴嘎乡（塔尔钦）国际旅游小镇等重大项目建设步伐不断加快。

展望未来，普兰县将高举中国特色社会主义伟大旗帜，坚持以马克思列宁主义、毛泽东思想、邓小平理论、“三个代表”重要思想、科学发展观、习近平新时代中国特色社会主义思想为指导，深入贯彻落实党的二十大精神和中央第七次西藏工作座谈会精神，习近平总书记关于西藏工作的重要论述和新时代党的治藏方略，贯彻落实西藏自治区第十次党代会精神，坚持以人民为中心的发展思想，以推动高质量发展为主题。普兰人民将继续发扬艰苦奋斗、顽强拼搏的精神，同心同德，励精图治，解放思想，锐意进取，抢抓机遇，攻坚克难，努力开创普兰长治久安和高质量发展的新局面。

第一篇　自然地理与生态保护

普兰县地处冈底斯山脉南缘，地貌类型大致可分为高山峡谷地貌区和高山宽谷地貌区两个综合地貌区。山系有喜马拉雅山脉和冈底斯山脉，高山较多，海拔6000米及以上山峰13个。气温偏低，昼夜温差大，四季不明显，寒冷期长、温凉期短；干湿季分明，降水较少，多集中在6—9月；日照充足，太阳总辐射强；多风。河流主要有马甲藏布（孔雀河）、朗钦藏布（象泉河）的河源部分、达却藏布（马泉河）的河源部分，以及玛旁雍错、拉昂错和公珠错的支流水系。主要有玛旁雍错、拉昂错和公珠错3个湖泊，均为内陆湖。

土壤类型有高山寒漠土、高山草甸土、高山草原土、亚高山草原土、草甸土、寒原盐土、潮土、灌淤土、灌漠土、新积土、石质土、沼泽土。植被类型有高山寒漠植被、高山草甸植被、高山灌丛草原植被、高山草原植被、灌丛草原植被、亚高山草原植被、亚高山荒漠草原植被、草甸植被、沼泽植被。普兰县自然资源丰富，农田、草场广阔，耕地面积1.1万亩，主要农作物有青稞、小麦、豌豆、油菜等；草场面积1136万亩。有苔藓植物3科、4属、7种，种子植物38科、119属、287种，其中裸子植物1科、1属、2种，被子植物37科、118属、285种。有脊椎动物5纲、20目、44科、77属、100种，其中哺乳纲6目、12科、20属、25种，鸟纲12目、27科、51属、65种，爬行纲2科、2属、2种，鱼纲2科、3属、7种，两栖纲1科、1属、1种。矿产资源较为丰富，有铬、镍、钴、铜、砂金等金属矿产，盐类矿产和石灰岩、石膏等非金属矿产。太阳能资源丰富，总辐射和直接辐射值都很高，年总辐射每平方米6000～8000兆焦耳，太阳能资源稳定，全年均可利用。

普兰县各种自然灾害频繁，主要自然灾害有雪灾、雨灾、旱灾、雹灾、风灾、地震、泥石流等。

普兰县开展环境保护、环境监察和环保宣传工作，为保护生态环境营造良好的社会氛围，规划建设县城居住绿地、休闲绿地、单位绿地和风景林地，加强对普兰生态公园绿地和相关园林建设，创建卫生城市、生态环境良好城市。

第一章　地质　地貌

第一节　地　质

青藏高原在漫长的隆起过程中，经历了海西、印支、燕山和喜马拉雅等造山运动。直到晚白垩世至渐新世、中新世，印度板块和欧亚板块相撞，特提斯洋消失，以蛇纹岩为重要特征的洋壳以构造侵位方式挤到大陆边缘，青藏高原初具雏形。上新世以来，青藏高原迅速整体隆起，造就了青藏高原。其间，因强烈褶皱和断裂活动而发展成为接近平行的巨大纵向冲断层和近于等距的北东走向的横向大断裂。就隆起年代而言，高原由北向南逐渐年轻。普兰县段地处冈底斯山脉南缘，位于高原西南角，为青藏高原隆起的最年轻褶皱带。

普兰县以冈底斯山脉南麓山前北东走向的大断裂为界，东起公珠错，西至玛旁雍错北岸，向西延伸到噶尔县门士乡的噶尔藏布现代河谷，为印度板块向欧亚大陆板块俯冲的陆地缝合线。该缝合线构成地质年代的明显分界线。

缝合线北部地质年代略晚，属燕山晚期冈底斯山褶皱带，主要由白垩系和第三系组成。其始新统之下部多为砂岩、砾岩，中部多为巨厚的灰色砾岩，不整合覆于白垩系灰岩或燕山花岗岩之上，构成山前凹陷的磨拉斯沉积。该带岩浆活动强烈，其岩浆侵入和火山喷发主要发生于燕山运动晚期到喜马拉雅运动早期，而致褶皱强烈，造就了大量火山地貌。在冈仁波齐峰南麓，发现超基性岩出露，且多侵入白垩细砂页岩地层。该带位于冈底斯山南坡，古代冰川十分发育，第四纪地层出露较好，加之近代洪水冲积作用强烈，山前倾斜平原和洪水冲积地貌较发育，分布普遍。

缝合线以南为喜马拉雅山褶皱带（青藏高原最年轻的褶皱带），就宏观而言，属青藏高原雅鲁藏布—阿伊拉山脉缝合带西段。缝合带较宽，县境南部的斜尔瓦—科迦—普兰大断裂与北部冈底斯山前大断裂间的地段均可划入。该带具有前寒武纪的硬结基底，主要由海相地层组成，基本上属不变质的巨厚沉积岩系（时代为早奥陶世至始新世），为浅水或稳定水域的地台环境。因喜马拉雅造山运动的褶皱上升，伴以强烈的断裂活动，地质构造极其复杂，地层强烈变形，大量褶皱倒转，泥砾混杂岩和蛇绿岩混杂发育成为喜马拉雅山地槽地区的重要特征之一。

该褶皱带有三叠纪、晚白垩纪到第三纪的地层出露，并有巨大的超基性岩侵入，构成规模可观的蛇绿岩带（始新世上升）。主要出露于拉昂错南岸浅切高山带，在假彩色和称卫片上呈特殊的暗绿色，东西长约50千米，最宽处13千米。岩石多为方辉橄榄岩，矿物以橄榄石、斜方辉石、单斜辉石为主。

南部沿马甲藏布河谷分布的普兰—科迦—斜尔瓦大断裂，出露有群体分布的脉状电气石花岗岩岩体，呈北西西—南东东延伸。马甲藏布北岸多为片岩、片麻岩和混合岩组成的前寒武纪结晶岩系，南侧出露喜马拉雅特提斯沉积带的下古生界地层，由板岩、前枚岩、夹结晶灰岩组成的浅变质岩系，离断层较远的岩体则由粗到中粒电气石花岗岩组成。主要由钾钠长石（45%）、斜长石（20%）、石英（30%～35%）、电气石（1%～3%）、白云母（1%～3%）、石榴石（1%）、磷灰石等组成。在马甲藏布两岸阶地的多数地段，早更新世贡巴砾岩分布广泛，多不整合覆于其上。

第二节　矿　产

普兰县矿产资源较为丰富，有铬、镍、钴、铜、砂金等金属矿产，盐类矿产和石灰岩、石膏等非金属矿产。

铬铁矿地处印度—雅鲁藏布江缝合带，为弧前沉积增生楔。出露地层为上三叠统—白垩系硅质岩、砂岩和灰岩。铬铁矿产于拉昂错超基性岩体中，在岩体内发现46个铬铁矿化点（原生矿点19个，矿转石分布点27个），绝大多数产于纯橄榄岩相，5个产于方辉橄榄岩相。原生矿体呈透镜状（豆荚状）、短脉状、不规则状等，围岩是纯橄榄岩（仅见1个矿体产于方辉橄榄岩），绝大多数与围岩之间呈突变接触，少数呈渐变过渡。

第三节　地　貌

一、地貌分区

普兰县地貌类型可分为高山峡谷地貌区、高山宽谷地貌区两个综合地貌区。

（一）高山峡谷地貌区

高山峡谷地貌区分布于阿伊拉山脉南端及其延伸与喜马拉雅山脉之间，即西兰塔—拉昂错南岸—玛旁雍错南岸—纳木那尼西坡及南坡，概括为马甲藏布流域所含的高山、谷地及丘陵，主要特征为山高谷深，坡陡水急，地貌复杂。具体可分为高山地貌、河谷地貌、冰川地貌、冰缘地貌等。

1. 高山地貌　该区山脉均属喜马拉雅山系，为典型的深切高山，山峰陡峻，平均海拔在6000米以上。纳木那尼峰及周围诸峰高6902～7694米，中尼交界东段纳拉更格尔岗日诸峰高6002～6395米，西段古壤斯康日诸峰高6368～6644米；中印交界段诸峰高6022～6477米。山脊分水岭多为冰川和永久积雪。谷底高程除马甲藏布上游源头段外，均在3900米以下，最低点为中尼交界的斜尔瓦河谷，河床高3633米，切割深度在1000米以上，与山岭的绝对高差在2000米以上。

2. 河谷地貌　河谷地貌为该区重要地貌单元，即马甲藏布河谷地貌。马甲藏布发源于喜马拉雅山脉北坡新拉布察西南，流经科迦村斜尔瓦组后，横穿喜马拉雅山脉流入尼泊尔境内，称卡尔纳利河，为恒河支流哥格拉河上游。在中国境内河长110千米。马甲藏布为主要沿断裂发育的构造河流，在东移以下，马甲藏布斜切古生代地层，顺北西—南东向断裂带流动。断裂规模较大，在普兰至斜尔瓦一带断层破碎带宽200余米，喜马拉雅晚期的白云母花岗岩顺断裂带侵入。在普兰至科迦一带有一套上新世河流相和湖相地层，总厚200～300米。马甲藏布平均纵比降16.1‰，源头部分（马羊浦）纵比降39.3‰，茄勒至仁贡段纵比降12‰，仁贡至普兰县城为10.1‰，普兰县城以下为8.4‰，其中普兰县城至科迦段纵比降最小，为7.5‰。仁贡以上和科迦以下河谷狭窄，宽几百米，阶地和河漫滩不发育；仁贡和科迦之间河谷宽6～7千米。

普兰县城以下河谷两岸阶地十分发育，一般有4～5级阶地，部分地段多达8级，多属堆积阶地。其中，2级、3级阶地海拔3800～3970米，高出河面20～50米，宽达百米以上，普兰县95%以上的耕地分布于此。普兰县城附近的5级阶地分别高出河面6米、20米、40～50米、80米、200～300米，是堆积或基座阶地，基座由上新世砂砾岩或老基岩组成。

普兰一带在第四纪时期，经历过4次冰川作用，故马甲藏布河谷中的侵蚀和加积作用除受新构造上升影响外，同样受到冰期和间冰期气候交替作用的影响。8级阶地形成于第一冰期和间冰期，5、6、7级形成于第二次冰期和间冰期，3级阶地形成于第三次冰期和间冰期，2级阶地形成于最后一次冰期。

3. 冰川地貌　该区现代冰川地貌和古冰川遗迹地貌均分布广泛。现代冰川以山谷冰川和冰斗山谷冰川为主，伴以少量的悬谷式冰川。纳木那尼有冰川33条，总面积107平方千米，其中西坡有7条，面积22.9平方千米，均发育于深切谷地之上部（仁贡区域为冰斗山谷冰川，雪线5700米，冰舌长2.5千米，面积13平方千米）；南坡以小型悬谷式冰川为主，共11条，面积27.9平方千米。在现代冰川的外围分布着不同时期的古冰川沉积物，如普兰县城西南丁嘎山口附近的扎纳河（马甲藏布支流）两旁谷底保存着十分发育的“U”形古冰川沉积，其两岸古冰碛平台、冰碛阶地、终冰碛垄合冰碛残山均保存完好。

普兰丁嘎普里山一带的扎纳冰川有3支冰流相互连接的小型山谷冰川，面积6.5

平方千米。

4. 冰缘地貌　普兰县大部分地区海拔在4500米以上，因此冰缘地貌较发育。有以寒冬风化作用为主形成的石柱、土柱、岩屑锥、岩屑裙、岩屑坡、石海、石河、平底谷等，以融冻作用为主形成的舌状泥流、鳞片状草皮坡坎、泥流扇、冰川式泥流、泥流阶地等，以冻胀分选作用为主形成的石多边形、斑状土、石堤、石带，以冻胀作用为主形成的冻胀石笋、冻胀丘、冰锥等。

（二）高山宽谷地貌区

高山宽谷地貌区位于普兰县北部，包括巴嘎乡、霍尔乡大部分地区，主要由高山地貌、宽谷地貌、高山冰川和湖泊地貌组成。

1. 高山地貌　该区山岭平均海拔在5500米以上，超过6000米的山峰有纳木那尼（7694米）、冈仁波齐（6656米）等，其余均在5500～6000米，如巴嘎乡班摩确散以北的琼米波峰海拔5587米，霍尔乡西北的彭泽阿加布惹峰（又称彭哲峰）海拔5957.7米，霍尔东北的俄布扎峰海拔5670米，麦多丁峰海拔5774米，乌珠峰海拔5777米，马攸木拉山口西北的拉惹岗巴峰海拔5664米。

冈底斯山脉西段主峰冈仁波齐峰雄伟陡峻，岩层近水平，为水平胎生造就的山峰，峰顶上半部终年积雪，面积1.36平方千米，雪线海拔6000米。该山体之冰川以小型的山谷冰川、悬冰川和悬谷冰川为主，雪线海拔5800米，冰舌末端海拔5650米。其东北坡为典型的冰斗山谷冰川，长2.4千米，面积3.06平方千米，冰川末梢海拔5300米，其下发育2条冰面河流，冰舌末端没于冰水扇上，为较大的雪崩冰川。现代冰川外围多有古冰川遗迹，古冰碛平台、高侧冰碛等地貌屡见不鲜。外围广泛分布着冰碛丘陵。冰川融水多汇入玛旁雍错、拉昂错。山体内部（5200米以上）从南向北发育多条窄而呈树枝状的高山沟谷，谷底为水草丰茂的草甸，谷坡则为高山草甸。山地绝对高差小于高山深谷区，山峰至山麓绝对高差在800～1000米，至谷底（海拔4600米）绝对高差约1500米，最高峰冈仁波齐至谷底绝对高差2000米。

2. 宽谷地貌　东起马攸木拉山口西坡，西经公珠错、玛旁雍错、拉昂错及其以西宽谷，至噶尔县门士乡噶尔藏布河谷，为一片宽广开阔的谷地。谷底为大断裂带，两旁地势开阔，北侧沿冈底斯山山麓—宽谷谷坡洪积地貌发育明显，不少地段如冈仁波齐峰山麓因冲沟径流多而形成彼此相连的洪积扇群。谷地两侧广泛出露古河床或古湖滨相的砾石层，巴嘎乡北部冈底斯山南麓砾石层顶面高程4800～4870米，组成高出现代河床250米的丘陵地形，说明冈底斯山不断抬升和湖泊水面不断退缩。谷地的冲积地段多属古代冰水沉积，而非现代流水沉积。谷底沿大断裂走向，水流量充沛，草甸、沼泽发育，宽谷地貌区为普兰县牧区最重要的草场。

3. 湖泊地貌　湖泊地貌在该区占地面积较大，从东到西有近于平行的三大湖泊：公珠错（咸水湖）、玛旁雍错（淡水湖）、拉昂错（微咸水湖）。

公珠错位于县境东部，近东西向条形，呈红薯状，属山间断陷盆地地貌。湖面海拔4790米，面积61平方千米。湖滨平缓，岸边为普兰县盐土、盐化沼泽土的集中分布区。

玛旁雍错呈鸭梨形状，湖面海拔4588米，面积415.44平方千米（2009年），最大水深72.6米（2009年），水质清澈，透明度高，为普兰县最大的内陆湖泊。北岸有大片湖滨沼泽和湖滨平原，东岸和东南岸有广阔的湖岸阶地。

拉昂错位于玛旁雍错以西，又称“里昂错”“郎阿错”“拐湖”，佛经记载称“毒海”，俗名“鬼湖”，呈拐子状，酷似人的胳膊肘，南北长、东西窄，湖面海拔4573米（比玛旁雍错低15米），面积261.36平方千米（2009年）。北岸有广阔的湖滨草原，东、西、南三岸均为丘陵和山地。

二、山系

普兰县山系主要有喜马拉雅山脉、冈底斯山脉，高山较多。喜马拉雅山脉位于县境南部，纳木那尼峰（喜马拉雅山脉西段主峰）海拔7694米。冈底斯山脉位于县境北部，为东南—西北走向，冈仁波齐峰（冈底斯山脉西段主峰）海拔6656米。

普兰县海拔6000米以上山峰统计表

表1-1-1

山峰名	所在乡（镇）	所在村（居委会）	海拔（米）
纳木那尼	普兰镇	仁贡村、多油村	7694
古拉	普兰镇	仁贡村	6902
冈仁波齐	巴嘎乡	岗莎村	6656
公扎次仁	普兰镇	多油村	6477
岗次仁玛	普兰镇	西德村	6329
曲茹色多	普兰镇	多油村	6320
尼普祖	巴嘎乡	岗莎村	6218
拉桑	普兰镇	西德村	6189
无名	巴嘎乡	雄巴村	6100
古尔巴多	霍尔乡	贡珠村	6099
宗嘎布	巴嘎乡	岗莎村	6038
娜入	普兰镇	吉让居委会	6010
岗托布峰	普兰镇	科迦村	6000

第二章　气候　物候

第一节　气候特征

普兰县海拔较高，空气稀薄，清洁度大，日照时间长，太阳总辐射强。地形和海拔高度对气温的影响大于纬度对温度的作用，致使各地区的气温分布差异较大，垂直变化较明显。气温偏低，春季升温迟缓、夏季短促、秋季降温快、冬季漫长，寒冷期长、温凉期短，没有明显四季之分。海拔4500米以上的地区温凉期在100天以下，植被生长期短。降水较少，多集中在6—9月，干湿季分明。多雷电、大雪、冰雹、大风。

第二节　气候分区

普兰县可分为高原温带季风干旱气候区、高原寒带季风半干旱气候区两个气候区。

一、高原温带季风干旱气候区

高原温带季风干旱气候区主要包括普兰镇，气温年较差较大，达22.5℃，南北热量水平不同，冬季寒冷，夏季温和，年较差、日较差均较大，反映了大陆性气候的特色，除雨季有较大的降水外，干季也有较丰富的降水。

二、高原寒带季风半干旱气候区

高原寒带季风半干旱气候区主要包括巴嘎乡、霍尔乡，气温年较差较大，在23℃以上；寒冷干燥，最暖月平均气温9℃左右，最冷月平均气温在-10℃以下；平均风速较大，在3.2～4.6米/秒，大风多出现在冬、春季。

第三节　气象要素

一、日照、太阳辐射

普兰县地处高原内陆，晴多雨少，日照充足，年日照时数3184.4小时。日照时数分布从南部边境地带向北逐渐增多。日照时数随季节变化，由冬至夏渐增，月际变化呈双峰形，5月为主峰（305.8小时），10月为次峰（289.9小时），2月最低（226.7小时）。5—9月平均日照时长在14小时以上，属长日照区域。日照百分率冬、春大于夏、秋。

2001—2010年普兰站月平均日照时数统计表

表1-2-1　　单位：小时

月份	平均日照时数	月份	平均日照时数
1月	227.2	7月	264.5
2月	226.7	8月	252.5
3月	276.9	9月	258.7
4月	284.1	10月	289.9
5月	305.8	11月	263.5
6月	289.1	12月	245.5

普兰县由于海拔高、空气稀薄、大气透明度好，云量少，加之纬度低，日照时间长，总辐射和直接辐射值都很高。年总辐射量每平方米6000～8000兆焦耳，其分布由南往东北递增。普兰县太阳总辐射年际变化小，资源稳定，一般最高出现在5—7月，最低出现在1月，月总辐射值每平方米318.5～510.9兆焦耳。总辐射的年振幅为每平方米200～430兆焦耳。直接辐射每平方米3600～5800兆焦耳，北部霍尔等地为每平方米6000兆焦耳以上。日照时数大于或等于6小时的天数在275～330天，年日照率73%，全年太阳能均可利用。

二、气温

普兰县气温年较差小，由南向北递减。气温年内变化规律：1月最冷；4月气温开始回升；5月、6月气温上升快，幅度6～7℃；7月、8月气温最高；9月开始降温；10月以后降温较快，11月降温幅度6～9℃。

气温日较差大，其原因是日照充裕，太阳辐射强，白天地面受热剧烈气温升高，夜间空气保温效应弱，辐射散热快，气温迅速降低。

2000年前后，普兰县年平均气温4.3℃，最热月（7月）均温13.7℃，最冷月（1月）均温-8.2℃。极端最高气温34.5℃，极端最低气温-29.4℃。

随着全球气候的变暖，普兰县气温也趋于增暖。

2001—2010年普兰县平均气温统计表

表1-2-2 单位：℃

年份	1月	2月	3月	4月	5月	6月	7月	8月	9月	10月	11月	12月	年均温
2001	-8.2	-3.5	-2.3	1.9	9.2	12.9	15.4	14.2	10.5	5.7	0	-4.3	4.3
2002	-7.5	-7.6	-5.5	3.5	8.6	12.8	14.9	13.6	9	3.9	-0.8	-3.3	3.5
2003	-6.3	-6.5	-1.3	3.5	5.5	12.6	14.5	14.4	11.5	4.7	0.1	-4.2	4
2004	-7.2	-5.5	2.5	5.1	8.8	12.1	14.4	13.6	11.4	3.8	-0.6	-2.2	4.7
2005	-8.7	-6.5	0.1	2.4	6.5	11.7	14.6	14	11.3	5	-0.6	-4.9	3.7
2006	-3.5	0.4	-0.7	3.2	10.2	11.8	14.9	13.6	11.3	4.8	-0.3	-4.6	5.1
2007	-3.9	-4.2	-3.5	5.8	8.8	13.3	15	14.4	11.4	4.7	0.2	-3.5	4.8
2008	-7.3	-5.7	0	3.5	7.7	13.7	14.8	14.2	8.7	4.2	0.9	-2.3	4.4
2009	-3.1	-3.4	0.4	4.2	7.6	12	15	14.2	10.6	2.1	-3.4	-7.1	4.1
2010	-7.4	-6.6	1.5	5.4	8.6	11.4	14.4	14.3	11.5	5.6	1.5	-4.4	4.6

三、降水

普兰县年平均降水量147.1毫米，降水量分布总趋势为南部多于北部、山地多于平地。降水年内分配相对均匀，6—9月降水量占年降水量的48.5%。受季风势力强弱、进退以及暖湿气流的影响，夏季高温多雨，并以夜雨为主；冬季降雪集中在11月至次年3月。普兰站年均降水日数97.6天。

2001—2010年普兰站降水量、降水日数统计表

表1-2-3 单位：毫米、天

年份	1月	2月	3月	4月	5月	6月	7月	8月	9月	10月	11月	12月
2001	10.5	8.2	42.5	1.7	3.3	6.7	13.6	16.7	1.6	1.2	7.6	0
2002	13	31.5	45.9	14.9	1.9	0.1	10.5	56.6	8.1	0	4.8	1.5
2003	6.3	23.3	4.3	31.1	16.9	0.8	4.6	4.5	7.4	0	0	0
2004	16.5	0	0	15.6	2.6	14.4	7.1	21.6	33.7	1.1	0	13.9

续表1-2-3

年份	1月	2月	3月	4月	5月	6月	7月	8月	9月	10月	11月	12月
2005	11.1	12.5	7.4	18.3	0.3	0.2	31.5	4.7	31.9	0	0	4.6
2006	0.6	2.7	8.1	28.2	0.9	6.5	42.8	35.3	2.6	0	2.1	9.2
2007	0	5.6	39.2	0	14.6	0.7	6.1	15	39.2	3.7	0	0
2008	34.5	0.8	1.9	14.7	16.3	8	16.9	6.9	115.3	0.6	0.2	0.3
2009	0.2	12.3	2.1	7.4	3.2	1.6	3	30.7	11.1	96.2	39.5	0.8
2010	2.4	26.6	6.6	16.6	2.8	10.9	25	50.8	5.4	0	1	2.5
平均降水量	9.5	12.4	15.8	12.7	6.6	5	16.1	24.6	25.6	10.3	5.5	3.28
平均降水日数	6.2	6.2	8.0	8.9	10.3	9.5	14.9	17.2	9.7	2.3	1.8	2.6

四、风

普兰县位于高空西风带和东南季风影响范围内，四季多风，夏、秋以东南风为主，冬、春多为西风，西风风力强劲，常引起沙暴。普兰县年平均风速为3.7米/秒。全年最多风向为南南西（SSW）。年均大风日数18.8天。

2001—2010年普兰县平均风速统计表

表1-2-4　　单位：米/秒

年/月	1月	2月	3月	4月	5月	6月	7月	8月	9月	10月	11月	12月	年
平均风速	3.5	3.6	3.7	3.5	4	4.4	3.9	3.7	3.9	3.7	3.1	3.1	3.7

2001—2010年普兰站平均大风日数统计表

表1-2-5　　单位：天

年/月	1月	2月	3月	4月	5月	6月	7月	8月	9月	10月	11月	12月	年均
大风日数	2.0	1.8	2.3	1.8	2.0	2.1	1.6	1.0	1.0	1.0	1.0	1.2	18.8

普兰年均有效风能密度为每平方米139.3瓦。年有效风力时数3505小时，各季有效风力时数分配较均匀，春、夏、秋、冬分别为884小时、982小时、854小时、785小时。高原风速有明显的日变化，一般在12—20时高原加热作用强烈，大气层结构最不稳定，此时风速大，最大风速19米/秒。风速日变化1月最显著。该种高度和实践上的不稳定降低了风能资源的开发利用价值和效果。

五、蒸发量、空气湿度、霜

普兰县日照强烈，常年多风，蒸发量较大，普兰站年平均蒸发量2361.9毫米。春、夏两季最高，秋季次之，冬季最低。

普兰站日平均相对湿度45%。

普兰县无霜期短，南部山区和北部纯牧区有时没有绝对的无霜期。普兰站除7月、8月外，其他月份都有霜出现。2009年11—12月，普兰县出现26天霜冻天气。2010年1—2月，普兰县出现21天霜冻天气。

第四节　物　候

普兰县随海拔高度、冷季长短差异，物候现象从南部河谷向北部高原湖盆地区推迟，河谷地区比北部早10天左右。

1—3月，普兰县冰雪封罩，草场枯萎，湖泊封冻。3—4月，地表开始解冻。5月上旬，牧草开始返青，青稞、小麦出苗，候鸟从南方飞越雪山，经马甲藏布河谷北飞至湖盆，开始产卵、孵化；下旬，树枝抽芽泛绿。6月上旬，油菜现蕾，牧草到饱青期；下旬，青稞拔节，玛旁雍错等湖鱼类产卵，牛羊下崽，雏鸟出壳。7月，青稞抽穗，草原上蘑菇等菌类出土，候鸟、成鸟换羽，牛羊换毛。8月，油菜终花，青稞乳熟，幼鸟羽长学飞。9月初，青稞、油菜成熟，牧草停止生长变枯黄，候鸟开始集结南飞。10月，普兰县进入风雪交织的漫长寒冬。

第三章　水　文

第一节　河　流

普兰县河流主要有马甲藏布（孔雀河）、朗钦藏布（象泉河）的河源部分、达却藏布（马泉河）的河源部分，以及玛旁雍错、拉昂错、公珠错的支流水系。

一、马甲藏布

马甲藏布（མ་བྱ་གཙང་པོ།），也称孔雀河，是普兰县最大的水系，发源于喜马拉雅山脉北坡兰毗雅山口附近的山峰（海拔5995米）北侧，源头称马羊浦，藏语称“马甲琼果”（མ་བྱ་ཆུ་འགོ།），海拔5400米。从源头北流，至茄勒与布朗玛布加曲汇合折向东流，至仁贡改向东南流，流经普兰县城、科迦村，至斜尔瓦出境，流入尼泊尔境内。在普兰县全长110千米，流域呈扇形，流域面积3063平方千米，年平均流量每秒9.6立方米，年径流量3亿立方米。

马甲藏布主要支流有章杰弄巴（章杰沟）、多油河、赤德浦曲、加兴曲、科迦纳瓦隆巴曲、西德龙木河等，这些支流均发源于喜马拉雅山北麓冰川，多是季节性河流，冬季枯水季节河床表层干枯，形成地下暗河。

二、朗钦藏布

朗钦藏布（གླང་ཆེན་གཙང་པོ།），也称象泉河。朗钦藏布有南北两条源头，南源发源于喜马拉雅山脉北坡雪峰附近的冰川积雪，位于普兰县，为正源；北源发源于普兰县巴嘎乡毒庆拉（土青拉）山峰南麓的冰碛湖（海拔约5420米），源头分布有湖泊和冰川，水系发育、河谷狭窄、山势较高。两条支流均属季节性河流，夏季冰雪融化，水流量大，冬季枯水季节，水流量小。

北源河流自源头向西南流，至索岗绒曲汇入处为上游段，河长57千米，平均坡降19.7‰。自热杰淌嘎折向西北流，经札达棍巴又逐渐转向西流。至热杰淌嘎进入开阔地带，左岸以低山为主，右岸地势平坦，有灌丛草地及荒漠地分布。主要支流亚尔钦曲（དབྱར་ཆེན་ཆུ།）、亚尔穷曲（དབྱར་ཆུང་ཆུ།）、卓布曲（上游段最大支流，发源于冈底斯山脉南坡，河长55千米，落差1260米，流域面积562平方千米）等均发源于右岸。

朗钦藏布涉及普兰、噶尔、札达三县，流域内地势东南高、西北低。

三、达却藏布

达却藏布（རྟ་མཆོག་གཙང་པོ།），也称马泉河，为雅鲁藏布江的上游，雅鲁藏布江在里孜以上称达却藏布。达却藏布有两个源头，一个出自色龙直布冰川、者龙玛布冰川，称杰玛央宗曲；另一个出自阿色甲果冰川，称库比藏布。

四、内流河

普兰县内流河主要为玛旁雍错、拉昂错和公珠错三大湖泊的支流供水系统，多为无名小河，河流源头均为冰川融雪，冬季封冻，夏季冰川积雪消融，形成众多的湖泊支流水系。

第二节　湖　泊

普兰县主要有玛旁雍错、拉昂错和公珠错3个湖泊，均为内陆湖。此外，热布杰错为雅鲁藏布江源头处的湖泊，是普兰县和仲巴县界湖。

一、玛旁雍错

玛旁雍错（མ་ཕམ་གཡུ་མཚོ།），藏语意为“永恒不败的碧玉湖”，曾名马法木错。位于北纬30° 34′ ~ 30° 47′ 、东经81° 22′ ~ 81° 37′ 。湖盆呈鸭梨形状，北半部宽、南半部窄，平均宽15.9千米，湖岸线平顺，周长83千米，湖水面积415.44平方千米，湖面海拔4588米，最大水深72.6米，蓄水量146亿立方米，湖水矿化度455.7毫克/升，是世界上高海拔地区少有的巨大淡水湖之一。水质清澈，透明度高。玛旁雍错被佛教徒视为“圣湖”。

玛旁雍错汇入的河流主要有扎藏布及萨摩河，扎藏布源于该湖东南喜马拉雅山北坡，河长71千米，流域面积861平方千米。

二、拉昂错

拉昂错（ལ་ངག་མཚོ།），藏语意为“有毒的黑湖”。位于北纬30° 40′ ~ 30° 51′ 、东经81° 06′ ~ 81° 19′ 。湖水面积261.36平方千米，湖面海拔4573米，略低于玛旁雍错，最大水深49米，蓄水量57亿立方米，湖水矿化度0.94克/升，为内陆微咸水湖。拉昂错流域面积2820平方千米。周围是天然牧场。因湖水不能饮用，且湖岸周围植物稀疏，故被称为“鬼湖”。

拉昂错与玛旁雍错原本为一个湖，后来因为地质变迁和气候变化被分割成两个湖泊。巴嘎乡雄巴村吉吾组河谷地带就是连接玛旁雍错与拉昂错的河道，在雨水充足的年份里，两湖通过这条河道连为一体。

三、公珠错

公珠错（གུང་རྒྱུད་མཚོ།），藏语意为“中流湖”，位于霍尔乡。呈近东西向条形，湖水面积61平方千米，湖面海拔4790米。湖水矿化度5.17克/升，为咸水湖。湖区年均气温0℃～2℃，年均降水量200～300毫米。湖水主要靠地表径流补给。

第三节　雅鲁藏布江源头

雅鲁藏布江为中国第五大河、西藏自治区第一大河。雅鲁藏布江河面海拔3000米以上的河段约占总长的3/4，是世界上海拔最高的一条大河。

一、雅鲁藏布江源头概况

雅鲁藏布江在里孜以上称达却藏布（马泉河），有三大支流，北源扎布弄藏布（马攸藏布）发源于冈底斯山脉南麓，中源杰玛央宗曲（ཅེ་མ་གཡུང་དྲུང་།）发源于喜马拉雅山脉北麓杰玛央宗冰川，南源库比曲发源于喜马拉雅山脉北麓阿色甲果冰川。

何为雅鲁藏布江正源，历来说法不一。1907年7月，瑞典探险家斯文·赫定实地考察后，认定库比曲为雅鲁藏布江正源。1939年，印度地理学家普拉纳瓦南达踏勘雅鲁藏布江河源区后，认为杰玛央宗曲为雅鲁藏布江正源。1976年，我国青藏高原综合科学考察队特设雅鲁藏布江干流组，确认杰玛央宗曲为雅鲁藏布江正源这一说法，至此，雅鲁藏布江源头之争尘埃落定。因普兰、仲巴两县以杰玛央宗曲河中心、杰玛央宗冰川中心分界，普兰、仲巴两县共同拥有雅鲁藏布江源头。

中科院寒区旱区环境与工程研究所冰冻圈科学国家重点实验室一项科研成果显示，1974—2010年，杰玛央宗冰川面积由21.78平方千米减少至20.67平方千米，冰川末端退缩768米，自2000年开始冰川末端退缩速度明显加快；冰湖面积由0.7平方千米增至1.14平方千米。造成杰玛央宗冰川和冰湖变化的主要原因是气温快速上升，降雨量明显减少，气候暖干化。研究发现，整个喜马拉雅山地区的冰川均处于退缩状态，杰玛央宗冰川末端后退速度远快于其他冰川。

二、考察调查

2013年，中国科学院专家到杰玛雍宗曲和色龙直布冰川进行调研考察，普兰县水利局、司法局、农牧局等相关单位和霍尔乡政府人员10余人陪同考察。根据实地调研考察，杰玛央宗曲流速每秒2.2米，流量每秒2.4立方米。杰玛雍宗曲位于杰玛央宗曲西侧，发源于色龙直布、者龙玛布（བྲག་ལུང་དམར་ཚོ།）两个冰川（均位于普兰县），流经区域均在普兰县内。者龙玛布冰川冰雪融水丰富，形成地表流水和地下潜流水。杰玛央宗曲和杰玛雍宗曲在马耳山前汇合后统称杰玛央宗曲。

杰玛央宗曲和杰玛央宗冰川，杰玛雍宗曲和色龙直布、者龙玛布2座冰川，冰川体量巨大，底部海拔均在5200米，左右两侧山体支离破碎，冰川被坠落的砂石半遮半掩。由于杰玛央宗曲和杰玛雍宗曲上部的冰川多次前进后退，河源地区残留下许多冰碛湖串联在河流上，杰玛央宗曲从河源往下游约35千米区间内，冰碛湖超过14个。海拔4600～4800米，两岸山岭连绵，山势和缓。宽谷盆地中曲流、牛轭湖、分汊河道广布，沼泽和湖沼较多，是优良的夏季牧场。

相较于杰玛央宗冰川、杰玛央宗曲，色龙直布、者龙玛布两处冰川体积总和更大，融水更加丰富，加之杰玛雍宗曲流程弯曲度更大，距离更长，流速更急，流量更大，流域面积更为广阔，从距离（长度）、流速、流量、水深和河床宽度来看，杰玛雍宗曲（冰川）雪峰流出的冰川融水距离（长度）、流速、流量都远超杰玛央宗曲（冰川）。

因此，普兰县人民政府根据调研考察组的报告，结合江河以距离（长度）、流速、流量认定主源头的方式，认定杰玛雍宗曲（冰川）为雅鲁藏布江的主源头，与民间传说认定的雅鲁藏布江源头发源于杰玛雍宗曲相符。竖立“西藏阿里普兰雅鲁藏布江之源”地理标志牌，用国家通用语言、藏文两种文字书写。

2016年6月24日，普兰县组织水利局、司法局、农牧局、方志办、林业局、文化局等相关单位和霍尔乡政府人员10余人到杰玛雍宗开展调研考察工作。考察组未见到2013年竖立的地理标志牌，重新竖立“西藏阿里普兰雅鲁藏布江之源”地理标志牌，在下方巨石上书写“雅江源，2016年6月24日”。

此次考察发现，雅鲁藏布江源头的冰川地貌、地形发生很大改变，色龙直布冰川向后退缩了150米以上，水流轰响，水流量非常大，流速更加急促，河床更加宽阔。色龙直布冰川前部冰舌出水口处有4股水流，三浊一清，从冰川底部中央冰洞流出的冰雪融水流量特大，流速异常湍急，裹挟着巨大的冰块（长、宽均为1.5米左右）、石块（长、宽均为1.3米左右）从冰川底部的冰洞奔流而出。同时，冰洞顶部融化的水滴快速滴落。经测量，冰河河床宽5米以上，边缘流水深度0.5米以上，中部流水深度1米以上，流速每秒3米，流量每秒3.6立方米。

第四章　土壤　动植物

第一节　土地资源

至2010年，普兰县土地根据利用现状可分为三级40类：一级8类，即耕地、园地、林地、牧草地、居民点及工矿用地、交通用地、水域和未利用土地。二级25类，即水浇地、菜地、果园、有林地、灌木林地、苗圃、天然草地、人工草地、城镇、农村居民点、独立工矿用地、特殊用地、公路、河流水面、湖泊水面、滩涂、冰川及永久积雪、荒草地、盐碱地、沼泽地、沙地、裸土地、裸岩石砾地、田坎、其他未利用土地。三级7类，即保灌水浇地、可灌水浇地、冬春放牧草场、夏秋放牧草场、非季节性放牧草场、临时性放牧草场、沙化石质化低质草场。

第二节　土　壤

一、成土母质

普兰县出露的岩石较复杂，这些岩石矿物成因类型复杂，形成种类繁多的母质。有各种基岩经冻融光热作用的残、坡母质，河流深积的冲积母质或者河流冲积与洪积同时参与成土作用的洪—冲积母质，还有冰碛物母质、重力堆积物母质、湖积物母质。

成土母质以寒冻风化的崩积冰碛物为主，风化度极低，多为花岗岩、板岩、片岩和页岩，在冈底斯山还有砂岩、灰岩及超基性岩，没有形成连续土被。

二、土壤类型

普兰县地形和地貌复杂，受气温、降水垂直变化及纬度的双重影响，土壤类型较多，其分布相对较为复杂。

（一）高山寒漠土

高山寒漠土是普兰县海拔最高的土壤，面积415.53万亩，主要分布在霍尔乡、巴嘎乡。该土类仅供科研，农牧业无利用价值，属待利用土。

（二）高山草甸土

高山草甸土分布于全县各高山海拔4600～5200米地带，面积85.32万亩，分布最广。土层厚度平均超过55厘米，是普兰县具有较大利用价值的高山土壤。

（三）高山草原土

高山草原土集中分布于海拔3500～4300米的亚高山带，即马甲藏布两岸，面积940.92万亩，广泛分布于普兰镇。该土分布线低，热资源相对较丰富，阳坡水利便利地段可垦为农牧用地。

（四）亚高山草原土

亚高山草原土赋存于马甲藏布流域海拔4000～4400米，面积63.1万亩，分布于普兰镇北部仁贡等地。上接高山草原土，下接谷地低凹处的隐性土壤。

（五）草甸土

草甸土主要见于发源于冈底斯山和喜马拉雅山的河流、支流及其冲沟的低阶地，在县境东北部广泛分布，面积54.72万亩。草甸土分为草甸土亚类、盐化草甸土和沼泽草甸土3个亚类。

（六）寒原盐土

寒原盐土主要分布于高山咸水湖缓岸湖滨，呈窄环状或点状分布，面积0.46万亩，土层含盐高。

（七）潮土

潮土主要分布于马甲藏布河谷的普兰镇各村，面积349.9万亩，上承灌淤土，下接耕种草甸土。该土种耕作层偏重，但结构良好，肥力高，有后劲，发老苗，为普兰县高产土壤。

（八）灌淤土

灌淤土为普兰县耕作历史最悠久、熟化程度最高、成土年龄相对最老、灌淤土层最厚、农作物产量最高、分布面积最广的农业土壤。主要分布于马甲藏布下游两岸古老农区的2～3级阶地及古老扇体之中下部，即普兰镇西南部，面积0.97万亩，占农业土壤面积的61.62%。土体质地基本均一，灌淤层均为轻—重壤质地，无明显的沉积层次，土体几乎无砾石，构造较单一。作物青稞长势良好，覆盖度>90%，亩产约300千克。

（九）灌漠土

灌漠土系荒漠化特征的自然土壤经人类垦殖、熟化而形成的独立土类，主要分布在马甲藏布南岸清水灌溉农区，在赤德、多油、西德村均有分布。作物青稞长势良好，亩产225千克。

（十）新积土

新积土主要分布于拉昂错、玛旁雍错缓岸湖滨的现代湖水浪击带，紧靠现代水面呈环状分布；马甲藏布现代河床两旁河漫滩、河心洲的卵石带；冈底斯山前现代流水冲积的富水冲积扇及洪积平原的现代洪积区。面积13.1万亩，占全县总面积的0.69%，集中分布在仁贡、岗莎、雄巴和贡珠4个村。

（十一）石质土

石质土分布于高峻陡峭山地，常与裸岩或高山寒漠土成复区分布。面积87.31万亩，除科迦、赤德、岗莎村无分布外，其他村均有分布，集中分布于冈底斯山脉。

（十二）沼泽土

沼泽土主要赋存于积水洼地、河漫地、湖滨、沼泽及洪积扇缘沼泽等地，东北部有广泛分布，面积1.43万亩。

第三节　植　被

一、植被分布

普兰县植被呈垂直分布规律，水平位置（南北）的两大山脉可分为两大垂直带谱：南部是喜马拉雅山高山深谷地貌区的纳木那尼—马甲藏布河谷—古壤斯康日垂直带谱，北部是冈底斯山高山宽谷区的冈底斯山南坡明哲峰—霍尔—玛旁雍错垂直带谱。

纳木那尼—马甲藏布—古壤斯康日植被分布垂直带：马甲藏布河谷1～3级阶地海拔3800～4000米为以青稞、豌豆为主的农作物分布带，属耕地土壤分布；3～5级阶地海拔4000～4300米为亚高山草原植被和亚高山草原土壤分布带；该带之上的6～8级阶地和山前洪积扇洪积台地和山地（北坡海拔4300～4500米，南坡海拔4300～5200米）为高山草原植被和高山草原土分布；北坡因水分条件较好，海拔4500～5000米处出现高山草甸化草原植被和高山草甸草原分布；海拔5000米以上至雪线为高山寒漠植被和高山寒漠土分布；雪线以上为冰川和永久积雪。

冈底斯山南坡因山前的三大湖泊玛旁雍错、拉昂错和公珠错而水分条件较好，高山植被和高山灌丛植被均发育较好，分布面广。其垂直分布规律：海拔4580米以下地区为草甸和沼泽复区分布带；4580～4600米地区为高山真草原分布带；4600～5100米地区为高山灌丛草原植被分布带；5000～5100米地区坡缓面宽，为高山真草原分布带；5100～5250米地区为高山草甸植被分布带；5100～5300米地区因明哲峰坡陡石多而几乎无植被；5700米以上地区为冰川和永久积雪（比喜马拉雅山升高500米）。

二、植被主要生态类型

（一）高山寒漠植被

高山寒漠植被集中分布于喜马拉雅山和冈底斯山雪线以下，海拔5200米以上的高山寒冻荒漠带。因山势高亢、气候严酷，基岩裸露，风化微弱，土质贫瘠，土层浅薄，空气缺氧，微生物活动微弱，植被覆盖极低，一般为1%～2%。优势种不明显，主要有红、黄、黑等颜色的漆皮地衣，多附生于砾石表面，呈斑状或凹状分布。石缝中时有雪莲、风毛菊、台状蚤缀、垫状点地梅等组成高山寒漠植被群落。一般上接雪线或裸岩，下连原始高山草甸（冈底斯山）或高山草甸草原（喜马拉雅山北坡古壤斯康日段），或高山灌丛草甸（喜马拉雅山北坡公达茨仁段），或高山草原植被（喜马拉雅山的纳木那尼阳坡和冈底斯山的较干燥地段）。该类植被无放牧价值。

（二）高山草甸植被

高山草甸植被为高寒气候条件下富水地段形成的高山植被类型，集中分布于冈底斯山寒漠植被以下阴坡，谷坡冲沟边坡和水分条件较好的缓岗、平台，面积甚大；喜马拉雅山北坡寒漠土带之下局部水分富集地段也有点、片分布，但多为发育尚处于初级阶段的原始高山草甸植被。

在“高、寒、冷、湿”的自然环境条件下，高山草甸具有草种丰富、覆盖度高、草地质量好、植株密度大等特点。高山草甸常伴生青藏苔草、圆穗蓼、报春花、毛茛、矮火绒草、垫状点地梅、风毛菊、羊茅等。盖度为35%～90%，一般年产鲜草15千克/亩，60亩草地可载畜1头（绵羊单位）。高山草甸分为高山草甸植被和原始高山草甸，前者分布面积较大，分布在海拔4400～5200米处，总盖度一般为60%～90%；后者分布在海拔5200米以上，其植被一般不连续，常与裸岩、石砾呈复区分布，且多伴生黄、绿、红、灰、黑等颜色漆皮地衣，台状蚤缀、垫状点地梅和金露梅等矮灌木，矮火绒草、风毛菊等垫状或莲座状植物，实属向冰缘植被过渡的类型，总盖度36%～40%，草群高度一般不足3厘米。

（三）高山灌丛草原植被

高山灌丛草原植被主要分布于冈底斯山南麓前山带和山前斜平原，西起西兰塔，东到公珠错，其间的拉昂错、玛旁雍错湖滨丘陵及浅切割高山，以及马甲藏布流域高原亚寒带气候带均有分布，海拔4300～5200米，其水分条件较好。高山灌丛草甸植被较差，一般上接高山寒漠植被或高山草原草甸植被。建群种为垫状变色锦鸡儿和紫花针茅，前者高10～20厘米，呈圆形匍匐状，分盖度25%～60%；后者高10～30厘米，分盖度10%～20%。一般年产鲜草100千克/亩（含灌丛），50亩可载畜1头（绵羊单位），宜放牧山羊或绵羊。

（四）高山草原植被

高山草原植被在普兰县分布最广，主要分布于冈底斯山和喜马拉雅山间地势平缓、排水良好、粗骨性较强的山前倾斜平原，山间宽谷、盆地、湖滨丘陵、浅切平缓山地、湖积平原和马甲藏布两岸4300米以上的高阶地等，海拔4300～5100米。植被类型较多，以紫花针茅群系和沙生针茅群系为主。其中，紫花针茅群系分布高程偏高，多在5000米上下，紫花针茅为建群种，草层高3～19厘米，总盖度40%～50%。草群以禾本科为主，占草类总量的60%以上，营养丰富，粗蛋白质含量高达14%，草质柔软、适口性好，宜放牧各类大小牲畜。产草量低，平均亩产可食鲜草低于20千克，一般100亩可载畜1头（绵羊单位），耐牧性较差，生态基础脆弱。在海拔相对较低而粗骨性较强的宽谷坡地、丘陵、浅切高山及马甲藏布阶地，以紫花针茅、沙生针茅群系为主，总盖度15%～54%，草层多高于紫花针茅群系，为10～20厘米，分盖度15%～30%，常伴生二裂委陵菜、轮叶棘豆、矮火绒草、砂生地蔷薇等，年产鲜草约25千克/亩，可食90%，一般60亩可载畜1头（绵羊单位），为普兰县主要放牧植被。

（五）灌丛草原植被

灌丛草原植被分布于亚高山带和高山向亚高山的过渡带（海拔3800～4400米），集中分布在马甲藏布上游段河谷，以变色锦鸡儿或印度锦鸡儿群系为主。灌丛均呈半球形组状，高25～60厘米，分盖度30%～50%，为耐寒抗旱、抗逆力极强的矮灌丛，其嫩枝鲜叶尤其是花营养丰富，可抓膘，为普兰县耐牧力强的灌丛。次优势种为白背金老梅、粘毛蒿，高20～50厘米，分盖度10%左右；其次为多年生丛生禾草沙生针茅，一般长势纤弱，高10～20厘米，分盖度小于10%，个别干燥地段有超旱生驼绒藜，常伴生轮叶棘豆、二裂委陵菜、垫状点地梅。一般年产草100千克/亩，可食性草营养丰富、适口性好，是固沙护坡的重要植被和当地农牧民重要的薪炭来源。

（六）亚高山草原植被

亚高山草原植被为亚高山带形成的植被类型，又称温性草原类植被，主要分布于马甲藏布下游海拔3750～4300米的河谷阶地、迎风坡，即科迦村河谷。群落组成以旱生禾草为主，并伴有大量旱生、中旱生杂类草。植被群落类型稀疏，种类简单，长势纤弱。优势种为根茎禾草—白草为主，白草高约40厘米，群落总盖度50%，年产草80千克/亩，其中可食鲜草占60%，约40亩可载畜1头（绵羊单位）。

（七）亚高山荒漠草原植被

亚高山荒漠草原植被为半干旱气候条件下，微域地貌及土体多砾而致水分条件差，形成的由旱生和强旱生丛生禾草构成的草被类型，主要分布在马甲藏布海拔4300米以下的多砾干燥高阶地，时有强旱生或超强旱生的半灌木侵入。其优势种为沙生针茅，次优势种为驼绒藜。

（八）草甸植被

草甸植被属非地带性植被，多成条状、树枝状分布于河、沟沿岸、高山谷地及湖滨浅水位较高部位。优势种为多年生喜湿草本。海拔5000～5200米的高山沟谷草甸主要为高原苔草群系，总盖度30%～70%，优势种高原苔草高10～20厘米，分盖度10%～40%。海拔5000米以下地段主要为赖草高原苔草群系，植被种类较单一，覆盖度50%～60%，优势种为青藏苔草，优势度约80%，次优势种为赖草，优势度约60%。年产鲜草90千克/亩，25亩可载畜1头（绵羊单位）。所处位置属沟、谷、平原低地，背风向阳，水草丰茂，为普兰县优良的四季草场和冬春草场。三裂碱毛茛、高山唐松草、龙胆、马先蒿、单子叶的海韭菜、早熟禾等也占一定的比例，组成草被景观。产草量高，年产鲜草200千克/亩，草质营养丰富、适口性好，10亩可载畜1头（绵羊单位），为当地高产优质牧场。优势种为高山蒿草，伴生针茅、轮叶棘豆等，年产鲜草100千克/亩，可食草约占50%；优势种为青藏苔草，季相淡绿，种类单一，草层较低，总盖度约50%，优势度约80%；次优势种赖草，伴生种有藏豆、肉果草、二色蒲公英、轮叶棘豆、三裂碱毛茛、垂穗披碱草、早熟禾、黄芪等，年产鲜草约90千克/亩，可食草占90%以上，为当地产草量较高的冬季牧场。

（九）沼泽植被

沼泽植被属非地带性植被，分布于常年积水的低洼地段，如冈底斯山山前断裂谷积水处、玛旁雍错北岸潟湖区积水带，分布面积小，零星分布。建群种为湿生或水生植物，主要为隐穗苔草群系，总盖度50%以上，常伴生毛茛、珠芽蓼等。咸水湖区则植被稀疏，总盖度小于20%，并伴生盐生沼泽植被。

第四节　植物资源

由于海拔相对较低，马甲藏布沿岸独特的环境，普兰县各种植被发育相对较好，以耐寒耐旱的禾本科、莎草科和蒿类为主。至2010年，普兰县有苔藓植物3科、4属、7种，种子植物38科、119属、287种，其中裸子植物1科、1属、2种，被子植物37科、118属、285种。

普兰县主要高等植物统计表

表1–4–1

种类	科名	植物中文名
裸子植物	麻黄科	山岭麻黄
		藏麻黄
被子植物	紫草科	新藏假紫草
		糙草
		鹤虱
		毛果草
		西藏微孔草
	桔梗科	喜马拉雅沙参

续表1-4-1

种类	科名	植物中文名
被子植物	忍冬科	刺忍冬
	石竹科	苔状蚤缀
		薄蒴草
		女娄菜
		无瓣女娄菜
	藜科	驼绒藜
		菊叶香藜
		小果滨藜
		角果碱蓬
		尖叶香青
		多茎香青
		臭蒿
		大花蒿
		粘毛蒿
		猪毛蒿
		冻原白蒿
		西疆短星菊
		革叶垂头菊
		车前状垂头菊
		弯茎还羊参
		矮火绒草
		沙生风毛菊
		水母雪莲
		绢毛菊
		细叶黄鹌菜

续表1-4-1

种类	科名	植物中文名
被子植物	旋花科	田旋花
		菟丝子
	景天科	圆齿红景天
		长鞭红景天
		喜马拉雅红景天
		矮生红景天
		西藏红景天
		红景天
		藏瓦莲
	十字花科	喜马拉雅桂竹香
		北疆芥
		独行菜
		灰节毛芥
		腺毛蚓果芥
		蚓果芥
	莎草科	内弯苔草
		小花荸荠
		粗壮蒿草
	胡颓子科	西藏沙棘
	大戟科	藏大戟
		大戟
	龙胆科	柔弱喉花草
		蓝白龙胆
		假水生龙胆
	牻牛儿苗科	牻牛儿苗

续表1-4-1

种类	科名	植物中文名
被子植物	牻牛儿苗科	草原老鹳草
	禾本科	赖草
		垂穗披碱草
		扁芒草
		发草
		小丽茅
		高原野青茅
		弱须羊茅
		固沙草
		落芒草
		白草
		波伐早熟禾
		草地早熟禾
		西藏早熟禾
		垂穗鹅观草
		东方针茅
		紫花针茅
		三角草
		穗三毛
	鸢尾科	马莲
	唇形科	异叶青兰
		毛穗香薷
		绵参
		蓝花荆芥
		长苞荆芥

续表1-4-1

种类	科名	植物中文名
被子植物	唇形科	平卧荆芥
		山百里香
	豆科	青海黄芪
		藏黄芪
		印度锦鸡儿
		变色锦鸡儿
		棘豆
		藏豆
		花苜蓿
	石蒜科	葱
	锦葵科	冬葵
	柳叶菜科	沼生柳叶菜
	兰科	角盘兰
	罂粟科	细果角茴香
		冬刺綵纹蒿
	车前科	平车前
	蓼科	苦荞麦
		冰岛蓼
		肾叶山蓼
		萹蓄
		尼泊尔蓼
		西伯利亚蓼
		珠芽蓼
		网脉大黄
		喜马拉雅大黄

续表1-4-1

种类	科名	植物中文名
被子植物	蓼科	尼泊尔酸模
		巴天酸模
	眼子菜科	篦叶眼子菜
	报春花科	点地梅
		海乳草
		雪山报春
	毛茛科	草玉梅
		库孟翠雀花
		三裂碱毛茛
		宿萼假耧斗菜
		雅毛茛
	蔷薇科	楔叶委陵菜
		蕨麻委陵菜
		二裂委陵菜
		鸟爪状委陵菜
		小叶金露梅
		绢毛蔷薇
	茜草科	猪秧秧
		茜草
	水麦冬科	海韭菜
		水麦冬
	列当科	短腺小米草
		小米草
		球花马先蒿
		斑唇马先蒿

续表1-4-1

种类	科名	植物中文名
被子植物	列当科	柔毛马先蒿
	玄参科	兰石草
		藏玄参
	车前科	有柄水苦荬
		长果婆婆纳
	茄科	西藏脬囊草
	柽柳科	匍匐水柏枝
	伞形科	匍枝柴胡
		有柄柴胡
		白亮独活
		川芎
		前胡
		多子芹
	荨麻科	高原荨麻
		荨麻

第五节 野生动物资源

普兰县野生动物种类较多，至2010年，普兰县有脊椎动物5纲、20目、44科、77属、100种，其中哺乳纲6目、12科、20属、25种，鸟纲12目、27科、51属、65种，爬行纲2科、2属、2种，鱼纲2科、3属、7种，两栖纲1科、1属、1种。

国家一级保护动物有雪豹、藏野驴、野牦牛、黑颈鹤、白肩雕等，国家二级保护动物有黄羊、岩羊、盘羊、棕熊、藏雪鸡、秃鹫、苍鹰，西藏自治区一级保护动物有狼、赤狐等。野生动物比较珍贵的有岩羊、盘羊、藏羚羊、野驴、猞猁、狐狸、棕熊、野牦牛、雪豹等，分布较广、数量较多的有黄羊、旱獭、野兔、高原鼠兔等。禽类比较珍稀的有黑颈鹤、雪鸡、斑头雁等，其次有棕头鸥、鹰、猫头鹰、秃鹫等，分布较广的有野鸽子、麻雀、山雀、乌鸦、红嘴乌鸦等。鱼类主要有高原裸鲤，主要分布在玛旁雍错等高原内陆湖泊。此外还有种类繁多的昆虫类和其他爬行动物。

普兰县主要哺乳纲脊椎动物一览表

表1-4-2

目名	科名	动物名	保护级别
翼手目	蝙蝠科	长蝙蝠	
食肉目	犬科	狼	自治区级
		赤狐	自治区级
		藏狐	自治区级
	熊科	棕熊	国家二级
	猫科	荒漠猫	国家二级
		猞猁	国家二级
		雪豹	国家一级
奇蹄目	马科	藏野驴	国家一级
偶蹄目	鹿科	喜马拉雅麝	国家二级
	牛科	野牦牛	国家一级
		藏原羚	国家二级
		藏羚	国家一级
		岩羊	国家二级
		西藏盘羊	国家二级
兔形目	鼠兔科	藏鼠兔	
		黑唇鼠兔	
		拉达克鼠兔	
	兔科	高原兔	
啮齿目	松鼠科	喜马拉雅旱獭	
	鼠科	小林姬鼠	
	仓鼠科	藏仓鼠	
		斯氏高山䶄	
		松田鼠	

普兰县主要鸟纲脊椎动物一览表

表1-4-3

目名	科名	动物名	保护级别
䴙䴘目	䴙䴘科	凤头䴙䴘	
鹳形目	鹭科	池鹭	
雁形目	鸭科	斑头雁	自治区级
		赤麻鸭	
		红头潜鸭	
鹤形目	鹤科	黑颈鹤	国家一级
	秧鸡科	黑水鸡	
		白骨顶	
行形目	鹬科	红脚鹬	
		矶鹬	
	燕鸻科	普通燕鸻	
鸥形目	鸥科	渔鸥	
		棕头鸥	
隼形目	鹰科	鸢	
		草原雕	国家二级
		秃鹫	国家二级
		胡兀鹫	国家一级
	隼科	猎隼	国家二级
		红隼	国家二级
鸮形目	鸱鸮科	雕鸮	
		纵纹腹小鸮	
鸡形目	雉科	藏雪鸡	国家二级
		暗腹雪鸡	
		高原山鹑	
		石鸡	

续表1-4-3

目名	科名	动物名	保护级别
佛法僧目	戴胜科	戴胜	
雀形目	百灵科	长嘴百灵	
		云雀	
		角百灵	
	燕科	灰燕子	
	鹡鸰科	白鹡鸰	
	黄鹂科	金黄鹂	
	鸦科	喜鹊	
		褐背拟地鸦	
		红嘴山鸦	
		渡鸦	
	鹟科	赭红尾鸲	
		白顶溪鸲	
	雀科	家麻雀	
		白斑翅雪雀	
		高山岭雀	

普兰县鱼类脊椎动物一览表

表1-4-4

目名	科名	动物名
鲤形目	鲤科	兰格湖裸鲤
		高原裸裂尻鱼
	鳅科	西藏高原鳅
		细尾高原鳅

第五章　自然灾害

普兰县自然灾害频繁，主要有雪灾、雨灾、旱灾、雹灾、风灾、地震、泥石流等。

第一节　气象灾害

一、雪灾

普兰县大雪多发生在10月至次年4月，降雪常常伴随持续降温，形成较深积雪，覆盖草场，牲畜啃食困难，造成营养不良，体质普遍下降，老、弱、幼畜死亡率较高。秋季积雪对农业生产危害也较大。

2002年年底至2003年年初，普兰县普降大雪，交通被阻断，牧场被大雪覆盖，牧区大批牛羊因饥饿、寒冷而死亡，给农牧民造成严重损失，雪灾造成直接经济损失450余万元。

2003年5月初，普兰县遭遇强降雪，持续时间长，积雪深、范围广，降雪过程中大风夹雪，雪后无风，冬季草场被大雪覆盖，天气寒冷，导致牲畜冻死、饿死现象严重，成畜死亡量比往年较高，幼畜死亡率偏大。重灾区（普兰镇西德村、仁贡村和霍尔乡贡珠村一组）受灾53户、280人，牲畜死亡2222头（只、匹）。

2007年3月12—15日，普兰县遭遇强降雪，县城降雪厚度50～60厘米，2个牧区乡降雪厚度15～20厘米，造成普兰县城通往219国道的道路严重阻塞，约75千米道路交通中断，马攸木路段也被阻断，道路积雪平均厚度50厘米，最厚处达2米。9月29日，巴嘎乡下大雪，造成曲西作业组新修公路堵塞。

2009年10月，普兰县普降暴雪，持续4天，积雪深度普遍在25厘米左右，受灾7856人，紧急转移安置384户、1568人，受灾牲畜159794头（只、匹），牲畜棚圈等附属设施倒塌54间、4266平方米，农作物受灾5031.5亩，其中绝收40.6亩。

二、雨灾

2006年7月，普兰县一镇两乡普降大雨，降雨量42.8毫米，7月13日降雨量31.4

毫米，造成农田水利、道路桥梁、电讯等设施不同程度损毁。

2007年9月25—29日，普兰县连降5天中雨，最大降雨量26.5毫米，正值青稞收仓时期，水毁青稞2340亩，其中普兰镇多油村最严重，2100亩青稞中70%（1470亩）未收仓；造成大量饲草变质发霉，毁坏饲草仓库3间，严重影响牲畜过冬；6条主要水渠不同程度遭到毁坏，直接影响灌溉面积2520亩；3个村的乡村公路遭到不同程度毁坏7处，约1250米。

2008年9月19日，普兰县开始普降大暴雨，降雨量114.5毫米，为1976年普兰气象站建站以来最强的一次，导致219户房屋倒塌，607户、2305人缺粮。

2010年7—9月，普兰县出现大面积的持续降雨天气，降雨量239.9毫米。造成民房和羊圈倒塌或形成危房危圈，交通、水利设施损毁严重，受灾群众1732户、7874人，直接经济损失约4800万元。

2010年7月至9月初，普兰县出现大面积持续降雨天气，普兰镇总降雨量63.3毫米（7月降雨量25.1毫米，8月1—19日降雨量38.2毫米），霍尔乡、巴嘎乡总降雨量156.6毫米（7月降雨量77.1毫米，8月1—5日降雨量57.1毫米、13—14日降雨量21毫米、15—20日降雨量43.2毫米）。全县受灾1732户（普兰镇977户，霍尔乡400户，巴嘎乡355户）、7874人，一镇两乡都严重受灾，霍尔、巴嘎两乡灾情最为严重，造成直接经济损失约4800万元。民房倒塌140户、153间、3535平方米（普兰镇1户、1间、20平方米，霍尔乡61户、68间、1595平方米，巴嘎乡78户、84间、1920平方米），形成严重危房162户、249间、4113平方米（普兰镇2户、10间、200平方米，霍尔乡51户、56间、1283平方米，巴嘎乡109户、183间、2630平方米），形成轻度危房56户、112间、2249平方米（普兰镇1户、2间、40平方米，霍尔乡30户、30间、609平方米，巴嘎乡25户、80间、1600平方米）。村用集体房（含村扶贫商品房）倒塌40间、952平方米（巴嘎乡22间、520平方米，霍尔乡18间、432平方米），形成严重危房140间、3360平方米（巴嘎乡132间、3168平方米，霍尔乡8间、192平方米），轻度受损17间、408平方米（全部为巴嘎乡村用集体房）。半封闭羊圈倒塌147套，严重受损羊圈41套，轻度损坏75套。水渠冲断23处、539米，水渠渠首冲毁8处，渠道淤积535米，农田林地冲毁16亩；人畜饮水工程井房冲毁12座。青稞倒伏3000亩左右。冲毁公路桥涵引道4处，冲毁方量4938立方米，20处路基、路面塌陷，冲毁路面、路基方量7012.13立方米，护坡塌方量3990立方米；冲毁207省道路基50米。县城西面出现大面积塌方，普兰镇至强拉公路县城段上挡墙塌陷长150米、高12米，塌方处距县城房屋仅11米，直接影响过往车辆、行人安全，特别是给廉租房、退休基地、民政局等房屋造成严重的安全隐患。

三、风灾

普兰县8级以上大风和沙暴的日数较多，3—5月是一年中大风和沙暴最多的季节，风沙天气多发生在干燥季节（4月、5月、12月）。风沙除降低土壤湿度，加重旱情外，还吹走农田沃土，降低土壤肥力，减少田间植株密度，造成减产。风沙吹打作物幼苗，影响幼苗正常生长，刚出土的油菜幼苗常被吹打致死或被沙土掩埋。加速牲畜体热散失，消耗体内有机质；使牲畜顺风奔跑，觅食困难，大量消耗体力，营养得不到及时补充，体质下降，甚至使牲畜跑散丢失；给牲畜呼吸造成严重障碍，诱发肺病和羊羔痢疾，造成大量死亡。

2004年3月，普兰县出现持续15天的大风天气（4～9级风），造成直接经济损失18万余元。

2007年年初，2个牧业乡和普兰镇部分村组遭遇强风，持续时间长，草场被风沙遮盖，部分草被连根拔起吹跑。受灾较为严重的是霍尔乡帮仁村一组、二组、三组与贡珠村一组、二组、四组，巴嘎乡岗莎村二组、三组、四组与雄巴村一组，普兰镇多油村、仁贡村、赤德村的牧业点牛羊吃草困难，牲畜膘情急剧下降，导致牲畜（特别是新生仔羔）伤残。

四、雹灾

普兰县冰雹多出现于春夏之交和夏季，当温度急剧下降，就会在空中凝结成较大的冰团，冰雹直径5～10毫米。多与雨季同行，霍尔、巴嘎草场为多发地区，常有大小冰雹降落，伤及人畜，危害较大。对农业、牧业生产危害较大，尤其是对农业生产，轻则造成减产，重则颗粒无收。

2003年7月4日，普兰镇科迦村突降冰雹1小时左右，覆盖农作物10余亩，冲毁水渠5千米，淤塞水渠1.5千米，对农业基础设施和生产生活资料等造成较大损失。9月7日，普兰镇仁贡村嘎东组连降2小时冰雹，耕地受灾250余亩，群众受灾24户、158人。

2004年7月26日，仁贡村多玛组突降大冰雹，牲畜死亡104头（只、匹）。

五、旱灾

普兰县干旱主要是春旱（4—6月），平均日数31天，正值作物播种期和苗期，牧草萌发期和返青期。春旱造成牧草返青期推迟，缩短牧草的有效生长时间，使产草量受到不同程度的影响。

2007年，普兰县汛期气温偏高0.6℃～1.6℃。5月中旬前，出现持续51天无降水的干旱天气；6月降雨量偏少93%，旱情持续，连续18天无降水；7月降雨量偏少73%，旱情进一步加剧，出现15天无降水的干旱天气；8月降雨量偏少41%，10月、11月无降雨。

2010年，普兰县遭受旱灾，受灾275户、1525人，5331.5亩农田受灾。

第二节　地质灾害

一、地震

普兰县位于喜马拉雅地震带的噶尔—札达—普兰地震亚带。科迦村、霍尔乡靠近喜马拉雅山脉，地震活动频繁。

2001—2010年普兰县及周边震级4.7级以上地震统计表

表1-5-1

序号	日期	时间	纬度	经度	深度（千米）	震级		位置
						ML	Ms	
1	2001-11-27	15:31:52	29°38′	81°49′	33	5.4		尼泊尔
2	2001-11-27	16:53:54	29°38′	81°37′	33	5.3		尼泊尔
3	2001-11-28	01:56:55	29°36′	81°46′	33	5.0		尼泊尔
4	2002-06-04	22:36:03	30°24′	81°18′	33	5.7		普兰镇
5	2002-06-06	09:35:52	30°27′	81°15′	33	4.7		普兰镇
6	2004-10-26	10:11:35	30°54′	80°54′	33	6.0	5.7	札达、普兰交界

2008年3月16日，霍尔乡东南方崩布鄂阿峰附近发生4.6级地震和4.0级余震，霍尔乡23处房屋盖顶支圆木裂痕较大，部分房屋出现墙壁裂开，无人员伤亡。

二、崩塌、滑坡及泥石流

夏秋时节，普兰县大雨、暴雨、冰雹时有发生，造成山洪暴发，形成泥石流，冲毁农作物，覆盖农田，造成减产或绝收，冲毁道路桥梁，堵塞沟渠，冲走牛羊。

2007年9月25—29日，普兰县连降5天中雨，最高降雨量26.5毫米。泥石流毁坏农田7亩。

2008年9月19—21日，普兰县遭遇大暴雨（雪），导致多处山体滑坡、泥石流、崩塌，交通阻塞、房屋及水利设施被冲毁。泥石流5处，滑坡8处，塌方10处，房屋倒塌79间，毁坏主要道路路基85.1千米，道路冲断8处，涵洞倒塌3处。

2010年7月至9月初，普兰县出现大面积持续降雨天气，强降雨引起泥石流、山体滑坡等地质灾害。赤德（布）沟有堰塞湖，位于果多龙沟，距县城25千米左右，海拔4539米。堰塞湖长800～1000米，宽约80米，水深10～15米，库容量56万立方米，泥石流堵塞约60米宽的河流，形成泥石流堰塞体长约600米、宽约100米，距村庄和农田20余千米，堰塞湖下游河床两岸有夏季牧场点5个（距河面高度30余米）。堰塞湖流水量和排水量大概一致，不积水，流水宽20米，直接流入赤德布河。

第六章　生态保护

第一节　玛旁雍错湿地自然保护区

玛旁雍错，藏语意为“永恒不败的碧玉湖”，位于冈底斯山脉和喜马拉雅山脉之间的大地缝合线深大构造断裂带内。湖水面积415.44平方千米（2009年），湖面海拔4588米。玛旁雍错为典型的高原淡水湖，蓄水量146亿立方米，是西藏淡水储量最大的湖泊，也是世界上高海拔地区淡水资源最丰富的湖泊之一。

2004年，玛旁雍错湿地被国际湿地组织认定为国际重要湿地。2008年，西藏自治区设立玛旁雍错湿地自然保护区。玛旁雍错湿地自然保护区位于普兰县中部，行政区划上分别隶属于巴嘎乡、霍尔乡和普兰镇的6个行政村，包括以玛旁雍错、拉昂错为中心的向心状内流水系的主体部分，总面积99340.1公顷，其中湖泊面积68523.87公顷，占保护区总面积的68.98%。自然保护区内包含中国所有的温带植被分布区类型，有黑颈鹤、金雕、胡兀鹫、玉带海雕、雪豹、西藏野驴、野牦牛、猞猁、藏原羚等国家一级、二级保护动物28种，是西藏高寒草原和荒漠区具有较高生物多样性的地区之一。

普兰县加强法制宣传，大力宣传《中华人民共和国野生动物保护法》《西藏自治区湿地保护条例》等法律法规。

普兰县加强野生动物保护和制度建设工作，加大保护力度，促进经济社会协调发展、人与自然和谐相处。在当地村民中选拔专职管护人员，采取不定期巡逻等方式进行保护，专职管护人员在各自管辖区内及时发现、报告并制止破坏湿地的行为，配合、协助有关行政执法人员查处破坏湿地的案件，履行巡护、宣传、监测等职责。定期或不定期地进行监督检查，督促管护人员在各自管辖范围内进行巡护，进行宣教、处理垃圾、打击盗采等工作。未发现开（围）垦、填埋、占用湿地或者改变湿地用途，新建建筑物和构筑物，破坏湿地保护设施设备，排放湿地水资源或者截断湿地水系与外围水系联系，采砂、采石、取土、采集泥炭、揭取草皮，向湿地排放污水、有毒有害物质，施放违禁药物或者乱倒固体废弃物，猎捕、采集国家和自治区重点保护的野生动植物，捡拾或者破坏鸟卵，破坏野生动物重要繁殖区及栖息地，破坏鱼类等水生生物洄游通道，采用灭绝性方式捕捞鱼类及其他水生生物等行为。

第二节　环境保护

一、机构

2010年之前，普兰县环境保护局为县国土资源管理局的内设机构，具体工作由县国土资源管理局副局长兼管。

2010年8月，普兰县环境保护局升格为正科级建制，无内设机构，行政编制3名，其中科级领导职数3名。

二、环保规划

2006—2010年，普兰县从合理保护和利用资源、加强生态建设和环境保护、发展循环经济3个方面制定生态环境保护规划目标，按照“统筹规划、突出重点、分类指导、合理安排”的原则，做好农牧业生态工程，小城镇建设和生态建设同步规划、同步实施。

（一）合理保护和利用资源

普兰县在做好保护的前提下谋发展，以发展促进保护，合理科学地开发资源，提高其利用效率，实行科学开发和管理，做好草场、耕地的保护、建设工作。

（二）加强生态建设和环境保护

普兰县规划建设冈仁波齐、玛旁雍错自然保护区以及巴嘎、霍尔两乡草原生态体系，恢复草原植被，控制载畜量，防止水土流失，对退化、沙化的草场进行综合治理，至2010年，人工种草2000亩，治沙500亩。同时，规划马甲藏布流域生态建设，抓好县城及周围生态环境和生活环境建设，到“十一五”末，达到植林50亩，零星植树20万株。

（三）发展循环经济

普兰县以节地、节材、节能、节水、资源综合利用为重点，全面推行清洁生产、消费，从源头上减少废物的产生。制定法规，完善政策，创新体制，促进循环经济发展，逐步形成节约型的增长方式和消费模式，建设节约型社会。

三、环保宣传

2001—2010年，县环保局利用每年“6・5”世界环境日，在县城主街道繁华地段，通过悬挂大型横幅标语、发放宣传画册等方式，进行环保宣传。同时在普兰新闻网、阿里新闻网制作专版，专题报道有关法律宣传情况，为提高全县人民群众的环保意识起到积极作用。

四、环境监督

2001—2010年，县环保局加大环保执法监察力度，加强对矿山的监督检查，严格落实矿区（点）环境整治和环境保护措施，防止对矿区（点）、周边环境的土壤、草原植被、地下水、气候等造成污染和破坏。结合西藏生态环境特殊、脆弱的实际，加大重点项目建设、重点矿山采选企业、重点旅游景区、自然保护区以及农村环境综合整治等工作的执法监管力度。将生态环境监察工作纳入各类执法活动中，督查工业企业、项目建设生产过程中落实生态保护措施，同时加大环保宣传力度，构建西藏高原生态环境屏障，实现全县经济跨越式发展及生态环境的全面建设和保护。

2008年，县环保局抽调和培训普查员，开展第一次全国污染源普查。依据《西藏自治区第一次污染源普查实施方案》，按照《第一次污染源普查数据处理工作细则》《污染源普查档案管理办法》，普查100家单位，其中生活源普查99家、工业源普查1家。为将县内国道219支线和巴普公路建设成生态之路、环保之路、绿色之路，要求严格按照"三同时"制度（建设项目中防治污染的措施，必须与主体工程同时设计、同时施工、同时投产使用）进行施工。与有关单位联合成立工作小组，专门制定完善生态建设和环境保护的各项制度与措施，对施工单位生活定居点、生活垃圾处理点、设备停放点、砂石料开采点、三岔沟至普兰斜尔瓦段进行统一规范和划定；加强对实施过程中生态环境保护措施的监督监察；并在修建中的巴普公路道路两边搭起彩旗线，作为临时的便道通道线，有效保护道路两边草场。

2009年，自治区地质环境研究所技术人员到普兰县针对矿区生态破坏问题对矿区环境进行实地调查。

五、环境保护治理

（一）牧草地生态建设

普兰县针对牧草地退化现象，实施人工种草、网围栏和牧草地补播工程，采取以草定畜、分区轮牧、建设人工改良牧草地等措施，开辟水源、兴修水利，发展牧草地灌溉，提高牧草地生态容量。

（二）水源地保护

2008年，县环保局根据《关于填报饮用水水源地基础环境调查及评估工作相关信息的通知》的要求，对全县水源地进行调查，并形成饮用水水源地基础环境调查表和饮用水水源地基础环境调查与评估的情况报告。在水源地一定范围内划定120平方米的一级水源地保护区，确保全县群众的饮用水安全。

2009年4月，县环保局配合自治区环保局和四川大学相关专家对饮水源地周边环境及现状进行实地调查，为争取群众喝上干净、放心水做好前期准备。

（三）景区、景点生态保护

普兰县自然人文景观（点）丰富，分布范围较大。2001—2010年，普兰县每年组织对冈仁波齐、玛旁雍错等旅游景点进行卫生清扫工作，清除景点垃圾，检查景点和周边的环境保护标识牌以及宣传标语。做好景观调查，建立有效机制，开展管理、科研、宣传教育等方面工作；申报自然保护区，争取保护经费，发挥区域生态、科研等方面功能，促进景区发展走上生态、可持续道路。

（四）环境治理

2001—2010年，普兰县加强县城环境卫生综合整治，加大工作力度，逐步完善环卫基础设施，建立健全相关规章制度，建立长效机制；加大县城亮化、净化、美化和绿化设施的投入力度，在县城街道、四周进行植树造林。普兰县成立环境清洁打扫卫生队，负责县城环境卫生和垃圾填埋场的清理运输工作。县城环境卫生大幅改观，街道脏乱差现象明显好转，环境卫生质量明显提高。

2003年，城乡环境卫生管理队成立，配备垃圾运输车和垃圾箱，由专人负责对县城中心街道进行定期打扫。

2009年，巴嘎乡岗莎村申请中央农村环保专项资金，加强农村环境保护。

第二篇　建置　区划　人口

普兰建置沿革不断变化，行政区划几经变迁。1951年6月，普兰和平解放。1960年5月，普兰县人民政府成立。至2010年，普兰县辖一镇两乡（普兰镇、巴嘎乡、霍尔乡），9个行政村（多油、科迦、赤德、西德、仁贡、岗莎、雄巴、帮仁、贡珠）、1个居委会（吉让居委会），52个村民小组。

普兰县是半农半牧县，城镇人口比重小。2000年第五次全国人口普查时，普兰县有1836户、7919人，其中城镇人口761人，农牧区人口7158人。全县人口密度为每平方千米0.6人。2010年第六次全国人口普查时，普兰县有2421户、9657人（普兰镇6047人，巴嘎乡1659人，霍尔乡1951人），其中城镇人口1287人，农牧区人口8370人。全县人口密度为每平方千米0.7人。

第一章　建置　区划

第一节　位置　境域

普兰县位于西藏自治区西南部、阿里地区南部，东与日喀则地区仲巴县接壤，北与阿里地区革吉县、噶尔县相连，西与阿里地区札达县毗邻，南与印度、尼泊尔两国交界。县人民政府驻普兰镇，距阿里地区行政公署所在地狮泉河镇395千米，距西藏自治区首府拉萨市1206千米。

第二节　建置沿革

象雄部落联盟政权之前，普兰县散布大大小小的氏族、部落、族群，实行内部自治，逐渐形成一定的公有制管理机制，由长者、智者轮流掌管各种事务。各氏族、部落、族群之间有明确的草场、田地、山岭界限，彼此之间不能越界耕作、游牧。

普兰南部农耕区域归属于达拉卡城堡，北部牧区归属于玛旁布莫卡城堡。

公元前后，普兰县各部落臣服于象雄（汉文史籍称“羊同”），由象雄首领派出的总管或地方部落首领、头人、小王管辖，征缴黄金、税收、实物、大料，奉献贡赋，征调兵员、马匹。达拉卡城堡和玛旁布莫卡城堡成为象雄四大中心城堡中的两个。

唐代魏徵《隋书·女国传》中称普兰等地为“女国”，“在葱岭南，……气候多寒，以射猎为业，……尤多盐，恒将盐向天竺兴贩，其利数倍”，从位置、气候、狩猎到贩盐进行明确记载。唐代高僧玄奘《大唐西域记》中，将玛旁雍错描写成“西天瑶池”。

唐贞观十八年（644年，藏历木龙年），吐蕃赞普松赞干布征服象雄，在象雄推行吐蕃政体，设立象雄赤岱，下设10个东岱，上部5个（沃觉、芒玛、聂玛、杂莫、巴嘎），下部5个（古格、觉拉、吉藏、雅藏、基德）。

会昌二年（842年，藏历水狗年），吐蕃末代赞普达玛乌东赞被刺杀，吐蕃地方政权随之崩溃，象雄赤岱各部各自为政。

后梁龙德三年（后唐同光元年，923年，藏历水羊年），达玛乌东赞曾孙吉德尼玛衮为避战乱逃到象雄。布让（今普兰县）地方首领扎西赞迎请吉德尼玛衮到布让，并将女儿卓萨阔琼嫁给他，推举吉德尼玛衮为地方首领。吉德尼玛衮东征西讨，逐渐统辖古格、如托等象雄旧地，建立地方政权。在噶尔东（今普兰县仁贡村嘎东组）兴建“辜卡尼松”（意为双太阳）城堡作为统治中心，另兴建“朗嘎琼宗”（意为太空鹏城）城堡。

北宋建隆元年（960年，藏历铁猴年），吉德尼玛衮将其三子（长子日巴衮、次子扎西衮、幼子德祖衮）分封至玛域（拉达克）、布让（今普兰县）、桑噶（今克什米尔南部）三地为首领，史称“上部三衮占三围”。布让治所在噶尔东，管辖范围东至雅鲁藏布江上游，西至朗钦藏布上中游，南至今尼泊尔西北部的久姆拉地区，下辖噶尔东、多玉、赤德、细德、科迦、吉让等“本”（地方头人）。

乾德四年（966年，藏历火虎年），布让首领扎西衮次子松艾（947—1024）在扎布让（位于今札达县托林镇）建立古格地方政权，境域包括朗钦藏布和噶尔藏布的上中游。端拱二年（989年，藏历土牛年），松艾出家为僧（法名为拉喇嘛·益西沃），将古格交给其兄阔日统治。

阔日、其子拉德、其孙维德时期，古格归布让管辖。布让下辖噶尔东、多玉、赤德、细德、科迦、吉让等“本”，游牧北部的雄巴、岗萨、公珠、奴奴部落，古格和雪山外部等地的大小部落、族群。

嘉祐二年（1057年，藏历第一饶迥火鸡年），维德次子泽德继任古格首领，古格脱离布让管辖。

维德幼子扎赞德在作木朗（今尼泊尔北部久姆拉县）建立亚泽地方政权，具有一定的自治权，下辖5个地方头人。

元至元二十九年（1292年，藏历第五饶迥水龙年），元朝设纳里速古鲁孙元帅府，设在下阿里宗嘎（今日喀则吉隆县宗嘎镇），设元帅2人，统管上部阿里和下部阿里，上部阿里包括仲巴、普兰、札达、噶尔、日土和羌塘草原的大部分，下部阿里包括吉隆、定日、拉孜、萨嘎一带。布让等地方政权保持原有势力。

元大德十一年（1307年，藏历第五饶迥火羊年），贡塘王系的俄达赤德到元大都觐见皇帝，皇帝下谕旨：“尔为西藏统治者后裔，应予封赐”，封其为王，领“阿里三围”君主之衔，并赐予宝石制成的七字印章、1枚小印章、1枚普通印章和金册诏书，以及丰厚的礼品。布让等地方政权沿袭旧制，仍在其势力范围内行使相对独立的地方管理权。

14世纪初，布让势力达到顶峰。

明洪武八年（1375年，藏历第六饶迥木兔年），明朝中央政府设立俄力思（阿里的谐音）军民元帅府，治所在宗嘎，代表中央政府管理今萨嘎、吉隆及其以西，拉达克及其以东西藏西部广大藏区的军政边务。

15世纪初，布让与洛波门唐首领格列加措之间发生战争，洛波加藏统治布让数年。

明建文元年（1399年，藏历第七饶迥土兔年），古格第15代首领拉钦·扎巴德平定拉达克内乱。15世纪初，兼并布让、亚泽领地。布让传19代，历400余年。

扎巴德占领南部的佳南（觉南）、尼底、主尼等地方，派员征收赋税。古格境域东至日喀则昂仁县西部，北至羌塘草原，南至尼泊尔西部。

古格首领赤扎西扎巴德时期，基督教传教士进入古格，赤扎西扎巴德意欲借助基督教削弱佛教势力，遭到佛教势力的强烈抵抗。

明崇祯三年（1630年，藏历第十一饶迥铁马年），古格发生僧人、平民暴动，未能打败以古格首领为首的统治集团。拉达克出兵占领古格，古格地方政权覆灭。拉达克统治古格全境50余年。

清康熙二十年（1681年，藏历第十一饶迥铁鸡年），蒙古和硕特部达赖汗派遣甘丹才旺率军进军阿里驱逐拉达克人。后收复被拉达克统治的古格全境，攻占拉达克首府列城。康熙二十二年（1683年，藏历第十一饶迥水猪年），西藏地方政府（甘丹颇章地方政权）、拉达克双方达成协议，协议确立原古格首领自管区域收归西藏地方政府管理，拉达克为西藏地方政府的藩属。

康熙二十五年（1686年，藏历第十一饶迥火虎年），西藏地方政府在阿里设立噶本，甘丹才旺为首任噶本，首府设在噶尔昆萨（冬季驻地，今噶尔县昆莎乡索麦村）和雅萨（夏季驻地，今噶尔县昆莎乡那木如村），噶尔随之成为阿里地区的政治、军事中心。西藏地方政府在普兰设宗，普兰宗下辖多玉、吉让、赤德三个“马本”（军官，为世袭军官），细德卡本、噶尔东谿本、雄巴部落和霍尔（公珠部落、奴奴部落）游牧部落，由头人负责管理地方性事务。

嘉庆六年（1801年，藏历第十三饶迥铁鸡年），廓尔喀王国占领亚泽，亚泽灭亡。亚泽历700余年。

道光二十一年（1841年，藏历第十四饶迥铁牛年），克什米尔西南部查谟地区道格拉族（藏语称为森巴）统治者古拉伯·辛格兵分三路侵入西藏西部，中路由罗诺·桑鲁率领，由甘里沿森格藏布而上，攻占扎西岗，直趋噶大克（雅萨，今噶尔县昆莎乡那木如村）；北路由佐拉瓦·辛格率3000人沿班公湖南岸推进，以防备新疆援军南下，攻占日土宗（今日土县）后，向噶大克进攻；南路由古兰·坎率领，从甘里南下，攻占扎布让宗、达巴宗（均在今札达县），击败当地居民的抵抗，向东至噶大克。三路军队在噶大克会合后，沿古老商道向东南进攻，途中击溃当地军民的抵抗，从拉昂错和玛旁雍错两湖之间南下，向阿里南部重镇普兰宗进攻，洗劫普兰宗。

清朝驻藏大臣孟保派噶伦策垫多杰、究美策旺班觉二人率江孜、日喀则官兵2900人进兵阿里。10月，在多玉（今普兰县多油村）与其决战，查谟军队溃败，其主帅佐拉瓦·辛格右肩中弹落马，被清军用长矛刺死，查谟军队全面崩溃，清军收复普兰等地。12月底，清军收复全部失地。

民国时期，普兰宗仍由阿里噶本管辖，归西藏地方政府管理。

1951年6月29日，中国人民解放军新疆军区独立骑兵师二团副团长安志明、进藏先遣连副连长彭清云率领部队翻越冈底斯山经巴嘎进驻普兰宗，普兰解放。根据《中央人民政府和西藏地方政府关于和平解放西藏办法的协议》（简称《十七条协议》）规定，普兰行政制度维持原状。

1952年9月，中共阿里分工委普兰区工作委员会进驻普兰宗。

1954年，西藏地方政府设阿里基巧，将噶本改为总管。普兰宗归阿里基巧管辖。

1956年4月，西藏自治区筹备委员会成立。9月28日，西藏自治区筹备委员会在噶尔昆萨成立阿里基巧办事处，作为临时性过渡政权管理阿里事务。10月12日，普兰宗办事处成立，隶属阿里基巧办事处。同日，中国共产党普兰宗委员会成立，在柏林塘嘎（达拉卡山南麓台地）办公。

1957年，普兰宗办事处撤销。

1959年3月10日，西藏上层反动势力发动武装叛乱。3月28日，国务院总理周恩来发布国务院命令，责成西藏军区彻底平息叛乱，自即日起解散西藏地方政府，由西藏自治区筹备委员会行使西藏地方政府职权。4月6日，普兰宗军事管制小组成立，接管普兰宗政府。

1960年5月，撤销普兰宗军事管制小组，普兰县人民政府成立，在柏林塘嘎办公。普兰县归阿里专区管辖。之后，县人民政府迁至东部不远处的马甲藏布东岸。

1965年6月，普兰县人民政府更名为普兰县人民委员会。

1967年3月28日，普兰县军事管制小组成立，全县实行军事管制。7月20日，普兰县革命委员会成立，取代县人民委员会。

1969年，中央决定将阿里专区党政工作委托新疆维吾尔自治区领导，行政区划仍保留在西藏自治区。1970年1月，普兰县随阿里专区归新疆维吾尔自治区领导。

1979年3月，普兰县随阿里地区复归西藏自治区领导。12月，普兰县第三届人民代表大会召开，撤销普兰县革命委员会，恢复成立普兰县人民政府。

20世纪80年代初，普兰县人民政府迁至吉让贡嘎堆。

至2010年年底，普兰县建置未发生变化。

第三节　行政区划

象雄时期，普兰县内各部落隶属象雄，南部农耕区归属于达拉卡城堡，北部牧区归属于玛旁布莫卡城堡。

北宋建隆元年（960年，藏历铁猴年），吉德尼玛衮封其三子为王，其中布让下辖噶尔东、多玉、赤德、细德、科迦、吉让等“本”（地方头人）。

清康熙年间，在普兰设普兰宗，下辖多玉、吉让、赤德3个“马本”（下设6个根保，由村民选举，一年一换），细德卡本、噶尔东谿本、雄巴部落和霍尔（公珠部落、奴奴部落）游牧部落，由头人负责管理地方性事务。

1959年民主改革前，普兰宗辖仁贡、多油、吉让、赤德、细德、科迦6个地区、霍尔部落（包括公珠部落、奴奴部落）以及数个小部落。

1959年7月15日，普兰宗在吉让进行民主改革试点工作，寺庙改革试点选在贤柏林寺。9月，建立吉让、细德、多油、赤德4个乡政权组织。

1960年2月，建立科迦乡、仁贡乡。5月，普兰县人民政府成立。相继建立巴嘎区（辖岗萨、雄巴2个乡）、兴巴区（辖科迦、吉让、赤德、细德、多油、仁贡6个乡）、霍尔区（辖邦仁、霍尔堆玛2个乡），辖49个村。

1961年，依据《中华人民共和国和尼泊尔王国边界条约》，将普兰县的仓入、丁嘎划归尼泊尔。

1964年2月27日，奴奴、公珠两个部落合并成立公珠乡。

1969—1970年，巴嘎区2个乡、兴巴区6个乡均建立人民公社。1969年11月，霍尔区的邦仁、公珠、霍尔堆玛3个乡合并成立霍尔人民公社。

1981年7月4日，霍尔人民公社分为邦仁公社、公珠公社。

1984年，普兰县进行撤社建乡工作，恢复乡人民政府，兴巴区恢复建立科迦、吉让、赤德、细德、多油、仁贡6个乡人民政府，巴嘎区恢复建立岗萨、雄巴2个乡人民政府，霍尔区恢复建立邦仁、公珠2个乡人民政府。

1999年，进行撤区并乡，普兰县原3个区、10个乡、51个村改为1镇2乡（普兰镇、巴嘎乡、霍尔乡）、10个村（科迦、吉让、赤德、细德、多油、仁贡、岗萨、雄巴、邦仁、贡珠）、51个作业组。

2000年，吉让村改为吉让居委会。

至2010年，普兰县辖一镇两乡（普兰镇、巴嘎乡、霍尔乡），9个行政村（科迦、赤德、西德、多油、仁贡、岗莎、雄巴、帮仁、贡珠）、1个居委会（吉让居委会），52个村民小组。

2010年普兰县行政区划表

表2-1-1

乡镇名称	所辖村（居）名称	所辖村民小组
普兰镇	吉让居委会	8个：章杰组、贡嘎组、马吾组、曲龙组、苏孜组、塔亚组、多萨组、加兴组
	科迦村	5个：科迦一组、科迦二组、科迦三组、岗孜组、斜尔瓦组
	赤德村	7个：木荣一组、木荣二组、那依三组、那依四组、曲玛塘组、热拉夏组、江嘎组

续表2-1-1

乡镇名称	所辖村（居）名称	所辖村民小组
普兰镇	西德村	3个：角入组、多岗组、洛巴组
	多油村	8个：曲登切莫组、切来组、拉文组、堆巴组、噶入组、赤贡组、德林组、修林组
	仁贡村	6个：多玛组、沙朗组、多瓦组、若南组、阿岗（尔岗）组、嘎东（噶尔东）组
巴嘎乡	岗莎村	4个：一组、二组、三组、四组
	雄巴村	3个：一组、二组、三组
霍尔乡	帮仁村	4个：一组、二组、三组、四组
	贡珠村	4个：一组、二组、三组、四组

第二章　人　口

国家对西藏实施政策性援助后，普兰县城镇功能得到完善，集聚能力得到增强，吸纳了来自全国各地的外来人口，普兰县城（含普兰镇）、霍尔乡、巴嘎乡政府驻地作为区域中心，集聚吸纳能力得到增强，从事旅游服务、交通服务、基础设施建设等行业的人逐年增多，尤其是在普兰经商、旅游、朝圣的人数日渐增多，流动人口的增长比例大幅增加，呈快速增长的态势。随着社会经济快速发展和生产力价值提高，全县的社会服务体系逐渐加强，人民生活水平大幅提高，人口寿命延长，普兰县人口整体上呈现增长势头。2000—2010年，普兰县总人口年均增长率约为13‰。2010年，普兰县有2421户、9657人。

第一节　人口分布与结构

随着普兰县社会经济的快速发展，人口分布与结构呈现明显变化：涌向城镇的人口越来越多；男性人口比例不断增加；青壮年人口在总人口中的比重上升；各民族人口均有增加，藏族人口占总人口比例有所下降。

一、人口分布

普兰县是半农半牧县，城镇人口比重小。

2000年，第五次全国人口普查时，普兰县有1836户、7919人，其中城镇人口761人，农牧区人口7158人。全县人口密度为每平方千米0.6人。

2010年，第六次全国人口普查时，普兰县有2421户、9657人（普兰镇6047人、巴嘎乡1659人、霍尔乡1951人），其中城镇人口1287人，农牧区人口8370人。全县人口密度为每平方千米0.7人。

二、人口结构

（一）性别结构

2000年，第五次全国人口普查时，普兰县有7919人，其中男性人口3945人，女性人口3974人。

2010年，第六次全国人口普查时，普兰县有9657人，其中男性人口5028人，女性人口4629人。

2000年、2010年普兰县人口性别结构表

表2-2-1　　单位：人

年份	总人口	男性		女性	
		人口	占比（%）	人口	占比（%）
2000	7919	3945	49.82	3974	50.18
2010	9657	5028	52.07	4629	47.93

2010年普兰县各乡镇人口性别结构表

表2-2-2　　单位：人

乡镇	总人口	男性		女性	
		人口	占比（%）	人口	占比（%）
普兰镇	6047	3205	53	2842	47
巴嘎乡	1659	836	50.39	823	49.61
霍尔乡	1951	987	50.59	964	49.41

（二）年龄结构

2000年，普兰县0～14岁儿童占总人口的28.85%，15～59岁人口占总人口的62.81%，60岁及以上人口占总人口的8.34%。

2010年，全县0～14岁儿童人数2304人，占总人口的23.86%；15～59岁人口6611人，占总人口的68.46%；60岁及以上人口742人，占总人口的7.68%。

2010年普兰县人口年龄结构表

表2-2-3　　单位：人

年龄（岁）	总人口	普兰镇	巴嘎乡	霍尔乡
合计	9657	6047	1659	1951
0～1	184	76	18	90
1～4	575	309	119	147
5～9	700	417	136	147
10～14	845	501	157	187

续表2-2-3

年龄（岁）	总人口	普兰镇	巴嘎乡	霍尔乡
15～19	899	566	151	182
20～24	1136	724	189	223
25～29	1023	618	181	224
30～34	741	453	137	151
35～39	791	512	140	139
40～44	747	505	121	121
45～49	566	376	101	89
50～54	385	267	52	66
55～59	323	218	49	56
60～64	229	157	36	36
65～69	205	127	28	50
70～74	161	112	21	28
75～79	86	60	15	11
80～84	40	29	8	3
85～89	17	16	0	1
90～94	3	3	0	0
95～99	1	1	0	0

2010年普兰县各乡镇人口年龄结构表

表2-2-4　　单位：人

县/乡镇	0～14岁		15～59岁		60岁及以上		抚养比（%）		
	人口	占比（%）	人口	占比（%）	人口	占比（%）	总抚养比	少儿抚养比	老年抚养比
普兰县	2304	23.86	6611	68.46	742	7.68	46.07	34.85	11.22
普兰镇	1303	21.55	4239	70.1	505	8.35	42.65	30.74	11.91
巴嘎乡	430	25.92	1121	67.57	108	6.51	47.99	38.36	9.63
霍尔乡	571	29.27	1251	64.12	129	6.61	55.96	45.64	10.31

（三）民族结构

2000年，第五次全国人口普查时，普兰县总人口7919人，有5个民族，其中藏族7702人，占总人口的97.26%；汉族195人，占总人口的2.46%；维吾尔族14人；回族3人；哈萨克族5人。

随着普兰县各项事业的发展和改革开放的深入，到普兰工作、务工、经商的各族群众逐渐增加，民族构成发生变化。

2010年，第六次全国人口普查时，全县总人口9657人，有17个民族，其中藏族人口8712人（占总人口的90.21%），汉族人口862人（占总人口的8.93%），维吾尔族22人，回族18人，蒙古族5人，苗族4人，彝族8人，壮族2人，侗族2人，土家族5人，白族8人，哈尼族2人，傣族2人，水族2人，黎族1人，东乡族1人，土族1人。

2010年普兰县人口民族结构表

表2-2-5　　单位：人

民族	总人口	普兰镇	巴嘎乡	霍尔乡
合计	9657	6047	1659	1951
藏族	8712	5174	1612	1926
汉族	862	795	44	23
维吾尔族	22	18	3	1
回族	18	18	0	0
蒙古族	5	5	0	0
苗族	4	4	0	0
彝族	8	7	0	1
壮族	2	2	0	0
侗族	2	2	0	0
土家族	5	5	0	0
白族	8	8	0	0
哈尼族	2	2	0	0
傣族	2	2	0	0
水族	2	2	0	0
黎族	1	1	0	0
东乡族	1	1	0	0
土族	1	1	0	0

（四）文化结构

2000—2010年，普兰县人口学历水平不断提升，文盲率逐年下降，初中以上文化程度比重不断提高，大学本科及研究生学历人口从无到有。

2000年、2010年普兰县人口文化程度统计表

表2-2-6 单位：人

文化程度	2000年		2010年	
	人数	占比（%）	人数	占比（%）
文盲、半文盲	3128	39.5	1286	13.32
小学文化程度	3088	38.99	5200	53.85
初中文化程度	1243	15.7	1031	10.68
高中文化程度	96	1.21	599	6.2
大中专文化程度	364	4.6	398	4.12
大学本科及研究生文化程度	0	0	277	2.87

说明：2010年普兰县第六次全国人口普查人口文化程度统计不包含6岁以下人口

2010年普兰县各乡镇人口文化程度统计表

表2-2-7 单位：人

文化程度	合计	普兰镇	巴嘎乡	霍尔乡
文盲人口	1136	563	174	399
小学	5200	3090	1016	1094
初中	1031	799	131	101
高中	599	513	62	24
大专	398	307	47	44
本科	275	253	8	14
研究生	2	2	0	0

说明：2010年普兰县第六次全国人口普查人口文化程度统计不包含6岁以下人口

（五）职业结构

2000年，普兰县各职业人口总数4830人。其中，各类专业技术人员386人，占各职业人口总数的8%；国家机关、党群组织、企事业单位负责人270人，占各职业人口总数的5.6%；办事人员和有关人员198人，占各职业人口总数的4.1%；商业、服务工作人员347人，占各职业人口总数的7.2%；农林牧渔劳动者3526人，占各职业人口总数的73%；生产工人、运输工人和有关人员103人，占各职业人口总数的2.13%。

从事农牧业人口比例下降，国家机关和群众团体工作人员、教育文化事业工作人员比例有明显上升。

2010年，全县各职业人口总数502人。其中，农林牧渔业从业人员391人，占各职业人口总数的77.89%；采矿业5人，占各职业人口总数的1%；制造业2人，占各职业人口总数的0.4%；建筑业1人，占各职业人口总数的0.2%；信息传输和计算机服务、软件业1人，占各职业人口总数的0.2%；批发零售业31人，占各职业人口总数的6.18%；金融业1人，占各职业人口总数的0.2%；科学研究与试验发展3人，占各职业人口总数的0.6%；居民服务和其他服务业2人，占各职业人口总数的0.4%；教育12人，占各职业人口总数的2.39%；卫生、社会保障和社会福利业10人，占各职业人口总数的1.99%；文化、体育和娱乐业1人，占各职业人口总数的0.2%；公共管理和社会组织33人，占各职业人口总数的6.57%。

第二节　人口变动

2001—2010年，随着普兰县经济社会的快速发展，人口自然增长率提高。

2009年11月11日至2010年10月31日，普兰县出生人口147人，出生率12.5‰。2010年，出生人口114人。

2000年第五次全国人口普查，全县人口死亡率约为7‰，人口平均寿命55岁。2001—2010年，随着普兰县各项社会事业的发展，婴幼儿死亡率逐年降低。2010年第六次全国人口普查时，全县死亡人数为63人，人口死亡率7.4‰，人口平均寿命62岁。

随着经济的发展和人们思想观念的改变，由于大中专院校毕业生分配、工作调动、参军、退伍、升学、婚嫁等因素，迁入迁出的人数增多。2000年，普兰县迁入19人，迁出65人。2005年，全县迁入68人，迁出72人。2010年，全县迁入89人，迁出85人。

第三篇　政党　人民团体

2001—2010年，中国共产党普兰县第六届、第七届委员会加强党的建设，加强基层组织建设，逐步调整优化乡村干部队伍结构，基层组织趋于年轻化、知识化。以强县富民为目标，探索完善县域经济发展战略，加快城乡统筹发展，推进边贸、旅游产业健康发展，发展劳务经济，实现产业、就业、创业“三业富民”。

中国共产党普兰县第四届、第五届纪律检查委员会加强党风廉政建设，建立党风廉政长效机制，开展领导干部廉洁自律和警示教育，加大反腐败力度，营造良好的政治生态，提高党的凝聚力。

县总工会、共青团、妇联发挥联系群众的桥梁纽带作用，围绕全县的中心任务，宣传党的路线、方针、政策，反映群众心声，维护群众合法权益，调动人民群众的积极性、创造性，组织动员群众投身西部大开发及市场经济，为发展普兰经济、社会事业作出贡献。

第一章　中国共产党普兰县地方组织

第一节　中国共产党普兰县代表大会

党员代表大会一般每五年召开1次，选举产生新一届中国共产党普兰县委员会和纪律检查委员会组成人员，讨论决定全县重大事项。

2000年10月16—18日，中国共产党普兰县第六次代表大会召开。应到会代表89人，实到89人，列席代表13人，特邀代表2人。会议由县委副书记索南旺杰主持。会议听取县委书记陈春明所作的题为《高举邓小平理论伟大旗帜，认真实践江泽民“三个代表”重要思想，为21世纪普兰的稳定繁荣而努力奋斗》的县委工作报告，纪委副书记普达瓦所作的《中国共产党普兰县第四届纪律检查委员会工作报告》，顿珠代表县委组织部所作的《关于党费收缴、使用和管理情况的报告》。大会选举产生中国共产党普兰县第六届委员会（委员20人：陈春明、索南顿珠、陈俊哲、边巴洛桑、索南旺杰、李琦、欧珠次仁、邓小明、平措、达瓦次仁、张悦明、王忠山、南加石确、旦曲、桑嘎卓玛、杰阿次仁、尼玛多多、桑巴贡保、曲达、洛桑西绕；候补委员4人），中国共产党普兰县第四届纪律检查委员会（委员7人：边巴洛桑、普达瓦、阿旺赤列、王海龙、李寿明、白玛加吾、顿珠玛）。

2006年8月14日，中国共产党普兰县第七次代表大会召开。应到会代表121人（各级党员领导干部代表67人，农牧民党员代表24人，教育科技等专业技术人员代表10人，先进模范人物代表18人，驻地部队代表2人），实到106人，符合法定程序。大会选举产生中国共产党普兰县第七届委员会（委员25人：土登次仁、达瓦次仁、陈康林、索南旺杰、才旺玛、刘彦锋、阿旺次仁、袁国忠、巴桑多吉、朱明斌、郑小东、彭鸿胜、白延东、张学营、杨国栋、詹仕祥、冉红梅、宋晓彤、南加石确、扎西多吉、李辉、赵立斌、刘建军、贡布扎西、索南顿珠；候补委员4人：马俊峰、尼玛、旺琼、琼达次仁），中国共产党普兰县第五届纪律检查委员会（委员10人：刘建军、次仁朗杰、徐继文、次仁多吉、旺久、顿珠玛、德庆曲珍、多吉、洛卓桑姆、彭次仁），以及普兰县出席中国共产党西藏自治区第七次代表大会代表（3人：多吉泽仁、李文革、郑小东）。

第二节 机 构

一、中共普兰县委员会

2000年，中国共产党普兰县委员会工作机构有县委办公室、组织部、宣传部、统战部、政法委。

2005年，普兰县委工作部门有纪检委、县委办公室、组织部、宣传部、统战部、政法委。部门管理的副科级机构：老干部局（组织部管理）、机关工委（县委办管理）、劳动和社会保障局（组织部管理）。县委部门对外挂牌机构：国防教育动员办公室。

2010年8月之前，普兰县委办公室行政编制10名，其中县委书记、副书记3～4名（援藏干部不占编制），县委办公室主任1名、副主任2名（1名兼任机关党委书记），机要科科长1名。

2010年8月，机构改革后普兰县委办公室机关编制10名（行政编制8名，事业编制2名），其中县级领导职数3～4名，科级领导职数4名（含县直机关工委科级领导职数1名），县委机要局（县密码管理局）科级领导职数1名。

2001—2010年中国共产党普兰县委员会领导一览表

表3-1-1

机构名称	职务	姓名	性别	民族	任职时间	备注
中国共产党普兰县委员会	书记	陈春明	男	汉族	1999.6—2001.8	陕西援藏干部
		杨光远	男	汉族	2001.8—2004.6	陕西援藏干部
		郑小东	男	汉族	2004.7—2007.6	陕西援藏干部
		杨林	男	汉族	2007.7—2010.6	陕西援藏干部
		黑树林	男	汉族	2010.7—	陕西援藏干部
	常务副书记	黑树林	男	汉族	2007.7—2010.6	陕西援藏干部
		卫东	男	藏族	2009.12—	
	副书记	陈俊哲	男	汉族	1998.6—2001.6	陕西援藏干部
		索南顿珠	男	藏族	2000.10—	
		边巴洛桑	男	藏族	2000.10—2002.11	
		高小明	男	汉族	2001.7—2004.6	陕西援藏干部
		扎西旺堆	男	藏族	2002—2006.6	

续表3-1-1

机构名称	职务	姓名	性别	民族	任职时间	备注
中国共产党普兰县委员会	副书记	平　措	男	藏族	2002.11—2006.6	
		张学营	男	汉族	2002.11—?	
		白延东	男	汉族	2004.7—2007.6	陕西援藏干部
		土登次仁	男	藏族	2006.7—	
		刘建军	男	汉族	2006.7—2010.6	
		马　壮	男	汉族	2007.3—2008.3	
		王海龙	男	汉族	2007.7—2009.11	
		昂旺吉村	男	藏族	2008.4—2010.8	
		尹晓林	男	汉族	2010.4—2010.11	
		虢洪志	男	汉族	2010.6—	
		王　勇	男	汉族	2010.7—	陕西援藏干部
	常委	欧珠次仁	男	藏族	1997.7—	
		郝全生	男	汉族	1998.6—2005.3	
		李　琦	男	汉族	1998.6—2001.6	陕西援藏干部
		邓小明	男	汉族	1999.4—2002.2	
		张悦明	男	汉族	1999.12—2006.7	
		索南旺杰	男	藏族	2000.10—	
		平　措	男	藏族	2000.10—2001.10	
		达瓦次仁	男	藏族	2000.10—2007.10	
		万玉林	男	汉族	2001.7—2004.6	陕西援藏干部
		刘学英	男	汉族	2002.5—2005.3	
		土登次仁	男	藏族	2004.6—2006.7	
		宋晓彤	男	汉族	2004.7—2007.6	陕西援藏干部
		彭鸿胜	男	汉族	2005.7—2007.1	
		扎西多吉	男	藏族	2006.5—	
		巴桑多吉	男	藏族	2006.6—	

续表3-1-1

机构名称	职务	姓名	性别	民族	任职时间	备注
中国共产党普兰县委员会	常委	冉红梅	女	汉族	2006.7—	
		王继胜	男	汉族	2007.6—2009.1	
		徐继文	男	汉族	2007.10—2010.6	
		董春生	男	汉族	2007.12—2010.6	陕西援藏干部
		王志奎	男	汉族	2009.3—	
		张尚坤	男	汉族	2010.6—	
		贡嘎	男	藏族	2010.6—	
		拉巴次仁	男	藏族	2010.6—	
		卢志华	男	汉族	2010.7—	陕西援藏干部

2001—2010年中共普兰县委办公室领导一览表

表3-1-2

机构名称	职务	姓名	性别	民族	任职时间	备注
中共普兰县委办公室	主任	浦新	男	汉族	2000.10—2003.12	
		桑巴贡布	男	藏族	2003.12—2004.11	兼机关党委副书记
		赵立斌	男	汉族	2006.11—	
	副主任	巴桑次仁	男	藏族	2002.9—2004.11	
		赵立斌	男	汉族	2003.5—2006.11	
		尼玛	男	藏族	2006.9—	正科级
		索朗次仁	男	藏族	2008.3—2008.12	普兰镇党委副书记
		曹志	男	汉族	2008.5—	
		拉巴	男	藏族	2008.6—	

二、乡（镇）党委

1999年，普兰县进行撤区并乡，普兰县原3个区分别改为普兰镇、霍尔乡、巴嘎乡，普兰镇党委、巴嘎乡党委、霍尔乡党委相继成立。

2001—2010年普兰镇党委领导一览表

表3-1-3

机构名称	职务	姓名	性别	民族	任职时间	备注
普兰镇党委	书记	桑巴贡布	男	藏族	1999.10—2002	
		旺　　琼	男	藏族	2003.8—2005.8	
		袁 国 忠	男	汉族	2005.8—2010.8	
	副书记	尼玛次仁	男	藏族	1999.7—2002.8	
		贡嘎仁青	男	藏族	1999.7—2002.6	
		尼玛次仁	女	藏族	1999.7—2002.6	
		顿　　珠	男	藏族	2002.8—2005.9	
		詹 仕 祥	男	汉族	2003.8—2005.8	兼组织委员
		曲　　次	男	藏族	2006.7—2010.6	
		索朗次仁	男	藏族	2008.3—2008.12	

2001—2010年巴嘎乡党委领导一览表

表3-1-4

机构名称	职务	姓名	性别	民族	任职时间
巴嘎乡党委	书记	曲　　达	男	藏族	1999.10—2002.8
		洛桑西绕	男	藏族	2002.8—2004.8
		曲　　扎	男	藏族	2004.8—2006.5
		詹 仕 祥	男	汉族	2006.5—2008.6
		达瓦次仁	男	藏族	2008.6—
	副书记	琼达次仁	男	藏族	1999.9—2002.8
		曲　　阿	男	藏族	2000.1—2002.8
		曲　　扎	男	藏族	2002.8—2004.8
		扎西多布杰	男	藏族	2003.2—2004.4
		边巴顿珠	男	藏族	2003.11—2006.12
		强　　巴	男	藏族	2004.4—2008.6
		益西仁增	男	藏族	2004.11—2008.6
		西绕群培	男	藏族	2008.5—
		达瓦顿珠	男	藏族	2008.6—

2001—2010年霍尔乡党委领导一览表

表3-1-5

机构名称	职务	姓名	性别	民族	任职时间
霍尔乡党委	书记	洛桑西绕	男	藏族	1999.10—2002.8
		索　多	男	藏族	2002.8—2006.7
		杨国栋	男	汉族	2006.7—
	副书记	索　多	男	藏族	1999.9—2002.7
		曲　次	男	藏族	2002.7—2006.7
		贡嘎仁青	男	藏族	2006.4—2010.10
		确　巴	男	藏族	2006.7—

第三节　会　议

一、中共普兰县委员会全体会议

2000年10月18日，中国共产党普兰县第六届委员会第一次全体会议召开，应到委员20人，会议由县委常委李琦主持。会议选举产生中国共产党普兰县第六届委员会常务委员（12人：陈春明、索南顿珠、陈俊哲、边巴洛桑、索南旺杰、李琦、欧珠次仁、邓小明、平措、达瓦次仁、张悦明、王忠山）和书记（陈春明）、副书记（索南顿珠、陈俊哲、边巴洛桑）。

2006年8月14日，中国共产党普兰县第七届委员会第一次全体会议召开，应到委员25人，实到23人。会议审议通过中国共产党普兰县第五届纪律检查委员会第一次全体会议选举结果的报告；选举产生中国共产党普兰县第七届委员会常务委员（12人）和书记（郑小东）、副书记（土登次仁、索南顿珠、白延东、张学营、刘建军）。

二、县委常委会会议

2004年11月8日，县委书记郑小东主持召开县委常委会会议。会议就人事调整一事进行专题研究，达成一致意见。会议同意成立会计核算中心。

2005年5月30日，县委书记郑小东主持召开常委会会议。会议通过县城卫生方案和结核病防治规划，成立领导小组。会议通过成立人大常委会、县政府、县政协3个党组、县直机关党支部重新设置的方案，设立13个党支部（县委支部、人大政协支部、政府一支部、政府二支部、政府三支部、政府四支部、卫生支部、老干支部、公安支部、检察院支部、法院支部、宣传文化支部、教育支部）。会议研究村委会建设问题，要求按地区财政局设计的图纸统一施工、统一领导。会议同意普兰县农牧民培训中心设计方案，同意由县财政配套70万元建设资金。

2005年7月8日，县委书记郑小东主持召开常委会会议，就乡村（居）委会换届工作、第二批先进性教育活动筹备工作以及建章立制等方面议题进行专题研究。会议通过第五届乡村（居）委会换届选举工作领导小组及工作组人员名单；通过表彰在第一批保持共产党员先进性教育活动中涌现出的先进支部、先进个人的决定，第二批保持共产党员先进性教育活动实施方案及巡察检查组、督导组、办公室人员名单；通过关于成立援藏项目工作领导小组的通知；通过进一步加强基层组织建设的决定、发展党员工作实施计划、乡镇党员发展三年计划；通过政府议事规则、书记办公会议制度、党政联席会议制度、民主生活会制度。会议要求明确对口扶贫点重新划分方案、纪委关于厉行节约制止铺张浪费及廉洁自律规定等内容，调整和完善预防职务犯罪工作领导小组、精神文明建设工作领导小组、财务审计工作领导小组等的人员和职责。会议补充县人武部政委为县委常委。

2005年7月20日，县委书记郑小东主持召开常委会会议，就如何进一步贯彻自治区、地区两级人民代表大会精神、如何落实好援藏项目等议题进行研究。讨论县人大常委会经费问题，县人民代表大会经费原则定为3万元，县人大常委会经费列入财政预算。会议通过修建普兰县农牧民培训中心的方案，在资金筹措上，除援藏资金外，县财政支出70万元用于配套建设，另从普兰镇城镇建设项目中支出100万元。

2006年5月4日，县委书记郑小东主持召开常委（扩大）会议，就人大常委会执法检查工作、外事旅游、“普九”工作进展情况、建设社会主义新农村等内容进行研究。会议听取县委副书记、县人大常委会主任索南顿珠关于人大常委会执法检查工作的汇报，县委副书记、纪委书记平措关于“普九”工作开展情况的汇报，县教育局局长洛旦对“普九”工作开展情况作补充汇报，听取县农牧局局长琼达次仁关于安居工程进展情况的汇报。会议决定，安居工作重点放在巴嘎、霍尔、吉吾，农牧局负责规划图；3个点的安居工程只搞新建，不搞扩建；县安居办提出3个安居房设计方案（砖木结构120平方米、砖木结构80平方米、土木结构80平方米，3个方案一律按40%补助），由群众自己选择。巴嘎建100户，霍尔建50户，吉吾建25户。陕西省投资250万元，县财政出资100万元；土木、砖木、砖混的造价分别控制在每平方米234元、每平方米666元和每平方米1000元以内。

2006年5月19日，县委书记郑小东主持召开常委（扩大）会议，就“普九”工作进展情况、迎接自治区工作组准备情况、安居工程进展情况等内容进行研究。会议听取关于普兰县“普九”工作的汇报，部署“普九”验收工作；听取县委常委、副县长宋晓彤关于霍尔乡拆迁工作的汇报。会议要求多油村安居房建设由县发改委、国土局具体负责；解决科迦寺电线线路不规范问题。会议决定在霍尔乡建玛旁雍错旅游景点广告设施，巴嘎、霍尔收取的旅游门票费60%返还给当地乡政府。会议对浙商到普兰投资建宾馆、旅游公司，协商开发冈仁波齐、玛旁雍错问题，要求坚持不能破坏资源环境的原则。

2006年6月7日，县委书记郑小东主持召开常委会会议，就“普九”攻坚工作、岗仁波齐矿泉水经营问题、霍尔乡城镇街道问题、乡镇换届工作、机关后勤服务中心建设等方面工作进行研究。会议决定：县教育局尽快解决教育过程督导工作组提出的7个方面问题；原则上将岗仁波齐矿泉水公司交阿里地区外贸公司经营，组建清产核资领导小组，对矿泉水公司、岗措有限公司资产情况一并进行核算；由县委常委、副县长宋晓彤负责已拆房户的扶贫搬迁问题；针对机关后勤服务中心建设，由县委副书记、组织部部长张学营，县委常委、副县长土登次仁牵头，提出筹备领导小组人员名单和外出考察人员名单，本着有利于提高工作效率、有利于节约行政成本、有利于资源共享的原则进行建设。

2006年6月28日，县委书记郑小东主持召开常委会会议，就“七一”表彰决定、县委换届等方面工作进行研究。会议通过县委组织部关于“七一”表彰先进党支部、优秀共产党员、优秀党务工作者的方案，对个别人选作适当调整；一致同意县委组织部关于县委换届的实施方案，对筹备工作领导小组人员进行调整。会议提请县人大常委会召开会议就土登次仁代县长职务、任县委副书记职务下发文件。

2006年7月10日，县委书记郑小东主持召开常委会会议。会议通过县委组织部提交的县第七次党代会和第五届纪律检查委员会代表候选人员名单、候补委员名单，要求各支部在7月16日前选举各支部党代表并将选举结果报县委组织部。会议还就人事调动问题进行研究。

2006年8月12日，县委书记郑小东主持召开常委会会议。会议听取县委组织部关于党代会筹备情况的汇报；就筹备党员干部大会、安居工程领导小组会议、上半年经济运行会以及项目工程建设等议题进行研究。

2006年8月31日，县委书记郑小东主持召开常委会会议。会议讨论通过县纪委起草的《加强党风廉政建设和严禁奢侈浪费的规定》，决定由县纪委、组织部、监察局、人事局联合贯彻执行；会议决定成立机关后勤服务中心和农电公司，机关后勤服务中心为正科级事业单位，农电公司为水利局下属企业；会议讨论关于援藏项目管理问题，县委副书记白延东负责巴嘎乡周转房及其配备设施项目，副县长宋晓彤负责霍尔乡新农村建设项目，副县长刘彦锋负责普兰会堂建设项目，副检察长樊宝云负责农牧民培训中心建设项目。

2007年7月12日，县委书记杨林主持召开常委会会议。会议学习中共中央总书记胡锦涛在中央党校的讲话；通过《普兰县人大常委会党组关于县、乡（镇）两级人大换届选举工作安排意见》；通过《普兰县隆重庆祝“八一”建军节80周年系列活动实施方案》，并对相关工作进行部署。组织学习《县委常委会议事规则》，并进行讨论。

2007年8月2日，县委书记杨林主持召开常委会会议。会议就《中共普兰县委、普兰县人民政府关于调整县级领导，县直、中直、区直各单位，各驻地部队包乡联村工作的通知》《中共普兰县委办公室、普兰县人民政府办公室关于干部请销假制度规定》等议题进行研究。会议通过县发改委提交的《村级组织活动场所建议项目工作方案》，方案明确：巴嘎乡雄巴村各项建设共投资15.36万元，巴嘎乡岗莎村各项建设共投资20.75万元（不含道路及排水沟建设），霍尔乡两村卫生所及图书馆、暖廊建设共投资21.26万元，霍尔乡两村村民广场、道路及排水沟、垃圾处理池、大门围墙共投资33.25万元。会议要求，县发改委按方案组织实施，并在工程工期、工程质量、工程安全等方面严格按照有关要求执行。

2007年9月13日，县委书记杨林主持召开常委会会议，主要就成立“四观”“两论”和反分裂斗争集中学习教育活动领导小组等议题进行研究。

2007年9月30日，县委书记杨林主持召开常委会会议。会上，县委常委、组织部部长巴桑多吉传达地区“四观”“两论”和反分裂斗争集中学习教育活动工作会议和农牧区基层组织建设会议精神，宣读并讨论通过《中共普兰县委员会关于在农牧区党员中开展“四观”“两论”和反分裂斗争集中学习教育活动实施方案》。

2007年10月19日，县委书记杨林主持召开常委会会议。会议同意关于县人大常委会、县政府、县政协、县人民检察院、县人民法院换届候选人问题的意见；建议县人大常委会设主任1人、副主任3人，主任、副主任均实行等额选举，提名主任候选人1人（索南顿珠），副主任候选人3人（德庆曲珍、明久多吉、阿琼）；设县长1人、副县长7人，均实行等额选举，提名县长候选人1人（土登次仁），副县长候选人7人（董春生、拉巴次仁、李成民、南加石确、阿旺次仁、才旺玛、李辉）；县政协设主席1人、副主席4人，均实行等额选举，提名主席候选人1人（索南旺杰）、副主席候选人4人（扎西多吉、则吉、嘎久、巴桑次仁）；提名县人民检察院检察长候选人阿地；提名县人民法院院长候选人次仁朗杰。会议讨论县政协第五届委员会提交的县第六届委员会常务委员和委员候选人提名的请示，同意推荐格桑、洛桑瓦、江久多吉为政协阿里地区第八届委员会委员人选，对常务委员和委员候选人提名名单进行调整，增加机关提名人员，调整后提名常务委员11人、提名委员33人。

2008年8月10日，县委书记杨林主持召开常委会会议。会议同意县委组织部提交的《普兰县村（居）“两委”班子成员调整方案》。

2008年10月10日，县委书记杨林主持召开常委会第七次会议。会议同意在11月初召开普兰县十届人大二次会议、政协普兰县委员会六届二次会议；同意成立人民检察院党组、人民法院党组；同意县委组织部提交的县人民检察院和县人民法院党组书记及成员的人事方案；建议阿地拟任县人民检察院党组书记，才旺多布杰、张高洁拟任县人民检察院党组成员，次仁朗杰拟任县人民法院党组书记，贡觉金巴、宋伟伟拟任县人民法院党组成员。

三、书记办公会议

2004年7月19日，县委书记郑小东主持召开书记办公会议，就象雄文化艺术节、

“八一”建军节慰问驻地部队以及住房分配等事项进行研究。会议决定，调整充实象雄文化艺术节筹备领导小组成员，艺术节工作由县长扎西旺堆全面负责，后勤组由副县长宋晓彤、扎西多吉负责，安全保卫组由副县长刘彦锋负责；成立公房分配领导小组，县委副书记、县长扎西旺堆任组长，县委副书记白延东任副组长，对全县无房户及公房资源进行统计摸底，按照职务、工龄等条件进行综合评分，制订公房分配方案。

2005年7月22日，县委书记郑小东主持召开书记办公会议，就阿里地区工会办事处主任日娃到普兰县检查工会工作以及有关工会工作交换意见。会议针对日娃提出的普兰县工会在机构、人员、办公场所等方面存在的不足，作出决定：尽快选配工会工作人员1～2人，提交人大常委会研究决定；在2006年新办公楼竣工后单独解决工会办公室；在县职工之家选址上，将县城广场北面财政局与粮食局商品房之间的空地（长21米、宽7米）划给县工会，群众土地补偿费由地区工会负责解决。

四、党政联席会议

2001年12月6日，普兰县召开党政联席会议。会议讨论2002年的发展思路及11个方面的主要工作要点，一致同意2002年全县发展思路：进一步强化农牧业基础地位，加快经济结构调整和壮大特色经济，加快对外开放和科技进步的步伐，确保财政增收，确保农牧民增收，重点抓好农业综合开发、扶贫开发、基础设施建设、非公有制经济发展几大工程，提高经济增长的质量和效益，全面推进各项社会事业进步，为实现经济跨越式发展和社会长治久安奠定基础。会议还研究了其他事宜。

2002年1月3日，普兰县召开党政联席会议。会议原则上同意江扎寺修路，需确保整体自然保护区域与整体规划相一致，由该寺自行解决资金。会议还研究其他事宜。

2002年1月9日，普兰县召开党政联席会议。会议通过关于成立2001年区级干部目标管理责任制考核领导小组的意见；决定霍尔乡由南加石确、阿旺次仁负责考核，巴嘎乡由阿琼、明久多吉负责考核，普兰镇由边巴洛桑、益西平措负责考核，县直各部门由索南旺杰、德庆曲珍负责考核；考核一镇两乡，互相对照检查各项任务指标的完成情况，考核县直各部门，采取汇报形式，对包乡包村任务的完成情况进行综合考评。会议讨论县委统战部、民宗局提交的《关于成立贤柏林寺维修领导小组的报告》等。

2002年1月18日，普兰县召开党政联席会议。会议决定，对科迦寺周围部分居民实行扶贫搬迁，居住面积较大的补助1.5万元/户，居住面积较小的补助1万元/户。会议讨论全县半定居点问题，决定将资金集中在霍尔、巴嘎两乡，即霍尔乡投入资金40万元解决27户牧民定居问题，巴嘎乡投入30万元解决20户牧民定居问题。会议还研究了其他事宜。

2003年5月2日，县委书记杨光远主持召开党政联席会议，对全县非典型肺炎防治工作形势及工作打算进行研究讨论。会议认为，公安、卫生及霍尔检查站的工作人员为保障全县人民的生命安全作出了重大贡献，县委、县政府特别给予表彰，并给以上3个单位解决生活补助费各1000元。

2004年4月29日，县委副书记、县长扎西旺堆主持召开党政联席会议，专题就县城环境卫生进行研讨，达成一致意见。会议决定，县城环境卫生交由普兰镇管理，成立县城环境卫生管理领导小组，建立健全卫生费用收缴、使用管理制度以及各项财务制度；县政府为普兰镇配备环保专用车1辆。

2004年5月31日，副县长土登次仁主持召开党政联席会议，就县水利局提交的关于多玛电站引水渠开挖引起仁贡村嘎东组、阿岗组农田无法灌溉的问题进行研究。会议明确，多玛电站施工影响农田灌溉问题应以教育为主、补偿为辅，根据2个作业组的受益程度决定赔偿标准，嘎东组补偿标准：按该作业组前三年单产平均值×1元×占用耕地亩数，阿岗组补偿标准：按该作业组前三年单产平均值×1.1元×占用耕地亩数。会议决定，由县委副书记平措带领水利、普兰镇及相关人员到实地测量影响农田灌溉亩数，并提出明年灌溉方案；按阿岗和嘎东农田亩数的比例1∶3进行劳务输出；同意施工队进行水渠开挖，应按合同日期按期完工，若施工方未能完工影响2005年灌溉，损失由乙方承担。

2004年11月3日，县委书记郑小东主持召开党政联席会议，专题研究普兰电站承包经营试点的运行、管理和存在的一些突出问题。普兰电站承包经营人张心发、县水利局局长马俊峰分别汇报电站承包经营情况、承包经营合同履行情况及存在的突出问题，县长扎西旺堆，县委副书记、纪委书记平措，县委副书记张学营，常务副县长土登次仁，财政局局长李辉等参加会议并分别发言。会议决定，由承包人采购备齐保修材料，对电站机械进行保修，并做到定期检修，保修计划报县水利局审查备案；承包人在10天之内将2004年的承包费一次性付清；分流到不同工作岗位的原电站职工6人，由人事部门办理相关手续；从2005年起，每年的承包费在原协议基础上增加5万元。

2005年11月18日，县委副书记、县长扎西旺堆主持召开党政联席会议，主要就第三批先进性教育活动相关工作和全县目标管理责任制验收工作进行部署。会议决定，成立3个第三批先进性教育活动工作组，于2005年11月25日前到各乡镇，指导一镇两乡的第三批先进性教育活动并负责统计各乡镇0～50周岁人员名单（统计报表由县教育局负责提供），活动办公室设在县委组织部，县委副书记、组织部部长张学营任办公室主任，组织部副部长、人事局局长桑珠任办公室副主任。会议决定，成立2个目标管理责任制验收工作组（一镇两乡综合目标管理责任制验收工作组，县委常委、政协主席索南旺杰任组长；县直机关综合目标管理责任制验收工作组，副县长阿旺次仁、人民法院院长次仁朗杰、人民检察院检察长徐继文任组长，成员从各单位抽调），于11月22日分别对一镇两乡和县直机关目标管理责任制工作进行验收，验收内容包括经济、综合治理、安全生产、廉政建设、保密、信息等方面。

2006年10月12日，县委副书记、县长土登次仁主持召开党政联席会议，主要就聘用合同工，县级干部，县直、中直、区直各单位、各驻地部队包乡包村方案，草场承包收尾工作等问题进行研究。会议按照“321”扶贫工作中县级领导、县直、中直、区直部门及驻地部队包村方案，重新讨论并通过《普兰县县级领导、县直、中直、区直各单位、各驻地部队包乡包村分组表》。会议决定抽调人员11人，从即日起脱离原工作岗位，专门投入草场承包内业等后续工作。会议还就下一阶段工作进行部署。

2007年1月29日，县委副书记、县长土登次仁主持召开党政联席会议，对实施《中华人民共和国公务员法》过程中出现的问题进行讨论。会议研究制定全县各行政单位超编人员确定规则，对暂时确定的超编人员52人进行再次筛选，最终确定超编人员35人上报阿里地区。

2007年2月2日，县委副书记、县长土登次仁主持召开党政联席会议，对实施《中华人民共和国公务员法》过程中出现的问题进行讨论。会议研究制定全县各事业参照管理单位超编人员确定规则，暂时确定6个事业参照管理单位（县委党校、档案室、劳务服务中心、核算中心、编译室、水电站）中有4人为超编人员，但事业参照管理单位总人数未超编。会议决定，由组织部综合平衡，将超编的事业参照管理单位的超编人员消化到缺编的事业参照管理单位编制中。会议还研究了其他事宜。

2007年3月22日，县委副书记、县长土登次仁主持召开党政联席会议。会议讨论通过县委组织部提交的《关于调整和充实普兰县各乡镇支教人员的建议》，确定支教人员7人；讨论县委组织部提交的《关于开办普兰县中学职业技能培训班及借用我县部分工作人员充实教师队伍并对教师队伍进行调整的建议》，对建议人选进行调整；讨论通过县委组织部提交的《关于在农牧区党员中开展“四观”“两论”和反分裂斗争集中学习教育活动试点工作方案》，确定试点单位为普兰镇赤德村，决定成立普兰县“四观”“两论”活动领导小组。

2007年8月1日，县委副书记、县长土登次仁主持召开党政联席会议。会议传达《自治区人民政府办公厅关于进一步做好羊小反刍兽疫疫情防控工作的紧急通知》精神，听取县农牧局和县检验检疫局对羊小反刍兽疫疫情防控工作开展情况的汇报，就预防控制小反刍兽疫疫情进行部署等。

2009年4月20日，县委副书记、县长土登次仁主持召开党政联席会议。会上，县教育局、水利局、财政局、商务局、农牧局、卫生局、旅游局、发改委等部门单位主要负责人分别汇报传达地区召开的各项专题会议精神。县委副书记、县长土登次仁对具体工作进行部署，由县教育局牵头，制订“两基”攻坚及迎国检工作实施方案，同时拟定筹备领导小组人员名单，拟定4月28日召开“两基”攻坚及迎国检会议；确定巴嘎、霍尔两乡牧区牧业点的贫困户为安居工程对象，由农牧局提交安居工程领导小组人员名单，并制订安居工程实施方案；普兰镇、县农牧局派技术指导员到各村、组进行技术指导，推广藏青320号种子试种；由农牧局明确县级领导干部及相关部门对口扶贫联系点工作，县级领导扶贫联系点以上年度维稳联系点为主，并以文件形式下发，落实好责任制，年终进行考评。

2009年12月29日，县委副书记、县长土登次仁主持召开党政联席会议。会上，组织学习《关于进一步从严管理干部的意见》精神。会议讨论修改县总工会提交的《普兰县工会慰问困难干部职工方案》、政府办提交的《普兰县首批廉租房分配方案》、县委宣传部提交的《关于在普兰县开展“三大节日”文体活动的实施方案》。会上，县委副书记、县长土登次仁通报随阿里代表团赴尼泊尔参观考察访问及参加自治区经济工作会议的情况，并就2009年冬2010年春的工作从8个方面进行部署。

2010年5月10日，县委副书记、县长土登次仁主持召开党政联席会议，传达自治区党委工作会议和安居工程工作会议精神，研究2项议题。会议听取副县长南加石确提交的《普兰县2008—2009年雨（雪）灾后农牧民住房恢复重建资金分配实施方案》，并进行研究讨论。

2010年12月1日，县委副书记、县长土登次仁主持召开党政联席会议。会议讨论通过《普兰县开展“三大节日”慰问活动实施方案》《普兰县在职干部职工休假、事假、病假、学习、出差制度补充规定》《普兰县机关事业单位工作人员差旅费及休假经费执行办法的补充意见》《2010年机关事业单位公务员（工作人员）考核工作优秀人员名单》，以及县民政局提交的相关事项；会议决定普兰新年期间（12月4—11日）全县放假，12月12日正式上班，并就假期各项工作进行部署。

五、其他会议

2003年4月26日，普兰县召开普兰口岸联检楼建设专题会议，就普兰口岸联检楼工程建设和管理问题进行协商，达成一致意见。会议认为，联检楼占地面积20.03亩，均为基本农田，土地补偿费问题由阿里地区经贸委落实，县政府将相关材料上报地区基建办，报送地区经贸委，并做好群众工作，保证联检楼工程正常施工。地区经贸委和普兰县人民政府受自治区经贸委委托作为共同甲方，对工程监管均负有责任。会议明确县长扎西旺堆为监管联检大楼工程的总负责人，并指派专人监督管理。会议要求，施工单位负责安排当地民工20人参与建设，于6月30日前完成主体工程。地区经贸委与普兰县政府配合做好上报斜尔瓦口岸建设。阿里地区经贸委、普兰县人民政府主要领导，及施工单位、监理单位代表参加会议。

2005年7月21日，县委书记郑小东主持召开专题办公会议，主要就普兰县农牧民培训中心和章杰大桥建设施工用地问题进行协调。会议要求天顺公司桥梁分公司在8月1日前腾出县农牧民培训中心建设场地。与会人员到现场考察工地，讨论腾出方案。

2006年7月25日，阿里地区工会办事处主任日娃带队的调研工作组与普兰县负责人召开座谈会，主要就如何进一步加强普兰县工会工作进行座谈。县委书记郑小东主持座谈会。会上，日娃对普兰县执行阿里地区“三会、两决定”要求情况表示肯定，同时对存在的一些问题和不足之处提出要求；县委书记郑小东就如何做好普兰县下一步工会工作作讲话，强调：加强对“三会、两决定”精神的学习，落实阿里地委、行署、地区工会办事处的要求；对于县工会的经费问题，由县财政局提出方案，经主管领导办公会确定后执行；县委组织部确定工会主席人选，选配工作人员，一镇两乡工会主席由各乡镇党委副书记兼任；由县委副书记白延东牵头，县委副书记、纪委书记刘建军参加，着重发挥工会四大职能，加大工会工作力度（工、青、妇一并考虑）；加快职工之家的建设进度，由县委副书记白延东负责，县委副书记、纪委书记刘建军参加。

2008年1月20日，县委召开紧急会议，专题研究抗救灾工作。会上，县委副书记王海龙通报雪灾情况，宣布启动普兰县抗救灾应急预案；副县长拉巴次仁就如何解救被困人员一事进行具体安排，决定由县委常委、组织部部长巴桑多吉和副县长拉巴次仁带队，出动6台小车、1台装载车，配备医务人员以及足够的衣物、药品、食物等抗灾救援物资立即前往营救。会议由县委副书记王海龙主持。

2009年10月18日，县委书记杨林主持召开军地联席会议，总结2009年普兰县人民防线建设工作开展情况，分析取得的成绩，找出不足，明确努力方向。

2010年3月29日，县委召开工程建设领域突出问题专项治理工作领导小组成员会议。会上，组织学习《阿里地区2010年工程建设领域突出问题专项治理工作及扩大内需促进经济增长政策落实检查工作方案》（以下简称《方案》）。会议要求，全县各级各部门按照《方案》要求，结合自身实际，做好各项目的资料准备工作，并形成自查报告，上报县工程建设领域突出问题专项治理工作办公室。会议由县委副书记、纪委书记刘建军主持。

第二章　党务工作

第一节　组织工作

普兰县组织部门以加强中共执政能力建设和先进性建设为主线，围绕普兰发展大局，更新理念，健全制度，夯实组织基础，着力建设干部队伍，选拔领导干部，聚集发展人才，深化干部人事制度改革，加强党员教育培训，为全县党建工作、改革开放、经济建设、社会发展和民主法治建设提供组织保障和人才支撑。

一、机构

1987年7月，中共普兰县委组织部从县委组宣部分出。

2004年6月，普兰县进行机构改革，县委组织部、人事局、机构编制委员会办公室3个机构合署办公。县委老干部局，副科级机构，归县委组织部管理。劳动局，副科级机构，归人事局管理。行政编制6名，其中部长1名（副县级），副部长2名（分别兼人事局局长、编办主任），老干部局局长1名，劳动局局长1名。

2010年8月，组建普兰县人力资源和社会保障局，县人事局、劳动和社会保障局职能整合，划转到普兰县人力资源和社会保障局。

机构改革后，县委组织部（县机构编制委员会办公室、县委老干部局）无内设机构，编制6名（行政编制4名，事业编制2名），其中县级领导职数1名，科级领导职数3名，老干部局（无内设机构）科级领导职数1名。

2001—2010年中共普兰县委组织部领导一览表

表3-2-1

机构名称	职务	姓名	性别	民族	任职时间	备注
中共普兰县委组织部	部长	平　措	男	藏族	2000.10—2001.10	县委常委
		张学营	男	汉族	2001.10—2006.6	县委副书记
		巴桑多吉	男	藏族	2006.6—	县委常委
	副部长	李寿明	男	汉族	1999.5—2002.6	

续表3-2-1

机构名称	职务	姓名	性别	民族	任职时间	备注
中共普兰县委组织部	副部长	顿　珠	男	藏族	2002.6—2003.8	
		桑　珠	男	藏族	2005.5—2006.8	
		杨国栋	男	汉族	—	
		旺　久	男	藏族	2006.11—2009.10	
		朱明斌	男	汉族	2006.11—2010.9	编办主任
普兰县机构编制委员会办公室	主任	才旺玛	女	藏族	1999.7—2002.9	老干部局局长
		杨国栋	男	汉族	2002.7—2006.5	

二、党组织建设

普兰县加强对基层党组织的班子配备，形成以乡党支部为核心的村组配套组织。采取全面考察和民主选举的方式，组织有能力、党性强、文化水平高、群众基础好的党员充实到乡村各级组织的领导班子，逐步调整优化乡村干部队伍结构，基层组织趋于年轻化、知识化。提高基层组织领导班子素质，增加基层组织中的党员干部、大中专文化干部、妇女干部、汉族干部比例，增强战斗力。

2001年，普兰县坚持一年一度的民主评议党员工作，建立健全基层党组织的“三会一课”制度，党员联系困难户、党员活动日制度。针对巴嘎乡岗莎村、普兰镇科迦村基层党组织涣散的状况，成立整顿小组，对两村进行摸底、征求意见、帮助找问题，开展集中整顿、学习教育。按照“六个好”乡镇党委和“五个好”村党支部的标准，评出普兰镇、霍尔乡、巴嘎乡3个“六个好”乡镇党委，吉让、赤德、西德、科迦、多油、岗莎、贡珠、仁贡8个“五个好”村党支部。吉让居委会被西藏自治区评为先进基层党支部。年底，全县有乡镇党委3个，党总支1个，党支部22个，党小组39个。

2003年7月1日，普兰县开展农牧区优秀党支部评选活动，对7个先进党支部进行表彰。

2006年上半年，普兰县调整或重新任命基层党组织负责人3人、调整班子成员20人、培训基层党员65人。对全县3个乡镇9个行政村、1个居委会党员368人进行调查摸底，确定有能力的农牧民党员40人作为“双带”（党员带头致富，带领群众致富）领路人，确定“三培养”（致富能手培养成共产党员，党员培养成致富能手，党员培养成村委班子）人员14人，并建立基础台账。落实村级干部工资政策，全县村干部每月报酬135.5～145元。换届选举工作完成后，加强村级配套组织建设，加强村务民主决策、民主管理和民主监督工作。开展农牧区优秀党支部评选活动，对2个先进党支部进行表彰。

2008年，普兰县调整完善村组干部队伍结构，并及时配备组织委员3人，加大对乡镇村组干部的学习培训力度，提高基层干部的政策理论水平和业务知识水平。在农牧区开展党的建设“三级联创”活动，3个乡镇党委、5个村级党组织均达到“五个好”（领导班子好、党员队伍好、工作机制好、工作业绩好、群众反映好）的要求，普兰县达到农区基层组织建设先进县的标准。对全县3个乡镇9个行政村、1个居委会党员492人进行调查摸底，确定有能力的农牧民党员25人作为“双带”领路人，确定“三培养”人员21人。全县村（居）干部每年报酬1860~6250元，组长1200元，对上一届村（居）“两委”班子成员中未当选为新一届班子成员的干部补发7—9月的误工补贴。在表彰大会上，评选出先进党支部1个。评选出农牧区优秀党支部1个。年底，全县有党支部27个。

2009年，普兰县对乡镇党委负责人、各驻乡驻村工作组进行系统培训，并结合实际，先后印发《关于在第三批学习实践活动中抓好党建工作的通知》《双带、三培养活动方案》《双语双学活动方案》《三级联创活动方案》。成立基层党建工作领导小组，落实党委（支部）书记“第一责任”，分管书记“具体责任”，基层支部书记“直接职责”；建立健全县委定期研究基层组织建设工作制度；制订党员发展规划、年度规划和党员工作计划；确定领导干部党建联系点制度，召开常委会专题研究基层党建制度；加强对基层党组织的量化考核；开展“三级联创”“双带”“三培养”等活动，推进基层党建工作，发挥党员带领群众脱贫致富中的先锋模范作用；加大对基层党建工作经费的投入力度，县政府每年划拨近6.5万元作为党建工作专项经费。在中国共产党成立88周年庆祝大会上，县委表彰先进党支部7个、优秀党员19人。受阿里地区表彰的优秀党员1人、先进单位2个，受自治区表彰的优秀党员1人、先进基层党组织1个。年底，全县有党支部30个。

2010年上半年，全县有县直机关工委1个、乡镇党委3个、县（中、区）直机关党支部19个（教育总支1个、学校党支部3个、中直党支部3个）、村（居）党支部10个。普兰县举办庆祝建党89周年表彰大会，对4个先进基层党组织、优秀党务工作者9人、优秀共产党员44人和2009—2010年农牧区基层党的建设“三级联创”先进单位进行表彰。开展“双带、三培养”活动，对全县3个乡镇、9个行政村、1个居委会的513名党员进行调查摸底，确定有能力的农牧民党员51人作为“双带”领路人，确定“三培养”人员20人。按照农牧区无职党员“无职有岗、无职有责、无职有为”的设岗定责工作要求，设立工作岗位19个，发挥无职党员作用，使其参与村务。到乡（镇）、村（居）18次，宣传“四议两公开一监督”（“四议”即涉及村发展和村民切身利益的重大事项，要经村党支部会提议、“两委”会商议、党员大会审议后，提交村民会议或村民代表会议讨论作出决定；“两公开”即实行村级重大事务决议内容公开和实施结果公开；“一监督”指村重大事项的决议和决议实施全过程要自觉接受党员、村民的监督）、“党员承诺制”，同时下派乡镇干部利用“查、看、问”的形式到村（居）帮助开展村务工作。在全县范围内开展创建党建示范点活动，制定《村级党建示范点创建标准》，以“五个好”标准、加强党建制度建设、加强阵地建设和加强党员干部队伍的教育管理等情况作为评选内容，通过调研，确定基层党建工作业绩较为突出、发挥作用明显、群众基础好的巴嘎乡雄巴村党支部为普兰县第二个县级党建示范点。

2001—2010年普兰县党组织统计表

表3-2-2　　单位：个

年份	乡镇党委	党组	党支部	村居党支部	党小组
2001	3	—	22	10	39
2002	3	—	—	10	—
2003	3	—	—	10	—
2004	3	—	11	10	52
2005	3	3	13	10	52
2006	3	—	13	10	—
2007	3	—	14	10	—
2008	3	—	27	10	—
2009	3	—	30	10	—
2010	3	—	29	10	—

三、党员发展

2001年，普兰县吸收党员26人。全县有党员479人，其中预备党员10人，农牧民党员301人，妇女党员103人。

2003年，全县吸收预备党员16人、党员17人。7月1日，普兰县开展农牧区优秀党员评选活动，对优秀共产党员39人、优秀党务工作者9人进行表彰。

2006年上半年，农牧民群众329人向党组织递交入党申请书，列为发展对象64人，被吸收为预备党员44人。普兰县开展农牧区优秀党员评选活动，对优秀共产党员34人、优秀党务工作者22人进行表彰。

2008年，全县发展积极分子36人，预备党员56人，预备党员转为正式党员66人。全县有党员838人，其中机关党员314人，农牧区党员492人，退休党员32人；妇女党员217人。普兰县在表彰大会上，评选出优秀共产党员27人、优秀党务工作者5人。为树立典型形象，取得良好的示范效应，发挥基层干部在经济建设中的作用，先后评选出先进基层干部6人、优秀共产党员27人。11月11日开始，按照地委《关于认真做好2008年度民主评议党员工作的通知》精神，在全县各党支部开展民主评议党员工作，评出优秀党务工作者17人，优秀共产党员39人，合格党员782人。

2009年，普兰县在全县各支部开展党员评议工作，客观评价每位党员思想、工作、学习、廉洁自律情况，并将定档结果向本人反馈，评选出优秀党员27人、优秀党务工作者11人。全县有党员927人，其中机关党员374人，农牧区党员501人，退休党员52人；妇女党员260人。

2010年上半年，全县发展党员57人，其中党政机关发展党员23人，发展农牧民党员30人，学校发展党员4人。全县有党员976人（含预备党员23人），其中县直机关党员339人（含预备党员7人），乡镇机关党员72人（含预备党员4人），农牧民党员513人（含预备党员12人），退休干部职工党员52人。

2001—2010年普兰县党员统计表

表3-2-3　　单位：人

年份	吸收新党员	党员						
		合计	预备党员	机关党员	农牧区党员	退休党员	男性	女性
2001	26	479	10	—	301	—	376	103
2002	—	489	—	—	—	—	—	—
2003	33	—	—	137	—	—	—	—
2004	60	—	—	—	—	—	—	—
2005	21	614	60	234	348	32	—	—
2006	66	674	—	283	359	32	—	—
2007	152	771	66	297	442	32	—	—
2008	122	838	41	314	492	32	621	217
2009	—	927	—	374	501	52	667	260
2010	—	976	23	411	513	52	—	—

四、党员培训

2001年，普兰县组织全县党员干部学习中共中央总书记江泽民“七一”讲话、中共十五届六中全会、第四次西藏工作座谈会、自治区第六次党代会、全区组织部长会议精神及各项方针、政策，提高全县党员的思想认识和政策水平。4月，普兰县学教活动领导小组成立，设立办公室，配备工作人员，制定严格的工作制度。在全县党政机关内部掀起“三个代表”重要思想学教活动热潮。举办全县领导干部学习“三个代表”重要思想心得体会文章竞赛，要求副科级以上领导干部人人撰写体会文章，保证学习效果。7月30日，进行全县干部学习“三个代表”重要思想考试，干部职工158人参加考试。10月，派人分赴各乡镇，在基层干部职工中推行“两个确保、两个要求、两个带下去、三个拿回来”①办法。

2003—2004年，普兰县组织开展学习“三个代表”重要思想和中共十六大精神教育活动，加强党员干部的思想政治建设，树立全县党员干部为人民服务的思想理念和行动准则。根据全县党员干部实际情况，开展党的宗旨教育、马克思主义“四观”（马克思主义祖国观、马克思主义民族观、马克思主义宗教观、马克思主义文化观）、“两论”（马克思主义唯物论和马克思主义无神论）教育，树立正确的权利观、世界观、利益观。采取个人自学和以党支部为单位集体学习相结合的方式，要求每位党员干部做好学习记录，写出心得体会，并以“三个代表”重要思想为标准，自我检验，改进不足，提高党性认识。在全县广大党员中开展向郑培民、张普善等优秀干部学习活动。组织开展县级以上领导及党员干部民主生活会，组织县级以上党员领导干部和人事部门工作人员学习《党政领导干部选拔任用工作条例》。通过强化学习，自查自纠，党员干部理论素质得到提高，在思想与行动上深化与群众的密切联系。

2005年8月16—17日，普兰县委在孔雀宾馆三楼会议室举办流动党校培训班，党政机关、事业单位的在职党员干部（包括积极分子）参加培训，培训内容：构建社会主义“和谐社会”的重大意义和目标要求；树立和落实科学发展观，促进经济社会协调发展；贯彻落实中共十六届四中全会精神，全面加强党的执政能力建设。2005年12月初至2006年7月，普兰县以“围绕经济抓党建，抓好党建促发展”为主线，在10个党支部、39个党小组、农牧民党员368人中，开展以实践“三个代表”重要思想为主要内容的保持共产党员先进性教育活动。先进性教育活动办公室设在县委组织部，调整充实办公室及巡回检查组工作人员，成立3个乡镇工作组，由县委常委3人任巡回检查组组长，有工作人员34人，各乡镇相继成立领导小组及其工作机构，做到每一个村（居）至少有督导员2人。活动分为学习动员阶段、分析评议阶段、整改提高阶段，同时将主题实践活动贯穿始终。

2006年，全县开展集中学习194次，实际参加4339人次，送学上门91人次，送学（教）上门村级党组织51人次，发放宣传资料330份，张贴标语600余张，办板报80余期。发放征求意见表1200余份，征求到意见310条，其中涉及党组织122条，群

① “两个确保”即加大反分裂工作力度，正确引导和教育群众逐步消除宗教的消极影响，崇尚科学文明，确保农牧区的稳定；抓住西部大开发的历史机遇，加快农牧区经济建设步伐，确保农牧区生产条件不断完善和农牧民生活水平日益提高。“两个要求”即要求干部站在全局的高度考虑问题、分析问题、解决问题，要求各村委会充分发挥职能作用，真正成为带领群众发家致富的最基层的战斗堡垒。“两个带下去”即把党的各项方针、政策、路线带下去，把全乡经济发展规划和整体工作设想带下去。“三个拿回来”即把群众的呼声、村委会的要求及时拿回来，把村委会带领群众奔小康的典型经验、措施和办法拿回来，把广大农牧民群众生产、生活的实际情况，特别是存在的困难和问题及时拿回来，共同为群众排忧解难，并取得一定实效。

众切身利益112条。基层党组织建立健全长效机制166个，撰写心得体会321份。

2008年4月10日至9月28日，普兰县在全县范围内开展“反对分裂、维护稳定、加强团结、促进发展”主题教育，全县有8899人（党政机关、企事业单位561人，农牧区7255人，学龄儿童1083人），直接参学7765人（不含学龄儿童）。活动中，组织基层党组织上党课10次；组织党员重温入党誓词20次（参与党员707人）；在党员中召开座谈会6次，征求意见21条；发放征求意见表346份，征求意见21条；走访个别党员51人，征求意见9条；吸收一批具有一定文化程度、政治觉悟高、责任心强的年轻党员进入村“两委”班子。在全县范围内设立征求意见箱88个，发放征求意见表1658份，征求到意见、建议94条，走访群众156次，收到心得体会4896份（群众口述、请人代书3926份），撰写剖析材料790份，整改措施790份，党员个人行为准则788份。送学上门辅导补课513次，累计寄送学习资料70次，设立临时教学点11个，有负责人14人，集中学习700余次，学习覆盖面100%，参与率98.9%，各村（居）集中学习教育时间均达到188小时以上，播放新旧社会对比教育片30余场次。活动期间，县处级以上领导干部参与38人次，在基层召开经验沟通交流会3次，召开座谈会、揭批会、研讨会62场次，作动员讲话21次、专题报告41次，督导检查工作28次，走访慰党员群众52次，发放慰问钱物1万余元，对主题教育提出意见185条，县巡回督导组下到乡镇、村实地指导检查35次，走访慰问党员群众162人次。

2009年，由县委组织部牵头，老干部局具体负责，邀请离退休老干部10余人在各乡镇巡回演讲6次，内容主要为形势教育、新旧西藏对比教育，阐明达赖集团的反动本质，教育农牧区党员坚定政治立场，旗帜鲜明地开展反分裂斗争。县委组织部组织专门人员到寺庙、学校开展爱国主义教育宣讲活动5次，夯实反分裂斗争的思想基础和群众基础。采取发展与稳定相结合的原则，开展学习实践科学发展观活动，由各单位领导引导学习并辅以实践，准确理解和把握科学发展观的精神实质，到联系点，查找制约普兰科学发展的突出问题8项，撰写高质量的调研报告3篇，为群众办实事、解难事20余项，修改完善有利于科学发展的制度机制1项。在全县范围内开展《中华人民共和国公务员法》《中华人民共和国社会保障法》《中华人民共和国劳动法》《西藏自治区城镇居民基本医疗保险暂行办法政策问答》等政策法规的宣讲活动，使全县党员干部牢固树立法治意识，增强知法、懂法、用法的自觉性，使法律知识深入人心。

五、党费管理

县委组织部严格按照制度进行党费的收缴、管理和使用。根据党章规定的每个党支部党员工资比例，计算出党员所交纳的党费标准，由各部门将收缴到的党费按每年2次（上半年和下半年）上交县委组织部，由县委组织部上缴至地委组织部。党费交纳工作与党组织、党员教育、民主评议党员、党员目标管理相结合。全县各级党组织重视党费收缴工作，对广大党员进行宣传教育，增强党员自觉交纳党费的意识。

2006年，县委组织部检查党费收缴、管理和使用情况。2008年，“5·12”汶川地震发生后，普兰县上缴特殊党费136408.8元。全年上缴党费16835.5元。

六、干部管理

（一）干部教育培训

县委组织部落实教育实践活动，多次组织集中学习，强化业务水平和理论素养。为提高党政机关单位工作人员业务能力和管理水平，采取脱产学习与自学、函授与面授、长班与短班相结合，组织素质培训。培训内容以《国家公务员行为规范》、《关于社会主义若干问题学习纲要》、职业道德教育等为参照。按照地委组织部干部培训规划的部署，本着以理论培训为主，业务培训、学历培训相辅的原则，在每年农闲时间对全县乡村干部进行培训。

2001年，县委组织部通过多种渠道、多种形式的培训，提高干部职工的思想理论水平和业务能力。学历培训6人，理论学习13人，岗前培训5人，业务培训2人。

2003年，组织干部外出学习17人次。10月，县委组织部组织开展普兰县第二次县级领导干部法律知识考试，促进全县领导干部依法行政。

2006年，县委组织部开展公务员依法行政法律知识培训、公务员知识培训、中共十六大精神培训等。配合地委组织部选派党员干部参加各种培训学习，组织干部外出学习78人次，其中学历培训1人，专业技能培训17人次，函授学习60人次。

2008年，县委组织部加大对干部队伍的培养力度，采取“大教育、大培训”的方式，在全县范围内组织开展争创学习型机关活动，选送90人次参加政治理论、业务理论、学历晋升等培训，其中选送县处级干部23人次、科级干部56人次、一般干部11人次。

2009年，县委组织部坚持自学和集中培训相结合，开展大规模的集中培训，以提高各行各业干部的服务能力和服务本领。选送111人次参加政治理论、业务理论、学历提升等培训，其中县处级干部15人次，乡科级干部35人次，一般干部43人次，学历提升18人次。选派村居党支部书记10人到地委党校参加培训。

2010年上半年，县委组织部选派66人次参加政治理论、业务理论、学历提升等培训，其中县处级干部10人次，科级干部37人次，一般干部19人次。

（二）选拔任用

县委组织部完善干部管理制度，加强党政机关干部队伍建设，根据能力提拔各类干部，大胆任用年轻干部，建立人才联系制度。

2001年，县委组织部坚持实事求是、客观公正的原则考察全县干部，采取领导与群众结合、党内与党外结合、机关与基层结合的办法进行民主测评。在区（科）级干部民主测评中，本单位干部职工参与率在80%以上，个别谈话人数占本单位人数2/3或1/2以上。坚持“三个离不开”（汉族离不开少数民族、少数民族离不开汉族、各少数民族之间相互离不开）、“五湖四海”的原则，在党政领导干部中配备一定数量的汉族和其他少数民族干部、妇女干部和党外干部。

2003—2004年，县委组织部根据《党政领导干部选拔任用工作条例》要求，坚持“四化”（革命化、年轻化、知识化、专业化）方针，本着德才兼备、“五湖四海”和“三个离不开”原则，深化干部人事制度改革工作，完善民主推荐、民主测评以及任前公示制度。2003年5月、8月，先后两次开展后备干部民主测评，针对考察前准备工作、考察组职责、考察内容和标准、谈话对象范围、考察工作方式等制定具体措施，确保考察的公正性、公平性和考察方式的科学性，维护干部群众的知情权、选举权、参与权和监督权，推进干部工作科学化、民主化和制度化进程。

2008年，县委组织部在全县范围内开展大规模的干部考察工作，建立后备干部人才库。推行民主推荐、民主测评、干部考察预告制、干部考察对象公示制、任前公示制、新任干部试用期制、县委常委讨论干部任免投票表决制等多项制度，对提交县委常委讨论决定的拟任人选，全部实行无记名投票表决，并对拟提拔任职的人员全部进行任前公示，接受广大干部群众的监督，提高干部选拔任用的水平。先后两次开展后备干部民主测评工作。根据《党政领导干部选拔任用工作条例》《中华人民共和国公务员法》，对党政领导干部16人进行提拔和职务调整，使干部队伍的结构更加合理，干部队伍的活力得到增强。提拔正科级干部5人，副科级干部10人，办事员提科员2人。

2009年，县委组织部在全县范围内开展后备干部考察工作，严格按照民主推荐、民主测评、个人谈话、面上谈话等步骤，听取广大干部职工群众的意见建议，将一批政绩突出、群众公认的干部选为后备干部。研究出台《普兰县选派干部到基层锻炼的暂行办法》，对各单位推荐的后备干部，采取“上培下派”方式，分别派至一镇两乡锻炼，选派干部11人下基层锻炼。

2010年，县委组织部严格按照干部考察任用程序进行干部提拔和调动，在考察各级班子成员过程中，专门针对考察前准备工作、考察组职责、考察内容和标准、谈话对象范围、考察工作方式等进行部署，维护考察的公正性、公平性和考察方式的科学性以及人民群众的知情权、选举权、参与权和监督权。上半年，提拔正科级干部3人、副科级干部12人。选派机关干部3人到乡镇挂职锻炼。对各单位推荐的后备干部，采取“上培下派”的方式，分别派到一镇两乡进行锻炼、接受考验，增长才干。

（三）干部挂职交流

2001年，普兰县到其他省（市）挂职锻炼1人。2003年，干部交流1人。

（四）干部调配

2008年，普兰县调入干部1人、外调干部6人。2010年，调入干部5人、外调干部11人。

（五）干部监督

2004年4月，县委组织部结合县情，联合纪检监察部门出台《普兰县干部职工考勤制度》《严禁干部职工进入赌博场所赌博的通知》，对党员干部的工作纪律、休假病假以及“八小时”以外的工作生活制度作出具体的补充规定，规范党员干部的行为以及机关作风。

2006年，县委组织部开展正科级以上领导干部述职试点工作，建立正科级以上领导干部每年向人大常委会述职报告制度和领导干部离任审计制度。严格干部档案管理，制定干部档案的收集整理、查阅、转递等制度，使全县人事档案管理工作规范化、制度化。按照地委组织部的要求，开展全县干部档案清理和审核工作，干部学历、学位检查清理工作。

七、机构编制管理

2001年，县机构编制委员会办公室对机关单位人员实行卡片式管理，严格控制机构编制膨胀。

2002年，县编办按照“不搞一刀切、不要求上下完全对口”的原则，对县直行政机构进行调整，解决了管理体制和职能方面的一些突出矛盾和问题。

2005年，普兰县进行县直行政机构调整，坚持“三个不突破”（机构设置不突破经自治区党委、自治区人民政府批准的机构限额，人员编制不突破已核定的行政编制总数，领导职数不突破规定），与2002年、2004年县级政府机构改革相衔接。对环境保护、林业生态、科技、商务、建设、国防、审计、财务预算等机构进行完善，科学规范政府部门职能，改进管理方式，提高行政效率。县国土资源局加挂县环境保护局的牌子，对外使用县环境保护局印章；县农牧局加挂县林业局牌子，对外使用县林业局印章；组建县审计局，为县财政局管理的副科级机构，为部门管理机构；政府办公室加挂县信访办公室的牌子；县农牧局加挂县科学技术局的牌子，对外使用县科学技术局的印章；在县发改委加挂县商务局的牌子，对外使用县商务局印章；组建县旅游局，为县文化广播电影电视局管理的副科级机构；在县卫生局加挂县人口和计划生育办公室的牌子，对外使用县人口和计划生育办公室的印章；组建县建设局，为县发改委管理的副科级机构；县交通局加挂县交通战备办公室牌子；政府办公室加挂县人民防空办公室牌子；县发改委加挂县国防经济动员办公室牌子；组建会计核算中心，为副科级事业单位，由县财政局管理。

机构改革后，普兰县机构未突破22个，县直行政编制105名。县委领导职数7～9名（县委书记、县委副书记3～4名），人大常委会主任、人大常委会副主任3～5名，县长、副县长5～7名，政协主席、政协副主席3～5名；县直部门领导职数2～3名，县人民法院正、副院长按1正2副配备，县人民检察院正、副检察长按1正2副配备。

同时，结合各乡镇人口、区域面积和经济社会发展等因素，坚持“加强中心乡镇、兼顾乡镇行政服务工作对编制的需求”的配编原则，新增编制5名。

2009—2010年，普兰县进行机构改革，在政府办挂政府法治办公室牌子、信访局牌子；在发展和改革委员会挂工业和信息化局牌子、统计局牌子；组建教育局，挂体育局牌子，不再保留教育体育局；组建民族宗教事务局；在财政局挂政府国有资产监督管理委员会牌子；组建人力资源和社会保障局，将人事局、劳动和社会保障局的职责，整合划入人力资源和社会保障局，不再保留人事局、劳动和社会保障局；将环境保护局由国土资源局管理调整为政府工作部门；组建住房和城乡建设局，不再保留建设局；组建交通运输局，不再保留交通局；在农牧局挂科学技术局牌子；将商务局由发展和改革委员会挂牌机构调整为政府工作部门；在文化广播电影电视局挂新闻出版局牌子。组建文物局，由文化广播电影电视局管理；在卫生局挂人口和计划生育委员会牌子；组建食品药品监督管理局，由卫生局管理；将安全生产监督管理局调整为政府工作部门；将林业局由农牧局挂牌机构调整为政府工作部门；不再保留乡镇企业管理局，其职责划入农牧局；不再保留外事办公室，其职责划入政府办公室；机构编制委员会办公室与人事部门分开设置，仍与县委组织部合署办公，列县委工作部门序列。

机构改革后，县政府设置工作部门（规格为正科级）21个、部门管理机构（规格为副科级）3个。县政府领导班子职数为5～7名，其中县长1名、副县长4～6名；县政府工作部门中，正科级单位的科级领导职数为3～4名、副科级单位的副科级领导职数为1～2名。

2010年5月，县编办根据地区机构编制委员会办公室《关于县直事业单位机构编制情况的调研的通知》要求，组织相关人员组成调研工作组，到县直各事业单位，对工作职责、业务性质、管理形式、功能定位和经费预算等方面情况进行全面了解。完成乡镇机构改革各项基础工作，包括印发《普兰县乡镇机构改革方案的实施意见》，拟定各乡镇“三定”方案，并上报地区编办审核，拟定“三个意见”“一个办法”。根据《关于为我县乡镇增加行政编制的通知》精神，按照专编专用、突出重点原则，落实各乡镇政法委、统战部新增行政编制的分配工作。根据《关于乡镇后勤工作情况调研的通知》要求，组织相关人员对乡镇后勤编制数、人员配备情况、各项硬件设施建设情况以及交通工具配备等进行调研，提出整改意见和建议，加大对乡镇后勤工作的管理力度。

八、老干部工作

2010年之前，由县委组织部审批统一办理全县机关事业单位工作人员退休工作，落实离退休人员政治待遇和生活待遇，使之老有所养、老有所为、老有所乐、安度晚年。

2001年，县委专门组成慰问组，对老干部进行慰问；在春节、藏历新年期间，召开老干部座谈会，介绍全县的工作情况，优先解决老干部的困难，及时兑现工资。许多安置在各乡镇的老干部主动联络村党支部、村委会，寻找群众致富的门路、调解民事纠纷、教育青少年，为普兰县的稳定和发展作出贡献。

2003年，“三大节日”（元旦、春节、藏历新年）期间，普兰县召开老干部座谈会，征求意见和建议，及时传达中共中央总书记胡锦涛慰问老干部的一封信，传达中共中央对老干部事业的关怀。普兰县关注老干部生活情况，及时兑现老干部工资、生活待遇及房改资金。本着严谨务实的工作态度，实行责任到人的工作机制，及时准确地将离退休老干部的各项情况上报至地区房改办，5月全额兑现老干部房改资金共396万元。

2004年3月，县委、县政府召开专题会议2次，主要研究老干部外出参观考察事宜。4月14日至5月7日，普兰县组织退休老干部49人到拉萨、山南、林芝、日喀则等地参观考察，感受西藏的发展变化。上半年，召开老干部座谈会4次，落实老干部的政治待遇。

2006年，普兰县落实老干部生活待遇，执行退休干部退休费、医药费政策，保障“两费”按时发放。建成老干部文化活动中心，丰富老干部的业余文化生活。上半年，部领导走访看望老党员老干部5次。加强退休党支部建设，定期组织退休老干部学习；建立县级领导干部联系老干部工作制度，建立老干部参加重大会议和重大政治活动制度。支持和鼓励老干部在全县文明建设中发挥余热，组织一批老干部组成县城卫生监督管理员，为老干部老有所用、老有所为提供载体。

2008年，全县有离退休老干部131人（代管16人），其中在普兰县安置41人，阿里地区安置4人，拉萨老干部退休所安置31人，其他省（市）安置1人，乡村安置38人，老干部党支部安置1个。有老干部党员32人。在“七一”建党节与全国纪念改革开放30周年之际，老干部党支部举办“迎奥运”及庆改革开放30周年文艺活动，使离退休干部切实感受到党的关怀。普兰县组织老干部参加县委、县政府、县纪委安排的学习，重点学习党章、党的重要理论著作以及西藏自治区第七次党代会精神等，全年组织学习16次，参加29人次。组织老干部3人到学校、农牧区、军营，开展以“忆苦思甜”为主题的宣讲活动，为农牧民群众、青少年学生及部队官兵宣讲6场，参与人数超过1000人。“5·12”汶川地震后，老干支部全体老干部为灾区人民捐款4415元，上缴特殊党费14105元，其中上缴特殊党费1000元以上的老干部5人。

2010年，全县有离退休老干部138人（代管13人），其中在普兰县安置84人，阿里地区安置6人，拉萨安置47人，其他省（市）安置1人。老干支部有党支部1个，党小组4个，党员40人。“三大节日”期间，县委组织部组成慰问领导小组，对安置在西藏的老干部进行慰问，还为全县离退休干部办理基本医疗保险，完成全县干部职工、离退休干部体检工作。

九、扶贫慰问

2004年5月，县委组织部联合县民政局，组织县直机关党员干部为农牧区贫困群众捐款捐物折合人民币3.2万元，全部用于解决部分困难群众的生活生产，为部分贫困家庭添置生产资料。到扶贫联系点（多油村拉文组），全面了解村民经济生活情况，制订发展规划，引导群众解放思想、更新观念，引导村民参与劳务输出，以增加现金收入。

2008年，县委组织部号召工作组、乡镇干部、检查组党员、农牧民为贫困户、五保户捐款105448元，捐赠大米、面粉、糌粑5950千克，鞋200双，衣服100套，砖茶300块，汽油200升以及其他物资，折合人民币8.91万元，受捐334户1336人。

2009年，县委组织部慰问“三老”人员（老党员、老干部、老劳模）104人，发放慰问金3.12万元。

2010年3月，县委组织部发挥“三老”人员、优秀农牧民党员和村“两委”干部在加强基层基础工作中的作用，调动老党员、老干部的工作积极性，促进农牧区基层和谐稳定，慰问生活困难党员、“三老”人员、去世党员家属、优秀农牧民党员和村（居）“两委”干部97人，发放慰问资金2.91万元。6月，对“三老”人员61人、困难党员8人以及优秀党员2人进行慰问，发放慰问资金1.42万元。

第二节　宣传工作

普兰县委宣传部协调宣传文化系统各部门之间的关系，指导、协调各新闻单位的工作，引导社会舆论，做好党员教育工作，研究和改进群众思想教育工作。组织开展精神文明建设，弘扬“先遣连精神”“老西藏精神”（特别能吃苦、特别能团结、特别能战斗、特别能忍耐、特别能奉献），开展“学雷锋”活动、文明创建活动；发展文化事业，以“讴歌新西藏新普兰的新变化、新生活”为主题，推出一批富有民族特色的作品；开展国防教育宣传活动，通过街道宣传、举行座谈会、集中讲课、下乡宣讲、参观边防连遗址等形式，对党员干部、部队官兵、寺庙僧尼、学生和农牧民群众进行再教育。

一、机构

1987年，中共普兰县委宣传部从县委组宣部单设。

2005年，县委宣传部加挂县国防动员委员会国防教育办公室牌子。在职干部职工4人。

2010年8月，机构改革后县委宣传部无内设机构，机关编制4名（行政编制3名，事业编制1名），其中县级领导职数1名，科级领导职数3名。

2001—2010年中共普兰县委宣传部领导一览表

表3-2-4

机构名称	职务	姓名	性别	民族	任职时间	备注
中共普兰县委宣传部	部长	张悦明	男	汉族	1999.12—2006.7	县委常委
		冉红梅	女	汉族	2006.7—	县委常委
	副部长	邱　涛	男	汉族	2004.7—	

二、理论学习

普兰县宣传战线用正确理论指导引导宣传，坚持用科学的理论武装广大党员干部和教育职工群众，采用多种方式开展“三个代表”重要思想、中共十六大精神、科学发展观、中共十七大精神的宣传教育工作，使全县人民加深对各种理论政策的认识。

2003年，由县委宣传部牵头开展“321”扶贫工程及“解放思想、更新观念、与时俱进、加快发展”学习讨论活动的宣传教育，组织人员撰写调研文章4篇，并对两项活动进行连续深入的宣传报道。上半年，出台学习贯彻中共十六大宣传实施意见，联合县委组织部、纪检委编写中共十六大知识考试题，发放宣传材料279份，张贴标语124张，出板报18期、简报24期。

2004年，普兰县开展中共十六大精神和“三个代表”重要思想主题教育。开展县级领导干部学习“三个代表”重要思想理论调研文章征集活动。8月12日，县委召开理论中心组会议。会议由县委书记郑小东主持，县委副书记、县人大常委会主任索南顿珠作学习贯彻《中华人民共和国行政许可法》专题辅导报告，县委副书记、纪委书记平措作学习贯彻《中国共产党党内纪律监督条例》《中国共产党纪律处分条例》专题辅导报告，县委常委、政协主席索南旺杰组织学习《政协章程》，县委副书记白延东组织学习中共中央政治局常委、国务院副总理黄菊的文章《党委总揽全局、协调各方是加强和改善党的领导的重要指导原则》。

2008—2009年，普兰县制定《县委理论中心组学习制度》《理论中心组学习活动安排意见》，对学习方式、考勤制度、自学报告制度等方面进行规范。深入学习《公民道德建设实施纲要》、《中国共产党纪律监督条例》、《中国特色、西藏特点发展路子的内涵》、中央关于西藏工作的方针政策、《以改革创新精神推进党的建设》、《中华人民共和国民族区域自治法》、中共十七届四中全会精神、廉政文化建设等内容。2009年，开展学习实践科学发展观活动，为群众办实事58件，投入资金51884元；县级干部围绕全县稳定和发展进行专题调研，撰写调研报告和理论文章24篇。组织县委理论中心组学习12次，主要学习中共十七大，中共十七届三中、四中全会，阿里地区经济工作会议精神。选派干部异地学习2人2次，配备网络管理人员2人，农牧区群众宣讲面90%以上。结合科学发展观实践活动，各单位针对普兰当前的热点难点问题撰写专题报告和调研文章27篇；围绕重大问题、重要工作和重点任务，到农牧区开展各类调研活动，了解社会思想动态，撰写调研报告12篇。

2010年上半年，县委理论学习中心组组织学习6次，推动全县理论学习制度化和规范化。

三、宣传教育

2001年，县委宣传部在下乡时对农牧民群众进行一系列宣传活动，增强农牧民的反分裂意识。联合县委统战部、民宗局，对全县僧人进行社会主义、爱国主义教育，给各乡镇和寺庙发放各类书籍13种、118本。

2003年，县委宣传部先后对学校、娱乐场所进行系列性防治“非典”（非典型肺炎）宣传，主要宣传内容为家庭消毒方法和公共场所消毒方法，并由县“防非”领导小组办公室主任、常务副县长万玉林作“防非”专题电视讲话，宣传县委、县政府的政策措施，并对外宣传防治“非典”工作举措。县委宣传部按照国务院提出的“四早”措施，协调县电视台播放6套专题节目，发放“非典”宣传材料1248份。以“非典”宣传为契机，宣传卫生保健知识，提高农牧民的卫生保健知识水平。编写马克思主义“四观”“两论”材料，发放反分裂材料470余份，其中上半年发放反分裂相关材料300余份。10月6日，针对“五号病”疫情，建立宣传制度，向农牧民宣传有关“防五”的基本知识。

2004年，县委宣传部召开专题座谈会，进一步加强精神文明建设和物质文明建设的宣传工作。掌握科迦小康示范村建设各阶段的建设情况，开展“谋跨越、奔小康”主题教育，农牧民解放思想、更新观念。开展各种新经济组织人员、外出务工人员、下岗失业人员、离退休人员等群体的思想政治工作，宣传招商引资、劳务输出、再就业培训、离退休福利等方面的新政策，及时了解和化解矛盾。开展企业政治工作研究和政工职称评定工作。利用国防教育日、重大节日、纪念日开展国防教育。

2007—2009年，县委宣传部到各乡镇、牧业点、学校、村组、驻地部队放映爱国主义教育影片200余场。

2008—2009年，县委宣传部将马克思主义“四观”“两论”、中共十七大精神、支农惠农政策宣讲纳入宣传教育，对党员干部开展理论宣传教育工作。开展“反对分裂、维护稳定、加强团结、促进发展”主题教育，以民族团结教育活动为契机开展“相亲相爱一家人”主题教育。与教育部门探索研究青少年学生的思想教育机制，开展国情、区情、革命传统教育，激发青少年学生爱党、爱国热情。在各寺庙每周定期开展“三个离不开”宣传教育、寺庙爱国主义教育和“反对分裂、维护稳定、加强团结、促进发展”主题教育。邀请老党员开展新旧西藏对比讲座50余场；组织宣讲惠民利民政策90余次；推进民族团结进步事业，用身边民族团结先进事迹引路，播放以民族大团结为题材的电影60余场。

2010年，学习宣传中央第五次西藏工作座谈会和区党委工作会议精神领导小组成立，以县委书记为组长，副书记、常委7人为副组长，领导小组下设办公室。成立4个宣讲小组，抽调具有丰富基层工作经验、懂国家通用语言、藏语的干部5人参加阿里地区举办的中央第五次西藏工作座谈会精神宣讲骨干培训班，并将其分派到4个宣讲小组。上半年，各宣讲组在县直机关、各乡镇、村（居）、寺庙、学校等宣讲点开展宣讲28次，受教育群众6200余人次，发放宣传手册、资料1400余册。从6月2日开始，各宣讲组在普兰镇、霍尔乡、巴嘎乡等地以集中宣讲、分散宣讲、入户宣讲及进行知识问答等方式，开展宣讲教育活动。发放县委编印的藏文版《农牧民群众深入学习贯彻中央第五次西藏工作座谈会精神宣讲提纲》，组织城镇低保户召开宣讲报告会。为提高宣讲教育活动的覆盖率，根据农闲、牧闲时节外出务工的农牧民群众较多的实际，各宣讲组到各村（居）的扶贫经济实体和农牧民群众较为集中的工地向务工人员进行宣讲。联合县效能办制订《全县效能建设年活动宣传报道方案》，对全县效能建设年活动进行宣传报道。组织工作人员走上街头、到各单位发放汉、藏两种文字的宣传资料300余份，营造“人人讲效能、处处抓效能、事事高效能”的氛围，并利用县电视台、党政网对全县效能建设年活动进行全方位跟踪报道。拓展宣讲教育内容，宣讲的同时宣传普及一系列惠民政策，向农牧民群众发放《新型农村社会养老保险文件选编》《新农保政策问答》等宣传手册。以创建“五个好”先进党支部、争当“五带头”优秀共产党员为重点，宣传先进基层党组织和优秀共产党员先进事迹，推广创先争优活动的典型经验和做法，推动创先争优活动的开展。

四、对外宣传

县委宣传部坚持遵循内宣与外宣并举的原则，利用地理优势和县城的特殊位置，以冈仁波齐、科迦寺、玛旁雍错为外宣采访参观点，开展边境外宣工作。以县城为外宣主阵地，注重品牌塑造、策划重大主题宣传、坚持文艺宣传搭台、发挥宣传阵地作用，提升普兰形象。贯彻“请进来、走出去”的外宣方针，联络和邀请区内外媒体记者到普兰采访报道，让更多的人了解普兰。

2001年，县委宣传部多次到唐嘎国际市场和老县城桥头市场，向外商发放外宣书本11种254本，并联络边检、旅游景点、宾馆等单位向游客发放外宣书本、图册。利用“边贸物资交流会”契机，宣传国家对外开放政策的重大意义，扩大对外宣传效果，在全县范围内形成一个良好的贸易环境。初步拟订制作《普兰风情》画册、VCD碟片的策划方案。

2004年，县委宣传部强化招商引资宣传，针对印度、尼泊尔等招商重点对象进行商务宣传，提升普兰县开发区的形象。加快画册制作，奠定普兰外宣工作的形象基础。加强外宣点的建设，完成自治区确定的一个外宣点的任务。加强外宣队伍建设，配置专门的外宣人员，负责外宣工作。

2007—2009年，县委宣传部利用资源优势加大对外国游客的宣传力度。制定

《普兰县外事旅游冈仁波齐景区外事宣传点建设项目建议书》，介绍普兰民间艺术文化，打造普兰旅游品牌。举办3届具有民族特色的以物交会为主要形式的文化节，宣传旅游资源，吸引更多游客到普兰旅游观光。

2009年，县委宣传部更新和改进宣传的方式渠道，建立健全责任机制，由县委宣传部指定副部长1人和干事1人专职负责外宣工作。支持媒体的新闻宣传报道，实施“请进来”工程，与各级媒体合作。配合中央电视台《跨越》栏目在普兰的拍摄活动及《西藏日报》改革开放30周年特刊的采编工作，确保外宣品及外宣资料的保管和发放。发放外宣资料1000余份，外宣品300余份。

2010年，县委宣传部根据普兰旅游业、外贸业迅速发展的形势，调整外宣工作方法，设立冈仁波齐景区外宣点，制定《普兰县外事旅游冈仁波齐景区外宣点建设项目建议书》，科学规划冈仁波齐景区的宣传工作。

五、新闻宣传报道

2004年，县委宣传部创办期刊，开辟新闻、文艺、杂谈等节目，反映群众增产增收、群众生活变化、象雄艺术节、精神文明建设、扶贫工作进展、小康示范村建设、群众舆论等内容。

2007—2009年，县委宣传部加强通讯员队伍建设，选派通讯员4人到其他省（市）学习，成为技术骨干。在区内多家报刊发表文章126篇，向区内电视台选送稿件247件。2009年，县委宣传部围绕经济和社会又好又快发展的宣传报道要求，对全县重点建设、特色产业、安居工程、县委科学发展观学习活动、中华人民共和国成立60周年、西藏民主改革50周年、西藏百万农奴解放纪念日、阿里地区第三届象雄文化艺术节等大事要事进行宣传报道。上报简报、通讯文章160篇；上报阿里地区电视台新闻报道160条，自治区采用4条；张贴各类汉、藏标语1200张，发放各类宣传资料1300余份。

2010年，县委宣传部按照出精品、增总量的标准，全面提升新闻报道水平。上半年，在区内多家报刊、网站发表新闻稿件12篇，向区内电视台选送稿件110件，采用98件。

2009年11月，县委宣传部着手筹建普兰县党政网，抽调具有一定文字基础、电脑知识的人员2人，专门负责党政网的制作、维护、更新等工作。2010年，普兰县党政网基本建成，协调地委宣传部开展信息联网及资源共享工作。上传各类新闻200条，被采用151条。

六、精神文明建设

每年由县委宣传部、政法委牵头组织“12·4”法治宣传月活动，增强干部职工群众的法治观念，以“三大创建”活动为载体，以安民、系民、便民为主旨，着力构建以城带乡、以乡带村、以村带户的“三带”工程，深入推进以文明城市、文明单位、文明乡镇、文明村组为主题的创建活动。

（一）道德建设

2003年，县委宣传部编发宣传材料，进村入户进行宣传教育，宣传学习《公民道德建设实施纲要》。

2004年，县委宣传部以贯彻落实《公民道德建设实施纲要》为主线，组织开展“公民道德建设宣传日”活动，进一步推动“爱国守法、明礼诚信、团结友善、勤俭自强、敬业奉献”基本道德规范进机关、进社会、进家庭。

2008—2009年，县委宣传部组织干部职工学习《公民道德建设实施纲要》，进行“三义三德”（爱国主义、集体主义、社会主义，社会公德、职业道德、家庭美德）教育，将道德教育融入实践中，提升和改善干部群众的思想觉悟和精神风貌。开展树立和践行社会主义荣辱观研讨会15期，开展以“八荣八耻”为主题的社会主义荣辱观教育活动，树立社会主义核心价值观。加强未成年人思想道德建设，开展未成年人反分裂教育、爱国主义教育、民族团结教育活动。开展爱国主义知识竞赛活动15场，举办民族团结知识演讲8次。2009年，县委宣传部以学校为阵地，发挥学校德育室的作用，利用西藏民主改革50周年、西藏百万农奴解放纪念日等重要节日开展宣传活动6次。开展“祖国我对你说”征文活动，以热爱祖国等为重点内容，讲述中国共产党领导全国人民建设美好祖国新家园的历史进程和巨大变化。

2010年，县委宣传部以民族团结进步创建活动为契机，结合6月法治宣传教育月活动，宣传《公民道德建设实施纲要》和民族团结先进单位、个人等典型事迹，播放以民族大团结为题材的电影10余场，提高干部群众对加强民族团结、共同繁荣发展重要性的认识。

（二）文明创建

2003年，普兰县深入推进“三大创建”（文明县、文明村镇、文明单位）活动，开展文明户、文明乡村、文明党支部评选活动。

“十一五”期间，普兰县推进“亮化、美化、绿化”建设，普兰县城被评为自治区级文明县城。

2008年，普兰县文明创建活动领导小组成立，环卫建设、诚信建设、文化建设、法治建设4个创建组设立，制定《深入开展创建文明城镇活动的通知》《普兰县创建文明城镇宣传手册》，与各创建组签订目标责任书，开展创建文明行业活动。开展“文明家庭”“洁净家园”等创建活动，改变陈规陋习。

2009年，普兰县结合实际，提出新的精神文明建设工作思路，从认识、建设、管理、治安、特色、载体入手加强领导，层层落实任务，为创建工作提供组织保障，营造“共创共享”的社会氛围。开展文明单位创建评比活动，提高行业规范。开展文明村镇、安全社区、和谐寺庙创建活动，评选普兰镇和科迦村为文明村镇。4月，开展“文明学校”评选活动、“诚信示范店”创建活动；5月，开展“做人民满意公务员”“创建文明机关、当好人民公仆”活动。全县有15户被评为“文明户”。

2010年，普兰县在农牧区围绕“树农牧区新风、助农牧民致富”主题，将思想政治、经济与文明创建工作结合，引导群众开展健康向上的业余文化活动，增强群众文明意识。开展争创“爱民固边模范村”“平安村”“平安户”活动。

第三节　统战工作

普兰县统战部门立足祖国统一、民族团结的大局，加强同党外代表人士、宗教界人士、藏胞各界人士、知识分子、非公经济人士的联系，团结一切可以团结的力量，在全社会形成爱国守法、反对分裂、凝聚力量的统一认识，发挥各界人士的智慧和力量，促进普兰经济快速发展、社会和谐稳定。

一、机构

2001年至2010年8月，县委统战部编制5名。

2010年8月，机构改革后县委统战部无内设机构，编制4名（行政编制3名，事业编制1名），其中县级领导职数1名，科级领导职数3名。

2001—2010年中共普兰县委统战部领导一览表

表3-2-5

机构名称	职务	姓名	性别	民族	任职时间	备注
中共普兰县委统战部	部长	江　赞	男	藏族	1996.11—2006.9	
		扎西多吉	男	藏族	2006.10—	县委常委
	副部长	边　巴	男	藏族	2002.7—2004.11	
		白玛多吉	男	藏族	2004.6—2005.10	
		江　赞	男	藏族	2006.10—2008.7	

二、统战理论学习

2003—2004年，县委统战部学习中共十六大会议精神，邓小平建设有中国特色社会主义理论，全区宗教工作会议精神，县委、县政府和地区业务部门有关文件精神，地区寺教办下发的寺庙爱国主义教材和相关法律知识，与中共中央保持高度一致。坚定反对达赖集团分裂罪行的立场，增强统一战线工作和民族宗教工作的决心和信心，贯彻执行党在新时期的统一战线工作和民族宗教工作。

2005年，县委统战部学习马克思列宁主义、毛泽东思想、邓小平理论、“三个代表”重要思想，世界政治、经济、文化、科技、法律、历史等方面的知识以及西藏历史，党关于统一战线的各项方针、政策和理论知识。以党的方针、政策和先进性教育为主题，参加各种学习活动。开展先进性教育活动，完成动员部署、学习提高、分析评议和整改提高阶段的工作。深入开展“下基层、办实事、促发展、保稳定”主题实践活动。

2009年，县委统战部组织本部门干部参加县直机关统一组织的科学发展观实践教育活动、普兰县作风建设年活动和民族团结宣传教育活动，干部职工的理论水平、业务知识得到提高，工作作风得到转变。1—10月，县委统战部（民宗局、寺教办）起草文件135份（上报108份，下发27份），撰写调研报告8篇。

2010年，县委统战部选派人员参加在阿里地区、拉萨市和其他省（市）举办的业务培训。制定出台《普兰县委统战部（民宗局、寺教办）定期学习制度》，定期督促检查干部职工的学习情况。

三、党外人士工作

2003年，普兰县向政协阿里地区委员会推荐委员1人，向阿里地区佛协推荐理事2人；根据名额分配要求，在自治区佛协第八届全区代表会议中上报佛协理事2人。县、乡镇人民代表大会中也有党外人士和宗教界代表。

2004年，普兰县在地区政协、佛协、工商联换届时，物色、考察、培养、推荐党外人士。重点推荐政治素质较高、坚决拥护党的领导和改革开放政策，有一定的代表性，在群众中有威望，德才兼备和符合干部“四化”要求的党外人士。

2005年，全县有党外人士21人。

2010年，全县有党外人士27人，其中群众23人，机关干部4人。

四、非公有制经济人士工作

县委统战部按照“团结、帮助、引导、教育”的原则，引导非公有制经济人士爱国、敬业、守法，加快自身发展，帮助更多的人走上富裕之路。2003年，普兰县在自治区、地区工商联均有执委和代表。按照地区工商联的要求，选派非公有制经济人士到拉萨学习、参观了解非公有制经济发展情况。2004—2005年，组织非公有制经济人士通过学习认识市场，改善经营方法，提高经营水平。2008年10月15日至11月10日，按照《中共阿里地委统战部关于在全地区开展非公有制经济代表人士综合评价工作的意见》，开展非公经济代表人士综合评价工作，评价对象主要是全县已作政治安排和拟作安排的非公有制经济代表人士。通过调查，根据非公有制经济代表人士的思想政治素质、履行社会责任情况、企业发展与经营管理状况、个人修养及公众形象，确定评价对象5人并发放非公有制经济代表人士综合评价信息登记表，根据《非公有制经济代表人士综合评价标准》，考察审核评价对象的各方面情况，填写非公有制经济人士综合评价信息登记表、非公有制经济人士综合评价部门评价汇总表，并签署部门意见。

普兰县坚持“放手、放胆、放开、放活”的原则，以提高质量、扩张总量、增进效益为目标，完善和落实非公有制经济发展的各项政策措施，整顿和规范市场经济秩序，加强文化娱乐、药品、食品卫生、商业、旅游等市场管理，形成公开竞争的市场机制，促进非公有制经济发展，带动全县经济快速增长。2001年，岗措公司在主营民房建筑、公路维修养护及实行多种经营的情况下，产值突破15万元，盈利5.6万元。吉吾公司主营服务业，产值突破12.3万元，盈利6万元。2002年，普兰县有个体工商户392户，从业人员586人，注册资金481万元。2003年，吸收民间资金，开发岗仁波齐矿泉水。非公有制经济克服“非典”影响，保持良好发展势头。新增个体工商户20户，从业人员30人，注册资金15万元。2007年，有个体工商户348户，从业人员486人，注册资金368万元。2010年，以提高农牧民组织化程度为抓手，培育农牧民经济合作实体。吉让预制厂、科迦“农家乐”、多油农牧民施工队、霍尔“牧家乐”、巴嘎“牧家乐”等发展迅速，效益良好。个体私营经济发展到468户，注册资金753万元。

五、藏胞管理

2003年，县委统战部工作人员陪同瑞士籍藏胞土丹年扎、扎巴南加到巴嘎乡参观1997年投资修建的藏医学校。

2004年，“三大节日”（元旦、春节、藏历新年）期间，县委统战部对定居藏胞进行走访慰问并发放慰问品，了解他们的生产、生活情况。开展国外藏胞接待、登记、审核、考察、调研、走访和慰问工作，宣传党的政策，鼓励国外藏胞为家乡建设、祖国统一、民族团结贡献力量。

2005年，普兰县接待回国探亲藏胞2人。

2009年，普兰县健全国外藏胞回国探亲管理制度。接待回国探亲藏胞1人。

第四节　政法协调

普兰县委政法委员会支持和监督政法各部门依法行使职权，督促和推动大案要案的查处工作，研究、协调有争议的重大疑难案件，指导和协调政法各部门在办案过程中密切配合、互相支持。协助党委做好政法部门领导干部的考察与管理工作，加强政法队伍建设和领导班子建设。配合普法办、社会治安综合治理委员会做好法制宣传教育工作，取得了良好的效果。

一、机构

1991年1月，中共普兰县委政法委员会成立，为虚设机构。同年11月，普兰县社会治安综合治理委员会成立。1996年11月，县委政法委由虚设机构改为实设机构，编制3名。20世纪90年代后期，县综治委与县委政法委合署办公。

2001年，县委政法委编制3名，实有工作人员2人。2006年，县委政法委编制5名，实有人员5人。

2010年8月，机构改革后中共普兰县委政法委员会（县综治办）编制5名（行政编制4名，事业编制1名），其中县级领导职数1名，科级领导职数3名；实有人员5人。

2001—2010年中共普兰县委政法委员会领导一览表

表3-2-6

机构名称	职务	姓名	性别	民族	任职时间	备注
中共普兰县委政法委员会（县社会治安综合治理委员会办公室）	书记	达瓦次仁	男	藏族	2000.10—2006.7	县委常委
		徐 继 文	男	汉族	2006.7—2010.5	县委常委
		贡 嘎	男	藏族	2010.5—	县委常委
	副书记 综治办主任	阿旺赤来	男	藏族	2001.1—2003.7	
		次仁多吉	男	藏族	2003.7—	
	副书记	王 旭 昶	男	汉族	2004.7—2009.3	

二、开展“严打”整治斗争

县政法部门开展“严打”整治斗争，“严打”整治重点为有组织犯罪、带黑社会性质的团伙犯罪和流氓恶势力犯罪，爆炸、杀人、抢劫、绑架等严重暴力犯罪，盗窃等严重影响群众安全的多发性犯罪。经常性地开展“打黑除恶”“扫黄打非”等专项活动，使黑恶势力、有伤风化等不良行为在普兰县无立足之地，维护普兰县社会稳定，建设平安和谐普兰。

2001年上半年，县公安机关受理刑事案件3件，侦破2件。查处治安案件7件15人次，查处率100%。

2002年9月28日至10月18日，普兰县进行为期20天的“严打”整治斗争，出动警力36人次，清查出无证人员1203人、不符合安全规定的商户21家、持过期非法护照6人、无证边民29人、持过期身份证11人、持过期临时身份证2人、持过期通行证42人、持过期入境卡30人，采取办证补证等措施。县公安机关开展缉枪治爆工作，先后5次到各村、作业组对零散枪支弹药进行清查，共收缴火药枪8支。县公安机关受理刑事案件6件（重大案件2件），破案1件；全县发生治安案件61件，查处61

件，其中口头教育警告45人次，罚款24人次，罚款金额6100元，拘留8人；调解交通事故2起。县人民检察院受理刑事案件3件（2件为上年未结案件）。县人民法院审理刑事案件3件3人（均为盗窃案），审结3件（均为判决结案，均未上诉），其中判处三年以上七年以下的1件1人，判处三年以下的2件2人；审理民事案件4件，审结4件（判决结案2件，撤诉结案1件，调解1件）。诉讼总标的额36.9万元，挽回经济损失19.9万元。接待信访9人次，全部得到妥善处理。

2003年年初，县公安机关召开专门会议，对2002年刑事案件、治安案件进行讨论和总结，针对出现的新情况、新问题制定相应的对策和措施，有效遏制各种违法犯罪活动的发生。县公安机关受理刑事案件7件，侦破5件；查处治安案件32件，查处率100%。县人民检察院提起公诉3件3人，不起诉决定1件3人，为国家和人民挽回经济损失1万余元。县人民法院受理各类案件16件，审结14件，其中民事案件13件，审结13件，为群众挽回经济损失453442.6元。

2004年，政法各部门对治安现状和形势进行分析，加强对重点地段、易燃易爆场所等的管理，加大整治力度。破获刑事案件2件；受理治安案件19件，查处19件25人，调解5件10人，罚款350元。

2005年，县公安机关查处刑事案件6件（盗窃案5件，交通肇事案1件），涉案人员10人；受理治安案件10件，查处10件24人，调解3件6人，口头教育1件2人，罚款350元。

2006年1—10月，普兰镇派出所及各边防派出所受理治安案件17件，查处17件，其中普兰镇派出所查处违法人员14人次，罚款11人次，拘留3人。全年，县公安机关立案刑事案件12件（盗窃案7件，诈骗案1件，伤害案3件，重特大刑事贩毒案1件），破案10件，抓获犯罪分子20人次，2件盗窃案未破。县人民检察院受理提请批准逮捕3件3人，决定逮捕2起2人；起诉6件9人，判决6件9人，再审1件3人。县人民法院受理各类案件108件，其中刑事案件6件10人，全部审结，按审判监督程序审结刑事案件1件；民事案件90件（涉外民事案件2件），全部审结，利用调解方式结案46起。执行案件11起，全部执结。

2007年，政法干警的破案能力和素质进一步提高。县公安机关破获刑事案件9件，破案率90%；受理治安案件7件，查处7件9人，口头教育警告2件，调解4件，罚款200元。

2008年，县公安机关破获刑事案件10件16人；受理治安案件4件，查处4件6人。

2009年，政法机关出动警力437人次。县公安机关立案刑事案件8件，破案8件，抓获犯罪分子9人，挽回经济损失10余万元。全县发生治安案件5件，查处5件，拘留2人。县人民检察院批捕2件2人，起诉1件1人，有罪判决1件1人。县人民法院受理刑事案件2件，审结2件，其中刑事自诉案件撤诉1件，判决1件；审理民事案件88件，全部审结，其中判决结案6件，调解75件，撤诉7件。

2010年上半年，县公安机关立案刑事案件5件，破获5件。全县发生治安案件7件，查处7件，拘留4人。县人民检察院批捕5件8人，起诉3件6人。县人民法院受理各类案件33件，审结28件，其中受理刑事案件3件，全部审结；民事案件28件，审结25件（调解结案19起）；执行案件2件，均未执结。

三、维稳安保

县政法系统各单位全面参与维稳执勤、备勤和处突等工作，由县维稳军地联合指挥所统一领导、统一指挥，形成合力。县维稳办健全完善维稳工作责任制和维稳指挥体系。

2001年，县政法部门组织政法系统各单位完成阿里和平解放50周年庆典期间的全县安全保卫工作。

2002年，普兰县成立中共十六大期间安全保卫领导小组，县委书记杨光远为组长，下设情报信息组、治安防范组等，由专人负责指挥，安排县直各单位依时间、依次序联合值保。县政法部门制订《冈仁波齐马年佛事活动安保工作方案》，完成佛事活动期间的安保任务。

2006年，县政法部门积极开展“严打”整治斗争、矛盾纠纷排查调处工作，维护社会稳定。

2007年，县政法部门先后制订完善《普兰县处置突发事件紧急预案》《普兰县边境管控预案》《普兰县萨嘎达瓦节安全保卫工作方案》《普兰县中共十七大安全保卫方案》。

2008年，县政法部门完成普兰县迎奥运篝火晚会执勤保卫任务。

2009—2010年，县政法部门执行24小时巡逻、领导带班和执勤安全保卫工作和零报告制度。完成“3·28”西藏百万农奴解放纪念日、“五一”劳动节、国庆等重大节日和活动期间的安全保卫任务。

四、边境管理

县政法部门团结协作、各司其职，采取专门机构与人民群众相结合的措施，查处非法出入境案件，维护边境一线的安宁。发挥基层治保组织和民兵的作用，依靠群众，发动群众。

2002年，普兰县登记外国旅游、朝圣团队59个894人次，散客2起4人。

2003年，在部分省市出现“非典”疫情后，公检法等部门相互配合，出动警力23人次参加检查、管理等工作。

2006年，普兰县登记外国人员1099人次（男性889人次，女性210人次）。

2009年，普兰县接待印度官方香客团10批396人次，德国旅游团队1批33人次，美国旅游团队1批11人次。

2010年，县公安局登记列管外国团队48批685人，涉及40个国家，其中印度官方团队7批360人。

五、社会治安综合治理

（一）综治宣传

普兰县利用每年3月综治宣传月、6月综治宣传周、“9·16”平安西藏宣传日、“12·4”法治宣传日，开展宣传活动，宣传区党委、区政府，阿里地委、行署及县委、县政府的惠民政策、法律法规，增强干部职工和群众的法律意识。

2001年3月，普兰县开展综治宣传月活动，在县电视台播放《黑洞》《黑冰》等有代表性的反腐打黑电视剧，受到广大干部群众的欢迎。县委政法委联合县委宣传部开展“法治下乡、法律进户”活动，增强全县人民的法治意识。

2003年3月10日，由县综治委牵头，从公检法部门抽调干警20余人组成综治宣传组，在县城悬挂横幅、张贴标语100余条（张），发放各类法治宣传资料500余份，向广大干部群众宣讲《中华人民共和国婚姻法》《中华人民共和国民事诉讼法》《中华人民共和国合同法》《边境管制条例》《中华人民共和国治安管理处罚条例》等与群众生活紧密相关的法律、法规，接待咨询群众200余人，收到预期效果。

2004年，县综治委召开会议，下发有关通知，具体安排政法各部门完成综治宣传任务。4月17日，由县综治委牵头，从公检法部门抽调8人开展综治宣传活动，通过悬挂横幅、张贴标语、发放资料、提供法律咨询等方式进行宣传，在县城商品出租房、街头、市场等处张贴标语28张，发放《社区法律丛书》复印资料94份，宣讲《中华人民共和国刑法》《中华人民共和国民法》等法律法规，接待咨询群众47人，出动宣传警车2辆进行巡回宣传，播放法律视听资料3套，县公安局开展2003年全国“严打”斗争成果图片展，引起强烈反响。

2005年3月，政法委牵头组织公检法司等相关单位开展综治宣传活动，出动人员17人、车辆3台，发放《中华人民共和国合同法》《中华人民共和国婚姻法》《中华人民共和国民事诉讼法》等宣传资料80余份，受教育120余人。

2006年，普兰县在3月综治宣传月活动中，张贴标语83张，发放《中华人民共和国宪法》《中华人民共和国治安管理处罚法》《中华人民共和国野生动物保护法》等资料230份，接待咨询群众和寺庙僧尼103人，出动宣传车2辆，播放法律视听资料3套。“6·5”综治宣传周期间，悬挂和张贴建设平安普兰、促进社会稳定、建设社会主义新农村等主题的横幅23条、标语35张，发放资料700余份，出动宣传车辆2台次，主要宣传社会治安综合治理防范措施和法律法规，受教育群众和干部职工、外来务工人员共200余人。“9·16”平安西藏宣传日，组织20余家单位或驻地部队共60余人，悬挂“普兰是我家、平安普兰靠大家”“深化社会治安综合治理，共建和谐普兰”等横幅14条，张贴标语36张，出动流动宣传车2台，接受群众咨询27人。

2007年6月，县综治办牵头组织公检法司等相关单位，开展综治宣传周活动，13家单位31人参与活动，出动宣传车5台次，悬挂横幅7条，发放宣传资料1200余份，主要宣传《反分裂国家法》《中华人民共和国未成年人保护法》《中华人民共和国道路交通安全法》《中华人民共和国公路法》《中华人民共和国消防法》等法律法规，增强人民群众守法、懂法、知法、用法观念。

2008年，普兰县深入推进“五五”普法工作和“平安普兰”进程，县综治办组织开展法治宣传活动，参加单位35家，出动人员173人、车辆8台次，悬挂横幅20条，张贴标语146张，设立法律咨询点2处，发放视听资料30套。6月综治宣传周期间，参加单位35家，出动人员180人、车辆8台次，悬挂横幅3条，张贴标语16张，出板报3个，设立法律咨询点2处，发放宣传材料1100余份，发放视听资料35套。

2009年，由县综治办牵头，连续12天在县城及乡镇开展宣传活动，各单位通过悬挂横幅、张贴标语、发放宣传资料、出动宣传车、提供法律咨询等形式，向农牧民群众宣传相关法律法规，参加单位35家，出动人员173人、车辆8台次，悬挂横幅20条，张贴标语146张，设立法律咨询点2处，发放中共十七大报刊复印资料、进一步加强流动人口服务管理工作意见、平安建设资料和《中华人民共和国宪法》《中华人民共和国义务教育法》《小学日常行为规范》等资料10997份，发放视听资料30套。

2010年，普兰县在综治宣传月和综治宣传周期间，开展以“弘扬法治精神，打造平安普兰，构建和谐社会”为主题的法治宣传活动，各综治成员单位及驻地部队40家参加活动。悬挂横幅65条，张贴标语215张，悬挂宣传挂图157张，各涉法单位结合自身业务，发放《中华人民共和国未成年人保护法》《中华人民共和国婚姻法》等法律法规（藏文复印资料）200余份，发放宣传资料6037份，发放农村交通安全宣传画册218张，接待咨询群众313人，出动警车16台，播放电视教育短片资料15份。9月，县综治办和普法办牵头，联合县直各涉法单位、公检法司、各驻地部队，开展“9·16”平安建设宣传日宣传活动，宣传“反对分裂、维护稳定、加强团结、促进发展”主题教育和《反分裂国家法》，中央、自治区关于平安建设、和谐社会建设的一系列指示精神及工作方案等，18家单位64人参加活动，悬挂横幅15条，张贴标语51张，出动宣传车5台次，发放宣传资料4804份、视听资料15份。

（二）综治举措

县委政法委（综治办）每年召开综治工作会议，与县（中）直各单位、乡镇签订社会治安综合治理目标管理责任书、平安建设责任书。各乡镇根据属地管理原则和所签订的目标管理责任书落实各项工作任务，调动和发挥各村治保会作用。统一组织考评验收，将社会治安工作作为一项重要的内容，保障全县社会局势长治久安。

2001年，普兰县制定普兰县2001—2005年社会治安综合治理目标管理责任书，与县直各单位、各乡镇、村居签订。

2002年，普兰县加强综治基层组织建设，确保基层综治工作延伸到村委会、村民小组，责任落实到位。在县工商局的协助下，向干部职工代表、吉让居委会群众代表、个体工商户代表及务工代表发放社会治安综合治理工作情况测评表100张，满意率98%，群众对综治工作比较满意，收集群众建议6条。借助“千名干部进牧区，理思路、促发展”活动，针对巴嘎乡治安、民事纠纷等问题，组织人员配合公安特派员定期或不定期地进行《中华人民共和国土地管理法》《中华人民共和国草原法》《中华人民共和国婚姻法》《中华人民共和国治安管理处罚条例》等法律法规宣讲，及时解决群众所反映的问题，减少“民转刑”案件发生。全县未发生刑事案件，处理治安案件3起（盗窃1起，打架斗殴2起）。

2003年，各乡镇成立综治工作领导小组、预防青少年违法犯罪领导小组、矛盾纠纷排查调处领导小组，形成综治工作上报机制。各单位开展综治自查自评工作，发放自查自评表31份，收回31份。为配合社会治安综合治理，县人民检察院根据最高人民检察院《关于充分发挥检察职能为西部大开发服务的意见》等有关规定，成立县预防职务犯罪协调领导小组，主动加强与县纪委、财政等部门联系，建立工作协调机制，开展预防职务犯罪调查，发放宣传材料140余份。根据实际需要，开设普兰县人民检察院举报电话，设置举报箱，以便及时发现和揭露职务犯罪，增强国家工作人员廉洁自律意识。

2004年，县综治办会同公安、文化、工商等部门联合行动，对开设在学校周边200米以内的娱乐场所进行清理，使学校教书育人环境得到净化。针对综治和治安工作中的热点及难点问题开展调研，撰写《关于加强党对政法工作领导规范化、制度化建设》《关于建立处理上访问题经常性工作机制》《关于人身伤害鉴定》《普兰县反分裂斗争》等专项调研报告，为领导决策提供重要依据。

2006年，县综治办牵头组织公安、消防大队、交通局、发改委、安监局等部门，抽调10人组成专项治理工作小组，多次对全县服务行业、液化气站、道路交通、建筑工地等易存在安全隐患的行业进行安全生产大检查。

2007年，普兰县加强乡镇、村两级党的基层组织建设，促进社会治安综合治理措施的落实。健全基层综治、治保调解组织，做好矛盾纠纷排查调处工作，确保治安秩序良好。县综治办、派出所连续4次进入各校开展“法律进学校”法治宣传活动。

2008年，政法委和综治办对农牧区社会治安综合治理工作任务进行完善和细化。由县政法委牵头，从公安局、消防大队、交通局、发改委、安全监督管理局等部门抽调10余人组成专项治理工作小组，多次对全县服务业、液化气站、道路交通、建筑工地等易存在安全隐患的行业进行安全生产检查。同时，县公安局加强道路交通管理，在马雍拉检查站和县桥头设立检查点，对各种机动车辆报废、非法拼装上路、客货混装、无证驾驶等情况进行查处。

2009年，普兰县落实社会治安综合治理目标管理责任制和领导责任制，将领导干部抓综合治理的实绩纳入工作目标考评中，完善综合治理目标管理责任制及考评办法，细化、规范考评程序，真正形成齐抓共管的局面。首次制作并使用普兰县社会治安综合治理委员会红头文件，以普兰镇吉让居委会、西德村、巴嘎乡岗莎村为试点，建立村级综治室，由村委会主任兼任村综治室主任，大学生村官兼任综治室副主任，协助主任开展日常工作。

2010年，普兰县在一镇两乡设立乡镇综治办，配备乡镇综治专干2人，在10个村（居）设立综治室。4月，首次举行基层综治工作人员培训会，从公检法司抽调业务骨干进行授课，提高基层综治工作人员的素质。普兰县社会治安综合治理工作获阿里地区第三名。

（三）矛盾纠纷排查调处

普兰县加强矛盾纠纷排查调处工作，按照处理涉法涉诉信访工作“标本兼治、预防为主”的指导方针，在前期预防工作上狠下功夫。

2006年，普兰县结合特殊地理位置和国内外经商、务工人员增多的实际，开展一系列矛盾纠纷排查调处工作，每月向地区综治委上报矛盾纠纷情况和调处情况。

2009年，普兰县对矛盾纠纷排查调处领导小组成员进行适当调整和补充，并设立县乡联络站，选派联络人员及时准确掌握矛盾纠纷情况。建立藏语版矛盾纠纷排查调处台账和调解流程图，规范基层矛盾纠纷排查调处流程。随时收集和解决群众反映的突出问题，超前预防，最大限度地将矛盾纠纷解决在萌芽状态，做到矛盾不出村、不出乡。没有发生拖欠民工工资案件。

（四）特殊人员管理

普兰县妥善解决刑满释放、解除劳动教养人员的再就业和社会保障，预防和减少刑释、解教人员重新犯罪。

2006年，普兰县成立刑释解教安置帮教领导小组，加强对刑满释放等人员的扶助、引导、教育和管理工作，本着“人文关怀”的工作方针，采取人性化的工作方式，在加强教育、感化的同时，尽可能为他们创造良好的就业环境和参与社会管理、创造社会财富的机会，形成刑释解教人员安置帮教工作的长效机制。全年发生刑释解教人员重新违法犯罪案件1起。

2009年10月，按照地区司法处刑释解教安置帮教领导小组办公室的统一部署，县综治办和看守所工作人员对全县刑释解教人员重新进行摸底调查和回访，普兰县当地户口刑释解教人员3人，均在乡镇上从事牧业和农业生产，未有重新犯罪的记录。

（五）预防青少年违法犯罪

2003年，普兰县为全县中小学配备专职法治副校长。

2004年，为明确法治副校长的工作目标，提高工作效率，切实履行好法治宣传教育职能，县综治委结合学校实际制定《普兰县法治副校长工作条例》，并将其分发给各法治副校长，做到统一规范、统一管理。各校法治副校长在学校开学之际为学生上第一堂法治教育课。

2006年，普兰县预防青少年违法犯罪领导小组成立，以县长为组长，公检法、教育等部门为成员单位。各校法治副校长不定期地为学生讲解有关法律知识，以案释法，增加学生的法律知识，丰富学生的第二课堂，拓宽视野。

第五节　党校工作

一、机构

2004年10月，中共普兰县委党校成立，为正科级事业单位，在县委组织部挂牌，事业编制4名，实际配备2人（常务副校长1人，干部1人）。

2004—2010年中共普兰县委党校领导一览表

表3-2-7

机构名称	职务	姓名	性别	民族	任职时间
中共普兰县委党校	常务副校长	罗　琼	女	藏族	2004.10—2006.11
		索　朗	男	藏族	2006.11—2010.11

二、干部培训

2005年，县委党校举办培训班4期，对党员进行政治理论和计生知识等业务培训，参训人员200余人。辅导课培训内容包括《理想、责任、能力、形象》《树立正确政绩观，落实科学发展观，打造和谐社会》《争创“三有一好”争当时代先锋》等，并播放电教片《让党旗更鲜艳》《长安之路》《根深叶茂》《赌色筑囚笼》等。此外，配合县委做好中心组学习、党员电教等工作，党员综合素质得到提高。

2006年，县委党校发挥阵地优势，组织协调有关单位部门开展各类培训，举办培训班5期（短训班2期、中长班2期），参训250余人（支委以上干部60余人）。

2007年，县委党校坚持将马克思主义中国化的最新理论成果作为教学的中心内容，如中共十七大精神、科学发展观、中共中央总书记胡锦涛“6·25”讲话等。普兰县组织县委和各部、局、党支部，采取集中学习、听专题报告、看录像、交流座谈等多种形式，学习领会中共十七大精神。县委党校结合普兰县实际，有针对性地开设专题报告，加深学员对县情的了解，提高学员理论联系实际的能力。举办县处级干部进修班2期，培训干部25人；中青年干部培训班2期，培训干部107人；公务员初任培训班、任职培训班和能力建设培训班各1期，培训85人。

2008年年初，县委党校组织全体党员和入党积极分子学习中共十七大报告。4月中旬，组织党群二支部和老干部局企业离休支部党员学习“两会”精神，深刻理解政府“大部制”改革的背景、特点和意义。4—6月，委派党员干部协助乡镇党委、政府，对各联系村的村“两委”换届选举工作进行指导，并组织党员教师赴乡镇上课培训，确保换届工作顺利完成。9月下旬，组织全体党员观看党纪知识竞赛电视片，加强对党员的廉洁自律教育。

2009年，县委党校举办主体班次5期，培训各级干部500人次，班次和受训人次比上年均有所增加。

2010年，县委党校发挥培训轮训干部的主渠道作用，按照实施大规模培训干部的重要部署，创新培训理念，扩大培训层面，提升培训质量。在主体班的课题设置上，着眼于提高学员的素质和能力，从实际需要出发，以“干什么、学什么、缺什么、补什么”为原则，注重课题的针对性，实现知识能力与社会发展、科技进步、时代需求相吻合、相同步，实现干部知识结构的“转型升级”。完成各层次的干部培训工作任务，先后举办各类干部培训班5期，其中乡镇科级干部理论学习班1期，县直机关科级干部理论学习班2期，乡镇党支部书记培训班1期，妇女干部培训班1期。

三、教学管理

2004—2006年，县委党校投入资金，建立多媒体教室，完善授课方式与授课设施，为各类培训创造良好条件。同时，配合县文广局搞好“送戏进校园”活动，发挥党校的服务功能。

2005年，县委党校在每次办班前都召集理论教员召开校务会议，研究办班的具体方案，进行集中备课，编写教材教案。

2006年，党校专职人员参加各种理论培训班和形势报告会，学习中共十六届五中、六中全会精神，学习党章和社会主义荣辱观，牢固树立服务经济、服务基层、服务群众的意识，进一步端正办学理念，提高办学水平。

2007年，县委党校推进“研究式”教学，教师将科研成果融入课堂教学中，增强教员与学员的课堂互动，促进教学相长。同时，开展拓展训练，逐步提高学员的团队意识，培养学员的团结协作精神。强化教学管理制度化建设，在听取教研人员意见的基础上，修改完善《教学质量评估办法》《关于定期开展优秀教学比赛的决定》；调整主体班次学制，将处干班和青干班的学制统一调整为3个月，既便于管理，又降低办学成本，提高学习效果；坚持对学员的“双百分”考核和学情通报制度，严格考勤，严格考核，保证培训效果。

2009年，县委党校制订教师发展中短期规划和教学专题开发规划，有计划地将教学人员送出去培训。坚持举办学习交流会，内部交流学习收获，检验学习成果。

按照“不求所有，但求所用”的思路，先后从自治区党校、阿里地委党校邀请教师进行专题授课。

2010年，县委党校转变单一的“你教我学”“满堂灌”的教学方式，以增强培训的互动性、研究性、开放性为方向，实行讲授式与研究式、互动式、案例式教学相结合。围绕“提高干部教育培训质量”主题，组织开展如何搞好基层理论宣讲、党校教育培训与构建和谐社会、干部教育培训课如何进行理论联系实际、干部培训内容的现实需求等8个专题的教研活动，为教师的教学和科研活动积累大量第一手材料，提升理论和实践相结合的能力，并提高教学质量。

四、基层宣讲

2007年，县委党校组织教师到机关、企事业单位、中小学和乡村，宣讲中共十七大精神10余场次，发挥党校学习、研究、宣传马克思主义中国化最新成果的主渠道、主阵地作用。

2008年年初，县委党校成立宣讲小组，组织教师到乡镇、部门和企事业单位，宣讲中共十七大精神以及新农村建设等，共授课100余场，直接听众超过8500人次。

2009年，县委党校组织人员到各乡镇开展“科学发展观理论走进农牧区”宣讲活动，使广大党员干部增强科学发展的紧迫感，牢固树立科学发展意识、维护稳定责任意识。

第六节　档案管理

1980年，县委档案室成立，隶属县委办公室。2000年，县委档案室有工作人员1人。2007年，县档案室更名为县档案局，副科级建制，归县委办公室管理，编制2名。

县档案局（室）主要收藏上级部门、县委、县政府及各部门资料、普兰县历史资料和由县级档案部门保管的部分珍贵文物等，建立科学化、规范化、制度化的档案管理体系，为县委、县政府实施科学化决策服务。在加强档案收集、整理等基础工作的基础上，探索开发档案信息资源，为县域经济建设、政治思想建设、文化建设、科学技术建设服务。2001—2010年，累计归档文件603件，分为党群类、人事类、行政类、业务类。

2006年，县档案室整理所有档案，对需要补救的档案进行统计。配合地区档案局（馆）对普兰县国家重点档案基本情况进行调查。县委办为档案室和文件收发室配备大量的文件盒和文件袋，完善硬件设备，促进文件存档的规范化。县档案室完善工作规章制度，严格档案借取制度。

2010年7月，县档案局对乡镇档案规范化建设进行摸底调查、检查指导，实地查看各乡镇档案室文书档案、民生档案等规范整理情况，指导档案门类分类，并参与整理分类。

2001—2010年普兰县档案局（室）归档文书类文件统计表

表3-2-8　　单位：卷

年份	归档文书类文件	年份	归档文书类文件
2001	11	2006	97
2002	48	2007	84
2003	41	2008	98
2004	53	2009	43
2005	46	2010	52

第七节　保密机要

一、保密

（一）机构

2003年，普兰县保密委员会成立，由县委副书记、纪委书记平措任组长，各涉密单位负责人为成员。

（二）保密工作

县保密委员会贯彻《中共中央关于加强新形势下保密工作的决定》《中共西藏自治区委员会关于认真贯彻〈中共中央关于加强新形势下保密工作的决定〉的意见》，通过召开干部职工大会、保密单位负责人座谈会等多种形式，解决保密工作存在的困难，使全县保密工作日益完善并向前发展。县保密委员会每年制订保密工作年度计划，在每年7月和12月听取各负责人关于保密工作的汇报，年终总结经验教训，提高工作质量和效率。

2003年，县保密委员会召开5次保密工作会议，研究部署全县保密工作，加强对保密工作的领导，实行专人专职负责。

2004年，调整充实县保密委员会成员。县保密委员会按照部门性质，完成对各单位定密工作，与各涉密单位签订普兰县2004年保密责任书。4月下旬，县机要科协同有关部门对保密工作落实情况及所采取的措施进行专项督查，对保密工作存在问题的单位，限期进行整改。加强保密场所建设，设置单独的阅报室，除县级领导干部由机要人员送报外，正科级以下干部统一在阅报室阅报。

2006年，调整充实县保密委员会成员，并召开成员会议。加强涉密计算机管理，在各单位涉密计算机上张贴“涉密计算机严禁上国际互联网”警示标志。联合政府办、公安局人员组成检查组，对全县重点涉密单位进行抽查，开展秘密载体整理、清退、归档工作。

二、机要

（一）机构

1985年，中共普兰县委建立机要室，归县委办公室管理，人员编制归属县委办公室。

2010年8月27日，设立中共普兰县委机要局（县密码管理局），副科级建制，归县委办公室管理，科级领导职数1名。

2001—2010年普兰县委机要科、机要局（县密码管理局）领导一览表

表3-2-9

机构名称	职务	姓名	性别	民族	任职时间
县委办公室机要科	科长	赵立斌	男	汉族	2000.9—2003.5
		苗　旺	男	汉族	2003.5—2008.6
		郭　勇	男	汉族	2008.6—2010.8
县委机要局（县密码管理局）	局长	郭　勇	男	汉族	2010.8—

（二）机要工作

机要科完善机要人员岗位职责，会议、工作、学习制度，办公室考勤制度，激发机要人员的工作积极性，制定《机要文件收发与保密工作规定》《机要网络运行与管理办法》，实行机要报、党政报、公安业务报分离的原则，建立健全密电摘抄、销毁制度和计算机网络安全保密的各项规章制度，机要工作逐步走上制度化、程序化轨道。机要工作人员始终按照“保密，及时，准确”的要求开展工作，确保上情下达、下情上递，保证机要通信畅通无阻。

2003年，机要科收到密码电报378份、明码电报189份，发送密码电报150份、明码电报81份。

2004年，防禽流感期间，机要科及时传送普兰县防禽流感工作情况及地委、行署对防禽流感工作的重要部署，为全县防禽流感工作取得阶段性成果作出贡献。至6月上旬，收到密码电报197份、明传电报41份，发送密码电报82份、明传电报21份。同时，本着“三服务”原则，免费为县通讯员和县直各单位收发各种非党务政务传真384份。完成2003年度密明码电报的归建档工作。中共中央办公厅机要局为西藏各县配备2套网络设备（机要网、党政网），普兰县机要网、党政网分别于5月10日、12日测试开通，实现网上收发报、传递信息和公文交换。

2006年，加强对密码电报和内部明电的管理，优化传送工作流程，特别是做好特提电报的办理，保证电报的及时、准确、快速。做好机要文件的收发、登记、分发、传阅工作。上半年，收到机要文件290份，发送机要文件82份。

第三章　纪检监察

2001—2010年，普兰县各级党委、纪检机关围绕改革开放与稳定、建设、发展的大局，坚持“标本兼治、综合治理、惩防并举、注重预防”的方针，将党风廉政建设与反腐败斗争作为关系党和国家生死存亡的大事来抓，建立健全党委统一领导、党政齐抓共管、纪委组织协调、部门各负其责、依靠群众支持参与的反腐败领导体制和工作机制。以改革的办法、创新的思路破解工作难题，构建具有普兰特色的惩治和预防腐败体系，坚持不懈地开展党风廉政建设与反腐败斗争，加强各级领导班子和党员干部的党风廉政建设，坚决查处和纠正行业不正之风，维护全县党组织和党员干部的先进性、纯洁性。通过“联系、参与、服务、监督”四种方式，使纪检工作与县委、县政府中心工作实现目标同向、责任同担、工作同步，为普兰的改革开放和现代化建设营造良好的环境。

第一节　机　构

1982年3月，中国共产党普兰县委纪律检查委员会成立，科级建制。1987年4月，中国共产党普兰县委纪律检查委员会更名为中国共产党普兰县纪律检查委员会，升格为副县级建制。

1994年11月，普兰县人民政府设立监察局，与中国共产党普兰县纪律检查委员会合署办公。

2002年，中国共产党普兰县纪律检查委员会（监察局）行政编制5名，其中书记1名（副县级），副书记兼监察局局长1名。

2006年8月14日，中国共产党普兰县第五届纪律检查委员会第一次全体会议召开。应到委员11人，实到9人。大会选举产生中国共产党普兰县第五届纪律检查委员会书记（刘建军）和副书记（顿珠玛）。

2010年，中国共产党普兰县纪律检查委员会（监察局）无内设机构，编制6名（行政编制5名，事业编制1名），县级领导职数1名，科级领导职数3名。

2001—2010年中国共产党普兰县纪律检查委员会（监察局）领导一览表

表3-3-1

机构名称	职务	姓名	性别	民族	任职时间	备注
中国共产党普兰县纪律检查委员会（监察局）	书记	边巴洛桑	男	藏族	2000.9—2002.7	县委副书记
		平　措	男	藏族	2002.7—2006.7	县委副书记
		刘建军	男	汉族	2006.7—2010.4	县委副书记
		张尚坤	男	汉族	2010.4—	县委常委
	副书记、监察局局长	普达瓦	男	藏族	1995.5—2001.10	
		才旺玛	女	藏族	2002.10—2003.10	
		顿珠玛	女	藏族	2003.10—	

第二节　党风廉政建设

县纪委（监察局）履行党章赋予纪检机关的“三项任务”（维护党的章程和其他党内法规；检查党的路线、方针、政策和决议的执行情况；协助党的委员会加强党风建设和组织协调反腐败工作）、“保护、惩处、教育、监督”四项职能，在维护党纪、端正党风，贯彻和执行党的路线方针政策，保证党的团结统一方面发挥了重要的作用。

各级党组织从思想上提高对党风廉政建设重要性、紧迫性的认识，研究制定加强党风廉政建设的具体措施，落实党风廉政责任制；广大党员干部，特别是党员领导干部转变作风，深入基层，改善和密切党群干群关系；党政领导机关、党员领导干部从自身做起，从身边的事做起，带头廉洁自律，集中力量解决群众反映强烈的热点难点问题。

一、宣传教育

普兰县通过加强对党员干部的党风廉政教育，提高领导干部廉洁自律的自觉性，增强领导干部抵御风险、拒腐防变的能力，构筑成牢固的思想道德防线。探索教育的新措施、新办法，增强教育的针对性、实效性，提高教育的效果。

2001年，普兰县将10月定为党风廉政建设宣传教育活动月，通过学习教育，开展批评与自我批评，提高党员的思想觉悟。

2003年，普兰县开展“解放思想、更新观念、与时俱进、加快发展”学习讨论活动，组织学习中共十六大、中纪委七次全会、自治区纪委二次全会精神，集体学习讨论和个人自学相结合，领会加强和改进党的作风建设的重要性。以“三个代表”重要思想为指导，围绕“二次创业”，突出“艰苦创业”主题，开展党员干部理想信念和从政道德教育。抓好正反两方面典型教育，及时总结、树立先进典型，弘扬社会正气，营造良好的社会政治环境，发现新的先进典型。同时，剖析反面典型，抓好警示教育，使党员领导干部从中吸取深刻教训。

2004年，普兰县在全县范围内推行廉政法纪定期学习制度，每个支部每个月至少开展两次廉政法纪学习，并要求副科级干部做学习笔记。学习中央、自治区纪检监察工作会议精神，专题学习中共十六届四中全会和区党委六届六次全委（扩大）会议精神，提高廉洁守纪和依法行政的自觉性、责任感，进一步增强自身素质。组织党员、干部学习《中国共产党章程》《中国共产党党内监督条例（试行）》等文件精神。

2005年，普兰县围绕党的纲领、宗旨、纪律、作风，国家法令法规，各级党委、政府的政策措施，开展经常性的教育。着眼于武装头脑，进行马克思列宁主义、毛泽东思想和党的基本路线、党的基本知识和邓小平理论的教育，提高觉悟。抓党内法规的学习教育，增强干部的纪律观念，提高遵纪守法的自觉性。根据各个时期的中心任务和党员干部的思想实际，配合组织、宣传、党校等部门，采取轮训党员、上党课等形式，有针对性地开展反腐倡廉教育，树立正确的人生观和价值观，增强党员干部抵御拜金主义、享乐主义和极端个人主义等腐朽思想侵蚀的能力。利用典型案例剖析，组织观看反腐倡廉电教片等形式开展教育，达到“查处一件，教育一片”的目的。同时，通过表彰廉洁奉公的先进典型，弘扬正气，增强教育效果。坚持“惩前毖后，治病救人”的方针，注重抓好受处分党员的回访教育，适时了解其思想、工作和学习情况。此外，围绕经济建设大局，强化县情教育，引导党员和干部带领群众致富，体现新时期党组织和党员的先锋模范作用，并配合有关部门搞好科技知识、市场经济知识的教育，将党员的思想建设和经济建设相结合，适应形势发展的需要。

2006年，县纪委（监察局）根据县委关于党风廉政建设和反腐败工作的总体部署和全县党风廉政建设工作会议的要求，在全县党员、干部中掀起学习、宣传、贯彻的热潮，县委制定以学习《中国共产党章程》《建立健全教育、制度、监督并重的惩治和预防腐败体系实施纲要》，宣传贯彻中共十六届五中全会和省纪委六次全会精神为主要内容的党风廉政建设学习计划，有计划、按步骤地学习“八项要求”“十个不准”以及《关于加强机关工作纪律五条要求》《关于进一步加强机关作风建设的有关规定》等纪律和规章制度。利用党员春训的机会，对农村党员进行学习教育；利用县机关每周二的学习活动，对机关党员干部进行学习教育；利用召开村组干部会的机会，对村组干部进行学习教育。随时通报各地发生的各种违法违纪案例，开展示范教育和警示教育。通过多层面、多形式的学习活动，促进党风廉政建设，杜绝违法违纪案件的发生。

2007年，普兰县制定出台《普兰县加强廉政文化建设的实施意见》，开展廉政文化建设活动，巩固和扩大廉政教育成果，全县干部职工宣传廉政文化、传播廉政知识、弘扬廉政精神，提高党风廉政建设和反腐倡廉的知晓率和参与率。

2008年，普兰县坚持以人为本、预防为主的方针，推进党风廉政建设宣传教育，在全县党员干部中开展以党的基本理论宗旨和理想信念、党纪党规、民族宗教政策为主要内容的宣传教育。开展"反对分裂、维护稳定、加强团结、促进发展"主题教育，使党员干部加强党性修养，提高政治觉悟，筑牢廉洁自律防线。举办"扬清激浊、反腐倡廉"廉政演讲比赛，推进"人人思廉、人人保廉、人人促廉"为主要内容的廉政文化建设，发挥廉政文化在党风廉政建设和反腐败工作中的重要作用，选派选手参加地区廉政演讲比赛。

从2009年5月起，普兰县开展以《弘扬优良作风、促进科学发展》为主题的党风廉政建设宣传教育月活动，并结合"三会一课"、党委理论中心组学习、机关学习日、作风建设专题教育活动等，系统学习各级党风廉政建设方面的文件和领导讲话，组织乡镇党政领导班子成员集中参加区委举办的党规党纪知识培训和公务员礼仪知识考试等。通过一系列学习教育，纠正部分党员干部"抓党风廉政建设是纪委的事，与己无关""乡村两级权力不大，反腐问题不必大惊小怪"的错误认识，筑牢党员干部的思想道德防线，宗旨服务观念明显增强。

2010年，普兰县加强对党员干部的思想教育，从源头上预防和治理腐败，重点以党的基本理论、党纪党规、理想信念、民族理论政策、反分裂斗争形势教育为主要内容，增强党员干部的政治纪律意识；抓好反腐倡廉宣传教育，推进廉政文化"五进"（进机关、进社区、进农村、进学校、进家庭）活动，培育"五进"示范点，规范示范点建设标准，着力加强廉政文化建设。6月4日，开展法治宣传教育活动，主要宣传内容为各种法律法规、重大犯罪案例、中央第五次西藏工作座谈会精神及内容等共13种，设立咨询台和展板，发放宣传资料500份，引导干部群众理论与实际相结合，弘扬法治精神，形成自觉学法守法用法的社会氛围。

二、落实党风廉政建设责任制

县纪委每年与各乡镇、县直各部门党组织签订党风廉政建设目标责任书，对各单位在工作纪律、廉洁自律、财经纪律、制度建设、依法行政、政（村）务公开、学习内容、生活作风等方面提出具体的要求，平时检查督促落实情况，年终进行考核验收；并将履行责任书作为党委政府对各村各站所的目标量化考核的重要内容，与其他工作同部署、同检查、同考核。通过一系列的措施，形成党风廉政建设责任制齐抓共管的局面，普兰县党风廉政建设和反腐败斗争逐步从侧重遏制转变为标本兼治、注重治本。

2003年，县纪委制订党风廉政建设计划，严格按照计划逐项落实，主要内容：与各乡镇、村党支部、班子成员及全体干部签订党风廉政建设目标责任书；定期召开班子成员例会，检验“十不准”执行情况；建立健全就餐制度和村干部报酬标准等。建立党风廉政建设领导小组，对领导干部自律工作、查办案件工作、纠风工作、治本工作进行详细分工，责任落实到人。同时，规范便民服务中心和政务公开栏，加强党风廉政建设。

2005年，县委成立反腐败斗争领导小组，组建工作班子，层层落实责任制，形成“党政一把手亲自抓，其他领导分工抓，职能部门重点抓，有关部门配合抓，县乡两级层层抓”的工作格局。广大干部群众积极支持，各民主党派积极参与，普兰县基本实现中央关于反腐败斗争不断取得阶段性成果的要求，对经济建设和改革开放起到促进和保障作用，为深入开展反腐败斗争，加强党风廉政建设奠定良好的基础。

2006年，县纪委结合关于开展党风廉政建设和反腐败工作的具体要求，协助县委印发《关于分解落实2006年党风廉政建设和反腐败工作责任的通知》，按照归口负责和责任到人的原则，进行责任分解和落实，涉及10个部门和一镇两乡。县委将党风廉政建设和反腐败工作列为对站所和村工作目标任务的重要内容，与其他工作同部署、同检查、同考核。7月初、12月初，由县委组织，县纪委配合，对2006年上半年和全年党风廉政建设责任制的落实情况开展大检查，并形成《普兰县2006年党风廉政建设责任制自查报告》，县机关和各站所均未发生违反党风廉政建设责任制的情况。

2007年，县纪委创新责任制部署机制，县党风廉政建设责任制领导小组办公室建立县委、县政府班子成员和党委落实责任制工作档案，各党委也相应建立下属单位落实责任制工作档案，实现对每个单位、每个责任人履职情况的适时跟踪监督。创新责任制督查考核机制，在考核2006年度落实责任制工作中，首次实行纪检书记现场述职评议，并将所得分数记入年终考核单位总分。在2007年上半年落实责任制工作督查中，首次采取自查和抽查相结合的办法，以现场抽签的形式确定实地督促检查单位。

2008年，普兰县制定印发《普兰县2008年党风廉政建设和反腐败工作重点任务分解的意见》，将党风廉政建设和反腐败工作的主要任务分解到各主管部门（单位），增强反腐倡廉的政治责任感和紧迫感，明确反腐倡廉的任务和要求。从10月底开始，下派工作组对各乡镇和县直各单位党风廉政建设责任制落实情况进行考核验收，对落实不好的和出现违纪违法等事故的单位实行“一票否决”制度。

2009年，县委修订完善《党风廉政建设领导小组工作制度》《党风廉政建设检查考核制度》《领导干部述廉述职制度》等配套制度，根据人事变动情况调整充实以县委书记为组长的党风廉政工作领导小组，下发《党风廉政建设考评细则》，结合领导班子成员分工，将责任制内容横向分解具体到每个班子成员，规定各单位、每个干部在党风廉政建设中应负的责任，并明确责任追究办法，做到纵向到底、横向到边，每个领导干部明确一岗双责，落实党风廉政建设半年检查考核制度。

2010年是新一轮党风廉政责任落实起始年。县委将党风廉政建设作为“一把手”责任制和一项严明的政治纪律来执行，增强党风廉政建设的自觉性和主动性，将反腐倡廉工作纳入中心工作，落实责任制，形成“一级抓一级，层层抓落实”的工作格局。年初，县委专门召开年度纪检、监察工作会议暨效能建设年活动动员大会，全面部署年度党风廉政建设和反腐败工作，传达学习区纪委七届六次全会和地区纪检、监察工作会议精神，明确反腐倡廉建设责任要求和工作机制。县纪委开展反腐倡廉制度建设推进年活动，下发《普兰县反腐倡廉制度建设推进年工作方案》，成立领导小组及办公室，部署第二阶段重点工作任务，落实反腐倡廉制度的清理、修订、完善、规范和创新工作。按照自治区要求，重点对管人、管事、管钱、管物等腐败行为易发多发的关键环节、重点领域、重要岗位，特别是财务等反腐倡廉制度进行规范，确保反腐倡廉制度建设推进年活动取得实效。

三、领导干部廉洁自律

县纪委宣传贯彻领导干部廉洁自律“六项规定”，定期召开领导干部民主生活会，抓好以《中国共产党党员领导干部廉洁从政若干准则》为主要内容的党纪党规教育，引导领导干部执行《中国共产党党员领导干部廉洁从政若干准则》等有关规定，提高领导干部廉洁自律、遵守党纪国法的自觉性。

2003年，普兰县印发《关于贯彻落实机关思想作风纪律教育整顿意见》，从5月12日起，由县委领导牵头，纪检、组织部门不定期地在上班时间对各娱乐场所和各办公室进行检查，树立良好的机关工作作风。按照《中国共产党党员领导干部廉洁从政若干准则》《中共中央、国务院关于党政机关厉行节约、制止奢侈浪费行为的若干决定》，落实和深化领导干部廉洁自律。

2004年，普兰县对全县党员、干部建立廉政档案，按照“四大纪律、八项要求”标准进行自查自纠，对上年度建立的领导廉政档案进行健全与完善，累计建立健全正科级干部廉政档案32份、副县级以上领导干部廉政档案24份，并对科级干部进行年度廉政考核。按照中纪委、监察部和自治区监察厅的通知要求，狠抓大吃大喝歪风，结合普兰县公务接待情况，出台禁止用公款大吃大喝的规定，提供公款招待标准。协助组织人事部门制定《普兰县机关干部职工考勤制度》，提高机关干部的整体素质和工作效率，不定期地对娱乐场所和各办公室进行检查，转变机关作风，杜绝上班迟到、早退和旷工现象。协同有关部门印发《关于在职干部严禁进入赌博场所的通知》，并配合执法部门关闭涉赌场所。

2006年，普兰县印发《关于加强党风廉政建设和严禁奢侈浪费的规定》《关于禁止领导干部借婚丧喜庆事宜大操大办收钱敛财的暂行规定》，严格执行“四大纪律、八项要求”，对党员干部参与赌博、大操大办和聚敛钱财行为进行检查整治。为维护党的纪律，促进领导干部廉洁从政，确保共产党员的先进性，防止腐败与违法违纪现象的发生，县党政主要领导做了廉洁自律承诺，并向社会公示。7月初、

12月初，由县委组织，县纪委配合，对2006年半年和全年领导干部廉洁自律执行情况开展大检查，各级干部均严格执行廉洁自律的各项规定。

2007年，春节、元宵节期间，普兰县印发《关于加强廉洁自律工作的通知》，组织各乡镇、县直各单位的主要领导通过电视媒体向全县人民公开承诺，组成3个小组对领导干部廉洁过节情况进行明察暗访。根据县委《关于在全县党政机关开展纪律作风整顿的实施方案》的安排，从4月16日起，开展为期10天的机关纪律作风整顿活动，主要围绕地委、县委转变作风年、狠抓落实年的主题，确定有针对性、操作性强的“八反对”为整顿重点，组织开展转作风、暖民心、促发展百人问卷调查，开门搞整顿，百人评机关等活动，对机关活动开展情况进行多次明察暗访。中秋、国庆两节期间，转发地区纪委《关于加强党员领导干部廉洁自律工作的通知》，并对各单位公务用车进行封存。12月底，为规范公务用车行为，要求婚丧事宜一律不准使用公车，并加大监督检查力度。

2008年，普兰县严格控制各种名目的节庆、达标评比活动，执行会议、公务接待和差旅费管理有关规定，严禁用公款大吃大喝、游山玩水和进行高消费娱乐，坚决纠正以学习考察、招商引资等名义公款旅游和长期滞留在拉萨和其他省（市）的不正之风，对违反规定的，视情节予以组织处理或纪律处分。制定出台《普兰县建立健全惩治和预防腐败体系2008—2012年贯彻落实意见》。

2009年，普兰县发挥乡镇党委班子成员在党员廉洁从政中的模范带头作用，乡镇党委班子公开作出廉洁从政八项承诺，班子成员以身作则，拒吃、拒请、拒送、不贪、不占，主动接受人民群众的监督，在党员干部中起到示范作用。

2010年，普兰县重点强化监督规范基层党员干部的行为，增强贯彻政策执行力，开展机关效能建设年活动，着力解决一些党政机关工作人员推诿扯皮、敷衍塞责的问题；加强和改善党群干群关系；解决一些经济职能部门政策截留问题，加大对领导干部参与赌博、大操大办借机敛财等现象的监督力度，防止反弹。对违反规定的，一经发现严肃处理。贯彻落实《中国共产党党员领导干部廉洁从政若干准则》，各级纪检监察部门定期或不定期对各级党委（党组）学习宣传、执行《中国共产党党员领导干部廉洁从政若干准则》情况进行监督检查。上半年，约谈告诫和诫勉谈话干部6人，做检讨干部4人，上述干部均对错误有深刻认识，悔改表现良好。

第三节　监督检查

县纪委（监察局）坚持“规范在先，预防在前”，将监督关口前移，变被动的事后查处为主动的事前、事中监督，强化保护、监督、惩治、教育四项职能，加强执法监察，发挥纪检监察工作在加强党风廉政建设中的积极作用。

2003年年初，县纪委（监察局）联合组织、财政（审计）部门，成立由纪委书记任组长的财务大检查领导小组，对全县各财务室和财政、交通、公安、工会、水利等单位的账目、报销凭单及银行账户进行检查和核对。对公务员过渡考试和小学考试、其他省（市）西藏班（初中班）招生考试进行全程现场监督，先后选派3人次参加5场考试的监督，坚决取缔考场中存在的不正之风，保证各类考试的顺利进行。

2004年，县纪委（监察局）开展执法监察5项（主办3项，协办2项），主要涉及效能监察、重点项目监察、经营性使用权监察、村务公开监察、领导干部离任经济责任审计、行政审批制度监察等。按照《监察厅关于2004年执法监察工作的安排意见》《西藏自治区2004年执法监察工作实施意见》要求，对部门和各行业进行全面检查清理，发现部门吃、拿、卡、要行为，给予通报批评。

2005年，县纪委（监察局）对各部门单位贯彻执行县委、县政府有关加快发展全县经济的决定、措施的落实情况进行跟踪监督检查，保证各级各项经济指标按计划稳步增长。围绕党的路线方针政策、国家法令法规以及各项重大改革措施的落实，对减轻农民负担、救灾救济款物的使用等开展专项执法监察。

2007年，县纪委（监察局）围绕县委、县政府重点工程建设，会同国土局等单位，加大执法监察力度，对全县重点工程进展情况进行跟踪督查，对建设工程招标行为进行全程监督，对2005—2007年供应的建设用地出让情况进行专项清理，对2006年起建筑工程履行报建、发包手续以及招投标等情况进行全面检查监督。从维护群众的切身利益出发加强监督检查，对农村新能源项目建设情况和补助资金使用情况进行专项检查，及时纠正财务账目不规范、部分实际户数与花名册不相符等问题；配合县环保局进行环保专项执法行动，保障人民群众的健康安全；在全县范围内开展反思教育活动。

2008年，县纪委（监察局）为保证各类考试的公正、公平，维护广大考生利益，坚持从严治考，从维护国家招生考试严肃性、提高招生考试社会信誉度的高度出发，先后选派10人次参加30场考试的监督工作，杜绝发生作弊行为和考试工作中的不正之风。对安居工程资金的使用、材料采购调拨、房屋建设标准、执行安居工程方针政策等方面进行监督检查，会同县农牧局、安居办等单位检查验收2007年2个乡100余户农牧民安居工程建设情况，确保安居工程建设质量和进度。在干部选拔任用方面，选派10余人次参与干部考察，建立健全正科级领导干部42人和县级领导干部26人的廉政档案，杜绝干部人事制度中的违纪违法行为和不正之风。

2009年，县纪委（监察局）建立完善民主生活会制度、党风廉政建设监督员制度等，加大对“三重一大”（重大问题决策、重要干部任免、重大项目投资决策、大额资金使用）的监督检查力度，杜绝不正之风。

2010年年初，县纪委（监察局）开展防雪抗冻救灾工作督查，对救灾款物发放进行监督检查。加大执法检查力度，坚决纠正损害群众利益的不正之风，会同有关部门解决教育、医疗卫生、环境卫生、安全生产、食品药品安全等方面存在的突出问题。加强对教育“三包”经费及中考、其他省（市）西藏班招生考试工作的监督检查；加强对农牧区合作医疗资金使用情况的监管；加强对公安派出所户籍管理工作和办证收费使用情况的监督检查；加强对安全生产法律法规和责任制落实情况的监督；加强对住房公积金、社保资金、扶贫专项资金、抗灾救灾专项资金使用情况的监督检查；专门派纪检监察人员对农机具补贴发放进行全程监督检查。同时，开展效能监察，优化经济发展软环境，修订和完善效能建设规定，开展工作纪律集中整治，查办行政不作为、乱作为、慢作为和人民群众反映强烈的案件，确保政令畅通。

第四节　案件办理

县纪检监察机关重点查办领导机关和领导干部滥用权力、谋取非法利益的案件；严肃查办利用审批权、人事权、司法权的违纪违法案件；注重查办商业经济领域的案件以及发生在基层的以权谋私、与民争利、谋取非法利益的案件。围绕优化发展环境、维护群众利益、治理商业贿赂等重要部署，瞄准社会反响强烈的重点领域、重点对象和重点问题，主动出击。

县纪检监察机关在办案工作中，坚持实行“一案两报告”制度，强化查办案件的治本功能，根据案件发生的特点，分析案发的主观、客观原因，提出整改建议，并督促发案单位或其主管部门落实，建立健全各项规章制度，堵塞漏洞，防止违法违纪案件的再次发生。同时，落实联组协作等办法，整合办案资源，提高办案质量和水平，在做好案件审理工作的同时，开展回访，办理申诉复查，维护党员合法权益。

2001—2010年，县纪检监察机关累计受理举报4件，予以了结澄清4件，给予党纪行政处分3人。2003年，坚持从严治党的方针，以查办党政机关、行政执法机关、司法机关、经济管理部门为重点，严肃查处党员干部违法违纪案件2件，结案2件，对广大党员、干部起到有效的警示作用。受理巴嘎乡财务室被盗一案，为集体挽回经济损失5.7万元。

第五节　信访接待

县纪检监察机关依法妥善处理群众信访，及时化解人民内部矛盾。依法教育，耐心疏导，防止矛盾激化。分析信访工作的新情况、新问题，提高接待服务意识。

2001年，县纪检监察机关接待信访案件6件。

2006年，县纪检监察机关建立信访台账制度，各部门提高对信访工作的认识和重视程度，对群众信访的处理、反馈更加及时快捷，深受群众好评。根据建设新农村、构建和谐社会的要求，加强和规范村级信访室的建设，出台《关于进一步加强和规范村级信访室建设的通知》，实现信访工作的重心下移，将各种矛盾解决在村级，解决在萌芽状态。信访量较上年明显下降，大部分问题处理在村组和站所一级或萌芽状态，到县上访3件得到妥善处理。

2009年，县纪检监察机关结合稳定安全信访大接访大排查大化解活动，制定乡镇主要领导周一接访、领导班子成员其他工作日接访制度，对群众信访，领导接待、阅批信件、部署查办，化解矛盾。同时，结合西藏自治区开展的“听民声、访民情、解民难大走访”主题实践活动，按照“六个一”工作要求，发挥干部、党员和群众代表联系群众多、基本情况熟的优势，督促他们自觉主动参与到主题实践活动中，带动其他群众参与到活动中，全力服务和谐新农村建设。

2010年，县纪检监察机关着力完善信访举报受理制度，建立健全来访接待制度、来信处理制度、举报电话处理制度等。上半年，受理群众信访举报5件次，其中直接受理1件次，匿名信2件，上级部门转办2件次，做到“件件有着落，事事有回音”。

第六节　政务公开

2001年，普兰县实行政务公开制，确保反腐败斗争向纵深发展，增强广大党员干部拒腐防变的能力，防范腐败现象的滋生和蔓延。

2003年，普兰县围绕加强基层民主政治建设和依法行政，以公开、便民、廉政和勤政为基本要求，在政务公开的基础上全面推行村务公开，加强对行政权力和各村组经费使用的监督。检查总结“两个公开”制度的落实情况、成效以及出现的新情况、新问题，对在公开工作中搞小动作、搞假公开的，按照有关规定严肃处理。推行乡、镇、村会计代理制度，保证财务公开到位，营造“民心工程”。

2004年，县纪委牵头，在全县范围内推进政务公开和村务公开。为巩固政务公开工作成果，落实政务公开各项措施，制定出台《中共普兰县纪检委、普兰县监察局关于深化政务公开工作实施意见》，使政务公开工作向广度、深度发展，逐步走上经常化、规范化、制度化轨道，促进全县改革、发展和稳定。在县城及乡镇所在地设置检举箱，公布检举电话号码，随时接受群众监督举报。

第四章　人民团体

1996年11月机构改革后，共青团普兰县委员会、普兰县妇女联合会、普兰县总工会合署办公，对外分别挂牌。设工青妇办公室。2005年，将合署设置的工青妇（工会、团委、妇联）分别对外挂牌，由县委单独印发部门“三定方案”，对外使用县工会、团委、妇联印章，3个部门只占一个机构限额。

第一节　总工会

普兰县总工会根据党在各个时期的中心任务，围绕“维护、建设、参与、教育”的宗旨，开展各项工作。坚持“党建指导工建，工建服务党建”的原则，按照“组织起来，切实维权”的工作方法，严格按照《中国工会章程》的规定吸收工会会员。代表职工参与社会事务的管理，参与企业、事业单位的民主管理；引导和教育职工提高思想道德和文化技术水平；维护职工群众的合法利益和民主权利；关心困难职工及病残职工家庭。

一、机构

1994年10月，普兰县总工会正式成立。

2010年8月，机构改革后县总工会无内设机构，机关编制3名（行政编制2名，事业编制1名），其中科级领导职数2名。

2001—2010年普兰县总工会领导一览表

表3-4-1

机构名称	职务	姓名	性别	民族	任职时间
普兰县总工会	主席	罗布次仁	男	藏族	2001.6—2002.11
		曲　达	男	藏族	2002.11—2003.6
		洛桑西绕	男	藏族	2003.6—2006.7

续表3-4-1

机构名称	职务	姓名	性别	民族	任职时间
普兰县总工会	主席	白　珍	女	藏族	2008.6—
	副主席	罗布次仁	男	藏族	1997.11—2001.6

二、工会建设与会员发展

2001年，县总工会吸收会员13人，共有会员333人。2002年，在“三八”妇女节、“五四”青年节期间发展会员12人。

2003年，县总工会开展新入会办证和更换新工会证工作。2004年，各乡镇陆续成立分工会，巴嘎乡按政策要求拨款1万元。

2010年，普兰县有基层工会委员会3个，每个基层委员会各配有兼职工会干部1人。有工会小组25个，其中农民工工会组织16个。

三、工会会费

工会收入来源包括工会会员交纳的会费，建立工会组织的全民所有制和集体所有制企业单位、事业单位和党政机关按每月全部职工工资总额的2%向工会划拨的经费，工会所属的企业、事业单位上缴的收入，人民政府和企业、事业机关行政方面给予工会的经费补助，工会组织获得的捐赠及其他各种收入。

全民所有制和集体所有制企业单位、事业单位和党政机关向工会划拨的经费，县级工会提留65%，35%上缴地区工会办事处。工会经费主要用于为职工服务和工会活动。

2007年，个人会员会费29385元，单位拨缴会员经费576662.36元。2010年，个人会员会费31232元，单位拨缴会员经费471883元。

2007—2010年普兰县总工会会员会费统计表

表3-4-2　　单位：元

年份	个人会员会费	单位拨缴会员经费
2007	29385	576662.36
2008	26556	382308
2009	28009	563794
2010	31232	471883

四、职工权益维护

县总工会发放惠民政策、农民工合法权益维护相关资料。对严重侵犯职工权益的案件，督促政府及信访部门及时成立联合调查组，对职工反映的问题开展深入调查，据理力争，维护职工合法权益。

县总工会开展农民工权益维护工作，选派人员赴农民工集中务工地跟踪维权工作，并与县政府等有关部门建立农民工工作联席会议制度。此外，开展农民工技能培训2次；并联合党建办、妇联开展农民工业务培训。

2002年，县总工会协同有关部门，有效调解职工矛盾。

2010年，县总工会建立较为完善的职工权益保障机制，切实维护和保障好职工的权益。及时了解职工诉求，督促和帮助职工解决实际困难与思想困惑，确保职工队伍思想稳定和企业持续发展。

五、劳模宣传、管理与服务

县总工会严格按照上级要求，与有关部门共同做好劳模的评选、表彰、培养和管理工作。落实劳模政治经济待遇，宣扬劳模先进事迹，发挥劳模的示范带头作用，劳模管理工作进一步规范化、制度化。坚持从政治上、工作上、生活上关心关爱劳模，为劳模办好事、办实事，走访慰问劳模，尽力解决其实际困难。根据有关劳模政策和普兰县实际情况，每逢重大节日、重要传统节日，统一组织对困难劳模和生产一线劳模代表进行慰问。

至2010年，普兰县产生西藏自治区劳模4人，阿里地区劳模1人。

六、法治宣传教育

普兰县各级工会组织利用各种宣传日深入干部职工群众中，宣传贯彻《中华人民共和国工会法》《中国工会章程》《中华人民共和国劳动法》等法律法规。

2007年，县总工会组织举办“9·16”法治宣传活动，以“建设平安西藏、构建和谐普兰”为主题，宣传《中华人民共和国工会法》《中国工会章程》等法律法规，发放宣传资料及手册150余份。

2010年，县总工会以普法教育为抓手，坚持学法与用法相结合，法治教育与法治实践相结合，以普法活动推动企业的法治建设，以普法教育树立员工的法治意识，规范企业与员工的法治行为，做遵守法律的模范。将强化职工的思想道德素质与引导职工学习法律知识、增强法律意识、运用法律武器相结合，利用多种形式和载体，调解职工心理矛盾，使之转化为工作动力，促进职工身心健康。

七、组织社会活动

2001—2010年，县总工会每年开展劳模评选和“工会服务职工在基层”的“五送”（送温暖、送文化、送医送药、送法律、送政策）活动；组织职工群众开展篮球、足球、赛马、文艺比赛等文体活动，丰富职工群众的业余生活和精神文化生活。对全县各企业的安全生产工作进行定期监督检查，及时排除事故隐患，保障职工的生命安全和国家财产安全，连续多年未发生安全生产事故。

2001年，县总工会发放茶叶、饮料等福利价值57847元。支出2900元活动经费，专门用于丰富干部职工业余生活。

2003年，“八一”建军节期间，县总工会出资5300元用于全体会员过林卡。年底，向广大干部职工发放工会福利共52227.5元。

2010年，县总工会以建党89周年为契机，组织职工参与红歌比赛及各项纪念活动，提高职工爱党、爱国、爱民的热情。此外，团县委联合工会，组织广大职工深入开展社会主义核心价值观教育活动，将社会主义荣辱观渗透到职工的思想道德之中，提高职工的思想道德素质。

县总工会发挥“大学校”的作用，深入开展各种形式的活动，引导职工学习业务，提高工作能力。组织职工开展农业栽培、驾驶等培训，逐步提升自身技能。通过强化职工科学文化素质培养，推动职工掌握学习科学文化的手段，了解科学文化知识，有效推进职工素质的整体提高。

八、慰问帮扶

县总工会在“三大节日”（元旦、春节、藏历新年）、“五一”劳动节期间，通过开展各项主题活动，对困难职工及农民工进行慰问。联合县人民医院为农民工免费就诊，发放药品。将党和政府的关心送到困难职工、离退休职工、劳动模范、节假日坚守岗位的一线职工中。

县总工会开展困难职工帮扶工作，深入一线，搞好调研，制订年度职工帮困援助工作方案，完善职工帮困援助制度，完善困难职工援助档案，整合社会资源，共同推进帮困援助工作。协助政府有关部门解决困难职工和农民工在就业、就医、子女就学等方面的实际困难。

2001年，“三大节日”期间，县总工会筹资6500元，慰问离退休困难户、特困户。多次看望慰问病残职工。

2002年，“三大节日”期间，县总工会筹资2.08万元，开展“送温暖”活动，慰问困难干部职工。在“千名干部进牧区，理思路、促发展”活动中，向西德村发放捐款1326元，面粉和大米共350千克，及时解决困难户及特困户的生活困难。

2003年，“三大节日”期间，县总工会筹资4339元，慰问离退休职工和特困户，向西德村小学捐赠1000元。

2004年，县总工会开展“送温暖”活动，支出资金8000余元。

2007年，县总工会在“三大节日”期间开展“扶贫济困解难事、温暖和谐进万家”送温暖活动。县总工会在县委、县政府的支持下成立节日慰问小组，于2月14日，由阿穷带领慰问小组慰问特困户家庭17户，发放慰问金1.02万元；慰问困难户家庭26户，发放慰问金1.3万元。在实行“包村包组”联系制度及开展“四观”“两论”和反分裂斗争教育中，县总工会向普兰镇赤德村3户特困户、特困老党员1人捐款500元，并为病故老干部家属送去酥油、砖茶等物资。“三八”妇女节期间，向妇联捐款1000元；在“六一”儿童节向县完小捐款300元；在团委组织的冬季运动会中捐款500元。

2008年，“三大节日”期间，县总工会慰问困难职工45人，发放慰问金3600元；慰问边防部队185人，发放慰问金3430元。为困难职工家庭的学生3人解决学费3500元，为困难职工提供生活补助2000元。

2009年，“三大节日”期间，县总工会慰问劳模3人，发放慰问金2500元；向困难职工14人发放生活救助金1万元；慰问困难户48人，发放慰问金3.84万元；慰问职工及会员12人，发放慰问金4080元；配合组织部慰问困难党员和“三老”人员，发放慰问金5000元。资助贫困户家庭的学生8人就学，发放助学金9000元。赞助退休老年人活动经费655元。

2010年，“三大节日”期间，县总工会慰问困难党员及职工61人，发放慰问金5.12万元；为贫困学生34人解决助学金3.71万元。“六一”儿童节期间，向4所完全小学捐款4000元；向困难群众14人发放生活救助1万元；慰问劳模2人，各发放慰问金1000元。

第二节　共青团

共青团普兰县委员会带领全县青少年发挥在经济建设中的生力军和突击队作用，会同有关部门开展反腐蚀教育、预防青少年违法犯罪、团干部专题培训，开展农牧民困难青年创业培训，提高业务水平和工作技能，增强广大团员青年的思想政治觉悟，为普兰县社会局势稳定、人民安居乐业作出贡献。

一、机构

1973年7月，共青团普兰县委员会恢复设立。

2010年8月，机构改革后共青团普兰县委员会无内设机构，行政编制2名，其中科级领导职数2名。

2001—2010年共青团普兰县委员会领导一览表

表3-4-3

机构名称	职务	姓名	性别	民族	任职时间	备注
共青团普兰县委员会	书记				1997.10—2002.8	未配备
		白　　珍	女	藏族	2002.9—2008.6	
		扎西多布杰	男	藏族	2008.6—	

续表3-4-3

机构名称	职务	姓名	性别	民族	任职时间	备注
共青团普兰县委员会	副书记	白　　珍	女	藏族	1997.10—2002.9	
		扎西多布杰	男	藏族	2004.3—2008.6	

二、团组织建设

2000年，普兰县有团委4个、团总支17个、团支部34个，有团员234人，有专职团干部1人。

2001年，“五四”青年节期间，团县委吸收团员15人，为团员2人办理离团手续。

2003年，普兰县召开青年团员大会5次。“五四”青年节召开机关团员大会，发展团员10人，开展宣誓活动。在“千名干部进牧区，理思路、促发展”学教活动中，整顿基层团支部，发展团员89人。组织团员青年1600余人次开展学习活动。

2004—2005年，团县委以保持共产党员先进性教育活动和增强共青团员意识主题教育为契机，在机关团支部和农牧区团组织中，对组织力量薄弱，团干部素质较低的团组织进行调整，充实团支部团员，并结合各团组织的实际，制定切实有效的团干部成员工作制度；制订发展团员计划，解决基层团组织存在的突出和难点问题，推动和促进团的基层组织建设。在增强共青团员意识主题教育中，吸引青年21人加入团组织，并从优秀团员中推优入党8人。2004年，团县委加强各单位及部门的团组织建设，个别单位进行团组织整顿，完善支部成员。发展团员44人，退团入党51人。组织团员青年学习22次、1235人次。

2009年，全县有团委4个，团支部25个，其中机关团支部15个、村（居）团支部10个。全县有团员383人。

2010年，团县委结合效能建设年活动和创先争优活动，进一步完善团员管理制度、团员活动制度、团内工作制度，全县25个团支部建立“三簿一册”（团员登记簿、团费收支簿、光荣簿、35岁以下青年花名册），规范和完善各级团组织的各项工作，使团的工作向制度化发展。以农牧区为重点，加大发展新团员和推优力度。坚持将加强学习作为提高团干部工作水平和能力的重要抓手，提高团干部的理论水平和业务素质。推行一线工作法，选派优秀团员青年到基层任教、担任“村官”或技术员，进一步密切了团群关系。

2002—2010年，团县委举办团干部学习班18期、理论学习班26期，培训骨干40余人，出专栏28期，召开各种宣传会13场，种植青年林8亩。

三、团务活动

团县委以每年“3月综治宣传月”“学习雷锋月”为契机，在全县青少年中开展“学雷锋，树新风”活动，增强青少年对社会的责任心。利用“五一”“五四”

等节庆日，组织机关各团支部开展篮球、足球、文艺会演等趣味比赛。

2001年，团县委组织机关各团支部开展篮球、足球比赛。

2004—2005年，普兰县为所有学校聘请法治副校长，并开设法治课，提高广大青少年学法、懂法、用法的意识，减少青少年违法犯罪。团县委党员参与保持共产党员先进性教育活动，并按支部要求对活动的每个细节严格把关。在增强共青团员意识主题教育中，以支部为单位组织青年团员深入学习党章、团章，系统学习“增强共青团员意识主题教育活动”电视电话会议精神和先进性教育活动教材。在机关青年团员中开展党团知识竞赛，基层团组织也结合各自实际开展有益活动，切实增强青年团员的政治意识、组织意识和模范意识。

2005年，团县委在全县青少年中深入开展党史、团史和青年运动史教育，举办全县中小学生“高举先进风帆、坚定理想信念”革命先烈祭扫活动、“红星闪闪照我行”主题教育、“唱团歌、举团旗、带团徽”等活动，激发团员青年投身经济建设的热情和斗志。召开纪念“五四运动”86周年大会，表彰十佳五四红旗团委、团干部、优秀团员。

2008年，团县委按照县委关于“反对分裂、维护稳定，加强团结、促进发展”主题教育的安排和要求，制作学习园地，每位干部撰写学习体会、整改措施；并在中小学青少年学生中开展主题教育，使青少年学生深刻认识到达赖集团的反动本质，夯实青少年学生维护稳定、热爱祖国的思想基础。利用普法宣传日，以“增强法治意识，争做文明市民”为主题，在大街上宣传《中华人民共和国未成年人保护法》等法律法规，发放宣传手册及资料200余份。

2009—2010年，团县委将加强团员青年的思想政治教育作为一项重要任务，全力维护普兰县社会稳定。在重要街道开展“爱国、固边”“反对分裂、维护稳定，加强团结、促进发展”宣传活动；协同县委宣传部引导广大青少年观看新旧西藏对比图片展，开展听老党员们讲旧社会的苦难故事活动，进一步激发青少年的爱国热情，夯实反分裂斗争的思想基础。2010年，邀请地委党校教师到普兰为青年团员作专题讲座，重点解决青年团员加快发展上信心不足、工作标准上要求不高、服务大局上意识不强等问题。挖掘和培养青年典型，营造全社会重人才、学先进的良好氛围。探索团县委工作“村村联建”“乡村联建”模式，联合组织开展青少年喜闻乐见的活动，团县委除开展常规性活动外，每年创新活动不少于3次，各乡镇不少于2次，各村不少于1次。组织机关青年开展民族团结足球杯比赛，丰富团员青年的业余生活。

（一）志愿服务

团县委利用“五一”“五四”等节庆日，举行青年志愿者授旗仪式，组织团员青年和少先队员开展保护环境、保护母亲河、清理打扫县城主要街道等活动，增强青少年爱护、保护环境的意识。

2003年，团县委组织团员帮助消费者维修家电38台，其中电视机8台，VCD7台，收录机13台，收音机10台。

2004年，团县委组织基层团员2314人次，参与为贫困户盖房、修羊圈等义务劳动；组织团员青年为集体办实事，创收8万元。

2005年，各行各业青年走上街头、走进社区、深入农村，先后开展“尊老敬老送真情、无私援助献爱心”志愿者活动、“文明新风进农家”等活动。

2008—2010年，团县委组建各乡镇农牧民青年突击队，投身防抗灾活动，发挥共青团员的先锋模范作用。2010年，面向全县青年倡议招募志愿者，组建一支拥有志愿者36人的队伍，弘扬“奉献、友爱、互助、进步、和谐”的志愿者精神。

（二）希望工程

2008—2010年，团县委以助学为重点，多方筹措希望工程资金，争取团地委青岛助学金、茅台希望工程资助金，切实关爱贫困青少年、农牧民家庭困难子女、弱势群体等，每年资助贫困学生不少于10人。

（三）慰问帮扶

2001年，基层团组织出动946人次，为困难户帮工326天，捐款532元，并送柴送粮等。

2003年，基层团组织加强对广大团员进行扶贫光荣思想教育，普兰镇6个村的青年团员为困难户及学校捐款1325元，吉让居委会为贫困户帮工义务投劳70日。

2004年，团县委在“321”扶贫济困工程中，针对群众生活困难、思想落后的局面，采取有效措施，给群众做思想指导，并为贫困户捐送物资和资金，折合人民币2300余元。协调县农牧局争取到在农区四个组修建蔬菜大棚项目。吉让居委会团支部以市场为依托，在原有蔬菜大棚的基础上，争取政府部门支持，为办养猪、养鸡场等做好前期准备工作。

2008年，“三大节日”期间，团县委了解基层贫困户的生产生活情况，及时送去温暖。在“六一”儿童节，为中小学贫困学生捐赠近2000元的学习用品；对交不起学费的学生给予帮助。为扶贫联系点西德村捐资捐物折合人民币2300余元。5月12日四川汶川发生地震、10月6日西藏当雄县发生6.6级地震后，团县委主动组织干部职工为地震灾区捐款3万元，帮助灾区人民战胜灾害、重建家园奉献一份爱心；另行组织全县青年干部为四川汶川灾区人民捐款25132元。

2010年，团县委开展“扶贫135”（团委书记联系帮扶2个贫困户、副书记联系帮扶1个贫困户，结交贫困青年朋友3人，为贫困青年办5件实事）活动。为帮助弱势青少年群体和品学兼优的学生，联合县妇联开展“送温暖、献爱心”活动，为贫困学生赠送衣物30套。

四、评选表彰

2001年2月，团县委在普兰镇召开各村团委书记工作会议，表彰先进团支部2个，优秀团书记2人。

2002—2010年，在“五四”青年节期间，普兰县表彰五四红旗团委13个、五四红旗团支部31个、青年文明号12个，优秀共青团干部32人、优秀共青团员32人、优秀青年志愿者28人。

2005年，普兰县开展“普兰县致富带头人”评选表彰活动，弘扬“勇于创业、自强不息、敢闯敢试、敢为人先”的创业精神。

2010年，普兰县青年1人获“阿里地区十大优秀青年”称号。

五、青年就业创业

团县委与劳动等多家单位就青年创业就业问题召开多次专题会议，向团地委推报符合青年创业就业的项目，并与村居团支部书记协调，及时帮助各村居社会闲散青少年实现在家门口就业创业。

2002年起，团县委在村级党团组织的支持下，先后组建以有技术有才干的党员牵头、以青年团员为主力军的巴嘎牦牛运输队、多油村预制砖厂、西德糌粑加工厂等多家村级实体经济合作组织。

2009—2010年，团县委邀请当地蔬菜大棚种植户欧珠，组织普兰县农区青年近90人进行大棚蔬菜种植培训，激发群众对种植蔬菜的积极性，推动大棚蔬菜种植，提高群众生活质量。

2010年，团县委开展“青春建功、助力扶贫”活动，利用青年创业就业实习基地，联系地区职校、县扶贫办、人社局等部门对贫困青年20人进行培训。

六、青少年维权

团县委联合县司法局、法制办等单位，组织学生开展预防青少年违法犯罪讲座，使青少年从思想上牢固树立法律意识和自我保护意识。

2008—2010年，团县委将维护青少年权益工作纳入普兰县科学发展综合考核中，推进维护青少年权益工作，做好青少年群体服务管理和预防犯罪工作，在学校开展“驻校蹲班”活动、“平安自护、从我做起”“我是平安宣传员”等活动，创建3个“青少年维权岗”。开展“共青团员与人大代表、政协委员面对面”活动，建立共青团向人大、政协等部门反映青少年意愿诉求机制。

2010年，团县委在学校组建团员护校队，保护青少年的合法权益。狠抓未成年人的社会保护，特别是文化环境管理，针对未成年人沉迷网络的情况，与相关部门联合检查营业性网吧，采取有效措施促进未成年人健康上网、文明上网。

七、少先队工作

2001—2010年，团县委贯彻执行《公民道德建设实施纲要》《少先队辅导员纲要》，加强少年儿童思想道德教育；以爱国主义为龙头，对少先队员进行爱国主义、集体主义、社会主义的思想教育。从大事着眼、小事着手，抓紧、抓实行为养成教育，通过全面落实《中小学生守则》《小学生日常行为规范》，将做人与做事的道理转化为少年儿童的内在品质，培养少先队员模范精神（爱生活、爱学习、爱集体、爱他人、爱家乡），从小争做好公民。

团县委开展“中队板报”活动，各学校统一规定主题，由队员组稿、设计版面、书写，每月评比1次，培养队员的实践能力。结合“母亲节”，各中队开展以“妈妈，真好！”为主题的亲子活动；结合清明节，开展革命传统教育，组织扫墓活动；结合“看革命影片，读革命书籍，讲革命故事，开主题班会，学革命精神”，开展系列主题活动。

2005年，“六一”儿童节期间，团县委先后开展“实现宏伟蓝图，做好全面准备”主题系列活动，“看一场有意义的电影、过一个快乐的六一”，“快乐六一”少儿文艺会演等活动。

2010年，各学校少先队开展活动不少于3次。全县有少先队员274人。

第三节　妇女联合会

普兰县妇女联合会发挥教育妇女、引导妇女、服务妇女的作用，加大法律、法规宣传力度，贯彻实施《中国妇女发展纲要（2001—2010年）》《中国儿童发展纲要（2001—2010年）》，增强妇女素质和能力，全面提升妇女在经济、政治、社会和家庭中的地位，切实维护妇女儿童权益。加强基层妇联组织建设，密切联系群众、联系家庭，采用多种渠道和形式参与经济建设，为实现全县经济跨越式发展作出贡献。

一、机构

1974年4月，普兰县妇女联合会恢复设立。

2010年8月，机构改革后县妇女联合会无内设机构，行政编制2名，其中科级领导职数2名。

2001—2010年普兰县妇女联合会领导一览表

表3-4-4

机构名称	职务	姓名	性别	民族	任职时间	备注
普兰县妇女联合会	主席	贡觉桑姆	女	藏族	1999.8—	
	副主席					未配备

二、组织建设

2000年，普兰县有1个居委会妇代会、9个村妇代会，专职妇联干部1人。

2005年，县妇联加强妇联组织自身建设，建立健全妇女人才信息，加强培养妇女干部，提高其综合素质、工作能力和业务水平。

至2010年年底，普兰县在机关中成立7个妇代小组，一镇两乡9个行政村、1个居委会均有妇联组织，52个村民小组均有妇代小组。

三、妇女教育培训

县妇联组织动员广大妇女群众贯彻执行党的方针、政策，学习领会全区地市妇联主席工作会议精神和阿里地区妇联工作会议精神，教育引导广大妇女群众，指导妇女工作实践，贯彻男女平等基本国策，落实妇女儿童发展纲要，提高广大妇女整体素质和科技致富的能力。

2001年，冬闲时，县妇联在基层15～40岁妇女中开展学习文化活动，参加人数392人，通过两个多月的学习，妇女自身素质得到提高。

2003年，县妇联将自治区第七次妇女代表大会有关重要文件复印成藏文，到各村组进行宣传。利用冬闲时间，组织基层15～40岁妇女开展为期2个多月的文化学习活动，430人参加文化学习考试，平均分90分。

2004年，县妇联根据《西藏自治区扫除文盲工作规划》《普兰县实施扫除文盲工作规划及措施》，按照县“两基”攻坚领导小组的部署，结合县情，夏季、冬季在一镇两乡开展扫除青年文盲活动。普兰县15～50周岁妇女中文盲1209人，实际参加扫盲935人，考试平均分80.9分。

2005年，县妇联将阿里地区第三次妇女工作会议上地区妇联主席赵峥嵘的讲话翻译成藏文，到各乡镇村组进行宣传，使广大妇女认识到普兰县妇女工作的现状、目标和任务。参加扫盲妇女631人，考试平均分数较上年有很大提高。

2006年，全县15～20周岁女性脱盲849人，文盲率控制在1.8%。参加职业技能培训的农牧民群众149人，其中妇女88人。由于缺乏师资力量，县委、县政府决定从各单位借用职业技能教师，并从县妇联办公室抽调干部1人参加活动，对提高全县妇女综合素质，增强群众致富信心起到良好的带动作用。

2007年，县妇联以各种活动为载体，教育和引导妇女增强“自尊、自立、自信、自强”意识，全面提高妇女素质。协助县委组织部做好培养妇女干部工作。

2009年，幼儿园在园幼儿50人，其中女童28人；小学学龄儿童入学率98.2%，其中女性毛入学率99.4%；初中阶段毛入学率99.03%，其中女性毛入学率99%。全县青壮年识字率97.4%，其中女性识字率97.04%。15～50周岁女性人口1423人，非文盲1381人，非文盲率97.04%。残疾文盲175人，其中女性84人，占48%。完成小学三年级以上教育2176人，其中女性939人，占43.2%；脱盲2186人，其中女性1078人，占49.3%。

2010年，县妇联组织和动员广大妇女群众，贯彻落实中央第五次西藏工作座谈会精神，宣传民族团结创建活动、效能建设活动，将爱国主义、民族团结、社会主义法治、科学发展观等内容，“反对分裂、维护稳定，加强团结、促进发展”主题教育的内容贯穿到宣传中，使全县广大妇女群众的思想和行动统一到中央、区党委、地委和县委的决策部署上，将智慧和力量集中到推动普兰县妇女儿童事业发展上。

四、妇女就业

县政府、县劳动保障部门和妇联组织开辟适合妇女的就业领域，使妇女在劳动就业、社会保险及权益保护方面得到保障。随着中央第四次西藏工作座谈会的召开和进一步实施“西部大开发”战略，普兰县广大妇女思想不断解放，逐步摆脱传统观念，树立社会主义市场经济观念。

2001年，妇女在市场上销售青稞酒、糌粑、毛衣等，总收入57865元；涌现出妇女个体户9人，总收入10.08万元。

2003年，基层妇女在市场上销售青稞、糌粑、针织品等，总收入58493元；妇女个体户（9人）总收入11.25万元，户均年收入1.25万元。

2004年，基层妇女在市场上销售糌粑、针织品等，总收入65425元；妇女个体户增至10人，创收15.6万元，户均年收入1.56万元。

2005年，县妇联与其他部门协调，拓宽农牧民群众勤劳致富渠道，发展民族手工业、加工业和其他产业，为妇女群众发挥作用提供健康平台。

2009年，县妇联组织参加职业技术学校培训（农村技术培训）；提供公益性岗位，解决一部分妇女就业；针对大学生就业对象，公开招录公务员，落实高校毕业生到基层从事“三支一扶”（支农、支教、支医和扶贫）工作。城镇单位就业人员541人，其中妇女182人，占比33.6%，同比有所提高。

2010年，县妇联结合群众种植蔬菜积极性大幅提高的情况，邀请大棚蔬菜种植户欧珠，组织农区妇女群众25人，进行大棚蔬菜种植培训，激发群众种植蔬菜的积极性，有力推动大棚蔬菜种植业的发展，进一步提高群众的生活质量。

五、妇女活动

2007年，在县委、县政府的安排及县农牧局的牵头下，县妇联组织全县妇女参加植树造林活动，参加活动妇女1250余人，植树600余株。3月8日，组织广大妇女开展“三八”妇女节文艺活动，如跳锅庄舞等。3月9日，组织妇女开展集体大扫除活动。

2009—2010年，县妇联在“三八”妇女节期间组织广大妇女举行歌颂党、歌颂祖国歌咏比赛。

2009年9月28日，县工青妇组织干部职工开展“迎国庆、共参与”农行金穗篮球比赛。

2010年3月7日，县妇联组织广大妇女在县城开展大扫除活动。3月8日，举行

“三八”妇女节会议，组织群众跳起锅庄舞，普兰镇6个村的妇女群众组织丰富多彩的文艺节目、拔河比赛等。

六、评选表彰

县妇联组织广大妇女深入开展“双学双比”“巾帼建功”“五好文明家庭”评选表彰活动。

2001年2月19日，普兰县表彰妇女集体2个，三八红旗手2人。

2003年，普兰县表彰妇女集体2个，三八红旗手2人。

2004年年底，普兰县表彰妇女先进集体1个，三八红旗手3人。

2006年4月底，普兰县表彰三八红旗集体2个，三八红旗手2人。

2007年年底，普兰县表彰妇女先进集体1个，三八红旗手3人，“五好文明家庭”2户。

七、妇女儿童权益维护

县妇联加强法律知识的宣传教育，到农牧区基层，了解农牧民群众生产生活中的热点难点问题，宣传《中华人民共和国婚姻法》《中华人民共和国妇女权益保障法》《中华人民共和国未成年人保护法》等相关法律法规，使普法教育更加深入，人民群众的法律意识和维护妇女儿童合法权益的意识增强。

2007年3月15日，县妇联开展社会治安综合治理宣传月活动，宣传相关法律法规，发放宣传手册及资料350余份，提高广大妇女的法治意识。搞好优生优育宣传工作，面对面为基层妇女服务，为少年儿童服务。

2009年，“9·16”平安西藏宣传日，县妇联以“增强法治意识，争做文明市民”为主题，宣传相关法律法规，发放宣传手册及资料500余份。公安机关严厉打击刑事案件，受害人中含妇女1人，切实维护妇女的合法权益。

2010年，县妇联以普法宣传日为契机，在贡嘎路通过悬挂横幅、设置咨询点等方式宣传相关法律法规。6月4日，在县城主要交通路口开展综治宣传，发放宣传手册及资料450余份，提高公民的法治意识和争做文明市民的意识。

八、慰问帮扶

2001年，县妇联组织机关妇女为巴嘎乡雄巴村吉吾组努杰夫妇捐款2480元。基层妇女为困难户、孤寡老人捐款2350元，捐物价值862元；帮工修路635天，出动1452人次。

2003年，普兰县实施“321”扶贫济困工程，县妇联为联系点西德村角入作业组贫困户解决面粉175千克，大米175千克，医疗费1189.6元，现金200元，球鞋20双，钢窗6对价值1800元，木门2个价值100元。基层妇女为困难户、孤寡老人捐款2425元，捐物价值720元；出动1783人次帮工修路。

2004年，县妇联贯彻落实中央西部大开发战略决策，在仁贡村若南组、阿岗组和仁贡冬季草场实施“大地之爱，母亲水窖”工程，建设3眼水井，投入资金13.5万元，经初步验收质量良好。为西德村角入作业组贫困户解决面粉150千克，大米125千克，鞋子12双，解决群众的实际困难。基层妇女为困难户、孤寡老人捐款3235元，捐物价值810元；帮工修路725天，出动1683人次。

2003—2004年，“六一”儿童节期间，县妇联为困难学生和残疾学生捐款1810元。

2005年，“三八”妇女节期间，县妇联开展扶贫济困献爱心捐款活动，56名妇女捐款6788元。7月，组织为贫困户捐款，为巴嘎乡岗莎村因病重无法拿出医药费的老党员曲珍捐款1170元。为西德村角入作业组贫困户捐款650元，并解决一些群众生产生活中的实际困难。

2006年年底，县妇联响应阿里地区妇联的号召，在机关妇女中开展孤残、贫困女童就学帮扶行动，参加帮扶行动妇女90人，捐款8575元，使因孤残、贫困而不能接受教育的女童及时接受基础性教育。为西德村角入作业组贫困户捐款捐物折合人民币1020元。基层妇女为困难户、孤寡老人捐款1266元，捐物价值645元；帮工修路756天，出动1254人次。

2007年，“三大节日”期间，县妇联走访了解基层贫困妇女和贫困母亲的生产生活情况。为特困户母亲送去慰问金600元。“六一”儿童节，为中小学贫困儿童捐赠价值1363元的学习用品。

2008年，县妇联为基层困难妇女和单身母亲发放30床被子、30袋大米。为贫困妇女1人解决孩子学费3600元。县机关妇女为四川地震灾区捐款59897元，为当雄地震灾区捐款32850元。

2009年，“5·17”全国助残日，县妇联慰问一镇两乡残疾妇女、儿童15人，发放慰问金4500元，并为基层困难妇女和单身母亲发放5床被子。“六一”儿童节，为中小学贫困学生捐赠价值2598元的学习用品，捐赠现金500元，为家境贫困而交不起学费的高校生解决1000元学费。

2010年3月5日，县妇联为贫困妇女送去大米、面粉价值1100元。4月3日，组织机关妇女参与为干旱灾区献爱心活动，捐款6579元。4月16日，为青海玉树地震受灾群众捐款9662元。在“六一”儿童节，为中小学贫困、残疾学生捐赠衣物36套价值1988元，并捐款500元。“十一”国庆节期间，为贫困妇女发放5袋大米、5袋面粉以及500元现金。

第四篇　政权　政务　政治协商

2001—2010年，普兰县历经第八届至第十届人民代表大会。在此期间，人民代表大会制度和民主法治建设进一步完善，代表年龄、文化结构发生显著变化。县人民代表大会及其常委会坚持以经济建设为中心，以民主法治建设为重点，围绕“热点”“难点”问题，依法行使职权。

2001—2010年，普兰县把握发展机遇，以结构调整为主线，通过思路体制创新，加强“三农”工作和基础设施建设，加快畜产、矿产、旅游、边贸、矿泉水开发，实现经济结构、特色产业、县城经济、生态环境、对外开放、科技教育突破。坚持以人为本，树立全面、协调、可持续的发展观，突出重点，统筹兼顾，促进社会全面发展进步。

2001—2010年，中国人民政治协商会议普兰县委员会（简称县政协）历经第四至第六届共三届委员会。县政协认真履行政治协商、民主监督、参政议政的职能，围绕贯彻党和国家大政方针以及全县政治、经济、文化和社会生活中的重要问题以及人民群众普遍关心的热点问题，开展调查研究，反映社情民意，进行协商讨论，通过调研报告、提案、建议案或其他形式，向县委、县政府提出建议和意见；贯彻党和国家的民族宗教工作政策，促进不同民族、不同宗教信仰群众的和谐相处，维护社会稳定。

第一章 地方人民代表大会

第一节 代表选举

2002年、2007年，普兰县进行县乡人大换届选举，2002年选出县级人大代表76人、乡镇人大代表124人；2007年选出县级人大代表77人、乡镇人大代表122人。

一、县人大代表换届选举

根据《中华人民共和国宪法》《中华人民共和国地方各级人民代表大会和地方各级人民政府组织法》关于县级以上人民代表大会每届任期五年的规定，普兰县1997年10月选举产生的县第八届人民代表大会的任期于2002年10月届满。

2002年10月10日至11月8日，县级人大代表换届选举，选出县第九届人大代表76人。其中，农牧民代表56人，占代表总数的73.7%；工人代表1人，占代表总数的1.3%；知识分子代表1人，占代表总数的1.3%；宗教统战爱国人士代表2人，占代表总数的2.6%；党员代表2人，占代表总数的2.6%；军队代表3人，占代表总数的3.9%；妇女代表11人，占代表总数的14.5%。

2007年8—10月，县级人大代表换届选举，选出县第十届人大代表77人。其中，农牧民代表55人，占代表总数的71.4%；干部代表22人，占代表总数的28.6%；宗教统战爱国人士代表2人，占代表总数的2.6%；非中共党员代表13人，占代表总数的16.9%；妇女代表15人，占代表总数的19.5%。35岁以下7人，占代表总数的9.1%；36～55岁65人，占代表总数的84.4%；56岁以上5人，占代表总数的6.5%。县第九届人民代表继续当选的36人，占代表总数的46.8%。

二、乡镇人大代表换届选举

2002年，普兰县成立乡级人大代表换届选举委员会，选派工作人员100余人参加换届选举工作。选出新一届乡镇人大代表124人。其中，农牧民代表112人，占代表总数的90.3%；宗教爱国界人士代表5人，占代表总数的4%；党员代表61人，占代表总数的49.2%；妇女代表23人，占代表总数的18.5%。代表结构趋于合理，素质普遍提高。新一届乡级人民代表大会选举产生乡镇人大主席3人，专职人大副主席2人。选举产生乡（镇）长3人，副乡（镇）长12人，平均年龄30岁，其中妇女1人，大专以上文化程度7人，党员7人。在乡级人大代表换届选举的同时，人大常委会还对村民委员会的换届选举进行指导，保证村民委员会选举的正常进行。

2007年，普兰县选出新一届乡镇人大代表122人。

4月，普兰镇成立人大选举委员会，选出新一届人大代表43人。其中，农牧民代表37人，占代表总数的86%；机关干部代表4人，占代表总数的9.3%；民主宗教人士代表2人，占代表总数的4.7%；党员代表33人，占代表总数的76.7%；妇女代表8人，占代表总数的18.6%。35岁以下4人，占代表总数的9.3%；36～55岁37人，占代表总数的86%；56岁以上2人，占代表总数的4.7%。大学本科以上学历1人，大专1人，中专1人，各占代表总数的2.3%，初中以下40人，占代表总数的93%。

9月，巴嘎乡成立人大选举委员会，选出新一届人大代表39人。其中，男性代表32人，占代表总数的82.1%；女性代表7人，占代表总数的17.9%。汉族代表1人，占代表总数的2.6%；少数民族代表38人，占代表总数的97.4%。党员代表23人，占代表总数的59%。35岁以下9人，占代表总数的23.1%；36～55岁27人，占代表总数的69.2%；56岁以上3人，占代表总数的7.7%。大专以上学历1人，占代表总数的2.6%；中专2人，占代表总数的5.1%；高中及以下36人，占代表总数的92.3%。

10月，霍尔乡召开人大代表选举大会，选出新一届人大代表40人，其中妇女代表8人。

第二节　代表大会

2001—2010年，普兰县人民代表大会历经第八届、第九届、第十届，共召开13次会议。会议主要审议决定全县重大事项，选举产生县人大常委会、县政府组成人员及人民法院院长、人民检察院检察长。

一、普兰县第八届人民代表大会

2001年4月23—25日，普兰县第八届人民代表大会第四次会议召开。参会代表75人，特邀代表5人，列席代表46人。会议审议通过《政府工作报告》《普兰县人民检察院工作报告》《普兰县人民法院工作报告》《关于2000年普兰县财政预算执行情况及2001年财政预算（草案）的报告》《关于2000年国民经济和社会发展计划执行情况与2001年国民经济和社会发展计划草案的报告》《人大常委会工作报告》6个报告并形成相应的决议，补选产生人大常委会主任1人、副主任2人，增补人大常委会委员4人。会议主席团人员有索南顿珠、德庆曲珍、明久多吉、洛桑西绕、桑巴贡布、曲达、则吉、旦增（大队）、杰阿次仁。提案审查委员会人员有德庆曲珍、扎西多吉、桑巴贡布。财政预算审查委员会人员有明久多吉、曲达、洛桑西绕。代表资格审查委员会人员有索南顿珠、则吉、杰阿次仁。

二、普兰县第九届人民代表大会

2002年11月15—18日，普兰县第九届人民代表大会第一次会议召开。会议应到代表76人，实到63人，列席代表61人，特邀代表3人。会议审议通过《政府工作报告》《普兰县人民检察院工作报告》《普兰县人民法院工作报告》《普兰县国民经济和社会发展第十个五年计划纲要报告》《普兰县财政局“九五”时期工作报告及下一步工作打算》《关于1997—2001年国民经济和社会发展计划执行情况及下一步工作打算》《普兰县人大常委会工作报告》。选举产生普兰县新一届县长（扎西旺堆）、副县长（万玉林、邓小明、杨秉杰、南加石确、阿旺、扎西多吉、旦巴旺久、阿琼）、人民检察院检察长（徐继文）、人民法院院长（次仁朗杰），普兰县第九届人大常委会主任（索南顿珠）、副主任（德庆曲珍、明久多吉），人大常委会委员11人（杨光远、索南顿珠、德庆曲珍、明久多吉、朱明斌、才旺玛、旺琼、索多、洛桑西绕、杰阿次仁、古入次仁），普兰县出席西藏自治区第八届人民代表大会代表2人（多吉泽仁、扎西旺久）。

2003年3月31日至4月2日，普兰县第九届人民代表大会第二次会议召开。会议应到代表76人，实到56人，列席代表40人，特邀代表2人。会议审议通过6个报告，旦巴旺久所作的《普兰县关于加快发展教育事业的决定报告》。

2004年3月11—13日，普兰县第九届人民代表大会第三次会议召开。会议应到代表76人，实到67人，列席代表50人，特邀代表3人。会议审议通过6个报告，选举任命副县长1人。

2005年3月21—23日，普兰县第九届人民代表大会第四次会议召开。会议应到代表76人，实到70人，列席代表53人，特邀代表3人。会议听取和审议6个报告；审议和批准《普兰县妇女儿童发展纲要（草案）》；补选人大常委会委员1人（郑小东），选举副县长2人（宋晓彤、刘彦锋）。

2006年4月25—26日，普兰县第九届人民代表大会第五次会议召开。会议审议通过《普兰县“十一五”时期国民经济发展和规划（草案）的报告》等6个报告。

2006年8月29日，普兰县第九届人民代表大会第六次会议召开。会议应到代表77人，实到56人。会议选举产生普兰县人大常委会副主任1人（阿琼）、人大常委会委员1人（阿穷）、县长1人（土登次仁）、副县长4人（陈康林、才旺玛、李辉、贡布扎西）。

2007年4月4—6日，普兰县第九届人民代表大会第七次会议召开。会议应到代表75人，实到51人，列席代表40人。会议审议通过6个报告。

三、普兰县第十届人民代表大会

2007年11月17—30日，普兰县第十届人民代表大会第一次会议召开。会议应到代表77人，实到70人，列席代表90人。会议审议通过《普兰县2002—2006年国民经济和社会发展计划执行情况及2007—2011年国民经济和社会发展计划的报告》《普兰县财政局2003—2007年预算执行情况和2008—2012年预算的报告》等6个报告。会议选举产生普兰县人大常委会主任1人、副主任3人，常委会委员15人，县长1人、副县长7人，人民法院院长1人，人民检察院检察长1人，自治区第九届人大代表3人。县人民检察院检察长须报经自治区人民检察院提请自治区人大常委会批准。

2008年11月2—4日，普兰县第十届人民代表大会第二次会议召开。会议应到代表77人，实到62人。代表分组：普兰镇45人，列席33人；巴嘎乡14人，列席19人；霍尔乡15人，列席11人。霍尔乡县人大代表拉松于2008年10月5日因车祸去世，补选人大代表1人。会议审议通过6个报告。

2009年4月1—3日，普兰县第十届人民代表大会第三次会议召开。会议应到代表77人，实到59人，列席代表42人。会议审议通过6个工作报告。

2010年4月4—6日，普兰县第十届人民代表大会第四次会议召开。会议应到代表77人，实到67人，列席代表66人。会议审议通过6个工作报告。会议选举产生普兰县人大常委会委员2人、副县长5人、县人民检察院检察长1人。会议期间，利用半天时间进行代表培训，培训的重点内容是人民代表大会制度以及代表议案、批评、意见和建议等相关知识。

2010年9月23—24日，普兰县第十届人民代表大会第五次会议召开。会议应到代表77人，实到58人。县委原副书记、纪委书记刘建军和县边防检查站站长加措为人大常委会委员，因人事变动调离。会上进行代表培训，主要为农牧民代表讲解代表议案、批评意见和建议的相关知识、人民代表大会制度和代表工作的相关知识。会议补选普兰县第十届人民代表大会常务委员会委员2人（普布旺堆、张尚坤），选举副县长5人（卢志华、周富林、桑珠、杨国栋、曲次），选举人民检察院检察长1人（扎西次仁）。

第三节　机　构

一、普兰县人大常委会

1979年，普兰县人民代表大会常务委员会设立。1985年，普兰县人民代表大会常委会办公室设立。

1997年11月4日，普兰县人民代表大会常委会党组设立，2007年撤销。

2010年8月，机构改革后普兰县人民代表大会常委会办公室机关编制7名（行政编制5名，事业编制2名），其中县级领导职数3～5名，科级领导职数2名。县人大常委会办公室无内设机构，编制2名，实有主任1人、主任科员1人、工作人员1人。

2001—2010年普兰县人民代表大会常务委员会领导一览表

表4-1-1

机构名称	职务	姓名	性别	民族	任职时间	备注
普兰县第八届人民代表大会常务委员会	主任	顿珠次仁	男	藏族	1997.10—2001.4	
		索南顿珠	男	藏族	2001.4—2002.11	县委副书记
	副主任	明久多吉	男	藏族	2001.4—2002.11	
普兰县第九届人民代表大会常务委员会	主任	索南顿珠	男	藏族	2002.11—2007.11	县委副书记
	副主任	德庆曲珍	女	藏族	2002.11—2007.6	
		明久多吉	男	藏族	2002.11—2007.11	
		阿　　琼	男	藏族	2006.8—2007.11	
普兰县第十届人民代表大会常务委员会	主任	索南顿珠	男	藏族	2007.11—	县委副书记
	副主任	德庆曲珍	女	藏族	2007.11—	
		明久多吉	男	藏族	2007.11—	
		阿　　琼	男	藏族	2007.11—	

2001—2010年普兰县人大常委会办公室领导一览表

表4-1-2

机构名称	职务	姓名	性别	民族	任职时间	备注
普兰县人大常委会办公室	主任	朱 明 斌	男	汉族	2002.9—2006.11	
	副主任					未配备

二、乡镇人大机构

普兰县各乡镇均设人大主席团。

至2010年，普兰镇有县级人大代表35人，镇级人大代表43人；巴嘎乡有县级人大代表9人，乡级人大代表39人；霍尔乡有县级人大代表11人，乡级人大代表41人。

2001—2010年普兰县各乡镇人大机构领导一览表

表4-1-3

机构名称	职务	姓名	性别	民族	任职时间	备注
普兰镇人大主席团	主席	桑巴贡布	男	藏族	1999.10—2002.4	党委书记兼
		旺　　琼	男	藏族	2003.8—2005.8	党委书记兼

续表4-1-3

机构名称	职务	姓名	性别	民族	任职时间	备注
普兰镇人大主席团	主席	袁国忠	男	汉族	2005.8—2010.8	党委书记兼
					2010.8—	
	副主席	达瓦欧珠	男	藏族	2004.6—2007.8	
		普布扎西	男	藏族	2007.8—2010.5	
巴嘎乡人大主席团	主席	边巴顿珠	男	藏族	2003.11—2006.12	
		曲　扎	男	藏族	2006.12—2007.8	
		詹仕祥	男	汉族	2007.8—2008.6	党委书记兼
		达瓦次仁	男	藏族	2008.6—	党委书记兼
	副主席	曲　阿	男	藏族	2000—2003	
		占　堆	男	藏族	2007.8—2010.9	
霍尔乡人大主席团	主席	洛桑西绕	男	藏族	1999.10—2002.8	党委书记兼
		索　多	男	藏族	2002.8—2006.7	党委书记兼
		索　多	男	藏族	2006.7—2010.7	
	副主席	贡嘎仁青	男	藏族	2002.6—2006.6	

第四节　履行职能

普兰县人大常委会工作机构围绕人民代表大会审议通过的各项决议和人民群众普遍关心的热点问题，采取事前、事中、事后检查和执法检查、视察等多种形式对“一府两院”工作进行监督。

一、视察调研

2001年9月，县人大常委会组织人大代表对新老县城、唐嘎市场进行暗地视察，初步了解全县食品生产经营情况，听取卫生、工商、商检部门的汇报。

2003年，县人大常委会组织视察农发项目、扶贫搬迁、重大工程项目等人民群众普遍关注的热点难点问题，对发现的问题责令限期整改。

2004年10月底，县人大常委会听取群众关于县自来水供应及收费问题的意见，会同县水利局领导，采取问卷调查和实地走访的方式详细调查了解自来水供水及水费收取情况，历时1周，对存在的问题，以书面形式报县委、县政府参考。

2005年，县人大常委会对《中华人民共和国渔业法》执行情况开展调研，召开座谈会，征求意见，针对普兰县渔业水产方面缺乏管理的现状，就渔业水产部门的设立、人员编制、经费保障、需加强保护的鱼的种类及保护的具体措施等内容进行讨论，并提出建议。

2006年7月14日，县人大常委会组织部分委员和代表开展为期1周的综合视察工作，主要围绕农牧民群众普遍关心的热点问题和上年的重点工程，如农牧民安居工程、草场承包、人畜饮水工程、农村合作医疗、教育“三包”经费使用、沙金矿回填等，视察组走访全县一镇两乡10个村（居），获得大量翔实的资料。视察结束后，县人大常委会向县委汇报视察情况，对发现的问题，及时向相关部门反馈。随后有关部门维修全部饮水井点，及时纠正安居工程中发现的问题，有效扼制违法采矿行为，使农牧民权益得到保障。

2008年，县人大常委会组织部分常委会组成人员和县、乡人大代表，采取多种形式开展调查研究工作，对水电站、加油站、加气站等重点领域的安全生产和基层政权、公检法、乡村卫生院（所）项目建设等进行调研，向人大阿里地区工委和县委递交专题调查报告，向县政府提出具有建设性的意见和建议。

2009年，县人大常委会结合科学发展观学习实践活动，围绕影响全县改革、发展、稳定和人民群众关心的热点难点问题，采取多种形式，组织部分常委会组成人员和县、乡人大代表深入基层，对“如何加强人大常委会自身建设，树立人大地位和发挥人大在构建和谐社会中的积极作用”“如何加强县人大常委会工作，发挥人大常委会在县经济社会中的重要作用”“如何加强基层组织建设和基层基础设施建设”“如何加强农业基础保障粮食安全”等方面进行调研，形成4份调研报告。

2010年，县人大常委会组织常委会委员和县、乡人大代表深入基层，采取多种形式开展调研工作，对“如何加强人大常委会自身建设，树立人大地位和发挥人大在构建和谐社会中的积极作用”“如何加强基层组织建设和基层基础设施建设”“如何加强农业基础保障粮食安全”等方面进行调研，形成4份调研报告。对治安管理、环境卫生及生活垃圾处理等情况进行调研，并对县内涉外婚姻情况进行专题调研，据统计，全县涉外婚姻（与尼泊尔边民通婚）13对26人，涉外婚姻所生子女共20人，为维护涉外婚姻当事人的合法权益，县人大常委会在调研报告中提出加强管理的意见和建议。

二、意见建议办理

县人大常委会从基层实际和广大人民群众的根本利益出发，办理代表议案、批评、意见和建议，并要求各相关单位将办理工作作为一项重要工作，督促检查办理情况，掌握办理动态和进度。采取一切措施，尽量满足代表和群众要求，使批评、意见和建议办理工作逐步规范化、制度化。

第八届人民代表大会收到人大代表意见建议205件，其中政法类41件、计划财经类32件、农牧林类93件、交通类14件、教育科学文化类18件、劳动人事类7件。大多数得到办理，个别需花费大量资金或因其他客观情况未能办理。

第九届人民代表大会第三次会议收到人大代表建议、批评和意见34件，全部办理完毕。

第九届人民代表大会第四次会议收到人大代表建议、批评和意见49件，全部办理完毕。

第九届人民代表大会第五次会议收到人大代表建议、批评和意见35件，其中农牧局12件、政府7件、水利局11件、财政局2件、交通局2件、国土局1件。县人大常委会委员经常深入基层，走访农牧区代表，监督议案办理情况。人大常委会委员与代表联系率97%，代表议案办复率100%。

第九届人民代表大会第七次会议收到人大代表意见、建议32件，全部办理完毕。

第十届人民代表大会第一次会议收到人大代表意见、建议41件，根据分级负责、归口办理的原则，进行登记、分类、转办、交办、督办，耐心地向群众宣传党的方针政策和国家的法律法规，均办理完毕。

第十届人民代表大会第二次会议收到人大代表意见、建议33件，办理29件，办结率100%。人大常委会委员与代表联系率97%。

第十届人民代表大会第三次会议收到人大代表建议、批评和意见31件，全部办理完毕。

第十届人民代表大会第五次会议收到人大代表建议、批评和意见38件，全部办理完毕。

三、人事任免和重大事项决定

2004年，县人大常委会提高人大常委会组成人员依法履行职责的能力和水平，依法任命国家机关工作人员5人。

2005年，县人大常委会依法任命科级干部1人，县人民法院人民陪审员5人。总结1979年县人大常委会成立后决定的重大事项的种类、数量以及取得的效果等。结合先进性教育建立长效机制的要求，制定《普兰县人大常委会重大事项决定办法》等工作制度和办法，推进人大常委会行使重大事项决定权的科学化、民主化、规范化进程。对全县“十一五”规划纲要（草案）进行审议，提出修改意见；在征求各方意见的基础上，通过《普兰县妇女儿童发展纲要（2004—2010年）》。

2006年，普兰县坚持党管干部与常委会依法任免相结合的原则，正确行使人事任免权，严格执行有关法律和制度，规范任免程序，审议表决各项人事任免事项。先后任免国家机关工作人员12人次，要求被任命人员增强民主法治观念，依法行使职权，自觉接受监督。对违纪委员，依法免去其委员职务、终止其代表资格；因人大代表病故，依法补选代表1人；因人大代表工作调动，依法补选代表1人；对连续两次不参加人民代表大会的代表依法终止代表资格1人，依法补选代表1人。

2008年，普兰县任免县机关干部9人次，其中任免县人民法院人员5人次，任免县民宗局人员2人，任命县人民检察院副检察长1人，任命县司法局局长1人，同意1人辞去县民宗局局长职务。对县机关工作人员的任命，坚持对任命人员实行任前与常委会组成人员见面以及颁发任命书、提出履职要求等制度。

2009年，县人大常委会讨论研究第十届人民代表大会第三次会议召开时间；通报第十届人民代表大会第二次会议期间代表提出的意见建议办理情况；表决通过《任命检委会委员的报告》；表决通过终止加某的代表资格决定；听取县政府《中华人民共和国食品安全法》实施情况汇报；表决通过执法检查方案，执法检查的相关事项；审议通过《中华人民共和国食品安全法》执法检查报告；审议通过《中华人民共和国审计法》执法检查方案；听取《中华人民共和国审计法》执法检查情况报告；审议通过人大常委会各项制度报告。

2010年，县人大常委会研究审议《申请对扎某采取强制措施的报告》；审议通过召开第十届人民代表大会第四次会议的时间；研究审议人大常委会委员（纪委书记、边检站站长）补选的事项；表决通过副县长和检察院检察长任命建议；审议通过人大常委会委员的辞职，1人辞去检察长职务的事项；审议通过代表的职务恢复问题；听取议案办理情况汇报。4月，各乡镇人大相继召开人民代表大会，县人大常委会领导分别到各乡镇指导工作。同时，邀请乡镇人大主席列席县人大常委会会议，提高乡镇人大主席的政治素质和业务工作水平，加强指导各乡镇人大主席团开展规范化目标管理，促进乡镇人大工作的规范化、制度化和法治化建设。

四、监督检查

1997—2001年，县人大常委会监督法律法规实施情况，先后3次组织县、乡人大代表全面调查了解法律法规的实施情况，采取听汇报、召开座谈会、查阅卷宗、分析案情、深入基层、深入群众调查了解等形式，检查执法部门是否严格按照法律办案，是否在基层准确执行法律法规等情况。对发现的比较突出的问题，成立专门调查小组，将问题解决在萌芽状态。

2001年7月，普兰镇吉让居委会部分居民向自治区人大法治委员会反映县政府在建设征用耕地时未给农户合理补偿的情况。县人大常委会对此高度重视，专门召开主任办公会议进行研究。7月8日，县人大常委会组织部分委员和代表以及普兰镇吉让居委会的负责人通过调查了解和实地测量，对征地补偿情况进行监督，并向自治区人大常委会副主任曲加作汇报，写专题报告报送人大阿里地区工委。9月，在全县范围内开展卫生执法检查，成立以人大常委会主任索南顿珠为组长，人大常委会副主任明久多吉、德庆曲珍为副组长，人大常委会委员、人大常委会办公室主任和县人大代表为成员的执法检查组，检查《中华人民共和国食品卫生法》《西藏自治区实施〈中华人民共和国食品卫生法〉办法》实施情况，配合卫生、工商、防疫、商检等部门，对全县从事食品生产经营的个体商户和摊贩进行检查，查获伪劣过期食品51种，总重量411.9千克，总价值3885.06元，对其进行集中统一销毁。

2003年，县人大常委会以听取汇报、召开座谈会、走访群众、随机抽查等方式，检查残疾人的合法权益是否受到保护，保障残疾人平等地参加社会生活，共享社会主义物质文化成果，贯彻实施《中华人民共和国残疾人保障法》《西藏自治区实施〈中华人民共和国残疾人保障法〉办法》《中华人民共和国义务教育法》《西藏自治区实施〈中华人民共和国义务教育法〉办法》。

自2004年起，县人大常委会制订年度执法检查计划，分阶段、有重点地对相关法律法规进行执法检查。

2004年6月下旬，组织委员和部分代表重点对《中华人民共和国土地管理法》《中华人民共和国义务教育法》的贯彻落实情况进行执法检查，对检查中发现的问题，提出改进要求，年底进行复查。10月中旬，根据人大阿里地区工委关于《中华人民共和国民事诉讼法》实施情况检查的要求，通过调查、走访、查阅资料等方式，检查县人民法院、人民检察院实施《中华人民共和国民事诉讼法》情况。形成一年两次评议“一府两院”工作制度，同时邀请部分代表和县委、县政府主要领导参加评议工作。12月中旬，对“一府两院”职能部门的正职领导进行年终述职评议。为增加述职评议的透明度，坚持走群众路线，防止片面性，述职前县人大常委会与组织部、纪检委历时2天，对评议人员进行详细调查了解，征求意见。采取无记名测评的方式，从德、能、勤、绩4个方面，对“一府两院”正科级领导干部进行民主评议。为促进“一府两院”领导干部依法行政，公正司法，不断改进工作，县人大常委会整理会上委员和代表提出的批评、建议、意见和测评结果，反馈给述职人员本人，并提出意见和措施，限期整改。

2005年，县人大常委会加大监督工作力度，实现监督工作从量的积累到质的转变。开展1部法律的立法调研工作，检查4部法律法规的实施情况，对“一府两院”正科级干部15人及相关部门进行述职评议和工作评议，并在各部门征求干部职工的意见，形成《关于在述职评议和工作评议中存在问题的整改意见》，指出部分领导干部及部门工作中存在的问题和不足，结合先进性教育活动，要求相关个人和单位立即进行整改。组织代表和委员对《西藏自治区边境管理条例》的实施情况，通过听汇报、召开座谈会、实地了解情况等方式进行检查。还对《中华人民共和国职业教育法》《中华人民共和国残疾人保障法》《西藏自治区实施〈中华人民共和国残疾人保障法〉办法》《西藏自治区旅游管理条例》等进行执法检查。

2006年，县人大常委会增强监督实效，促进正确实施法律法规，促进经济社会全面协调可持续发展。针对全县改革发展稳定和人民群众普遍关心的重大问题，加强法律监督和工作监督，支持并督促政府依法行政、“两院”公正司法，维护人民群众的根本利益，促进全县经济发展、社会进步、民族团结、人民安居乐业。改进方式、拓宽渠道，行使监督权。执法检查前学习法律法规，制订检查方案，明确检查重点，增强检查的针对性；检查中采取上下联动、实地查看、邀请熟悉相关业务的代表参与等方式，提高检查效果。本着少而精、重实效的原则，有针对性地开展执法检查，对《中华人民共和国食品卫生法》《中华人民共和国药品管理法》《中华人民共和国工会法》《中华人民共和国建筑法》《中华人民共和国教育法》实施情况进行检查。

2008年，县人大常委会组织代表分别对《中华人民共和国食品卫生法》《中华人民共和国质量监督法》《中华人民共和国建筑法》《中华人民共和国献血法》《中华人民共和国安全生产法》《中华人民共和国婚姻法》《中华人民共和国未成年人保护法》《中华人民共和国环境保护法》《中华人民共和国环境影响评价法》《中华人民共和国矿产资源法》《西藏自治区环境保护条例》《西藏自治区旅游管理条例》等法律法规的贯彻实施情况进行执法检查。开展“中华环保世纪行——西藏行”执法检查活动，成立由县人大常委会主任为组长，县人大常委会委员为副组长的执法检查活动小组，设立办公室，将“中华环保世纪行——西藏行”监督检查活动确定为人大常委会的长期重点工作之一，将法律监督、舆论监督和群众监督统一起来，增强监督实效。

2009年，县人大常委会重点对《中华人民共和国食品安全法》《中华人民共和国审计法》等法律法规的贯彻执行情况进行检查，对存在的问题予以纠正，维护法律尊严，保证法律、法规的正确贯彻执行。10月16—25日，以“消除白色污染，呵护美好家园”为主题，在全县开展“2009年中华环保世纪行——西藏行”宣传活动自查。

2010年，县人大常委会对《中华人民共和国妇女权益保障法》《中华人民共和国畜牧法》《中华人民共和国治安管理处罚法》《中华人民共和国环境保护法》《中华人民共和国固体废物污染环境防治法》《国务院办公厅关于限制生产销售使用塑料购物袋的通知》《西藏自治区实施〈中华人民共和国妇女权益保障法〉办法》《西藏自治区环境保护条例》《西藏自治区自来水水源环境保护管理办法》等法律法规实施情况进行执法检查，促进法律法规的贯彻实施。加强对司法机关办理案件的监督，受理公民、法人和其他组织对司法机关办理案件的申诉、控告，针对一些反映强烈的典型案件，采取适当的方式进行重点监督，督促司法机关依法纠正，维护当事人的合法权益。成立《中华人民共和国畜牧法》执法检查组，县人大常委会主任任组长，县人大常委会副主任为成员。6月29日至7月6日，检查组先后到一镇两乡，采取听汇报、实地查看、走访等多种形式，对全县《中华人民共和国畜牧法》实施情况进行检查。9月，组织开展“2010年中华环保世纪行——西藏行”活动自查，重点检查《中华人民共和国环境保护法》《中华人民共和国固体废物污染环境防治法》《国务院办公厅关于限制生产销售使用塑料购物袋的通知》《西藏自治区环境保护条例》《西藏自治区自来水水源环境保护管理办法》等法律法规的贯彻落实情况。

五、法治宣传教育

1997—2001年，县人大常委会到农牧区开展普法宣讲活动12次，受教育119人次。同时借助广播、电视等新闻媒体，宣传依法办事的先进典型案例，对严重违法的典型案例进行公开审理，现场说法，起到以点带面的作用。

2004年，县人大常委会先后对《中华人民共和国土地管理法》《中华人民共和国义务教育法》《中华人民共和国传染病防治法》《中华人民共和国安全生产法》《中华人民共和国野生动物保护法》等法律进行宣传。

2005年3月14日，由县人大常委会和政法委牵头，县直、中直、驻地部队等29家单位103人参加，在县城街道开展以“弘扬宪法精神，构建和谐社会”为主题的法治宣传活动，宣传《中华人民共和国宪法》《中华人民共和国刑法》《中华人民共和国婚姻法》《中华人民共和国草原法》等95种法律法规，发放各种宣传资料4230份，悬挂横幅23条，公检法等部门设立法律咨询服务台3个，接受法治宣传教育400余人次。“12·4”法治宣传日期间，人大常委会和政法委联合开展法律法规知识讲座4场次，分别由县人大常委会、人民法院、人民检察院、公安局负责人讲解相关法律知识，参加讲座的干部职工1000余人次。

六、信访工作

2001—2010年，人大信访工作逐步规范。2003年，受理群众信访案件2起，其中非婚生子女抚养权纠纷案1起，段某被打案1起。2008年，安排专职人员1人负责信访工作。

第二章　人民政府

普兰县人民政府依照法律赋予的职权开展工作，确保党的方针政策、国家法律法规以及县人民代表大会作出的决议、决定得到正确实施，并结合普兰实际，探索经济和社会发展的新路子，保持普兰经济快速发展和社会和谐稳定。

第一节　机　构

一、普兰县人民政府

2000年，普兰县人民政府工作机构有办公室、农牧局、计经委、财政局、民政局、教育局、卫生局、水利局、交通局、商贸局、粮食局、公安局、乡企局、监察局、人事局、老干部局、劳动局、农发办、民宗局、土管局、中国农业银行普兰县支行、工商局、税务局、邮电局、翻译室、人民医院、县中学、农业技术推广站、兽医站、贸易公司。

2005年，县人民政府工作部门有办公室、教育局、发改委、公安局、民政局、财政局、农牧局、文广局、卫生局、交通局、国土资源局、水利局。政府直管副科级机构有安全生产监督管理局。部门管理的副科级机构有法治办（政府办管理）、粮食局（发改委管理）、统计局（发改委管理）、乡企局（农牧局管理）、环保局（国土资源局管理）、审计局（财政局管理）、旅游局（文广局管理）、建设局（发改委管理）。政府对外挂牌机构有科技局（挂靠农牧局）、商务局（挂靠发改委）、林业局（挂靠农牧局）、信访办（挂靠政府办）、人口和计划生育委员会（挂靠卫生局）、交通战备办公室（挂靠交通局）、国防经济动员办公室（挂靠发改委）、人民防空办公室（挂靠政府办）。

2010年，机构改革后，县人民政府有21个（正科级）工作部门，分别为办公室、财政局、旅游局、商务局、发改委、民政局、民宗局、教育局、人社局、国土局、环保局、住建局、水利局、公安局、卫生局、交通运输局、农牧局、林业局、文广局、司法局、安监局。部门管理机构（规格为副科级）3个。

县政府办公室（县法制办公室、县信访局）机关编制12名（行政编制10名，事业编制2名），其中县级领导职数5～7名，科级领导职数4名。县机关后勤服务中心，由县政府办公室管理，事业编制10名，经费来源为全额拨款。

2001—2010年普兰县人民政府领导一览表

表4-2-1

机构名称	职务	姓名	性别	民族	任职时间	备注
普兰县人民政府	县长	扎西旺堆	男	藏族	2002.10—2006.7	县委副书记
		土登次仁	男	藏族	2006.7—2008	代县长 县委副书记
					2008—	县委副书记
	常务副县长	李　琦	男	汉族	1998.6—2001.6	陕西援藏干部 县委常委
		万玉林	男	汉族	2001.7—2004.6	陕西援藏干部 县委常委
		土登次仁	男	藏族	2004.6—2006.7	县委常委
		宋晓彤	男	汉族	2004.7—2007.6	陕西援藏干部 县委常委
		董春生	男	汉族	2007.7—2010.6	陕西援藏干部 县委常委
		卢志华	男	汉族	2010.7—	陕西援藏干部 县委常委
	副县长	欧珠次仁	男	藏族	1997.7—2008	
		德　庆	女	藏族	1997.7—2008	
		益西平措	男	藏族	1997.10—2008	
		华惠民	男	汉族	1998.6—2001.6	陕西援藏干部
		邓小明	男	汉族	1999.4—2004	
		扎西多吉	男	藏族	1999.12—2006.10	
		南加石确	男	藏族	2000.10—2010	
		阿旺次仁	男	藏族	2000.10—2005	
		阿　琼	男	藏族	2000.10—2010.6	
		杨秉杰	男	汉族	2001.7—2002.7	陕西援藏干部
		旦巴旺久	男	藏族	2002.11—2003.11	

续表4–2–1

机构名称	职务	姓名	性别	民族	任职时间	备注
普兰县人民政府	副县长	刘彦锋	男	汉族	2004.7—2007.6	陕西援藏干部
		阿旺次仁	男	藏族	2004—2009	
		桑　珠	男	藏族	2006.5—	
		才旺玛	女	藏族	2006.7—	
		李　辉	男	汉族	2006.7—	
		贡布扎西	男	藏族	2006.7—2007	
		陈康林	男	汉族	2006.7—2007.9	去世
		李成民	男	藏族	2007.7—2010.6	陕西援藏干部
		拉巴次仁	男	藏族	2007.10—	县委常委
		周富林	男	汉族	2010.7—	陕西援藏干部
		杨国栋	男	汉族	2010.7—	
		曲　次	男	藏族	2010.7—	

2001—2010年普兰县人民政府办公室领导一览表

表4–2–2

机构名称	职务	姓名	性别	民族	任职时间
普兰县人民政府办公室	主任	边巴罗布	男	藏族	2001.7—2006.5
		旺　琼	男	藏族	2007.7—
	副主任	曲　次	男	藏族	1997.11—2002.6
		扎　瓦	男	藏族	2000.5—2006.12
		嘎　玛	男	藏族	2001.3—2003.5
		张春阳	男	藏族	2006.9—2007.7
		邱　科	男	藏族	2006.11—
		周　游	男	藏族	2008.5—2010.11

二、乡镇人民政府

1999年，普兰县进行撤区并乡，普兰镇、巴嘎乡、霍尔乡人民政府成立。

2001—2010年普兰镇人民政府领导一览表

表4-2-3

机构名称	职务	姓名	性别	民族	任职时间	备注
普兰镇人民政府	镇长	尼玛次仁	男	藏族	1999.7—2002.8	党委副书记
		顿　　珠	男	藏族	2002.8—2005.9	党委副书记
		曲　　次	男	藏族	2006.7—2010.6	党委副书记
	副镇长	仁增土多	男	藏族	1999.4—2002.8	
		巴桑次仁	男	藏族	2000.8—2002.8	
		徐 文 勇	男	汉族	2001.8—2002.8	
		强　　巴	男	藏族	2003.8—2005.10	
		格桑央金	女	藏族	2003.8—2005.11	
		欧 尼 玛	男	藏族	2003.8—2005.10	
		王 军 刚	男	汉族	2003.8—2005.11	
		曹　　志	男	汉族	2003.8—2005.11	
		石　　伟	男	汉族	2004.11—2010.8	

2001—2010年巴嘎乡人民政府领导一览表

表4-2-4

机构名称	职务	姓名	性别	民族	任职时间	备注
巴嘎乡人民政府	乡长	琼达次仁	男	藏族	1999.9—2002.8	党委副书记
		曲　　扎	男	藏族	2002.8—2003.2	党委副书记
		扎西多布杰	男	藏族	2003.2—2004.4	党委副书记
		强　　巴	男	藏族	2004.4—2008.6	党委副书记
		达瓦顿珠	男	藏族	2008.6—	党委副书记
	副乡长	扎西多布杰	男	藏族	1999.7—2003.2	
		边　　巴	男	藏族	1999.7—2002.7	
		杨 国 栋	男	汉族	2000.1—2002.8	
		石　　伟	男	汉族	2002.6—2004.10	
		边　　巴	男	藏族	2002.8—2003.10	

续表4-2-4

机构名称	职务	姓名	性别	民族	任职时间	备注
巴嘎乡人民政府	副乡长	扎西多吉	男	藏族	2003.2—2004.12	
		尼　　玛	男	藏族	2003.6—2004.11	
		边巴顿珠	男	藏族	2003.11—2006.12	党委副书记
		西绕群培	男	藏族	2003.11—2008.5	

2001—2010年霍尔乡人民政府领导一览表

表4-2-5

机构名称	职务	姓名	性别	民族	任职时间	备注
霍尔乡人民政府	乡长	索　　多	男	藏族	1999.9—2002.7	党委副书记
		曲　　次	男	藏族	2002.7—2006.7	党委副书记
		确　　巴	男	藏族	2006.7—	党委副书记
	副乡长	格桑班久	男	藏族	1999.7—2008.8	
		确　　巴	男	藏族	2000.7—2005.6	
		吕 继 照	男	汉族	2001.1—2002.9	
		王 旭 昶	男	汉族	2003.7—2005.6	
		袁 红 伟	男	汉族	2003.7—2006.6	
		占　　堆	男	藏族	？—2007.8	
		甲　　措	男	藏族	2006.7—	

第二节　会　议

一、政府常务会议

2009年4月22日，县长土登次仁在普兰会堂二楼会议室主持召开政府常务会议，对县法院、财政局、交通局、公安局及普兰镇等单位提交的报告、请示进行审议。会议通过县法院出售工作用车的报告，要求法院将卖车成交价上报县国资委备案；通过县交通局关于更换工作用车、配备驾驶员、出售工作用车的请示，要求县交通局定好卖车价位，将卖车的钱用于支付该车以前所欠维修费用，买车经费由交通局自行筹措解决，并同意聘用驾驶员；通过县公安局关于调入驾驶员的申请，同意将其米调入公安局任驾驶员，并与劳动部门重新签订劳动用工合同；通过县公安局关于录用协警及相关问题的请示，要求明确协警工作任务及责任，制定相应的职责，充分发挥他们在工作中的作用，表现不好的予以辞退；通过县财政局关于普兰县行政、事业单位工作人员提高差旅费和休假包干路费标准的方案及聘用驾驶员的报告，建议在常委会上再次提交后执行。会议原则上通过交通局、公安局、财政局、普兰镇申请聘用驾驶员的报告，工资由县财政局按临时工工资支付（每月800元，从4月开始），并与劳动部门签订劳动用工合同。

2010年5月19日，县长土登次仁主持召开政府常务会议。会议通过以下事项：（一）政府办提交的《关于调整充实普兰县基本建设工作领导小组的通知》，明确各领导小组的职责，基本建设工作领导小组增加1个工程监督组，由纪委牵头，人大常委会、政协和其他部门参与监督。（二）机关后勤服务中心提交的《关于购买商务用车的请示》，决定由副县长董春生牵头，后勤服务中心负责，购置1台标准适中的商务用车。（三）机关后勤服务中心提交的《关于招聘驾驶员的请示》，聘用驾驶员之前，要对驾驶员的驾驶技术、人品、驾驶历史等进行考察，由后勤服务中心根据相关规定决定是否聘用，与驾驶员签订合同后报财政备案。（四）水利局提交的《关于雇用次仁扎西同志为单位驾驶员的申请报告》，决定聘用驾驶员1人，驾驶员工资由县财政承担。（五）教育体育局提交的《关于2010年县级支教资金的使用分配方案》，要求县教育体育局根据分配方案，专教专用；支取支教资金时，必须有主管副县长和教育局局长的签字；边防大队和边检站在“爱民固边”活动中，为霍尔乡中心小学投资100万元，教育局制订资金使用方案，改善教学条件和教师、学生的生活条件。（六）发改委提交的《关于增加国际市场环卫人员的报告》，同意环卫大队在原有环卫工人8人的基础上再增加4人，并研究决定公益性岗位人员的管理事宜。（七）发改委提交的《普兰县屠宰场管理办法》《普兰县屠宰场承包经营协议书》，决定先按照管理办法试运营半年；由环卫大队负责屠宰场的垃圾清扫，并收取卫生费。（八）粮食局提交的《关于申请粮食宾馆扩地的报告》，决定将粮食宾馆后面的空地借给粮食宾馆用于停车等；空地的硬化、绿化由粮食宾馆负责，在空地上不允许有其他建筑物（包括院子）；政府规划要使用这块土地时，粮食宾馆必须无条件服从，将土地交还给政府。（九）财政局提交的《关于2010年旅游景区环卫建设资金分配方案》，决定拟用于新修景区公共厕所的资金399840元和旅游局的8万余元资金预留在财政局；巴嘎乡、霍尔乡提交资金具体使用方案，交主管副县长审批后具体实施；由旅游局监督两乡景区环境卫生设施建设情况。

此外，会议还讨论研究县城垃圾处理、教育迎国检等事宜。会议决定，在垃圾填埋场建成之前，发改委与环卫大队临时指定集中倒垃圾的地点，以建设局名义印发通知，集中处理好县城垃圾。会议决定，督促各乡镇做好学校教育工作；各学校加强管理，通过改善学生生活条件、学习环境和组织丰富多彩的文化生活等办法，使学生热爱学校生活，确保在校生人数，提高入学率。

二、专题会议

2002年9月10日，普兰县召开县城市政公路工程协调会，建设单位、施工、监理三方就公路建设前阶段工作进行小结，对后期建设问题提出要求。

2002年9月17日，自治区国税局扶贫工作组与普兰县党政有关部门召开扶贫专题会议。会上，工作组组长达娃次仁汇报扶贫工作开展情况，并提交自治区国税局给普兰县的20万元扶贫资金分配方案意见，与会人员共同研究分配方案意见后形成会议纪要。工作组要求县民政局、财政局、普兰镇党委在实施危房改造过程中，在原则上每户安排资金8000元的基础上，根据每户的实际情况可以进行调整，坚持扶贫有偿与无偿相结合，实现救济式扶贫转变为开发式扶贫。层层签订合同，规定其在两年后返还扶贫资金的40%，60%的资金无偿地给予贫困户作为修建危房补助。自治区国税局针对普兰县办公条件差的情况，投入5万元用于改善办公条件、购置办公设备，并赠送1台三菱越野车、1台打印复印机。会议由县委书记杨光远主持。自治区国税局扶贫工作组组长达娃次仁，成员舒齐荣、穷达、普布参会。

2002年10月2日，普兰县召开市政公路质量整改会议，就10月1日自治区经贸委党组书记、对援办主任贡觉次仁及阿里地委副书记卜龙对该公路建设进行综合检查后提出的质量问题，要求地区计委、建设方、施工方及监理方一同进行整改。会上，地区计委、普兰县人民政府、地建公司听取施工、监理单位的整改方案并提出整改意见。会议由地区计委副主任尼次主持。

2004年5月19—21日，阿里地区农牧局党组书记贡觉旦增带队的工作组与普兰县分管农牧工作副县长南加石确、县农牧局局长、各乡镇负责人召开专题会议。会议按照2003年度《草原建设项目》和2004年度《天然草场植被恢复与建设项目》两个项目实施方案的建设规模和建设内容，对项目建设点进行细化分解，并就督查中存在的问题提出补救意见，对项目建设提出具体要求：（一）草原建设项目中，棚圈建设规模暂定为100个（巴嘎乡30个、霍尔乡40个、普兰镇30个）；人工种草1500亩（巴嘎乡岗莎村古嘎布500亩，霍尔乡帮仁村500亩，普兰镇吉让居委会下仓80亩、塔亚组阿不热60亩，仁贡村卡日塘60亩，赤德村大加沙150亩，科迦村那玛浪100亩，西德村角入组布尔50亩）；天然草场围栏3500亩（霍尔乡帮仁村帮青帮穷）。（二）天然草场植被恢复与建设项目中，天然草场封育围栏3.92万亩（帮仁村的古加至下孜1万亩，贡珠村大热切瓦0.3万亩，贡珠村尔额0.7万亩，巴嘎乡岗莎村玉普0.5万亩，岗莎村那鲁汝0.5万亩，岗莎村郭喷嘎列组0.2万亩，雄巴村琼孜拉嘎0.15万亩，雄巴村良布那组杰贡0.3万亩，仁贡村4个作业组的冬季草场0.27万亩）；人工种草2770亩（霍尔乡帮仁村色娘玉娘1500亩，巴嘎乡老巴嘎500亩，普兰镇多油村羊似普170亩，仁贡村多玛组赞列150亩，仁贡村老农场300亩，赤德村江嘎组150亩）；鼠虫害治理2万亩（霍尔乡色吾龙大沟1万亩，巴嘎乡岗莎村那鲁汝4000亩、岗莎村嘎列1000亩、雄巴村良布那冬季草场2000亩，普兰镇仁贡村那也斯2500亩、科迦村岗孜500亩）。安排人工鹰架10座（霍尔乡5座，巴嘎乡4座，普兰镇1座），统一定做后下发各乡镇。会议确定每个乡镇的项目负责人，巴嘎乡副乡长尼玛，霍尔乡副乡长确巴，普兰镇镇长顿珠。会议要求，人工种草项目于2004年6月20日前完工，其余建设项目于2004年9月30日前完工；对2003年度草原建设项目中，未能达到建设要求的外包建设羊圈，采取补救和扣款措施。

2005年9月30日，县委、县政府代表、地区水利局代表、县水利局代表、水电三总队第十支队代表召开专题会议，就普兰县水电站终验事宜进行研究，达成共识。会议研究决定：（一）土建方面，主干线到电站进场公路局部维修问题，主、副厂房接缝处局部渗水问题，副厂房墙体局部裂缝问题，引水渠覆盖层局部等问题由县水利局作出预算、水电部队核实认可后，水电部队出资由县政府组织解决，于10月底解决完成；拦水坝淤积问题、增设拦冰栅问题、尾水倒灌问题由业主向设计部门协调作出方案后解决。（二）机电方面，部分仪表不能使用问题、港洪冲砂闸闸门橡胶止水破损问题、冲雪融沟底板部分损坏问题由水电部队进行处理，水轮机层管道保暖问题由水利局作出预算、水电部队核实认可后，水电部队出资由县政府组织解决，于10月底解决完成；机组并机、负荷试验及技术供水不够问题由业主会同设备厂家、监理、水电部队、设计提出方案后解决；城网杆距超标问题由县政府组织核实后电函水电部队协商解决。

2006年7月3日，县委副书记、代县长土登次仁主持召开会议，就水电公司组建、自来水管理、农牧区农田草场水利规划等事宜进行协调研究，达成共识。会议决定，成立普兰县水电公司，编制4名，人员从相关单位和水利局抽调，抽调人员参与普兰县自来水和所有电站的运营及管理，水电公司人员仍享受原有待遇。会议要求县水利局在7月15日前完成县水电公司的注册申报及组建方案、公司所需人员和职责，对水电公司人员进行培训。会议对管理自来水的马胡赛尼的劳动报酬（2003年1月至2006年6月）给予协商确认。普兰县被列为自治区农牧区农田草场水利规划12个县之一，也是阿里地区唯一实施该项工程的县。会议决定，在7月10日前从水利局抽人，与各草场承包小组一起到各乡镇调查，在9月底前完成整体规划和概预算。

2006年7月20日，自治区整顿规范矿产资源开发秩序领导小组办公室工作组、阿里地区国土资源局主要负责人组成的工作组与普兰县委、县人大常委会、县政府主要负责人召开专题会议，就砂金矿点出现的违法采矿行为进行研究，并制订整顿治理计划。

2007年9月13日，常务副县长董春生主持召开巴（嘎）普（兰）公路建设领导小组协调会议。会议要求各职能部门提高认识，提高服务质量，坚决杜绝卡、拿、要等现象发生；针对公路工程队进驻普兰县后各种小车、大型机械车在街道上车速过快，存在安全隐患，要求这些车辆走县城环城道；要求按县政府和国土局的规定进行取石、取沙，在建设过程中明确路标、修好便道；要求建设过程中注意环境保护和给农牧民灌溉留灌道，办好民工的暂住证，管好爆炸物品。

2008年5月19日，分管扶贫工作副县长拉巴次仁召集农牧、发改委、财政、国土、安监、普兰镇等有关单位的主要负责人，召开扶贫项目安排落实专题会议。会议对整乡推进项目进行部署，吉让预制厂改扩建项目的选址工作由国土资源局牵头，普兰镇协助，并将选址结果报县政府审批；发改委负责吉让预制厂选址后的厂房、围墙及相关设施的设计和开工后人员的技能培训，安监局负责相关人员的安全生产培训；吉让预制厂和农牧民施工队的相关手续由县扶贫办牵头，普兰镇协助办理；由普兰镇牵头，县扶贫办协助，从贫困户中选择具有劳动能力的，进入吉让预制厂和农牧民施工队，组织形式为农牧民协会下设的子公司，其产权为集体所有；由普兰镇牵头，县扶贫办协助起草农牧民协会的章程及各项规章制度（包括人员管理、财务管理、实施方案和运行机制等）；县财政局负责聘请专职企业会计1人，负责企业运行的经济报告和填写经济报表，制定企业生产的折旧费，普兰镇负责资金的运作情况，行使财务总监的职责；县政府负责设备采购、运送及交付使用；农牧民协会聘请拉巴次仁担任协会的总顾问。

2009年11月13日，县委副书记、县长土登次仁主持召开紧急会议，部署抗救灾工作，组成5个工作组，科学抗救灾：道路交通保障组，负责219国道（普兰段）、207省道（巴嘎至斜尔瓦）积雪清除和道路畅通，同时负责调度机械，打通各村组和牧业点的乡村道路；各乡镇抗救灾指导组，负责一镇两乡的抗救灾工作，并在普兰镇联系和调运饲草饲料；县城道路安全和水、电安全运行保障组，负责动员部队、机关干部职工清理街道积雪，保障县城居民的供电和供水正常运行；后勤保障组，负责车辆调度，抗救灾资金物料油料的保障，以及抗救灾物资的调运；宣传报道和信息上报组，负责信息收集整理和抗救灾工作情况上报，宣传报道抗救灾事迹。

2010年4月16日，普兰县人民政府、尼泊尔胡木拉县政府举行非正式会晤，就2009年11月17日中尼双方确定的援助方案进行具体商谈，达成一致意见。确定2009年援助资金为30万元；2010年尼泊尔胡木拉县在普兰县购买柴油11吨、水泥18吨、钢筋5.2吨、面粉4.7吨，总价值30万元；采购在阿里地区进行，为保证采购的公正公开，采购双方共同定价，签订合同，确定援助时间，进行简单的交付仪式。

三、县长办公会议

2002年4月22日，普兰县召开县长办公会议。会议传达阿里地区水利工作会议精神，要求全县主要抓好嘎东和斜尔瓦小水电站、江嘎引水和喷灌、巴嘎无水草场开发、多油水库扩建4个项目的前期工作，抓好人畜饮水工程建设，成立人畜饮水工程领导小组，办公室设在县水利局，水利局副局长马俊峰兼任办公室主任。会议讨论县农机站提交的《关于普兰县拖拉机站的住房及维修报告》，决定从现有房屋中协调解决农机站住房及库房；讨论县公安局提交的《关于解决卫星地面站建设配套经费的报告》，同意解决配套经费5万元；研究讨论霍尔乡雍措利众扶贫开发公司和巴嘎乡雪龙富民扶贫开发公司申请经营用地的报告，同意为雍措利众扶贫开发公司划拨经营用地6亩，为雪龙富民扶贫开发公司划拨经营用地6亩；研究通过巴嘎乡郭奔红自主经营挖卖红土的请示。会议讨论县水利局提交的《关于下调县电网下户线改造收费标准的请示》《关于拆除原高压输电线路的请示》《关于向人武部、中队、边防大队等单位用电限量收取电费的请示》《关于雇用次仁旺杰、阿旺仁青同志的请示》，同意拆除原高压输电线路；向武装部等部门限量收取电费，按该单位人数，每人每月免费供电5千瓦时，超过度数按全县用电收费标准收取电费，照明用灯功率不能超过60瓦；同意聘用阿旺仁青为外线工。会议讨论2002年全县扶贫搬迁项目建设实施事宜，决定由岗措股份有限公司包工包料、组织实施，对科迦周围部分农户进行搬迁，由计委负责测量实际面积，每平方米补助50元。评选2002年抗救灾先进集体和先进个人，决定对先进集体（交通局、农牧局、民政局、政府办、边防检查站、巴嘎乡）和先进个人（南加石确、扎多、土土、罗布次仁、顿珠、扎西瓦、贡嘎、扎瓦、嘎久、旺琼、斯达、旦增曲培、才旦、曲达、格桑巴久）进行表彰。

2003年6月7日，县长扎西旺堆主持召开县长办公会议。会议听取政府各部门上半年工作总结及下半年工作安排，并就有关事项进行研究。会议决定，同意给自来水厂解决发电需用的柴油，以保障县城供水正常，具体事项由县水利局根据实际情况解决；同意县水电站雇用当地民工2人，解决县水电站大坝排淤困难，日工资由水利局与民工协商。

2005年12月11日，县长扎西旺堆主持召开县长办公会议，就在塔尔钦投资建宾馆有关事宜进行专题研究。会议决定，投资人一次性上交5万元的扶贫资金给县政府，给当地乡政府的扶贫资金前3年免缴，3年后视经营状况再定；征地费方面，投资人每亩地缴纳1万元，土地使用年限为50年，土地划拨面积根据设计图纸和投资规模确定；投资人按国家政策依法向县税务局纳税；宾馆在建筑结构上必须为藏式结构、平房，且每间房子里有吸氧设备。

2006年7月6日，代县长土登次仁主持召开县长办公会议，就普兰县蝗虫灾害、普兰县各部门提交需要解决的问题进行研究讨论。会议决定，从新疆购置的80台喷雾器到位后，尽快发放到蝗区村组，群防群治，加大宣传力度，提高群众的灭蝗意识，保障粮食生产安全，减少财产损失；根据县财政实际收入，每年支持气象事业费标准为5000元，将气象建设纳入普兰县规划；提高边防部队官兵的生活水平，减少部队开支，在不占用基本农田和环境保护的原则上，选择水源充足的可开发荒地给边防大队作为蔬菜基地；给乡镇党委换届补助经费1.2万元（每个乡镇4000元）；关于文化活动中心维修问题，县文广局与县发改委按照建筑施工合同，与地区文化局联系协商，落实维修工作；县财政解决电影流动车上户经费5000元；不予兑现电视台调频广播岗位补贴，鉴于电视台调频广播的工作实际，县文广局可在收视费中抽取部分资金给技术人员作为工作奖励；调整政府车辆司机；由县民政局按弱势群体给予原外贸公司职工卓玛央宗救济资金4000元；由政府办整理账目和存折，配合县财政局解决原汽车配件部遗留问题；由县卫生局协同普兰镇派出所按照户口表册统计人员解决部分城镇居民享受不到医疗补助问题。

2008年6月17日，县长土登次仁主持召开县长办公会议，研究讨论普兰县短期育肥项目（购置羔羊3万只，修建棚圈1.5万平方米，人工种草1500亩，修建羊圈30套）实施方案。会议确定，项目分三年（2007—2009年）实施，采取先易后难、逐步试点、稳步推广的措施。会议研究决定，从霍尔乡帮仁村开始实施，从普兰镇仁贡村、巴嘎乡朗布拉每年逐步试点推广，其中2007年重点在霍尔乡帮仁村进行育肥基地推广，2008年重点在普兰镇仁贡村进行试点，在总结巩固的同时逐步向巴嘎乡朗布拉村试点推广；对项目资金（185万元）进行分配，普兰镇仁贡村62万元，霍尔乡帮仁村48万元，霍尔乡贡珠村51万元，巴嘎乡朗布拉24万元。

2009年5月12日，县长土登次仁主持召开县长办公会议，研究讨论卫生服务中心、县消防中队、县公安局征地面积、位置情况、征地补偿费来源及补偿依据事宜。会议决定，卫生服务中心位于广场东侧，征地面积10.62亩，征地补偿费由该项目中心解决；县消防中队位于陕西路县公安局办公楼北侧，征地面积6.42亩，征地补偿费由县政府解决；县公安局扩建，位于陕西路县消防中队消防营地南侧，征地面积1.9亩，征地补偿费由县公安局解决。征地补偿费每亩2400元（包括耕地开垦费）。

2009年8月10日，县长土登次仁主持召开县长办公会议，对阿里地区石油公司在普兰建设加油站用地的征地费标准问题进行研究。会议决定，地区石油公司加油站用地的征地费按照商业用地最低标准每平方米30元征收。

2009年8月27日，普兰县就尼泊尔驻拉萨总领事乌帕达雅2009年7月8—10日在普兰县对两国社会发展、双边贸易、边民问题等情况进行非正式会晤时提出的相关要求（尼泊尔方边民到冈仁波齐、玛旁雍错朝圣减免门票价格，准许尼泊尔边民在普兰县打工和干农活）召开会议，研究决定，按照自治区公安厅的批复，允许尼泊尔、印度边民到冈仁波齐、玛旁雍错朝圣，朝圣门票价格调整为50元/人；允许尼泊尔边民在普兰县边境区内打工或干农活，尼泊尔边民和用工单位必须签订用工劳动协议和安全协议，并报县劳务服务中心和县安监局备案。

第三节　施　政

2001—2010年，普兰县人民政府推进依法行政，提高行政效能，改进和加强行政监督，转变机关工作作风。以经济建设为中心，以提高人民生活水平为宗旨，抓住国家实施西部大开发的机遇，围绕“转变作风深化年”“重点项目建设年”“教育建设与管理年”活动，狠抓“12345”工程：抓1个基础（农牧业基础设施和城镇建设），突出基础建设，巩固农牧业的基础地位；确保2个重点（局势稳定，增加群众收入和本级财政收入）；实施3个突破（以产业化发展和边贸旅游发展为突破口，推动第三产业向多方位、多领域、多层次延伸；以开发矿产业为突破口，牵动工业的启动和发展；以抓好劳务输出为突破口，增加群众的现金收入，为全面建设小康社会奠定经济基础）；实施4个战略（全范围、高质量地建设小康社会战略，结构调整战略，科技富民战略，旅游边贸精品战略）；落实5项保障措施（党的各级班子建设，党风廉政建设，精神文明建设，交通、通信设施建设，扶贫能源建设），全面促进经济和社会事业快速发展。

2003年，县人民政府改革以行政审批为特征的投资金融体系，对非国家投资的一般性投资项目取消行政审批，争取更大的社会投资，将政府职能转变到公共服务、宏观调控和社会管理上，减少行政审批对企业管理的直接干预，强化重大项目规划、贷款、批办等各环节的协调制度。

“十一五”期间（2006—2010年），县人民政府按照“生态立县、产业富县、旅游兴县、边贸活县、城镇靓县”的发展战略，正确处理发展与稳定的关系，各项约束性指标保持年均两位数增长，外向型经济迅速发展，为普兰加快发展和长远发展奠定了坚实基础。

一、经济发展

县人民政府坚持在发展中推进结构调整，全面提高农业、工业、服务业的水平和效益，特别是抓好农牧业产业化经营的规划与实施；合理调整生产力布局，促进区域经济协调发展；壮大特色经济，培育新的经济增长点；发展非公有制经济，形成多元的经济发展格局，实现城乡经济良性互动，促进县域经济快速发展、质量效益显著提高。

第一产业以发展粮食生产为主线，着力调整种植业内部结构和粮食加工转化，稳定发展草原畜牧业，开发城郊养殖业和农区畜牧业。第二产业以发展农畜产品、矿产、建筑材料、藏医药业为重点，从开发优势资源、壮大特色经济入手，培育新兴产业，形成新的经济增长点。第三产业着重提升产业层次，重点发展邮电、旅游、外贸和信息咨询、会计、律师、资产评估、公证等中介服务机构，开拓农牧区市场，为农牧民服务。其中，重点改善旅游业软硬件条件，发展特色旅游，在接待国外游客、营业收入、创汇上均有不同程度的突破。

2001年，普兰县地区生产总值3732.8万元，其中第一产业1943.92万元，第二产业636万元，第三产业1152.88万元。社会固定资产投资1578万元，社会消费品零售总额900万元，本级财政收入153万元。农村经济收入1816.9万元，农牧民人均纯收入1745.08元。

“十五”期间（2001—2005年），普兰县经济体制改革取得较大进展，社会主义市场经济框架基本形成，国民经济社会化、市场化程度普遍提高，对外开放格局基本形成。

2008年，普兰县地区生产总值突破1亿元。2009年，本级财政收入突破400万元，农牧民人均纯收入突破3000元。

2010年，普兰县地区生产总值14744万元，是2001年的3.95倍，其中第一产业3532.75万元，第二产业2500万元，第三产业8711.25万元，三大产业结构调整为24：17：59。社会固定资产投资6601万元，是2001年的4.18倍；社会消费品零售总额2698万元，是2001年的近3倍；本级财政收入472万元，是2001年的3.08倍；城镇居民人均可支配收入35292元，农牧民人均纯收入3702元，是2001年的2.12倍。

2001—2010年普兰县经济指标统计表

表4-2-6

年份	地区生产总值（万元）	社会固定资产投资（万元）	社会消费品零售总额（万元）	本级财政收入（万元）	城镇居民人均可支配收入（元）	农牧民人均纯收入（元）
2001	3732.8	1578	900	153	—	1745.08
2002	4698.1	2110	987	175	—	1927.4
2003	5973.28	14423.93	1014.44	200	—	1708.31
2004	7060.42	11888	1061	240	—	2327.5
2005	7464.52	1160.51	1661.55	271	—	2575.32
2006	8808	1843	1427	314	—	2009.02
2007	9870.69	3282.8	1652.47	372	10522	2330
2008	11228	1507.5	1385.69	331	10931	2749.65
2009	13024	6089	2568.73	400	31510	3190.62
2010	14744	6601	2698	472	35292	3702

（一）农牧业

普兰县巩固和加强农牧业主体地位，坚持执行“两个长期不变”（在坚持土地、森林、草场公有制的前提下，农区实行“土地归户使用，自主经营，长期不变”，牧区实行“牲畜归户，私有私养，自主经营，长期不变”）方针，完善土地、草场承包责任制和有偿转让制度，在发展粮食生产的同时开发城郊养殖业、加工业，促进农牧民增收和农牧区稳定。努力推进农牧业科技进步，增加农牧业科技含量。加大田间管理、病虫害防治、合理施肥、除草、秸秆的贮存利用、羊毛切剪等适用技术的推广力度和实验示范。着力提高科技人员素质，培养乡村科技带头人和科技明白人，一镇两乡均配备懂技术、有能力、会管理和具有农牧业实践经验及事业心强的科技副乡长1～2人，加强农牧业实用技术和优良品种的引进、示范、创新和推广应用，组织乡、村、组的科技人员和科技明白人每年进行2～3次科技培训，举办科技培训班，进行科技知识和实用技术的讲解、互相交流及实地学习，增强农牧民的科技意识。

农业方面，普兰县作为阿里地区粮食主产县，始终以提高粮食单产为突破口，增加粮食产量，确保粮食安全。以“种子工程”为龙头，推广西德白青稞、吉让青稞、仁贡紫青稞等适应当地种植的优良农作物品种，扩大良种覆盖面；实施“沃土工程”，以改良土壤及合理施肥为主，改造低产田，使之成为旱涝保收的高产稳产田；建设普兰县“两高一优”（高产、高效、优质）农业示范区；在全县范围内推广蔬菜种植，加大蔬菜种植技术人员的培训力度，提高农牧民技能，增加蔬菜品种，扩大市场供应，在保证县城供应的同时逐步拓展蔬菜供应市场。普兰县农业逐步从传统农业向现代化农业迈进。

牧业方面，坚持“立草为牧、草业先行、以草定畜”的原则，落实人工种草项目，将饲草种植纳入种植业中，提高种草质量，改变牲畜缺草状况，提高抵御自然灾害能力；优化畜群结构及种群结构，实施牧业示范工程，建设白绒山羊基地和畜产品加工基地；加大出栏率，增加农牧民收入，降低冬春季牲畜死亡造成的损失；实施夏秋草场承包到户和退牧还草工程，实现草场资本经营、有偿转让和草畜平衡，保护生态的目的。

2001年，普兰县耕地面积1.1万亩，农作物播种面积10914.06亩，粮食作物播种面积10418.25亩。粮食总产量2934.46吨，油菜产量65.29吨。加快“菜篮子”工程建设，投资20万元修建温室大棚2座4亩，产出蔬菜8吨。年末，牲畜存栏187407头（只、匹），出栏率24%；收购山羊绒6.12吨，牛绒3.5吨，绵羊毛94吨。农牧业总产值1390.5万元（按1990年不变价），农牧业收入1983.8万元，农畜产品综合商品率50.97%。

2002年，绒、毛及部分农畜产品价格下降，农牧业总产值1341.45万元，其中农业产值545.6万元，牧业产值795.08万元，林业产值0.77万元（比上年增长26.23%）。

2003年起，普兰县围绕“增效、增收、减负、稳定”目标，坚持以市场为导向，加大农牧业生产结构、区域布局结构、产业内部结构的调整力度，稳定粮食面积，增加蔬菜种植面积，实行草场承包。农牧业产业化进程加快，农牧业总产值持续增加。

2005年，全县农作物播种面积9415.52亩，粮食播种面积8335.2亩。粮食总产量2749.74吨，油菜产量117.07吨，蔬菜产量75.3吨。粮经饲比例87：12：1。年末牲畜存栏131633头（只、匹），收购山羊绒5.47吨，绵羊毛44吨。农牧业总产值1958.74万元（按现行价计算）。

2006年起，普兰县围绕农牧民增收和市场需求，调整产业结构，采取政策推动、服务促进、科技支持等措施，狠抓新农村建设、劳务经济发展等重点，农牧业和农牧区经济发展活力明显增强。2006年，农牧业总产值2328.4万元，农畜产品综合商品率60.2%。

2010年，全县农作物播种面积9551.73亩，粮食播种面积8681.85亩，油菜播种面积804.98亩。粮食产量2896.83吨，油菜产量141.77吨，蔬菜产量237.86吨。成立曲龙组蔬菜种植协会。牲畜存栏161546头（只、匹），出栏44408头（只、匹）。肉类总产量552.01吨，奶产量732.67吨，山羊绒产量8.77吨，牛绒6.45吨，绵羊毛62.21吨，山羊毛3.1吨，牛毛2.85吨。农牧业总产值4806.17万元，农畜产品综合商品率53.1%。

2001—2010年普兰县农牧业指标统计表

表4-2-7

年份	农牧业总产值（万元）	粮食总产量（吨）	牲畜存栏（头、只、匹）	农畜产品综合商品率（%）
2001	1390.5	2934.46	187407	50.97
2002	1341.45	2869.89	174500	56.93
2003	1770.85	2891.81	171226	58.99
2004	1862.07	2688.77	165982	60
2005	1958.74	2749.74	131633	63.62
2006	2328.4	2827.25	165247	60.2
2007	3101.42	2862.85	178819	60.4
2008	2630.31	2490.68	161804	37
2009	3052.65	2896.12	163033	43
2010	4806.17	2896.83	161546	53.1

（二）边境贸易

普兰县利用国家和自治区给予普兰口岸的一系列优惠政策，争取更多的外贸发展专项资金，开发边境贸易，实施“边贸兴县”带动战略，以开放促开发，以开发促发展，推进全方位、多层次、宽领域的对内对外开放，发展外向型经济。重点加强对边境口岸规范化建设的引导和管理，加大边贸市场附属设施建设力度，陆续建成边民互市贸易市场2个250余间。随着营商环境的不断改善，国外商户逐年增加。

2002年，普兰县举办第三届普兰口岸边贸物交会，吸引印度商户37户39人，尼泊尔商户128户195人，边境贸易总额突破1210万元。2003年，普兰口岸边贸市场正式投入使用。

2006年，普兰口岸实现四季通商。至2010年，普兰县国外商户达到300家，进出口总额2457万元。

（三）旅游业

普兰县旅游业迅速崛起，旅游设施不断完善，众多酒店、宾馆的建设开放，提升了普兰特色旅游的游客承载能力，旅游产业逐步规范化、市场化，带动其他相关产业发展效果明显。

2001年，巴嘎乡开始发展旅游服务业及相关第三产业，引导农牧民按照市场需求生成适销对路的产品。岗莎村旅游服务收入65万元。

2002年，普兰县围绕“旅游年”活动，吸引区内外旅游观光、朝圣人员8万人次，旅游营业收入500余万元。岗莎村旅游服务收入92万元。

“十一五”期间，普兰县探索旅游边贸体制改革，编制普兰旅游总体规划，科学规划县域旅游和部分乡村旅游线路，普兰国际大酒店、游客集散中心等一批旅游基础设施立项建设，旅游开发取得实质性进展。着力打造“普兰旅游”特色品牌，将旅游资源优势转化为经济优势，将旅游产业发展成为普兰县支柱产业。

2008年，《普兰神山圣湖旅游业开发总体规划》通过自治区评审。县政府与西藏旅游股份有限公司达成开发普兰旅游资源合作协议，投资13万元启动农家乐、牧家乐等旅游项目建设，打造具有普兰特色的生态游、人文游、自然游、探险游。普兰县推行旅游门票一票制，接待游客2361人次，实现旅游总收入221.27万元。

2009年，普兰县结合“阿里游”升温的有利时机，利用各种媒体宣传普兰，提高普兰旅游的知名度，推动旅游产业迈上新台阶。支持和鼓励有能力的农牧民从农牧业生产中分离出来，专门从事旅游服务业，实现旅游富民目标。8月15日，普兰县申请“神山圣湖”风景名胜区为自治区级重点风景名胜区。

2010年，普兰县编制《阿里神山、圣湖旅游区总体规划》，由西藏旅游股份有限公司负责在县城、塔尔钦、霍尔以及吉吾启动建设旅游基础设施，神山国际大酒店、普兰香客国际大酒店、神山内圈国际大酒店、拉昂错码头、5个售票检票点、2个景区旅游接待大门等列入评估项目。接待游客28573人次（外宾7012人次，内宾21561人次），实现旅游总收入1494.91万元，其中门票收入160万元，宾馆收入296.73万元，家庭旅馆收入120.63万元，茶馆收入73.27万元，旅游商店收入501.38万元，岗莎牦牛运输公司收入287.9万元，吉吾温泉收入15万元，农（牧）家乐收入30万元，西德驮运队收入10万元。

二、基础设施建设

普兰县利用国家实施西部大开发和其他省（市）支援西藏的大好时机，加大基础设施建设力度，有计划、有步骤地逐年上报项目，多渠道争取资金，以项目拉动经济发展，县域整体面貌得到较大改观。

2001年，交通建设方面，绘制全县公路网络图，修建孔雀大桥，修建巴嘎至斜尔瓦公路沥青路面，霍尔至羌达岭、县城至章杰的乡村道路，修通巴嘎至札达公路。邮电通信建设方面，建设狮泉河至普兰光缆项目，扩容县城程控电话。水利能源建设方面，第二条胜利水渠开工建设，维修农田灌溉渠89条230千米，新修水渠1条3千米，新修水库1座；组织实施县电站的收尾工程和电网改造，实现普兰镇6个村电网联网。市政建设方面，主要改造县城主干道，建设连接新县城和老县城大桥，维修自来水工程。生态建设方面，建设草场网围栏1.5千米，加强农田林网建设，植树造林50亩，零星植树4万株；加大冈仁波齐、玛旁雍错自然保护区的建设力度，开展孔雀河流域农业生态体系建设的前期工作，组织大规模的植树造林活动，植树造林2.5亩，零星植树2.09万株。

2002年，普兰县落实基础设施建设项目11个。交通建设方面，协助自治区开展普兰县第二次全国公路普查，武警交通八支队协助养护主干线公路120千米，新修公路40余千米。通信方面，县城程控交换网扩容工程竣工，新增通信线路28条，电信放号580门，改造电话用户线路。水利能源方面，人饮工程修建引水渠5.9千米、打井8眼，先后建成巴嘎、霍尔两乡光伏电站，县水电站正式竣工移交。市政建设方面，公、检、政法续建工程竣工，县文化馆、政府商品楼竣工投入使用，先后建设法院办公楼、边贸市场、联检大楼、县城市政公路。

2003—2007年，普兰县建设农田灌溉引水工程2处（以工代赈项目），水渠总长2.3千米，有效灌溉面积969.6亩。实施第一、第二期人畜安全饮水工程34处，解决3294人、56943头（只、匹）牲畜的饮水困难问题。实施第一、第二期农网工程，总投资389万元，建成10千伏高压输电线路25.1千米，低压输电线路19.7千米。投资5000万元，建成普兰县水电站，装机容量500千瓦，新增用电人口384人。

2003年，普兰县本着“远抓发展，近抓项目”的原则，以农牧业基础设施建设为主，兼顾能源、生态、市政建设，确定基础设施重点项目50个，争取资金近1亿元，先后开工建设巴嘎—普兰—科迦公路（省道207线）改造工程、县地方粮食储备库、冈底斯宾馆、中尼中印公路、县完小市建工程、疾病控制中心、县农行开发楼、交通部队办公楼、县干部职工安居小区、县城环城路、干部职工食堂等一大批重点建设项目。实施光缆铺设普兰段工程，开通有线、无线电话。

“十一五”期间，普兰县交通、能源、通信等基础设施建设有新的突破。建成巴嘎—斜尔瓦110千米柏油路、巴嘎—马攸木137千米柏油路。装机容量500千瓦的县水电站正常发电，全县电力装机容量845千瓦（含在建185千瓦）。城镇公共设施有所改善，商品房建筑面积3400平方米，办公条件逐步改善；建设安居房1088套，66%的群众住上了安全舒适的安居房；建成廉租房104套，缓解了城镇低保户住房难问题。建成水库水塘37座、水渠92条263.3千米、安全饮水工程14处，解决9551亩农田灌溉和1689人、11412头（只、匹）牲畜的饮水问题。

2010年，普兰县建设巴嘎至郭隆公路工程，里程23.1千米，投资54.3万元；普兰县至甲达勒线（环湖）公路工程，里程50.05千米，投资212.7万元。普兰县公路总里程1120千米，其中乡村公路通车里程490千米。普兰客运站投入运营，实现普兰至狮泉河、普兰至札达、乡村客运线部分线路开通。固定电话956部，无线电话954部，实现乡乡通邮、村村通电话。争取到农村安全饮水项目资金127万元，解决194户、977人的饮水安全问题。

三、社会事业

（一）教育

2000年，普兰县通过自治区“普六”评估验收。

2001—2010年，普兰县实施科教兴普战略，坚持将教育放在优先发展的战略地位，提高初等教育的普及率和完成率。先后成立以县委、县政府主要领导为组长的“两基”攻坚领导小组、教育领导小组、校园安全领导小组、学校周边环境整治领导小组，强化政府行为，明确县、乡镇在“两基”攻坚任务中的职责。加大对教育的投入（“十一五”期间，将本级财政收入的20%投入教育事业），改善办学条件。狠抓师资队伍建设，提高教育质量。

2001年，普兰县深化农牧区教育体制改革，巩固“普六”成果，面向“普九”，推行素质教育，通过加强对教育工作的领导，加大教育事业的投入，改善办学条件，扩大办学规模，加强师资队伍建设，理清办学思路。全县适龄儿童893人，入学852人，适龄儿童入学率95.41%，巩固率99.2%。

2002年，普兰县狠抓教学质量和师资队伍建设，率先推行教师聘任和全员聘用制度，小学适龄儿童入学率97%，巩固率96%。

2006年，县委、县政府将当年定为普兰县教育年，投资40万元（援藏资金20万元，地区教育体育局投资20万元），建设县九年一贯制学校图书语音室。普兰县通过自治区“普九”初验，是阿里地区首批接受验收的县。

2008年，全县小学在校生1048人，小学入学率98.55%；初中在校生496人（包括其他省市的西藏初中班和县外就读生），初中入学率91.17%。“三包”（包吃、包住、包着装费）学生1118人，覆盖率100%。

2010年，普兰县加强基础设施建设，完成青少年校外活动中心（面积1525平方米）项目设计和评审等前期工作，续建普兰县九年一贯制学校、霍尔乡中心小学（投资60万元）改扩建项目。小学入学率98.9%，初中入学率91.2%，在校生巩固率100%，“三包”政策覆盖率100%，农牧民子女享受“三包”政策1020人，义务教育普及率基本达标。在小升初考试中19人被录取到其他省（市）西藏班。参加中考89人，其中10人被录取到区内重点高中（拉萨那曲高中、林芝一中、山南二高），19人被录取到那曲高中，35人被阿里地区高中录取，25人被录取到区内外中职学校。

2001—2010年，普兰县巩固和提高扫盲成果，在基本扫除青壮年文盲的基础上，以各学校为依托，建立农牧民培训点，利用每年农闲季节对农牧民群众进行扫盲培训。2003年，全县15～50周岁的人口3991人，其中文盲1180人，非文盲2811人，完成小学三年级教育1988人，青壮年非文盲率70.43%。2004年，全县有扫盲点82个，青壮年非文盲率98.8%。普兰县通过自治区“扫盲”评估验收。2010年，普兰县一镇两乡10个村（居）委会全部通过自治区扫盲验收，全县15～50周岁的青壮年非文盲率98.15%，人口综合素质明显提高。

（二）卫生

2005—2010年，普兰县建设2个乡卫生院和3个村级医务室，配备基本医疗器械。2007年，全县有医生82人（含乡镇10人）、护士10人、赤脚医生52人。至2010年，各行政村设有卫生室，配有乡村医生、接生人员，形成县、乡、村三级医疗卫生网络。

1998年，普兰县开展农村合作医疗试点工作。2001年，在普兰镇全面推行农村合作医疗制度，管理上实行镇办、县管、镇村一体化。2002年，在全县范围内推行农村合作医疗制度。2005年，单独建立学生合作医疗制度。至2010年，形成组织领导齐全、机构齐全、制度健全和资金账目清楚、药品账目清楚、收支清楚的农村合作医疗制度，设立农村合作医疗点11个（乡级合作医疗点1个，村级合作医疗点8个，学生合作医疗点1个，城镇居民合作医疗点1个）。

（三）文化广电

2004年，普兰县民间艺术团挂牌成立，为西藏首批县级民间艺术团。至2010年，有业余群众文艺团队5个（科迦藏戏团、西德果尔子舞团、赤德仲舞团、多油宣舞团、巴嘎牧民文艺团）。

2008年，普兰服饰获批为国家级非物质文化遗产。至2010年，普兰县有国家级非物质文化遗产1个（普兰“宣”服饰），自治区级非物质文化遗产5个（普兰“果尔子”舞、赤德“仲”舞、普兰“雅尔松吧”歌、阿里岗廓转神山节、科迦那木冬），自治区级非物质文化遗产传承人1人（普兰“果尔子”舞传承人）。

2000年，普兰县开始实施广播电视“村村通”工程。至2008年，建立“村村通”基站125座，牧区广播电视覆盖率在88%以上。2010年，“村村通”工程覆盖率92%，“户户通”工程覆盖率85%。

2001年，普兰县建设有线电视二期工程。2009年，有线电视节目增至42套。2010年，普兰台自办节目开播。有线电视用户800余户。

（四）民生保障

2001—2010年，普兰县始终将改善农牧民生产生活、提高群众生活质量作为出发点和落脚点，完善社会保障救助体系，人民生活水平稳步提高。实施“三个救助”“两个低保”“五保供养”等一系列惠民政策。2001年，投入1.76万元，为5户贫困户解决居住困难。2007年，养老保险金、失业保险金收缴率均为100%，国有企业工伤保险参保率为100%。2008年，养老保险、失业保险、医疗保险、生育保险和公积金的征缴率均为100%。2006—2010年，落实城镇和农村低保金236.8万元，城乡医疗救助金30.7万元，临时救济金206.9万元。

2005—2006年，普兰县落实粮食直补资金18.6万元。落实2002—2007年农牧民征地补偿费184.8万元。2008—2010年，落实农机购置补贴、粮食直补和农资综合补贴、重大动物疫病强制免疫与扑杀补助、农业保险保费补贴等共160.5万元。2008年，全面落实各项优惠政策，主要对交通运输、旅游服务行业、餐饮业和宾馆行业严格执行各项免税优惠政策，免税13.7万元。

普兰县落实国家政策，完善防抗灾机制，做好防抗灾工作，减少人民群众损失。预防和战胜“非典”“五号病”“禽流感”“鼠疫”等疫情，完成2008年“9·19”、2009年“10·4”“11·12”等抗救灾任务。2006年，建立灭蝗预案，组织技术人员进行蹲点观察和灭虫，重点蝗区得到控制，未对农田造成危害。7月上旬，及时防控玛旁雍错区域候鸟禽流感。2010年，制订“防灾减灾日”活动实施方案，发放宣传材料500份，提高干部群众的防灾减灾意识。制定普兰县2008—2009年雨（雪）灾后农牧民住房恢复重建资金分配实施方案和资金发放明细表。整合2008年“9·19”恢复重建补助余额、2009年受灾补助款、2009年涉农保险赔付资金共321.09万元（县财政配套5.7万元），解决327户受灾群众房屋恢复重建问题。

四、农牧民增收

普兰县引导农牧民按市场需求生产优质农畜产品，投入市场，发展乡镇企业和多种经营。着重发展特色产业，如蔬菜西瓜种植、城郊畜牧业、家庭养殖业等，扩大西德白糌粑、清油加工规模，打开销路。

普兰县组织劳务输出，将剩余劳力向二、三产业转移，向城镇转移，组织农牧民参与各项建设，实现农牧民增收。坚持“政府组织、专人负责、群众参与、形成合力”的方针，采取“向县外输出、县内转移、就地务工”等方式，保障劳务输出，使劳务创收成为农牧民持续增收的重要途径。加大对农牧民的技能培训力度，提高他们的素质和劳动技能，并鼓励农牧民从事其他行业。以巴嘎、霍尔两乡农牧民为突破口，引导更多农牧民参与到第三产业（主要是旅游服务行业），实现增收；建立健全多油村农牧民施工队的各项制度，帮助他们参与项目建设；推进塔尔钦农牧民牦牛运输队的组织化建设。

2001年，普兰县制定劳务输出管理办法，成立县劳务输出服务公司，加强对劳务输出人员的组织和管理。开拓岗莎村旅游服务、公路桥梁修建、公路小修保养、电站施工、市政建设、农发投劳、流散劳务输出等一系列劳务输出主渠道。劳务输出445人次，创收112万元，其中岗莎村旅游服务收入65万元。

2003年，普兰县通过劳务投入、外出务工、旅游服务、开茶馆、办商店等途径，输出劳务3900余人次，其中95%在县内，主要为参与基础设施建设、扶贫点建设和特色产业开发，创收468.8万元。

2006年，普兰县参与劳务输出的农牧民有1111户，占总户数的73.5%，劳务输出3318人，占农牧区劳动力的76%，创收654.27万元。

2010年，普兰县组织农牧民参加技能培训90人次，其中地区培训48人次，拉萨培训42人次。劳务输出创收950万元。西德糌粑加工厂创收3万元，牲畜短期育肥项目创收5.3万元，整乡推进项目增收80.8万元，人工种草项目创收2.7万元，曲龙蔬菜种植创收4.3万元，牦牛运输公司创收196万元，霍尔乡扶贫加油站创收11万元，吉吾澡堂创收6万元，棚圈建设项目创收12.6万元，农家乐创收5.3万元，共327万元。

五、扶贫

普兰县坚持走开发式扶贫道路，在确定扶贫开发范围和扶持对象时，深入调查研究。建立贫困人员登记簿，各乡镇建立贫困人员登记册，各村建立贫困人口登记卡。明确全县农牧民的贫困特点，为扶贫开发提供依据。各单位与对口扶贫联系点进行座谈，制订扶贫计划，研究扶贫思路及对策。

2001年，普兰县对全县贫困状况进行摸底调查和汇总，全县贫困人口624户3323人。综合考虑各种因素，制订全县及各乡镇扶贫十年规划和“十五”计划，为扶贫开发提供依据。成立县扶贫开发领导小组，实行领导包乡联村定点帮扶联系制度，解决贫困户增收难问题。2002年，借助“千名干部进牧区”活动，实施125户（385人）危房改造和22户扶贫搬迁，并通过自治区扶贫验收。2008年，自治区党委办公厅对口扶贫普兰镇，投入扶贫资金108.5万元（100万元用于建设多油村水渠）。狮泉河海关对口扶贫巴嘎乡雄巴村，投入扶贫资金10万元。地区公安处对口扶贫巴嘎乡岗莎村，捐赠大米22袋、面粉9袋、海绵垫15个、绒衣绒裤15套、迷彩服15套、棉鞋14双、现金1040元。

2001—2008年，全县脱贫1654人，贫困面下降5个百分点。2001年，全县脱贫119人。2003年，贫困户脱贫61户213人。2007年，脱贫92户411人，其中普兰镇35户156人，巴嘎乡31户138人，霍尔乡26户117人。2008年，脱贫91户411人。

六、农村人居环境建设和环境综合整治

2010年8月24日，普兰县出台《普兰县2010年农村人居环境建设和环境综合整治试点工作实施方案》。普兰县农村人居环境建设和环境综合整治试点工作领导小组成立，由县委副书记、县长土登次仁任组长，县委常委、副县长拉巴次仁任常务副组长，副县长曲次任副组长，各相关部门负责人为成员。领导小组下设办公室，

设在县安居办（县农牧局），琼达次仁（农牧局局长）兼任办公室主任。领导小组负责协调试点工作，通过召开联席会议，确定农村人居环境建设和环境综合整治规划，研究决定实施过程中的重大事宜，督促各职能部门完成工作任务。领导小组办公室负责组织、协调试点工作，承担农村人居环境建设和环境综合整治试点日常工作。乡镇相应成立领导小组。

普兰县在9个行政村开展农村人居环境建设和环境综合整治试点工作。坚持城乡统筹，全面深化社会主义新农村建设的内涵，根据社会主义新农村建设关于“村容整洁”的标准，按照“清洁水源、清洁田园、清洁家园”要求，以为民办实事为宗旨，以村庄规划为龙头，以治理污染为重点，以工程建设为抓手，以“农村废弃物资资源化、农业生产清洁化、城乡环保一体化、村庄发展生态化”为主题，科学规划，分类指导，深入开展农村环境统合整治，建立农村环境长效管理机制，改善农村人居环境，保障农牧民身体健康，促进农村精神文明建设，实现农村经济社会全面发展。

试点工作主要围绕公共设施和基础设施等人居环境建设的薄弱环节，重点实施人居环境建设和环境综合整治“十项工程”：农家书屋建设工程、综合文化体育设施建设工程、村级广播文化信息资源共享工程、流动电影服务工程、村医疗室设备完善工程、太阳能公共照明工程、村庄道路建设工程、农村垃圾污水整治工程、“万村千乡市场工程”、村庄绿化美化工程。

2010年普兰县农村人居环境建设和环境综合整治试点统计表

表4-2-8

乡（镇）	村	户数（户）	覆盖人口（人）	类型
普兰镇	西德	131	621	旅游景区，边境沿线
	多油	128	821	旅游景区，边境沿线
	仁贡	200	1161	旅游景区，边境沿线
	科迦	139	731	旅游景区，边境沿线
	赤德	162	663	旅游景区，边境沿线
巴嘎乡	岗莎	221	831	旅游景区，边境沿线，交通主干线
	雄巴	100	510	边境沿线
霍尔乡	贡珠	193	989	旅游景区，边境沿线，交通主干线
	帮仁	171	771	边境沿线
合计		1445	7098	

2010年普兰县农村人居环境建设和环境综合整治试点工作资金投入统计表

表4-2-9　　单位：万元

建设内容		资金				
		合计	自治区补助	地区补助	县级补助	农牧民投劳
农村书屋建设工程		18	12.6	3.6	1.8	0
综合文化体育设施建设工程		106.2	63.72	21.24	10.62	10.62
村级广播文化信息站建设工程		27	18.9	5.4	2.7	0
流动电影服务工程		0	0	0	0	0
医疗卫生设施改善工程		7.2	4.5	1.8	0.9	0
太阳能公共照明工程		162	113.4	32.4	16.2	0
村庄道路建设工程		315	234	36	17.99	27.01
农村垃圾污水整治工程	农村污水垃圾整治工程	234	128.7	46.8	23.4	35.1
	村庄沟塘整治工程	18	7.2	1.8	1.8	7.2
“万村千乡市场工程”		7.2	7.2	0	0	0
村庄绿化美化工程		45	27	9	4.5	4.5
边境村建设成本差异补助		18	18	0	0	0
合计		957.6	635.22	158.04	79.91	84.43

2010年普兰县农村人居环境建设和环境综合整治试点工程项目建设明细表

表4-2-10

工程项目	建设内容
农村书屋建设工程	利用现有村级组织综合活动场所农家书屋，为试点行政村配备符合农村社会经济发展和丰富农牧民群众业余生活需要的书籍和音像资料
综合文化体育设施建设工程	为每个行政村建设综合文化体育设施500平方米。根据当地条件及习惯，选择配备篮球架、乒乓球台、台球等全民健身路径器材以及射箭、抱石头等民族传统体育项目器材
村级广播文化信息站建设工程	为试点行政村配备村级广播文化信息资源共享所需计算机、电视及数字音像播放设备
流动电影服务工程	实施流动电影服务工程，配备流动数字电影放映机，共实施2个试点村

续表4-2-10

工程项目	建设内容
医疗卫生设施改善工程	利用现有村级组织综合活动场所，为每个村建立村级卫生室1座，配备更新基本医疗设备
太阳能公共照明工程	为每个试点村安装太阳能路灯18个
村庄道路建设工程	在试点行政村内建设硬化道路3000平方米，路面材料为水泥混凝土或石块，含两侧排水边沟
农村垃圾污水整治工程	利用农村废弃坑塘为每个试点行政村建设容量为500立方米的生活垃圾处理场1处，配备公共垃圾箱10个、垃圾收集转运人力推车2辆。为每个试点行政村建设2000米混凝土排水（污）渠或PE管道及污水生物氧化塘（化粪池）。试点行政村主次干道建设配套排水设施，农户生产、生活污水汇入村庄排水（污）系统。按照“分类收集、分类处理”的原则，开展垃圾无害化处理。引导农村充分利用空闲地、洼地、湿地防治、化粪池、沼气池等，分类、分步骤地推进聚居村庄生活污水处理和散居农户生活污水处理
村庄沟塘整治工程	对村庄河塘进行疏浚整治，达到“两清一建”，即清理淤泥、清理垃圾、建立长效管理机制。沟坡河坡配合绿化美化工程，实行还林还草，改善农村水环境
“万村千乡市场工程”	建设经营商品300种以上的村级农家店1座
村庄绿化美化工程	对行政村内公共场所、庭院、村内道路、排水（污）渠两侧、垃圾填埋场及污水氧化塘（化粪池）周边沿线绿化和美化，根据不同自然条件，栽植花草树木。提高试点村庄绿化覆盖率，村内河道宜林地造林绿化率100%，有条件的村庄建设一定宽度的村庄防护林。开展庭院绿化美化，村民每户栽培花草树木，品种选择坚持适地适树和多样性的原则，推广优良乡土花草、经济林树木品种，实行乔、灌、草、花、藤合理搭配

第四节 信 访

2005年之前，普兰县无专门的信访机构、编制和人员，没有独立的信访办公室和接访室，由政府办负责信访工作。2005年，普兰县信访办公室成立，在政府办公室挂牌。2010年，普兰县信访局成立，与政府办公室合署办公。

2001—2010年，普兰县坚持“属地管理、分级负责”“谁主管、谁负责”“依法、及时、就地解决问题与疏导教育相结合”的信访工作原则，实施依法逐级走访，逐步建立部门之间工作联动机制。制订信访工作方案，建立健全主要领导接访下访制度、重大信访问题县级领导包案制度和重要节点值班接访制度，增强“责任信访”新动能，努力将信访事项解决在初始、化解在属地，为普兰经济发展、社会稳定作出贡献。至2010年，基本形成政府领导牵头、职能部门负责、各单位各乡镇共同参与的信访工作格局。

建立健全村（居）一级矛盾纠纷排查规章制度。县委、县政府结合塔尔钦佛事活动，整合政法系统、各乡镇、县直部门的力量，做好矛盾纠纷排查化解工作，坚持属地管理责任制和领导干部包干重大矛盾纠纷工作制度，加大对群众法律法规的宣传教育力度，避免发生因群众未签订用工合同产生的信访案件。

2007年，全县调处矛盾纠纷3件，其中各单位调处2件，信访局调处1件。

2009年，普兰县开展"信访积案化解年"活动，制订活动方案，分3个阶段进行。6月7—30日，组织人员对2009年5月之前的信访积案进行排查梳理，重点为涉及企业改制、环境保护、教育卫生、"三农""双拖欠"、资源纠纷等信访问题，集中解决案情复杂、久拖未决的疑难问题。7月1日至11月20日，逐案研究，集中化解，细化解决问题、化解矛盾、依法处理等措施，明确相关单位、部门的责任。11月21日至12月20日，组织专人进行督导检查和总结验收。

2010年7月26日，普兰县出台《普兰县信访工作运行方案》。

第五节　地方志工作

一、机构

1998年8月，普兰县地方志编纂工作领导小组成立，下设办公室。

2001年，普兰县地方志编纂委员会成立。2003年之前，地方志办公室设在县政府。

2008年12月，调整充实地方志编纂委员会，下设地方志编纂小组，办公地点设在县委宣传部，负责方志的修改、补充工作。

1998—2010年普兰县地方志办公室领导一览表

表4-2-11

机构名称	职务	姓名	性别	民族	任职时间
普兰县地方志办公室	主任	王海龙	男	汉族	1998.8—2003.6
		洛桑西绕	男	藏族	2008.5—

二、地方志编修

2001年，普兰县成立地方志编纂委员会，县委、县政府各派领导干部1人，从各单位抽调精干人员充实修志队伍，脱岗修志人员7人，落实县志经费（比例定为地方财政年度预算支出的2%）。投入2万余元，出动车辆18车次，从县直机关到农牧区、从地区档案馆到地直机关单位，多渠道、多方面地搜集关于普兰历史的各种资料、图片，走访资深的农牧民和老干部，了解他们的亲身经历和各种传说，翻阅查找、摘抄重要文献，共摘抄卡片2000余张，复印重要文献资料1000余张，收集各种历史图片20余张，查找资料摘抄志卡3000余张，所查资料达到入志要求。通过对资料和图片的纵横比较、翻查、考证、入志价值评价，初编大事记。

2002年年初，大事记初稿完成。之后，地方志工作处于停滞状态。

2008年，《普兰县志》编修工作继续。工作人员先后到自治区档案馆、阿里地区档案馆和普兰县各单位、各部门收集资料。12月12日，普兰县出台《普兰县地方志编纂工作实施方案》，提出目标任务：2009年上半年完成编写任务，达到初审要求，做好自治区验收准备，2009年下半年完成出版发行。

2009年，编辑人员对收集到的资料进行梳理、归类，进行编纂。12月，《普兰县志》初审、复审会议在普兰新会堂召开。会后对所缺资料进行补充。

2010年7月11日，《普兰县志》终审会议在普兰新会堂召开，《普兰县志》通过终审。11月，《普兰县志》验收会议在拉萨召开，《普兰县志》通过验收。

第六节　藏语文工作

2001—2010年，普兰县藏语文工作部门开展藏语文翻译工作，对有关部门交办的讲话、资料、报告进行笔译和口译；组成藏语文社会用字检查领导小组，开展藏语文社会用字检查，国家民族语文政策和有关民族语文的法律法规在普兰县得到有效贯彻落实。

一、机构

1993年年底，普兰县成立翻译室，为县政府办公室下属单位。2000年，普兰县编译室设立，编制4名，实有人员2人。

1993—2010年普兰县编译室领导一览表

表4-2-12

机构名称	职务	姓名	性别	民族	任职时间
普兰县编译室	主任	强巴桑姆	男	藏族	1993.11—1996.11
		桑　珠	男	藏族	1996.11—2003.5
		尼玛次仁	男	藏族	2003.5—
	副主任	索　朗	男	藏族	2000.9—2006.11

二、汉藏翻译

2001—2010年，普兰县编译室完成各种材料和大型会议的藏文翻译任务，翻译的材料包括县委、人大、政府、政协以及各部门、各乡镇的各项文件材料，一部分领导讲话，县人大常委会颁布的地方性条例等，还承担其他应急性的翻译任务。在村级换届、党代会、“两会”召开期间，主要对换届、“三会”相关文件进行翻译。此外，还为个体工商户翻译门牌、横幅等。十年间翻译字数累计8700万字左右。

2002年，县编译室将藏文翻译成国家通用语言文字15万字，将国家通用语言文字翻译成藏文23万字。

2003年，县编译室译成国家通用语言文字10.87万字，译成藏文21.09万字。

2004年1月至6月初，县编译室译成国家通用语言文字9.76万字，译成藏文18.37万字。

2006年，县编译室翻译藏文、国家通用语言文字25万余字。

2010年1月至11月初，县编译室译成国家通用语言文字20万字，译成藏文30万字。

三、藏语文应用

普兰县及时整顿、清理社会用字，加强地名、河湖名等的规范、审定工作，促进了社会用字规范化进程。

（一）社会用字检查整改

2001—2010年，县编译部门针对部分单位、商店的社会用字混乱现象（文字大小不均匀，藏文错字、漏字，门牌表面老化，字体模糊等），联合文广、工商、税务、城管、宣传等相关部门，以县城和乡镇政府所在地、旅游景点、交通沿线路标和地名的翻译为重点，开展藏语文社会用字检查整改工作。对各主要街道的商店牌匾、宣传横幅等内容进行检查，提高社会用字规范化程度，基本达到有牌经营、汉藏两用，译文准确、书写规范，样式美观、内容健康、布局合理等要求。十年间，累计检查门牌、匾牌、广告等14000余个，其中不合格2000余个；查处文字位置错误的单位859家，无藏文门牌的492家，门牌出现藏文错别字的527家，藏文错译的425家，需要更换的593家，旅游景点和公路沿线路标851处，全部进行登记造册，下发整改通知单927份，纠正率在90%以上。

2002年，县编译部门在县城发放《西藏自治区学习、使用和发展藏语文的规定》和相关文件200余份。检查150余家商户的门牌，合格门牌50个，无门牌55家，错位、错译5个，并完成整改。

2003年，县编译部门以县城商户为主要对象，下发相关文件100余份。检查100余家商户的门牌，合格门牌20个，无门牌55家，错位、错译25个。

2004年4月，县编译部门开展社会用字检查和清理1次，发放社会用字宣传品

100余件，部分门牌重新挂牌。

2010年，县编译部门对县城部分商户门牌进行统一设计、更换，对塔尔钦和霍尔乡130余家个体商户门牌进行更换，营造各行业共同推进、全社会主动参与，广大民众自觉规范执行藏语文社会用字规定的良好环境。检查商户门牌200余家，整改完成率70%。

（二）新词术语规范

2002年，县编译部门学习藏指办审定的新词术语，将相关术语发放至乡镇一级、相关单位，完成新词术语推广工作。利用下乡、包村等时机，到农牧区搜集整理普兰县相关地名，审定地名的规范化、标准化写法，将相关成果提交至上级部门终审。

2003年，县编译部门搜集、翻译新词汇50余条，并将其使用到实际工作中。

2005年，西藏自治区成立新词术语藏文翻译规范委员会，负责对藏文新词术语的审定规范，切实提高新词术语使用效率。2006—2010年，收集新词术语8000余条，使出现频率较高的新词术语达到规范标准，并在权威性、时效性、广泛性等方面取得良好效果。

四、藏语文推广

2001—2010年，县编译部门发挥编译职能作用，配合县委工作，对党政机关、企事业单位干部进行国家通用语言、藏语培训。编写学习教材，在全县范围内开展学习国家通用语言、藏语活动，向全体干部职工及广大群众、寺庙僧尼、各乡镇发放手册382份。

第三章　政协地方组织

第一节　机　构

1992年5月，中国人民政治协商会议普兰县委员会恢复设立。

2010年8月，机构改革后县政协办公室机关编制7名（行政编制5名，事业编制2名），其中县级领导职数3～5名，科级领导职数2名。

2001—2010年中国人民政治协商会议普兰县委员会领导一览表

表4-3-1

机构名称	职务	姓名	性别	民族	任职时间	备注
政协普兰县第四届委员会	主席	索南旺杰	男	藏族	2000.12—2002.11	县委常委
政协普兰县第五届委员会	主席	索南旺杰	男	藏族	2002.11—2007.11	县委常委
	副主席	则　　吉	男	藏族	2002.11—2007.11	
		嘎　　久	男	藏族	2002.11—2007.11	
		扎西多吉	男	藏族	2006.5—2007.11	县委常委
		巴桑次仁	男	藏族	2006.5—2007.11	
政协普兰县第六届委员会	主席	索南旺杰	男	藏族	2007.11—	县委常委
	副主席	则　　吉	男	藏族	2007.11—	
		嘎　　久	男	藏族	2007.11—	
		扎西多吉	男	藏族	2007.11—	县委常委、统战部部长
		巴桑次仁	男	藏族	2007.11—	

2001—2010年政协普兰县委员会办公室领导一览表

表4-3-2

机构名称	职务	姓名	性别	民族	任职时间	备注
政协普兰县委员会办公室	主任	次仁多吉	男	藏族	2000.1—2002.2	
		白玛多吉	男	藏族	2003.4—2004.8	
		彭 次 仁	男	藏族	2004.10—2008.8	
	副主任					未配备
	主任科员	桑巴贡保	男	藏族	2008.8—	主持工作

1998—2010年政协普兰县历届委员会界别组成表

表4-3-3　　单位：人

界别	四届（1998.11—2002.11）	五届（2002.11—2007.11）	六届（2007.11—　）
中共界	7	8	12
工会界	0	0	0
民族宗教界	3	5	9
医药卫生界	2	1	1
妇女界	1	0	1
共青团界	9	4	4
经济界	1	0	0
工商联界	1	2	1
科技界	0	0	0
教育界	1	1	1
农林水牧界	0	2	3
社会科学界	0	0	0
特邀	1	1	1
合计	26	24	33

第二节 会 议

政协普兰县委员会全体会议主要任务是选举政协主席、副主席、秘书长和常委，决定常委会组成人员的增选和变更；协商讨论普兰的大政方针以及政治、经济、文化和社会生活中的重大问题，对党和政府工作提出建议和批评；听取和审议常务委员会工作报告、提案工作报告和其他报告；讨论县政协重大工作方针、任务并作出决议。2001—2010年，政协普兰县委员会经历了第五届、第六届，共召开全体会议8次。

一、政协普兰县第五届委员会会议

2002年11月14—18日，政协普兰县第五届委员会第一次会议召开。会议选举产生政协主席（索南旺杰）、副主席（则吉、嘎久），审议通过政协普兰县委员会五届一次会议工作报告和决议。

2003年3月16—18日，政协普兰县第五届委员会第二次会议召开。会议主要学习贯彻中共十六大精神及自治区、地区“两会”精神，列席县九届人大二次会议，听取审议政协普兰县委员会五届二次会议工作报告。

2006年4月24—25日，政协普兰县第五届委员会第五次会议召开。会议听取和审议《政协普兰县委员会工作报告》《政协普兰县委员会提案审查报告》。会议讨论县人大常委会工作报告、《关于普兰县“十一五”时期国民经济和社会发展规划纲要（草案）的报告》，听取普兰县经济运行情况报告，审议通过政协常委会工作报告和提案工作报告。会议要求学习和全面贯彻落实各级政协工作会议精神，为跨越式发展和长治久安尽职尽责；围绕普兰县经济社会发展中的重大问题建言献策；坚决反对分裂，维护普兰社会的和谐稳定；普兰政协切实加强自身建设，提高履行职能的能力和水平。

2007年4月4—6日，政协普兰县第五届委员会第六次会议召开。会议听取县长土登次仁所作的政府工作报告、县财政局预算报告、县人民法院和县人民检察院工作报告；列席人大其他会议；听取和审议政协普兰县委员会常委会工作报告、政协普兰县委员会提案审查情况报告；集体讨论政协普兰县委员会会议期间的各项内容。县政协副主席则吉向大会作工作报告，报告全面总结政协2006年的各项工作，从加强政协机关自身建设、建立健全各项规章制度和履行职能进行具体说明；全面部署2007年政协普兰县委员会的各项工作。县政协副主席嘎久向大会作提案审查工作情况的报告。

二、政协普兰县第六届委员会会议

2007年11月28—30日，政协普兰县第六届委员会第一次会议召开。会议主要对过去五年的工作进行回顾总结。会议听取讨论县委副书记、县长土登次仁所作的

《政府工作报告》和其他报告；列席人大的各项会议；听取和审议政协普兰县第五届委员会工作报告和提案审查报告，讨论通过有关决议；学习《西藏自治区实施〈宗教事务条例〉办法（试行）》；选举产生第六届委员会主席1人、副主席4人和常务委员11人（包括主席和副主席）。会上，委员紧紧围绕“实现全县经济社会发展新跨越”协商议政、建言献策。

2008年11月2—4日，政协普兰县第六届委员会第二次会议召开。会议听取和审议通过政协普兰县第六届委员会常委会工作报告、提案工作报告和会议决议，听取讨论县人大常委会工作报告、“一府两院”工作报告等。委员们围绕促进经济又好又快发展、构建社会主义和谐社会以及人民政协工作等重要问题，提出许多好的意见和建议，履行政治协商、民主监督、参政议政职能。

2009年4月2—3日，政协普兰县第六届委员会第三次会议召开。会议听取和审议政协普兰县第六届委员会常委会工作报告；传达学习自治区人民代表大会关于设立“3・28”西藏百万农奴解放纪念日的决定。会议强调，广大委员要牢固树立强烈的责任感和使命感，以思想大解放的智慧和视野，谋划政协工作，促进普兰发展。要紧密联系新时期人民政协工作的实际，以“反对分裂、维护稳定”为引领，牢牢把握“团结、民主”两大主题，切实履行三项职能，要贯彻好地区工作会议要求中“四抓、三突出、三确保”的目标，以“反对分裂、维护稳定”为前提，同心同德，励精图治，锐意进取，求真务实，为普兰更加美好的明天作出贡献。委员列席县十届人大三次会议。

2010年4月5—6日，政协普兰县第六届委员会第四次会议召开。会议听取和审议通过政协普兰县第六届委员会常委会工作报告、提案审查报告及两项决议；传达学习贯彻中央第五次西藏工作座谈会精神及相关政协会议精神；列席县人大十届四次会议，审议相关报告。会议要求全体委员要围绕加强团结、维护稳定、履行职能、促进经济社会全面发展和构建社会主义和谐社会等方面工作，提出更多好的意见和建议，履行好政治协商、民主监督、参政议政职能。

第三节　履行职能

政协的主要职能包括政治协商、民主监督、参政议政。政协普兰县历届委员会组织委员学习党和国家的政策、法律，针对经济建设和统一战线问题进行协商和监督，履行民主监督、参政议政职能，为全县经济社会发展建言献策。

一、调研活动

2002—2007年，县政协围绕“三农”、农村扶贫迁移等民生问题开展调研、视察活动3次，提出切实可行的建议20余条。

2003年2月11—15日，县政协组织调研组，就基层政协委员的工作情况进行调研。

2007年1月15—19日，县政协围绕县委创建“小康普兰、平安普兰、和谐普兰”的目标及全县人民群众热切关注的问题，组织政协委员就赤德村江嘎作业组扶贫搬迁等问题进行专题调研，调研组深入基层，通过召开座谈会、走访群众、查阅资料等方式，撰写1篇有问题、有分析、有建议的调研文章。

2009年，县政协组织开展专题调研7次，以政协普兰县委员会名义撰写《如何发挥普兰县政协委员主体作用的调研报告》；就全县宗教工作、群众人畜饮水困难、儿童疾病、政协机关履行职能作用和生态建设等问题，撰写《对做好宗教工作，构建和谐普兰几个问题的调研》《普兰镇赤德村人畜饮水困难的调研报告》《对普兰县寺庙法治宣传教育活动几个问题的调研》《霍尔乡儿童疾病情况的调研报告》《政协机关履行职能作用的调研报告》《普兰镇科迦村林业建设情况的调研报告》专题调研报告和专项建议。年底，就各乡镇开展的第三批科学发展观活动、民族团结宣传教育活动，寺庙法治宣传教育等情况进行民主监督综合视察调研，并撰写综合调研材料。

2010年，县政协组织开展调研活动5次，撰写《关于普兰县〈中华人民共和国国旗法〉贯彻情况的调研》《普兰县农牧民群众进城定居情况的调研》《践行科学发展观提高政协机关履职能力的调研报告》《普兰镇赤德村人畜饮水困难的调研报告》《关于普兰镇科迦村林业建设情况的调研》调研报告和专项建议。

二、提案工作

县政协通过政协提案、委员视察、民主评议、反映社情民意、大会发言等多种形式，履行政协职能。

2002年，收到委员提案45件，立案36件。提案主要涉及组织、教育、政府、农牧、民政和公检法等单位的工作。

2003年，收到委员提案20件，立案19件，其中农牧方面1件，教育方面2件，交通方面3件，水利方面1件，统战方面2件，政府方面10件。

2004年，委员共提案25件，立案25件，其中农牧方面5件，教育方面1件，交通方面1件，水利方面2件，民政方面1件，文化方面1件，政府方面13件，普兰镇的提案1件。

2005年，委员共提案12件，立案12件，其中农牧方面1件，外事旅游方面1件，交通方面1件，水利方面4件，发改委方面2件，政府方面3件。

2006年，委员提案24件，立案24件，其中农牧方面2件，民宗方面2件，文化方面2件，水利方面8件，卫生方面1件，政府方面8件，电信方面1件。

2007年4月4—6日，五届六次会议期间收到委员提案17件，立案17件，其中农牧方面2件，教育方面1件，交通方面1件，水利方面4件，统战方面1件，民宗方面2件，宣传部方面1件，卫生方面1件，民政方面1件，政府方面2件，电信方面1件。

2007年11月28—30日，六届一次会议期间，县政协委员共提出提案、意见和要求37件，经提案小组审查立案37件，其中涉及县委、县政府方面的提案7件，国土方面3件，民宗方面2件，水利方面5件，农牧方面7件，消防方面1件，电信方面1件，农行方面1件，民政方面1件，交通方面8件，文化方面1件。提案全部办理完毕，提案建议被有关部门采纳和基本采纳率在80%以上。

2008年11月2—4日，六届二次会议期间，县政协委员共提出提案、意见和要求38件，经提案小组审查立案34件，主要涉及10个单位，其中涉及政府方面的提案2件、民宗方面9件、水利方面3件、农牧方面6件、商贸方面2件、农行方面1件、交通方面7件、文化方面1件、统战方面2件、政协方面1件。2009年3月底，提案全部办理完毕，提案建议被有关部门采纳和基本采纳率在80%以上。

2009年4月2—3日，六届三次会议期间，政协委员共提出提案、意见和要求34件，经提案小组审查立案32件，其中涉及县委办的提案1件，政府办的提案3件，人大的提案2件，政协的提案1件，水利局的提案6件，文广局的提案1件，交通局的提案5件，农牧局的提案5件，统战（民宗）的提案3件，国土局的提案3件，旅游局的提案1件，维稳办的提案1件。截至2010年3月底，提案均按规定时间全部办理完毕，提案建议被有关部门采纳和基本采纳率在80%以上。

2010年4月5—6日，六届四次会议期间，收到委员提案32件，经审查立案30件，其中涉及政府的提案5件，交通局的提案4件，统战部（民宗局）的提案4件，教育局的提案1件，水利局的提案4件，农牧局的提案5件，国土局的提案1件，环保局的提案1件，卫生局的提案1件，文化局的提案2件，旅游局的提案1件，林业局的提案1件。

三、其他工作

2002—2007年，县政协协助县委、县政府开展“千名干部进牧区，理思路、促发展”、草场承包、保持共产党员先进性教育活动、乡镇村党委换届和宣讲全区党员领导干部大会精神等工作，组织机关委员和干部下乡540余天。

2002年，县政协在“千名干部进牧区，理思路、促发展”活动中，组织政协委员进驻3个乡镇4个村，下乡48人次，为农牧民群众集资1400元，争取资金3万元，向受灾群众捐款900元，建造维修房子34间，修羊圈4个，拉石头约50立方米。

2003年，县政协主席索南旺杰带头为赤德木荣、曲玛塘村民盖新房（220平方米）投入资金4979元；为赤德那依组村民桑杰多吉盖新房（180平方米）投入3830元。扶贫工作中，政协副主席则吉下乡历时2个月以上，为农牧民解决口粮100千克价值320元，为村民购置家具价值2800元；因许多农牧民耕种没有牲畜，为其购买牲畜（价值1200元）；为乡村扶贫点的茶馆捐资1250元；为修羊圈投资1500元。政协副主席嘎久为霍尔乡帮仁村村民新建房屋（2套）投入5940元，为帮仁村购置牲畜10头价值1450元。政协办公室主任白玛多吉为扶贫点多油村噶入组村民提供口粮175千克，并为修建房屋投入550元。

2004年、2005年，政协委员为贫困农牧民群众捐款36740元，下乡150余天，其中政协委员古扎、格桑班久和贡觉曲巴等人为周边的贫困群众送柴、送粮，折合人民币近万元。2005年，针对草场承包试点工作和2006年草场承包到户工作，组织机关干部下乡350余天。

2007年，为及时、准确、全面地将两级党员领导干部大会精神以及党的各项富民政策传达给基层干部、广大农牧民群众和寺庙僧人，在县委安排下，政协委员机关干部下乡宣讲19天57人次。

2008年，县政协响应阿里地委、行署，县委、县政府关于开展“反对分裂、维护稳定、加强团结、促进发展”主题教育的号召，组织机关干部职工学习相关文件精神和材料。“5·12”汶川地震后，政协机关、政协委员向地震中受难的同胞伸出援助之手，政协机关干部职工和政协委员捐款及交纳特殊党费1万余元。选派机关干部职工到寺庙开展法治宣传服务活动。

2009年，县政协选派干部下乡6人次，历时372天，下乡期间机关干部根据情况向困难群众捐款1万余元，政协委员也在各自辖区有针对性地向贫困户、特困户给予不同形式的帮助与支持。

第四章　人事管理

2001—2010年，普兰县适应建立社会主义市场经济体制的需要，改革人事制度，实行公务员制度、专业技术职务评聘制度，调动国家工作人员的积极性。对工资制度进行改革，按劳分配，国家机关和事业单位实行不同的工资制度。

第一节　机　构

2010年9月之前，普兰县人事局与县委组织部合署办公，局长由县委组织部正科级副部长兼任。

2010年9月，普兰县组建人力资源和社会保障局，将人事局、劳动和社会保障局的职责整合划入人力资源和社会保障局，不再保留人事局、劳动和社会保障局。按照党管干部原则及分级管理权限，县人力资源和社会保障局主要负责县内政府机关、事业单位普通干部及工人的管理工作，副科级以上干部的选任、考核、奖惩、调配等工作由县委组织部直接管理。县人力资源和社会保障局无内设机构，编制6名（行政编制3名，事业编制3名），其中科级领导职数4名。至年底，未配备局长。

2001—2010年普兰县人事局领导一览表

表4-4-1

机构名称	职务	姓名	性别	民族	任职时间
普兰县人事局	局长	李寿明	男	汉族	1998.7—2002.5
		顿　珠	男	藏族	2002.6—2003.8
		桑　珠	男	藏族	2003.8—2006.5
		旺　久	男	藏族	2006.11—2009.10
	副局长	才旺玛	女	藏族	1999.7—2002.9

第二节　人事工作

普兰县干部主要来源于考试录用、军转干部安置、毕业生分配。2000年以后，普兰县对乡镇、县卫生服务中心、农牧、教育系统部分事业管理人员实行聘任。2010年机构改革后，对事业单位管理人员实行委任制。2001—2010年，县人事管理部门每年对公务员、工勤人员进行考核，对专业技术人员进行职称评聘，完善干部奖惩制度，加大素质培训力度，全县干部职工由396人增至597人。

一、高校毕业生就业安置

县人事管理部门根据全县人才需要，按照地委组织部、地区人事局高校毕业生就业办法，坚持专业对口和合理调剂人才分布相结合的原则，对高校毕业生进行就业安置。学生所学专业丰富，使全县“生态立县、产业富县、旅游兴县、边贸活县、城镇靓县、依法治县”发展战略的专业人才需求得到满足，基层行政、教学、生产一线与机关单位的人才需求得到充实。

2001年，全县分配安置大中专毕业生13人。

2003年，全县分配大中专毕业生28人，结合县情和大中专毕业生专业及素质，分配至县直行政部门5人，专业技术部门18人（含农牧区基层一线2人），农牧区基层一线7人。

2008年，在分配的毕业生中，本科生26人，大专生18人。

2009年，对高校毕业生（含公务员统考生）74人进行安置。

2010年，分配高校毕业生32人，分配至行政单位16人，事业单位16人。

二、干部结构

2001年，普兰县有干部职工396人（包括聘用干部1人，代管门士煤矿退休工人3人），其中行政干部149人，事业干部107人，企业干部4人，工人28人，退休干部108人。在职干部260人（女性干部50人），其中藏族202人，干部58人；30岁以下125人，31～40岁68人，41～46岁52人，46岁以上15人；大专及以上文化程度72人，中专（高中）125人，初中及以下63人；县级干部24人，科级干部56人；具备中级专业技术职称16人，初级专业技术职称46人。

2006年7月，全县有干部职工499人，其中行政干部238人，专业技术干部68人，教师53人，工人19人，以工代干8人，退休干部职工113人。在职行政人员238人（女性50人），其中藏族150人，汉族87人，回族1人；30岁以下161人，30～39岁71人，40～55岁6人；大学文化程度34人，大专92人，中专89人，初中13人，小学10人；所含专业主要为乡镇企业管理、农村经济管理、资源环境与城乡规划管理、信息管理等。在职事业人员121人（事业干部68人，教师53人），其中男性79

人，女性42人；藏族109人，汉族12人；30岁以下52人，30～39岁49人，40～55岁20人；大学文化程度15人，大专21人，中专69人，初中10人，小学6人；中级专业技术人员27人，初级专业技术人员45人；所含专业包括农学、体育学、社区医学、声乐、计算机软件等。有工人19人（女性工人7人），其中藏族16人，汉族3人；30岁以下1人，30～39岁7人，40～55岁11人。有以工代干8人（女性2人），其中藏族7人，汉族1人；30岁以下1人，30～39岁1人，40～55岁6人；中专学历（水工专业）1人，高中以下学历7人；副科级职务3人，行政科员职务3人；中级专业技术人员1人，初级专业技术人员1人。

2009年，全县在职干部职工547人，其中行政干部318人，专业技术干部99人，教师91人，工人39人。

2010年，全县在职干部职工597人，其中行政干部364人（含政法系统干部84人），专业技术干部195人（含教师105人），党政机关、事业单位工人38人（技师1人、高级工9人、中级工6人、初级工5人、普工17人）。

三、公务员管理

（一）公务员登记

2006年1月1日，《中华人民共和国公务员法》正式实施。普兰县启动公务员登记工作，严格执行政策，严格程序，对照各部门、单位“三定”方案和登记人员档案，逐一进行审核。建立公务员信息数据库。

2008年，全县有公务员294人，其中登记公务员245人，暂缓登记（试用期）公务员23人。登记参照管理事业单位工作人员21人，因调任符合登记条件1人，因试用期满符合登记条件12人；因退休注销公务员登记1人，因调出注销公务员登记5人，因事故注销公务员登记1人。

2009年12月，全县有公务员、参照《中华人民共和国公务员法》管理事业单位人员313人，其中登记公务员251人，暂缓登记（试用期）34人，登记参照《中华人民共和国公务员法》管理事业单位人员28人。

2010年6月，全县有公务员、参照《中华人民共和国公务员法》管理事业单位人员310人，其中登记公务员247人，暂缓登记（试用期）35人，登记参照《中华人民共和国公务员法》管理事业单位人员28人。

（二）公务员考核

2001—2010年，普兰县公务员考核坚持客观公正、注重实绩的原则，实行领导与群众相结合、平时与定期相结合、定性与定量相结合的方法，按照规定的权限、条件、标准和程序进行。以公务员的职位职责和所承担的工作任务为基本依据，全面考核德、能、勤、绩、廉5个方面，重点考核工作实绩，分为平时考核和定期考核，定期考核以平时考核为基础。考核结果分为优秀、称职、基本称职和不称职4个等次，作为调整公务员职务、级别、工资以及公务员奖励、培训、辞退的依据。

2001年，全县有公务员72人（县54人，乡镇18人），应考核61人，评选出优秀等次16人，称职等次45人。

2005年10月19—31日，普兰县考核国家公务员（工作人员）377人（行政人员252人，专业技术人员125人），民主评选出优秀等次57人，称职（合格）等次278人，未定等次42人。援藏干部7人参加公务员考核，未占用优秀等次名额。

2008年，普兰县考核国家公务员（工作人员）事业单位参照公务员管理人员267人，民主评选出优秀等次42人，称职等次208人，未定等次17人。援藏干部4人参加公务员考核，未占用优秀等次名额。机关单位工勤人员21人，民主评选出优秀等次3人，称职等次18人。事业单位工勤人员9人，民主评选出优秀等次1人，合格等次8人。11月2日，因个别干部在工作中表现突出，成绩优异，经县考核委员会会议研究，在各单位（各支部）呈报的优秀工作人员的基础上增加干部5人为优秀工作人员。

2009年，普兰县印发《关于做好公务员、专业技术人员年度考核工作的通知》，组织召开民主考核大会，干部就思想、工作、学习、廉洁自律等方面进行汇报，全体参评人员结合汇报情况进行投票，根据得票情况评选出优秀公务员66人，未出现不称职公务员。

四、专业技术人员评聘与考核

2001—2010年，普兰县职称评审工作由县人事局管理。在评审和推荐工作中，坚持公正、公平、公开的原则，名额、评聘条件、评聘程序、评聘结果向群众公开，接受群众监督。随着专业技术职务聘任制度的建立，普兰县专业技术人员队伍不断壮大。考核内容包括政治表现、工作业绩、业务能力、工作态度，考核结果分为优秀、合格、基本合格和不合格4个等次。实行定性考核与定量考核相结合，以定量考核为主的方法，政治表现采取定性考核，业务方面实行定量考核，即对其任职期间履行职责情况进行客观考察，根据考核内容所分的三大项（工作业绩、业务能力、工作态度），重点考核工作业绩。分别按百分制打分，再按各项考核分数比例（工作成绩占最后得分的60%，业务能力和工作态度各占20%），计入最后考核分数。业务考核最后成绩等级划分：考核对象得分90分以上者评为“优秀”，80～89分者评为“合格”，60～79分者评为“基本合格”，59分以下者评为“不合格”。进行定量考核、定性评议，客观公正地确定等次。

2003年，经地区人事局研究，确认3人具有中级专业技术职务任职资格，其中大旺堆（县人民医院）具有主治医师任职资格，索朗（县编译室）、桑珠（县编译室）具有藏语翻译任职资格。

2008年，普兰县考核专业技术人员153人，民主评选出优秀等次21人，合格等次96人，未定等次36人。

2009年，普兰县评选优秀专业技术人员34人，未出现不合格专业技术人员。

2010年，普兰县成立专业技术职称评审委员会，负责考核、审定全县干部职工初、中、高级技术职称申报工作；负责指导全县专业技术人员考核、聘任及聘后管理。按照区、地相关规定和要求，对全县事业单位专业技术岗位实行因事设岗，促进专业技术职称评聘工作，有13人聘任助理级职称。

普兰县高级专业技术人员统计表

表4–4–2

姓名	性别	民族	出生年月	文化程度	参加工作时间	政治面貌	工作单位	技术职称	聘任时间
强久多吉	男	藏族	1961.3	中专	1983.9	群众	九年一贯制学校	高级教师	2007.3
顿珠扎西	男	藏族	1958.12	大专	1977.10	中共党员	九年一贯制学校	高级教师	2007.7

五、干部素质培训

2001—2010年，县人事管理部门采取脱产学习与自学、函授与面授、长班与短班相结合的方式，对全县干部职工进行素质培训，培训内容以《国家公务员行为规范》、《关于社会主义若干问题学习纲要》、职业道德教育、职业技能为主，提高全县机关单位工作人员的业务能力和管理水平。

第三节　工资福利

一、工资

（一）工资调整

1993年10月1日至2006年6月10日，普兰县对事业单位工作人员的工资标准进行5次调整：1997年7月1日第一次调整，1999年7月1日第二次调整，2001年1月1日第三次调整，2001年10月1日第四次调整，2006年7月1日第五次调整。

2001年，对全县干部职工的工资和基本情况进行摸底测算，完成2次工资调整，及时兑现学历固定、浮动，年限固定、浮动，国家公务员正常晋升、职务变动、级别变动等工资待遇。

2003年，及时落实干部职工工资福利等有关待遇，兑现干部11人在藏工作满5年浮动享受地区性临时补贴工资；干部19人在藏工作满7年享受大中专学历固定一级工资；干部2人在藏工作满14年享受大中专学历固定一级工资；干部4人在藏工作满15年享受固定一级工资；干部1人在藏工作满30年享受固定一级工资；干部70人连续2年公务员考核称职在本职务工资标准内提高1个工资档次；干部42人连续3年考评优秀或连续5年称职在本职务工资标准内晋升一级级别工资档次；落实年终一次性奖金；干部8人由办事员晋升科员，干部12人职务变动，干部3人级别变动；落实政法系统工作人员享受公安待遇；及时纠正部分干部工资套改中出现的失误。

2004年上半年，增加特殊警种岗位津贴，兑现享受专业技术职务工资，学历固定工资，级别变动工资，农牧护林员享受农牧半脱产人员工资待遇等；及时发放2003年度在职且考核为优秀称职的机关事业单位工作人员（含合同制工人）的年终一次性奖金。

2008年，及时兑现干部29人在藏工作满5年享受浮动一级工资；干部14人在藏工作满15年享受一级浮动工资。

2010年，兑现干部24人在藏工作满5年享受浮动一级工资；干部14人在藏工作满15年享受一级浮动工资。

（二）工资改革

2006年，经中共中央、国务院批准，对公务员和事业单位工资制度进行改革，实行国家统一的职务与级别相结合的公务员工资制度，建立符合事业单位特点、体现岗位绩效和分级分类管理的收入分配制度，改革公务员职级工资制。调整基本工资结构，将基本工资构成调整为职务工资和级别工资2项，取消基础工资和工龄工资。调整基本工资正常晋升办法，年度考核累计2年称职及以上的正常晋升1个级别工资档次，累计5年称职及以上的正常晋升1个工资级别。建立岗位绩效工资制度，岗位绩效工资由岗位工资、薪级工资、绩效工资和津贴补贴4部分组成，其中岗位工资和薪级工资为基本工资。实行工资分类管理，事业单位岗位分为专业技术岗位、管理岗位和工勤技能岗位，不同等级的岗位对应不同的工资标准。

在清理规范津贴补贴的基础上，实施地区附加津贴制度，完善艰苦边远地区津贴制度和岗位津贴制度。在特殊岗位工作的人员，实行岗位津贴制度。取消地区、部门和单位自行建立的岗位津贴以及在国家规定之外自行扩大范围和提高标准的津贴。

建立工资调查制度，定期进行公务员和企业相当人员工资收入水平的调查比较，根据工资调查比较的结果，结合全国国民经济发展、财政状况、物价水平等情况，实时调整机关工作人员基本工资标准。

2006年年底，普兰县在职机关事业单位工作人员346人，其中机关245人，月增资21.56万元，人均月增资880元；事业单位101人，月增资75649元，人均月增资749元。离退休人员84人，月增资57585元，人均月增资685.54元。

二、津贴补贴

2006—2010年，普兰县对全县干部职工（包括行政人员、专业技术人员、工人）津贴的绝对额部分进行结构性调整4次。

2006—2010年普兰县干部职工津贴调整明细表

表4-4-3　　　　单位：元

干部职工类别	津贴调整				
	文件发文时间	2007.6.1	2007.11.19	2008.11.24	2010.6.25
	标准执行时间	2006.7.1	2007.7.1	2008.7.1	2010.1.1
行政人员	正县	1244	1844	2444	3069
	副县	1181	1719	2257	2807
	正科	1056	1519	1982	2482
	副科	1031	1444	1857	2332
	科员	956	1344	1732	2195
	办事员	956	1344	1732	2195
专业技术人员	教授级	1444	2144	2844	3582
	副教授级	1294	1907	2520	3158
	讲师级	1106	1581	2056	2569
	助理级	956	1344	1732	2195
	员级	956	1344	1732	2195
工人	高级技师	956	1344	1732	2195
	技师	956	1344	1732	2195
	高级工	956	1344	1732	2195
	中级工	956	1344	1732	2195
	初级工	956	1344	1732	2195
	普通工	956	1344	1732	2195

三、待遇

（一）年假

2003年7月18日，西藏自治区人民政府印发《关于印发机关事业单位职工休假规定的通知》（藏政发〔2003〕47号）。该规定自2004年1月1日起执行。

职工实行年休假制度。职工休假按年度计算，一年1次。适用于自治区各级党委、人大、政府、政协机关，法院、检察院、群团组织机关和事业单位的正式职工。

假期：当地职工（不含夫妻两地分居的职工）假期为30天；进藏职工和夫妻两

地分居（不能在公休假日团聚）的当地职工，科级及以下干部、助理级及以下专业技术职务人员和工勤人员假期为40天，县（处）级干部和中级专业技术职务人员假期为50天，地（厅）级以上干部和高级专业技术职务人员假期为60天。在三类、四类区工作的职工，在上述假期的基础上，分别增加10天、20天。

对口支援干部（含其他省市在西藏挂职锻炼干部）休假待遇按上述规定执行。经组织批准，休假期间需要向派出单位汇报对口支援工作或争取项目、资金的，所需时间由各地（市）、各部门视情规定，但最长不得超过30天。对口支援干部援藏期满返回原选派单位，可享受90天假期。

其他人员的休假待遇：（一）新录用到机关、事业单位工作的职工，从次年起享受休假待遇。（二）调动工作的职工和军队转业、退伍人员，当年在原单位未休假的，由调入单位统筹安排；已休假的，从次年起享受休假待遇。（三）原籍在区内与原籍在区外的汉族或其他少数民族结婚的职工及其子女（正式职工），执行进藏职工的休假时间。（四）组织安排赴其他省（市）脱产学习1年以上的职工，在学习期间可利用寒、暑假休假1次，往返路费予以报销。（五）女职工生育产假的假期按自治区计划生育部门有关规定执行。产假期满后，其下次休假应在返回单位的次年安排。（六）驻其他省（市）各单位职工的休假待遇按所在地规定执行，自治区人民政府驻格尔木办事处职工的休假待遇按区内规定执行。

职工享受休假待遇后，不再另批探亲假。在休假期内，可同时探望父母（岳父母、公婆）。

职工休假期间的工资待遇：（一）职工休假期间享受工资及政策规定的各项福利待遇。（二）职工休假期满，因特殊情况经组织批准续假的，扣发续假当月全部工资的20%。续假时间最长不得超过20天。（三）职工休假期满，未经组织批准超假14天以下的，扣发超假当月全部工资的50%；按照《国家公务员暂行条例》第七十四条第四款的规定，无正当理由逾期不归连续超过15天的，予以辞退。

职工休假的其他规定：（一）假期包括休假期内的公休日和法定假日，不包括往返路途时间。往返路途时间由各单位根据实际情况自行规定。（二）职工休假不得跨年度计假和补假。确因工作需要，组织决定当年不能休假的（不含自愿放弃休假者），经本单位主要领导批准，可发给一定的补助费，具体标准由自治区财政厅商人事厅提出意见，报自治区人民政府审定后实施。对不愿领取补助费的，可报销其家属或一名子女进出藏的交通费。（三）职工当年休假后，因直系亲属病故等特殊原因需要请事假的，按干部职工管理权限审批，时间一般为15天，最长不得超过30天，事假超过30天的，次年不安排休假。（四）职工休假（含事假）往返路费及其他费用报销，要严格按照西藏自治区差旅费开支的有关规定和财务制度执行。

国有企业职工休假制度，由企业根据具体条件和实际情况，参照《西藏自治区机关事业单位职工休假规定》自行确定，报同级劳动和社会保障部门备案。

2004年11月10日，普兰县出台《普兰县在职干部职工休假、学习、出差、事假、病假制度规定》（普政发〔2004〕57号），职工工作不满一年者，因特殊原因需要请事假的区内干部职工事假期限为15天，区外干部职工事假期限为30天，对请事假者，交通费用自理，本年度不再安排休假，并扣发日工资50%，工作时间重新计算。

其他人员的休假待遇：（一）新录用到机关、事业单位工作的干部（职工），转正后工作满一年者，方可享受休假待遇。（二）调入普兰县工作的职工或安排到普兰县工作的军队转业、退伍人员，自报到之日起工作满一年者，即可享受休假待遇。

职工休假期间的工资待遇：（一）职工休假期间享受工资及政策规定的各项福利待遇。（二）职工休假期满，因特殊情况经组织批准续假的，扣发续假当月全部工资的50%。续假时间最长不得超过20天。（三）职工休假期满，未经组织批准的，超假期1天，一般干部扣发100元，科级干部扣发150元，县级干部扣发200元；未经组织批准超假15天以上的，无自身不可抗拒的原因，按照《国家公务员暂行条例》第七条、第十四条规定，予以辞退。

包干路费标准（按年度领取包干经费）：普兰县内干部职工800元，噶尔、札达、日土、革吉县干部职工1000元，改则县、措勤县干部职工1500元，西藏自治区内干部职工2000元，昌都地区干部职工2400元，西藏自治区外（四川、新疆、青海）干部职工5100元，四川省以东干部职工5400元，山海关以东干部职工5500元。

对于公派学习、出差人员实行实报实销制度，补助费按有关文件精神执行。

对于在职干部职工需治病的，经组织批准后方可离岗，对于退休干部职工，组织不再另外批假。医疗费用及包干经费经县公费医疗小组审核无误后准予按规定报销医疗费用并领取相应的包干经费，对弄虚作假者，一切费用自理。

关于交通工具及费用事宜：在普兰工作的干部职工因休假乘车，在车辆有空位的情况下，可优先安排座位，但需向派车单位缴纳车费，一个座位车费标准：巴嘎乡、霍尔乡50元，狮泉河150元，拉萨500元，新疆600元。县级领导干部休假，县政府办公室需派车，车费按上述标准从包干经费中扣除，空位由县政府办公室安排。如有干部职工休假需要租车，县政府办公室可视具体情况而定。

确因工作需要，经组织决定当年不能休假的（不含自愿放弃休假者）可发给一定的补助费，标准为职工当年12月应发工资总额 ÷ 30 × 职工应休假天数 × 50%。对不愿领取补助费的，可报销其家属或一名子女进出藏的交通费。

2006年12月31日，中共西藏自治区委员会办公厅、西藏自治区人民政府办公厅联合下发《关于印发〈西藏自治区机关事业单位干部职工休假补充规定〉的通知》（藏党办发〔2006〕51号），对往返路途时间、往返交通费报销标准等内容进行调整，进一步完善干部职工休假制度。该规定自2007年1月1日起执行。往返路途时间：机关事业单位干部职工休假的往返路途时间由各单位根据实际情况自行确定，但最长不得超过15天。往返交通费的报销标准：地厅级干部、高级专业技术职务人员休假，可乘坐飞机普通舱、火车软卧、轮船二等舱或公共汽车。县处级以下干部（含县处级）、中级以下专业技术职务人员（含中级）和工勤人员休假，可乘坐火车硬卧、轮船三等舱或公共汽车。机关事业单位干部职工休假结束后，按照上述标准报销往返交通费用。乘坐超出规定标准的交通工具，超支费用由干部职工自理；乘坐低于规定标准的交通工具和其他交通工具（不含出租小汽车），凭票据按实报销。区外干部职工与区内少数民族人员结婚的，离退休后无论安置在区内还是区外，夫妻双方每三年均可探视父母或子女1次（如父母去世，则只能去1个子女处）。往返交通费用由原工作单位报销，报销标准与在职干部职工相同。

2007年，阿里地区根据国家有关规定，针对休假、探亲制度执行过程中出现的新情况、新问题，制定《阿里地区关于机关事业单位职工休假的规定》，2007年3月7日以行署名义下发，自2007年1月1日起执行。该规定内容与《西藏自治区机关事业单位职工休假规定》基本相同，对部分内容进行调整：（一）阿里驻格尔木办事处职工的休假待遇按地区内规定执行。（二）确因工作需要，组织决定当年不能休假的（不含自愿放弃休假者），经本单位主要领导批准，可发给一定的补助费，具体标准由地区人事局提出意见，报地区行署审定后实施。对未领取补助费的，可报销其家属或一名子女进出藏的交通费。（三）职工当年休假后，因直系亲属病故等特殊情况需要请事假的，按干部职工管理权限审批，时间一般为30天，最长不得超过60天，事假超过60天的，次年不安排休假。

2007年，阿里地区根据《西藏自治区机关事业单位干部职工休假补充规定》，制定《阿里地区机关事业单位干部职工休假补充规定》，2007年3月7日以中共阿里地委办公室、阿里地区行署办公室名义印发（阿党办发〔2007〕1号）。对往返路途时间进行调整：机关事业单位干部职工休假的往返路途时间由各单位根据实际情况自行确定，但最长不得超过35天。自2007年1月1日起执行。

2007年6月27日，普兰县人民政府印发《关于调整普兰县干部职工差旅费及休假包干路费标准的通知》（普政发〔2007〕44号），自2007年7月1日起执行。将普兰县干部职工差旅费和休假包干路费标准做以下调整：

一、因公出差费用标准

因公到普兰县以外出差，在外出差标准：县级干部每人100元/天，科级干部每人80元/天，一般干部（含临时工驾驶员）每人60元/天。副高级专业技术职务人员按县级干部标准执行，中级专业技术职务人员（含高级工）按科级干部标准执行，初级专业技术职务人员以下（含中级工人以下）按一般干部标准执行，返回县城路途中每人每天10元。

因公在普兰县区域内出差，当天返回的不给出差补助，县直干部下乡在乡（村）过夜或乡镇干部下乡在村（组）过夜的，补助包干标准为每人30元/天。

因公批准在外出差开会或学习的，若食宿免费，不予报销出差费。

二、休假包干路费标准

（一）原籍在西藏自治区内干部包干路费标准

在西藏自治区内休假的干部职工包干路费标准按普政发〔2004〕57号文件规定标准执行。县级干部休假派车到地区（含札达、噶尔、日土、革吉）扣车费300元，改则、措勤扣车费600元，拉萨、日喀则、山南、林芝、那曲扣车费1000元，昌都扣车费1400元。

（二）原籍在西藏自治区外的干部职工包干路费标准

祖籍在青海的，县级干部包干路费标准为2950元（扣除来回车费），县级以下干部包干路费标准为3500元；祖籍在陕西、河南、甘肃、内蒙古、宁夏的，县级干部包干路费标准为3250元（扣除来回车费），县级以下干部包干路费标准为3800元；祖籍在山西、安徽、湖北、江苏、浙江、上海的，县级干部包干路费标准为3400元（扣除来回车费），县级以下干部包干路费标准为3950元；祖籍在湖南、新疆、山东、河北、北京、天津的，县级干部包干路费标准为3550元（扣除来回车费），县级以下干部包干路费标准为4100元；祖籍在江西、四川（重庆）、贵州区域的，县级干部包干路费标准为3750元（扣除来回车费），县级以下干部包干路费标准为4300元；祖籍在广东、广西、福建、海南区域的，县级干部包干路费标准为3850元（扣除来回车费），县级以下干部包干路费标准为4400元；祖籍在云南、吉林、辽宁、黑龙江的，县级干部包干路费标准为4100元（扣除来回车费），县级以下干部包干路费标准为4650元。

（三）原籍不同区域的干部职工结婚后的包干路费标准

原籍不同区域的干部职工结婚后，包干路费的领取标准按照轮流制：两人若在第一年到包干路费标准高的区域休假，均可按高的包干路费标准领取补助，但第二年两人都只能按照低的包干路费标准领取补助。

三、其他

干部职工经组织批准休病假的补助按休假包干路费标准执行。干部职工经组织批准事假的一切费用自理。干部职工经组织批准派往外地学习1年以上的，派出学习时可以按休假包干路费标准领取1次补助，在学校学习期间可以利用寒、暑假回家探亲，根据车票报销1次（火车为硬卧标准，飞机票不予报销），自治区内回家探亲的0.5元/千米给予补助，如无票据不予报销；学习1年以内的不享受探亲补助。

2009年6月30日，普兰县出台《普兰县机关事业单位工作人员差旅费及休假经费的执行办法》（普党办发〔2009〕29号），干部职工休假包干路费标准：（一）已婚职工夫妻双方在普兰县工作的按就远原则领取（夫妻双方较远一方籍贯为标准）。（二）交通费计算方法。交通费普兰至拉萨票价为800元，通火车沿线按火车硬卧下铺票价计算。交通费=（普兰至拉萨路费800元＋铁路沿线硬卧下铺票价或汽车票补助）×2倍。（三）凡休假、学习的，按照组织部门开具的销假通知单领取包干路费。（四）凡乘坐单位车辆的，由后勤服务中心及单位主要负责人提供名单后扣除接送路途时间的交通费。（五）因工作需要当年未能休假的，经组织部门及单位主要领导批准，可以领取当年休假包干经费，下次休假时间重新计算。

2009年普兰县包干路费执行标准表

表4-4-4　　　　单位：元

地名	县级干部	科级以下干部职工
北京市	5700	5500
辽宁省	6300	6000
上海市	5900	5700
天津市	5900	5700
重庆市	5400	5200
海南省	6600	6400
江苏省	6000	5800
湖北省	6000	5700
四川省	5400	5200
陕西省	5200	5000
广东省	6100	5800
河北省	5900	5700
山西省	5300	5200
河南省	5800	5600
吉林省	6800	6500
黑龙江省	6600	6300
内蒙古自治区	5900	5600
山东省	6000	5800
安徽省	6000	5700
浙江省	6200	5700
福建省	6100	5900
湖南省	6100	5900
江西省	6100	5600
贵州省	6000	5800

续表4-4-4

地名	县级干部	科级以下干部职工
云南省	6200	5900
甘肃省	5200	5000
宁夏回族自治区	5300	5100
青海省	5100	4900
广西壮族自治区	6300	6100
新疆维吾尔自治区	5800	5600
拉萨	2700	2600
林芝地区	3200	3100
昌都地区	4200	4000
日喀则地区	2700	2600
山南地区	3100	3000
那曲地区	3100	2900
阿里地区（噶尔县）	1000	900
日土县	1100	1000
措勤县	1550	1500
改则县	1400	1300
革吉县	1050	1000
札达县	1250	1200
普兰县	1000	1000

干部职工经组织部门批准请病假出县治疗的，按休假包干路费标准执行。干部职工经组织部门批准事假，费用自行承担。

（二）事假

根据2003年《西藏自治区机关事业单位职工休假规定》，职工当年休假后，因直系亲属病故等特殊原因需要请事假的，按干部职工管理权限审批，时间一般为15天，最长不得超过30天。

根据2007年《阿里地区关于机关事业单位职工休假的规定》，职工当年休假后，因直系亲属病故等特殊原因需要请事假的，按干部职工管理权限审批，时间一般为30天，最长不得超过60天。

（三）产假

女职工生育产假的假期按自治区计划生育部门有关规定执行，第一胎假期为1年，第二胎假期为6个月。

四、体检

2008年11月5—12日，县人事部门配合地区人民医院和县卫生服务中心，开展全县干部职工体检工作，218人（在职干部166人，退休干部25人，临时工27人）参加体检。此次体检查出患病者总数比以往较少，未发现患有严重疾病的干部职工，一些传染性疾病得到明显控制。

第五章　劳动和社会保障

2001—2010年，普兰县加强《中华人民共和国劳动法》宣传，开展劳动监察和劳动争议仲裁，保障劳动者的合法权益。组织农牧区剩余劳动力开展劳务输出，增加农牧民收入。建立和完善养老保险、失业保险、医疗保险等社会保障制度，推动全县劳动和社会保障工作逐步法治化、规范化，促进普兰县经济发展和社会稳定。

第一节　机　构

2004年之前，普兰县劳动和社会保障局归县计委管理。

2004年机构改革，劳动和社会保障局职能移交县人事局，由县人事局管理。

2010年9月，普兰县组建人力资源和社会保障局，将人事局、劳动和社会保障局的职责整合划入人力资源和社会保障局，不再保留人事局、劳动和社会保障局。

第二节　劳动就业

一、就业渠道

2001—2010年，普兰县用工主要有招工录用、双向选择、政策性安置、调动转移等。

招工录用主要是县内各企事业单位因生产工作需要新招工人，必须在国家劳动工资计划与编制定员内，凭县以上劳动行政部门下达招工指标，严格招收范围、对象、条件和审批程序，坚持先培训后就业原则，面向社会公开招收，全面考核，择优录用，实行劳动合同制。

双向选择主要是指随着经济体制和用工制度改革，社会招工由指令性计划管理改为弹性计划调控管理，实行职工人数与产值、工效挂钩，按一定比例增长，用人单位根据生产经营需要提出增人计划，报劳动行政部门备案；实行供需见面、双向选择，经报名、考试考核、签订劳动合同等程序，由用人单位自主招收录用。在保证企业自主用工的基础上，坚持“先培训后就业、先培训后上岗”的原则，以劳动部门介绍就业、劳动者自愿组织就业和自谋职业相结合的方式，实现多渠道、多形式就业，形成国家政策引导、企业择优用人、个人竞争就业、市场合理配置、社会劳动力有序流动、城乡劳动者就业协调发展新格局。

政策性安置指属于政策性安置的人员按国家有关政策规定可直接办理招工审批手续，主要包括复员退伍军人和大中专、技校毕业生分配等。

调配指凡属单位调入调出（转移）工人，由县委组织部直接联系、审批；地级以上单位的工人调动转移，经主管部门审核后报地区办理。调出、调入单位，经主管部门签章后，可由县委组织部与对方单位所在地组织部办理调动转移手续，并上报地区审批；调入国家机关、事业单位，须凭进入通知单办理；劳动合同制工人和参加养老保险的企事业单位固定工调动，须先办理养老保险和失业保险手续，再办理调动转移手续。

2008年，县人事局招聘劳动合同工35人（含公益性岗位）。

2010年，全县新增城镇就业45人。

二、就业培训

县劳动保障部门按照《中华人民共和国劳动法》及自治区、地区有关就业培训规定，坚持“先培训、后就业，先培训、后上岗”的原则，对就业人员进行理论知识、实际操作技能、职业道德等培训，推行职业资格制度。

2006年，在巴嘎乡和普兰镇组织创立普兰县职教班，面向农牧区招收学员153人。开展形式多样的技能培训，培训农牧民1606人次，解决就业33人。

2007年，组织农牧民群众参加农业机械、驾驶培训30人次。

2008年，组织农牧民群众参加农业机械、驾驶培训54人次，餐饮服务行业培训56人次，建筑行业培训207人次，美容美发培训14人次。

2010年，以开办职业技术班的形式，加强农牧民技术培训，向农牧民传授修理等实用技术。上半年，协调各相关单位开展职业技能培训2次，参加培训256人次。组织参加地区驾驶员培训8人。

三、劳务输出

县劳动保障部门拓展就业门路，开展就业服务，促进失业人员异地就业和农牧区剩余劳动力向经济发达地区转移。加强对外出务工人员的管理和服务，依法维护用人单位和劳动者双方的合法权益。

2001年，县政府专门召开会议，制定劳务输出管理办法，成立县劳务输出服务公司，加强对劳务输出人员的组织和管理。普兰县开拓岗莎村旅游服务、公路桥梁修建、公路小修保养、电站施工、市政建设、农发投劳、流散劳务输出等一系列劳务输出主渠道。全县劳务输出445人次，创收112万元，其中岗莎村旅游服务收入65万元。

2003年，普兰县通过劳务投入、外出务工、旅游服务、开茶馆、办商店等途径，劳务输出3900余人次，创收468.8万元。

2006年，普兰县与斜尔瓦水电站施工方协商，安排当地群众参与斜尔瓦水电站收尾工程，计1000余个工日，群众创收3.6万元。普兰县农牧民参与劳务输出1111户，占总户数的73.5%；劳务输出3318人，占农牧区劳动力的76%。创收654.27万元。

2001—2010年普兰县劳务输出统计表

表4–5–1

年份	劳务输出（人次）	劳务输出创收（万元）
2001	445	112
2002	3200	312
2003	3900	468.8
2004	4000	524
2005	4100	613.2
2006	3318	654.27
2007	4500	780
2008	3488	749.42
2009	4523	862
2010	—	950

第三节　劳动保护

2001—2010年，县劳动保障部门加强劳动用工规范管理，主动上门开展指导用人单位依法与劳动者签订劳动合同，为劳动者缴纳各种社会保险费和工资保证金，为劳动者提供安全的住宿条件等服务工作，并与用工单位签订劳务用工合同以及工资发放承诺书，从源头上杜绝各种违法用工行为。

县劳动保障部门强化劳动监察力度，规范执法行为，实行定期专项执法检查制度，特别针对是否签订劳务用工合同、是否文明施工、劳动者维权通道是否畅通、有无拖欠民工工资等涉及劳动者切身利益的行为进行专项检查。通过开展定期专项检查活动，宣传劳动法律法规，保护劳动关系双方的合法权益。

县劳动保障部门加大劳动争议矛盾仲裁力度，办理每一起劳动争议举报、投诉案件。

县劳动保障部门坚持“安全第一，预防为主”的方针，每年组织开展安全生产周活动，规范安全制度，查处安全隐患，重点对水电、建筑等进行现场安全检查，促进全县人民安全生产意识不断增强。

第四节　社会保险

2001—2010年，普兰县实施的社会保险项目有养老保险、失业保险、医疗保险、生育保险和工伤保险。

一、养老保险

（一）城镇职工养老保险

2007年，普兰县城镇职工养老保险金征缴率100%。2008年，办理基本养老保险的干部职工17人，养老保险金征缴率100%。2010年，参加城镇职工养老保险的干部职工86人。

（二）新型农村社会养老保险

2010年6月1日，普兰县出台《普兰县开展新型农村社会养老保险试点实施方案》。7月1日，普兰县正式启动新型农村社会养老保险工作。新型农村社会养老保险（以下简称新农保）建立个人缴费、集体补助、政府补贴相结合的新农保制度，实行社会统筹与个人账户相结合，与家庭养老、土地保障、社会救助等其他社会保障政策措施相配套，保障农村居民老年基本生活。

1. 参保范围　具有农村户籍、年满16周岁（不含在校学生）、未参加城镇职工基本养老保险的农牧区居民，在户籍地自愿参加新农保。凡2010年7月1日前年满60周岁的普兰县农村居民不用缴费，办理相关参保手续后，按照政策规定从2010年7月起按月领取基础养老金。

2. 基金筹集　新农保基金由个人缴费、集体补助、政府补贴构成。参加新农保的农牧民应当按规定缴纳养老保险费，缴费标准设为每年100元、200元、300元、400元、500元5个档次，参保人可根据自身实际，自主选择档次缴费，多缴多得。自治区依据农村居民人均纯收入增长等实际情况适时调整缴费档次。有条件的村集体对参保人缴费给予适当补助，补助标准由村民委员会召开村民会议民主确定。鼓励其他社会经济组织、社会公益组织、个人为参保人缴费提供资助。政府在参保人缴费的基础上，年人均给予缴费补贴30元。对重度残疾人按最低缴费标准由自治区、地（市）和县财政全额补贴，同时鼓励重度残疾人根据自身实际缴纳保险费。政府对参保人缴费给予的补贴（包括对重度残疾人给予的补贴）资金，由自治区、地（市）和县财政按比例分担：自治区财政承担80%、地（市）财政承担10%、县财政承担10%。符合领取基本养老金条件的参保人，由政府全额支付新农保基础养老金。

3. *个人账户建立* 新农保经办机构为每个新农保参保人建立终身记录的养老保险个人账户。个人缴费、集体补助、政府对参保人的缴费补贴及其他社会经济组织、社会公益组织、个人对参保缴费的资助，利息收入等全部记入参保人个人账户，实行全积累。个人账户储存额利率，每年根据中国人民银行公布的金融机构人民币一年期同期存款利率计息。

4. *养老金待遇* 养老金待遇由基础性养老金和个人账户养老金组成，支付终身。年满60周岁、参加新农保的农牧民，按月领取基本养老金。普兰县新型农村社会养老保险制度实施时，年满60周岁的农牧民，按月领取基础养老金，但其符合参保条件的配偶、子女应当参保缴费；距养老金领取年龄不足15年的，应按年缴费，也允许补缴，累计缴费不超过15年；距养老金领取年龄超过15年的，应按年缴费，累计缴费不少于15年。2010年，新农保基础养老金标准为每人每月55元；个人账户养老金标准为个人账户全部储存额除以139。参保人死亡，个人账户中的资金余额除政府补贴外，可以依法继承；政府补贴余额用于继续支付其他参保人的养老金。

5. *建档立卡* 普兰县被确定为第二批新农保工作试点县，为确保新农保各项试点工作的顺利开展，选派县级干部1人、一般干部3人参加自治区组织的新农保培训会，全面掌握相关政策及工作要求；在一镇两乡10个村（居）开展宣传动员摸底调研及前期统计工作，向农牧民群众宣传新型农村社会养老保险工作的重要意义，调动农牧民群众参与新农保的积极性，营造良好的舆论气氛。

2010年，全县有农牧民7193人，其中16～59周岁的农牧民4012人，60周岁以上的农牧民687人。3月，为687人兑现第一季度养老金113355元；6月，为676人（去世11人）兑现第二季度养老金111540元；9月，为700人（包括新增60周岁人员24人）兑现第三季度养老金11.55万元。年底，完成新农保登记造册、建立电子文档等相关工作，全县参加新型农村社会养老保险3502人，其中16～59周岁参保2815人，上缴养老金37.86万元；年满60周岁及以上享受养老金人数687人，发放养老金22.64万元。

二、医疗保险

为建立适应社会主义市场经济体制要求的城镇职工基本医疗保险制度，西藏自治区人民政府根据《国务院关于建立城镇职工基本医疗保险制度的决定》《西藏自治区人民政府关于建立城镇职工基本医疗保险制度的决定》精神，结合那曲、阿里地区实际，制订《那曲、阿里地区城镇职工基本医疗保险制度改革试点实施方案》。

普兰县按照方案要求，成立县医疗保险管理中心（编制2名），2006年7月1日起，实施城镇职工基本医疗保险制度改革试点工作。

（一）改革目标

建立用人单位与职工个人共同缴费机制；构筑基本医疗保险基金与个人账户相结合的资金保障体制；通过三改（医疗保险制度改革、药品流通体制改革和医疗卫生体制改革）联动，形成医、患、保三方的制约机制，有效控制医疗费用过快增长，切实保障职工的基本医疗需求。

（二）遵循原则

城镇职工基本医疗保险制度改革的原则：低水平、广覆盖，保障水平与经济社会发展水平相适应，并逐步覆盖城镇所有用人单位和劳动者。效率与公平兼顾，既要考虑个人对社会的贡献度，也使城镇职工都能获得基本的医疗保障。

城镇居民基本医疗保险制度遵循的原则：筹资水平、保障标准与西藏自治区经济社会发展水平和社会各方面承受能力相适应；坚持个人自愿，医疗保险费实行家庭缴费与政府补贴相结合；统筹基金以收定支，收支平衡，略有结余；参保居民权利与义务对等；城镇居民基本医疗保险制度与城镇职工基本医疗保险制度、农牧区医疗制度、城镇困难居民医疗救助制度统筹兼顾、协调发展。

（三）基金筹集

城镇居民基本医疗保险以地（市）为统筹单位，实行属地管理，执行自治区级统筹。医疗保险费由县基本医疗保险经办机构按月征缴。2008年，阿里地区医保中心下拨资金55万元，实际支出47.5万元，其中统筹基金支出21.58万元，公务员补助基金支出1.9万元，个人账户基金支出23.56万元，保证金4620.8元，结余7.5万元。

城镇居民基本医疗保险基金实行定额征缴筹资。除自治区财政补贴、地（市）财政补贴、县级财政补贴外，每人每年个人缴费60元；享受城镇居民最低生活保障的人员、完全丧失劳动能力的重度残疾人员、无收入的孤寡老人、孤儿，每人每年个人缴费部分由自治区财政给予补贴；城镇户口的学龄前儿童、中小学生、全日制在校大中专学生、西藏班学生，每人每年个人只需缴费30元；初次参保时女性年满60周岁、男性年满65周岁的个人不再缴费，终身享受城镇居民基本医疗保险待遇，初次参保时女性不满60周岁、男性不满65周岁的，个人缴费至女性60周岁、男性65周岁后不再缴费，终身享受城镇居民基本医疗保险待遇。

城镇居民基本医疗保险费由县级经办机构按年度征缴，集中缴费时间为上年度10月1日至12月31日办理次年的参保缴费。参保居民自缴费次年1月1日开始享受规定的基本医疗保险待遇。

（四）缴费管理

用人单位缴纳基本医疗保险费（以下简称单位缴费）基数为在职职工工资总额。按照国家统计局《关于工资总额的组成的规定》精神，工资总额包括计时工资、计件工资、奖金、津贴和补贴、加班加点工资及特殊情况下支付的工资。

职工个人缴费基数为本人月工资总额（构成同上）。职工个人工资总额低于自治区上年度职工月平均工资60%的，按60%计算；高于自治区上年度职工月平均工资300%的，按300%计算。

职工退休时，参保单位和个人缴费年限，男职工不低于25年，女职工不低于20年，不足上述年限的可按规定补缴。从参保次月起享受保险待遇。普兰县从2006年7月1日起，实施城镇职工基本医疗保险制度改革试点工作。凡在2006年7月1日前参加工作的参保人员，之前的工龄视同缴费年限。

单位缴费比例为在职职工工资总额的8%，个人缴费比例为在职职工本人月工资总额的2%。在上述基础上，为国家公务员和纳入公务员序列管理的参保人员建立工资总额3%的公务员医疗补助，有条件的企业可参照建立企业补充医疗保险。退休人员参加基本医疗保险，个人不缴费。

在职参保人员个人医疗保险缴费为月工资的2%，全部进入个人账户。单位缴费划入个人账户比例：45岁以下（含45岁）为本人月工资的1%；45岁以上为本人月工资的1.2%；退休人员为本人月基本养老金的3.5%（个人不缴费），其中1959年3月28日以前参加工作的退休人员为本人基本养老金的4%（个人不缴费）。

2006年，普兰县城镇职工基本医疗保险参保504人，其中在职402人，退休102人。

2008年，全县参加城镇职工基本医疗保险144户217人，其中个人缴费60元的93人，个人缴费30元的113人，个人免缴11人（特殊群体）。城镇职工医疗保险金征缴率100%。办理大额医疗费商业补充医疗保险的干部职工63人。

2010年，城镇职工基本医疗保险参保680人（退休89人）。城镇居民基本医疗保险参保204户290人，其中个人缴费60元的119人，个人缴费30元的153人，个人免缴18人（特殊群体）。截至7月底，上缴医疗保险金2240381.33元，城镇职工住院报销23人，支出金额101505.72元；城镇居民住院报销11人，支出金额38185.92元；城镇职工医保刷卡3324人次，支出金额443873.14元；城镇居民医保刷卡91人次，支出金额6546元；支付定点医疗机构保证金63299.57元。

三、失业保险和工伤保险

2007年，普兰县失业保险金征缴率100%，国有企业职工工伤保险参保率100%。

2008年，普兰县失业保险金征缴率100%。

2009年，全县有190人参加失业保险和工伤保险。

2010年，全县有198人参加失业保险和工伤保险。

四、生育保险

城镇职工生育保险实行自治区和地（市）两级统筹，生育保险费由县基本医疗保险经办机构按月征缴。

城镇各类企业和民办非企业单位按在职职工工资总额的0.5%缴纳生育保险费，国家机关和财政拨款事业单位（含差额事业单位，下同）、社会团体按在职职工工资总额的0.4%缴纳生育保险费。参加生育保险的职工个人不缴纳生育保险费。

用人单位依照《西藏自治区城镇职工生育保险办法》参加生育保险，履行缴费义务，缴费累计满3个月后，该单位职工方可享受生育保险待遇。职工工资总额按照国家统计局规定的项目确定。

2007年，普兰县城镇职工生育保险参保人数454人。

2008年，办理生育保险的单位44个，参保人数476人，实缴保险费10.1万元。生育保险金征缴率100%。

2010年，城镇职工生育保险参保人数596人，城镇职工生育保险报销4人，支出金额12995.75元。

第六章 民 政

2001—2010年，普兰县稳步推进民主政治建设，建立城镇居民最低生活保障制度，逐步提高“五保”供养标准，保障困难群体、特殊群体、优抚群体的基本权益。实行村民自治，保障村民依法行使民主权利。落实优抚安置政策，开展拥军优属活动。

第一节 机 构

1987年7月，普兰县民政科更名为县民政局。

2010年8月，机构改革后普兰县民政局（县残疾人联合会）无内设机构，编制4名（行政编制3名，事业编制1名），其中科级领导职数4名（含1名县残疾人联合会科级领导职数）。

2001—2010年普兰县民政局领导一览表

表4-6-1

机构名称	职务	姓名	性别	民族	任职时间
普兰县民政局	局长	嘎 久	男	藏族	1996.11—2002.12
		曲 达	男	藏族	2003.1—
	副局长	加 措	男	藏族	2003.5—2006.11
		郑金鱼	男	藏族	2008.7—

第二节 救灾救济

一、救灾

2001—2010年，普兰县受自然因素影响，灾害频发。

县委、县政府针对灾民口粮、衣被短缺等，制订受灾群众生活安排方案，统筹安排，确保重点。对缺粮比较大的灾区组织对口支援，开展互助互济；对既缺钱又缺粮的贫困受灾群众，及时给予政府救济，确保受灾群众基本生活。

县民政局制订冬令、春荒受灾群众救济方案，每年调查受灾群众生活情况，建立需政府救济人口台账，确保受灾群众得到救济。

2001年，县民政局加大防抗救灾力度，保障灾民的生命安全和基本生活。准备粮食16.5吨，为受灾户（11户35人）发放粮食1312.5千克，为缺粮户（15户55人）发放粮食862.5千克，发放救灾款6.8万元。2001年年底至2002年年初，大雪袭击普兰县，造成四面封山，草场被大雪覆盖，2个牧区乡的大批牲畜因饥寒死亡，死亡率40%。县委、县政府统一部署，动员人员76人次、车辆24台次到灾区第一线，慰问灾区群众，逐村逐户开展救灾工作，发放救灾口粮35吨，发放被子、衣服价值22万元。

2002年，县民政局累计向灾区发放口粮16吨，茶叶375条，各类衣物、鞋帽1295件，饲料350吨，柴火15吨，调运抗灾油料13吨，药品价值2.3万元。各乡镇发放救灾款1.2万元。2002年年底至2003年年初，普兰县普降大雪，交通阻断，造成直接经济损失450余万元。民政部门向灾区群众发放衣服88包、大头鞋135双、胶鞋44双、冬帽890顶、被子174床、海绵垫80张、雪镜60副、汽油10桶、柴油12桶、糌粑88袋、青稞5.6吨、大米2吨、面粉95袋、茶叶146条，以及价值3万元的药品。

2003年5月初，普兰县降大雪，导致牲畜冻死、饿死现象严重，普兰镇西德村、仁贡村和霍尔乡贡珠村一组为重灾区，重灾区受灾53户280人，牲畜死亡2222头（只、匹）。7月4日，普兰镇科迦村突降1小时左右冰雹，农作物受灾面积10余亩，冲毁水渠5千米，淤塞水渠1.5千米，对农业基础设施和生产生活资料等造成较大损失。9月7日，仁贡村嘎东组连降2小时冰雹，造成耕地受灾250余亩，群众受灾24户158人。民政部门出动各类工作组30余人次，到灾区40余天，集中上报专题灾情报告9次，争取救灾救济款40万元，基本解决灾区农牧民的生产生活困难。

2004年1月22—23日，普兰县持续降雪，2个牧区乡牲畜死亡700余头（只、匹）。3月，普兰县天气变化较大，出现持续15天的大风天气（4～9级风），造成直接经济损失18万余元。县民政局在1个月内组织下乡6次，对灾民53户152人进行慰问，发放大米53袋、面粉53袋、青稞1400千克、药品价值4000元、衣服22包，折合人民币1.4万元。7月26日，仁贡村多玛组由于突降大冰雹，导致牲畜死亡104头（只、匹）。

2005年4月7日凌晨至9日，普兰县普降小到中雪，伴有大风。仁贡村牧民从冬季草场转至春季草场途中遭遇雪灾，造成仁贡村4个作业组牲畜死亡1357头（只、匹），直接经济损失244260元。民政部门向灾区群众发放大米410袋、面粉360袋、茶叶136条、青稞8125千克、糌粑575千克、棉衣棉裤377套、冬鞋301双、冬帽87顶、海绵垫30张，总价值337577元。

2006年，普兰县调整充实防抗灾领导小组，完善应急预案，到各乡镇指导救灾，解决31户贫困家庭房屋倒塌重建应急资金4.25万元。建立灭蝗预案，组织技术人员进行蹲点观察和灭虫，重点蝗区得到控制，未对农田造成危害。

2007年年初，两个牧业乡和普兰镇部分村组遭遇风灾，风灾持续时间长，草场被风沙遮盖。1—3月，普兰县先后经历两次大降雪，特别是3月12—15日，2个牧区乡降雪厚度15～20厘米，县城降雪厚度50～60厘米。受风灾和雪灾影响，牲畜死亡2016头（只、匹），幼畜成活率下降，成畜死亡率1.4%。3月26日，县民政局组织11辆东风车，成立抗救灾物资调运车队，3月27—28日同农牧局一起到巴嘎乡和霍尔乡进行饲草料及口粮、衣物救济，为两乡灾民251户3461人发放饲料35吨、青稞9吨、棉衣棉裤200套，为普兰镇受灾较重的仁贡村、赤德村、多油村和西德村解决价值3.6万元的抗救灾物资。

2008年，县民政局筹备救灾物资大米17.08吨、面粉17.43吨、青稞21.8吨、糌粑2085千克、棉衣棉裤309套、绒衣绒裤700套、棉大衣100件、棉胶鞋911双、大头鞋380双、冬帽394顶、被子393床、雪镜561副、手套200双、茶叶51条。1月17日，普兰县开始普降大雪，由于大风及持续降温，很多路段被封堵，饲草饲料紧缺，造成大量牲畜死亡。县委、县政府实施紧急措施，派出装载机4辆，出动其他车辆45台次、人员138人次，疏通道路381千米，转移安置灾民3户22人。为年初的两次雪灾发放救灾款物15.49万元。9月19日，普兰县开始连续普降大暴雨（雪），降水量114.5毫米，是1976年县气象站建站以来最强的一次。由于雨（雪）强度大，持续时间长，对农牧民生产生活造成严重影响。9月20日，县委、县政府成立由县级领导带队的4个工作组，分赴一镇两乡调查了解灾情，县民政局组织工作组对居住在危房中的群众做思想工作，将其转移到安全住处，对受灾户进行安全转移，妥善安置，及时调拨物资予以救助。灾害造成直接经济损失1484.69万元，其中农作物损失750.45万元，牲畜受灾损失413.71万元，民房损坏及倒塌损失320.53万元。发放春荒救济物资和救灾物资青稞5.68吨、大米和面粉24.5吨、棉衣棉裤238套、棉胶鞋219双、大头鞋229双、冬帽258顶、被子119床、雪镜150副、手套200双、毛织帐篷和防寒棉帐篷25顶，总价值16.58万元。

2009年10月4日，普兰县普降暴雪，持续低温，降雪量大，积雪厚，道路结冰，车辆通行受阻。造成7856人受灾，紧急转移安置384户1568人，受灾牲畜159794头（只、匹），牲畜转场66288头（只、匹），牲畜跑散2230头（只、匹），牲畜死亡1432头（只、匹），牲畜棚圈等附属设施倒塌54间4266平方米，农作物受灾面积5031.5亩，其中绝收面积40.6亩。2009年年末至2010年年初，普兰县历经3次降雪，牲畜死亡数量较多。阿里地区下拨25万元，发放大米和面粉12250千克、棉衣棉裤30套、被子40床、大头鞋30双、雪镜400副，总价值17.4万元；发放救灾帐篷70顶。

2010年7—9月，普兰县出现大面积的持续降雨天气，降水量239.9毫米。造成民房和羊圈倒塌或形成危房危圈，交通、水利设施损毁严重，受灾群众1732户7874人，造成直接经济损失约4800万元。灾情发生后，县委、县政府立即召开紧急会议，启动应急预案，组织3个抗救灾工作组开展工作。各乡镇、县抗救灾办公室、民政、交通、水利、农牧、国土、卫生、民宗和交通部队等到灾区，组织受灾群众从危房中转移，抢修损毁道路，组织灾民修复轻度受损的房屋和羊圈，调动粮食、衣物、药品等救灾物资，发放帐篷45顶、铁丝3.5吨、编织袋2500个、救灾资金29万元。

二、救济

2001年，县民政部门投入资金5万余元，向霍尔乡发放口粮3吨、茶叶150条；向仁贡村发放口粮1吨、茶叶20条。

2002年，各乡镇发放临时生活救济款6.3万元。

2003年4月，县民政部门到仁贡村和西德村，为贫困户解决大米1375千克、面粉1100千克、青稞1225千克。

2004年，县民政部门为缺衣少粮的贫困户193户691人发放大米6400千克、面粉6700千克、青稞5450千克、糌粑2170千克以及鞋帽1964双、衣物540件。对特殊困难户37户106人进行临时救济，发放粮食等物资价值3.5万元。

2006年，县民政部门对全县贫困人口进行逐村逐户登记，并对各户生产资料和收入来源进行统计，经过登记造册、审核、计算后，为生活上确实有困难的群众解决各种口粮和衣物等，发放各种物资价值153135元，发放救助金7520元。4月，向各乡镇分配“爱藏”口粮18吨。

2007年，春荒期间，县民政部门对广大灾民及特困户、五保户、残疾人等困难群众277户1476人进行口粮救助，救助款物折合人民币10.8万元。冬令期间，对广大灾民及特困户、五保户等困难群众190户714人进行救助，救助款物折合人民币93948元，其中购买粮食花费58098元，购买衣物花费35850元。

第三节　社会救助

一、社会捐助

2004年10月，普兰县开展捐资捐物活动，在县民政局设立款物捐助点，收到捐款2202元、衣服23件、鞋子3双。

2008年，中国中东部地区连降大雪，部分省份遭受特大雪灾和冻雨灾害，人民群众生产生活受到严重影响。2月3日，普兰县组织干部职工参加向其他省（市）灾区献爱心活动，参加捐款482人，在编人员参加率100%，募捐资金65702元。其中，中直单位26人，募捐3220元；企业单位12人，募捐1650元；县直单位444人，募捐60832元。县级干部募捐300元以上，科级干部募捐200元以上，一般干部募捐100元以上。10月6日，拉萨市当雄县发生6.6级地震，造成房屋倒塌、人员伤亡，人民群众生产生活受到影响。10月7日，普兰县人民武装部和边防连参加向地震灾区献爱心活动，捐献鞋子34双、被子2床、衣服47套、内衣37件、裤子6条、毛衣5件、提包2个。

二、城乡低保

2002年，《西藏自治区实施〈城市居民最低生活保障条例〉办法》制定出台。普兰县确定城镇居民最低生活保障对象10户36人，保障标准为每人每月300元，差额补助标准为每人每月300元。

2007年，普兰县启动农村最低生活保障工作，经过近一年的工作，摸清全县贫困人口数量，围绕“按标施保”“应保尽保”的目标，探索形成“全面普查、个人申报”的农村低保对象民主评定机制。按照“公开、公平、公正”的原则，做到阳光操作，人员有进有出的动态管理。保障线定为年人均纯收入850元以下。对低保家庭中的不同成员实施分类保障，分为重点保障对象、特殊保障对象、一般保障对象3类，重点保障对象为低保家庭中因长期患疾病丧失劳动能力的农村居民，丧失劳动能力的老年人和残疾人，其保障标准为每人每年470元；特殊保障对象为低保家庭中丧失部分劳动能力的残疾人，保障标准为每人每年290元；一般保障对象为低保家庭中的其他成员，保障标准为每人每年194元。一般保障对象每人每年增加46元，增加的部分资金由地、县财政各承担一半。确定城乡低保对象282户695人。

2008年，全县有低保对象299户737人，落实保障金344888元。其中，城镇低保对象19户29人，落实保障金88102元（县财政配套11172元）；农村低保对象280户708人，落实保障金256786元（县财政配套17561元），为解决农村低保对象的实际困难，其中一部分资金（1.93万元）用于购买粮食（大米和面粉）。

2009年，全县有低保对象337户742人，落实保障金430522元。其中，城镇低保对象24户34人，落实保障金124086元（县财政配套15203元）；农村低保对象313户708人，落实保障金306436元（县财政配套17948元）。发放“西藏百万农奴解放纪念日”一次性补助资金29.24万元，其中城镇低保对象2.32万元，农村低保对象26.92万元。此外，还向农村低保对象发放青稞13吨，大米、面粉721袋。

2010年，普兰县健全和完善低保工作机制，建立低保回访制度，通过明察暗访等措施，加大城乡低保的动态管理力度。全县有低保对象355户762人，落实保障金585424元。其中，城镇低保对象33户54人，落实保障金158430元（县财政配套24323元）；农村低保对象322户708人，落实保障金426994元（县财政配套52857元）。发放城市低保一次性购物券2.34万元，农村低保购物券7.08万元。第三、第四季度，结合季节性和群众生活实际，向农村低保对象发放大米705袋、面粉606袋。

2002—2010年普兰县城乡低保统计表

表4-6-2

年份	户数（户）	人数（人）	落实保障金（元）
2002	10	36	—
2003	8	28	21540
2004	8	23	13974
2005	7	28	31054
2006	7	—	27660
2007	282	695	—
2008	299	737	344888
2009	337	742	430522
2010	355	762	585424

三、生活救助

2005年，自治区民政厅、财政厅联合下发《关于建立和完善农牧区特困群众生活救助制度的意见》。

2005—2006年，普兰县发放农牧区特困群众救助金12万元。

2007年，对年收入800元以下的贫困户259户667人发放1—6月生活救助金8万元。

四、教育救助

2006年，自治区教育、民政、财政等部门联合制定《西藏自治区高校特困生资助金管理办法》，明确资助标准，严格规范申请、审批程序和资金发放形式。普兰县发放大学生救助金1.3万元。

2007年5月，县民政部门为特困大学生3人发放救助金1.4万元。

五、医疗救助

2005年5月，《西藏自治区农牧区特困群众医疗救助暂行办法》制定出台。普兰县建立农牧区医疗救助制度。2007年1月，自治区民政厅、财政厅联合制定《西藏自治区城镇特困居民医疗救助办法实施细则》《西藏自治区农牧区特困群众医疗救助办法实施细则》，西藏自治区在全区全面推开城镇医疗救助工作，进一步完善农牧区医疗救助制度。

2006—2007年，普兰县农村医疗救助53人，支出救助金6.4万元。

2008年，农牧区特困群众医疗救助68人次，支出救助金8万元。

2009年，农村医疗救助65人次（低保对象9人次），支出救助金59931元，其中住院支出52240元，门诊支出7691元。

2010年5月，西藏自治区民政厅、财政厅、卫生厅、人力资源和社会保障厅联合出台《西藏自治区关于进一步完善城乡医疗救助制度的意见》，统筹城乡医疗救助工作。普兰县城镇医疗救助5人次（低保对象3人次），支出救助资金14705元；农村医疗救助139人次（低保对象11人次，五保户1人），支出救助金150048元。

六、流浪乞讨人员救助

2006年，普兰县有长期流浪乞讨人员11人。县民政局在县公安局的协助下，对流浪人员（1人）尸体进行火葬，支出3486元。为流浪乞讨人员4人解决到拉萨的车费和住宿费2100元。

2009年6月，县民政局为流浪乞讨人员3人解决到拉萨的车费和住宿费1400元，为流浪乞讨人员1人解决就医困难。

2010年，县民政局建立流浪乞讨人员档案。救助流浪乞讨人员3人，支出救助资金4350元。其中，为返乡困难人员2人解决到拉萨的车费和住宿费1600元，解决流浪乞讨人员1人后事处理费2750元，为流浪乞讨人员1人解决就医困难。

第四节　社会福利

一、五保供养

普兰县坚持“国家定补、集体统筹、群众服务”的原则供养五保户，供养方式从分散供养逐步调整为分散供养与集中供养相结合，按时落实五保供养金，基本实现有吃、有穿、有住房、有病可治和有人照料。

2001年，全县有五保户30户32人，实行分散供养。为五保户发放大米200千克、面粉100千克、砖茶2条。

2002年，五保供养标准为每人每年482元。全县有五保户11人，实行分散供养。

2003年，五保供养标准提高至每人每年900元。全县有五保户14户15人，实行分散供养。为五保户发放大米200千克、面粉100千克、砖茶12条。

2004年，“三大节日”（元旦、春节、藏历新年）期间，对五保户进行慰问，发放大米、面粉、酥油、砖茶、糖果等慰问品价值4068元。

2005年，为五保户发放大米79袋、酥油65千克、砖茶79条、糖果108袋、哈达78条。

2006年，为五保户发放大米27袋、面粉31袋、酥油65千克、砖茶26条、糖果

108袋、哈达12条。

2008年，“三大节日”期间，对五保户进行走访慰问，发放酥油、砖茶、糖果等慰问品价值4200元。争取到乡村敬老院项目1个，投资32.63万元，建成投入使用。全县有农村五保户20户21人（集中供养9人，分散供养12人），发放农村五保供养证书21张，落实五保户供养金3.15万元。为生活不能自理的五保户发放护理费600元，并承担每人每年10元的农村合作医疗费。

2009年，五保供养标准提高至每人每年1800元。全县有五保户27户30人（集中供养9人，分散供养21人），发放五保户供养金5.4万元。为生活不能自理的五保户发放护理费600元。

2010年，“三大节日”期间，组织人员对五保户进行走访慰问，发放慰问金3000元。加大巴嘎乡敬老院管理力度，完善配套设施，提高管理服务水平，使入住老人安度晚年。完善五保供养配套政策，严格审批条件和程序，执行提高后的五保供养标准（每人每年2000元）。全县有五保户27户30人（集中供养9人，分散供养21人），发放农村五保供养证书30张，发放五保户供养金6万元。为生活不能自理的五保户发放护理费1200元。

2001—2010年普兰县五保户统计表

表4-6-3

年份	户数（户）	人数（人）	集中供养（人）	分散供养（人）
2001	30	32	0	32
2002	—	11	0	11
2003	14	15	0	15
2004	12	12	0	12
2005	11	11	0	11
2006	10	11	0	11
2008	20	21	9	12
2009	27	30	9	21
2010	27	30	9	21

二、儿童福利

县民政部门对全县孤儿进行详细调查和建档。

2006年，全县有孤儿4人（2男、2女），其中14周岁以下3人，14周岁以上1人。4人属农村户口，自小父母双亡，由亲朋好友抚养和供学。

2010年，全县有孤儿6人（3男、3女），其中14周岁以下4人，14周岁以上

2人。

三、福利彩票

2002年，县民政部门从地区民政局争取到“即开型刮开式”中国福利彩票5万张，7月19日在全县发行，每张售价2元。7月23日，在塔尔钦人群集中的地方进行发行出售，销售福利彩票30551张，销售金额61102元。至8月18日，全县销售福利彩票4万张。

第五节　拥军优属

一、拥军

2001—2002年，“两大节日”和“八一”建军节期间，县委、县政府组织人员对驻地部队走访慰问27次，发放慰问金4.5万元。

2003年，“两大节日”期间，县委、县政府主要领导对军属、烈属、驻地部队和退伍官兵进行慰问，发放慰问金12192元。

2004年，县委、县政府在节日期间组织对军属、烈属、驻地部队和退伍军人进行慰问，发放慰问金15516元。

2006年，为发扬“军民一心”的良好传统，密切警民关系，“三大节日”期间，县民政部门对普兰县驻地部队进行走访慰问，发放慰问金1.6万元。普兰县被西藏自治区评为“双拥工作模范县”。

2007年，“八一”建军节期间，对驻地部队进行走访慰问，发放慰问金1.51万元，赠送哈达。

2008年，“三大节日”和“八一”建军节期间，慰问驻地部队，发放慰问金1.5万元。

2009年，在“三大节日”和“八一”建军节期间，对驻地部队进行走访慰问，发放慰问金2.54万元及慰问品。

2010年，春节期间，对驻地部队进行走访慰问，发放慰问金9200元。在中国人民解放军建军83周年期间，县民政部门组织3个慰问小组，慰问值勤点、边防哨卡、检查站、工作站等基层官兵及离退休军队干部，发放慰问金1.66万元。普兰县召开双拥共建共保表彰大会，对全县军地双拥工作先进个人21人进行表彰。

二、优待抚恤

2002年，普兰县统筹优抚金4705元，兑现1650元。

2006年，普兰县发放抚恤金、优待金和社会救济款2.5万元。2007年，发放抚恤金、优待金和社会救济款20.52万元。

2008年，普兰县为农村退伍军人发放抚恤金7000元。

2009年，普兰县为退伍军人发放生活救助金5500元。2010年，为退伍军人发放优抚对象生活补助金1.35万元、医疗救助金2832元。

第六节　区划界线管理

一、行政区划

2000年，普兰镇吉让（吉塘）村改为吉让居委会。普兰县辖1个镇、2个乡（普兰镇、巴嘎乡、霍尔乡），1个居民委员会（吉让居委会）、9个行政村（科迦村、西德村、赤德村、多油村、仁贡村、岗莎村、雄巴村、帮仁村、贡珠村），51个村民小组。

至2010年，普兰县乡镇及行政村设置无变化，村民小组增至52个。

2010年普兰县行政区划统计表

表4-6-4　　单位：个

乡（镇）	村（居）	作业组	夏季牧业点	冬季牧业点
普兰镇	吉让居委会	8	0	0
	科迦村	5	0	0
	西德村	3	0	0
	赤德村	7	0	0
	多油村	8	0	0
	仁贡村	6	15	17
巴嘎乡	岗莎村	4	4	4
	雄巴村	3	3	3
霍尔乡	帮仁村	4	17	36
	贡珠村	4	17	38

二、界线联检

2003年3月31日，县民政局协同霍尔乡与日喀则地区仲巴县签订草场纠纷勘界协议书1份、勘界批复1份，并在草场纠纷裁决地图上进行盖章。4月6日和9月15

日，先后两次组成工作组，实地勘察、核实普兰镇仁贡村和巴嘎乡雄巴村草场纠纷问题，制订决定性的裁决方案。

2008年6月5日，普兰县、革吉县和札达县三方联合开展行政区域界线联合检查工作，6月9日完成三县行政区域界线联合检查及2处两县地界纠纷，在处理纠纷时严格按照国务院颁发的勘界办法及有关规定，明确行政区域界线走向位置，并制定双方县、乡、村三级人民政府协议，确定设立界桩点的GPS点数。

2009年，普兰县民政局与噶尔县民政局、各乡镇进行实地检查，开展创建平安边境活动，对纠纷界线线桩、走向进行检查，并对毗邻双方群众进行相关法制教育。

2010年，县民政局加强县界管理，开展县界联检工作，及时解决边界纠纷，维护边界社会稳定。利用5天时间，组织工作组共12人次，解决普兰镇仁贡村与巴嘎乡雄巴村之间草场纠纷问题，达成共识，签订合同书。

三、界线勘定

普兰、札达两县边界线共涉及双方2个乡、3个行政村，全长91.4千米，边界线由西向东，从普兰、札达两县与印度交会点起，到札达、普兰、噶尔三县交会点止，设有4个号、3个界桩，实地埋设界桩2个。1号界桩点设在古真拉山顶，海拔5656米；4号界桩在海拔5050米的山峰上，因海拔高、人行困难等因素暂未埋设界桩。

普兰、噶尔两县边界线涉及双方2个乡，边界线由西向东，自噶尔、普兰、札达三县交会点起，到噶尔、普兰、革吉三县交会点止，全长41.9千米，设2个号（两个县交会点），中间为埋设界桩。

普兰、革吉两县边界线涉及双方5个乡，全长269.43千米。边界线由东向西从仲巴、普兰、革吉三县交会点起，到普兰、革吉、噶尔三县交会点止。边界线点位全部属海拔5000米以上的山顶，人行困难，不埋设界桩。

第七节　基层民主政治建设

2002年6月15日至7月14日，普兰县选举产生第四届村级领导班子。全县总人口7837人，选民4602人，选举产生村级领导班子成员30人，平均年龄60岁，其中女性2人，党员26人。

2003年5月，县民政部门根据地区民政局年度民政工作目标管理责任书的要求，对各乡镇进行1次摸底调查，主要调查全县9个村委会和1个居委会的干部素质情况、组织机构健全情况、经济发展情况、民主管理运行情况等，组织村民学习

《中华人民共和国村民委员会组织法》《西藏自治区村务公开民主管理实施办法》《阿里地区村务公开民主管理实施办法》，并制订各项村民自治工作方案，宣传民主选举、民主管理，推进村民自治进程。

2005年，普兰县开展第五届村（居）委会换届选举工作。全县10个村（居）民委员会52个作业组共有1487户、7423人，选民4755人，参选选民4213人。选出新一届村（居）委会成员30人（主任10人，副主任10人，委员10人），其中新当选村委会主任6人，委员10人（女性1人）。

2008年8月28日至9月6日，普兰县开展第六届村（居）委会换届选举工作。依法推选出村（居）"两委"班子成员55人，其中3个村（居）党支部书记和村（居）委会主任实现一肩挑，对10个村（居）党支部、村（居）委会成员全部进行交叉任职。

2001—2010年吉让居委会"两委"班子成员统计表

表4-6-5

职务	第三届（1999—2002）	第四届（2002—2005）	第五届（2005—2008）	第六届（2008—2011）
党支部书记	觉阿次仁	觉阿次仁	觉阿次仁	觉阿次仁
党支部副书记	次仁扎西	次仁扎西	次仁扎西	次仁扎西
居委会主任	明久多吉	次仁扎西	次仁扎西	次仁扎西
居委会副主任	次仁扎西	贡觉次仁	贡觉次仁	贡觉次仁
妇代会主任	次仁卓玛	次仁卓玛	次仁卓玛	次仁卓玛
团支部书记	多吉欧珠	多吉欧珠	多吉欧珠	加　布
调节委员	达达瓦	加　央	加　央	加　布
治保委员	明久多吉	曲　扎	曲　扎	加　布

2001—2010年科迦村"两委"班子成员统计表

表4-6-6

职务	第三届	第四届	第五届	第六届
党支部书记	尼玛多多	尼玛多多	尼玛多多	尼玛多多
党支部副书记	顿珠桑布	多吉桑姆	多吉桑姆	多吉桑姆
村委会主任	顿珠桑布	多吉桑姆	多吉桑姆	多吉桑姆
村委会副主任	加　央	加　央	益西次仁	益西次仁
妇代会主任	仓决玛	仓决玛	多吉桑姆	多吉桑姆

2001—2010年赤德村“两委”班子成员统计表

表4-6-7

职务	第三届	第四届	第五届	第六届
党支部书记	阿　旺	阿　旺	贡嘎次仁	贡嘎次仁
党支部副书记	坡拉欧珠	坡拉欧珠	嘎　桑	达瓦拉姆
村委会主任	坡拉欧珠	坡拉欧珠	嘎　桑	达瓦拉姆
村委会副主任	—	贡嘎次仁	达瓦拉姆	嘎　桑
妇代会主任	达瓦拉姆	达瓦拉姆	卓　玛	卓　玛
团支部书记	江　巴	江　巴	顿　珠	—
调节委员	贡　嘎	次旺欧珠	洛　桑	洛　桑
治保委员	次旺欧珠	次旺欧珠	洛　桑	洛　桑

2001—2010年西德村“两委”班子成员统计表

表4-6-8

职务	第三届	第四届	职务	第五届	第六届
党支部书记	强觉坚参	仁　青	村党支部书记	仁　青	仁　青
党支部副书记	古　入	古　入	村党支部副书记	古　入	普布次仁
村委会主任	古　入	古　入	村委会主任	古　入	普布次仁
村委会副主任	普布次仁	普布次仁	村委会副主任	普布次仁	仁　青
妇代会主任	贡嘎曲珍	洛卓玛	村妇联主任	洛卓玛	洛卓玛
团支部书记	卓玛次仁	多吉次仁	村团支部书记	—	—
调节、治保委员	次旺罗布	桑吉次仁	调节委员	—	—
民兵连长	桑杰次仁	—	治保委员	—	尊　追（兼民兵连长）

2001—2010年多油村“两委”班子成员统计表

表4-6-9

职务	第三届	第四届	第五届	第六届
党支部书记	多　吉	多　吉	多　吉	多　吉
党支部副书记	普布次仁	普布次仁	扎西群白	达瓦次仁

续表4-6-9

职务	第三届	第四届	第五届	第六届
村委会主任	普布次仁	普布次仁	扎西群白	达瓦次仁
村委会副主任	洛珠罗布	洛珠罗布	洛桑塔杰	阿旺次仁
妇代会主任	拉姆次仁	拉姆次仁	拉姆次仁	拉姆次仁

2001—2010年仁贡村“两委”班子成员统计表

表4-6-10

职务	第三届	第四届	第五届	第六届
党支部书记	白玛益西	白玛益西	加央次仁	加央次仁
党支部副书记	多吉次仁	加央次仁	斯达平措	斯达平措
村委会主任	多吉次仁	加央次仁	斯达平措	斯达平措
村委会副主任	石确杰布	石确杰布	普布白旦	普布白旦
妇代会主任	达瓦桑姆	达瓦桑姆	次旺桑姆	次旺桑姆

2001—2010年岗莎村“两委”班子成员统计表

表4-6-11

职务	第三届	第四届	第五届	职务	第六届
党支部书记	尼玛益西多吉	尼玛益西多吉	益西仁增	村党支部书记	旦增加措
党支部副书记	—	—	—	村党支部副书记、村委会主任	尼玛益西多吉
村委会主任	斯绕多吉	洛桑仁钦	尼玛益西多吉	村党支部副书记、村委会社会保障委员	钦绕
村委会副主任	坦巴次仁	坦巴次仁	坦巴次仁	村党支部宣传委员、村委会副主任兼民兵连长	平措杰布
妇代会主任	岗措	岗措	岗措	村党支部组织委员、村委会治保调解委员兼团支部书记	白玛西绕
调节委员	拉松	石确次仁	石确次仁	村党支部纪检委员、村委会科教文卫委员兼妇联主任	岗措
草原委员	白玛西绕	白玛西绕	白玛西绕		
治保委员	赤列朗杰	赤列朗杰	赤列朗杰		

2001—2010年雄巴村“两委”班子成员统计表

表4-6-12

职务	第三届	第四届	职务	第五届	第六届
党支部书记	索南加措	索南加措	村党支部书记	贡　　布	白玛加布
党支部副书记	白玛加布	白玛加布	村党支部副书记	白玛加布	尼玛江参
村委会主任	白玛加布	白玛加布	村委会主任	白玛加布	尼玛江参
村委会副主任	旺　　堆	尼玛江参	村委会副主任	尼玛江参	白玛加布
妇代会主任	曲　　珍	旦增旺姆	村妇联主任	旦增旺姆	班琼卓玛
团支部书记	措杰欧珠	措杰欧珠	草原委员	—	—
调节委员	—	—	村团支部书记	措杰欧珠	次旺朗杰
草原委员	嘎 次 杰	益西尼玛	调节委员	朗　　杰	益西尼玛
治保委员	措杰欧珠	措杰欧珠	治保委员	—	乃果多吉

2001—2010年帮仁村“两委”班子成员统计表

表4-6-13

职务	第三届	第四届	职务	第五届	第六届
党支部书记	普　　布	贡　　嘎	村党支部书记	普　　赞	普　　赞
党支部副书记	江　　扎	热　　杰	村党支部副书记	西　　绕	平措扎西
村委会主任	江　　扎	热　　杰	村委会主任	西　　绕	平措扎西
村委会副主任	热　　杰	拉　　松	村委会副主任	平　　措	白玛让卓
妇代会主任	贡　　珠	巴　　桑	村妇联主任	巴　　桑	巴　　桑
团支部书记	索南欧珠	巴　　桑	草原委员	—	—
调节委员	普　　赞	—	村团支部书记	次　　成	—
草原委员	普　　赞	普　　赞	调节委员	—	—
治保委员	吾　　日	索南欧珠			

2001—2010年贡珠村“两委”班子成员统计表

表4-6-14

职务	第三届	第四届	职务	第五届	第六届
党支部书记	欧　　珠	大 朗 加	村党支部书记	小 朗 加	小 朗 加

续表4-6-14

职务	第三届	第四届	职务	第五届	第六届
党支部副书记	—	—	村党支部副书记	—	—
村委会主任	大朗加	小朗加	村委会主任	顿　珠	顿　珠
村委会副主任	—	—	村委会副主任	—	—
妇代会主任	桑　旦	桑　旦	村妇联主任	桑　旦	桑　旦
团支部书记	—	—	草原委员	—	—
调节委员	—	—	村团支部书记	—	—
草原委员	—	—	调节委员	—	—
治保委员	—	—			

第八节　婚姻管理

县民政部门到基层进行普法宣传教育，宣传《中华人民共和国婚姻法》，实行一夫一妻制，依法办理结婚证，对有矛盾的家庭进行调解。

2008年，县民政部门对照规范化检查内容，在原有制度的基础上制定并完善《岗位责任制度》《印章管理和使用制度》《证件管理制度》《档案管理和保密制度》《学习制度》《应急预案》等各项规章制度，全部达到规范化建设标准。3月，根据规范化建设要求，制作4块牌子，对工作人员照片、工作守则、服务承诺、办公时间、办理时限、办公地点、办事依据、收费标准、咨询电话、监督电话等内容进行公开，提高依法行政水平和婚姻登记质量，并接受社会监督。结合规范化创建要求，及时按新办法进行档案整理，对往年档案重新进行整理，整理档案4卷。购买档案制作缝纫机、档案盒，实现电子档案“双套制”保管，规范档案管理，确保档案资料万无一失，维护当事人的合法权益。

2001—2005年，全县办理结婚登记93对；申请离婚19对，准予离婚7对；补办结婚证7对。

2006年，全县办理结婚登记25对、离婚登记3对。

2007年，全县办理结婚登记41对、离婚登记2对。

2008年，全县办理结婚登记30对、离婚登记5对，补发婚姻证件3份，出具证明2份，调解离婚5对。

2009年，全县办理结婚登记109对、离婚登记4对。

2010年，全县办理结婚登记33对、离婚登记3对，补办结婚证7对，调解离婚5对，复婚2对。

第九节　老龄工作

2005年，《西藏自治区实施〈中华人民共和国老年人权益保障法〉办法》制定出台，2006年1月1日起实施，为寿星老人发放寿星老人健康补贴。寿星老人健康补贴标准为80～89岁每人每年300元，90～99岁每人每年500元，100岁以上每人每年800元。

普兰县加大《中华人民共和国老年人权益保障法》宣传力度，弘扬尊老、敬老、养老的传统美德，依法保障老年人的合法权益。每年按照户口簿调查统计老年人情况，并登记造册。

2006年，普兰县为80岁以上老人发放寿星老人健康补贴1.9万元。

2007年，全县有80岁以上老人85人，90岁以上老人6人。

2008年，普兰县建立完善老年人档案，对60周岁以上老年人进行拍照。6月底，全县有60岁以上老人755人，其中60～64岁老人204人，65～79岁老人474人，80～89岁老人69人，90岁以上老人8人。享受寿星老人健康补贴77人，发放补贴4.09万元。

2009年，全县有60岁以上老人778人，其中60～79岁老人711人，80～89岁老人58人，90～99岁老人9人。享受寿星老人健康补贴67人，发放补贴2.19万元。

2010年，全县有60岁以上老人761人，其中60～79岁老人689人，80～89岁老人67人，90～99岁老人5人。享受寿星老人健康补贴72人，发放补贴2.26万元。

第七章 扶贫开发

受自然条件制约，普兰县农牧业基础设施建设滞后，生产经营集约化程度低，生产力水平较低，贫困人口较多。2003年6月，普兰县扶贫办公室成立，从农牧、民政、水利等部门抽调人员。县委、县政府利用国家扶贫政策，加大扶贫力度，拓宽扶贫途径，将扶贫与经济开发结合起来，因地制宜，采取项目扶贫、搬迁扶贫、劳务扶贫、对口帮扶等措施，取得了良好效果。

第一节 农业综合开发

2001—2010年，普兰县实施以中低产田改造为重点的农业综合开发，采取“国家引导，配套投入，民办公助，滚动发展”的投资机制，坚持增产与增收目标并重的指导思想，组织实施农业综合开发项目，由单纯追求产量的增量型开发向高产优质高效型转变，由注重资金、劳务投入密集型向资金技术与劳务投入密集结合型转变，努力提高农业综合开发效益。农业综合开发在改善农业生产条件、发展多种经营、增粮油肉等主要农产品产量的同时，有效增加农牧民群众的收入。

2001年，普兰县成立农发指挥部，农牧、水利、计委等部门技术人员长期驻扎工地，严把项目质量关。项目实施过程中，坚持项目进程月报，监理人员履行职责，保证项目进度和质量。项目建设指挥部设立专款账户，实行“一支笔”审批制度，保证项目资金专款专用，杜绝项目资金被挪用、挤占的现象。普兰县农发项目二期工程建设投资369万元（中央、西藏自治区财政投资354万元，地、县配套5万元，项目区群众集资5万元，贷款5万元），群众劳务投入4.3万个工日。采取土地连片平整、捡石块和杂草等方法，改造中低产田，提高土地生产能力，农田林网种植树苗以新疆杨为主。开发后，新增灌溉面积3800亩，改善灌溉面积4400亩，项目区形成田成方、林成网、沟相通、路相连、旱能浇、涝能排，旱涝保收的高产稳产农业区，农业生产条件和生态环境明显改善。项目区中低产田每亩增产粮食53千克，形成年新增400吨粮食的生产能力，农业综合生产能力显著提高。农牧民参与项目建设4010人次，创收51.35万元，项目区农牧民人均纯收入比2000年增加123.5元。

通过开展农牧业实用技术培训，农牧民掌握了种子精选包衣、田间管理、人工种草、疫病防治等一批实用技术，农作物单产提高，病虫害减少，牧业上肉奶品质、产量提高。

2001年普兰县农业综合开发建设项目一览表

表4-7-1

年份	投资	中低产田改造		草场建设	其他	建设地点
		田间部分	水利部分			
2001	369万元	土地平整3800亩，机耕道9千米，农田林网6万株，网围栏1800米	修建干渠13.2千米，支渠12千米，交叉建筑物27座	网围栏4500米，购草种7吨，人工种草1000亩	购置泰山拖拉机3台，配套农机具27台（套）；人才培训2次5000人次	西德村、吉让加兴组、巴嘎

2008年，普兰县实施农田开发整治项目，该项目开发整治农田1000亩，投资概算265万元，资金来源为西藏自治区国土资源厅，该项目系国土资源厅首次对阿里地区投资。经地区国土局与普兰县人民政府协商，项目前期工作委托西藏自治区羌塘矿业公司负责，前期工作中除必要的工本费由业主负责外，其余费用均由委托单位（西藏羌塘矿业公司）负责。

第二节　扶　贫

2001年年初，西藏自治区出台《关于进一步加强“十五”期间扶贫开发工作的决定》，将人均纯收入低于1300元的农牧民群众作为重点扶持对象，将占农牧区总人口68.2%的148万名农牧民纳入扶贫工作中。西藏自治区党委、人民政府根据阿里地区的经济社会发展水平，决定将整个阿里地区作为一个集中连片的贫困地区加以重点扶持。自治区扶贫办为实施“十五”扶贫规划和扶贫培训等工作，为阿里地区安排规划费55万元、搬迁规划费1万元、扶贫培训费26万元、扶贫前期费8.8万元。

同年，普兰县对全县贫困状况进行摸底调查和汇总，建立贫困人员登记簿，各乡镇建立贫困人员登记册，各村居建立贫困人口登记卡。全县有贫困人口624户3323人。制订全县及各乡镇扶贫十年规划和“十五”计划，为扶贫开发提供依据。成立扶贫开发领导小组，实行领导包乡联村定点帮扶联系制度，解决贫困户增收难问题。脱贫巩固率100%。

2002年，普兰县继续实行包乡包村帮扶式扶贫，借助千名干部进农牧区活动，切实抓好扶贫开发。投资40余万元，完成125户385人危房户的房屋维修改造。投资106.41万元，完成霍尔13户和科迦寺周围9户农户的搬迁工作，建筑面积2550余平方米，通过自治区扶贫办验收。

2003年4月，阿里地委、行署提出利用两年时间，在全地区范围内开展“321”扶贫济困工程，引导和帮助贫困群众解放思想，更新观念，克服“等、靠、要”思想，掌握脱贫致富技能，加强生产生活基础设施建设，切实拓宽增收渠道，千方百计增加收入，开创一条依靠自身能力脱贫致富的路子。

同年，普兰县委、县政府以解决贫困农牧民温饱问题、转变贫困农牧民思想、增加农牧民收入为中心，以思想教育、物质帮扶为手段，以转变贫困农牧民的思想观念、增强其自我发展能力为根本目的，进行对口扶贫，在全县范围内实施“321”扶贫济困工程，改善贫困农牧民的生产生活条件。成立由组织、计委、民政等部门组成的调查组，调查内容涉及贫困户的贫困原因、家庭人口、主要劳动力状况、家庭资产、家庭所处社会环境、当前最需要解决的问题等。成立“321”工程领导小组，出台《普兰县委、县政府关于“321”工程的实施意见》，制订《普兰县包村部门及领导干部定点援助安排方案》，加强对工程实施情况进行部署、协调组织及督促检查。“321”工程办公室组织制订扶贫计划，内容包括近期计划和远期计划，近期计划有捐赠粮、物、生活用品、生产工具以及维修房屋、新建定居房、商品房等，远期计划有种植业结构调整、畜群畜种结构调整以及人畜饮水工程等。由县委组织部负责具体实施“321”扶贫工程，全县有51家单位、党员领导干部76人参加。为贫困户捐款捐物折合人民币182437元，帮扶贫困户185户777人。

2004年，普兰县政府成立以县长为组长的农牧民增收领导小组，乡镇成立相应的领导机构。对县直各单位的工程项目进行筛选，将适合农牧民从事的工程项目，安排给农牧民施工建设，鼓励农牧民创办建筑施工队。在国家支持的项目建设投资中，专门列支一项农牧民报酬并直接支付。

2006年，普兰县坚持以精神扶贫为主、物质扶贫为辅的扶贫方式，通过对农牧民进行思想教育和技能培训，提高农牧民的思想认识和致富能力。全县县级党员领导干部建立扶贫联系点20个，村级党员与群众结成帮扶对子64个，为贫困群众捐款捐物折合人民币17765元。

2008年，组成工作组到一镇两乡了解贫困户情况，逐一登记造册，全面掌握年收入1200元以下、800元以下的贫困户信息，联系协调对口扶贫单位，与各对口扶贫联系点座谈，制订扶贫计划，研究扶贫思路及对策。各驻乡镇、村（居）工作组关心群众疾苦，走访慰问困难党员群众35户，慰问钱物折合人民币6500元；为群众做好事67件，解决群众生产生活困难43件；结成帮扶对子35对，落实帮扶资金14.377万元。自治区党委办公厅对口扶贫普兰镇，投入扶贫资金108.5万元（100万元用于建设多油村水渠）；狮泉河海关对口扶贫巴嘎乡雄巴村，投入资金10万元；阿里地区公安处对口扶贫巴嘎乡岗莎村，捐赠扶贫物资大米22袋、面粉9袋、海绵垫15个、绒衣绒裤15套、迷彩服15套、棉鞋14双、现金1040元。

2010年，阿里地区在普兰县开展“两项制度”（农村低保制度、扶贫开发政策）有效衔接试点工作，将人均纯收入1700元以下的贫困人口划分为扶贫户、扶贫低保户、低保户和五保户四类贫困人群，建立纸质、电子档案，为扶贫户、扶贫低保户发放扶持证。

一、转变思想

2001—2010年，普兰县逐步转变扶贫方式，由政府主导式扶贫向群众参与式扶贫转变，借助和利用各种载体、活动和致富典型，教育贫困群众破除旧思想、旧观念，改变陈旧陋习，激发广大贫困户的热情和积极性。发动贫困人群主动投身扶贫工作，参与扶贫开发，从“要我脱贫”变为“我要脱贫”，从根本上克服人的主观因素的障碍，逐步形成科学文明的生活方式。强化劳动观念，倡导劳动光荣，树立商品观念、市场意识，形成依靠自己的诚实劳动和智慧致富奔小康的发展环境。

普兰县坚持“以文明三创总揽农牧区全局”的观点和做法，通过创建文明户、文明村、文明乡镇，从细微处引导。以先进事例为载体，灌输文明先进思想，培育新型农牧民。组织文艺宣传队、电影队到各村进行关于科技、现代文明的文艺、电影演出，张贴法治、科学养殖、卫生、致富方面藏文宣传资料。

二、产业项目扶贫

普兰县从优势产业出发，实现优势脱贫，以草业发展和特色产业开发为突破口，加快推进农牧业结构调整。根据资源优势，坚持立草为业、草业先行，培育绒山羊、旅游等产业，加快推进农牧业发展的产业化进程。在贫困农牧区依托绒山羊基地建设，增加绒山羊饲养比例，加大示范点的培育力度。努力探索农畜产品深加工的道路，实行“公司+农户”的发展模式。培养农牧区专业合作经济组织，在种植业、农牧业特色产品销售、牲畜出栏等方面带领群众发展生产，增加群众收入。

县扶贫部门协调各方为农牧民群众争取项目，以特色农牧业为基础，突出重点，带动农牧业健康、稳步发展，为农牧民群众谋福祉。开展项目申报工作，派专人到自治区和地区上报项目。坚持因地制宜，高度重视项目的各个环节，精心组织、周密管理，杜绝出现各种问题，按照工程建设程序，明确任务，落实技术责任人。加强资金的管理，实行一支笔审批制度，设立专门账目，实行统一计划、统一核算、统一管理，杜绝浪费和不必要的支出，并接受群众的监督，保证资金专款专用。选派技术人员蹲点监督工程的质量和进度，同时做好群众的宣传动员工作，解决一些实际问题；县扶贫领导小组成员多次到各项目实施点进行检查，确保各工程项目保质保量按时完成，让农牧民群众享受发展成果。在项目施工中，坚持使用当地劳动力，在增加群众收入的同时，使群众增加对工程质量的了解和监督。加强后续管理，确保项目工程长期发挥效益。

2003年，普兰县牲畜的各项生产指标低，成畜死亡率较高，通过实施扶贫项目，改善草场资源质量，缓解草畜矛盾，提高农牧民抗灾自救能力和农牧区生产力水平。

2004年，普兰县申报扶贫项目4个，总投资303.3万元（国家投资278万元、群众劳务投入16.8万元、信贷投入8.5万元）。其中，霍尔乡巴青河扶贫牲畜育肥建设项目，总投资83.5万元（国家投资75万元、劳务投入5万元、信贷投入3.5万元），建设内容：修建棚圈300平方米、人工种草500亩、草场围栏500亩、打井1眼，年可创收25.3万元。巴嘎乡雄巴村扶贫草场配套建设项目，总投资91.3万元（国家投资85万元、劳务投入6.3万元），建设内容：草场围栏2000亩、人工种草800亩、无水缺水草场打井10眼，年新增干草230吨，有效改善项目区生态环境。普兰镇西德村白糌粑加工厂建设项目，总投资59.5万元（国家投入55万元、劳务投入2.5万元、信贷投入2万元），建设内容：加工厂房200平方米、糌粑加工机器2台（套）等，年可为贫困群众创收20万元。扶贫民俗文化服务村建设项目，总投资69万元（国家投入63万元、劳务投入3万元、信贷投入3万元），建设内容：帐篷20顶、卡垫50床、购置民俗纪念品等。

2005—2006年，普兰县实施扶贫开发项目11个，总投资544.23万元（国家投资349万元、群众劳务投入195.23万元），直接为贫困户创收225.33万元，受益群众165户743人，人均收入3032元。其中，巴嘎乡扶贫家庭旅馆建设项目，总投资34.6万元（国家投资10万元、群众自筹24.6万元），修建家庭旅馆10户，该项目年纯收入3.5万元，受益群众10户43人，人均增收813.95元。仁贡村草场建设项目，总投资74.13万元（国家投资56万元、群众自筹18.13万元），建设内容：人工种草150亩、草场围栏3000亩、建设牲畜棚圈30套、打井3眼。赤德村家庭养殖示范户建设项目，总投资7.18万元（国家投资6万元、群众自筹1.18万元），修建鸡圈500平方米，购置种鸡1250只。霍尔乡无水草场开发项目，总投资25.4万元（国家投资20万元、群众自筹5.4万元），建设内容：草场围栏4000亩、打井2眼。霍尔乡贡珠村绒山羊示范户建设项目，总投资45万元（国家投资25万元、群众自筹20万元），建设内容：扶持生产畜450只、人工种草400亩、草场围栏4000亩、建设牲畜棚圈24套。巴嘎乡岗莎村草原配套建设项目，总投资30万元（国家投资20万元、群众自筹10万元），建设内容：人工种草100亩、草场围栏2000亩、建设牲畜棚圈20套、修建水渠200米。霍尔乡贡珠村三组草场建设项目，总投资32.37万元（国家投资25万元、群众自筹7.37万元），项目内容：人工种草100亩、草场围栏2500亩、建设牲畜棚圈25套、修建水渠250米、打井2眼。普兰县温室建设项目，总投资85.93万元（国家投资65万元、群众自筹20.93万元），建设内容：修建温室8座、打井3眼、修建围墙400米。霍尔乡贡珠村扶贫点建设项目，总投资116.2万元（国家投资75万元、群众自筹41.2万元），建设内容：修建扶贫房30套、建设牲畜棚圈30套、打井2眼，实际建设巴嘎乡半封闭式羊圈52套、贡珠和帮仁两村共建设半封闭式羊圈74套。出口羊育肥建设项目，总投资50.19万元（国家投资22万元、群众自筹28.19万元），建设内容：人工种草440亩、草场围栏4400亩、建设牲畜棚圈44套、打井4眼、添置育肥羊88只、群众自出育肥羊880只。吉让居委会奶牛养殖示范户建设项目，总投资43.23万元（国家投资25万元、群众自筹18.23万元），建设内容：建设奶牛养殖示范户25户、引进优质种公羊10头、添置当地黄牛100头、人工种草250亩、修建牛棚25套。

2007年，普兰县筛选申报项目48个，总投资3995.47万元。其中，普兰镇六村（居）整乡推进项目36个，投资2370万元；普兰镇吉让居委会预制厂项目总投资200万元；普兰镇赤德村培来曲果农业综合开发项目总投资681.58万元；面上扶贫项目总投资56.5万元；加兴农业开发项目总投资2859万元；巴嘎乡雄巴家庭旅馆建设项目总投资85万元；江嘎农业开发区项目建设总投资393万元；霍尔乡绒山羊基地建设项目总投资143.42万元；霍尔乡旅游经济实体项目总投资48万元；普兰镇科迦村民族文化村建设项目总投资41万元；西德家庭养殖基地建设项目总投资12.85万元；科迦村5座混用沼气池示范建设项目（由阿里地区科技局主导）。续建项目：霍尔乡短期育肥基地建设项目，总投资24万元；巴嘎乡岗莎村家庭旅馆扩建项目，总投资40万元；吉让居委会奶牛养殖示范户建设项目，总投资36.65万元；曲龙高效温室建设项目，总投资98万元；西德糌粑加工厂增添设备项目，总投资5万元。

2008年，普兰县实施扶贫项目4个（多油农牧民增收队、吉让预制厂搬迁、农家院开发项目、黄改补助项目），总投资161万元。投资13万元兴建扶贫旅游开发项目吉让民俗家庭旅馆，项目投入运营，实现纯收入5万元，为全县特色旅游产业开发打下基础。根据“立草为业、草业先行”的畜牧业发展思路，实施人工种草项目，投资18万元在巴嘎乡、霍尔乡及普兰镇仁贡村实施人工种草1245亩；牧区试种油菜籽、蔬菜15亩，农牧民参与760人次，历时24天，播种草种6吨，动用机械18台，兑现农牧民补助资金8.74万元，产草量60吨，为普兰县实施牲畜短期育肥项目及储备防抗灾饲料奠定基础。

2009年，普兰县新建、续建项目13个。2个牧业乡实施面上扶贫项目1个，即借母畜还仔畜项目，投资26.28万元。整乡推进项目5个，分别是县城农机维修站（21万元）、科迦民俗文化村（38.5万元）、吉让民俗家庭旅馆（79万元）、扩建西德白糌粑加工厂（24万元）、塑料温室大棚（43.51万元）。农牧基础防御体系建设项目3个，分别是普兰县生物预警体系项目（65万元）、县兽医站搬迁（65万元）和普兰镇兽防站项目（48万元）。霍尔乡及仁贡村牲畜短期育肥项目续建项目2个，继续实施霍尔、巴嘎两乡人工种草1000亩，总投资185万元。户用沼气建设安排250户，投资225万元。安排抗震设防安居工程建设任务80户，实际完成54户，完成投资182万元，新建建筑面积3790平方米，受益人口270人，资金到位272万元，落实资金137.86万元。

2010年，普兰县成立蔬菜种植协会，以曲龙组5户为主，共127人；建立5个农牧民经济合作组织，缓解县城蔬菜供应不足的现状，增加农牧民收入。普兰县短期育肥羊基地建设项目，投资285万元，落实购置育肥羊及相关设备、人员补助等资金，分布在霍尔乡（贡珠村、帮仁村）、巴嘎乡（塔尔钦）及县城3个点，安排项目区群众8人销售育肥羊，销售育肥羊216只，收入10万元。普兰镇扶贫开发项目分为整乡推进项目和边境村建设项目，总投资670万元（国家投资443.9万元，群众自筹或投劳226.1万元），整乡推进项目4个（科迦村民俗文化村建设项目、多油村噶入组大棚温室建设项目、仁贡村多瓦组水塘建设项目、吉让居委会日光温室建设项目），边境村建设项目6个（多油村赤贡组日光温室建设项目、吉让居委会扶贫旅馆建设项目、普兰县农机维修站建设项目、科迦村斜尔瓦组边贸市场建设项目、赤德村达布加沙水渠建设项目、西德村角入组水塘建设项目）。

三、科技扶贫

普兰县坚持扶贫与扶智相结合，变传统的“输血”型扶贫模式为“造血”型扶贫，提高贫困人群的生产技能和自我脱贫能力。每年组织开展农作物种植基本知识、牲畜疫病防治知识、绒山羊养殖技术等培训班。派农牧民到项目建设工地学习技术，提高农牧民的劳动技能和技术水平。在广大农牧区开展以扫除科盲、法盲、文盲为主要内容的“三脱盲”教育。在对农牧民进行田间管理、牲畜饲养等基本技能培训的同时，按照市场对劳动者素质的要求，有针对性地开展拖拉机驾驶、机械维修、建筑施工等实用技术技能的培训，并利用“科技下乡”活动，宣传各类科技知识。

四、劳务输出扶贫

县扶贫办围绕劳务输出市场，主动到重大工程项目工地为群众联系项目，做好协调，提高劳务输出的质量和组织化程度，形成市场主导、政府组织、群众参与的劳务输出机制。在全县范围内组建创收队，发展劳务输出扶贫，培育主观能动性强、热爱劳动、勤俭节约、文明向上的新型农牧民。为全县“提高农牧民、富裕农牧民”奠定了良好基础，劳务输出成为群众增收脱贫直接、有效的途径。

2001年，县政府专门召开会议，制定劳务输出管理办法，成立县劳务输出服务公司，加强对劳务输出人员的组织和管理，开拓岗莎村旅游服务、公路桥梁修建、公路小修保养、电站施工、市政建设、农发投劳、流散劳务输出等一系列劳务输出主渠道。全县劳务输出445人次，创收112万元，其中岗莎村旅游服务收入65万元。

2002年，全县劳务输出3200余人次，创收312万元，其中岗莎村旅游服务收入92万元。

2003年，通过劳务投入、外出务工、旅游服务、开茶馆、办商店等途径，输出劳务3900余人次，其中95%在县内，主要为参与基础设施建设、扶贫点建设和特色产业开发，创收468.8万元。引导贫困户劳务输出800余人次，增加收入70余万元。

2006年，参与劳务输出的农牧民1111户，占总户数的73.5%；劳务输出3318人，占农牧区劳动力的76%，创收654.27万元。

2008年，组织农牧民劳务输出3488人次，实现创收749.42万元。

2010年，组织农牧民参加经济合作组织，选派农牧民从事廉租房、周转房建设，劳务输出创收950万元。

五、扶贫成果

2001—2008年，普兰县脱贫1654人，贫困率下降5个百分点。2001年，全县脱贫119人。2003年，贫困户脱贫61户、213人。2007年，脱贫92户、411人，其中普兰镇35户、156人，巴嘎乡31户、138人，霍尔乡26户、117人。

第八章　受援工作

按照中央“对口支援、分片负责、定期轮换”的援藏方针，普兰县由陕西省对口援助，支援工作队每3年轮换1次。支援项目涉及交通、电力能源、农牧林水、教科文卫等方面。在对口支援的有力推动下，普兰经济持续快速发展，社会事业全面进步，民族团结，城乡面貌焕然一新，各民族群众安居乐业，人民生活水平显著提高。

第一节　支援思路

第三、第四批支援思路是“一体两翼”模式，以农牧业为主体，旅游、边贸为两翼，同时将加快基础设施建设作为着力点。

第五批支援工作队以科学发展观为统揽，以维护稳定为第一责任，以发展为第一要务，实施“生态立县、产业富县、旅游兴县、边贸活县、城镇靓县、依法治县”发展战略，推动普兰加快发展。

第六批支援思路：用“延安精神”“老西藏精神”建设普兰，立足“团结稳定、跨越发展，实干兴县”大局，全力维护边防和社会稳定，加快转变经济发展方式，着手制订旅游、边贸、城市、普兰特区和生态环境五大规划，逐步解决“六难、两低”（行路难、用电难、吃水难、住房难、教育难、看病难，财政收入低、群众收入低）问题，改善民生，推动科学发展，为长远发展和长治久安打牢基础。

第二节　人才支援

2001—2010年，陕西省先后选派四批支援干部援助普兰县。

2001—2010年陕西省援助普兰县工作队人员一览表

表4-8-1

支援工作队批次	姓名	性别	民族	在普兰县担任职务
第三批支援工作队（2001—2004）	杨光远	男	汉族	县委书记
	万玉林	男	汉族	县委常委、常务副县长
	高小明	男	汉族	县委副书记
	杨秉杰	男	汉族	副县长
第四批支援工作队（2004—2007）	郑小东	男	汉族	县委书记
	宋晓彤	男	汉族	县委常委、常务副县长
	白延东	男	汉族	县委副书记
	刘彦锋	男	汉族	副县长
第五批支援工作队（2007—2010）	杨　林	男	汉族	县委书记
	黑树林	男	汉族	县委常务副书记
	董春生	男	汉族	县委常委、常务副县长
	李成民	男	汉族	副县长
	刘俊杰	男	汉族	县卫生局副主任（2007.7—2009.7）
第六批支援工作队（2010—2013）	黑树林	男	汉族	县委书记
	王　勇	男	汉族	县委副书记
	卢志华	男	汉族	县委常委、常务副县长
	周富林	男	汉族	副县长
	包维安	男	汉族	县人民医院主治医师

2001—2010年陕西省短期援助普兰县干部一览表

表4-8-2

姓名	性别	民族	支援时间	在普兰县担任职务
李　清	男	汉族	2002.4—2004.4	县人民检察院副检察长
樊宝云	男	汉族	2004.4—2006.4	县人民检察院副检察长

第三节　资金项目支援

2001—2010年，支援工作队按照当前与长远相结合、“输血”与“造血”相结合、无偿与有偿相结合、城市与乡村相结合的工作思路，“援藏项目应突出改善农牧区生产生活条件，改善农牧民生活条件这个重点”的要求，精心设计方案，反复论证项目，累计投资2378万元。规范建设程序，提高项目管理能力和建设质量，初步实现支援项目从注重建设形象工程向激活内生动力、增强“造血”功能的转变。

第三批支援项目4个，总投资425万元：科迦寺维修工程（178万元）、文化广场（129万元）、客运站（98万元）、文化馆维修工程（20万元）。

第四批支援项目6个，总投资550万元：普兰县党政信息网（20万元）、普兰会堂（140万元）、农牧民培训中心（235万元）、霍尔乡市镇道路（98万元）、霍尔乡彩门（37万元）、配套县完小语音室建设（20万元）。

第五批支援项目7个，总投资1403万元：县文化广播电视中心（480万元）、县城改造（80万元）、科迦村容村貌整治（127万元）、县城给排水工程（130万元），配套资金援建县卫生服务中心（386万元）、农牧民安居工程（100万元）、县廉租房附属设施（100万元）。

第四节　其他支援

陕西省在做好对口支援工作的同时，利用优势条件，开展智力支援，实现支援工作从单一的资金和干部支援向资金、技术、人才、管理等多层次、全方位支援的转变。多次组织高规格的专家团进藏进行短期专题考察，进行有针对性的技术、管理指导，提出科学合理的建议，帮助当地制订长远规划，推进当地经济社会发展，为实现全面可持续发展提供依据。针对当地技术人才缺乏、技术水平较低的情况，选派专业技术人员到陕西进行短期培训，提高业务技能和实际能力，服务当地经济社会发展。

从第五批支援开始，将智力支援放在更加突出的位置，采取“走出去、请进来”的方式，以选派电视台技术人员3人到陕西省韩城市学习专业技术为开端，先后与陕西省延长县结对子，建立友好县区；选派培养行政干部4人；在延安宝塔区培训播音员1人、编辑1人。

第六批支援，培训政府网站技术员1人；启动教育结对子计划，邀请陕西省资深教师5人到普兰县传授教育经验，为普兰县培养教师10人；开展学生手拉手活动，选派普兰县优秀学生10人和陕西省延安市学生联合开展夏令营，参观红色革命圣地，使学生拓宽视野，增强学习兴趣，激发爱国热情。

第五篇　法治　军事

2001—2010年，普兰县公安机关加强民警队伍建设，正确履行职权，规范办案程序，始终高度重视“打黑除恶”“命案侦破”等专项斗争，建立健全“严打”工作长效机制，重点加强对恶性刑事案件、治安案件的侦破和查处，确保办案质量，提高办案效率，严厉打击各类犯罪分子和违法犯罪活动，加强治安管理，保障人民群众生命财产安全，维护普兰社会稳定。

县人民检察院深化检察改革，加强执法监督，维护司法公正，突出为经济建设服务，为改革护航，查办贪污、贿赂、侵权渎职和严重刑事犯罪案件。

县人民法院通过审判制度改革，加强内部审判监督和告诉申诉工作，坚持审执并重，加大执行力度，促进审判工作水平。

县司法行政部门加大普法宣传力度，利用各种法治宣传教育活动，在全县范围内开展法律法规宣传，推进“法律七进”活动，提高人民群众的法律意识、爱国意识、维护祖国统一意识、国家安全意识、民族团结意识。注重案件的调解，加大调解力度；及时将矛盾化解在基层、消灭在萌芽状态。规范服务行为，建立健全安置帮教、法律援助工作机制，提高帮教质量，开展法律服务，维护社会公平正义。

第一章　公　安

第一节　机　构

2000年，普兰县公安局设治安、政保、外事、户政、刑警队、看守所6个股级机构。普兰镇派出所成立。2002年，县公安局下辖2个副科级公安派出所机构：普兰镇派出所和巴嘎乡派出所。2003年，霍尔、巴嘎两乡的治安户籍管理工作移交给公安边防派出所管理。

2008年，禁毒大队成立，为股级建制。交警大队挂牌并开展相关业务。2009年5月，交警大队正式成立。

2010年8月，机构改革后县公安局设办公室、治安管理大队、刑事侦查大队、交警大队、看守所等。普兰镇派出所和巴嘎乡派出所调整为正科级派出所。

2001—2010年普兰县公安局领导一览表

表5-1-1

机构名称	职务	姓名	性别	民族	任职时间	备注
普兰县公安局	政治教导员	阿旺赤列	男	藏族	2001.5—2002.8	
	政委	刘立栋	男	汉族	2002.8—2003.8	
		多　吉	男	藏族	2005.7—2007.11	
	局长	达瓦次仁	男	藏族	2000.7—2007.11	县委常委政法委书记
		徐继文	男	汉族	2007.11—2010.5	县委常委政法委书记
		贡　嘎	男	藏族	2010.5—	县委常委、政法委书记、督察长
	副局长	刘立栋	男	汉族	2001.1—2002.8	

续表5-1-1

机构名称	职务	姓名	性别	民族	任职时间	备注
普兰县公安局	副局长	多　吉	男	藏族	2001.1—2005.7	
		杨思军	男	藏族	2008.5—	

第二节　治安管理

2001—2010年，普兰县公安机关以维护社会稳定为前提，坚持“预防为主、打防结合”的方针，加大治安巡逻力度和对各类重点场所的安全检查、专项整治力度，严厉查处各种违法犯罪活动，全力实施社会治安整体联动防范工程，确保全县社会秩序稳定，为构筑“平安普兰”作出贡献。

一、管理机制

县公安机关整合各种信息资源，改革警务机制，深化“警务区”制度改革，将全县划分为3个警务区。预防和前期侦查违法犯罪案件，排查违法犯罪分子和案件线索，联系和服务人民群众。根据“总警力不减、威慑力不变”的总体工作原则，合理部署警力，加强执勤检查，形成常态管理模式。2008年设立老县油库检查站，2009年设立老巴嘎交通检查站、马攸木检查站，加大对过往车辆、人员及携带物品的检查力度。

县公安机关利用各种社会资源，调动广大人民群众对社会治安管理工作的主动性和参与度，通过基层党组织、治保组织、联防队员、群众信息员等力量，使社会治安管理逐步走向社会化、群众化和基层化。加大对各种治安重点场所的治安巡逻、检查力度，震慑违法犯罪分子。在广大农牧区，重点依靠群众开展工作，利用农闲时间对全县的治保主任进行“四防”教育和培训，发挥各乡村治保委员组织作用，预防群体性事件和各种灾害性事故。

二、社会治安综合整治

县公安机关加大对公共场所、出租房屋、特种行业和娱乐场所的规范管理，强化监督检查，堵塞治安管理漏洞。开展治安巡逻，保障公共场所和人员聚集场所安全，提高人民群众的安全感和对社会治安的满意度。

（一）公共场所、特种行业管理

县公安机关加强对公共场所、特种行业的管理，明确规定凡公共娱乐场所、特种行业经营者必须向工商行政管理部门申请获准后，到公安机关登记，并办理特种行业许可证、安全合格证、消防安全合格证后方可营业。建立健全各种经营管理制度，对违反管理的经营者给予吊销许可证、营业执照等处罚。对新开业的进行严格审查和管理，对无任何手续擅自开业者当场予以取缔。不定期组织对宾馆、娱乐场所、网吧等进行治安大清查行动，落实安全防范措施。

2003年，加强对舞厅、朗玛厅、水吧、餐厅等服务行业的监督管理，对存有安全隐患的责令停业整顿直至合格。全年责令停业整顿舞厅1家、水吧1家。

自2008年起，加大对公共场所、矿区等重点部位隐患的专项整治。严格落实责任制，制订各项安全事故、灾害事故的紧急处置预案，抓好源头的防范治理工作，防止各种事故的发生。

2010年，县公安机关加大治安管理力度，与经商人员签订个体工商户治安管理责任书，与各娱乐场所经营者签订普兰县娱乐场所管理责任书。为深化百日严打整治专项行动，县公安机关对县城进行地毯式的安全大检查，加大对旅店业、娱乐业、服务业等人口聚集场所的管控力度，严厉打击“黄、赌、毒”等社会丑恶现象，重点加强对淫秽色情出版物和有害信息的清缴、封堵。开展治安大检查4次，出动警力90人次，出动车辆30台次，清查娱乐场所5家、网吧2家、宾馆及招待所7家。普兰镇派出所在县城及周边村镇建立2个警务区。

（二）枪支弹药和管制刀具管理

县公安机关按照“标本兼治、重在治本”的原则，坚持“严管、严防、严治、严打”的方针，加强对枪支弹药、危爆物品的管理，强化收缴、监管、查处和宣传工作。对全县各涉枪单位的枪支进行审核和登记造册，要求指派专人看守管理，对公安机关枪支实行统一集中管理，非公务工作不配枪，对流散在社会上的高压气枪、小口径运动枪，一经发现立即收缴，加大管制刀具的收缴力度，消除安全隐患。2010年，清查涉枪涉爆单位3家，收缴管制刀具24把。

（三）危、爆物品管理

县公安机关抓住涉爆物品购买、运输、存储、使用等环节，建立健全基础台账，完善涉爆单位管理制度，规范涉爆物品使用管理，不定期组织民警联合安监等部门，到施工现场检查民爆物品储存、使用情况，保证民爆物品安全保存使用，确保“不流失、不炸响”。加强危爆物品排查，对辖区内销售、储存、运输、使用民爆物品、烟花爆竹的单位进行深入细致的清查，加大对违反治安管理法行为的惩处力度，勒令制度不健全、措施不到位、底数不清、情况不明、存在安全隐患的单位限期整改。对所有民爆物品的使用进行严格监管，在219国道普兰段施工各单位使用民爆物品作业时，县公安局选派民警现场监督，确保安全。

2004年，县政府制订《普兰县危险化学品安全管理专项整治工作方案》，对危险化学品储存、运输、使用、废弃处理等环节进行整治，重点整治液化气站、加油站、油库、炸药库和危险化学品运输、储存等，同时严厉打击利用危险化学品从事各种违法犯罪活动的行为。成立普兰县开展危险化学品安全管理专项整治工作领导小组，副县长南加石确任组长，县公安局副局长多吉、县工商局局长任贵德任副组长，办公室设在县公安局，办公室主任由县公安局局长担任，具体负责组织、协调、督察工作。全县储存危险化学品的单位和个人有3家，其中液化气站2家，私营加油站1家，还有少量个体户私营的液化气。专项工作组整治危险化学品经营、储存、使用单位的安全生产条件，对不具备安全生产和出售条件的一律取消其经营资格，予以关闭。对经营使用危险化学品的单位、个人进行严格审查，对经营场所设施、从业人员素质、安全管理制度和应急预案等不符合规定的，限期整改。整改后仍达不到要求的，取消其从业经营资格。对不符合安全、环保、规划、建设、消防等要求的单位按照有关法律法规进行整顿。对非法从事危险化学品经营的单位、个人依法予以查处。

（四）治安巡逻

2008年，县公安局牵头全县政法各部门，组成联合巡逻组，确保县城的安全稳定。2009年，县公安局坚持白天步巡、夜间车巡，根据“白天见警察、夜晚见警灯”的要求，保证每天有警车巡逻，提高街面见警率和群众安全感。对可疑人员、车辆进行盘查，及时发现并消除治安隐患，预防各类违法犯罪活动的发生。自9月25日起，县公安局与驻守县城的解放军进行联合武装巡逻。

（五）消防排查

县公安机关加大消防排查力度，全力抓好重大火灾隐患的整改工作，严防重特大火灾事故的发生。对人员密集场所、油气站及易燃、易爆物品存储点等部位进行消防安全大检查，对制度不健全、措施不到位、防范有漏洞的部门，责令其立即整改，确保安全。同时，宣传“消防六进”，即进学校、进社区、进家庭、进企业、进寺庙、进农牧区。

（六）法治宣传

县公安机关每年开展3月综治宣传月、“9·16”平安西藏、“12·4”全国法制宣传日、百日交通安全等宣传活动和普法教育活动，通过悬挂横幅、张贴标语、发放宣传资料、出动宣传车、提供法律咨询等方式，宣传《中华人民共和国宪法》、《中华人民共和国治安管理处罚条例》（2006年3月1日废止）、《中华人民共和国治安管理处罚法》（2006年3月1日起施行）、《中华人民共和国婚姻法》、《中华人民共和国道路交通安全法》、《中华人民共和国出入境管理法》、《公安部30项便民利民措施》等与群众生活紧密相关的法律法规，提高农牧民和僧尼的法律意识，引导群众学法、用法、守法。

三、治安案件办理

县公安机关对扰乱公共秩序、妨害公民人身安全、损坏公私财产，违反交通、消防、户口管理等情节轻微不够刑事处罚的人员，予以警告、罚款、治安拘留，遏制了打架斗殴、酗酒滋事、扰乱公共秩序等治安案件的发生。

2003年，全县受理治安案件44件，查处44件，其中调解8件，口头教育警告10件，拘留20件，罚款6件6人次，罚款金额1200元。

2007年，各乡镇派出所共受理治安案件7件，查处7件，教育警告9人。

2010年，全县受理治安案件19件，查处19件25人，其中调解5件10人，口头教育警告4件11人，罚款3件5人，罚款金额350元。

2003—2010年普兰县治安案件统计表

表5-1-2

年份	受理案件（件）	查处		处理方式								
				调解		口头教育警告		拘留		罚款		
		案件（件）	人员（人）	案件（件）	人员（人）	案件（件）	人员（人）	案件（件）	人员（人）	案件（件）	人员（人）	金额（元）
2003	44	44	—	8	—	10	—	20	—	6	6	1200
2004	19	19	25	5	10	0	0	—	—	3	5	350
2005	10	10	24	3	6	2	2	—	—	2	4	350
2006	10	10	14	2	4	1	2	—	—	4	6	1100
2007	7	7	9	0	0	7	9	0	0	0	0	0
2008	4	4	6	—	—	—	—	—	—	—	—	—
2009	24	24	—	8	—	10	—	—	—	4	4	800
2010	19	19	25	5	10	4	11	—	—	3	5	350

第三节　案件侦查

一、刑事侦查

县公安机关严格执行《中华人民共和国刑法》《中华人民共和国刑事诉讼法》等法律法规，保持“严打高压态势”，本着“什么犯罪突出就打击什么犯罪”的原则，以“发案少、秩序好、群众满意”为目标，以“什么方式有效就用什么方式打击违法犯罪”为手段，采取有力措施坚决打击黑恶势力、爆炸放火和杀人抢劫等恶性犯罪活动，始终保持对违法犯罪活动的高压态势，担负起“维护一方稳定、确保一方平安”的重大政治责任。

刑侦大队学习业务知识，规范办案程序，提高办案水平，严厉打击刑事犯罪活动。县公安机关在履行打击刑事犯罪职能中，通过预审部门及时审结、移送起诉刑事案件，有效打击刑事犯罪，为普兰县长治久安奠定坚实基础。

2003—2010年普兰县刑事案件统计表

表5-1-3

年份	立案（件）	破案（件）	抓获嫌疑人（人）	挽回经济损失（万元）
2003	10	10（盗窃案7件，故意伤害致人死亡案1件，麻醉抢劫案1件，职务侵占案1件）	—	5.39
2004	8	2（盗窃案1件，贪污案1件）	4	—
2005	6	6（交通肇事案1件，盗窃案5件）	9	—
2006	9	8（盗窃案4件，诈骗案2件，伤害案2件）	11	—
2007	10	4（伤害案1件，故意伤害致人死亡案2件，盗窃案1件）	4	10
2008	10	8（盗窃案4件，交通肇事案3件）	8	—
2009	6	2（盗窃案1件，故意杀人案1件）	2	4
2010	5	5（故意杀人案1件，过失杀人案1件，盗窃案3件）	8	—

二、经济犯罪侦查

2004年，县公安局破获“9·11”特大贪污案，为国家和集体挽回经济损失约36万元。2010年，县公安局成立领导小组，组织开展打击假币、假发票和银行卡犯罪专项行动，制订工作方案，利用公安机关的优势打击制假、售假和用假者。加强与税务、银行等金融单位的合作，形成有效的联合办案机制，严厉打击制售假发票的违法分子。全县未发生制贩假币、假发票及银行卡犯罪案件。

第四节　户政管理

随着社会主义市场经济的深化和完善，人口流动性明显增大，过去户籍管理的模式、程序以及复杂的审批材料已不适应形势发展和便民利民的需要，为实现“执法为民、服务发展”的要求，县公安机关结合户籍管理工作实际，创新户政管理工作机制，加强户口管理网络化、信息化建设，人口户籍管理逐步走上科学化、规范化轨道。

一、常住人口管理

2001—2010年，县公安局根据《中华人民共和国户口登记条例》、《户籍管理和户口统计工作的暂行规定及办法》、《中华人民共和国居民身份证条例》（2004年1月1日废止）、《中华人民共和国居民身份证法》（2004年1月1日起施行），指导各派出所对辖区城镇户口、农村户口常住人口进行登记，办理户口迁入、迁出及出生、死亡登记。对年满16周岁的公民进行登记办理身份证业务，对户口本损坏或丢失的家庭进行登记补办。开展户政管理工作专题宣传。

2001年，普兰县辖区登记常住人口6313人（男性3166人、女性3147人），其中普兰镇4304人（男性1968人、女性2336人），巴嘎乡906人（男性546人、女性360人），霍尔乡1103人（男性652人、女性451人）。办理居民身份证251张。

2003年，县公安局贯彻落实公安部颁发的“七项便民措施”，出动警力、车辆，向社会各界进行宣传。办理户籍业务35人次，按照“七项便民措施”办理业务7人次。

2008年，县公安局落实二代身份证指纹采集录入，为辖区群众办理二代居民身份证2293张。

2010年，办理二代居民身份证2089张。年底，普兰县实有人口9657人（男性5028人、女性4629人），其中普兰镇6047人（男性3205人、女性2842人），巴嘎乡1659人（男性836人、女性823人），霍尔乡1951人（男性987人、女性964人）。辖区内登记常住人口7275人，其中普兰镇4777人（男性2288人、女性2489人），巴嘎乡1015人（男性525人、女性490人），霍尔乡1483人（男性805人、女性678人）。

2001—2010年普兰镇常住人口登记管理统计表

表5-1-4

年份	常住人口登记（人）			办理居民身份证（张）
	合计	男性	女性	
2001	4304	1968	2336	182
2002	4516	2163	2353	176
2003	4588	2175	2413	153
2004	4603	2182	2421	206
2005	4653	2203	2450	103
2006	4690	2232	2458	156
2007	4699	2237	2462	216
2008	4712	2243	2469	2256
2009	4741	2263	2478	1809
2010	4777	2288	2489	2013

2001—2010年巴嘎乡常住人口登记管理统计表

表5-1-5

年份	常住人口登记（人）			办理居民身份证（张）
	合计	男性	女性	
2001	906	546	360	27
2002	919	552	367	9
2003	938	485	453	16
2004	946	561	385	7
2005	950	615	335	6
2006	961	488	473	9
2007	970	526	444	8
2008	978	557	421	5
2009	998	603	395	14
2010	1015	525	490	19

2001—2010年霍尔乡常住人口登记管理统计表

表5-1-6

年份	常住人口登记（人）			办理居民身份证（张）
	合计	男性	女性	
2001	1103	652	451	42
2002	1149	684	465	38
2003	1189	695	494	57
2004	1194	702	492	46
2005	1235	715	520	26
2006	1287	738	549	22
2007	1296	756	540	41
2008	1368	784	584	32
2009	1392	798	594	49
2010	1483	805	678	57

二、流动人口管理

普兰县辖区内流动人口较多，随着县内工程建设项目的增多，外来务工经商的人员也逐年增多。县公安机关依据国家人口管理有关规定，制定《普兰县流动人口、暂住人员管理办法》，指导各派出所结合辖区实际，依法加强流动暂住人口和房屋出租户的治安管理，加大对外来人口较为集中地区的监督检查力度，做好流动暂住人口、出租房屋的登记管理工作。

2003年，各派出所本着“群众利益无小事”“早发现早解决”的原则，强化民警的服务意识，对暂住人员、流动人口实行跟踪上门办证服务。公安机关登记暂住人员6592人次，办理暂住证1764人次，发放安全合格证110张。

2007年，县公安机关建立流动人口信息库，加强流动人口管理，录入暂住人口信息526人，其中国内280人，国外246人。管理流动人口3528人，做到底数清、情况明。

2008年，县公安机关按照“公平对待，合理引导，完善管理，搞好服务”的方针，贯彻落实中央综治办、公安部下发的《关于进一步改进和加强出租房屋管理工作的通知》，对所有公、私出租房一律签订治安责任书，严禁出租房只收钱、不监管等行为，落实流动人口治安管理和服务。同时，严厉打击侵害流动人员人身和财产安全的各种违法犯罪活动，预防和减少流动人口违法犯罪。

2009年，在全县范围内开展10余次拉网式集中大清查，全面掌握不同时期流动人口的情况；加大对出租房屋、旅店业、娱乐业、服务业等流动人口聚集场所的管控力度，对流动人口进行信息录入。

2010年，对流动人口、出租房屋等进行登记造册，开展一系列法治宣传活动。清查出租房屋380间，流动人口862人，“三无”人员（由民政部门收养的无生活来源、无劳动能力、无法定抚养义务人或法定抚养义务人丧失劳动能力而无力抚养的公民）18人（均在普兰县居住5年以上）。

第五节 交通管理

普兰县机动车拥有量、驾驶人规模、群众出行需求呈现迅猛增长态势，县城道路交通安全问题日益明显。2008年，县公安局交警大队挂牌，开展相关业务。2009年5月，交警大队正式成立。交警大队担负道路交通事故处理、事故救援、道路巡查、维护交通秩序、处理车辆违章、交通安全宣传、交通安全隐患排查治理等交管任务。

县交通管理部门围绕“压事故、保畅通”工作重心，科学管理，提高交通安全管理能力。联合交通、养护段等部门加强主要道路交通环境整治，加大道路交通安全宣传教育力度，遏制重特大道路交通事故发生。严查客车超员、客货混装、超载、超速等交通违法行为，保障群众安全和畅通出行，为县域经济社会健康发展和构建和谐社会创造安全、有序、畅通、和谐的道路交通环境。

2003年，县交通管理部门调解交通事故3起。2007年，县交通管理部门集中开展道路交通安全专项整顿行动，制订详细方案，确定整治重点。经常性地派民警在县城内巡逻查处，在主干道路设卡检查，并采用宣传车、张贴标语挂画、宣传横幅等方式加强宣传教育。在城区道路重点对无牌无证、酒后驾驶、违章载人、机动车乱停乱放等交通违法行为进行集中整治；在主干道公路重点对超载超速行驶、无牌无证、疲劳驾驶、客车超员及客货混装、货车超载及违法载人等严重交通违法行为进行集中整治。普兰县道路交通秩序明显好转。

2008年，县交警大队加强道路交通安全管理，严禁客货混装、超载超速、酒后驾车等行为，防止交通事故的发生。普兰县交通管理现代化步伐明显加快。

2009年，县交警大队开展“迎国庆、保安全、促和谐”交通整治活动，加大对各类交通违法行为，特别是无证驾驶、醉酒驾驶、疲劳驾驶等严重违法行为的查处力度，对交通事故多发点段隐患，无牌无证、报废车上路，酒后驾车、超速行驶、客车超员、客货混装等问题进行整治，消除事故隐患，预防和遏制重特大道路交通事故的发生，确保道路交通安全。全年发生交通事故1起，死亡1人。查处交通违章车辆254辆312人次。

2010年，全县发生交通事故3起，死亡2人，受伤6人。县交警大队查处交通违章车辆498台次。

第六节　监所管理

2001—2010年，普兰县看守所优化完善工作机制，严格落实“依法治所、文明管理、教育挽救”的方针，做到依法、文明管理，强化监所规范化建设、安全管理，强化感化教育。

2010年，县看守所自查各项安全管理规章制度落实、监所在押人员生活卫生管理及患病治疗落实等情况。严格执行领导带班制度，坚持24小时双人值班制度，重点加强双休日、节假日的值班备勤，严禁值班人员在岗从事有碍值班的活动；实行值班巡察岗位和监控值班岗位二岗合一，实现人防、技防的有效结合。落实民警包监室管理和主协管责任制，实行管教民警与被监管人员面对面直接管理，在押人员的活动由管教民警组织。

第七节　安全保卫

县公安局加强对县委、县政府、中波台、电视台、电信、银行、邮政、油库、水电站、学校等部门以及庆典活动场所、交通沿线的安全保卫。

2003年，塔尔钦佛事活动期间，县公安局派干警2人到塔尔钦，配合边防派出所开展安保工作，保证活动顺利进行。7—8月，武警总部副政委刘源，自治区党委常务副书记、人大常委会主任列确先后带领工作组到普兰县考察，县公安局及时成立安全保卫领导小组，制订安全预案，保障考察工作顺利进行。

2005年，县公安局在地区公安处的统一部署指导下，开展夏季严打整治专项斗争。西藏自治区成立40周年大庆期间，县公安局成立领导小组，制订符合实际、操作性强的安全保卫工作方案，强化交通道路综合整治、消防安全检查、法治宣传、民爆物品收缴、边境查控堵截，以及中央代表团、艺术团等大型工作组的安全保卫工作。大庆期间，全县未发生刑事案件、治安案件或危安案件，未发生交通事故、火灾等。

2008年，在奥运圣火采集、传递及奥运会举办期间，制订工作方案，加强组织领导，明确工作任务，强化工作措施，加大与政法各部门之间的协调联动。在边防、消防部队配合下，全警动员、上下联动，形成纵横协调、齐抓共管的良好工作格局，保障了奥运会、残奥会及国庆节期间普兰县治安环境绝对稳定和安全。

2009年，以中华人民共和国成立60周年安全保卫工作为重点，按照上级公安机关的总体部署，制订《普兰县公安局迎国庆60周年全县安保方案》《迎国庆社会治安综合整治工作方案》《迎国庆处置突发事件工作预案》，成立由县委常委、政法委书记、公安局局长徐继文任组长的安保工作领导小组，制定周密细致的工作措施，明确各部门工作责任，全警动员，全力以赴，开展全方位的社会面管控、治安巡查，落实各项安保措施，全力打好国庆60周年安保攻坚战。

2010年，上海世博会、广州亚运会期间，县公安局开展安全隐患排查、矛盾纠纷化解、重点单位保卫和社会面治安管控，保障了期间治安大局持续平稳。开展安全隐患排查整治，组织警力到旅馆、娱乐场所、网吧、学校、集贸市场等公众聚集场所开展拉网式、地毯式安全大检查，落实防范措施，对在检查中发现的隐患、漏洞，勒令当场整改或限期整改，堵塞各种安全漏洞。加强对枪支弹药和爆炸、剧毒、管制刀具等危险物品的安全监管，严打严治涉爆涉枪等犯罪活动，对2家涉爆单位进行不定期的督促检查，消除各类隐患。开展社会治安面巡逻管控，强化对重点时段、重点部位的巡逻盘查，将巡逻警力最大限度地压向街头，投向街面，加大巡逻的力度，提高巡逻的密度，加大对可疑人员、可疑车辆的盘查、检查力度，对违法犯罪形成强大的威慑之势，用实际行动确保辖区安全稳定。强化重点单位安全保卫，采取上门检查、召开联席会议等方式，加强对辖区机关、医院、学校、金融系统等重要单位的安全保卫监督指导，检查重点单位人防、物防、技防措施落实情况，增强重点单位自防意识和能力。开展矛盾纠纷排查化解，加强应急力量和机制建设，组织民警入户开展矛盾纠纷排查行动，跟踪事态发展，控制事件层级，配合有关部门做好化解工作，将矛盾和问题解决在萌芽状态。

第八节　出入境管理

县公安局加强对外国游客的出入境管理，树立良好的外管形象和口岸形象。

2003年，登记法国、日本、奥地利、意大利、瑞士等国游客570人，印度、尼泊尔两国边民经商朝圣360人，上报护照审批4人。

2007年，登记外国旅游团队129批次1693人次，其中印度官方香客团队15批次309人（男性298人、女性11人），普通游客团队114批次1384人（男性895人、女性489人）。登记散客8人，印度、尼泊尔经商人员359人，印度、尼泊尔边民到冈仁波齐、玛旁雍错朝圣165人。

2009年，登记检查外国旅游团队432批次4233人次，涉及42个国家和地区，从普兰口岸入境217批次，从普兰口岸出境176批次。登记印度官方香客团16批次601人次。

第二章　检　察

2001—2010年，普兰县人民检察院围绕全县改革、发展、稳定的大局，贯彻“公正执法，加强监督，依法办案，从严治检，服务大局”的检察工作方针，以“强化法律监督、维护公平正义”为主题，全面履行职责，监督违反诉讼程序问题，促进司法文明。依法审查批捕、提起公诉，严惩各类刑事犯罪活动。以惩治司法领域中的腐败现象为重点，查办和预防职务犯罪，依法对贪污、贿赂、渎职、侵权等犯罪进行侦查。

第一节　机　构

1978年11月，普兰县人民检察院成立，区级建制。1987年，升格为副县级建制。

2001年，普兰县人民检察院无内设机构，政法专项编制6名，实有干警5人。之后，编制与干警数量逐年递增。2006年，县人民检察院机关编制12名，实有7人。

2008年10月，普兰县人民检察院党组成立。

2010年8月，普兰县人民检察院调整相关职责，加强对法律政策和其他检察业务调查研究的工作职责。设5个内设机构（股级）：办公室、侦查监督科、公诉科、反贪污贿赂局（反渎职侵权局）、控告申诉科。政法专项编制22名，其中县级领导职数1名，科级领导职数5名（含1名副科级检察委员会专职委员）。

2001—2010年普兰县人民检察院领导一览表

表5-2-1

机构名称	职务	姓名	性别	民族	任职时间	备注
普兰县人民检察院	检察长	旦　曲	男	藏族	2000.6—2002.9	
		徐继文	男	汉族	2002.9—2007.9	
		阿　地	男	藏族	2007.9—2008.10	

续表5-2-1

机构名称	职务	姓名	性别	民族	任职时间	备注
普兰县人民检察院	党组书记 检察长	阿　地	男	藏族	2008.10—2010.6	
		扎西次仁	男	藏族	2010.6—	
	副检察长	阿　地	男	藏族	2000.6—2007.9	
		李　清	男	汉族	2002.4—2004.4	陕西援藏干部
		才旺多布杰	男	藏族	2003.10—	2008年10月为党组副书记
		樊宝云	男	汉族	2004.4—2006.4	陕西援藏干部

第二节　刑事检察

县人民检察院坚持以人为本、执法为民，发挥提前介入、捕诉引导侦查、快捕快诉等职能优势，严厉打击各类刑事犯罪。对公安机关移送审查起诉的案件进行审查，达到起诉标准的依法提起公诉，做好不起诉案件当事人的息诉工作，保障人民群众的合法权益。

2001—2010年，县人民检察院累计受理提请批准逮捕刑事案件32件39人（盗窃案17件23人，故意伤害致人死亡案1件1人，抢劫案1件1人，交通肇事案4件4人，偷越国境案1件1人，诈骗案1件1人，故意伤害案5件6人，故意杀人案2件2人），审查批捕30件37人，不予批捕1件1人。审查提起公诉35件45人，免予起诉2件4人，出庭支持公诉45人。

2004年，以检察长为核心的不起诉案件专项复查领导小组成立，对2003年度决定的不起诉案件进行全面、公正、客观的复查。

2006年，县人民检察院落实逮捕工作专项检查会议要求，正确行使逮捕批准权、决定权，未发生错捕错批案件。

2008年，县人民检察院贯彻落实最高人民法院、最高人民检察院《关于办理当前西藏及其他藏区严重暴力犯罪等案件具体应用法律若干问题的意见》，坚决打击“藏独”势力的分裂破坏活动，依法严厉打击黑恶势力犯罪、严重暴力犯罪、严重影响群众安全的多发性侵财犯罪、毒品犯罪和严重破坏市场经济秩序犯罪。

2009年，县人民检察院审查起诉4件4人，有罪判决5件5人。

2001—2010年普兰县人民检察院刑事检察统计表

表5-2-2

年份	受理批捕		批准逮捕		不批捕		提起公诉		自侦案件		
									立案侦查		挽回经济损失（万元）
	案件（件）	人数（人）	案件（件）	人数（人）	案件（件）	人数（人）	案件（件）	人数（人）	案件（件）	人数（人）	
2001	0	0	0	0	0	0	0	0	0	0	0
2002	1	1	1	1	0	0	1	1	0	0	0
2003	4	4	4	4	0	0	4	4	1	1	0
2004	4	4	4	4	0	0	4	4	1	3	40.58
2005	3	6	3	6	0	0	5	8	0	0	0
2006	3	3	3	3	0	0	6	9	1	1	12.5
2007	4	5	3	4	1	1	5	6	0	0	0
2008	4	4	4	4	0	0	2	2	1	1	29.52
2009	2	2	2	2	0	0	4	4	0	0	0
2010	7	10	6	9	0	0	4	7	0	0	0
合计	32	39	30	37	1	1	35	45	4	6	82.6

第三节　经济检察

县人民检察院加强对国家机关工作人员贪污、贿赂、挪用公款等职务犯罪行为的立案侦查等工作。

2001—2010年，县人民检察院受理各类经济犯罪案件4件6人（职务侵占案1件1人，贪污挪用公款受贿案3件5人），立案侦查贪污案件3件5人，决定批捕3件5人，审查提起公诉4件6人，出庭公诉4件6人，挽回经济损失82.6万元。

第四节　法纪检察

县人民检察院对国家公职人员遵守和执行法律情况实行监督检察，依法对国家公职人员触犯刑律构成犯罪需要追究刑事责任的案件行使检察权。以查办和预防职务犯罪作为服务大局和促进经济社会发展的重要手段，激发人民群众参与和支持反腐败斗争的主动性和自觉性，注重突出“三个结合”（党内监督和群众监督紧密结合，检察机关依法惩治和群众举报紧密结合，惩治职务犯罪和预防职务犯罪紧密结合）。严肃查办和预防职务犯罪，始终保持惩治腐败的高压态势和强劲势头，加强农村反腐倡廉建设，保障广大农牧民的切身利益。同时，加大对涉及危害能源资源和生态环境渎职犯罪的查处力度，促进全县能源资源和生态环境监管制度的完善，发挥检察机关在经济社会科学发展和生态文明建设中的作用。

一、预防职务犯罪

县人民检察院坚持标本兼治，开展职务犯罪预防。全面深化检务公开的内容和形式，通过设置举报箱、开通举报电话、开办检务公开栏、散发宣传材料等多种形式介绍检察职能，开展关于反贪污贿赂工作宣传活动，接受群众监督，加大对职务犯罪查处力度，努力从源头上预防和减少职务犯罪的发生。

2003年，普兰县预防职务犯罪协调领导小组成立。县人民检察院加强与纪检监察、财政、计委等部门的联系和配合，建立工作协调机制。开设县人民检察院举报电话，设置举报箱，以便及时发现和揭露职务犯罪。6月，发放宣传教育材料140余份；开展法治教育、警示教育和预防提示，增强公职人员的法治观念和廉洁自律意识。

2006年，县人民检察院针对全县建设项目多、涉及面广、投入资金大以及管理不规范等特点，拟订《关于物资采购及在建工程中预防职务犯罪的实施方案》《普兰县关于预防职务犯罪工作办法》，并转发全县执行。在有关国有企业严格执行财经纪律以及农行县支行健全监督体制等方面，发出书面检察建议3份、口头建议5次，均得到相关单位的整改回复；组织下乡2次，发放职务预防传单800余份，扩大监督范围。

2008—2010年，县人民检察院贯彻执行《关于建立健全惩治和预防腐败体系2008—2012年工作规划》，积极参与治理商业贿赂工作，着力查办涉农涉牧职务犯罪，保障社会主义新农村建设，开展危害能源资源和生态环境渎职犯罪专项活动。

二、查办职务犯罪案件

县人民检察院加强与纪检监察、审计等部门的配合，相互协作，形成打击合力，加大贪污、贿赂、渎职等职务犯罪查办力度。2003年，查处职务侵占案1件，为普兰县首次查处职务犯罪案件。2004年，立案侦查贪污案1件3人，追缴赃款43555美元。2006年，查处挪用公款案1件，挽回经济损失12.5万元。

2008年9月23日，涉农涉牧职务犯罪领导小组成立。办理涉农涉牧职务犯罪案件1件（自侦案件），于2009年结案，为国家挽回直接经济损失39万余元。

第五节　民事行政检察与监所检察

一、民事行政检察

县人民检察院依法对民事审判和行政诉讼活动进行法律监督，对县人民法院已经发生法律效力、但确有错误或违反法定程序的判决、裁定进行审查，对符合法定抗诉条件的依法提出抗诉，维护当事人的合法权益，维护司法公正和司法权威，保障法律的正确统一实施。2001—2010年，县人民检察院未受理行政检察案件。

二、监所检察

2001—2010年，县人民检察院加强监所检察工作，逐步完善监所检察制度，从1年数次检察转变为1周1次检察，形式逐步多样化，有深入监舍的检察，利用办案之际讯问监押人员的检察，利用重大节庆日请县委、县人大常委会、县政府、县政协主要领导共同参加的检察。检察机关建立健全与公安、法院联系制度，与公安、法院配合，对县看守所进行检察监督，就看守所对犯人的收押、监管、教育、释放、生活管理、防疫以及判决、裁定的执行情况等进行多次检察，针对存在的问题提出改正建议；配合县看守所开展安全大检查，及时发现和清除安全隐患，确保监所安全，维护在押人员的合法权益。

2006年，对县看守所进行不定期检查6次，提出口头纠正违法建议7次。

2008年，每月进行1次监所检察，共向县看守所提出口头建议8条。

2009年，县人民检察院根据阿里检察分院看守所监管执法专项活动的统一部署，成立专项检查活动领导小组，以学习实践科学发展观活动为契机，周密部署。定期或不定期地对县看守所进行检察，发现问题及时提出纠正意见，确保监所安全，维护在押人的合法权益。向县看守所发出口头建议5次。

2010年，向县看守所发出口头建议5次。

第六节　法律监督

县人民检察院从事后监督改为事前、事中监督，完成“监督前移”，寻找“执行难”的突破口，化解社会矛盾纠纷，依法维护法律的权威。做好立案、侦查、审判、执行等各个环节的监督，强化诉讼监督，以办案促监督，纠正执法违法行为，维护司法公正和司法权威。通过接待来访和法律宣传时设立的咨询点进行民事行政检察监督，坚持实行检察长接待日制度，妥善处理涉法上访案件。

县人民检察院把握立案监督主动权，将有案不立、有罪不究、以法代刑作为立案监督的重点，对群众反映的案件进行重点检查。

强化侦查监督，将提前介入作为加强对公安机关侦查和预审案件监督的一项重要举措。对公安机关侦查的案件，参与重大案件现场勘查，重点监督群众反映强烈的应该立案而不立案、有罪不究、以言代法、以法代刑的问题。2003年，以口头和书面形式提出纠正意见7次。2008年，向县公安局退回补充侦查2件2次，向县公安局发出《提供法庭所需证据意见书》2件2次。2010年，向公安局发出《退回补充侦查决定书》2份，《提供法庭所需证据意见书》4份。

通过出庭支持公诉等形式对审判活动进行监督，保障诉讼人员在庭审中的各项权利，确保法律的公正性、严肃性。行使抗诉职权，对确有错误的刑事判决、裁定，依法及时提出抗诉。在审判公开案件中，县人民检察院依法派员出庭支持公诉，代表国家执行控诉职能和履行审判监督职能，对县人民法院审判活动中的不当措施和未发生法律效力的不当判决裁定，提出口头或书面意见；若要求纠正不当判决或裁决的意见不被采纳，则按程序向上一级人民法院抗诉。2010年，提出纠正意见3次，口头建议6次。

对保外就医、判处缓刑、监外执行的人犯进行全面检察，坚持经常检查与定期检查相结合的制度，发现问题及时与有关机关协商处理。2010年，重点加强监外执行监督工作，确保不出现脱管、漏管现象。年初成立核查纠正监外执行脱管、漏管工作领导小组。监外执行10人，其中县内执行7人。

第七节　法治宣传教育

县人民检察院利用检务公开、法治宣传月、举报日、普法宣传等契机，在全县范围内开展法治宣传教育，向青少年学生和农牧民、干部职工以案释法，发放宣传材料，扩大受教育群众范围。

2005年，县人民检察院创办宣传栏6次，发放宣传单近1000份，开展“法治进农牧区、法治走上街”活动2次。

2006年，针对侵财案件频发，在依法提起公诉将罪犯绳之以法的同时，注重对庭审旁听群众的法治教育工作。在职务犯罪案件审理现场，邀请涉案单位的全体工作人员参加旁听，使其受到警示教育。同时，吸收其他省（市）经验，开展以“能赢的官司输了怎么办”为主题的法治宣讲。

2007年年初，动员全县20多个单位订阅《检察日报》，通过这一载体宣传检察业务知识，增强干部职工防腐败的意识。通过发放宣传单、相关书籍等形式，使广大干部群众知道可以通过哪些合法途径维护自身权益，了解自己在控告、申诉、检举等方面所拥有的权利，引导干部群众知法、懂法、用法。

2008—2009年，创办检务公开宣传栏12次，发放宣传单1000余份，开展“法治进农牧区、法治走上街”活动6次。

第三章　法　院

2001—2010年，普兰县人民法院坚持罪刑法定原则，严把案件审查关、证据关和法律适用关，确保案件质量。依法从重从快打击了一批抢劫、强奸、盗窃、贩卖毒品等严重破坏社会治安的犯罪，依法严惩一些严重破坏市场经济秩序、危害农村经济发展和侵犯农牧民合法权益的犯罪分子。针对自诉案件取证困难、矛盾易激化的特点，着力调解自诉案件，防止矛盾激化，杜绝纠纷升级。同时，参与社会治安综合治理，参加“平安普兰”“和谐普兰”创建活动；开展“打黑除恶”“一打三整”等专项打击和治安整治斗争。十年间，累计审理各类刑事案件44件，各类民事案件446件，受理执行案件86件，有效维护社会稳定，为促进普兰社会经济发展提供了强有力的司法保障。

第一节　机　构

2006年，普兰县人民法院编制14名，实有人员8人。2008年10月，普兰县人民法院党组成立。

2001—2009年，普兰县人民法院设综合办公室。

2010年8月，机构改革后县人民法院设5个内设机构（股级）：办公室、立案庭、刑事审判庭、民事审判庭、执行局。政法专项编制12名，其中县级领导职数1名，科级领导职数5名（含1名副科级审判委员会专职委员）。实有院长1人、副院长2人、审判员5人、书记员5人、法警1人，其中具有本科及以上学历9人。

2001—2010年普兰县人民法院领导一览表

表5-3-1

机构名称	职务	姓名	性别	民族	任职时间
普兰县人民法院	院长	桑嘎卓玛	女	藏族	1997.10—2002.11
		次仁朗杰	男	藏族	2002.11—2008.10

续表5-3-1

机构名称	职务	姓名	性别	民族	任职时间
普兰县人民法院	党组书记、院长	次仁朗杰	男	藏族	2008.10—
	副院长	白玛加布	男	藏族	1999.11—2006.6
		贡觉金巴	男	藏族	2003.1—
		宋 伟 伟	男	汉族	2006.8—

第二节　审判改革

审判制度主要有公开审判制度、辩护制度、回避制度、合议制度、两审终审制度、人民陪审员制度等。2001—2010年，县人民法院改革司法人事管理制度，健全法官、书记员、司法警察分类管理新机制；完善诉讼调解制度，构建多元化社会矛盾纠纷解决机制；完善人民法院内部监督与接受外部监督的工作机制，推进法官惩戒工作的规范化建设。同时，加大对推进人民法院改革的宣传力度，营造有利于法院改革发展的良好氛围。

2003年，县人民法院探索符合普兰实际的诉讼制度，完善审判工作机制，努力改变过去刑事、民事不分的办案制度，初步划分刑事庭、民事庭、审监庭、立案庭、信访、接待室等，并由专人负责，形成职责明确、分工合理、保障有力的法院管理体制。

2004年，县人民法院明确各业务庭室负责人，成立审判委员会。逐步实现业务办理、财务工作、车辆管理正规化，提高办案效率和办案质量，缩短诉讼时间，取得良好的社会效应。按照上级法院要求，实现“稳”“准”“严”。凡涉及社会稳定的案件，严格执法，慎重稳妥，做到“稳”；正确适用法律，将现行法律用足用好，做到“准”；执行行为规范，程序合法，措施得力，做到“严”。

2008年，民商事案件数量大幅攀升，疑难复杂案件数量及所占比例增加。县人民法院重新调整审判力量，合理配置人员，确保每个业务庭至少有1个合议庭和1个独任庭的法官和书记员配置；实行民商事案件轮流审判制度，所有民商案件立案后，发往民事审判庭审理。

2009年，县人民法院推进改革，建立科学的司法管理机制。严格实行“立审、审执、审监”分离，全面落实业务归口管理。改革庭审制度，明确界定庭前程序和庭审程序的不同职责，完善证据收集、证据交换制度，全面落实审判公开制度，规范庭审秩序，使法庭真正成为解决纠纷的主要场所。深化审判方式改革，完善刑事证据规则，全面推行被告人认罪案件简便审，扩大简易程序的适用范围。加大执行工作改革力度，实现裁判权与执行实施权的彻底分离，创新执行方法，参与执行案件信息管理系统建设。

县人民法院根据人民陪审员陪审制度，邀请人民陪审员旁听开庭审理的刑事案件，使人民陪审员对庭审工作有切身体会。通过悬挂横幅、散发宣传资料、开办专栏、组织全院干警开展法律咨询等活动，宣传人民陪审员制度及其作用意义。2006年，人民陪审员参审案件111件，审结111件，其中以调解方式结案46件。2008年，县人民法院准确把握人民陪审员贴近群众、贴近社会并代表人民参与司法审判的定位，为人民陪审员参加案件审理提供保障、创造条件，确保人民陪审员依法履行职责。安排人民陪审员参加案件审理103件，增进人民群众对审判工作的了解，确保司法公正。2009年，为增强人民陪审员业务素质，履行审判、调解、监督、联络、宣传的职能，加强对人民陪审员的培训管理。人民陪审员参审案件7件，均以调解方式结案。2010年，经人大任命，配备陪审员8人。7月22—23日，对全县人民陪审员进行集中培训。

第三节　刑事审判

县人民法院严格执行《中华人民共和国刑法》《中华人民共和国刑事诉讼法》，遵循罪刑法定、罪刑相适应的刑法原则，贯彻宽严相济的刑事政策。2001—2010年，审理各类刑事案件45件，以盗窃案、交通肇事案居多。

2003年，县人民法院首次受理审判1件职务侵占案。2004年，受理麻醉抢劫案1件（阿里法院系统首例），经济犯罪案件1件（挪用资金），上年度未结故意伤害案1件，盗窃牛羊出境案1件。

2008年，县人民法院严格遵循法定诉讼程序和制度，确保刑事审判的质量和效率。贯彻执行宽严相济刑事政策，对严重的刑事犯罪坚决严厉打击；对主观恶性较小、犯罪情节轻微的未成年人以及初犯、偶犯和过失犯，依法宽缓处理，确保法律效果和社会效果的有机统一、保护被告人的合法权利与保护被害人的合法权益的有机统一。2009年，做到震慑与教育并重，惩罚与保护统一。无一案超期审理，无一案超期羁押，所结案件无一上诉。

2001—2010年普兰县人民法院刑事审判案件统计表

表5-3-2

年份	受理（件、人）	审结（件）
2001	0	0
2002	3件3人	3

续表5-3-2

年份	受理（件、人）	审结（件）
2003	3件3人	2
2004	6件6人	6
2005	5件8人	5
2006	6件9人	6
2007	5件6人	5
2008	5件	5
2009	7件7人	7
2010	5件7人	5
合计	45件	44

第四节　民商事审判与行政审判

一、民商事审判

县人民法院妥善审理抓发展、促改革、惠民生、护生态等领域发生的各类民商事案件，坚持平等保护各类市场经济主体的合法权益。重视保护妇女儿童、老人、残疾人、农民工等弱势群体的利益，妥善审理此类案件，保障人民群众的人身权、财产权不受侵犯，获得良好的社会效果。2001—2010年，审理各类民事案件446件。针对普兰县实际情况，重视实施运用少数民族语言文字进行诉讼的制度，在案件审理过程中，对不懂国家通用语言的当事人使用藏语开庭审理，裁判文书使用藏语文字打印，送达当事人。

2001年，县人民法院为及时解决群众诉讼难问题，派办案人员到牧区，利用5天时间，受理民事案件3件（离婚纠纷1件，抚养纠纷1件，家庭纠纷1件），全部审结（判决结案1件，调解2件），诉讼标的7960元。民事案件发案率比2000年下降25%。

2002年，县人民法院采取就地办案和巡回办案相结合的方法，受理民事案件4件，审结4件（判决结案2件，撤诉结案1件，调解1件），诉讼标的36.9万元，挽回经济损失19.9万元。

2003年，县人民法院为保护公民、法人和其他组织的合法财产，采取就地办案和巡回办案相结合的办法，注重突出民事审判平息纠纷的作用，追求公平与效率。受理民事案件13件，审结13件（判决结案3件，撤诉结案1件，调解结案9件），诉讼标的额773442.6元，挽回经济损失453442.6元。民事案件主要为工程建设债务纠纷（民工与工程队之间的劳务工资纠纷，其他人员与工程队之间的拖欠材料款纠纷），牧区非婚生子女抚养纠纷一直是民事案件的高发点。

2004年，县人民法院受理民事案件36件（涉外案件2件），审结36件，其中判决结案5件，撤诉结案2件，调解结案12件，以督促程序结案2件，受理非讼案件15件，均调解成功。

2006年，县人民法院依法妥善处理婚姻家庭、民间借贷及人身损害赔偿等与人民切身利益相关的民事案件，止争息诉，维护社会安定团结。民事审判庭的干警2人进入专案组，就民事赔偿部分对双方当事人进行调解，辩法释理，定纷止争。受理民商事案件87件，审结81件。

2008年，县人民法院对民商事审判法官进行专题知识培训，定期召开理论研讨会和审判经验交流会，强化审委会的指导和监督职能，提高一线审判人员正确认识和理解法律、法规的能力，在确保案件依法公正审结的同时，做到法律适用和执法尺度的统一。在立案阶段实行案件繁简分流、庭前调解、诉讼风险告知等制度和措施，为群众提供方便快捷的诉讼途径。坚持多调少判、调判结合的指导思想，加大调解力度，有效减轻审判压力，节约诉讼成本，提高民商事审判工作质量和效率。结合农村审判工作的实际，实施巡回审判“六项措施”（加大人民法庭巡回审判力度，设立巡回审判工作点，明确巡回审判案件类型，加强与乡镇及村干部的联系，加大调解工作力度，强化制度建设），被地区中级人民法院作为先进经验采用。1—10月，到边远农村巡回开庭审理案件6件，及时化解发生在基层农村的各类矛盾纠纷。受理各类民商事案件124件，审结124件。

2009年，县人民法院着重审理民工工资纠纷案件，受理民工工资纠纷案件5件，审结5件，为民工依法清收工资15万余元。将人民法院的“人民性”和司法审判工作的“实践性”紧密结合，将“人民法官为人民”主题实践活动寓于执法办案的司法实践中，利用“流动法庭”，配备干警下乡，到农牧区每个作业组，巡回办案，排查矛盾。在调研的基础上，探索新形势下人民法院调解工作的新思路。依法妥善处理涉农涉牧的各类民事纠纷案件，坚持“能调则调，当判则判，调判结合，案结事了”的原则，采用诉讼调解的方法解决纠纷，将诉前、诉中、诉后调解相结合，发挥调解工作的传统优势，化解和疏导矛盾。受理民事案件71件，审结71件，其中以调解结案49件，调解率69%。

2010年，县人民法院对土地、草场、山林、水利等“三农”案件，拖欠民工工资等劳务纠纷案件优先立案、优先审理，受理双拖欠案件14件，调解结案13件，判决1件。受理民商事案件42件，审结41件，其中调解结案37件。

二、行政审判

县人民法院受理行政案件，进行公正审理，作出审判，注重保护公民、法人和其他组织的合法权益，支持和监督行政机关依法行政工作。2004年，受理审结行政案件1件。2010年，未受理行政案件。

第五节　案件执行

1998年，县人民法院设立执行庭，实行“审执分离”。对民事、行政判决、裁定、调解书，民事制裁决定，刑事附带民事判决、裁定、调解书，依法应由人民法院执行的行政处罚、行政处理决定以及法律规定由人民法院执行的其他法律文书，均由县人民法院执行。在民商事案件的执行过程中，当事人不能自动履行义务时，了解被执行人不能履行义务的原因和实际履行能力，针对不同情况，规定被执行人履行义务的期限。逾期不履行的依法强制执行。2000—2010年，县人民法院立案执行案件86件。

2003年，县人民法院严格依照法律规定，加大执行工作力度，加大财产保全制度的适用力度，维护当事人的合法权益。

2006年，县人民法院针对“执行难”的突出问题，多次召开专题会议研究执行方法和措施，制定《贯彻执行最高院集中清理执行积案专项活动的工作目标》，开展集中清理旧存积案专项行动、“规范执行行为，促进执行公正”专项整改活动，执行旧存积案；为执行局调入法警2人，配备执行车辆，增强执行力量；以“改进工作作风、创新工作思路、规范执行行为”为工作思路，更新执行理念，改进执行方式。同时，通过优化组合，实现分权分流，形成团结协作、分工负责、上下联动的执行工作新格局，院机关庭室办理的案件全部由执行局归口执行，法庭实行自审自执，法庭的疑难案件按程序移交执行局执行，执行局执行人民法庭审结的案件时法庭予以配合；在执行局内部，由执行局局长负总责，分设2个执行组，另设专职人员1人负责立案、财务和报表，保证案件及时、高效地执行。受理执行案23件，全部执结。

2008年，县人民法院落实“审执分离”要求，加强执行机构、执行队伍和执行装备建设，规范审判权与执行权的衔接关系，建立统一领导、统一指挥、统一管理的执行管理体制。优化执行方式，重视执行法律效果和社会效果的统一，在严格执行法律规定、落实执行措施的同时，加强对当事人的思想疏导，提高执行和解率。针对执行工作易出问题的环节，建立和完善执行审查和异议审查、执行强制措施审批、执行款物管理等各项制度，加强执行监督管理，确保执行工作依法、规范、公正。此外，加强执行工作调研，开展执行工作专项调研2次，向县人大常委会作专题报告1次，努力缓解“执行难”问题。

2009年，县人民法院完善执行联动威慑机制，确保胜诉当事人的合法权益，加强调解和审判中的服判息诉工作，促进“大调解”工作机制的完善。对已查明的被执行人可供执行的财产，依法坚决采取强制措施予以执行，以保护债权人合法利益，并利用各种方式和途径疏导、协调，促使当事人和解或自动履行。受理执行案件17件，全部执结，执行标的额9.45万元。

2010年，县人民法院受理执行案件2件，执结2件，执行标的39997元。

第六节　涉诉援助与信访

一、涉诉援助

自2001年起，县人民法院实施司法救助，尤其在广大牧区，对民商事、执行案件中合法权益受侵犯但经济确有困难交不起诉讼费的牧民，依法予以减、免、缓收诉讼费用，保障当事人的诉权，体现社会主义司法的人文关怀。2004年，减免诉讼费用近万元。在县城多发的民工工资纠纷中，免收诉讼费，缩短诉讼时间，降低诉讼成本，着力维护民工的合法权益。2008年，下调诉讼收费标准。2009年，对民生案件（赡养、抚育、抚养纠纷和拖欠农民工工资等）中家庭条件差、生活困难的当事人和群体，减免诉讼费用。全年应收诉讼费21687.39元，免交13729.39元，实收7958元。2010年，受理诉讼费援助案件10件。

二、涉诉信访

县人民法院本着“有诉必理”的精神，做到件件有着落、事事有回音，将问题解决在基层，化解在萌芽状态，取得良好的社会效果。

2001年上半年，县人民法院接待群众信访案件4件（名誉纠纷2件，赔偿纠纷1件，婚姻家庭纠纷1件），用调解手段平息纠纷，防止矛盾激化。

2002—2003年，县人民法院接待信访20人次。

2008年，县人民法院在参加县委书记、县长接访活动的同时，开展院长接待日活动，倾听群众呼声，解决群众困难，维护群众权益。

2009年，县人民法院完善信访工作重大事项报告制度和院领导对重大、疑难涉诉信访案件挂牌督办制度，落实责任制，确保信访案件得到及时、公正处理。探索建立信访工作长效机制，落实判后答疑制度，预防和减少涉诉上访。对信访群众热情接待、疏导，做到专人办理、分工协作。处理信件20件，接待上访21人次，有力地促进了信访工作的规范运行。

2010年，普兰县无信访案件。

第七节　审判监督

县人民法院强化“质量就是生命，责任重于泰山”的质效意识，狠抓案件质量评查和绩效考评，维护司法公正。

2001年，县人民法院推进铁案工程，紧抓“办案公正、高质、高效、廉洁”主线，每一起案件办完后，争取当事人的意见，填写廉政监督卡；裁判文书起到法律效力后，回访当事人，填写回访卡，群众满意率在99%以上。

2006年，县人民法院制定《普兰县人民法院案件质量评查管理实施细则》《普兰县人民法院司法案件质量奖惩办法》《普兰县人民法院关于确保审判质量若干问题的试行规定》，以二审再审改判率、案件文书差错率、投诉率等各项数据对每一案件进行质量评查。

2008年，县人民法院制定党风廉政建设责任制、普兰县人民法院工作制度、审判公开制度、工作目标量化考核办法等多项规章制度，实现制度管权、管人、管事。强化审判质量监督，改变审判监督庭等于养老庭的思想，推动审判监督队伍年轻化建设；落实“有错必纠”原则，完善案件质量评查办法和程序，细化评查考核标准，对各类已结案件实行季度评查和随机抽查，全年开展季度评查3次，评查全院各部门已结案件99件，实现以案件质量评查为核心，加强审判质量管理的目的；规范与案件质量相关的各项工作，对诉讼卷宗装订、法律文书格式和样式、法律文书制作、审签审批程序、案件评查问题反馈及整改等工作进行规范和要求，增强各部门和全体干警的质量意识和责任意识。

2010年，县人民法院评查全院各部门案件22件，依审监程序再审案件2件。

第四章　司法行政

第一节　机　构

2007年8月普兰县司法局成立之前，县人大常委会办公室、县人民法院、县委政法委、县公安局各承担一部分司法行政工作。

2007年8月10日，普兰县司法局正式挂牌成立，正科级建制，内设行政办公室、法治宣传科、基层科、普及法律办公室、安置帮教办、法律援助中心，编制8名。

2010年8月，机构改革后普兰县司法局（法律援助中心）政法专项编制8名（含乡镇司法助理员3名），其中科级领导职数3名。

2007—2010年普兰县司法局领导一览表

表5-4-1

机构名称	职务	姓名	性别	民族	任职时间
普兰县司法局	局长	顿　珠	男	藏族	2007.8—2008.10
		王旭昶	男	汉族	2008.10—
	副局长	刚　珠	男	藏族	2007.7—

第二节　法律援助

2007年普兰县司法局成立后，坚持“应援尽援”“为政府分忧、为群众解愁”的原则，紧扣服务大局，多措并举开展法律援助。开展“法律七进”、“五下乡”、“12·4”国家宪法日等活动，发放《法律援助知识手册》，设立法律咨询平台，免费为广大群众排忧解难，让广大群众了解法律援助知识，提高公众知晓率和社会影响力。实行“一条龙”服务，法律咨询、申请受理和申请审批一站完成。

对弱势群体、外来务工人员做到优先审查、优先办理。专门下乡服务，使乡镇偏远地区的群众能够就近提出法律援助申请。拓展服务内涵，扩大援助覆盖面，将法律援助与人民调解、信访等工作相结合，对可能引发群体性事件、影响县域社会稳定的案件优先受理、优先指派法律援助工作者，确保矛盾不升级、不激化。2007—2010年，县司法局办结各类法律援助案件23件，受援人数100余人。

2009年，按照“应援尽援”的总目标分解法律援助任务，明确责任，调配力量，突出抓好农民工法律援助。引导推动法律援助与信访工作衔接，将涉法信访纠纷消灭在萌芽状态，避免矛盾激化。法律援助中心办理诉讼案件1件，调解纠纷42件，提供法律咨询34起，代写法律文书25件。

2010年，县司法局制定《普兰县法律援助工作管理实施办法》。法援中心围绕法律援助业务的各个环节，建立健全各项规章制度，从法援案件的审查、受理、指派、办理、案卷归档等方面入手，着力规范法律援助工作，避免工作的随意性和无序性，提高工作效率和办案质量。本着“应援尽援”的原则，接待法律咨询23次102人，代写法律文书8件，出具授权委托证书3起。

第三节　安置帮教

2001—2007年，普兰县安置帮教工作由县公安局负责。县公安局加大刑释解教人员安置帮教力度，提高帮教质量，避免重新违法犯罪。

2008年，安置帮教工作从县公安局移交到县司法局。2008—2010年，县司法局在安置帮教工作中重点做到“四个及时”，及时造册建档，在收到监所的通知书和刑释解教人员本人报到后，立即着手做好接收准备，在接收时，对刑释解教人员在监所的表现和家庭状况进行详细的记录，为开展安置帮教提供资料、打基础；及时家访，刑释解教人员回家后，帮教工作小组随即到其家中进行家访，及时掌握其思想动态，并动员其家人共同做好思想转化工作；及时进行法治教育，通过赠送法律常识读本、组织学习法律知识等途径，开展多种形式的法治教育，促使他们遵纪守法；及时制定和落实帮教措施，根据个人情况，因人施策制订针对性的帮扶计划，落实帮扶措施，使他们能够自食其力，成为对社会有用之人。累计登记造册刑释解教人员25人。

2008年，县司法局围绕构建和谐普兰的总体目标，创新机制，加强衔接，推动安置帮教工作深入开展。衔接刑释解教人员3人，建档率100%。全县有安置帮教对象3人，其中重新犯罪1人。

2009年，县司法局强化安置帮教工作组织机构建设，成立由县主管领导任组长的安置帮教领导小组，各乡镇由副乡长兼管。加大安置帮教管理制度的落实力度，重点落实衔接、登记、例会、档案、统计、信息制度，实行“必访制度”“一人一档”等，全面推行“帮带帮教制度”，注重提高帮教质量，实施分类帮教措施。同时，预防和减少重新违法犯罪，针对不同对象实施多层次教育，降低刑释解教人员重新犯罪率。衔接刑释解教人员4人，对刑释解教人员进行全面大排查2次。

2010年，县司法局以落实衔接管控措施为基础，加强对刑释解教人员的排查梳理，掌握情况，防止脱管、漏管，有效预防和减少、控制重新违法犯罪。衔接刑释解教人员3人，对刑释解教人员进行全面大排查2次。

第四节　人民调解

2001—2007年，普兰县人民调解工作由县人民法院负责。县人民法院以预防民间纠纷激化为重点，增强对民间纠纷的预测、控制能力，努力减少纠纷，防止民间纠纷转化成刑事案件，预防群体性事件的发生。注重案件的调解，加大调解力度，将调解贯穿于诉前、庭前、庭中、庭后各阶段；实行承办人调解、异人调解、亲朋好友参与调解和相关部门参与调解，防止矛盾激化。

2008年，人民调解工作从县人民法院移交到县司法局。2008—2010年，县司法局组织村、组调解员到学校、单位、农牧区等，采取定时、定人、定点、定责的办法，开展横向到边、纵向到底的全方位排查摸底，重点对容易发生治安问题的地区开展有针对性的排查，对各类矛盾纠纷、治安隐患等苗头线索，做到底数清、情况明。在深入排查的基础上，采取挂牌化解、联动化解、包案化解等有效措施，集中力量指导化解一批多年积累的、群众反映比较强烈的矛盾纠纷，消除陈年积怨，实现“案结事了”。普兰县在做好婚姻、家庭、邻里、草场等常见性纠纷调处的同时，建立人民调解和司法调解有机衔接的调解工作机制，加强人民调解与行政调解、司法调解的衔接配合，调解涉及征地拆迁、劳动争议、道路交通事故、治安案件民事损害赔偿等社会热点、难点问题的纠纷，将各种矛盾纠纷化解在基层，解决在萌芽状态。人民调解组织累计受理纠纷案件170起（其中草场纠纷40起，婚姻纠纷27起，邻里纠纷66起，债务纠纷31起），调解成功161起，防止民转刑和矛盾激化案件9起。基层人民调解组织累计受理各类矛盾纠纷案件54起，调解成功52起，调解成功率96%。

2008年，县司法局与县人民法院沟通协调，制定《关于成立人民调解组织加强人民调解工作的实施办法（试行）》，于11月6日在人民法院立案大厅内设立普兰县人民调解工作台，由县司法局安排人民调解员办公，实现人民调解与司法调解的有机衔接。全县有基层人民调解组织3个（普兰镇、霍尔乡、巴嘎乡各1个），基层人民调解员47人，其中普兰镇43人（6个村各1人、37个作业组各1人），霍尔乡2人

（贡珠村、帮仁村各1人），巴嘎乡2人（雄巴村、岗莎村各1人）。有司法助理员4人，其中普兰镇2人（副镇长1人、干事员1人），霍尔乡1人（副乡长兼任），巴嘎乡1人（副乡长兼任）。

2009—2010年，县司法局准确把握新时期农村矛盾纠纷的特点和规律，加大对人民调解工作的指导力度，落实人民调解长效机制建设，建立和完善矛盾纠纷排查调处长效机制，发挥人民调解组织在基层调解矛盾纠纷的主导作用，重点开展土地承包、环境污染、婚姻纠纷、劳资纠纷等热点难点纠纷的调解。2010年年底，全县有基层人民调解组织3个，有基层人民调解员47人。

2008—2010年普兰县人民调解组织受理、调解纠纷案件统计表

表5-4-2　　单位：起

年份	受理矛盾纠纷						调解成功	防止民转刑和矛盾激化案件
	合计	草场	婚姻	邻里	债务	其他		
2008	72	21	13	26	12	0	65	3
2009	65	14	8	31	12	0	65	5
2010	33	5	6	9	7	6	31	1
合计	170	40	27	66	31	6	161	9

第五节　普法宣传

2001—2010年，普兰县政法系统围绕普兰经济社会发展的目标任务，深入开展法治宣传教育，推进依法治理，完成“四五”“五五”普法工作任务。县司法局以“法律七进”为载体，加强普法宣传，推进依法治理，推进民主法治村建设，使民主选举、民主决策、民主管理、民主监督得到有效落实，自我管理、自我教育、自我服务、自我监督水平和能力不断提高，为创建“法治普兰”营造良好氛围。

一、“四五”普法

2001—2005年，普兰县政法系统在全县范围内开展“四五”普法宣传教育，增强干部职工的法治观念和法律意识，明确普法和依法行政工作的重要意义，为普兰两个文明建设创造良好的法治环境。

2003年，县人民法院对人民群众进行普法教育，通过以案释法等形式宣传党的各项方针、政策和国家的法律法规，提高人民群众的法律意识。县人民法院副院长白玛加布、仁增土多分别被聘任为县九年一贯制学校和仁贡村初级小学的法治校长。

2004年，县人民法院开办法治宣传栏，集中对社会关注的民工工资等问题进行法律宣传，并采用传单等多种形式宣传各项法律法规。

2005年，普兰县开展“法律进学校”“法律进农牧区”“法律进寺庙”等活动，提高广大人民群众的法律意识，引导群众知法、守法、懂法、护法。

二、“五五”普法

2007年普兰县司法局成立后，在每年的“3·28”西藏百万农奴解放纪念日、3月综治宣传月、6月综治宣传周、“9·16”平安西藏宣传日、“12·4”国家宪法日等节点，发挥法治宣传小分队作用，在社区、县城主要街道、流动人口密集的场所讲解《反分裂国家法》《中华人民共和国宪法》《中华人民共和国治安管理处罚法》等法律法规，发放各种宣传手册。针对普兰县经商的印度、尼泊尔边民，以《中华人民共和国出入境管理法》《中华人民共和国出境入境边防检查条例》《中华人民共和国刑法》《中华人民共和国治安管理处罚法》等为内容，编印国家通用语言、藏文、英文3种文字的“法律进边关”法治宣传手册。

县司法局健全法治宣传网络，组织普法志愿者开展“法律七进”活动。以“法律进机关”为“龙头”，以“法律进寺庙”“法律进农牧区”为基础，突出重点，找准“抓手”，促进“法律七进”活动全面、深入、务实开展。每年组织开展“法律进校园”活动，调动法治副校长的工作积极性，在青少年群体中普及基本法律知识和开展法治理念教育，培养其自我保护意识，提高分辨是非能力和行为自控能力，养成守法习惯。实施“法律进乡村”工程，健全社区管理、服务规章制度及监督机制，尊重和保障城镇居民参与管理基层公共事务的权利，实现民主选举、民主决策、民主管理、民主监督，为城镇居民提供良好的法治环境。开展寺庙法治宣传教育活动，重点学习掌握《中华人民共和国宪法》《中华人民共和国民族区域自治法》《中华人民共和国文物保护法》《中华人民共和国治安管理处罚法》《宗教事务条例》《反分裂国家法》等法律法规。至2010年年底，累计开展“法律进校园”活动50场次，受教育4830余人次，发放宣传资料4900余册；开展“法律进乡村”活动145次，受教育群众4万余人，发放宣传资料50182册；开展“法律进寺庙”活动195次，受教育僧尼2000余人，发放宣传资料600余册。同时，突出学用结合，在法治实践上下功夫，改变“重普法轻治理”“普而不治”现象。

2009年年初，普兰县调整依法治县领导小组成员，制定印发《普兰县依法治县工作要点》，明确各成员单位的职责。发挥法治宣传小分队作用，从公安局、检察院、法院等相关部门抽调人员到农牧区、学校等，举办专项法治讲座4期，主要宣讲《中华人民共和国宪法》《中华人民共和国未成年人保护法》《中华人民共和国治安管理处罚法》等法律法规。加强各乡镇普法队伍建设，健全县、乡、村、组法治宣传网络。在各乡镇开展“送法下乡”活动，将普法与维护农牧民合法权益相结合，与“平安普兰”建设相结合，围绕农牧民增收、产业结构调整方面宣传法律知识，保护农牧民的合法权益。整合多方资源，从“普”“宣”“查”3个方面入手，深入开展“法治普兰”建设活动。开展法治宣传教育活动15场次，悬挂横幅12条，张贴标语87张，发放宣传单1823份，受教育1678人；开展“法律进农牧区”活动17次，发放宣传资料3131份，受教育4571人。

2010年4月，普法依法治县工作领导小组召开会议，全面回顾和总结“五五”普法开展情况、主要做法和工作成效，讨论通过《普兰县2010年依法治县工作要点》。5月，县司法局联合县综治办组成检查验收小组，对全县各乡镇、机关及企事业单位进行“五五”普法检查验收，并对“五五”普法资料进行收集整理。7月，组织全县寺庙僧尼参加法律知识考试，提高寺庙僧尼的爱国意识和法律素质，增强寺庙僧尼的社会主义法治理念，推进依法治县进程。8月，普兰县“五五”普法工作通过自治区验收。开展法治宣传13场次，悬挂横幅10条，张贴标语91张，发放资料3600余份，受教育1700余人次，现场法律咨询230余人次。

第五章　军　事

第一节　武装力量

一、普兰县人民武装部

（一）机构

1968年10月30日，阿里军分区组建普兰县人民武装部（以下简称县人武部）。2000年，县人武部设军事科、政工科和后勤保障科。

2009年开始，县人武部主要负责普兰县国防动员、兵员征集和民兵预备役工作，以及对普兰边防连、普兰工作站的代管职责。

（二）政治工作

2001—2010年，县人武部开展军魂教育和革命传统教育，树立理想信念，帮助官兵加深对党的基本理论、基本路线、基本纲领、基本经验、基本要求的理解，引导广大官兵了解党史军史，了解国内外大事和时事政策，熟悉中国人民解放军优良传统，强化对党的政治认同、法理认同和情感认同，牢记捍卫国家利益的根本职能，弘扬爱国主义和革命英雄主义精神。增强官兵学法、尊法、守法、用法意识，强化法治信仰和法治思维，恪守社会主义公民道德和军人道德规范。同时，紧贴时代发展，创新内容、形式和方法，注重加强网络思想政治教育，增强时代性和感召力。

县人武部尊重官兵合法权益和合理需求，主动帮助解决实际困难和问题；建立健全思想、心理、安全、网络等工作骨干队伍，提高知情、说理、疏导、解难能力；开展群众性谈心和互学、互帮、互教活动。坚持“预防为主、综合治理、重在建设”的原则，抓好警示性法治教育，落实预防制度措施，及时排查隐患，预防犯罪；严格人员政治考核，防止不法分子破坏，防止腐朽思想文化侵蚀。开展心理服务，落实心理知识教育和行为训练，定期组织心理测试评估，进行心理咨询和经常性心理疏导，保持心理健康；基层干部经常性地开展思想调查和教育，运用现代化教学手段备课讲课，进行心理教育疏导。

县人武部建设俱乐部、荣誉室、学习（阅览）室、健身室、网络室等文化设施，充实更新书报杂志、音像制品和文体器材，重视培养、保留文体骨干；加强文化环境建设，打造强军文化，发扬丰富多彩的传统文化、战斗文化、安全文化、法治文化；开展群众性文体活动，做到队列集会有歌声、周末假日有活动、重大节日有晚会、每月体育有比赛；抓好在职教育和学历提升，创建学习型军营、培育知识型军人；加强军营网络建设，引导官兵文明上网。

（三）军事训练

2001—2010年，县人武部坚持按纲施训、依法治训，从实战需要出发，从难从严训练，确保人员、内容、时间、质量落实。搞好基础训练，注重全面训练，抓好技能、智能、体能、心理素质和作风纪律训练，打牢个人军事素质基础；组织官兵学习新知识、掌握新装备、提高新技能、演练新战法，提高素质能力。突出抓好军官和士官训练，落实官兵分训、士官组训，区分训练重点，开展针对性训练。指挥军官和指挥士官成为“四会”教练员，具备指挥、训练、教育和管理部属的能力。

二、武警普兰中队

（一）机构

1980年3月，中国人民解放军普兰县中队改编为中国人民武装警察部队普兰中队（以下简称武警普兰中队），正连级建制，隶属武警阿里地区支队领导。

2001—2010年，主要担负普兰县看守所看守勤务，以执勤处突、反恐维稳为中心的武装巡察、处置突发事件、抢险救灾等任务，以及广场升旗、礼堂警卫等临时任务。

（二）政治工作

武警普兰中队始终将“绝对忠诚、绝对纯洁、绝对可靠”作为思想政治建设的标准要求，加强思想政治建设，坚持将理论学习和政治教育摆在突出位置，强化政治工作生命线的地位作用和党支部发挥战斗堡垒作用；加强内部建设，严格落实组织生活制度，强化班子成员的自律意识、敬业意识、表率意识；坚持党管干部、党管党员，提高“三支队伍”的“四个素质、一个能力”，增强全体官兵的事业心、责任感，牢固树立“以队为家”思想。

2001年，武警普兰中队着力引导官兵树立“首位”意识，学习实践“三个代表”重要思想，开展保持共产党员先进性教育和以“永远做党和人民忠诚卫士”为主要内容的思想政治教育，保持官兵政治信念的坚定和思想道德的纯洁，完成政治教育80个课时。突出培养干部队伍的整体综合素质，有10人晋升职务、2人调入总队机关、1人被总队评为优秀党务工作者。

2003年，武警普兰中队经常性开展“四个教育”（爱国奉献教育、革命人生观教育、尊干爱兵教育、艰苦奋斗教育），注重用身边优秀士兵、保送生的先进事迹进行教育引导，激发学员立足本职岗位建功立业的豪情。利用反恐演练方队训练、“神舟”五号载人飞船发射成功等时机，有针对性地开展形式多样的学习教育活动，增强学员的忧患意识和民族自豪感、凝聚力。组织开展中共十六大报告、中共十六届三中全会报告、《中国共产党章程》等专题教育，配合开展学习“三个代表”重要思想心得体会交流、演讲会、讨论会、党章知识竞赛等活动，增强教育效果。此外，利用广播、板报、剪报、宣传栏等形式，落实“三个半小时”等制度，营造良好的教育氛围。

武警普兰中队组织官兵学习法律法规，观看实例案子，增强官兵的法纪观念。严格落实一日生活制度，确保“四个秩序”，培养官兵严谨作风，使中队秩序正规、管理有序。严格请销假制度，保证执勤的需要。

（三）军事训练

武警普兰中队狠抓军事训练，坚持将军事训练作为提高部队战斗力的重要途径，定期分析训练形势，研究和解决训练中的倾向性问题，分阶段组织会操评比，调动官兵的积极性。落实重点科目军事主官授课制度，开展“五小练兵”活动，涌现出金牌“雪域勇士”等训练标兵和能手。

2001年，针对教学设施简陋问题，筹资建立电化教学室，提高教学能力、质量。坚持“培训一期，考核一期，合格一期”，举办培训班21期。落实培训3832课时。

2003年，根据《院校模拟代职实施办法》《第二课堂实施计划》，结合学员队的实际情况，开展模拟代职和“第二课堂”活动，选配模拟中队队长、指导员，经常指导模拟中队开展活动，提高其管理、组织指挥、协调能力。严格落实各项制度，规范各项秩序，确保学员队的正规化建设稳步发展。从落实一日生活制度入手做好学员的管理工作。实行量化管理，制定《量化管理评比实施办法》，在政治思想、文化学习、军事训练、内务设置、履行职责等环节制定管理措施和奖惩办法，规范学员的言行举止和教学、训练、工作、生活秩序。突出“三抓”（抓形象、抓纪律、抓制度），增强学员服从命令意识、遵守纪律意识。优秀士兵提干学员入学后，进行以体能、班队列、擒敌术为主的强化训练，对训练素质差、达不到考核大纲标准的学员进行补差训练，提高学员的军事素质。9月中旬，组织学员进行为期半个月的反恐演练方队训练，完成受阅任务。

2004年，贯彻落实新训练大纲，着力解决新、老兵基础薄弱的问题，调整科目设置，增强训练的合理性。落实支部议训制度，科学组训，合理分配，干部以身作则带头做示范，增强军事训练的实际操作性。利用黄金训练期，从实战的要求出发，重体能、技能、智能的训练，培养综合性的战斗队伍。

2010年，坚持用“五个秩序”“三个形象”指导和检查工作，注重加大监督和整改问题力度。制定《量化管理实施细则》，从点到面衡量学员，调动学员的积极性、主动性。学员队干部坚持每天跟班训练，及时与教员交流沟通，了解学员学习情况，做好教学服务。学员队合理安排活动内容，经常组织队列、擒敌等课目评比、会操，实行体能一月一考核，确保训练进度和效果，真正实现“以训促管”“以管促训”，推进学员队正规化建设。坚持按纲施训，搞好科学搭配，发挥军事“小教员”作用，每个训练课目均指定素质好、组织能力强的学员担任组长，实行责任制。注重发挥学员主人翁精神，让学员组织各种活动，调动学员参与管理的积极性。加大安全管理力度，设立安全员、信息员，及时反映情况，增强管理的针对性和有效性。

（四）战备执勤

2001—2010年，武警普兰中队牢固树立居安思危的忧患意识，每年按时召开执勤形势分析会、研究会，剖析执勤过程中的问题，保证执勤工作安全无事故。严格落实各项执勤制度，在执勤过程中做到文明执勤、依法执勤。加大查勤力度，落实勤务值班制度，保证人员24小时在职在位，并督促哨兵履行职责。按计划组织官兵学习执勤规定，完成看守所固定执勤和其他临时执勤勤务。

三、普兰县公安消防大队

（一）机构

2004年12月，普兰县公安消防大队（以下简称县消防大队）挂牌成立。2010年10月，县消防大队正式驻地在普兰县城陕西路，下辖1个队站。

2004—2010年普兰县公安消防大队领导一览表

表5-5-1

机构名称	职务	姓名	性别	民族	任职时间
普兰县公安消防大队	大队长	李青松	男	汉族	2004.12—2006.6
		陆鸿彬	男	汉族	2006.6—

（二）政治工作

县消防大队以落实科学发展观为指针，严格按照《政治工作条例》以及公安部消防局和自治区消防总队的有关要求，把握思想政治工作的生命线地位，完善学习机制，开展主题教育，提高队员忠诚履职意识，加强思想政治教育的针对性、实效性。经常性思想政治工作和警营文化建设成果丰硕。2009年，县消防大队开展“弘扬公安消防精神、忠诚履行职责使命”主题教育，组织官兵学习胡锦涛“三句话”的重要意义，以及宋文博先进事迹。组织政治学习30余次，官兵上报心得体会15篇。

（三）军事训练

县消防大队践行“有险必救，有警必出”的承诺，坚持体能、技能、业务训练，开展执勤岗位大练兵活动。按照每月训练计划安排训练，按纲施训，开展以熟悉掌握车辆器材装备的性能、使用方法、操作规程为主要内容的应知应会训练。加强对重点单位的“六熟悉”（熟悉辖区交通道路、消防水源情况；熟悉消防安全重点单位数量、分类和分布情况；熟悉消防安全重点单位建筑物结构和使用情况；熟悉消防安全重点单位重点部位情况；熟悉消防安全重点单位内部消防设施和消防组织情况；熟悉辖区主要灾害事故类型和处置对策、基本程序），到各类场所开展实战演练，提升灭火救援实战能力。加强机动消防队的实战性、适应性训练，着力强化各级指战员科学处置技能，改进和强化灭火救援安全教育培训，提高官兵安全施救意识，注重养成安全作业习惯，改进和规范灭火救援行动程序，避免发生伤亡事故。

2010年，县消防大队深化岗位大练兵活动，开展灭火实战拉动演练5次，修改完善灭火救援预案4份，开展“六熟悉”4次。

（四）队伍管理

县消防大队以兵员管理为重点，全面加强部队管理，组织官兵学习《中国人民解放军纪律条令》《违反公安部“五条禁令”处理办法》《阿里消防支队车辆安全管理规定》《普兰消防大队车辆管理规定》等有关内容。坚持安全防事故警钟长鸣，严格落实请销假、车辆封存、站门登记等制度，加大“人、车、酒”的管控力度，筑牢队伍安全管理“五道防线”，实现秩序正规、纪律严明、内部安全稳定的目标。加强大队安全防范和门岗哨兵管理，注意岗哨形象，严格落实好夜间干部带岗制度；坚决遵守保密规定，严格执行请示汇报制度；加强值班备勤，对随车器材装备进行全面维护保养，随时做好灭火应急救援出动准备。

（五）消防宣传和演练

县消防大队开展以消防“六进”为主的各项宣传活动，通过设立消防宣传点、发放消防宣传资料、讲解消防安全知识等方法，逐步提高人民群众的消防安全意识。结合辖区重点单位、重点区域的实际情况，定期开展消防安全知识宣传和培训，集中授课，实地演练。与机动消防队成员单位不定期进行联动消防灭火演练和训练。

2009年，县消防大队以宣传贯彻《中华人民共和国消防法》为主线，开展消防宣传教育和培训活动，改善全县消防安全环境。利用“五一”劳动节、“法治宣传月”“安全生产月”等时机，设置宣传咨询点，出动流动宣传车到社区、学校开展消防宣传。青稞收获期间，到农牧区开展消防宣传教育活动，帮助和指导农牧民做好防火安全工作，提高农牧区防范火灾能力。9月25日，对施工、监理单位开展消防安全和法律法规培训，确保建筑工程的消防安全，减少施工和监理过程中出现的消防违法行为。开展《中华人民共和国消防法》宣传活动8次，出动车辆13台次，人员36人次，发放宣传资料1000余份，受教育群众1200余人次。

（六）消防监督

县消防大队加强防火监督，贯彻“严格执法、热情服务”方针，从整治火灾隐患着手，加大对辖区内单位的防火监督检查力度，及时消除火灾隐患。每年开展多次以重点单位、场所为主的专项治理活动，及时消除火灾隐患，从源头上遏制火灾事故的发生。指导、督促各乡镇抓好火灾预防工作，重点开展人员密集场所、易燃易爆场所的专项整治，对发现的问题第一时间整改落实。集中对寺庙、建筑工地、易燃易爆场所、学校、医院等场所开展消防安全大检查。

2009年，随着县公安局、派出所警务机制改革，县消防大队完善三级消防监督机制，明确乡镇派出所的消防工作职责，全面推进消防工作“进牧区”活动。以“三大节日”“两会”消防安全检查等专项活动为契机，联合安监、公安、工商、税务、文化等部门，对辖区内舞厅、网吧、宾馆等公众聚集场所、易燃易爆场所开展拉网式消防安全检查；利用宣传贯彻《中华人民共和国消防法》和人员密集场所消防安全专项治理的机会，加大对各单位、人员密集场所火灾隐患督促整改力度；萨嘎达瓦宗教活动和中华人民共和国成立60周年大庆期间，联合安监、公安部门对人员聚集场所、文物古建筑（寺庙）、易燃易爆场所、学校、医院、机关单位进行拉网式的消防安全检查，消除火灾隐患。年内，对辖区内消防安全重点单位、个体工商户进行安全检查14次、专项检查8次，检查单位124家次，发现火灾隐患90余处，督促整改70余处，下发各类法律文书10份。严格按照规范开展建审，审核室内装修工程项目2项，面积300余平方米，提出整改意见4条；审核建筑工程3项，面积3987.87平方米，提出整改意见10条；开展开业前消防安全检查3项。

2010年，县消防大队围绕基础性消防工作，突出重点，在塔尔钦佛事活动、“两会”等重要节庆、节点，联合相关部门，坚持错时工作制，对辖区内各单位开展拉网式消防安全检查。7月23日，普兰县出台《普兰县构筑社会消防安全“防火墙”工程实施方案（试行）》。

（七）消防安保

县消防大队严格落实《中华人民共和国消防法》及公安部有关规定，构建“政府统一领导、部门依法监管、单位全面负责、群众积极参与”的消防工作格局，逐级落实消防安全责任制，不断加大消防经费投入，公共消防基础设施建设稳步推进，消防宣传渠道不断拓宽，全民消防安全意识逐步提高，火灾隐患治理富有成效，为县域经济社会发展和保障人民安居乐业创造良好的消防安全环境。

2009年，县消防大队制订《普兰县公安消防大队处置火灾及突发事件应急预案》，协调边检站、边防大队和县园林局，将各单位水车列入处置火灾事故应急力量，保证灭火救援工作顺利进行。阿里消防支队副支队长范文彬率领执勤增援分队（1车6人）到普兰县，于9月27日到易燃易爆场所、重要通信单位、银行、普兰边贸市场及其他重点单位，了解建筑结构、重点部位、消防设施、消防通道分布等情况；9月28日，执勤增援分队与县消防大队按照预案，对全国重点文物保护单位科迦寺开展消防演练，针对发现的问题对预案进行修改完善。县消防大队完成塔尔钦佛事活动和国庆期间的消防安保工作。

四、普兰县公安边防大队

（一）机构

1994年10月，普兰县公安边防大队成立，为正营级建制。

2003年年初，科迦、塔尔钦、霍尔3个边防派出所成立。霍尔、巴嘎两乡的治安户籍管理工作移交给公安边防派出所管理。

2010年，普兰县公安边防大队下辖3个边防派出所、4个边境检查站、1个机动中队。

2001—2010年普兰县公安边防大队领导一览表

表5-5-2

机构名称	职务	姓名	性别	民族	任职时间
普兰县公安边防大队	大队长	旦　增	男	藏族	2000.12—2002.3
		汪永忠	男	汉族	2002.4—2003.7
		郎永贵	男	汉族	2003.8—2004.7
		米玛索朗	男	藏族	2004.8—2005.12
		毛时清	男	汉族	2006.1—2008.12
		苏应昌	男	汉族	2009.1—2010.12
	政治委员	王　胜	男	汉族	2001.5—2002.3
		陈建云	男	汉族	2002.4—2009.4
		格　列	男	藏族	2009.4—

（二）主要工作

县边防大队推行警务机制改革，将派出所70%以上的警力压向责任段区和治安复杂部位，分路段、复线式、全天候巡逻，确保辖区治安稳定。2007年，各边防派出所共受理治安案件16起，查处16起。

塔尔钦、霍尔、科迦边防派出所针对辖区外出就学、经商、务工人员返乡多的特点，通过开设办证“绿色通道”、电话预约、送证上门等措施，为群众提供优质、便捷的办证服务，提高辖区群众满意率。

（三）马攸桥边境检查站

2003年7月，马攸桥边境检查站成立，为正连级单位，隶属普兰县公安边防大队，前身为霍尔边防派出所的一个执勤点。2004年12月，马攸桥边境检查站增编为正营级单位，为边境二线检查站。

2003—2010年马攸桥边境检查站领导一览表

表5-5-3

机构名称	职务	姓名	性别	民族	任职时间	备注
马攸桥边境检查站	站长	包玉山	男	汉族	2003.7—2004.12	
		赵前龙	男	汉族	2004.12—2005.7	
		鞠刚	男	汉族	2005.7—2005.8	
		彭海	男	汉族	2008.3—2009.6	代理
		米玛多吉	男	藏族	2009.6—2010.6	
		岳学文	男	汉族	2010.6—	
	教导员	马华林	男	汉族	2003.7—2005.6	
		赵前龙	男	汉族	2005.7—2008.12	
		王玉宏	男	汉族	2010.6—2010.8	
		石自勤	男	汉族	2010.8—	
	副站长	王祥生	男	汉族	2006.6—2008.3	
	副教导员	王祥生	男	汉族	2008.3—2008.6	

2001—2010年，马攸桥边境检查站始终秉持“严格管理、热情服务”的原则，发挥二线检查站的“过滤网”作用，根据形势任务变化调整勤务部署。执行24小时双向检查制度，根据客流量适当增减执勤人数，确保旅客快速通关；严格依法执勤，解答旅客咨询，锻造边关“盾牌”；每天派遣巡逻分队对驻地周边易绕关地段、河滩开展巡逻，排查可疑人员，防止不法人员绕关避检。查获一大批证件不符人员和通缉在逃人员，大量管制刀具、珍稀动植物等违禁物品。

五、普兰边防检查站

（一）机构

1983年8月，普兰边防检查站移交武警西藏总队建制领导。1996年8月，武警西藏边防总队成立，同年10月普兰边防检查站移交武警西藏边防总队建制领导，为正团级单位，下设执勤业务科、监护中队。

普兰边防检查站担负开放口岸工作及每年从强拉山口入出境的印度官方香客的检查任务。

2001—2010年普兰边防检查站领导一览表

表5-5-4

机构名称	职务	姓名	性别	民族	任职时间
普兰边防检查站	站长	查　其	男	藏族	2000.4—2005.1
		加　措	男	藏族	2005.1—2009.3
		普布旺堆	男	藏族	2009.3—
	政治委员	许黎明	男	汉族	1998.2—2005.1
		张建周	男	汉族	2005.1—2007.3
		孙志强	男	汉族	2007.3—

2005年，实施普兰边防检查站太阳能电站项目（重点科研项目），自治区拨款100万元，由成都市飞跃智能系统集成有限公司协助完成。

（二）印度官方香客检查

印度官方香客团从中印边境强拉山口入出境，强拉山口海拔5334米，自然条件极其恶劣。普兰边防检查站民警发扬“宁可透支生命，绝不辜负使命”的精神，服务国家外交大局，完成印度官方香客检查工作。每一次官方香客检查，检查员需从站机关乘车24千米至山脚，再徒步2千米，途经陡坡、险路，穿越常年不化的积雪路段，历时约3小时抵达强拉山口。2001—2010年，累计检查印度官方香客团147批10418人。

（三）印度民间香客和第三国旅客查验

随着普兰口岸的开放发展，出入境旅客数量急剧上升。普兰边防检查站坚持“以服务为中心，坚持顺畅通关，坚持严密管控”的边检工作方针，改进勤务模式，提高边检工作水平，提升口岸通关服务效能。立足口岸工作实际，研究制订《印度官方（民间）香客检查服务工作方案》《病重旅客紧急通关预案》等，明确职责、目标及任务要求，为边检执法执勤提供有力依据。采取“检查台前移”“24小时通关”“紧急救助”等措施，为往来普兰口岸的出入境旅客创造安全、高效的通关环境。

2001—2010年，累计检查出入境旅客13451人次（入境8247人次，出境5204人次）、边民27559人次（入境14537人次，出境13022人次），先后救助突发性高原反应旅客100余人次，挽救病危旅客20余人次。

（四）边检执法

普兰边防检查站发挥“人防主导、物防支撑、技防助推”的防控优势，开展口岸出入境人员检查及口岸防控，完成各项重大安保任务。2001—2010年，查获持伪假边民证入境人员19人次，堵截非法入境人员5人次，携带反宣品及违禁品入境11起11人次，查获反宣品、违禁品39件。

六、武警交通第八支队三大队

（一）机构

2002年，武警交通第八支队三大队建立，驻地在普兰县城，主要担负国道219线K1160至K1322段和省道207线K000至K108段共270千米养护保通（守桥）任务。下辖七、八、九3个中队，其中九中队驻地普兰镇，负责门士乡至巴嘎乡至普兰镇的养护保通。

（二）主要工作

支队统一安排中队进行养护施工，平时进行正常道路巡查，遇有泥石流、雪灾等灾情发生时，部队出动兵力、机械执行抢险救援等任务。2002—2010年，制订冬春保通计划，组织对机车设备进行维修保养，储备足够的油料，对机车操作手、驾驶员进行冬季安全教育。坚持巡查冬季路况，保证每周巡查1次，做到有险必帮、有警必接，确保行车安全。

第二节 兵 役

一、征兵

2001—2010年，普兰县每年成立以县长为组长，县人民武装部部长、政治委员，分管副县长为副组长，县直机关相关部门负责人为成员的征兵领导小组，下设征兵办公室，征兵办公室设立体检组、政审组和后勤保障组。

公安、教育、监察等部门在政审中采取区域交叉联审的方法，走村入户，访问群众，到学校了解情况，通过派出所审核道德品行，严把政治关。在审批定兵时，采取“三优先”（党、团员优先，文化素质高的优先，身体健壮有特长的优先）原则。

二、民兵

普兰县按照国家法律、法规确定的民兵组建范围，在县直机关、乡镇和事业单位建立民兵组织，凡年满18～35岁符合兵役条件的男性公民除应征服现役外，均编入民兵组织服预备役。由于普兰县处于边境地区，县人民武装部在坚持原则的基础上，适当增加基干民兵数量，同时结合县域地方偏远、交通不便、居民分散、人口稀少等特点，在各乡镇编配普通民兵。

（一）民兵整组

县人武部进行合理调整，优化民兵组织结构。按照“控制数量、提高质量、抓好重点、打好基础”的方针，每年对全县基干民兵、民兵应急分队、民兵信息员进行整顿，历时1个月，健全基层民兵组织。集中时间对一镇两乡部分民兵进行系统训练，培养民兵训练骨干。

（二）思想政治教育

2001—2010年，县人武部以主题教育为主线，开展以《中华人民共和国兵役法》《中华人民共和国国防法》《中华人民共和国国防教育法》为主要内容的政治教育，提高民兵对国际国内形势、民族宗教政策、群众纪律等方面的认识，筑牢民兵爱党忠诚、爱国奉献、爱军精武、爱岗敬业的思想基础，坚定中国特色社会主义信念，增强听党指挥、服务人民、英勇善战的自觉性和做好维护社会稳定、边境管理任务的坚定性。结合全县民兵居住点分散的实际，开展集中教育，利用执勤、下乡、民兵集中训练、开会等时机经常性开展民兵思想政治教育工作。

（三）军事训练

县人武部按照《民兵军事训练大纲》要求和年度民兵军事训练任务计划，加强针对性的军事训练。定期组织全县专武干部和民兵干部进行军事理论、基本技能等学习和培训。同时，根据民兵居住点分散的实际，分派军事科人员到各乡、村组织基干民兵、普通民兵、民兵信息员、应急分队进行基础课目的训练。结合执勤特点，抓好在岗训练。

（四）军民联防

县人武部坚持“以戍边为核心、以富边为基础、以睦边为保障”，建立健全联防机制，加强民兵队伍建设。建立以地方党委、政府统一领导，武装部牵头，边防部队与武警、公安干警和民兵参与的联防队伍，依靠群众力量，建立点、线、面有机结合的立体式网络化工作机制。与当地公安、边防大队及时互通情况，适时组织军警民联防，完善信息员制度，建立情报共享机制。

三、预备役

县人武部根据《中华人民共和国兵役法》规定，在有关部门配合下，每年对预备役人员和应届毕业生预征对象履行六级登记。凡在部队服现役退伍的义务兵，只要年龄、政治、身体符合条件，均进行预备役登记。年龄定为18～35岁，其中28岁以下为一类预备役，29～35岁为二类预备役。每年对退伍军人进行1次核对。

2001—2010年，县人武部联系县有关部门，协同各乡镇武装部，以乡镇、村为重点，由各乡镇人武部部长、专武干事组织对辖区内民兵数量、军事专业对口等情况进行统计登记，并专人负责将统计结果上报军分区。集中县退伍军人学习有关服预备役的法规政策。

第三节　拥政爱民

普兰县驻地部队加强与地方机关和群众的联系，参与普兰县经济建设、抗洪救灾、治安巡逻、维护稳定等工作，开展联建基层党组织、建设新农村、创建平安寺院、捐资助学、扶贫帮困等活动，促进军地关系和谐发展，为普兰经济社会发展作出了积极贡献。2001—2010年，每年“八一”建军节期间，县人武部在驻地召开拥政爱民座谈会和文艺演出，征求县委、县政府领导对部队各项建设的意见和建议，进行研究和整改。驻地部队对地方经济建设提出合理的意见和建议。

一、支援地方建设

每年，普兰县城防洪渠和引水渠都会被山洪带来的泥沙淤积堵塞，县人武部组织官兵清理泥沙、维修引水渠，保证山洪正常排泄，农田正常浇灌。1985—2010年，累计出动300余人次、7872个工日，清理和挖掘淤泥1.18万立方米。

县人武部开展捐资助学活动，支援地方教育事业，主要帮扶县九年一贯制学校。每年“六一”儿童节，组织官兵开展捐书、捐学习用品活动。按照每名团级干部资助1名贫困学生的要求，每年团级干部对县九年一贯制学校贫困生5人分别捐赠500元和学习用品，并向多油村中心小学捐赠1000元。2010年，向九年一贯制学校捐赠图书237册、本子860本、学习用具327套。

县人武部参加造林活动，沿丁松河两岸，赤德村到西德村荒地种植军民共建林100亩，定期组织人员进行浇灌养护；结合“旅游兴县”目标，组织官兵在孔雀河两岸种植林木，打造生态旅游线路绿化带。2001—2010年，累计出动1000余人次、9828个工日，植树128723株。探亲休假干部战士归队时带一些花草种子和适合高原种植的农业技术书籍，分发给驻地农牧民，逐步实现房前屋后有花有草。此外，每年在“三大节日”、“八一”建军节、国庆等重大节日，组织官兵到县机关驻地打扫卫生，清理垃圾。

普兰边防连选派德智体全面、有文艺特长的3名战士到九年一贯制学校担任校外辅导员，与学校师生一起表演节目，教唱革命歌曲、讲述先遣连故事，提高学生爱家卫国的国防意识。

2003年，部分省市流行“非典”，普兰县广大官兵配合完成“防非”工作，出动官兵对街道进行大扫除，配合开展设卡拦截和消毒工作。参与捐款活动，共捐款2500余元。

2004年，部队官兵组织植树造林2万余株。防禽流感工作中，出动官兵配合设卡堵截和消毒工作。

二、军民共建

2001—2010年，县人武部与赤德村党支部开展联建工作，参加赤德村社会主义新农村建设。开展爱民劳动，每年组织所属官兵，派出车辆，帮助群众施肥、翻地、种植、收割青稞；每年“八一”建军节，对赤德村特困户和部分贫困民兵进行慰问，捐送大米、面粉、柴油；每年组织边防连军医对赤德、西德2个村进行多次义务巡诊；组织普兰边防连温室大棚种植技术较好的战士，手把手指导驻地群众。2010年，组织人员在西安购买农村种植养殖、党支部建设以及娱乐类书籍180本，捐赠给赤德村党支部，加强基层农村党支部文化建设。

2001—2010年，县人武部与驻地寺院建立共建联系点，开展创建“平安寺院”活动，定期走访科迦寺和村民，向寺院僧人和广大群众宣传党的政策，开展“官兵进寺院、僧人进军营”活动，密切军政军民关系。每年为科迦寺提供柴油600升、汽油800升，帮助解决实际困难。发挥寺院所在地民兵的作用，民兵与寺院僧侣常见面多交流、常帮助多关怀，组织民兵每月为寺院清理环境卫生、捡拾柴火、维修院落。

2001—2010年，武警普兰中队党支部和九年一贯制学校支部委员会共同成立共建活动领导小组，由武警中队指导员、九年一贯制学校党支部书记担任组长。武警普兰中队每年到九年一贯制学校进行党的路线方针政策教育，开展国防、安全知识教育，组织学生参加军事日活动。帮助学校建设联防队，开展防护训练，加强巡逻防控，维护校园安全。九年一贯制学校配合中队搞好教育活动，组织教师为官兵传授科学文化知识和进行民族风土人情教育；在重大节日，组织学校文艺队排练节目慰问部队，配合中队开展文化体育活动；教育引导全校师生拥护和支持部队建设；开展联防联控工作，加强安全人员培训，搞好联合演练。

2001—2010年，普兰县公安边防大队共建对象为县国土局、县九年一贯制学校、县财政局、普兰镇。县边防大队以“积极开展军民共建，巩固军政、军民团结”和实施爱民固边战略的要求为指针，围绕边境经济社会发展和部队全面建设，深化走访、化解矛盾，扶贫帮困、促进和谐，推进民族团结和社会稳定。县边防大队走访群众，与困难儿童、孤寡老人、贫困家庭建立帮扶对子，协调驻地党委、政府帮助困难群众解决低保、医保、就学、就业等难题，捐款捐物，帮助辖区群众解决实际困难。科迦边防派出所成立“爱民固边”小分队，义务为辖区群众提供各种服务，为孤寡老人、贫困户、困难儿童、残疾人捐款。霍尔边防派出所与霍尔乡中心小学结成共建单位，推进关爱儿童工程深入开展，依托“你我接力，照亮藏区”爱心QQ群，积极与社会各界爱心人士联系，帮助辖区困难儿童；2006年半开放其卫生室，成立爱民诊所，接待辖区群众就诊。马攸桥边境检查站设立爱民服务点，免费提供高原药品、氧气、开水，每年夏季到牧区开展送法、送医、送菜、送温暖等活动。

2009年9月，普兰边防检查站开展认亲活动，认领困难家庭的孩子3人，负责3人上学期间的一切费用。

2010年，普兰县公安边防大队、普兰边防检查站在“爱民固边”活动中，为霍尔乡中心小学投资100万元。

三、抢险救灾

2001—2010年，县人武部多次组织官兵投入抢险救灾，响应县委、县政府号召，多次为受灾群众捐款捐物，帮助群众解决因灾造成的生产、生活困难。

2001—2010年，武警普兰县中队时刻做好抢险救灾的各项准备工作，全力投入抗雪救灾、抗震救灾，最大限度地减少灾害给人民群众生命财产造成的损失，维护灾区社会治安秩序，确保普兰县和谐稳定。

塔尔钦边防派出所成立救援队，救助游客及转山群众。

马攸桥边境检查站开展交通事故救助和冬季抗雪救灾，实施“一点两段”平安路工程，被誉为无人区的“生命救护站”。

四、对口扶贫

2001—2010年，县人武部根据县委、县政府对县直机关各单位和全县扶贫工作的安排，针对扶贫点的具体情况和实际，制订脱贫计划。县人武部负责人多次到贫困家庭了解情况，经常帮助和指导贫困家庭发展生产、增加收入。根据贫困家庭缺钱、缺粮、生活困难的实际，发放大米、面粉、小麦、砖茶、慰问金以及其他生活用品。至2010年，县人武部对口扶贫家庭实现脱贫。

第六篇　口岸　海关　边贸

普兰口岸有着悠久的历史，1992年被国务院批准为国家一类口岸，是西藏重要的对外贸易口岸之一。

狮泉河海关派驻狮泉河海关普兰工作点，管理普兰县各项海关业务。

普兰县实施“边贸活县”战略，坚持全面放开搞活，利用与印度、尼泊尔毗邻的地缘优势，加强横向经济联合，发展边境贸易；加强口岸建设管理，改善投资环境，吸引外商，拓展外贸进出口渠道，增加出口产品数量。2010年，进出口总额2457万元。

第一章　普兰口岸

第一节　口岸分布

普兰口岸异于单通道的口岸，是以县为区域的特种口岸。至2010年，有陆路通道和水路通道，包括通外山口、水道桥道和相关边贸市场。普兰县西经强拉山口入印度、丁嘎拉山口入尼泊尔，南有众多小道与尼泊尔相通。普兰县对外开放通道有多处，主要有强拉山口、丁嘎拉、斜尔瓦（对面是尼泊尔雨莎村，也称柚莎村）、拉孜拉、柏林拉、纳热拉、尼提山口。

第二节　口岸发展

1954年，普兰口岸正式对外开放。1962年，因中印边境形势恶化被迫关闭对印通道。1991年7月恢复通关，设立海关、边检等边贸服务机构。1992年，普兰口岸被国务院批准为国家一类口岸。1996年，在普兰县城修建普兰口岸办公楼，建筑面积247平方米。

2001—2010年，普兰口岸对外开放水平和层次不断提高，对外贸易规模逐步扩大，接待国内外游客持续增长，入驻口岸边贸市场的商户不断增加，呈现良好的发展态势，初步形成货物贸易和服务贸易并举、边民互市贸易和边境小额贸易并存、口岸边贸市场和便民互市点兼备的格局。

2003年，普兰口岸边贸市场投入使用，对于活跃边境贸易和服务边民生活发挥了重要作用。普兰口岸边贸市场活跃，商品交易种类繁多。进口商品以大红糖、小红糖、铝锅、铜质装饰品、马鞍、木碗、佛珠等尼泊尔及印度特产为主，出口商品以啤酒、饮料、山羊绒、毛毯、酥油、衣服等边民自用的生活物资为主。

普兰口岸自对外开放以后，一直是季节性开放，每年5—10月开放。印度、尼泊尔商人每年都有大量的商品库存积压在普兰。鉴于该口岸气候条件、基础设施均具备长年开放的条件，为活跃边贸市场，促进边境贸易更快发展，从2006年起，协商实行普兰口岸四季通商政策。2008年，对外贸易口岸全年闭关，零星边民进行一定范围内的互市贸易。2009年，口岸逐渐恢复。

1999—2002年，普兰口岸根据国家和自治区有关政策规定，对印度、尼泊尔商人实行3年免税政策，包括工商管理费，免税期间自治区财政厅给予普兰县财政补贴23.1万元（县税务局14.1万元，海关5万元，工商2万元，动检2万元）。至2005年，国家和自治区仍没有明确税费征收问题，普兰县未收印度、尼泊尔商人在普兰经商的营业税。自2006年起，根据国家有关法律法规，对在普兰口岸经商的印度、尼泊尔商人征收各项税费。

普兰口岸是西藏自治区西部对外贸易往来的一个主要口岸，与樟木口岸、吉隆口岸构成环喜马拉雅经济合作带。

第二章　海　关

第一节　机　构

一、机构设置

1975年8月，普兰分关恢复成立。1981年12月，普兰分关搬迁至狮泉河镇，更名为狮泉河分关，监管点仍在普兰口岸。1984年5月，海关总署批复，狮泉河分关为科级支关，全称为中华人民共和国狮泉河海关，隶属拉萨海关。1991年7月，经国务院批准，狮泉河海关升格为处级海关。1993年3月，狮泉河海关设办公室和业务科。2000年12月，狮泉河海关设综合业务科，核定编制15名，实有人员10人。

至2010年，狮泉河海关机构设置、人员编制无变化。

狮泉河海关人事录用、调配、培训等均由拉萨海关统一管理。关员主要通过国家公务员考试分配、关区交流以及适当选调当地在职干部等方式选拔。

2001—2010年，狮泉河海关在普兰县派驻狮泉河海关普兰工作点，管理普兰县各项海关业务。

2001—2010年狮泉河海关领导一览表

表6-2-1

机构名称	职务	姓名	性别	民族	任职时间
狮泉河海关	关长	杨占强	男	汉族	2000.6—2001.10
		白玛次仁	男	藏族	2002.6—2008.9
		胡德戎	男	藏族	2008.9—2010.12
		索朗罗布	男	藏族	2010.12—
	副关长	吴长春	男	汉族	1999.1—2002.6
		洛桑群培	男	藏族	2000.6—2003.8
		尹卫锋	男	汉族	2003.8—2004.10

续表6-2-1

机构名称	职务	姓名	性别	民族	任职时间
狮泉河海关	副关长	扎西旺久	男	藏族	2004.10—2007.9
		索朗罗布	男	藏族	2007.2—2010.10
		赵　　军	男	藏族	2008.9—

二、设施设备建设

狮泉河海关是拉萨海关3个隶属海关中海拔最高、距总关最远、条件最艰苦的海关。

2007年9月13日，普兰监管点海关管理网、H2000通关管理系统正式运行，结束了普兰监管点关员通过电话或传真形式获取拉萨海关文件和信息的历史。

至2010年，狮泉河海关机构占地面积12238平方米，其中狮泉河机关7638平方米，普兰监管点4600平方米。

第二节　海关业务

狮泉河海关普兰工作点主要管辖斜尔瓦、丁嘎、拉孜拉及强拉山口4个进出境通道，前三个为尼泊尔方向，后一个为印度方向。普兰工作点主要负责对狮泉河海关管辖区内进出境货物、香客及旅客分运行李物品的监管；负责狮泉河海关关区内监管场所的管理，征收关税及其他税费，办理退税审核事项；负责海关统计数据和采集、审核、汇总工作，按时上报有关资料数据；开展稽查业务；查处走私违规案件等。

一、海关监管

（一）货物及运输工具监管

货物及运输工具监管内容包括一般贸易进出口货物监管、边境小额贸易和边民互市贸易监管、转关运输货物监管、运输工具监管等。

普兰工作点考虑到口岸交通不便，边民无法享受每天8000元的免税政策，以“兴边富民”为宗旨，改革边贸监管方式，尝试性地提出按月计核免税额度，额度内予以免税放行。普兰工作点对《边民互市进出口商品不予免税清单》中的烟、酒、大米、面粉、化妆品、糖类等商品，在执行中因地制宜，在合理数量范围内予以免税放行。

2001—2010年狮泉河海关监管边民互市贸易货物统计表

表6-2-2 单位：吨

年份	货物总量	进口	出口
2001	438	—	—
2002	630	—	—
2003	730	460	270
2004	947	568	379
2005	1155	519	636
2006	1090	792	298（含联合国援尼粮食200吨）
2007	1140	—	—
2008	198	198	0
2009	751	132	619
2010	1102	223	879

（二）行李及邮递物品监管

行李及邮递物品监管内容包括行李物品监管，邮递及印刷、音像制品监管，其他物品监管。行李物品监管包括长期、短期旅客行李物品监管，香客行李物品监管。

2001—2010年狮泉河海关监管出入境人员及行李物品统计表

表6-2-3

年份	总人数（人）	入境（人）	出境（人）	行李物品（件）
2001	30687	—	—	—
2002	19861	—	—	—
2003	13500	7800	5700	—
2004	13602	8161	5441	42364
2005	3866	1696	2170	9232
2006	5679	3311	2368	12066
2007	5499	3617	1882	13200
2008	1625	823	802	4322

续表6-2-3

年份	总人数（人）	入境（人）	出境（人）	行李物品（件）
2009	3119	1289	1830	20729
2010	4879	3109	1770	28799

二、查缉走私

2002年，普兰工作点查获豹皮17张、虎皮1张、藏羚羊绒178千克、水獭皮制品2件。

2004年，查处1起文物走私案，查获铜佛2尊、旧绸缎2件，均移交拉萨海关缉私局。

2006年，查处行政违规案件5起，案值80余万元，立案2起，不予立案3起。其中，藏匿木碗案2起，包括各类木碗275个，案值22808元；瞒报珊瑚制品及包金首饰案1起，案值46084元；无证偷运进口冬虫夏草案2起，共37.5千克，案值82.5万元。

2007年，查处绕关走私红木案3起，没收红木26吨，案值1000余万元；无证走私进口药材（黄连）案1起，没收黄连约650千克，案值4万元。查处违规案件4起，退还木碗730个，案值2.92万元，补税2264.4元，罚款6900元。协助拉萨海关缉私局查处走私濒危野生动物制品案2起，查获虎皮1张、豹皮6张、虎骨10.7千克、豹骨33.5千克。

2009年，查处1起走私海洛因案，是狮泉河海关首次查获的毒品案件；查处绕关走私红木案1起，查扣红木14吨，案值400余万元。

2010年，查获违禁藏药43粒、管制刀具7把。

第三章　出入境检验检疫

普兰出入境检验检疫局依法对普兰口岸实施进出口商品检验、鉴定、认证和监督管理，确保进出口商品质量和食品安全。加大检验检疫工作宣传力度，加强卫生检疫，对出入境动植物及产品、国境卫生及出入境人员、交通工具等进行检验检疫，防止疫病疫情的传入传出，保护人民群众的生命健康和财产安全。

实施国境卫生检疫，开展出入境人员传染病监测健康体检、预防接种、国际旅行咨询、国际旅行保健，强化涉及健康、卫生、安全、环保和反欺诈的检验检疫把关，维护对外贸易有关各方的合法权益，促进对外经济贸易关系的健康有序发展，维护国家主权、经济安全和生态安全，促进普兰对外经济贸易健康发展。

第一节　机　构

一、机构设置

1999年10月26日，普兰出入境检验检疫局在拉萨成立，由原商检局、动检局和卫检局合并组建，正县级垂直管理单位（由国家质检总局管理），行政编制10名。2000年5月，在原普兰动植检院内挂牌普兰出入境检验检疫局。

2001—2010年普兰出入境检验检疫局领导一览表

表6-3-1

机构名称	职务	姓名	性别	民族	任职时间	备注
普兰出入境检验检疫局	局长	杨卫平	男	汉族	2006.5—2010.5	
		谢　强	男	汉族	2010.5—	
	副局长	臧晓飞	男	汉族	1999.12—2001.5	主持工作
		次仁桑珠	男	藏族	2001.5—2003.7	主持工作
		旦真次仁	男	藏族	2003.7—2006.5	主持工作

二、设施设备建设

2006年7月，普兰县城联检办公大楼及备勤用房交付使用，普兰出入境检验检疫局进驻并开始对外办公。

2008年8月，普兰检验检疫局办公网络和电话线路建设完成，完成网络设备安装调试并投入使用。9月，普兰检验检疫局综合楼竣工，通过验收。

第二节　检验检疫工作

2000年冬至2001年春，尼泊尔三白、谷尔那地区发生疫情，主要感染的是绵羊、山羊，主要症状为拉稀、呕吐。普兰检验检疫局会同县农牧局采取以下措施：严禁从斜尔瓦通道入境绵羊、山羊，并对入境货物进行严格的消毒处理；对从尼泊尔入境驮畜（牛、马、骡）进行严格检查和检疫消毒处理后方可入境；严禁牲畜到境外放牧。

2001年，对边境口岸各口子进出境人员、驮畜、过牧牲畜进行疫情监测，开关期间未发生疫情。定期或不定期地对唐嘎国际市场进行检验检疫监管，对从业人员进行传染病调查监测。检疫出入境旅客515人次，发放健康声明卡515份。检验进出口商品总值139.77万元，检疫进出境牲畜（驮畜）192批、5529头（只、匹），检疫出口羊15匹2850只，出口羊毛20批10.4吨。检疫植物及植物产品：大红糖37批10.572吨，小红糖47批10.248吨，烟叶25批6.835吨，木碗105批2万个。检验检疫计费93869元。

2006年7月底，霍尔乡玛旁雍错发现疑似高致病禽流感，普兰检验检疫局联合县卫生局、工商局、兽医站对普兰镇家禽注射疫苗。8月，对普兰国际市场餐饮从业人员开展国境卫生健康体检27人次，查出乙肝表抗阳性2例。同月，普兰局接日土县独木齐列对印度通道发现不明犬疫的通报，根据西藏检验检疫局的指示要求，普兰局会同地区农牧局及日土县有关部门到疫区调查，防止国外疫病传入。9月，查获偷运尼泊尔活牛12头入境，经隔离观察15天后在确定无疑似疫病的情况下将该批活牛驱赶出境。

2007年7月，阿里地区部分县发生小反刍兽疫疫情。普兰检验检疫局积极与地方政府及相关部门沟通交流，加大对普兰口岸各主要山口通道的巡检工作力度，设立丁嘎（尼泊尔）、强拉（印度）、比邻（尼泊尔）、斜尔瓦（尼泊尔）等山口检疫消毒点，严禁尼泊尔任何动物及其产品以任何形式入境。9月，捕杀深埋处理从尼泊尔偷运入境的黄牛4头、马1匹。同月，西藏检验检疫局副局长徐自忠及云南、深圳检验检疫局专家2人在阿里地区举办防控小反刍兽疫培训班，七县及地区农牧部门的兽医技术人员参加培训。

2008年10月，西藏局保健中心组织开展中澳西藏卫生支持项目普兰口岸艾滋病预防知识宣传工作。

2009年7月，普兰检验检疫局派员参加由农业部、自治区农牧厅、地区农牧局、普兰县农牧局专家召开的小反刍兽疫情况调研和评估会议。会上，普兰局向工作组汇报2007年以后普兰口岸疫情防控情况，阿里地区灾情严重，普兰县以及口岸未发生1例疫情。8月，参加阿里地区行署主持的阿里昆莎机场航空口岸协调会。规费收入1.76万元。

2010年，加大检验检疫监管力度，转变工作模式，检验覆盖率进一步提高，疫病疫情防控能力进一步提高。开展卫生监督4次，对普兰口岸所有涉外宾馆、饭店和两个市场经营销售、餐饮、服务、娱乐等行业卫生状况，餐饮企业食品加工、储存和管理，从业人员健康状况、食品安全意识等进行检查和治理整顿，查出未办理国境口岸服务行业卫生许可证70余家，从事餐饮服务无健康证明书个体商户15家，对两个市场中符合国境口岸卫生标准和条件的174家经营企业和个体商户发放卫生许可证。对涉外宾馆、饭店和餐饮从业人员85人进行健康体检，查出乙肝阳性4例，签发健康证书81份。签发动物卫生证书15份，出口活羊4230只；签发棺柩、骸骨出境许可证1份。检疫查验出入境3646人次，其中入境2074人次，出境1572人次；查验行李7462件；查出禁止进境物20批次、10.4千克。在进出口商品方面，重点对出口小家电、玩具、纺织服装等产品加大检验检疫力度，着力提升普兰口岸边贸产品的质量和档次，切实维护“中国制造”形象。检验进出口货物349批次，货值268.1万美元，其中进口货物242批次，货值48.9万美元；出口货物107批次，货值219.2万美元。规费收入34142元，比上年增长94%。

第四章　边境贸易

普兰县利用国家和自治区给予普兰口岸的一系列优惠政策，争取更多的外贸发展专项资金，开发边境贸易，实施“边贸兴县”战略，以开放促开发，以开发促发展，推进全方位、多层次、宽领域的对内对外开放，发展外向型经济。重点加强对边境口岸规范化建设的引导和管理，加大边贸市场附属设施建设力度。

第一节　边贸市场

2000年，普兰县有柏林塘嘎市场（པི་ལིང་ཐང་ག་ཁྲོམ་ར།）、桥头市场、甲尼玛市场（རྒྱ་ཉི་མ་ཁྲོམ་ར།）、布尔热巴市场（བྱང་རིག་པ་ཁྲོམ་ར།）、塔钦市场、奉多雄市场（ཕུ་མདོ་གཞུང་ཁྲོམ་ར།）、楚果寺市场等边贸市场。

甲尼玛市场　又称姜叶马查克拉市场，位于巴嘎乡，古格时期形成，有“那木嘎玛”（意为“天空星星”）的别称，形容帐篷像天上星星一样多。

唐嘎市场　阿里噶本时期设柏林塘嘎市场，位于达拉卡山南麓、赤德浦曲北侧台地上。1995年，普兰县新建1800平方米的商业铺面房。1999年，塘嘎市场商品有926种，交易额142万元。2002年6月，普兰县在新县城贡嘎路东侧修建新的唐嘎国际边贸市场，修建2排商品房，建筑面积1213平方米，投资159万元，当年10月竣工。2003年，唐嘎国际边贸市场迁至新县城。2005年，唐嘎国际边贸市场交易额320万元，2007年增至774万元，2010年增至900万元。

桥头市场　20世纪80年代，随着普兰县开放政策的逐步落实，尼泊尔边民及县内外个体私营商户开始在县城北孔雀河西岸摆摊设点，形成桥头市场，后由西岸逐渐扩展至东岸。1991年，普兰县投资15万元，在桥头市场修建2栋土木结构房屋。1999年，桥头市场交易额116万元。2003年，国家投资在普兰新县城新建贸易市场，总面积5000平方米，有219间土木结构房屋，建筑面积2900余平方米。桥头边民互市小额交易市场迁至新县城。2005年，边民互市小额交易市场交易额315万元，2010年增至850万元。

2005年，阿里地区商务局针对普兰边贸市场运行状况，向自治区商务厅申请普兰边贸市场二期改（扩）建工程。自治区商务厅下达普兰边贸市场二期项目资金128万元，建设门面房30间及活畜市场。项目于7月开工建设，9月竣工。

2006年，普兰边贸市场挂牌“中国西藏普兰边贸市场”。普兰县加强边贸市场设施建设及经营管理，对市场院内进行铺石子、引自来水等建设，解决了市场内存在的突出问题，为印度、尼泊尔客商创造良好的经营环境。边贸市场进入正规化、法治化轨道，辐射和带动农牧民积极参与商业活动，农牧民商品意识提高，县域经济发展水平提高，对促进中印、中尼双方交流，边疆巩固、社会稳定起到积极的作用。

2008年，普兰县申报普兰吉让居委会边贸市场改（扩）建项目，项目总投资700万元。

2010年，加大对普兰边贸市场的管理力度，对普兰边贸市场围墙及市场设施进行维修，协调狮泉河海关对普兰联检楼进行维修，上报普兰国际市场上下水建设项目、《关于斜尔瓦联检楼建设的可行性报告》，改善外商经营环境。

2002年，普兰边贸市场入驻尼泊尔商户128户、195人，印度商户37户、39人。2005年，入驻尼泊尔商户98家、印度商户20家，注册资金58.7万元。2006年，有尼泊尔商户171户、印度商户27户，从业人员260人。至2010年，国外商户有300家。

第二节　对外贸易

普兰县用足用活国家和自治区给予普兰口岸的一系列优惠政策，加强引导、强化管理，加大国际市场附属设施建设力度，为边贸活动提供更好的环境，促进边境贸易稳定健康发展。充分利用口岸优势和国际市场的潜力，组织农牧民群众积极进行边贸活动，增加群众收入。

2002年，普兰县举办第三届普兰口岸边贸物交会，商品成交额921万元。边境贸易总额突破1280万元。

2006年，普兰口岸实现四季通商。普兰县进出口总额1184.7万元，其中进口总额468.4万元，出口总额716.3万元。

2008年，对外贸易口岸闭关，零星边民进行一定范围内的互市贸易。进出口总额1126万元，比上年减少315.5万元。

2009年，普兰县实施“边贸活县”战略，进出口总额2437万元。

2010年5月29日，普兰县出台《关于外商在普兰县边贸市场开展商品交易行为的管理措施（试行）》。进出口总额2457万元，其中进口总额883万元，出口总额1574万元。出口活畜31537头（只、匹），转化资金额1028.3万元。

进口商品主要有印度服饰、布料、手表、收音机、木碗、藏红花、红糖、咖啡、化妆品、餐具、装饰品、马具、木材（包括红木）等；出口商品主要有青稞、酥油、盐巴、白酒、羊毛、羊绒、服装等，还有山羊、绵羊、驴、马等活畜。

2005—2010年普兰县进出口贸易额统计表

表6-4-1　　单位：万元

年份	进出口总额	进口总额	出口总额
2005	865.3	487.5	377.8
2006	1184.7	468.4	716.3
2007	1441.5	490	951.5
2008	1126	376	750
2009	2437	830	1607
2010	2457	883	1574

第三节　经济合作

2010年6月8日，普兰县县长与尼泊尔胡木拉县最高行政长官进行非正式会晤，就双边贸易等事宜达成共识。6月底，完成中尼友谊大桥、塔尔钦垃圾填埋场、普兰口岸建设的前期工作。同年，普兰县援助尼泊尔胡木拉县的30万元物资（水泥10吨、钢筋5吨、大米18吨、面粉20吨）交接。

第七篇　旅　游

普兰县有冈仁波齐、玛旁雍错、纳木那尼峰、拉昂错、公珠错、科迦寺等自然人文景观，雪山、草地等独特的高原自然风光，野牦牛、野驴、黄羊、羚羊、雪鸡、雪莲等高原野生动植物资源，独具魅力。冈仁波齐、纳木那尼两山和玛旁雍错、拉昂错两湖组成的地带被信众称为“神山圣湖”之地，藏语名为“冈措”，为国家级旅游风景区。每年来自印度、尼泊尔等国家及欧美等地区的朝圣者和游客络绎不绝。

普兰县旅游基础设施不断完善，先后完成塔尔钦圣地宾馆、普兰县制氧站、旅游接待集散中心、普兰国际大酒店建设，完成对科迦寺、贤柏林寺等寺庙的维修工作，加大对旅游从业人员的培训，为游客提供人性化服务，旅游接待能力和服务质量不断提高，旅游市场不断成熟，全县旅游业健康有序发展。2002—2010年，累计接待国内外游客309248人次，实现旅游收入6044.97万元。

第一章 旅游资源

普兰县旅游资源主要有冈仁波齐、纳木那尼峰、孔雀河谷及源头、雅鲁藏布江源头区域、玛旁雍错、拉昂错、公珠错、热布杰错、曲普露天温泉、吉吾温泉、遗犬洞等自然景观，达拉卡城堡遗址、玛旁布莫卡城堡遗址、朗嘎琼宗遗址、西德卡尔城堡遗址、噶尔东王城遗址、普兰宗政府遗址等遗址，科迦寺、古宫拉康、贤柏林寺等寺庙（拉康），普兰国际贸易市场、斜尔瓦口岸、强拉山口及中印古商道、西德观音碑，普兰服饰、普兰歌舞、普兰节庆（科迦男人节）、普兰婚俗等人文旅游资源。

第一节 自然旅游资源

普兰县开发的自然旅游资源有12处：冈仁波齐、纳木那尼峰、玛旁雍错、拉昂错、公珠错、孔雀河谷、强拉古商道、斜尔瓦边境口岸、遗犬洞、雅鲁藏布江源头、吉吾温泉和曲普露天温泉。2009年，“神山圣湖”景区获批为自治区级风景名胜区。

一、冈仁波齐

冈仁波齐（གངས་རིན་པོ་ཆེ།）位于巴嘎乡塔尔钦，距普兰县城105千米，距阿里地区行署所在地狮泉河镇260千米。冈仁波齐峰是冈底斯山脉西段主峰，海拔6656米，峰顶终年积雪。

二、纳木那尼峰

纳木那尼意为“主妇双鼻”，曾音译为“郎木那里”“那玛朗尼”，又曾写“瓜拉曼达塔”。纳木那尼别名门木那，藏语意为“药材黑漆漆”，该山周围草药资源较为丰富。纳木那尼峰（གནམ་མོ་སྣ་གཉིས།）为喜马拉雅山脉西部较高山峰，海拔7694米，终年积雪，有冰川，山麓有天然牧场和农田。1985年，中日友好联合登山队首次攀登纳木那尼峰一举成功，国内外的人们逐渐熟悉纳木那尼峰。

三、普兰北部宽谷地貌

喜马拉雅山脉和冈底斯山脉宛如两条巨龙，一南一北自东南向西北延伸，并逐步靠近，在马攸木附近达到最近，仅70～80千米，二者通过马攸木连在一起。

从马攸木至拉昂错的这段距离，两山几乎平行，中间形成一条东南—西北向的宽谷，自马攸木拉山口经公珠错直泻而下。谷内绿草如茵，牛羊成群；谷地两边，南面的喜马拉雅山主脊线雪白如银，而北面的冈底斯山主脊线闪亮如金，形成鲜明的对比。冈仁波齐和纳木那尼峰对峙，中间玛旁雍错和拉昂错交相辉映。

四、玛旁雍错

玛旁雍错（མ་ཕམ་གཡུ་མཚོ།）位于冈仁波齐以南、纳木那尼峰北侧，湖面海拔4588米，湖水面积415.44平方千米（2009年），最大水深72.6米（2009年），为淡水湖。天气晴朗时，湖水蔚蓝，碧波轻荡，白云雪峰倒映其中，湖周远山隐约可见，景色奇美。2008年，西藏自治区设立玛旁雍错湿地自然保护区。

玛旁雍错被佛教徒视为“圣湖”。每年夏秋季，国内外的信众纷纷到此朝圣沐浴以求功德，他们还将湖水带回家乡，当作礼品赠送亲友。

五、拉昂错

拉昂错（ལ་ངག་མཚོ།）与玛旁雍错仅一路相隔，一条狭长的小山丘将玛旁雍错和拉昂错分开。湖水面积261.36平方千米，湖面海拔4573米，为咸水湖。拉昂错湖水呈深蓝色，周围没有植物、牛羊，没有生机，故称“鬼湖”。有一条水渠连接两湖，一向都是干的，偶尔在特殊年份，水大的时候，水渠里有水流动。玛旁雍错、拉昂错原本为一湖，由于地质气候变化湖泊一分为二。百姓们相信两湖湖底是相通的。

六、公珠错

公珠错（གུང་རྒྱུད་མཚོ།）意为“中流湖”，位于霍尔乡，面积61平方千米，海拔4790米，为咸水湖，周围有天然牧场。

七、孔雀河谷

孔雀河谷（རྨ་བྱ་གཙང་པོའི་གྲོག་རོང་།）位于普兰镇。夕阳西下时分，站在孔雀河谷举目望去，四周峻峭的雪峰上好像撒上一层金光，雪峰下是风化的砾石和黄沙形成的堆积层，起伏有序，沟壑纵横。海洋季风越过喜马拉雅山脉吹到这里，形成青藏高原难见的湿润气候。村庄似绿洲、翡翠般镶嵌在孔雀河谷，错落有序。

八、强拉古商道

由于中印边境普兰段交通不便，只有一条崎岖的羊肠小道。几百年间，尼泊尔和印度客商经这条古道到普兰进行贸易，形成强拉古商道（བྱང་ལ་གནའ་ཚོང་ལམ།）。传统贸易市场季节性很强，依据大雪封锁山道的时间，通商季节为每年6—10月，尼泊尔、印度商人如“候鸟”一样往返。

九、斜尔瓦边境口岸

斜尔瓦边境口岸（གཞིར་བ་མཐའ་མཚམས་འགག་སྒོ།）位于普兰县南部边境，距普兰县城25千米，对面是尼泊尔的雨莎。斜尔瓦边境口岸是香客到冈仁波齐、玛旁雍错朝圣朝拜的中转站，尼方直升机常在这里接送游客，这里也是中尼木材等商品交易的重要场所。

十、狗洞（遗犬洞）

科迦狗洞（遗犬洞），藏语称“其多普巴”（ཁྱི་གཏོར་ཕུག་པ།），位于科迦村孔雀河西岸一条山谷高处，海拔近5000米。狗洞入口在中国境内，出口在尼泊尔境内。相传，每逢藏历狗年四月十八日，狗洞之门会自动打开，可进洞朝拜、祭祀、祈福、探险，在其他生肖年份都不能进入，因为夏季洞内河水暴涨无路可走，冬季洞内冰冻封闭无路可入。洞内有一处石床，传说能治愈麻风病和其他疾病。传说，在狗年朝拜狗洞可以洗去人一生的罪孽，某人如果罪孽深重，坏事做的太多，进入狗洞后会被卡在洞内狭窄的某处，进不得、退不得。每逢狗年有很多人前去朝拜。

十一、曲普露天温泉

曲普露天温泉（ཆུ་ཕུག་ཆུ་ཚན།）位于玛旁雍错东南岸，沿着扎藏布溯流而上，在距河口7千米处河流左侧河漫滩和一级阶地上，有一座硅质泉华组成的缓丘，高约20米。丘体四周分布着数以百计的热水塘、沸泉塘、热泉、沸泉、沸喷泉、喷气孔和热水沼泽，其中最引人注目的是直径几米至上百米的圆形或椭圆形热水塘，这些热水塘周边有许多由砂砾石组成的垣体环绕，垣体高度不一，塘体的温度由微温到近80℃，塘心一般有1～2处涌水，有的汹涌翻滚，有的平稳和缓，因此，有些塘水浑浊，有些则水色淡蓝，水边塘壁常镶有一层白色硅华薄膜，塘体像一块镶有白边的蓝宝石。

在区内的西南部有保存完好的大型水热爆炸穴3处，它们首尾衔接，最大的穴口直径100米。在该区以东1.5千米，扎藏布从峡谷喷出，在左岸高100米的陡崖下，有3个连在一起的水热爆破穴，直径5～15米，穴口热水充盈，沸水时而翻滚，时而在塘面跃起。如此大规模而又频繁的爆炸活动仅见于普兰县玛旁雍错旁的曲普水热爆炸区。

第二节　人文旅游资源

普兰县人文旅游资源包括科迦寺、古宫拉康、贤柏林寺、普兰国际贸易市场以及战场遗址等。

一、塔尔钦佛事活动

1683年，甘丹才旺率领蒙藏联军打败拉达克，收复古格地区。甘丹才旺在返回拉萨时途经冈仁波齐，为庆祝战争的胜利，并为在拉达克战争中死难的将士赎罪、祈愿，藏历四月十五日，由甘丹才旺主持，在冈仁波齐峰脚下的色尔雄举行佛事仪式，竖立一根大经幡杆，高23米，用数截粗大的木头拼接连缀，周身包裹野牦牛皮，四周拉拽牛毛绳子稳固经幡杆，民间俗称“胜利大旗杆”。

此后，确立普兰宗本负责组织、召集相关人员，阿里噶本主持竖立经幡杆，由江扎寺和曲古寺僧人负责诵经祈福的制度。

此后，每年在色尔雄举行佛事活动（塔尔钦佛事活动），尤以藏历马年最为隆重。每年藏历四月十四日，将经幡杆放下进行整修检查，换下包裹经幡杆的旧牛皮、旧经幡，检查经幡杆是否腐朽损坏等；四月十五日早晨，对经幡杆顶端金冠内装有的珍珠、玛瑙、藏药、钱币等物品进行检查，换上信教群众新供奉的珍珠、玛瑙、藏药、钱币等供物，所有参与竖立经幡杆的僧俗人士共同将经幡杆竖立起来。参加仪式的宗教人士广泛，有藏传佛教的信徒，也有苯教信徒，更有来自印度的印度教信徒和耆那教信徒。过去在上午10时左右将经幡杆重新竖立，后来一般在中午12时左右完成竖立经幡杆的仪式。

二、科迦寺

科迦寺（འཁོར་ཆགས་དགོན།）位于普兰镇科迦村，距普兰县城18千米，海拔3650米。大译师仁钦桑布所建，寺内供奉有一尊经仁钦桑布加持过的文殊菩萨像。该寺初为噶当派，后为直贡噶举派，15世纪末改为萨迦派。

科迦寺最大的宗教节日是科迦那木冬（藏历一月十二日、十五日），因该寺落成时间为盛夏农忙季节，不能聚众，故而建寺庆典改为冬季农闲之时。节日期间，表演者戴各种面具，穿宽袍大袖服装，跳宗教舞蹈。普兰各乡、村农牧民着新装观看神舞和藏戏，非常热闹。

三、古宫拉康

古宫拉康（རྫོང་ཁྱང་དགོན།），也称作“悬空寺”“飞天寺”，位于县城西北部马甲藏布北岸，属直贡噶举派寺庙。南宋嘉定六年（1213年，藏历第四饶迥水鸡年），由森格益西创建。供奉莲花生大师及直贡噶举派高僧森格益西。早期建筑被毁，1985年重建。佛像和壁画对研究噶举派在阿里地区的演变发展有很高的价值。

四、贤柏林寺

贤柏林寺（བཤད་འཕེལ་གླིང་དགོན།）位于县城西北达拉卡尔山顶，距县城3千米。17世纪末，西藏和拉达克战争结束后，甘丹才旺为忏悔自己在战争中夺取诸多人性命的罪过而建筑忏悔寺，为普兰第一座格鲁派寺庙。该寺为哲蚌寺罗色林扎仓属寺，由拉让、扎仓、捏仓3个机构为主的各种殿堂和集会大殿等组成。其建筑既有格鲁派庙宇的特色，又保留普兰农区建筑的独特风格。该寺曾是阿里规模最大的寺庙，曾有房屋250间，最大的经堂有20余根柱子。主要宗教活动有藏历四月的格鲁派大法会等。

五、普兰国际边贸市场

普兰县是重要的边贸通商口岸，是中国通向南亚的重要通商口岸，边民贸易有500余年历史。20世纪50年代末，国家正式批准建立普兰国际市场，20世纪60年代以前，普兰的国际贸易大户多为印度商人，星散各处的商贸点一度繁华。改革开放之后，普兰的国际贸易渐渐兴旺。1992年，国务院正式批准普兰为国家一类口岸。2002年6月，普兰县在新县城修建新的唐嘎国际边贸市场，建筑面积1213平方米，投资159万元，当年10月竣工。2003年，唐嘎国际边贸市场搬迁至新县城。同年，国家投资在新县城中心地带新建贸易市场，总面积5000平方米，有219间土木结构房屋，建筑面积2900余平方米。桥头边民互市小额交易市场搬迁至新县城。

六、多玉战场遗址

多玉战场遗址位于普兰镇多油村，距县城5千米。清道光二十一年（1841年），克什米尔西南部查谟地区道格拉族（藏语称为森巴）统治者古拉伯·辛格兵分三路侵入西藏西部，三路军队在噶大克会合后，沿古老商道向东南进攻，途中击溃当地军民的抵抗，从拉昂错和玛旁雍错两湖之间南下，向阿里南部重镇普兰进攻。攻至多玉（今普兰镇多油村）扎营。普兰人民浴血奋战，全力抵抗外来入侵，查谟军队难以前行。清朝驻藏大臣孟保派噶伦策垫多杰、究美策旺班觉二人率江孜、日喀则官兵2900人进兵阿里。10月，在多玉与其决战，查谟军队溃败，其主帅佐拉瓦·辛格右肩中弹落马，被清军用长矛刺死，查谟军队全面崩溃，清军收复普兰等地。当地人将他们的尸体埋在白塔之下，并割下首领的头颅悬挂在白塔上，祭祀神灵。

第三节 民俗文化旅游资源

民俗文化旅游资源有普兰妇女服饰、普兰歌舞、普兰彩石、地方节日（以科迦男人节最负盛名）。

一、普兰妇女服饰

普兰妇女服饰是成套盛装，从头到脚，装饰有黄金、白银、松石、玛瑙、珊瑚、珍珠、田黄等珠宝，重量超过5千克，价值十几万元乃至数百万元。只在节日盛典时才穿戴，难得一见。

二、普兰歌舞

普兰是歌舞之邦。“宣”是古老的大型民间歌舞，在重大节日和重大庆典时表演。由13大段组成，男女两队各16人，可演唱整整一天。歌词内容则固定一字不许更易，是有关世界形成、物种起源、风雨雷电等自然现象的一系列解释，是由歌者传达的这一人群的世界观。

普兰婚礼歌是一门综合性艺术，包括歌、舞、诵、表演。正式歌词有13大段，吉祥插曲19小段。婚礼中的许多歌词、称谓、仪式（例如驱邪气、招福气等）都保留了当地古老的苯教色彩。

三、普兰彩石

普兰彩石分为三种：第一种为色彩形状极像椭圆雀卵的，凑在耳边摇一摇，可以听见内中有水响，很少见，这种石头是一种名贵藏药，破卵石取其水擦眼睛，可使眼睛明亮；第二种为四方黑色小石子，在藏式数学演算时作数学符号用，同时在一种藏式游戏中充当棋子儿；第三种为鲜艳红石，犹如珊瑚，在红石上钻孔石子儿会崩碎，不可穿凿成项链，只可作为摆设观赏。

四、地方节日

（一）普兰新年

藏历十一月一日为普兰新年（俗称普兰农民新年）。藏历十一月一日，是夜长昼短的开始，普兰民众认为从这一天起，世间万物都会是新的开始。普兰新年有1500多年历史，各种传统仪式完好留存。

在新年到来前，家家户户都会打扫卫生，人们洗头、换新衣，放生牲畜。给庙堂神灵换上新的贡品，以全新的精神面貌迎接新年的到来。给院墙涂抹白色涂料，寓意防止雨雪侵蚀冲刷，带来新的吉祥；炒熟青稞，磨制新鲜糌粑；宰杀牛羊，灌制血肠，将牛羊肉冬储风干；缝制新的藏袍衣饰。

（二）科迦男人节

藏历二月十日至十六日为科迦男人节（འཁོར་ཆག་སྐྱེས་བུའི་དུས་ཆེན།），科迦村18岁以上的男人都被奉为“上帝”，集中在科迦寺门口的广场上，喝酒看戏，舒服地坐在卡垫上，妇女儿童则站在一旁围观。该节日为普兰县独有，遗留了父系氏族制度的痕迹。

第二章　旅游开发

1996年6月4日，经中共阿里地委、阿里地区行署联席会议研究，同意设立普兰县神山圣湖旅游风景保护区，由普兰县人民政府负责保护、管理、开发、利用和建设。2001—2010年，普兰县实施一批旅游项目，完善旅游基础设施，旅游接待能力得到提高，制约旅游经济发展的“瓶颈”问题逐步得到解决。2009年8月15日，普兰县申请神山圣湖风景名胜区为自治区级重点风景名胜区。

第一节　旅游发展区位条件

一、地理区位

普兰县地处西藏自治区西南部，位于喜马拉雅山和冈底斯山之间，东部与日喀则地区仲巴县接壤，西与札达县毗邻，北与噶尔县、革吉县相邻，南与尼泊尔、印度交界，是中国国际口岸通商通旅的便捷窗口。

二、交通区位

普兰交通以公路为主，219国道干线贯穿全境，直通拉萨和叶城，为普兰县对外交通主动脉，各景点间能相互联系。S207在巴嘎乡与G219国道相连，为普兰县主要的南北内部交通线。至2009年，公路多为砂石路面，少部分为黑色路面。至2010年，普兰县公路通车里程1700余千米，交通环境得到极大改善。

2010年，阿里昆莎机场通航，阿里地区形成航空和公路并驾齐驱、相互补充的立体交通网，大大提高了外地至普兰的交通效率。

三、旅游区位

在《西藏自治区旅游发展总体规划（2005—2020）》中，普兰属西藏自治区旅游空间布局“七区”之一的阿里“神山圣湖”旅游区。

《西藏自治区“十二五”时期旅游业发展规划》提出“两心、两副、三廊、六环、七区”的旅游发展空间格局，普兰属七个旅游产品聚集区中的阿里“神山圣湖”旅游区和六条旅游精品环线中的西大环线。

在《阿里地区旅游总体规划》中，普兰被确立为五大旅游区之一、五大旅游接待中心之一。五大精品旅游景区包括普兰的“神山圣湖”旅游区，四大旅游廊道包含普兰公路旅游廊道，同时普兰也是一大旅游环线上的重要节点。此外南疆旅游板块的崛起，也将成为普兰旅游发展的重要竞合板块。普兰是西藏旅游板块中的精品，也是阿里地区未来旅游格局中的标杆。

第二节 旅游开发思路

2007年，阿里地区行政公署、普兰县人民政府委托深圳市榜样旅游项目设计有限公司编制《西藏阿里神山圣湖旅游区总体规划（2008—2020）》。2008年7月31日，《西藏阿里神山圣湖旅游区总体规划（2008—2020）》通过西藏自治区评审。规划确立“文化普兰，秀丽普兰”的总体发展思路，将神山圣湖旅游区划分为玛旁雍错朝圣区、冈仁波齐朝圣区、拉昂错水上观光区、纳木那尼雪域体验区、塔尔钦旅游集镇、普兰入境香客集散中心及旅游接待服务区7个功能片区。

2008年，《普兰神山圣湖旅游业开发总体规划》通过西藏自治区评审。

2001—2010年，普兰县的旅游开发围绕以下思路展开：

明确一个核心：以“阿里·神山圣湖”品牌为打造核心。

实现两大飞跃：旅游产品及游线的组合式飞跃，旅游接待服务设施质的飞跃。

打造三大品牌：景区品牌（“阿里·神山圣湖”品牌）、游线品牌（“雅江溯源”品牌）、城镇品牌（“藏密边城——西藏·普兰”品牌）。

整合四大游线：1.霍尔乡“雅江溯源”游线，玛旁雍错—曲普爆炸温泉—曲米扎旺让卓—雅鲁藏布江源头区域；2.斜尔瓦中尼边境探秘游线，普兰县城—西德村—岗孜—科迦村—斜尔瓦口岸；3.嘎东藏乡风情体验游线，普兰县城—多油村—嘎东；4.强拉山口中印古商道猎奇游线，普兰县城—强拉山口。

重视五大改造：全县建筑风貌的藏式化改造，旅游标识系统的统一化改造，垃圾污水处理的无害化改造，旅游安全救援的人性化改造，水电基础设施的根本性改造。

升级六大要素：食、住、行、游、购、娱。

第三节 旅游线路

2010年，普兰县协同西藏旅游股份有限公司着力打造4条旅游路线：

以冈仁波齐、玛旁雍错等自然旅游资源为中心的生态之旅。以参观冈仁波齐转山道沿途生物以及高原独特的生物景观为主，体验骑马、骑牦牛等原始交通运输方式，以玛旁雍错湿地自然保护区为中心的湿地生物种类以及生物链，打造一种有别于其他森林生态之旅的阿里高原生态之旅。

以冈仁波齐、玛旁雍错以及千年古刹科迦寺、古宫拉康（云卓拉姆飞升处）等为主的宗教旅游资源为中心的"朝圣之旅"。利用冈仁波齐、玛旁雍错在宗教界的地位，以及科迦寺、古宫拉康、楚果寺等藏传佛教寺庙的影响力，打造以转山、转湖为主，朝圣、游览寺庙为辅的"朝圣之旅"。

以科迦民俗村为主题的民俗体验之旅。以科迦村为主的民俗风情体验园，不仅可以使游客参观科迦藏族原始的生产生活方式，观看民俗表演，还可以亲自体验打酥油、做糌粑等活动，享受藏式餐饮和住宿。

以纳木那尼峰为中心的探险之旅。随着国内外兴起的登山热，普兰县海拔7767米的纳木那尼峰成为众多登山爱好者的理想之地。县内其他海拔6000米以上的雪山也可为登山爱好者提供极限挑战。

第四节　旅游项目建设

2007年年初，浙江商人投资320万元，在塔尔钦修建圣地宾馆，2008年正式投入使用。县外事旅游局与圣地旅游公司达成"神山圣湖"景区旅游开发协议（协议资金2000万美元），项目竣工后两个景点的旅游条件得到明显改善。

2009年4月14日，县长土登次仁带领旅游局、国土局、环保局等相关单位，协同西藏旅游股份有限公司总经理欧阳旭、副总经理晋美旺久以及相关技术人员到塔尔钦、霍尔、吉吾等地进行选址工作，最终确定修建接待中心的4个地点。5月15日，普兰县制氧站开工建设，西藏旅游股份有限公司投资200万元，11月交付使用。

2010年5月1日，普兰县在县城、色雄、塔尔钦、霍尔、吉吾5处开工建设旅游接待集散中心。10月1日，由西藏旅游股份有限公司开发建设的普兰国际大酒店开工建设。开工建设生态型旅游厕所。

在宗堆修建特色旅游接待站。开展特色服务技能培训，指导牧民科学合理地使用和维护设备，做好旅游接待的前期准备和后期经营管理工作。投资6万元，建1座120平方米的砖木结构平房和1间20平方米的简易厕所。

第五节　旅游宣传

2007—2008年，普兰县采取各种宣传方式，举办文化旅游节，与中国移动和中国电信沟通协商制作彩铃，调动局下属玛旁雍错旅行社做好旅游宣传、促销等活动，普兰县旅游知名度得到进一步提升。2007年6月26日，德国、俄罗斯、哈萨克斯坦3个国家组织的代表记者团（自带车辆12台，共34人）抵达普兰，陪同车辆2台、人员7人。该团在阿里地区外事旅游局人员的陪同及普兰县委、县政府的支持下，完成对普兰县旅游景区（点）的拍摄、拍照及采访工作。8月26日，由中国旅行社王润田带队的记者团一行18人抵达普兰，此外北京、天津、辽宁、黑龙江、吉林、河南、河北、安徽、贵州等地记者9人参加该团，记者团对普兰县国际边贸市场进行参观考察，并采访普兰县旅游业和教育事业发展状况，完成对普兰县旅游景区（点）的拍摄、拍照及采访工作。

2009—2010年，普兰县每年参加国家旅游局在其他省（市）举办的冬季旅游交流会，发放旅游景区宣传手册，举办旅游纪念品展销，包括科迦寺唐卡、冈仁波齐藏香、汽车挂件、水晶摆件、玛旁雍错五彩沙石等。全县设旅游宣传牌1个（霍尔乡）、标志牌7个、公示牌5个。

2010年，普兰县主管外事旅游副县长陈康林到巴嘎、霍尔两乡做筹备工作，做好外国记者团接待工作。

第六节　旅游商品

普兰县拥有丰富多彩的旅游商品，诸如唐卡（手工、绘画）、藏香、玛旁雍错鱼干、藏鞋、藏药、五彩沙、佛教饰品、印度、尼泊尔饰品等。

2003年，普兰县以市场为引导，开发民族手工艺品、服饰等商品。

2005年，全县有制造和销售旅游纪念品商店9家，年收入8.36万元。

2010年，县旅游局参加阿里地区旅游产品大赛，以“檀香花瓶”参赛获得特等奖。普兰县除普兰国际贸易市场外，有小商店25家，其中县城15家，巴嘎乡8家，霍尔乡2家。

第三章 旅游市场与收入

2001—2010年，普兰县发挥资源优势，深入挖掘旅游潜力，改善接待设施，扩展客源市场，推动旅游业取得长足进步。随着乡村旅游的兴起及旅游扶贫等政策和优惠条件的出台，普兰县积极响应“旅游富民”号召，引导农牧民参与旅游服务，旅游从业人员逐年递增，为农牧民增收和解决农牧民就业提供有利条件，取得较好的社会效益和经济效益。

第一节 旅游市场

普兰县旅游业的发展从改革开放初期接待印度香客开始。至2010年，形成南亚香客市场、欧美市场，以及国内其他省（市）市场和当地市场。南亚香客市场以朝圣为主要目的，客源规模大，市场较稳定，游客在景区停留时间长；欧美市场以科学考察、民族风情体验、探险猎奇、民俗文化观赏为主要目的，游客消费水平高、文化素质高，对设施、服务及旅游要求高；国内其他省（市）市场以探险猎奇、体验民族风情、生态旅游、文化旅游为主要目的，以年轻人、大中专学生、专业人士及政策因素联姻地区的相关人士为主，游客有一定的经济实力，具有较高的文化素质；当地市场以朝圣和宗教活动以及商务、会议、休闲娱乐、观光度假为主要目的，游客人数多、流动快、消费水平低，游客停留时间长，对设施和服务要求高。

普兰县接待国内外游客较多，国内其他省（市）游客以具有较高文化层次的中青年为主；国外游客以西方国家，印度、尼泊尔等南亚国家为主，年龄结构从青年到老年。

普兰县旅游旺季集中在5—9月，10月至次年4月游客较少。

一、国外客源市场定位

阿里地区国外客源主要是欧美地区的美国、德国、英国、法国、加拿大，东亚地区的日本、韩国和南亚地区的印度、尼泊尔等国。

基础市场包括印度、尼泊尔等南亚地区香客市场。重点市场包括美国、英国、法国、德国等欧美地区，及日韩等东亚地区客源市场。机会市场包括以印度、尼泊尔为旅游目的地的境外旅游者，以拉萨、日喀则为旅游目的地的外国游客。

二、国内客源市场定位

基础市场包括香客及信徒市场，有西藏情结的深度旅游者。重点市场包括国内四大主要客源板块（以北京为核心的环渤海湾地区，以上海为核心的长三角地区，以广州、深圳、香港为核心的大珠三角地区，以成都、重庆为核心的川渝地区）的旅游者市场；机会市场包括除以上重点市场以外的其他省市旅游者市场，以及西藏对口支援省份的探亲市场。

第二节 旅游服务

2001—2010年，普兰县旅游景区道路交通情况较好，拉萨—普兰，阿里—普兰，普兰—冈仁波齐、玛旁雍错，普兰—科迦等各条线路通畅且有班车按时按点发车，适合跟团游和自驾游。县城和景区水电设施完善；景区人口密集的地方实现通信网络全覆盖，无线网络覆盖率高，部分宾馆使用网络订票系统；邮政物流和普通物流较为便捷；医疗条件有所改善，有1座卫生服务中心、4家诊所，基础应急救援系统初步建立；旅游购物场所多而便捷，旅游商店类目繁多，且有国际贸易市场开放，边贸市场以尼泊尔商铺为主，主要售卖尼泊尔日用品、食品及木碗；县城内有特产店数家，主要售卖藏红花、贝母等药材，以及绿松石等饰品。普兰县各景区硬软件设施齐全，整体旅游接待能力良好。

2004年，县政府投入60万元，在塔尔钦综合服务区修建集中供水设施和分散供水点。

2005年，普兰县有旅游企业16家，饭店78家，商店143家，私人诊所4个。其中，规模较大的4家，分别是孔雀宾馆（普兰县宾馆）、普兰宾馆（普兰旅游公司）、冈底斯宾馆、玛旁雍错旅行社。

2009年，全县有旅游企业1家（玛旁雍错旅行社），宾馆11家，家庭旅馆32家（星级标牌家庭旅馆6家），农村经济合作组织1个（岗莎村牦牛运输队）。有旅游定点饭店1家，无定点旅游商店和旅游娱乐场所。

2010年，全县有旅游企业3家，有宾馆和家庭旅馆共58家，床位1466个，其中县城9家，共126间房266个床位；塔尔钦21家，共172间房700个床位；吉吾13家，共78间房350个床位；霍尔乡15家，共51间房150个床位。符合旅游接待条件的宾馆和家庭旅馆45家，其中4星级宾馆2家，3星级宾馆3家。价格随季节有所浮动，7、8月为旺季，部分可在网上预订。有饭店、茶馆共209家，座位3300余个，以川渝风味为主，包括藏式餐厅及茶馆，尼泊尔风味餐厅。其中，符合旅游接待条件的饭店81家、茶馆55家。有商店152家。全县旅游从业人员1386人，其中农牧民从业人员1019人。

一、玛旁雍错旅行社

2001年，普兰县与阿里行署驻乌鲁木齐办事处合资创办西藏玛旁雍错旅行社（驻拉萨），隶属普兰县外事旅游局。2007年，西藏玛旁雍错旅行社正式开展业务。至2008年，该旅行社仍未办理商标注册，同年4月7日，普兰县外事旅游局向普兰县工商行政管理局申请注册西藏玛旁雍错旅行社商标，并请普兰县工商行政管理局办理相关手续。同月，向县公安局申请重新雕制西藏玛旁雍错旅行社专用章一枚（刻有汉、藏文“西藏玛旁雍错旅行社”字样）。9月，经过与乌办协商，同意变更旅行社法人代表，由普兰县指定专人负责旅行社的一切业务。2009年9月14日，普兰县旅游局再次向县公安局提出申请，将“西藏玛旁雍错旅行社”公章更改为“玛旁雍错旅行社”。

二、岗莎牦牛运输队

由于转山途中路况较差，交通工具缺乏，1996年，巴嘎乡岗莎村根据实际情况，结合当地特色及发展状况，成立岗莎牦牛运输队，为村民自发组织的集体经济组织，由平措加布、贡觉扎西、岗措等11人具体负责。2002年，牦牛运输队创收51万元。

之后，村委会贷款88万元，成立牦牛运输公司，主要为转山游客提供运输服务。2010年，牦牛运输公司创收287.9万元。

第三节　旅游收入

2002年，普兰县接待游客38615人次（内宾30590人次、外宾8025人次），实现旅游总收入266万元，其中门票收入15万元，宾馆、招待所收入83万元，家庭旅馆、小商店及其他服务业收入117万元，牦牛运输队收入51万元。

2003年，受“非典”疫情影响，普兰县旅游人数、旅游收入大幅度下降。接待游客18402人次，其中内宾14252人次、外宾4150人次。旅游总收入82.8万元，其中门票收入6万元，宾馆、招待所收入35万元，家庭旅馆、小商店及其他服务业收入21万元，牦牛运输队收入20.8万元。

2004—2007年，普兰县旅游人数、旅游收入大幅度增长。2007年，区内游客、香客人数有所增加，区外、港澳台及国外游客人数有明显增长。接待游客72645人次，其中内宾54633人次、外宾18012人次。旅游总收入822.4万元，其中门票收入47.7万元，宾馆、招待所收入381万元，家庭旅馆、小商店及其他服务业收入163.7万元，牦牛运输队收入230万元。普兰县有农牧民旅游点3个（一镇两乡各1个），农牧民参与旅游355户、914人（巴嘎乡301户、827人，普兰镇35户、49人，霍尔乡19户、38人），总收入287万元（巴嘎乡230万元、普兰镇31万元、霍尔乡26万元），户均收入8084.51元（巴嘎乡7641.2元、普兰镇8857.14元、霍尔乡13684.21元），人均收入3140.04元（巴嘎乡2781.14元、普兰镇6326.53元、霍尔乡6842.11元）。

2008年，接待游客2361人次，其中内宾542人次、外宾1819人次；旅游总收入221.27万元，其中门票收入47.82万元，宾馆、招待所、藏家乐及其他旅游服务行业收入120.45万元，牦牛运输队收入53万元。

2009年，接待游客12600人次，其中内宾4186人次、外宾8414人次。旅游总收入1615万元，其中门票收入210万元，宾馆、招待所、藏家乐及其他旅游服务行业收入1130万元，牦牛运输队收入275万元。

2010年，接待游客28573人次（内宾21561人次、外宾7012人次），实现旅游总收入1494.91万元，其中门票收入160万元，宾馆收入296.73万元，家庭旅馆收入120.63万元，茶馆收入73.27万元，旅游商店收入501.38万元，牦牛运输队收入287.9万元，吉吾温泉收入15万元，农（牧）家乐收入30万元，西德驮运队收入10万元。

2002—2010年普兰县旅游接待收入统计表

表7-3-1　　单位：人次、万元

年份	接待游客	外宾	内宾	总收入	门票收入	宾馆、招待所收入	家庭旅馆、小商店及其他旅游服务业收入	牦牛运输队收入
2002	38615	8025	30590	266	15	83	117	51
2003	18402	4150	14252	82.8	6	35	21	20.8
2004	21406	6390	15016	437.5	11	147	179.5	100
2005	52646	7531	45115	500	26	176	164	134
2006	62000	9871	52129	605	31	230	168	176
2007	72645	18012	54633	822.4	47.7	381	163.7	230
2008	2361	1819	542	221.27	47.82	—	—	53
2009	12600	8414	4186	1615	210	—	—	275
2010	28573	7012	21561	1494.91	160	—	—	287.9

第四章　旅游管理

作为旅游大县，普兰县旅游业在经济结构中占有重要地位，发展旅游业是增加农牧民收入的方式之一，是地方财政收入的主要来源。普兰县旅游局适应旅游形势发展的需要，规范部门管理机制，提高办事效率，建立行业自律机制，引导诚信经营，形成旅游市场监管长效机制，维护旅游市场秩序和游客的合法权益。

第一节　机　构

2002年，普兰县外事旅游局成立，初设在县政府办公室内，副科级建制，归县文化局直接管理。

2007年，县旅游局从县外事旅游局分设，正科级建制，未设立下属机构，编制4名（正科级1名，副科级2名，干事1名）。

2010年，县旅游局无内设机构，行政编制4名，其中科级领导职数3名。实有局长1人，员工7人（办公室3人，质监科4人）。

2010年10月16日，旅游景区管理委员会和景区综合执法大队成立。旅游景区管理委员会，由副县长拉巴次仁任主任，宣传部、旅游局、发改委、国土局等部门负责人及乡（镇）长为成员，负责全县旅游规划、合理开发和管理工作；管理委员会下设办公室，设在县旅游局，负责旅游景区的日常监督管理工作。同年，普兰县旅游产业发展协调委员会成立，由县长土登次仁任主任，副县长拉巴次仁任副主任，政府办、发改委、国土局、工商局等部门负责人及乡长、镇书记为成员。

第二节　从业人员培训

随着普兰旅游品位的提升，景点讲解员和优秀导游成为制约旅游宣传的一块短板。普兰县加强对旅游从业人员的培训，规范旅游从业人员管理，着实提高服务质量，有效提升普兰县旅游景区的影响力和号召力。自2008年开始，县旅游局与县人社局结合普兰县旅游资源实际，选拔当地群众，培训景区（点）讲解员，壮大讲解员和导游队伍。组织岗莎村、雄巴村、贡珠村、帮仁村、多油村、吉让居委会、科迦村等自愿参与旅游服务业且热情高的农牧民群众2680人次，开展技能就业培训24场次，培训内容主要为乡村旅游发展趋势、藏式客房布置、餐厅布置、菜品搭配、乡村服务礼仪常识等，提升乡村旅游接待能力和服务水平，培养一批有职业素养、掌握专业技能的农牧民旅游领头人。

2008年4—6月，县旅游局2次组织景区旅游从业人员和旅游相关者，开展业务专项培训，培训内容以旅游活动中礼貌礼仪、服务等方面的知识和技能为主。

2009年，培训农牧民导游解说员14人，全部取得导游解说员证。

2010年5月中旬，县旅游局联合地区旅游局、地区外事办、县公安局、县安监局，对岗莎村牦牛运输队服务人员453人、斜尔瓦背夫及赤德驮运队服务人员农牧民旅游从业者921人进行培训，培训内容包括西藏旅游发展概况、阿里旅游发展概况、冈仁波齐、玛旁雍错旅游景区各个景区（点）基本概况、服务人员基本礼仪、《西藏自治区旅游管理条例》、《中华人民共和国治安管理处罚法》等。举办技能培训班1期，为旅游工作人员16人培训《景区门票销售管理实施办法》《普兰县旅游景区门票管理暂行办法》，工作人员管理办法以及旅游相关礼仪等。

第三节 票务管理

2008年4月，普兰县各景区（点）的门票销售工作由县旅游局统一管理。7月2日，普兰县人民政府出台《普兰县旅游景区门票管理实施方案》，所有旅游景区（点）实行一票制，在冈仁波齐、玛旁雍错景区设立6个门票售票、检票点：霍尔乡售票点设在霍尔乡加油站处（国道219线进入玛旁雍错路口），巴嘎乡国道219线进入塔尔钦公路旁设售票点及检票点，地区方向进入塔尔钦便道主要入口处设立售票点及检票点，玛旁雍错检票点设在原售票处（色坞沟旁），吉吾售票点设在吉吾寺旁，普兰镇售票点设在政府加油站旁。制订《景区门票销售管理实施方案》，规范门票销售管理工作。

门票管理采取专人专柜管理办法，各售票点的门票由县旅游局统一发放，将售票存根交付县旅游局。县旅游局每月或每半个月根据收回的门票存根进行门票收入结算。收取的门票收入和罚款统一上缴财政管理。由县财政从旅游门票收入中返还霍尔、巴嘎两乡各6%，如按比例返还资金不足30万元，按定额30万元核拨。每年从各项返还资金中扣除至少5万元，主要用于两乡旅游景点的环卫建设。县财政每年从旅游门票收入中提取5%的正常业务经费返还县旅游局，主要用于旅游售票工作人员的差旅费、各售票点的燃料费、旅游宣传、车辆维修及油料费、环保费等开支。

2009年4月底，县旅游局对参加门票销售工作的临时工作人员进行严格选拔，甄选出临时工5人，另组织乡干部6人、县旅游局干部职工4人，开展培训，培训《景区门票销售管理实施办法》、《普兰县旅游景区门票管理暂行办法》、工作人员管理办法和旅游相关礼仪等服务技能。随后，工作人员15人驻6个门票销售点开展销售工作。

2010年，县旅游局在斜尔瓦和宗堆增设门票销售点，与塔尔钦、霍尔、吉吾、色拉龙4个销售点协调配合，遏制景区逃票、漏票现象。

神山圣湖景区门票价格：2001—2007年，冈仁波齐门票50元/人，玛旁雍错门票80元/人。2008—2012年，冈仁波齐门票100元/人，玛旁雍错门票100元/人。

第四节　旅游市场监管

2001—2010年，普兰县加强对旅游市场的整顿，重点整治脏、乱、差等现象，取缔无证经营、违章经营等行为，着力强化旅游交通运输领域、旅游质量监督领域及宾馆、饭店等旅游安全领域的专项整治，遏制各类旅游安全事故。每年“五一”劳动节期间，县旅游局联合县安监局、公安局等相关部门，到游客集中的塔尔钦、霍尔乡开展检查；在萨嘎达瓦宗教活动期间，对冈仁波齐、玛旁雍错景区开展市场监管、安全生产检查，确保景区道路畅通、旅游市场秩序井然。2007年起，开展旅游质监工作。在部分区域及游线实行交通管制，成立塔尔钦旅游交通服务中心，推行普兰县域内交通换乘免费制度或一票通制度，各景区的联系更加紧密，通行更加顺畅，旅游道路交通网络呈现一体化。2007年9月，普兰县出台《“神山圣湖”景区管理办法》《游客须知》。

一、旅游市场整顿

2003年，县外事旅游局在人员比较集中的地方，张贴服务行为规范、旅游服务行为准则。加强对旅游市场的监督，不定期对旅游市场进行突击检查。开展旅游市场整顿，主要对违规经营、影响和破坏旅游市场秩序、欺骗游客的行为进行严厉打击，对不合格、不卫生的饭店、旅社予以关闭。

2004年9月28—29日，由县委、县政府组织，县外事旅游局牵头，在工商、公安、卫生、宣传、交通、纪委的协助下，组成联合检查组，对旅游市场、旅游交通安全集中开展综合大检查。

2007年起，县旅游局加大行政执法力度，先后与公安、卫生、工商、安监、消防等部门组成联合检查组，对旅游市场特别是神山圣湖景区进行安全、卫生检查，为游客营造安全、舒适、清洁的旅游环境，争创行业管理先进单位。

2009年，查出卫生条件不合格的茶馆2家、餐厅1家，过期和不合格食品27种，重量90.09千克，价值2395元；查出无照经营的娱乐场所2家，安全设施（消防栓、应急灯、安全通道标识牌等）配备不全或设备过期的娱乐场所1家、宾馆1家。

2010年，开展旅游市场安全、卫生检查，先后出动车辆22台次、人员46人次，查获各类假冒伪劣、过期变质商品17种，重1103.93千克，价值2.43万元。对宾馆、招待所、娱乐场所进行消防安全隐患排查，查处2家不合格商户，重点整治景区安全隐患，确保景区正常的市场秩序和治安稳定。

二、旅游质量监督

2007年，西藏自治区启动旅游质监工作，普兰县旅游局根据上级有关部门的要求，同步开展旅游质监工作。下乡蹲点15人次，查处无旅游手续车辆32台次，无证导游64人次，给予严厉的批评教育和处罚，共处罚金8.86万元。

2008年9月10日，由地区旅游局副局长杨倩带队的工作组一行4人到普兰县检查旅游工作。工作组召开讨论会，讨论普兰县旅游工作落实情况，对塔尔钦、霍尔等重点地区旅游质量监督检查工作（包括卫生质量监督、导游和旅游从业人员的监管等）、冈仁波齐、玛旁雍错旅游景区A级景区的申报工作、旅游项目的申报（包括交通引导标识牌、旅游纪念品开发等）提出建设性意见建议。普兰县旅游主管部门和相关职能部门作出回应，将工作组的意见建议作为普兰县旅游建设的重点方向。

2009年，县旅游局根据5月1日出台的《旅行社管理条例》《导游管理条例》，严厉打击旅游市场上无证车、无证导游、无证旅行社现象，对从普兰过境的导游、司机及旅行社相关证件进行监督检查。至2010年年底，共查处无证导游23人次，无证车56台次。

第五节 景区环境保护

2004年7月14—18日，普兰县开展旅游景点自查。县政府和外事旅游局组织宾馆、招待所、学校和县政府机关单位对较突出的垃圾、废弃物等问题进行整治，组织社会车辆开展垃圾运输、焚烧和掩埋工作。

2007年，县旅游局加强重点旅游景区的环境保护工作，建章立制，明确有关权利、责任。

2008年3月，县旅游局撰写景区配套设施项目申请报告，并呈报地区旅游局，包括增加景区内环保厕所、垃圾箱，设置交通、环保标识牌以及生活垃圾的填埋和焚烧等方面的具体方案。在各售票、检票点向朝圣和观光的游客发放环保垃圾袋。对景区内旅游从业人员和当地居民进行宣传和教育，加强其生态环保观念，增强保护生态资源的意识。

2009年，重视旅游景点的环境保护，从旅游门票收入中拿出30%作为环保资金。在各门票销售、检票点设立印有汉、藏、英三种语言的环保警示牌。8月，协同自治区旅游局导游培训中心人员组织开展“环保我有责”主题活动。

2010年，县旅游局申报《普兰县县城及周边环卫设施项目建议书》，在县城增设垃圾桶，在科迦寺、楚果寺、果粗寺、斜尔瓦边境口岸新建垃圾池和增设垃圾桶等。西藏旅游股份有限公司在景区修建垃圾填埋场和垃圾处理站。

第八篇　交通　邮政　通信　城乡建设

2001—2010年，普兰县全力推进交通、邮政、通信、城乡建设等基础设施建设，争取国家投资、支援资金和社会投资，先后实施一批基础设施建设项目。推进交通综合运输体系建设，加快交通基础设施建设，狠抓农村公路建设，全面优化路网结构，交通通行条件得到改善，2006年实现村村通公路。至2010年年底，普兰县公路总里程1120千米，其中乡村公路通车里程490余千米。创造经济、便捷的通邮通信环境，GSM、TD以及传输网络呈快速发展趋势，移动电话普及程度快速提高，综合通信能力迅速提高。实施城镇住房制度改革，推进廉租房、保障房建设，“十一五”期间建设安居工程1088套。普兰县域整体面貌得到较大改观，经济发展的瓶颈制约得到缓解。

第一章　交　通

第一节　机　构

1997年8月，普兰县交通局成立，与县计委合署办公。1999年，从县计委分离出来单设，正科级建制，编制4名（行政编制3名，事业编制1名），其中科级领导职数3名。

2010年8月，普兰县交通局更名为普兰县交通运输局，无内设机构，编制4名（行政编制3名，事业编制1名），其中科级领导职数3名。

2001—2010年普兰县交通局领导一览表

表8-1-1

机构名称	职务	姓名	性别	民族	任职时间	备注
普兰县交通局	局长	次仁旺堆	男	藏族	2004.11—2006.9	
		潘东亮	男	汉族	2006.9—	
	副局长	米玛	男	藏族	2001.5—2006.09	2001.5—2004.11主持工作
		潘东亮	男	汉族	2004.11—2006.9	
		谢建国	男	汉族	2007.7—2009.5	

第二节　公路桥梁

普兰县对外交通主要依靠公路，主要公路有新藏公路（国道219线）以及普兰斜尔瓦、强拉及丁嘎口岸通道。省道207线保证普兰县城和外部的联系；乡村有砂石土路连接的简易道路；有省级砂石土路通往札达县和革吉县；有传统道路通往尼泊尔西北部和印度北部。除几条干线公路外，均为等级外公路，路况较差。

一、公路

（一）国道

新藏公路（国道219线），为三级黑色路面，连接阿里地区和日喀则地区、拉萨市，是普兰重要的对外通道。普兰段长199千米，西起普兰和噶尔县交界处，东至普兰和仲巴县交界处的马攸桥。

（二）省道

巴科公路（省道207线），起于新藏公路的老巴嘎，经普兰县城至科迦、斜尔瓦口岸，全长108千米，为四级黑色路面，连接尼泊尔和印度。

省道303线（通往札达县），在普兰县内有85千米，为等级外砂石路面。

省道518线（通往革吉县），在普兰县内有65千米，为等级外砂石路面。

（三）县道

县道有县城至科迦、西德、赤德、多油、仁贡砂石公路。

（四）乡村公路

2001—2006年，普兰县完成乡村公路建设706千米，基本实现乡、村通车。

乡村公路有国道219线至藏拉公路、普兰至札达公路、仁贡至查朗公路、环玛旁雍错公路、霍尔至拉孜拉公路、绕冈仁波齐公路等，多数为砂石路面。

2001—2010年普兰县新建乡村公路统计表

表8-1-2

序号	公路名称	村组	里程（千米）	桥梁（座）	涵洞（个）	路面类型
1	阿朗至度隆公路	雄巴村一组	15		5	砂石路面
2	昂仓至杰贡公路	雄巴村一组	17		3	砂石路面
3	昂仓至擦朗	雄巴村一组	6		1	砂石路面
4	玛木加来至次甲撒	雄巴村二组	7	1	1	砂石路面
5	米兹至夏龙	雄巴村二组	8		3	砂石路面
6	多如热至桑烈	雄巴村二组	4		1	砂石路面
7	查荣至219国道	雄巴村二组	5		2	砂石路面
8	查拿布至泊拉	雄巴村三组	9	1	2	砂石路面
9	达擦至玛尼桑	雄巴村三组	11	1	4	砂石路面
10	森至英热	雄巴村三组	15		3	砂石路面
11	当曲桥至鲁玛	岗莎村二组	5	1		砂石路面
12	江津至219国道	岗莎村三组	8	1		砂石路面

续表8-1-2

序号	公路名称	村组	里程（千米）	桥梁（座）	涵洞（个）	路面类型
13	夏木措经古加至219国道	帮仁村一组	10	1		砂石路面
14	色娘玉娘至219国道	帮仁村四组	3	0	3	砂石路面
15	隆那至219国道	帮仁村一组	3	1		砂石路面
16	娘热游牧点至219国道	帮仁村一组	12	1		砂石路面
17	瓦布经江章至古加	帮仁村	5	0	3	砂石路面
18	瓦布至夏孜	帮仁村	4	1	1	砂石路面
19	欧珠至扎来	帮仁村	4	1		砂石路面
20	扎来至曲达	帮仁村	4	1		砂石路面
21	曲达至卓来	帮仁村	7	1		砂石路面
22	卓来至支来	帮仁村	3	1		砂石路面
23	支来经班落至219国道	帮仁村	7	1		砂石路面
24	多嘎扎至夏达	帮仁村	3			砂石路面
25	夏达至巴多	帮仁村	6	1		砂石路面
26	巴多至姆尼	帮仁村	8	1		砂石路面
27	姆尼至朗龙	帮仁村	6	1	3	砂石路面
28	朗龙至美堆	帮仁村	6			砂石路面
29	美堆至萨隆	帮仁村	5		2	砂石路面
30	萨隆经那刚接至219国道	帮仁村	6			砂石路面
31	德勇至219国道	帮仁村	14			砂石路面
32	卓加至219国道	帮仁村	13			砂石路面
33	卓加至德勇	帮仁村	8	2		砂石路面
34	夏拉尼至219国道	帮仁村	2			砂石路面
35	来米次至219国道	帮仁村	3			砂石路面
36	纳瓦西萨至219国道	帮仁村	1			砂石路面
37	欧珠至嘎来	帮仁村	5	1		砂石路面

续表8-1-2

序号	公路名称	村组	里程（千米）	桥梁（座）	涵洞（个）	路面类型
38	219国道—那热—玛组—苏来—江仓普—219国道	帮仁村	34	3		砂石路面
39	朋那至219国道	帮仁村	3			砂石路面
40	夏孜至219国道	帮仁村	3			砂石路面
41	219国道至固穷	帮仁村	4	1		砂石路面
42	角入组苏巴至扎玛	西德村	9			砂石路面
43	仁贡桥至列热	多油村	3			砂石路面
44	吉若至吉拉	多油村	4			砂石路面
45	噶入至荣果	多油村	7			砂石路面
46	切来至夏日	多油村	7			砂石路面

二、桥梁涵洞

至2010年年底，普兰县有桥梁25座、涵洞160个。

2001—2010年普兰县新建桥梁统计表

表8-1-3　　单位：米

桥梁名称	长度	宽度
孔雀大桥	47	—
古贡桥	54	7
巴嘎桥	10	5
多瓦桥	33	5.4
帕玛桥	20	8
旺玛桥	20	8
贤柏林桥	33	5.3
阿岗桥	33	5.5
定嘎桥	14	6.6
杨思沟桥	39	4.5

第三节　交通建设

2001—2010年，普兰县以狮普公路、拉普公路改造、整治、维修、养护以及中尼、中印通道公路建设为重点，同时加快县、乡、村、组公路建设步伐。“十五”期间，相继完成贡嘎路修建、格桑路改造。至2006年年底，完成乡村公路建设706千米，基本实现乡、村通车，从根本上解决了群众出行难问题。“十一五”期间，完成巴嘎—县城—科迦—斜尔瓦108千米的三级沥青路面建设；完成乡村道路新修420千米，改扩建446千米。至2010年，全县公路总里程1120千米，其中乡村公路通车里程490余千米。

一、交通规划

2008年，普兰县规划有3条旅游环线公路：环湖公路，全长90千米，等外级砂石路面；环冈仁波齐旅游公路，全长50千米，等外级砂石路面；霍尔乡—亚热—革吉—尼玛县（那曲地区）的旅游公路，在普兰县内为霍尔乡至亚热乡80千米的等外级砂石路面。

二、公路桥梁建设

2001年，普兰县完成国道219线施工路段的前期工作；修建巴嘎至斜尔瓦公路沥青路面；修建霍尔至羌达岭、县城至章杰的乡村道路，修通巴嘎至札达公路。5月，孔雀大桥（位于老县城北孔雀河上）开工建设，长47米，为钢筋混凝土结构，投资300万元，2002年8月竣工通车。

2002年，普兰县在玛旁雍错周边新修公路40余千米，完成投资20万元。

2003年，普兰县新建霍尔乡玛岗至入宁沟公路、仁贡村萨让至阿岗公路、县城至洛巴公路，总里程46.4千米，农田水渠小涵洞33处、桥梁2座、涵洞5处，总投资154万元，农牧民投劳20202个工日，投入翻斗车3辆31天、小四轮拖拉机9台38天，装载机18天。新建重点乡村公路霍尔至强达林公路，全长80千米，四级公路技术标准。维修改普公路霍尔至革吉县亚热段、巴嘎至扎嘎布段、仁贡至札达第一段，全长200千米，总投资38万元。确定赤德吊桥维修（投资1万元）、仁贡村修路（投资8万元）两个补助项目；投资建设章杰胜利大桥。10月，开工建设巴嘎—普兰—科迦公路（省道207线）改造工程，砂石路面，全长115千米，完成投资57.5万元。

2008年，国家投资300万元，在普兰县建设乡村道路及桥涵，修建赤德铁桥及县城周边道路，建成桥梁1座，新建、改造道路460千米，完成投资300万元。全县乡村公路总里程800千米，乡镇和建制村通公路率85%。

2009年，普兰县投入864万元，新建维修公路420千米，其中改造道路386千米。投资229万元，对玛旁雍错环湖公路进行改扩建。投入援藏资金125万元，建成科迦水泥路。

2010年，上年因气候原因停工的2项农村公路工程（路基）复工，巴嘎至郭隆公路工程，长23.1千米，投资54.3万元；普兰县至甲达勒线（环湖）公路工程，长50.05千米，投资212.7万元。建成巴嘎至斜尔瓦108千米、巴嘎至马攸木137千米的柏油路（国家投资9.9亿元）；新修公路桥梁11座、人行吊桥3座。建成公路402.3千米。全县公路总里程1120千米，其中乡村公路通车里程490余千米。全县路网密度达到每万平方千米2022千米，公路覆盖面90%。

2001—2010年普兰县国家投资公路项目统计表

表8–1–4

公路项目	国家投资（万元）	建设里程（千米）	路面	建设年份
赤德至强拉	100	10	高等级砂石	2001
省道207线普兰段	1400	80	砂石	2002
科迦至斜尔瓦	500	18	砂石	2002
丁嘎至赤德	145	53	砂石	2004
温泉至玛旁雍错湖边	100	45	砂石	2004
色龙寺至曲米通卓	180	56	砂石	2004
国道219线至藏拉	100	80	砂石	2004
雄巴一、二、三组至皮桑嘎布	60	30	砂石	2004
乱石滩至仁贡村	45	20	砂石	2006
环湖路	470	60	二级砂石	2008
玖马龙至巴嘎乡政府	370	40	砂石	2008
派出所至巴嘎乡政府	400	5	水泥	2009
巴热至温泉边防检查站	189.91	8.83	天然砂砾	2010
色龙寺至曲美通卓	704.32	34.99	天然砂砾	2010
那嘎桥至那嘎龙转场	611.33	10.04	天然砂砾	2010
老巴嘎至久马隆牧场	610.53	24.36	天然砂砾	2010

第四节　公路养护与抢险保通

武警交通八支队三大队负责国道、省道维护，每年根据道路实情，派出指战员分别对219国道和207省道进行维护、整治、抢修、管理等保通工作。

县交通局负责乡村道路维护工作，公路设养里程496.36千米，其中县道1条42.13千米，乡道12条276.61千米，村道8条0.12千米，边境通道公路6条177.5千米。每年组织养护人员参加道路抢险保通工作。

一、公路养护

2002年，公路小修保养固定养护人员，与负责人签订合同，实行“三包”（包工程量、包进度、包投资）制度、奖惩制度。投资24万元，养护主干线公路120千米。

自2003年起，乡村公路按所属关系养护，每建好一条乡村道路后，为杜绝“前修后坏、重复投资”“有人使用、无人养护”的现象，除自然灾害造成的较大的养护工程外，其余时间由当地受益群众自行养护。县交通局组织人员对各养护路段的农牧民进行技术指导，保证公路的养护质量和水平；在公路养护后期，按照协议给各乡镇的养护群众支付养护资金，并公开账目。同时做好公路养护月报的上报工作，及时、有效、快速向上级汇报每个月公路养护以及由于自然灾害所造成的公路毁坏情况。

2003年，投资27万元，养护主干线公路135千米。

2007—2008年，普兰县投资72万元，养护公路360千米。

2010年，县交通局采取一系列措施，在管好县、乡道的基础上，加强对村级公路的管理，贯彻执行《普兰县农村公路管理试行办法》，明确村级公路的管理职责和管理范围。年初，县地方公路管理站制订公路养护管理工作规划，建立一系列管理体制，签订养护管理责任书；还对砂石路全面推行养护承包责任制，实行专业化养护。制定《普兰县乡村公路养护实施方案》、普兰县乡村公路养护目标责任书，投入资金45万元，完成“9·19”水毁资金实施工程（实施资金155万元）中的全部维修建设项目及养护保通资金维修工程。

二、抢险保通

冬春季节，普兰县多特大暴雪，容易导致道路瘫痪，部分道路变窄，雪融后道路极易发生泥石流，路基、涵洞被大水冲毁，路面积水过多，出现排不出去等现象，严重影响道路出行安全。

普兰县组织机械设备、人员投入抗灾救灾工作中，年均出动装载机120台次，累计工作时间450余小时，清除积雪、解救被困人员、车辆，组织装载机完成丁嘎山口和强拉山口边境一线牧场道路以及贤柏林寺、西德拉德寺等寺庙道路的维护保通工作。

2008年，县交通局针对气候变化和雨雪繁多，加强对重要乡村路道畅通情况的排查工作，并及时上报反馈相关情况。4月，全县大部分地方进入雨季，因大雨毁坏路段8处，共4800余米。协同地区相关部门进行排险，对农牧民的生活生产进行妥善安置。

2010年，雨季到来前，县交通局组织人员对县道及村道安全保障设施进行全面调查，特别是对在建工程和缺陷责任期内的完工项目进行排查，对能够恢复的危险点段、路基缺口、涵洞、警示标志、标识牌落实人员和资金进行整改。在暂时不能恢复的危险路段设置警示标志、标识牌。

第五节 运 输

2001—2010年，普兰县交通运输以机械运输为主，人力、畜力运输为辅。随着交通条件的改善，客运量、货运量逐年增加。

一、客运

2004年，普兰县汽车客运站开工建设，工程总造价（合同价）98万元。开通普兰至阿里、普兰至拉萨的客运线，购买中巴车3辆（每辆20万元）。

至2010年年底，普兰县有客运车辆9辆，其中农村公路客运车辆3辆（依维柯），普兰至地区客运车辆3辆，普兰至拉萨客运车辆3辆。农村公路客运线路1条（斜尔瓦—科迦村—巴嘎乡—霍尔乡），市际客运线路2条（普兰—狮泉河，普兰—拉萨）。2001—2010年，普兰至拉萨年均客运量6000余人次，普兰至狮泉河年均客运量4000余人次。

2010年7月1日，阿里昆莎机场通航，开通拉萨至阿里，四川成都、新疆喀什至阿里的客运支线空中线路。游客和信徒多数选择从北京、上海、广州乃至世界各地落地阿里昆莎机场后，再搭车到普兰。

二、货运

2001—2010年，普兰县有3家物流公司从事货运工作。据不完全统计，普兰县至拉萨历年货运量72车次，至新疆历年货运量78车次。普兰县生活百货及日常用品、建筑材料、瓜果蔬菜等从新疆各地及拉萨运输。

2001—2010年普兰县货运统计表

表8-1-5　　单位：台、万吨

年份	汽车总数	货车	小型汽车	货运量
2001	15	10	5	0.5
2002	16	8	8	0.8
2003	20	9	11	0.9
2004	28	13	15	1.3

续表8-1-5

年份	汽车总数	货车	小型汽车	货运量
2005	32	14	18	1.5
2006	33	14	19	1.5
2007	40	17	23	2.3
2008	45	17	28	2.6
2009	65	20	45	3.5
2010	85	25	60	5.9

三、人力、畜力运输

巴嘎乡“背夫”年均4000余人次；边境山口通往印度、尼泊尔贸易点方向边民“背夫”年均30余人次。

普兰县巴嘎乡牦牛运输队为主要畜力运输，边境贸易点为次要畜力运输。巴嘎乡年均投入畜力2000余头（匹），边民年均投入畜力600头（匹）。

第六节　交通管理

2001—2010年，普兰县交通局陆续出台责任追究制度、廉洁自律制度、公开承诺制度、限时办结制度、联系群众制度、调查研究制度、交通局工作规章制度等一系列规章制度，确保普兰县交通管理走上法治化轨道。配合运管部门完成车辆年检、年审工作；协助自治区搞好普兰县内第二次全国公路普查；对公路建设工程质量严格要求，开展在建工程专项治理，确保各公路工程达到技术指标。

2001年，普兰县第二次全国公路普查完成，投入人员3人，资金20万元。

2001—2009年，县交通局每年统一组织安排进行车辆集中年审、年检，并开展“两费”征收。

2001—2010年，普兰县公路建设项目较多，对公路建设工程质量严格要求，经常到公路建设一线检查施工情况，并派出驻地监理人员长驻工地，依照图纸、合同严格管理。各公路工程都达到技术指标，保质保量完成公路建设任务。2010年，根据地区、县关于开展工程建设领域突出问题专项治理的要求，组织开展在建工程突出问题专项治理活动，填报农村公路在建工程突出问题专项治理报表，上报地区交通局部门，并对不就位、项目进度缓慢、构造物质量不高等问题进行整改落实。

第二章 邮 政

2001—2010年，普兰县邮政部门在报刊订阅、集邮、函件、明信片、速递物流等业务的基础上，逐步新增分销业务、定制型业务等，分销品种20余种，个性化服务满足各类办公需求。

第一节 机 构

1998年9月，普兰县邮电局分设为县邮政局和县电信局。2001—2004年，普兰县邮政局有人员4人。2005年，县邮政局有人员6人，其中乡邮人员2人。

2005年，进行公司制改革，普兰县邮政局更名为中国邮政集团公司西藏自治区普兰县分公司（以下简称普兰县邮政分公司），有工作人员7人。

至2010年，普兰县邮政分公司下设霍尔乡营业所、巴嘎乡营业所2个乡邮网点。有工作人员8人（霍尔乡营业所1人，巴嘎乡营业所1人），平均年龄不足30岁，最低学历为高中，大专和本科学历为主。

2001—2010年普兰县邮政机构领导一览表

表8-2-1

机构名称	职务	姓名	性别	民族	任职时间
普兰县邮政局	局长	珠 杰	男	藏族	1998.1—2005
中国邮政集团公司西藏自治区普兰县分公司	局长（总经理）	珠 杰	男	藏族	2005—2010.9
		陈安斌	男	藏族	2010.9—

第二节 邮政建设

邮政业务全域覆盖。2005年，普兰县邮政局启动乡邮工作，巴嘎、霍尔2个乡邮网点建成并投入运行，结束了以往捎带到乡的投递模式，为居民和游客提供便捷的邮政服务。普兰县有邮路4条，总里程949千米，初步形成以县城为中心，覆盖乡、村的邮政网络，基本上结束了乡到村无法覆盖的状况。县城投递车每天穿梭于县城的各个角落，2辆乡邮摩托车和1辆乡邮皮卡车行驶在普兰县各个行政村、寺庙。

邮运网络显著提速。至2010年，干线邮路由1800千米缩短为1500千米，二级转运站的建设缩短了中转里程。乡邮投递从每月1班到每月2班，再到每周1班，乡镇、农村、寺庙邮件的投递速度加快，进出普兰邮件时限缩短3～4天。

科技手段大量运用。2006年之前，邮件查询通过传真、电话和发验单3种方式，查询流程烦琐且查询时限长。2006年之后，随着互联网技术的引入，科技网络逐步运用到日常的分拣、投递等环节。投递系统、报刊系统上线，邮件可通过网上查询，提升了分拣的准确率和邮件查询的及时率；在内部处理技术上，引入高科技产品，GPS系统可实时查看邮运车辆运输路线和到达地点，PDA上线可实现落地扫，在第一时间上传邮件到达地点；短信功能可在第一时间通知客户邮件是否已经收到；营业系统有效提升了信息的传递效率，作业流程更加智能化。

设施设备改造升级。2003年，县邮政局新增电脑设备5台、档案柜10个、监控设施8个、发电机2台、皮卡车1台、乡邮摩托3台，在县城新建1个值班室。2005年，建成县邮政局职工小家。2010年，新增CRS和ATM各1台，实现24小时金融服务。年底，有皮卡车1台、金杯车1台和2.5吨的运输车1台。

第三节　邮政业务

随着邮政改革的深入，普兰县邮政业务范围不断拓展，业务种类逐渐丰富。2001—2003年，县邮政局开办汇兑业务，进行人工登记，采取电报的方式兑现给收款人。2004年，电子汇兑系统上线，新增按址汇款、现金汇款、账户汇款等业务。2010年，县邮政分公司先后与公安、社保、移动、电信、烟草、银行、保险等部门和行业开展合作，开发代收通信费、代理保险、代理基金、特快银行票据、邮政短信、邮政票务、烟草配送等几项新的业务品种和服务项目，有效满足社会各界和广大客户多层次、多样化的用邮需求。开办代理金融业务，可办理存款、转账、取款等多项业务。10月，开办储蓄业务，年底储蓄额500余万元。年底，普兰县邮政分公司形成邮务类（函件业务、包裹业务、报刊发行业务、集邮业务、机要通信业务、代理和信息业务）、金融类（邮政储蓄、汇兑、代理保险）、速递物流类三大板块业务。

依托项目经理、客户经理、投递员三支队伍，开拓辖区市场。

通过上级部门，与地区旅游局一同打造具有普兰特色的主题邮局，游客可以通过先进的VR技术，立体观看冈仁波齐、玛旁雍错等旅游景点；专门定制冈仁波齐、玛旁雍错系列的明信片以及冈仁波齐图案的戳记，为旅游人员留念。

2001—2010年，拓展驻地部队市场业务，普兰县邮政机构负责人带队对驻地部队寄递市场进行深度开发，在驻地部队军人退伍、偏远村学生开学时间开展上门服务，形成惯例。与各驻地部队签订退伍兵包裹寄递协议，实现部队包裹揽收8000元。

2001—2010年普兰县邮政机构业务统计表

表8-2-2

年份	投递党报党刊（份）	投递包裹（件）	业务收入（万元）	包裹收入（万元）	汇兑收入（万元）
2001	600	2100	12.4	3.4	0.3
2002	700	2300	15.3	3.8	0.38
2003	800	2400	20.6	4.3	0.47
2004	900	2600	25.7	4.8	0.51
2005	1000	2800	32.5	5.8	0.6
2006	1300	3000	41.3	7.8	0.87
2007	1500	3700	46.2	8.9	0.96
2008	1500	4600	50.41	10.7	1.1
2009	1700	5500	58.6	13.6	1.21
2010	2000	6300	65.3	17.7	1.13

第四节　邮政管理

普兰县邮政部门秉承“迅速、准确、安全、方便”的服务理念做好相关工作。

一、安全管理

2001—2010年，普兰县邮政部门强化安全管理工作，加强车辆的运输管理，提高驾驶员的安全意识，未出现车辆严重事故；强化寄递各环节的检查、检验工作，多年未出现重大违规收寄事件；强化机要件的寄递和运输管理，由专人负责接收和投递，未出现机要件的丢失和泄密事件。

2010年，配备安全保卫人员，负责营业网点的人身、财产安全，并配备各类消防设施，确保邮政通信各项设施的完整，确保信息传递的有序性。按季度开展安全教育或培训，提升干部、员工的安全防范意识。每天巡查各生产场地的安全制度执行情况，发现问题第一时间纠正和解决，未发生重特大安全生产事故。

二、质量管理

信息化时代，普兰县包裹投递数量逐年增加。县邮政局（邮政分公司）坚持“量增质不减”的原则，设置服务质量检查岗位，制定服务质量检查标准和考核标准，将包裹收寄、运输、投递等各个环节和岗位人员均列入检查和考核的范围。市场部设置视察岗位，定期组织抽检，发现不合格包裹及时组织再次包装，客户满意度逐年提升。聘请邮政社会监督员，从第三方的角度监督邮政服务质量，以促进邮政服务质量的提升。

2010年，普兰县邮政分公司开展“提升服务水平，树立行业新形象”活动，成立以局长（总经理）陈安斌为组长的领导小组，下设办公室，由陈安斌任办公室主任，具体负责活动开展。

第三章　通　信

2001—2010年，普兰县通信业发展迅猛，通信基础设施建设成效显著，GSM、TD以及传输网络呈快速发展趋势，移动电话普及程度快速提高，综合通信能力显著增强。构建起全方位、多层次、多元化的服务体系，通信服务水平进一步提高，服务内容更加丰富。

第一节　电　信

一、机构

1998年9月，普兰县邮电局分设为县邮政局和县电信局。2000年年底，县电信局有局长1人，工作人员3人。2006年，新增副局长1人，另聘有营业员2人。至2010年，县电信局有工作人员6人，其中营业员3人。

2001—2010年普兰县电信局领导一览表

表8-3-1

机构名称	职务	姓名	性别	民族	任职时间
普兰县电信局	局长	洛桑占堆	男	藏族	1998.8—2001.1
		才　旺	男	藏族	2001.1—2006.1
		洛桑占堆	男	藏族	2006.1—2008.1
		才　旺	男	藏族	2008.1—
	副局长	大尼玛次仁	男	藏族	2007.1—

二、业务经营

“十五”期间，县电信局实施农村卫星电话工程，组织人员到各乡镇安装卫星网络并开通电话业务。

2001年，普兰县扩容县城程控电话。全县安装电话162部（家庭电话82部），所有重要部门都安装有线座机；有宽带用户200户，163因特网用户12户。有通信需求的用户可通过电信营业厅公用电话进行联络，办事效率提高。

2002年，普兰县组织开展通信生产，随着计费系统的升级和改造，用户实现电话详单业务。新增固定电话102部，达到264部；公用电话放号8部；新增宽带用户70户，达到270户。

2003年，开通有线电话、无线电话，放号765部，直拨有权用户753户。

2004年，全县有固定电话485部，沿街路段开通公用电话。宽带用户达到400户。

2005年，全县有固定电话678部，开通专线10家；有宽带用户564户；开通1家网吧用户。

2006年3月，县电信局出台好易通租机方案，推出增值业务专线服务，为5个单位建立电信专线。推出“长话心动套餐”。有电话用户752户，宽带用户603户。

2007年，县电信局以“5·17”电信日为契机，通过话费“保底+赠送”的方式，开展“缤纷夏季·超级大礼”主题营销活动，预存话费送好易通。

2008年，县电信局开展“喜迎奥运会·好易通大回馈”营销活动，推出优化后的好易通“9系列”套餐，激活部分因终端原因造成的好易通零次户，降低用户离网率。9月，中国电信正式承接CDMA移动通信业务，县电信局开始经营全业务，普兰县进入3G时代。

2009年，县电信局开展“添翼迎春”、“天翼带你畅游3G”、“3G翼起来”2009校园行、“移动团购”、“战旗网”等专项营销工作。

2010年，县电信局开展“3G翼起来”促销活动，完成自治区统一进行的好易通用户迁转工作。对部队战旗网用户开展多次预存话费送话费、预存话费送终端等活动，通过军民共建、网络资源共享等多种方式加强与部队的联系，提高部队市场收入稳定性。安排合作厅对3G智能终端高端用户进行3G手机应用小程序、小游戏、3G产品客户端等打包安装，发挥3G终端以及3G应用优势，提高用户的使用黏性和感知。年底，开展“天翼惠农”营销活动，极大地推动了中低端市场、农村市场的发展。客户经理以主动上门的营销方式进行3G业务推介和终端演示，协助客户选择套餐、体验产品，推动电信业务的规模化发展。固话用户1200户，专线用户25家；所有乡镇开通有线宽带业务，宽带用户980户。

2001—2010年普兰县电信业务统计表

表8-3-2

年份	新装电话（部）	固话总用户（户）	新增宽带用户（户）	宽带总用户（户）	业务收入（万元）
2001	—	162	50	200	26
2002	102	264	70	270	37

续表8-3-2

年份	新装电话（部）	固话总用户（户）	新增宽带用户（户）	宽带总用户（户）	业务收入（万元）
2003	120	384	90	360	50
2004	101	485	40	400	70
2005	193	678	164	564	87
2006	74	752	39	603	100
2007	100	852	80	683	150
2008	120	972	90	773	210
2009	70	1042	100	873	250
2010	158	1200	107	980	300

三、传输网络

2001年，狮泉河至普兰光缆项目建设。2003年，普兰段光缆铺设工程完成。

2001年，普兰县有基站10座。2002年，新建基站5座。2005年，新建基站6座，通信覆盖率100%。2006年，西藏电信制定“十一五”期间村村通电话工程工作任务，普兰县电信局加紧建设电话资源，建设基站4座，基站达到37座。至2010年年底，有基站42座。

第二节　移　动

一、机构

2007年11月，中国移动通信集团西藏有限公司普兰县分公司成立。

2007—2010年中国移动通信集团西藏有限公司普兰县分公司领导一览表

表8-3-3

机构名称	职务	姓名	性别	民族	任职时间
中国移动通信集团西藏有限公司普兰县分公司	总经理	马丽霞	女	汉族	2007.11—

二、业务经营

中国移动通信集团西藏有限公司普兰县分公司主要业务有语音、短信、流量、集团业务、宽带服务、互联网专线等。整合各类服务资源，围绕网络质量、信息安全、透明消费、窗口服务、资费惠民五大方面完善25项服务举措，创建有特色的客户服务管理体系，满足客户需求。

2009年，行政村网络覆盖率72%。至2010年年底，有2G基站14座，实现县、乡、村2G、3G全覆盖。

2010年，中国移动通信集团西藏有限公司普兰县分公司组织网络技术人员6人，应急通信车2辆，做好塔尔钦佛事活动应急通信保障工作。活动期间，吸收话务量1045.319erl，数据流量2.99G，有效支撑当地群众、区内、中外游客共3500余人的通信需求。用户数2600户，运营收入300万元，数据信息业务收入100万元。

2007—2010年普兰县移动分公司业务统计表

表8-3-4

年份	新建基站（座）	用户（户）	运营收入（万元）	数据信息业务收入（万元）
2007	2	1000	200	0
2008	4	1500	260	60
2009	4	2300	280	72
2010	4	2600	300	100

第四章 城乡建设

2001—2010年，普兰县在科学编制县城和乡镇总体规划的基础上，多方筹措资金，搞好项目建设、公共生活服务设施建设、市政基础设施建设，整治县城环境卫生，探索县容县貌改造新方法，加强市政管理和建筑工程管理。此外，实施城镇住房制度改革，推进城区和农牧民住房建设，缓解城镇低保户住房困难，确保农牧民住上安全、舒适的新房。普兰城乡面貌发生较大变化，人居环境改善。

第一节 机 构

2010年之前，普兰县建设局挂靠在县发改委，由发改委负责人兼职管理。

2010年8月，普兰县住房和城乡建设局组建，不再保留建设局。无内设机构，编制4名（行政编制3名，事业编制1名），其中科级领导职数3名。未配备局长、副局长。

第二节 城乡规划

一、县城规划

1997年，普兰县城区建设用地面积27.86公顷。

1998年，普兰县开始编制第一个《普兰县城市总体规划》，1999年《普兰县城市总体规划》编制完成。城区重点向南部进行拓展，城区的拓展以道路的延伸作为主要支撑条件，为城市发展搭建了基本骨架，逐步建设住宅小区、行政办公楼、狮泉河海关普兰工作点、普兰出入境检验检疫局、边贸市场、菜市场、文化广场、边民小额互市交易市场、宾馆招待所、驻地部队等重点工程及商业金融、文化娱乐、卫生、学校等设施，城区功能得到完善，城区服务水平得到有效提升。

2001年，普兰县城区建设用地面积30.56公顷。

之后，普兰县进入快速发展时期，城区人口规模逐年扩大，城镇建设用地大幅度增加。

2010年，商品房建筑面积3400平方米，县城区建设用地增至54.25公顷，突破1998年总体规划确定的发展目标。9月，《普兰县城总体规划（2011—2030年）》修编工作正式开始，该项目由河北省规划设计研究院承担。

二、乡村规划

2001—2010年，普兰县乡镇规划总体上不太规范，乡镇布局、房屋建筑、道路修建、水库池塘等建设存在无序乱建状况。后期经过乡镇班子反复研究，对乡镇布局有了相对完善的规划。

2002年，科迦村拆除环绕科迦寺的民居建筑，重新规划的村庄建筑均位于科迦寺主体建筑南、北、东30米以外，寺庙外缘为公路，村庄居住区和寺庙建筑区分开。

第三节　城镇建设

一、市政建设

自1998年普兰县城市规划实施后，新建市政设施类项目主要集中于城区的南部区域，总占地面积0.8公顷，逐步推进城市供水、供电、街道硬化、城市美化亮化等市政工程，县城框架基本形成。

道路广场建设为初期向南延伸提供重要支撑条件，自规划实施后，新建南北向道路陕西路（红线宽度15米）约950米，新建东西向道路人民路（红线宽度15米）约250米，新建东西向道路德吉路（红线宽度15米）约200米，新建东西向道路双拥路（红线宽度12米）约250米，新建东西向道路强拉路（红线宽度9米）约250米。结合新建的县人民医院，在其西侧新建城市广场1座，占地面积1.03公顷，为城镇居民提供重要的休闲空间。

二、公共设施

普兰县完善城区功能，新建部分公共设施，以满足城市运转和居民生活的需求，新建工程集中于城区的中南部区域，总占地面积13.27公顷。

（一）防灾减灾类

在城区中部，陕西路东侧新建消防站1座，占地面积0.18公顷。

（二）行政办公楼类

县委、县政府和国税局办公楼改造，将原普兰镇政府办公区改造成普兰镇派出所，将边贸联检站搬迁至城区南部。在城区南侧先后建设文广局、司法局、公安局、法院、检察院、水利局、工商局、财政局、发改委、交通局、农牧局、普兰镇政府、对外交通等机构办公区，总占地面积7.37公顷。

（三）商业金融类

贡嘎路东侧的商业设施重点完善，建设西安迎宾馆，占地面积0.17公顷；改造原普兰县宾馆；在贡嘎路以东人民路以南建设唐嘎国际边贸市场，占地面积0.55公顷；新建农业银行办公区，占地面积0.52公顷。

（四）文化娱乐类

原县电视台重点改造，配套建设广播电视设施，占地面积增至0.47公顷；结合县委、县政府办公楼改造，在南部建设政府会堂1座，占地面积0.52公顷。

（五）医疗设施类

县人民医院搬迁，在城区南部新建县人民医院，包括疾病控制中心，占地面积0.73公顷。

（六）教育科研类

城区南部气象观测站完善，增加观测设备，气象站占地面积增至1.12公顷。

（七）交通出行类

2002年，在城区北部新建长途客运站1座，占地面积0.45公顷。在城区北侧，巴普路东西两侧新建3座加油站，占地面积0.37公顷。

三、城市绿化和环境卫生

2008年，普兰县投资140万元，整治沿街林带、硬化边贸市场道路、添置环卫设施，在县城周边植树造林3万株。

2009年，普兰县投资106万元，实施县城绿化带整治，实施县城“绿化、美化、亮化”工程，在县城周边植树造林2645亩32.4万株，成活率在90%以上。成立县城管大队，加强市容市貌整治。

2010年，普兰县投资516万元实施垃圾填埋场建设项目，投资178万元实施县城绿化带整治和文化广场维修。普兰县被评为自治区级文明县城。

四、房屋建设

新建居住类项目集中于城区的东部和西部，总占地面积3.73公顷；在城区东部新建退休村，占地面积1.71公顷；在城区西部，人民路北侧新建县财政局家属区和周转房、廉租房等工程，占地面积2.02公顷。

2009年，普兰县投资863万元，建成廉租住房84套，共4452平方米。A型户和B型户廉租住房建设用地10亩。

普兰县成立首期廉租房分配领导小组，县委副书记、县长土登次仁任组长，县级领导董春生、巴桑多吉、拉巴次仁、南加石确任副组长，领导小组下设办公室，由旺琼（政府办主任）兼任办公室主任，负责联系、协调各项工作。领导小组制订《普兰县首期廉租房分配实施方案》。

领导小组坚持国家统一政策目标，实行低水平、广覆盖，满足基本住房需要，坚持统筹规划、因地制宜，合理布局、节能环保，以政府投入为主，多渠道筹资。2009年年底前，重点解决城镇人均住房面积13平方米以下的低收入家庭住房困难，将廉租住房制度保障范围由住房困难低保家庭扩大到低收入住房困难家庭，保障线定为家庭年收入低于3万元，并且家庭人均月收入低于650元。优先考虑及解决8类人群的住房问题，即鳏寡孤独家庭、丧失劳动能力的特殊家庭、曾获得市级以上劳动模范、因公牺牲的军人家属、特等或一级伤残军人、其他急需救助的家庭、国有企业低保户、城镇低保无房户。

廉租住房分配实行申请、公示、审批、轮候制度，即由县廉租住房领导小组会同发改委、民政、工会、各乡镇和各村（居）委会等，对申请住房者家庭收入、人口及住房状况等基本情况进行初审复核，符合条件的予以公示10～15天，无异议或异议不成立的准予登记，排队轮候。经领导小组审核通过后，办理房屋租赁手续，签订廉租房租赁合同。租金标准由物价部门会同房管部门制定，享受住房租金补贴条件的家庭廉租标准为每月每平方米1元，其他低收入家庭廉租标准为每月每平方米1.5元；环境卫生费、有线电视初装费、水电费、正常修缮费等费用由各户主自行承担，标准按普兰县标准执行。低保家庭、低收入家庭收入标准和廉租住房均实行动态管理和年审制度。

2010年，制定普兰县2008—2009年雨（雪）灾后农牧民住房恢复重建资金分配实施方案和资金发放明细表。为保证恢复重建房屋质量和数量，整合2008年“9·19”恢复重建补助余额、2009年受灾补助款、2009年涉农保险赔付资金共321.09万元（县财政配套5.7万元），解决327户受灾群众房屋恢复重建问题。普兰县投资241.3万元，新建廉租住房20套，共1191.2平方米。投资2244.41万元，新建县、乡职工周转房11206.08平方米。

第四节　住房制度改革

2003年，普兰县实施党政机关、事业单位住房货币化分配改革，成立房改领导小组，开展第一期房改兑现工作，享受补贴106人，补贴金额4682245元。同时，加强住房公积金征缴、管理，严格审核提取资格。

2004年，普兰县研究实行户籍制度改革，鼓励富裕起来的农牧民、个体私营业主等人员在小城镇建房落户。由于县城地价较高以及基础设施尚不完善，只有县城附近因城镇建设失去土地的村民落户县城。

2008年，住房公积金征缴率100%。

2009年，普兰县以城市低收入住房困难家庭为对象，建立健全城市廉租住房制度，改进和规范经济适用住房建设管理，推进国有企业职工住房解危解困工程，加大旧住宅区、旧居民区的综合整治力度，逐步改善城市低收入家庭以及农牧民工等其他住房困难群体的住房条件。

2010年，普兰县落实保障性住房分配入住制度，根据自治区和地区要求，普兰县加快分配入住进度，提高入住率，做到应保尽保。县住建局按照《阿里地区保障性住房管理实施细则》《关于公共租赁住房和廉租住房并轨运行的通知》要求，制定《普兰县保障性住房管理实施细则》，开展分配入住申请、审核、公示等工作；完善分配入住政策，根据实际需求按一定比例覆盖各类群体，放宽入住条件，降低门槛，提高住房入住率，确保入住率在95%以上；完善腾退机制，实行动态管理，保证房屋有效腾退；建立住房档案管理制度；开展住房租赁补贴发放工作。

第五节　安居工程

普兰县严格按照建设社会主义新农牧区的总体要求，统筹规划、因地制宜、分类指导、整体推进、科学管理、合理设计、综合配套，坚持“宜改则改、宜建则建、宜迁则迁”的原则，推进安居工程的建设实施，科学地解决和处理农牧民安居工程建设与草场承包到户之间的冲突和矛盾。工程建设做到“六结合”：与建设“生产发展、生活富裕、乡风文明、村容整洁、管理民主”的社会主义新农牧区的目标和总体要求相结合；与小城镇建设、牧业点房屋建设相结合；与民族特色、地域特色、时代特色相结合；与农牧民的生活风俗和居住习惯相结合；与草场承包到户工作相结合；与保护耕地和草地，保护环境资源和适度集中的发展战略相结合。

2003年，普兰县投资31.2万元，实施牧民定居工程21户（巴嘎乡16户、霍尔乡5户），建筑面积860平方米。

2004年，普兰县退休安居工程投资770余万元。

“十一五”期间，普兰县建设安居房1088套，66%的群众住上安全舒适的安居房，农牧民群众的居住条件改善。以前的旧村落逐步建设成为道路硬化、街院净化、村庄绿化美化、生活设施初步配套的文明新村，农牧民生活方式向文明、卫生的方向发展。

2006—2007年，普兰县投资3077.56万元，完成安居工程843户，受益人口4523人。

2006年，普兰县组织工作组到农牧区、农牧户调查，合理规划，重点放在城乡周围、公路沿线、边境一线，建立健全领导机构，实行领导责任制，坚持县级干部包乡、科级干部包村、村干部包组的工作机制。实施安居工程484户（改扩建95户，新建389户），建筑面积53777平方米。地区补助资金到位1054.8万元，地方财政配套100万元，争取支援资金150万元（用于霍尔乡市政道路建设），群众自筹1268万元，银行贷款256.8万元。解决2319人的安居问题。

2007年，普兰县总结上年度实施安居工程建设的经验，由于上年度巴嘎乡参加安居建设的户数多、结构档次高、补助比例高，安排户数适当减少；由于上年度霍尔乡参加安居建设户数少，安排户数适当增加；由于上年度普兰镇实施安居结构档次低、户数少、国家补助比例低，加之普兰镇上年度大部分处于规划阶段，尚未全面实施，安排户数适当倾斜。此外，为避免因参加安居工程建设贷款、自筹导致返贫，贫困户不列入安居工程建设中。实施安居工程359户，其中普兰镇229户（土木结构54户、改扩建175户），巴嘎乡30户（均为土木结构），霍尔乡100户（土木结构80户、砖木结构20户）。总投资1128.56万元，其中国家补助525.3万元，群众自筹603.26万元（银行贷款271万元、现金投入332.26万元）。国家补助标准：霍尔乡新建砖木结构补助人均标准面积的50%；普兰镇综合打分的补助标准为2000元、3000元、4000元；普兰镇改扩建补助标准为4人以下补助4000元、5～8人补助6000元、9人以上补助8000元；一镇两乡牧业点、新建土木结构的补助标准为4人以下补助9200元、5～8人补助1.38万元、9人以上补助1.84万元。

2009年，普兰县投入372万元，其中国家补助投资272万元（1.7万元/户），整合支援资金100万元。实施安居工程160户，均为新建，其中霍尔乡80户，巴嘎乡60户，普兰镇20户。

第九篇　经济综合管理

2001—2010年，普兰县围绕“生态立县、产业富县、旅游兴县、边贸活县、城镇靓县、依法治县”的发展思路，实施“建设世界屋脊新农牧区，打造阿里高原边境明珠”战略，抢抓机遇，经济体制改革取得较大进展，社会主义市场经济框架基本形成，国民经济社会化、市场化程度普遍提高，对外开放格局基本形成。

普兰县国民经济持续、稳步、协调发展，三大产业结构持续优化，非公有制经济快速发展，地方财政收入保持快速增长。职工工资水平不断提高，城镇居民人均可支配收入、农牧民人均纯收入不断增加，城乡居民生活水平稳步提高，农牧区面貌发生根本性的变化。

第一章　经济综述

第一节　国民经济发展状况

2001—2010年，普兰县国民经济呈现持续、稳步、协调发展的局面，地区生产总值（GDP）稳步提高，非公有制经济发展迅速，第二、第三产业比重增加，三大产业结构持续优化。地方财政收入保持快速增长。

2001年，普兰县地区生产总值3732.8万元，财政自给率12%。

2002—2007年，普兰县地区生产总值及财政收入持续增长，三大产业结构逐步趋于合理。

2008年，普兰县深化以产权制度和劳动用工制度为重点的企业改革，逐步完善国有资产营运监管体系。非公有制经济加快发展，年末有个体工商户303户，地区生产总值中，非公有制经济所占比重超过10%，形成多种经济成分共同发展的格局。西藏自治区对个体工商户实行半年免税政策，本级财政收入331万元，比上年降低11%。实现农林牧渔业总产值2719.44万元，比上年增长14%。

2010年，普兰县地区生产总值14744万元，是2001年3732.8万元的3.95倍，其中第一产业3532.75万元、第二产业2500万元、第三产业8711.25万元，三大产业结构调整为24∶17∶59。社会固定资产投资6601万元，是2001年1578万元的4.18倍；社会消费品零售总额2698万元，是2001年900万元的近3倍；本级财政收入472万元，是2001年153万元的3.08倍；城镇居民人均可支配收入35292元，农牧民人均纯收入3702元，是2001年1745元的2.12倍。

2001—2010年普兰县经济指标统计表

表9-1-1　　单位：万元

年份	地区生产总值	第一产业	第二产业	第三产业	社会固定资产投资	社会消费品零售总额	本级财政收入
2001	3732.8	1943.92	636	1152.88	1578	900	153
2002	4698.1	1639.67	630.02	2428.41	2110	987	175

续表9-1-1

年份	地区生产总值	第一产业	第二产业	第三产业	社会固定资产投资	社会消费品零售总额	本级财政收入
2003	5973.28	1443.03	1835.18	2695.07	14423.93	1014.44	200
2004	7060.42	1660.39	1551.73	3848.3	11888	1061	240
2005	7464.52	1243.02	1679.1	4542.4	1160.51	1661.55	271
2006	8808	1813.65	1047.7	5946.65	1843	1427	314
2007	9870.69	2125.24	1522.05	6223.4	3282.8	1652.47	372
2008	11227.99	2719.44	1170.81	7337.74	1507.5	1385.69	331
2009	13024	3052.65	2495.18	7476.17	6089	2568.73	400
2010	14744	3532.75	2500	8711.25	6601	2697.96	472

一、农牧业

普兰县稳固农牧业基础地位，不断加大科技、资金投入力度，引进、推广特色优良品种，引进先进农畜产品加工技术，重点实施农业综合开发工程，加强农牧业基础设施建设，重点实施农田水利设施建设、牧区人畜饮水工程、农网改造等工程，改善农牧民生产、生活条件，农牧业经济稳定增长。

2001年，普兰县农牧业总产值1390.5万元（按1990年不变价），农牧业收入1983.8万元，农畜产品综合商品率50.97%。2002年，绒、毛及部分农畜产品价格下降，农牧林业总产值1341.45万元，其中农业总产值545.6万元，牧业总产值795.08万元，林业总产值0.77万元（比上年增长26.23%）。

自2006年起，普兰县围绕农牧民增收和市场需求，调整产业结构，采取政策推动、服务促进、科技支持等措施，狠抓新农村建设、劳务经济发展等重点，农牧业和农牧区经济发展活力明显增强。2006年，农牧业总产值2328.4万元，农畜产品综合商品率60.2%。2008年，农业产业化进程加快，区域特色农业发展良好，优质农产品持续增加。至2010年，农牧业总产值4806.17万元，农畜产品综合商品率53.1%。

二、旅游业

普兰县具有得天独厚的旅游资源优势，国内外游客人数稳定增长，旅游业逐步走向正规化、规范化。2002年，普兰县接待游客38615人次，实现旅游总收入266万元，其中门票收入15万元，宾馆、招待所收入83万元，家庭旅馆、小商店及其他旅游服务业收入117万元，牦牛运输队收入51万元。2010年，接待游客28573人次，实现旅游总收入1494.91万元，其中门票收入160万元，宾馆收入296.73万元，家庭旅馆收入120.63万元，茶馆收入73.27万元，旅游商店收入501.38万元，牦牛运输队收入287.9万元。

第二节 经济收入

随着经济的快速发展，普兰县基本公共服务均等化总体实现，全民受教育程度和创新人才培养水平明显提高，职工工资水平不断提高，城镇居民人均可支配收入、农牧民人均纯收入不断增加，城乡居民生活水平稳步提高。

2001年，普兰县农村经济总收入1816.9万元，农牧民人均纯收入1745.08元，比1997年增长22.5%。

2002年，农村经济总收入2090.7万元，其中第一产业总收入1571.17万元，比上年增长12.48%；第二产业总收入70.19万元，比上年下降71.9%；第三产业总收入449.34万元，比上年增长21.7%。农牧民人均纯收入1927.4元。年末，城乡居民储蓄存款余额2357万元。

2005年，从事多种经营生产310户624人，多种经营收入约750万元。牦牛运输队收入134.6万元。批发、零售贸易及餐饮业收入2390.02万元，比上年增长近2倍。国内商户227户，注册资金216万元，从业人员293人。

“十一五”期间，普兰县实施“一村一品”战略，建成吉让预制厂和沙石厂、多油农牧民施工队、西德白糌粑和清油加工厂、岗莎牦牛运输队、岗莎扶贫家庭旅馆、吉吾温泉澡堂、吉吾宾馆、岗措公司、西德农机维修、雍措旅馆和扶贫加油站等农合经济组织。

2006年，乡镇企业创收53.91万元，其中西德糌粑加工厂、拖拉机维修站、预制厂、清油加工厂运管情况良好，总创收26.5万元。组织劳务输出3318人次，实现收入654.27万元。

2007年，乡镇企业及农牧民合作组织有6家。组织劳务输出约4500人次，创收780万元。

2008年，西德糌粑加工厂、吉让预制厂、岗莎扶贫家庭旅馆、吉吾温泉澡堂、吉吾宾馆、岗措公司、西德农机维修、雍措旅馆和扶贫加油站等农牧民经济合作实体实现健康发展。普兰县实施“一村一品”战略，投入资金671万元，其中投资18万元人工种草1500亩，投资285万元实施牲畜短期育肥基地建设，投资65万元改扩建吉让预制厂，投资130万元新建10座温室蔬菜大棚，投资100万元整治多油村农田水渠、水库，投资73万元组建多油施工队，建设青稞酒厂，培育一批特色产业基地和农牧区合作经济组织，为农牧区的快速发展奠定坚实基础。城镇居民人均可支配收入10931元，比上年增加409元。农村经济总收入2802.37万元，劳务输出3488人次，创收749.42万元，农牧民人均纯收入2749.65元。金融机构年末存、贷款余额分别为8054.16万元、2001.83万元，其中居民储蓄存款2456万元。

2009年，普兰县开发特色产业，探索“公司+基地+农户”经营模式，成立西藏阿里藏酿青稞酒业有限公司，年产青稞白酒50吨，消耗青稞200吨。提高农牧民组织化程度，培育农牧民经济合作实体。全县有蔬菜大棚70余座，种植蔬菜品种40余种；成立吉让曲龙组25户127人组成的蔬菜种植协会；建成吉让预制厂、科迦“农家乐”、霍尔“牧家乐”、巴嘎“牧家乐”等。农村经济总收入3486.64万元，农牧民人均纯收入3190.62元。劳务创收862万元。

2010年，普兰县从事多种经营生产568户1050人，多种经营总收入约1200万元。上半年，组织农牧民技能培训48人次，其中地区培训28人次、拉萨培训20人次；筛选适合农牧民群众从事的基础设施建设项目，从廉租房、周转房建设、农牧民经济合作组织等行业中创收。城镇居民人均可支配收入35292元，比上年增长12%。农村经济总收入4081.23万元，农牧民人均纯收入3702元。

2001—2010年普兰县人民生活指标统计表

表9-1-2

年份	城镇居民人均可支配收入（元）	农村经济总收入（万元）	农牧民人均纯收入（元）	年末城乡居民储蓄存款余额（万元）	年末城乡居民贷款余额（万元）
2001	—	1816.9	1745.08	1120	220
2002	—	2090.7	1927.4	1320	310
2003	—	1902.06	1708.31	1411	356
2004	—	2450.56	2327.5	1760	425
2005	—	2706.12	2575.32	2306	452
2006	—	2099.26	2009.02	2560	554
2007	10522	2309.19	2330	5852	615
2008	10931	2802.37	2749.65	6850	625
2009	31510	3486.64	3190.62	8560	750
2010	35292	4081.23	3702	9560	855

第三节　固定资产投资与重点项目建设

普兰县利用国家实施西部大开发和其他省（市）支援西藏的大好时机，加大基础设施建设力度，有计划、有步骤地逐年上报项目，多渠道争取资金，以项目拉动经济发展，县域整体面貌得到较大改观。

2002年，普兰县围绕“项目前期工作年”工作目标，完成52个重点项目前期工作，其中农、林、牧建设项目21个，生态项目3个，能源水利建设项目3个，交通项目9个，教育项目6个，文化卫生项目4个，市政建设4个，扶贫项目2个。基本建设合同金额约2200万元，比上年增长8%。公安局办公大楼及周转房、人民检察院办公楼、政法办公楼续建工程完工验收；普兰镇办公大楼及干部周转房、县文化馆、政府商品楼完工并投入使用，法院办公楼、边贸市场、联检大楼开工建设。

2003—2007年，全县建设项目69个，项目总投资3.5亿元，重点项目有一镇两乡的办公大楼、普兰人民会堂、县城路面硬化、国际市场改扩建、农贸市场、文化广场、客运站、疾病控制中心、章杰胜利大桥、职工周转房、村级活动场所等项目。其中，农牧业项目总投资887万元，主要有牲畜温饱工程、植被恢复与建设项目、草原四配套建设、日光高效温室、短期育肥基地、半封闭羊圈、扶贫羊圈等。

2003年，普兰县抓住国家投资向市县一级倾斜的机遇和阿里地区“重点项目建设年”的契机，争取各类资金近1亿元，先后开工建设巴嘎—普兰—科迦公路（省道207线）改造工程、县地方粮食储备库、冈底斯宾馆、中尼中印公路、县完小市建工程、疾病控制中心、县农行开发楼、交通部队办公楼、县干部职工安居小区、县城环城路、干部职工食堂等一大批重点建设项目；继续搞好联检楼、法院办公楼等一批续建项目的建设工作。

2004年，普兰县投资4000余万元（不含巴普、普斜、普兰—强拉山口公路建设），实施财政局办公楼、发改委办公楼、疾病控制中心、干部职工周转房等城镇基础设施工程，通过验收并交付使用。

2005年，国家压缩投资，基本建设投资力度降低。普兰县投资1405.64万元，实施巴嘎、霍尔两乡草场建设、村公路整治、多尔玛电站、仁贡村水渠、6个村委会建设、普兰财政周转房等工程，通过验收并交付使用。

“十一五”期间，普兰县争取国家投资和支援资金，完成固定资产投资13.77亿元，建设基建项目42个，实施“十大民心工程”“二十项民生工程”，农林牧水、道路交通、城市市政和新农村建设全面发展；衔接普兰县二级电站、城镇三期给水、胜利灌区和退牧还草等重点项目。普兰县城乡基础设施显著改善，城区规模扩大，城市服务功能大幅提升。

2006年，普兰县完成固定资产投资1843万元，其中教育、文化投资546万元，援建项目投资240万元，市政建设投资558万元，自筹项目投资249万元，其他投资250万元。

2006—2007年，国家投资255万元，建成村级活动场所10个。

2008年，普兰县落实国务院关于投资体制改革的精神，申报和实施一批基础设施建设项目，实施项目涉及交通、城市基础设施建设、农业、水利、教育等方面，完成社会固定资产投资1507.5万元。

2009年，普兰县建立项目建设责任制；落实重点项目定期调度例会制度，尽力解决项目前期工作和项目建设中存在的问题；坚持项目信息月报制度；加强招投标监管；实行督查制度。在建项目34个，总投资首次突破1亿元，完成社会固定资产投资6089万元，为年度投资的60%。城市基础设施建设投入资金5000余万元，实施县广电中心、县城排水、村镇道路、卫生服务中心等项目，建成廉租住房84套4452平方米；投资864万元新建、维修乡村公路420千米；投资106万元实施县城绿化带整治；投资42万元建成普兰镇卫生院；实施1个村的电网改造；新增农村安全饮水工程11处，解决1689人的饮水安全问题；新建农村沼气546户。

2010年，普兰县争取项目44个，总投资7357万元（国家投资7257万元），完成社会固定资产投资6601万元。组织实施重点工程11个，完成投资4960万元。城市基础设施建设投入资金近4100万元，新建县城排水、广电中心并投入使用；投资860.5万元用于垃圾填埋场建设；投资241.3万元新建廉租住房20套1191.2平方米；投资2244.41万元，新建县乡职工周转房11206.08平方米；投资319.25万元，新建统战民宗业务用房和物价办公楼；投资178万元实施县城绿化带整治和文化广场维修；实施县城电网改造，供电质量显著提高；新建农村沼气69户；投资69万元建成普兰镇文化站。加大民生投入力度，投资800余万元对9个行政村进行人居环境改造；投资29万元实施科迦村卫生室配套工程，全部完工并投入使用；投资13万元，实施霍尔乡卫生院改扩建工程；投资20万元，实施农村改厕工程。组织开展14个重大项目的前期工作，如列入2011年一期项目的县城给水、排水、各乡政权建设、县政权建设、卫生服务中心扩建、科迦路、塔尔钦小城镇建设、冈仁波齐旅游基础设施建设、县公安局改扩建等重大项目，总投资11349万元。

2001—2010年普兰县固定资产投资统计表

表9-1-3　　　　单位：万元

年份	固定资产投资总额	年份	固定资产投资总额
2001	1578	2006	1843
2002	2110	2007	3282.8
2003	14423.93	2008	1507.5
2004	11888	2009	6089
2005	1160.51	2010	6601

第二章　计划管理

第一节　机　构

2000年，普兰县经济计划委员会更名为普兰县计划经济委员会。

2002年，普兰县计划经济委员会更名为普兰县发展计划委员会。

2004年，普兰县发展计划委员会更名为普兰县发展和改革委员会，内设粮食局、统计局、商务局，均为县发展和改革委员会管理的副科级机构。行政编制7名，设主任1人，副主任2人（分别兼任统计局局长、商务局局长），粮食局局长1人。

2010年，普兰县发展和改革委员会（县工业和信息化局、县统计局）下设粮食局、统计局、物价所、工信局、能源办和国防经济动员办公室等机构。无内设机构，行政编制8名（含3名物价编制），其中科级领导职数4名（含县粮食局科级领导职数1名）。实有人员11人，其中主任1人，副主任3人（分别兼任统计局局长、粮食局局长和质监站负责人），副主任科员3人，科员4人。

2001—2010年普兰县计划经济管理部门领导一览表

表9-2-1

机构名称	职务	姓名	性别	民族	任职时间
普兰县计划经济委员会	主任	次仁旺堆	男	藏族	2000—2002.10
	副主任	李　辉	男	汉族	？—2002.10
普兰县发展计划委员会	主任	李　辉	男	汉族	2002.10—2003.10
普兰县发展和改革委员会	副主任	张鲜艳	女	汉族	2008.5—

第二节　计划编制

普兰县计划管理部门组织编制全县国民经济和社会发展的中长期规划和年度计划，先后制定《普兰县国民经济和社会发展第十一个五年规划纲要》《普兰县国民经济和社会发展第十二个五年规划纲要》。

一、“十一五”规划

2004年，普兰县开展“十一五”规划的前期工作，根据县域经济社会发展的状况和前景，进行全面部署规划，成立“十一五”规划编制委员会和项目领导小组，并建立“十一五”期间基本建设项目库，预计项目300余个，总投资12亿元。《“十一五”规划纲要》提出“十一五”经济和社会发展的主要目标：国内生产总值达到1.7亿元，年均增长18%，五年翻一番；财政收入达到540万元，年均增长15%以上，五年翻一番；农牧民人均收入达到5179元，年均增长15%以上，旅游业收入达到1100万元，粮油总产量达到3000吨，农畜产品综合商品率达75%以上，粮经饲种植比例达到70∶25∶5，牲畜存栏控制在16万头（只、匹）以内。

二、“十二五”规划

2009年，普兰县成立领导小组，全面启动“十二五”规划编制工作。完成上报国家、自治区、地区规划重点项目征集、筛选、申报工作。编制储备项目214个，总投资36亿元，其中重大项目157个，总投资21.9亿元。

2010年，编制完成《普兰县“十二五”时期国民经济和社会发展规划纲要（草案）》和普兰县“十二五”重点项目库，提交县第十届人民代表大会第六次会议审议。围绕国家产业政策和投资导向，在广征意见的基础上，立足县情，做好项目规划，筛选、确定全县“十二五”重点建设项目规划，筛选项目177个，计划投资36.5亿元，涵盖农、林、牧、水、路、教育、卫生、城建等。

第三节　计划执行

一、“十五”计划执行

2001—2005年，普兰县经济体制改革取得较大进展，国民经济社会化、市场化程度普遍提高，对外开放格局基本形成，县域经济持续快速发展，综合实力明显增强。至2005年，普兰县生产总值7464万元，比2000年增长130%；财政收入252万元，年均增长19.6%，比2000年增长144%；农牧民人均纯收入2575.32元，年均增长10%，比2000年增长54.3%；农产品综合商品率60%。

普兰县始终将“三农”工作摆在首位，农牧业得到较好发展，农牧区交通、水利等基础设施得到改善，农牧业综合生产能力稳步提高。至2005年，粮食产量2749.74吨，牲畜存栏131633头（只、匹）。人畜饮水工程进一步实施，草场的管理和保护得到加强，农牧业的防抗灾能力增强。

基础设施建设力度不断加大，完成新县城环道水泥路面建设、乡镇办公楼建设，新县到老县的大桥开工建设，县、乡办公条件得到改善，人民生活水平显著提高。完成公路建设402.3千米，新修公路桥11座、人行吊桥3座，乡村公路通车里程490余千米。至2005年，全县固定电话和无线电话均达到1000余部。城镇居民人均生活消费比2000年提高100元左右，贫困人数大大减少，绝大部分人解决温饱问题，部分达到小康。

教育、文化、卫生等各项社会事业成绩显著。通过“扫盲”“普六”验收。至2005年年底，中小学在校生1111人，适龄儿童入学率98.2%，在校生升学率100%。公共卫生体系建设加快，建立疾病预防和医疗救治体系，公共卫生服务能力增强，各乡镇均新建卫生所，医疗条件大幅度提高。实施广播电视“村村通”工程，架设完成96座基站。全县范围内开展“千名干部进牧区”“下基层、办实事、保稳定、促发展”等主题实践活动，推动农牧区精神文明建设步伐，人民群众的文化生活水平不断提高。

二、“十一五”规划执行

普兰县以科学发展观为统领，按照“生态立县、产业富县、旅游兴县、边贸活县、城镇靓县”的发展战略，正确处理发展和稳定的关系，依靠全县各族人民，解放思想，团结拼搏，艰苦奋斗。2009年，实现“四个突破”，地区生产总值突破1亿元，财政收入突破400万元，农牧民人均收入突破3000元，社会固定资产投资突破1亿元。2010年，地区生产总值达到1.47亿元，财政收入472万元，农牧民人均收入3702元。五年间，各项关键性指标保持两位数增长，完成“十一五”规划纲要提出的目标任务，为普兰加快发展和长远发展奠定坚实基础。

普兰县将“三农”工作作为生命线和保障线，加快推进农牧业产业结构调整。引进推广“藏青320”、春小素和藏油17号、优质青稞等高效、高产农作物6740余亩，粮食产量稳步提高，2010年达到2896.83吨。优化调整畜群结构，引进和改良畜种1432头（只、匹），2010年年末牲畜存栏13.4万头（只、匹），出栏率32%。实施“一村一品”战略，争取资金386万元，建成吉让预制厂和沙石厂、多油农牧民施工队、西德白糌粑和清油加工厂、岗莎牦牛运输队等8个农合经济组织，农牧业基础进一步巩固。

普兰县将项目建设作为推动经济社会发展的支点和杠杆，加快推进城乡基础设施建设，“十一五”期间，争取国家投资和支援资金，完成固定资产投资13.77亿元，建设基建项目42个，实施“十大民心工程”“二十项民生工程”，农林牧水、道路交通、城市市政和新农村建设全面发展。建设安居房1088套，让全县66%的群众住上了安全舒适的安居房。建成廉租房104套，缓解了城镇低保户住房难问题。争取国家投资9.9亿元，建设巴嘎至斜尔瓦110千米和巴嘎至马攸木137千米柏油路，全县公路总里程1120千米。建成水库、水塘37座，水渠92条263.3千米，安全饮水工程14处，解决了9551亩农田灌溉和1689人、11412头（只、匹）牲畜的饮水问题。普兰县实现乡乡通邮、村村通电话。推进县城“亮化、美化、绿化”建设，被评为自治区级文明县城，“国门”形象凸显。科学制订县城基础设施建设和旅游景点基础设施建设规划等，衔接普兰县二级电站、城镇三期给水、胜利灌区和退牧还草等重点项目，城乡基础设施显著改善。城区规模扩大，城市服务功能大幅提升。

普兰县将旅游边贸作为主导产业，强化旅游边贸的支柱地位。逐步探索改革旅游边贸体制，制订冈仁波齐、玛旁雍错旅游开发总体方案，通过自治区评审；编制普兰旅游总规划，科学规划县城旅游和部分乡村旅游线路。同西藏旅游股份有限公司达成开发普兰旅游资源合作协议，普兰国际大酒店、游客集散中心等一批旅游基础设施立项建设，旅游开发取得实质性进展。2010年旅游总收入1495万元，带动其他相关产业发展效果明显。建成边民互市贸易市场2个250余间，边贸投资环境显著改善，国外商户逐年增加，到2010年达到296家，进出口总额2457万元。

普兰县将改善民生作为政府工作的出发点和落脚点，加快发展社会事业。确定将本级财政收入的20%投入教育事业，完成霍尔小学、巴嘎小学和县中学校舍改造，通过自治区第三次“普九”复查验收，到2010年，小学入学率达98.9%，初中入学率达91.2%，农牧民子女享受“三包”政策1020人。建设乡镇卫生院和3个村级医务室，配备基本医疗器械，农牧民医疗制度参与率100%。全面推进“村村通”工程、“户户通”工程、农村电影“2131工程”，村级广播电视覆盖率达90%；建设农家（牧家）书屋。《普兰县志》通过自治区终审。农牧区流通体系逐步完善，“万村千乡市场工程”农家店达25家。落实强农惠农政策，2008—2010年，落实农机购置补贴、粮食直补和农资综合补贴、重大动物疫病强制免疫与扑杀补助、农业保险保费补贴等共160.5万元。2006—2010年，落实城镇和农村低保金、城乡医疗救助金、临时救济金分别为236.8万元、307万元、206.9万元，覆盖城乡的社会保障救助体系逐步完善。

第三章　统计管理

普兰县统计部门坚持“抓关键、细指标、创方法、抓落实、求实效”，对全县社会经济发展态势进行科学记录与描述，以数据质量为根本，努力实现应统尽统、不重不漏。每年组织开展专项统计调查，加强网络建设与信息安全管理，推进统计年报工作，提高年报数据质量。

第一节　机　构

普兰县统计局为副科级建制，归县发展和改革委员会管理。

2001—2010年普兰县统计局领导一览表

表9-3-1

机构名称	职务	姓名	性别	民族	任职时间	备注
普兰县统计局	局长	次仁旺堆	男	藏族	2001.1—2002.10	计经委主任兼
		李　辉	男	汉族	2002.10—2003.10	发展计划委员会主任兼
		张鲜艳	女	汉族	2008.5—	发改委副主任兼

第二节　日常性统计

县统计部门采取下乡抽查、调查的方法，了解和掌握第一手情况，收集、整理、汇总全县基本统计资料，以数据质量为本，并对国民经济、社会发展和科学进步情况进行统计分析、统计预测和统计监督，向县委、县政府及有关部门提供咨询建议；搜集、整理自治区内各地（市）、县基本统计资料，并对比、分析研究。每年完成社会消费品零售总额、固定资产等月报类报表36份；批发零售、农田水利、交通运输、建筑业、农牧渔业、工业等季报类报表26份；年报5份，包括农牧业生产产量及产值、人口、农牧民收入、劳动工资等。

普兰县日常性统计工作主要包括月报类、季报类、半年报类、年报类4种。随着社会经济的发展变化，统计工作也呈现出不同程度的改变，报表类别、上报时限、统计指标等都有很大改变。2002年，开始编印各种信息资料，开展简单的经济运行分析，提出咨询建议，供各职能部门及各级领导参考。

一、月报类

月度报表，包括社会消费品零售总额统计表、8家限额以下个体经营户销售情况统计表、固定资产统计报表。报表上报时间为次月5日之前，上报方式为传真、邮件。

二、季报类

季度报表包括工业报表、劳动工资报表、重要商品购进、销售和库存报表（成品油由零售单位填报）、农林牧渔业报表。其中，工业报表上报时间为每年3月、6月、9月、11月的15日之前，上报方式为县统计部门搜集数据资料上报地区统计局，由其代报；劳动工资报表，改革前上报时间为每年3月、6月、9月底之前，上报方式为传真；重要商品购进、销售和库存报表由统计部门负责上报；农林牧渔业季报上报时间与劳动工资报表改革前上报时间相同。

三、半年报类

半年报主要是农牧业半年统计报表，主要统计指标包括各村农作物、粮食、经济作物播种面积以及牲畜上半年变化情况等。

四、年报类

年报包括农牧业统计年报、农林牧渔业综合统计年报、农林牧渔业产值和价格年报，农村经济收入年报、农村居民收入统计表，限额以下批发和零售业、住宿和餐饮业法人及全部个体经营户数据，工业年报、人口统计表、交通运输统计综合年报、劳动工资年报、固定资产年报、县（市）社会经济基本情况调查表、乡镇社会经济基本情况调查表、村基本情况调查表（每5年上报1次）、妇女儿童情况统计表等。统计指标涉及各行业、各领域。

每年10月中旬将各种统计年报表发放至各乡镇，由各乡镇按照实际情况如实填报，于11月初上报县统计部门，由其召集各乡镇统计负责人，逐一核实，进行汇总，再按照相关统计计算方法，核算县、乡、村三级主要经济指标，经县乡两级主要领导同意签字盖章后，进行整理填报。

第三节 专项调查和普查

普兰县各行业普查与专项调查均与全国各项普查、调查同步进行，时间点视实际情况与阿里地区同步进行。大型普查、专项调查均由县统计局负责，人口普查，每10年一次；经济普查，每5年一次；农业普查，每10年一次；人口抽样调查，每5年一次。2001—2010年，开展2次人口普查（2005年1%人口抽样调查、2010年第六次全国人口普查），开展2次经济普查（2004年第一次全国经济普查、2008年第二次全国经济普查），开展1次农业普查（2006年第二次全国农业普查）。

2004年，普兰县成立第一次全国经济普查领导小组，负责全县经济普查的领导和组织实施，安排普查人员、落实普查经费；领导小组办公室设在县发改委，具体负责普查的日常组织和协调。划分3个普查小区。经济普查对象是县内从事第二、三产业的全部法人单位、产业活动单位和个体经营户。普查主要内容：单位基本情况、从业人员、财务状况、主要产品生产能力及产量、能源、原材料消耗以及科技活动情况等。普查范围：采矿业，制造业，电力、燃气及水的生产和供应业，建筑业，交通运输、仓储和邮政业，信息传输、计算机服务和软件业，批发和零售业，住宿和餐饮业，金融业，房地产业，租赁和商务服务业，科学研究、技术服务和地质勘查业，水利、环境和公共设施管理业，居民服务和其他服务业，教育、卫生、社会保障和社会福利业，文化、体育和娱乐业以及公共管理和社会组织19个国民经济行业门类、90个行业大类、378个行业中类、875个行业小类的全部经济活动。

宣传部门、电视台等媒体单位发挥舆论先导作用，利用广播、电视、报刊、宣传标语等形式宣传经济普查的重要意义、目的、要求等，重点加强对非国有企业和个体经营户的宣传，消除他们的思想顾虑，如实申报普查数据。

通过经济普查，全面掌握普兰县第二、第三产业的发展规模、结构和效益等情况，建立经济普查数据库及基本单位名录库，为研究制订国民经济和社会发展规划、提高政府决策水平与管理水平、改革统计调查体系、完善国民经济核算制度奠定基础，为社会公众提供信息服务。

第四章　物价管理

普兰县物价管理工作坚持国家定价商品严格执行国家定价；指导价格及监审商品不超过国家规定的差率；放开商品属反暴利范围的按照物价部门规定的加价率制定销售价；其他商品以进货凭据为依据，本着薄利多销的原则，在不突破暴利的基础上，实行价格水平持平或略低于同类商业企业的同类商品价格。物价管理部门着力调整价格结构，改革过度集中的价格管理体制，价格在经济生活中的杠杆调节作用日益增强。

第一节　机　构

2000年，普兰县经济计划委员会更名为普兰县计划经济委员会，普兰县价格工作由县计划经济委员会负责。

2002年，普兰县计划经济委员会更名为普兰县发展计划委员会，普兰县价格工作由县发展计划委员会负责。

2004年，普兰县发展计划委员会更名为普兰县发展和改革委员会，普兰县价格工作由县发展和改革委员会负责。

2010年，普兰县发展和改革委员会下设物价所，行政编制3名。

第二节　物价监管

2001—2010年，县物价管理部门以查处“乱收费、乱罚款”为重点，强化合理收费行为，规范收费市场。宣传《关于市场明码标价的管理办法》，推进明码标价的规范化管理，不定期进行物价检查，核定物价，制止乱涨价和哄抬物价等违法行为。坚持深化改革和加强法治并举的指导思想，整顿和规范市场秩序，每年至少开展1次收费标准大检查活动，打击扰乱市场经济秩序的违法犯罪行为，保护各种非公有制经济和投资者的合法权益。开展物价指数测算，提高调控监管水平。普兰县物价市场秩序、价格总水平基本稳定。

“十五”期间，县物价管理部门打击制售假冒伪劣商品和偷税、漏税、骗税等违法行为，整顿和规范建筑建材市场，加强消费乱象治理，整顿和规范市场经济秩序，营造良好的市场环境。2003年，“非典”防治期间，联合卫生、防疫部门，对药品市场进行清理整顿，制止药品涨价行为。

2008年，由于货源地（拉萨市娘热路批发市场）进货价上涨，在县内出售的重要居民必需品的价格从春节开始有一定上涨，联合相关部门对市场上重要居民必需品和客运服务价格开展价格监管，检查中未发现囤积居奇、哄抬物价、缺斤少两的不法行为。

2010年，县物价管理部门联合县工商部门对市场商品价格进行摸底调查。

第五章　国土资源管理

普兰县国土管理部门严格执行土地管理相关政策、基本农田保护政策、建设用地审查报批制度，开展农村宅基地确权登记发证、土地矿产执法检查、基本农田保护、建设用地审批、矿区检查等工作，保护耕地，合理利用土地。

第一节　机　构

2004年之前，普兰县国土资源管理工作由县农牧局负责。

2004年，普兰县国土资源管理局设立，行政编制5名，设局长1人，副局长2人。

2010年8月，机构改革后县国土资源管理局无内设机构，机关编制4名（行政编制3名，事业编制1名），其中科级领导职数3名。

2004—2010年普兰县国土资源管理局领导一览表

表9-5-1

机构名称	职务	姓名	性别	民族	任职时间
普兰县国土资源管理局	局长	桑巴贡布	男	藏族	2004.11—2006.11
		南 木 色	男	藏族	2006.11—
	副局长	袁 宏 伟	男	汉族	2006.9—
		卓玛拉措	女	藏族	2006.9—2007.11

第二节　土地调查与规划

一、土地调查

2008年，县国土管理部门根据《国务院关于开展第二次全国土地调查的通知》

《西藏自治区人民政府关于开展第二次全区土地调查的通知》要求，成立第二次土地调查领导小组，开始对普兰县各种土地使用面积、权属、分布现状进行调查。由专业技术人员依据全国统一的1：50000比例尺要求开展调查，基本完成城镇土地外业调查工作，摸清城镇（如办公、住宅、商业用地）土地利用现状、权属状况；进行地籍调查，具体到每宗土地的位置、面积、四至、用途、性质、权属界线情况；完成县城规划区（2平方千米）及建成区（1.2平方千米）的测绘工作，并制成电子图件，汇总归档。开展农村土地外业调查工作。

2009年，普兰县第二次土地调查（城镇调查和农村调查）工作通过自治区验收，全县耕地面积9551.73亩，可利用草场面积945万亩，基本农田保护面积7609.05亩。为加强土地利用及规划管理、土地开发整理、耕地保护、地籍管理、执法监察、宣传及信息建设等土地管理工作奠定基础。

二、土地利用规划

2009年，普兰县制定土地利用总体规划工作目标，明确工作责任，制订实施土地利用总体规划、土地利用详细规划，有效保护土地资源，实现土地节约集约利用和资源合理有效配置。

第三节　土地征管

一、地籍管理

2008年，县国土管理部门按照建设用地审批程序发放土地使用权证104宗，其中国有土地使用权证80宗，集体土地使用权证24宗。1—10月，审批建设用地7宗，办理国有土地使用权证6宗。

2009年，县国土管理部门按规定发放土地使用权证20宗，均为国有土地使用权证。

二、征地管理

2002—2006年，普兰县实施基础设施建设项目19个，占用土地51.28亩，兑现征地补偿费1230776元。

2008—2010年，县国土管理部门贯彻落实上级主管部门《关于进一步纠正侵害农民利益问题的通知》精神，加强征地管理，坚决维护被征地农民的合法利益，确保征地补偿费及时到位，未出现拖欠耕地补偿费现象。

三、用地管理

县国土管理部门合理安排建设用地，优先保障县城建设用地、保障性住房用地、民生工程用地、水利水电用地、交通用地等重点用地的划拨，并优化城乡建设用地结构，拓展新空间，实现土地资源合理配置。

（一）国有建设用地管理

2008年，普兰县出让国有土地使用权1处，出让金额11.5万元。根据《财政部、国土资源部、中国人民银行关于调整新增建设用地土地有偿使用费政策等问题的通知》，上缴县财政局新增建设用地有偿使用费32801.49元。

2009年，在城镇规划内为县广电中心、廉租房、消防中队、公安局、社会福利院、吉让居委会招待所等划拨国有土地58.55亩。及时上缴新增建设用地有偿使用费1.18万元。

（二）农村村民住宅用地管理

2007年，普兰县对用地审批工作程序、土地使用各种收费标准进行公示，接受广大农牧民及干部的监督。严格按照《西藏自治区农村村民住宅用地管理规定（暂行）》划拨建设用地和办理土地使用证。2008—2010年，坚持保护耕地的原则，严格遵循用地审批程序。严格执行占用耕地补偿制度，实行“先补后占”。复垦耕地面积、质量不得低于占用耕地面积、质量；责令用地单位开垦，并要求开垦地质量、数量在原耕地标准的70%以上，没有开垦条件的用地单位缴纳一定的耕地开垦费，专门用于开垦新的耕地。2010年，全县农村住宅用地划拨程序步入正轨。

2006年，安居工程划地领导小组对一镇两乡2007年度安居工程用地进行调查，并形成报告上报地区国土资源局。2007年，安居工程建房户420户1723人，总面积131608平方米。其中，普兰镇新建房365户，占地面积125008平方米，划拨耕地57户（多油村21户、西德村14户、吉让居委会7户、赤德村5户、仁贡村5户、科迦村5户），面积17208.6平方米，其余308户在原址或其他农用空闲地建房；巴嘎乡新建房30户，面积3600平方米，划拨牧用草地；霍尔乡新建房25户，面积3000平方米，划拨牧用草地。2008年，13户群众申请安居工程宅基地，占用耕地5.66亩，县国土资源管理部门按照耕地总量不减少、占补平衡的原则，制订补充耕地方案，与占用耕地户签订耕地复垦协议。

四、土地资源保护

（一）耕地保护

普兰县成立耕地及基本农田保护领导小组，根据耕地及基本农田保护区规划，制定耕地及基本农田保护制度，层层签订目标责任书，落实领导目标责任制，确保每年底基本农田面积不低于年初签订责任书时的面积。明确基本农田保护区位置，根据《基本农田保护条例》制定有效保护措施，控制非农业建设用地指标，合理调整用地结构，依法管地、依法批地、依法用地，确保基本农田保有量。

2007年，耕地及基本农田保护目标责任书明确年末耕地保有量10158.8亩，基本农田保护区面积10843.2亩。普兰县制定“四落实”（落实农田保护制度，落实保护责任人，落实农田保护面积，落实建立标志牌）政策，保护和利用耕地，避免发生弃耕、撂荒，占地修路，随意改变土地用途等行为。在基本农田保护方面投资2.49万元，设置基本农田保护区界碑（标志牌）6块，其中吉让居委会2个（苏孜组1个、加兴组1个）、西德村1个、赤德村1个、多油村2个。调整耕地8.625亩，其中国道219线改建工程巴普项目段占用耕地3.53亩，县司法局占用耕地0.405亩，消防大队占用耕地2.1亩。

2009年，普兰县对6个基本农田保护标志牌进行维修。

2010年，全县基本农田保护面积7609.05亩。

2007—2010年普兰县耕地和基本农田保护面积统计表

表9-5-2 单位：亩

年份	耕地面积	基本农田保护面积
2007	—	10843.2
2008	10843.2	10843.2
2009	9551.73	7609.05
2010	—	7609.05

（二）保护宣传

2001—2010年，县国土管理部门在“4·22”世界地球日、“6·25”全国土地日、“12·4”国家宪法日等重要节点，到各乡镇、村开展法律法规宣传讲解活动，通过悬挂横幅、播放录音、张贴标语等形式宣传基本国策，增加群众对土地知识的了解，提高群众对节约集约用地意义的认识。

2007年，县国土管理部门出专题简报8期，围绕“保护耕地就是保护我们的生命”主题，加大保护耕地宣传力度。

2008年6月25日，县国土管理部门以“坚守耕地红线，节约集约用地，构建保障和促进科学发展的新机制”为主题，开展宣传活动，悬挂宣传横幅，发放农村住宅管理条例、基本农田保护条例等汉藏对照宣传资料2000余份，宣传种类50余种，现场进行土地政策宣传，解答群众关于土地法律法规的问题。

2009年4月22日，县国土管理部门以“认识地球保障发展，了解我们的家园深部”为主题，开展第40个“世界地球日”宣传活动，加深群众对“世界地球日”的了解和认识。

五、土地监察

2008—2010年，随着城镇和新农村建设步伐的加快，城乡接合部和农村存在违法占地建房之风。县国土管理部门对普兰镇6个行政村严格实行《西藏自治区农村村民住宅管理规定》，完善农村村民住宅用地管理，坚决打击国土违法行为，遏制乱占、多占现象。

2008年，县国土管理部门制止或拆除违法占地修建围墙60余处，调处违规建房案件50余件。

第四节　矿产资源管理

普兰县主要有砂金、岩金等矿产资源。为合理开发利用矿产资源、整顿和规范矿产资源开发秩序，制定矿区巡查和督察制度，定期或不定期地对各矿点进行检查和监督，严格实行每半个月矿区检查汇报制度，有效打击了非法偷盗采矿、探矿等行为。

2008年，以县长为组长的整顿和规范矿产资源开发秩序回头看行动领导小组成立，与有矿山、矿点的乡签订责任书，明确责任。到各矿点进行检查23次，有效遏制了偷盗采行为。

2009年3月11日，矿区出现私自采矿行为，由分管副县长带队的联合工作组和地区国土局执法大队工作组先后进驻矿区，依法没收采矿设备，将采矿人员带离矿区并进行批评教育，没有造成国家资源流失。上半年，到各矿点进行检查19次。在另一处矿点，制定2天1次的群众巡逻制度，由于开展了群众定期巡逻和相关部门不定期巡逻，全年未发生偷盗行为，当地群众获得矿区看守费4125元。根据砂石料取料有关规定，在219国道、支线道新建维修点设立定点料场，严禁单位、个人私自开设料场，严禁非用于公路建设的料场。砂石料生产运输投劳144人次，劳务创收19.52万元。

第六章　工商行政管理

2001—2010年，普兰县个体工商户发展迅速，从业人员逐渐增多，效益突出。助力品牌建设，2003年创立岗仁波齐矿泉水品牌。针对巴嘎乡和霍尔乡，着力宣传各项优惠政策，引导和扶持农牧民群众从事家庭茶馆和小商零售等经营，促进非公有制经济快速发展。通过对食品、商品、农资、成品油、文化市场的巡查管理，维护市场秩序和消费者合法权益。

第一节　机　构

1988年年底，普兰县工商管理所更名为普兰县工商行政管理局。1996年，升格为正科级建制，编制10名。

2010年12月，普兰县工商行政管理局在编行政人员5人（正科级1人、副主任科员2人、科员2人），工勤人员1人。

2001—2010年普兰县工商行政管理局领导一览表

表9-6-1

机构名称	职务	姓名	性别	民族	任职时间	备注
普兰县工商行政管理局	局长	任贵德	男	汉族	1999.8—2004.7	
		土登尼玛	男	藏族	2007.4—2010.8	
	副局长	尼玛次仁	男	藏族	2000.2—2001.1	
		冯武昌	男	汉族	2001.7—2004.9	
		李生元	男	汉族	2004.7—2006.3	主持工作
		达瓦布知	男	藏族	2006.4—2007.4	主持工作
		罗刚	男	汉族	2009.10—	

第二节　登记管理

一、企业、个体工商户登记

2001—2010年，县工商管理部门贯彻落实国家关于加快发展个体私营经济的各项方针政策，为企业营造良好的发展环境，鼓励到普兰投资，兴办各类经济实体，掌握个体私营经济发展中产生的问题和困难并给予帮助解决，支持和引导非公有制经济在商贸、交通运输、旅游、餐饮、农林产品加工等产业做大做强。

2001年，新登记集体企业2户，注册资金115万元。全县有企业14户，注册资金267.5万元。其中，批发零售业4户，注册资金47万元；金融企业2户，注册资金9万元；社会服务业4户，注册资金85万元；社会福利业3户，注册资金96.5万元；制造业1户，注册资金30万元。有个体工商户285户（当地31户，区外99户，印度商户34户，尼泊尔商户52户，边民69户），注册资金162万元，从业人员377人。

2003年，全县有个体工商户293户，注册资金334万元，从业人员442人。其中，印度商户37户、39人，尼泊尔商户128户、195人。

2005年，全县登记注册个体工商户435户，注册资金453万元，从业人员557人。其中，尼泊尔商户84户，注册资金100万元，从业人员125人；印度商户16户，注册资金32万元，从业人员30人。

2009年，全县登记注册内资企业（不含私营企业）14户，注册资金4094万元，从业人员110人。有私营企业4户，注册资金884万元，投资6人，雇工14人。有个体工商户518户，注册资金815.33万元，从业人员777人。

2010年，登记注册内资企业（不含私营企业）12户，注册资金4038万元，从业人员86人。私营企业发展到5户，注册资金892万元，投资7人，雇工14人。有个体工商户524户，注册资金1039.78万元，从业人员776人。

2001—2010年普兰县企业、个体工商户登记注册统计表

表9-6-2

年份	企业			个体工商户		
	登记注册（户）	注册资金（万元）	从业人员（人）	登记注册（户）	注册资金（万元）	从业人员（人）
2001	14	267.5	—	285	162	377
2002	14	267.5	—	248	223	354
2003	13	261	—	293	334	442
2004	11	4005	—	435	453	557

续表9-6-2

年份	企业			个体工商户		
	登记注册（户）	注册资金（万元）	从业人员（人）	登记注册（户）	注册资金（万元）	从业人员（人）
2005	9	3995	—	435	453	557
2006	9	3995	—	326	346.8	451
2007	9	3995	—	384	431.6	556
2008	9	3995	89	463	614.18	663
2009	14	4094	110	518	815.33	777
2010	12	4038	86	524	1039.78	776

二、企业年检

2001—2010年，县工商部门按照企业年检有关规定，及时下发企业年检通知书，向企业宣传年检的重要性及相关要求，增强年检意识，企业年检率100%。

2001—2010年普兰县企业年检统计表

表9-6-3　　　　单位：户

年份	企业年检	年份	企业年检
2001	14	2006	9
2002	14	2007	9
2003	13	2008	9
2004	11	2009	18
2005	9	2010	17

三、个体工商户验照

2001—2010年，县工商部门根据上级部门的统一工作部署，每年3月开始对个体工商户开展实地验照工作，主要对前置审批、经营期限、经营范围、经营方式等项目进行检查。

2007年，按照“一户一档”的要求，建立健全农牧区市场经营者“经济户口”档案，对7户证照不全或证照失效的食品经营者进行重新受理登记。

2008年，开展个体工商户验照工作，验照率86%。对前置审批有效期限届满从事经营活动的18户经营户下达限期补办通知书；查出名存实亡个体工商户20户，注册资金10万元，从业人员42人。

2009年，个体工商户应参加验照、换照210户，实际参加195户。基本实现对个体工商户分类管理，A类218户，B类120户，C类110户，D类70户。

2010年，登记注册的524户个体工商户全部进行验照。

2001—2010年部分年份普兰县个体工商户验照统计表

表9-6-4 单位：户

年份	手续不全	擅自超越经营范围	无证照从事经营活动	营业执照期限届满进行换照
2001	5	6	11	11
2004	3	11	24	17
2005	4	13	26	18
2008	—	—	—	8

四、合同登记管理

2001年，普兰县签订建筑合同1份，签证资金185.3万元。

2002年，普兰县签订金属建设工程承包合同2份，签证资金321万元。

五、费用管理

（一）收费项目

2004年，县工商部门根据《西藏自治区工商局关于进一步改善发展软环境的若干规定》，减免企业注册登记费用：企业注册资本在1000万元以下的，注册登记费由1‰降为0.5‰；注册资本超过1000万元的部分，由0.5‰降为0.3‰；超过1亿元的部分，不再收取。取消向企业收取工商管理费。

自2008年9月1日起，普兰县停止征收个体工商户管理费。

自2010年开始，普兰县陆续减免收费，收费项目逐步减少。

2001—2010年普兰县工商行政管理局收费项目统计表（一）

表9-6-5

收费项目	收费标准
个体工商户开业登记费	20元
企业法人开业登记费	0.8‰，最低收费50元
不具备法人条件的企业开业登记费	300元
个体工商户变更登记费	10元

续表9-6-5

收费项目	收费标准
国家核拨部分经费的事业单位和科技社会团体从事经营开业登记费	100元
国家核拨部分经费的事业单位和科技社会团体人事经营变更	20元
企业法人变更登记费	100元
不具备法人条件的企业变更登记费	100元
筹建企业注册费	50元
临时经营许可证	50元
广告经营单位开业登记	50元
开展广告业务、办理广告变更登记	50元
广告经营管理费	15%
举办临时广告经营的单位登记开业	50元
出售民族手工业产品管理费	0.8%

2001—2010年普兰县工商行政管理局收费项目统计表（二）

表9-6-6

收费项目	计量单位	收费标准
出售工业品、副食品管理费	营业额	1.6%
出售农副产品管理费	营业额	1.6%
经营饮食业管理费	营业额	1.6%
从事工程建筑管理费	工程总造价	2%
从事交通运输业管理费	营业额	1.6%
经营修理业、服务业和从事手工艺匠管理费	营业额	2%
其他经营管理费	营业额	1.6%
购销、订货建筑安装工程合同签证费	总金额	0.2‰
加工承建工程勘察设计、协作合同签证费	总金额	1‰
各类经济合同签证费	总金额	最高收费3000元，最低收费2元
个协会费	每人每月	1元
个体营业执照正本工本费	每份	15元

续表9-6-6

收费项目	计量单位	收费标准
个体营业执照副本工本费	每份	5元
企业营业执照	每份	50元

2001—2010年普兰县工商行政管理局收费项目统计表（三）

表9-6-7

收费项目	计量单位	收费标准（元）
企业法人营业执照副本	每份	10
非企业法人营业执照副本	每份	10
建筑工程施工合同	每份	1.4
建筑工程施工合同协议	每份	0.7
财产租赁合同	每份	0.2
修缮修理合同	每份	0.2
加工定做合同	每份	0.2
承揽合同	每份	0.13
仓储保管合同	每份	0.33
农副产品购销合同	每份	0.2
工矿产品订货合同	每份	0.13
工矿产品购销合同	每份	0.13
工矿产品供应调拨供应合同	每份	0.07
个体工商户换发营业执照	每份	20
个体工商户验照	每份	10
个体工商户验照贴花	每份	2
个体工商户遗失补发营业执照	每份	10
企业法人年度检验	每户	50
企业（补）换发营业执照	每份	50
摊位费（外）	每摊每天	1
摊位费（内）	每摊每月	75

（二）费用征收

2001—2010年，县工商部门按照有关规定加强各类票据的管理，实行政务公开制度，主动接受监督。避免出现管理费多收、漏收和少收等现象，做到应收尽收、应缴尽缴。

2004年起，普兰县停止征收企业管理费。

2005年，普兰县征收管理费16795.32元、登记费1883元、年检费200元、个协会费1780元。

2007年，普兰县征收各项费用8532元，其中管理费6200元、登记费900元、年检费80元、个协会费1352元。

自2008年9月1日起，普兰县停止征收个体工商户管理费。在县城主要街道张贴“两费”停征告示，并公布举报电话，对剩余的管理费用专用票据做好整理登记和金额统计工作，并统一上交地区核销，没有出现继续征收和变相征收个体工商户管理费的现象。

2010年，普兰县落实发展非公经济的各项优惠政策，执行《关于转发〈财政部、国家发改委关于取消部分涉企行政事业性收费工作的通知〉的通知》，免收营业执照副本费及企业变更、年检登记等费用3125元。

六、经纪人与合作社登记管理

2001—2010年，县工商部门每年年初对农牧区具备经纪人条件（有一定的经营头脑，经营素质高，规模也较大，能够将农牧区的特色产品和民族手工业产品以及粮食代购代销，对缺少资金的农牧民主动给予帮助，解决资金，提供市场信息和传授经营技能，起到能人带动的作用）的人员进行摸底调查。加大在巴嘎乡、霍尔乡的宣传和引导力度，发展和壮大农牧区经纪人队伍。

2002年，县工商部门确定农牧区经纪人1人。2004年，县工商部门确定农牧区经纪人3人。2005年，县工商部门确定农牧区经纪人4人。

2006年5月，县工商部门按照阿里地区工商局《关于扶持发展农牧民经纪人实施方案》要求，结合“红盾”帮扶活动，开展经纪人扶持工作，培育和发展农牧民经纪人、经济实体，吸收农牧区剩余劳动力搞好农牧区特色产业，从木材加工、劳务输出、资源采购、旅游等方面实现农牧民增收。

2007年，县工商部门确定农牧区经纪人7人。

2008年，在普兰镇发展农牧区经纪人2人，注册资金4万元，从业人员4人。全县有农牧区经纪人9人，农牧区经纪业务量20万元。

2009年，普兰县发展农牧区经纪人2人，带动市场交易额16万元。注册农家乐1户，登记牧家乐2户，农牧民专业合作社3户。

2010年，普兰县发展农牧区经纪人2人。全县有农牧区经纪人13人，农牧民专业合作社3户。

第三节　市场管理

普兰县围绕西藏自治区“一产上水平、二产抓重点、三产大发展”的经济发展战略，在促进经济稳步增长的基础上，加大服务意识，以搭建优质、高效、快捷的服务平台为目标，进一步推进市场主体做大做强。

一、监管制度改革

2006年，县工商部门将日常检查和市场巡查相结合，开展商业贿赂治理活动，引导企业、个体工商户加强自律意识，完善购销台账。完善商品质量公示制度，根据商品质量抽查掌握的信息，结合消费者申诉举报以及社会各方面提供的情况进行综合分析，及时发布消费警示。

2007年，县工商部门在规模较大、信誉较好的12家超市、商店建立进货检查验收、索证索票、购销台账等相关制度，与10户个体户签订西藏阿里地区工商行政管理局流通领域不合格退市管理责任书，加大对流通领域食品市场的监管力度。

2008年，县工商部门坚持“先发展、后规范、免收费”的原则，围绕当地经济发展，进一步拓宽服务领域、简化登记程序，努力营造良好的发展环境。

二、监督检查

2001—2010年，县工商部门从源头上遏制制假售假行为，促使个体工商户建立和完善商品购销台账，记录生产厂家、进货渠道、食品的安全食用期限及商品的销售去向等情况，以经营者执行商品质量购销查验制度情况为重要内容，完善日常监管和市场巡查机制。实行商品“索证索票”制度、备案制度，每年年初要求所有商业经营户建立重要商品及食品等入市备案簿，严禁不合格商品进入市场；结合市场专项整治和商品质量抽查以及日常市场巡查对各类商品进行监督检查，进行质量信息公示，建立健全商品入市安全过滤制。

2001年，县工商部门对县城、乡镇进行巡查135次。

2002年，县工商部门完成市场巡查158次。

2003年，县工商部门利用10天时间，对全县市场进行清理整顿，查处无照经营者3户，查获过期变质食品17种、假冒伪劣商品价值820元。同时，宣传《无照经营查处取缔办法》，使经营者认识到无照经营是扰乱市场公平竞争秩序的违法行为。

2004年，县工商部门完成市场巡查160次，没收销毁假冒伪劣产品63种，案值13257元。

2005年2—3月，县工商部门以禽类及其制品为检查内容，检查市场主体152户。全年完成市场巡查171次。

三、专项整治

2003年，县工商部门加大对烟酒、食品等商品的监管力度。3月15日，举办假冒伪劣商品展览，出动执法人员8人次，车辆4台次。重大节日期间，检查个体工商户157户次，查获过期、变质食品58种，假冒伪劣商品价值3452元。

2006年，县工商部门实施食品放心工程、商品放心工程、“12315”民心工程，集中开展无证、无照经营专项治理活动，发挥“12315”举报作用，规范市场交易秩序。将预防高致病性禽流感作为一项长期性工作，对辖区内食品市场、农贸市场、冻制品市场、水产品市场、儿童食品市场等进行多次专项治理。

2007年，县工商部门对各类食品及农资产品掺杂使假、以次充好、擅自修改标签、扩大使用范围等行为进行检查。在年初经济工作会议上，与各乡镇签订农畜产品安全生产责任书，要求各乡镇对辖区的农畜产品安全生产工作负责。在收购农畜产品时，按照“按质讨价、随行就市”的原则，与村、户层层签订农畜产品收购合同，实现责任到人，杜绝发生威胁和欺骗群众、强买强卖等事件。到农牧区对主要农资及使用情况进行调查，确保进货渠道可靠、质量稳定。多次对涉农商品（主要包括种子、农具和农药）进行专项检查，普兰县农药由县农牧部门统一发放，统一监管。

2009年，县工商部门以“凡假必打、凡乱必规、以防为主、打防结合”为原则，加强整顿规范市场秩序工作。查获各类假冒伪劣、过期变质商品69种、7053.3千克，价值11.5万元；查获过期“三无”商品65种、158.86千克，价值4829.5元。

第四节 商标管理

2001—2010年，县工商部门按照“把商标工作提升到经济发展全局的战略性高度来认识”的要求，加强实施商标战略的指导和服务工作，加大商标注册申请与培育力度，教育和引导企业实施品牌战略，使无形资产转化为有形的物质财富。2003年，岗仁波齐矿泉水品牌创立。

2000—2010年普兰县商标注册统计表

表9-6-8

商标名称	岗仁波齐；MT.KAILASH	阿理郭松；AL	阿理郭松；AL
申请日期	2000.12.18	2007.10.24	2007.10.24
注册公告日期	2002.1.14	2009.10.14	2010.8.7

续表9-6-8

商标名称	岗仁波齐；MT.KAILASH	阿理郭松；AL	阿理郭松；AL
申请人	西藏阿里岗仁波齐资源开发有限责任公司	罗桑西绕	罗桑西绕
商品（服务）	啤酒，无酒精果汁，无酒精果子饮料，水（饮料），矿泉水，汽水，可乐，茶饮料（水），乳酸饮料（果制品、非奶），奶茶（非奶为主）	肉，葡萄干，水果肉，牛奶制品，食用油脂，精制坚果仁，木耳，干食用菌	货运，运输，运送乘客，运送旅客，包裹投递，快递（信件和商品），安排游艇旅行，观光旅游，旅游安排，旅行预定

第五节　消费者权益保护

2001—2010年，普兰县推进“五进”工程，将消费者权益保护工作向基层延伸，查处假冒伪劣等违法行为，受理消费者咨询、申诉、举报，保护经营者、消费者合法权益。扩大“12315”影响力和知名度，在一镇两乡、旅游景点、商场超市均建立“12315”维权联络站和消费者投诉站。

一、法治宣传

2001—2010年，县工商部门利用“3·15”消费者权益保护日和法治宣传周等活动，以《中华人民共和国反不正当竞争法》《中华人民共和国消费者权益保护法》《无照经营查处取缔办法》《中华人民共和国食品安全法》为重点内容，加大“12315”维权服务的宣传力度，加强农牧区维权及合法经营宣传。

2003年，县工商部门发放《中华人民共和国消费者权益保护法》宣传资料236份。

2007年，县工商部门发放《阿里地区工商行政管理局投诉热线卡》100张，到农牧区96户农牧民家中宣传消费维权知识，现场受理消费咨询92人次。

2010年，县工商部门利用普法宣传日、“3·15”消费者权益保护日、平安宣传日、下乡监管等契机，在乡镇主要街道和校园开展宣传活动。

二、维权站点建设

2001—2010年，县工商部门推进和完善“一会两站”建设，扩大“12315”影响力和知名度，将维权触角延伸覆盖到城乡基层。2007年，发展“12315”举报联络员4人。至2010年，普兰县有“12315”消费者（申）投诉联络站16处。

2010年普兰县“12315”消费者（申）投诉联络站分布表

表9–6–9

联络站（服务站）名称	联络站（服务站）地址
巴嘎乡联络站	巴嘎乡政府
雄巴村联络站	雄巴村
岗莎村联络站	岗莎村
霍尔乡联络站	霍尔乡政府
贡珠村联络站	贡珠村
帮仁村联络站	帮仁村
普兰县九年一贯制学校联络站	普兰县九年一贯制学校
普兰镇联络站	吉让居委会
多油村联络站	多油村
仁贡村联络站	仁贡村
赤德村联络站	赤德村
西德村联络站	西德村
科迦村联络站	科迦村
巴嘎乡酒店联络站	岗仁布齐酒店
普兰县超市联络站	普兰县税务商品房
巴嘎乡个体超市联络站	巴嘎乡个体超市

第七章　食品药品监督管理

2001—2010年，普兰县按照“全面整治、突出重点”的工作原则，加强组织领导、制订专项整治方案、科学安排工作步骤，开展食品、药品安全专项整治。由县卫生、工商、防疫部门实施定期和不定期检查制度；在重大节日期间，由县政府组织卫生、工商、防疫、安全、公安、商务、消防等部门开展大检查。

第一节　机　构

2009年，普兰县食品药品监督管理局组建，归县卫生局管理。

2010年8月，机构改革后普兰县食品药品监督管理局无内设机构，行政编制3名，其中科级领导职数1名。未配备局长、副局长。

第二节　食品监督管理

2003年，县卫生部门不定期地对283户国有、集体和个体业主进行检查，没收销毁假冒伪劣食品等51种1523.68千克，折合人民币8972元。从业人员体检113人，办理健康证113件。

2004年上半年，县卫生部门对283户国有、集体和个体业主进行检查，没收销毁假冒伪劣食品等64种，折合人民币3150.5元。

2005年至2006年上半年，县卫生部门办理卫生许可证193件。对一镇两乡市场进行检查，没收不合格、过期食品、化妆品66种937.31千克，折合人民币11987.8元。

2006年，食品整顿规范工作领导小组成立，由8个部门组成，以政府分管卫生工作的副县长为组长，相关部门负责人为副组长和成员，下设办公室。为及时有效打击各种假冒伪劣产品、过期变质食品以及有病畜禽产品在市场上的流通，开通24小时食品、药品安全举报电话，及时处理举报。建立食品突发重大安全事故早发现、早上报、早预警工作机制。开展多项专项治理活动，由卫生部门重点检查和监督餐饮业、个体商户、朗玛厅、超市以及医疗单位和个体诊所的药品包装标识，实施药品分类管理，严格管理票据和销售清单，加大对个体诊所生物制品的监督力度，开展医疗机构和个体诊所过期失效药品专项检查。对全县154户国营、集体和个体业主进行定期、不定期检查。没收销毁假冒伪劣食品、化妆品、过期食品254种1308.46千克，折合人民币18378.28元。发放《中华人民共和国食品卫生法》等宣传资料700余份。

2006年年底至2007年年底，县卫生部门进行定期检查10次，不定期检查4次，出动执法人员75人次、车辆22台次，检查各类食品经营户487户次，查获各类假冒伪劣、过期变质商品49种209.44千克，价值8131元。组织下乡主题调研2次，召开座谈会，邀请乡镇领导、经营者、农牧民45人次参与讨论；下乡专项整顿1次。清理和确认食品生产经营主体资格，全县从事食品加工个体户3户，从业人员7人，注册资金2.5万元；从事食品加工企业1户，从业人员15人，注册资金35万元；从事食品个体经营商户116户，餐饮业个体商户104户，农贸市场1家。对加工流通领域进行监督和检查，未发现滥用食品添加剂、非食品原料和其他化工原料现象，产品质量合格。

2008年，“三鹿奶粉事件”发生后，县委、县政府牵头，质检、工商、卫生、安监等部门联合对奶粉经营户进行3次检查，出动人员12人次，检查奶粉经营户27户，下架奶粉1230千克。10月8日，对6岁以下儿童进行免费B超检查和尿检，检查婴幼儿106人，发现可疑病例5例，市场上无含三聚氰胺奶粉。

2010年，县食品药品监督管理局组织专项工作组到一镇两乡、各村进行食品大检查。

2001—2010年部分年份普兰县食品卫生许可证、健康证办理统计表

表9-7-1　　单位：件

年份	办理卫生许可证	办理健康证
2003年	153	113
2004年上半年	10	—
2006年	154	131
2007年	141	78

第三节　药品监督管理

普兰县加强药品、医疗器械不良反应监测报告及统计上报工作，清查、整顿药材市场，对藏、中、西药经营单位的人员条件、仓储条件、药材质量进行核查登记和建档管理，做到安全隐患“早发现、早报告、早评价、早控制”。组织宣传《中华人民共和国药品管理法》《药品流通监督管理办法》等法律法规，增强群众法治观念。

2000年年初，县卫生部门针对普兰县医药市场混乱的状况，联合有关部门开展清理整顿行动，严禁假药及过期药品在市场上流通，规范医药市场，发现天水诊所无证经营，过期药品多，除没收其过期药品外，限期半个月办理好全部手续；在卫生服务中心检查出过期药品10种，价值250.34元；在川渝诊所检查出过期药品12种，价值500元。根据《关于公布第三批停止使用化学药品品种名单的通知》，在县卫生服务中心没收销毁复方黄连素针剂300盒、复方黄连素40瓶、感冒清20瓶、安痛定片27瓶、解热止痛散5盒。

2003年，县巡回医疗队对农牧区卫生院的药品进行检查，查处过期药品20余种，价值8975元。

2006—2007年，县卫生部门坚持监督管理与宣传教育相结合，组织开展食品药品安全宣传周活动，通过县电视台等宣传媒体向社会宣传“安全用药、关注民生”等，发放《中华人民共和国药品管理法》《中华人民共和国药品管理法实施条例》《处方药与非处方药分类管理办法》等法律法规资料。悬挂横幅4条，张贴标语40张，出动宣传车12台次，发放各种宣传资料540余份，发放《药品分类管理知识》等宣传资料800余份。

2006年，普兰县继续实施农牧区药品由政府采购办统一采购和供应制度，完善重大突发假冒伪劣药品案件应急机制，组织人员加强日常监测。对药品市场进行检查，查处并销毁过期和不合格药品10余种，价值900元左右，取缔非法行医诊所1个。

2006年年底至2007年年底，坚持专项整治和监管长效机制相结合，完善重大突发假冒伪劣药品案件应急机制，确保早发现、早处理。开展专项检查4次、日常监督检查12次、常规监督检查8次，派出执法人员55人次，检查325户，在重大节日期间进行重点整治，累计没收不合格药品2种，总价值150元，没收过期失效药品7种，总价值5450元。加强乡镇药品信息员、协管员队伍建设，到地区药品协管班培训4人次，取得药品协管员证书2人，聘任药品协管员12人。

2010年，县食品药品监督管理局组织专项工作组到一镇两乡、各村进行药品大检查，并发放药具。

第八章　安全生产监督管理

普兰县牢固树立安全生产“红线”意识和“底线”思维，将安全生产作为公共安全管理的重要任务和根本要求，实行安全生产“五级五覆盖”责任制，开展安全生产大检查、大排查、大整治行动，深入开展“打非治违”专项行动，实现安全生产事故起数、死亡人数“双下降”的目标，为全县发展稳定、人民安居乐业提供了安全生产保障。

第一节　机　构

2004年7月，普兰县安全生产监督管理局成立，副科级建制，机关编制4名。之前，普兰县安全生产监督管理工作由县发展计划委员会负责。

2010年8月，普兰县安全生产监督管理局升格为正科级建制，无内设机构，行政编制3名，其中科级领导职数3名。有局长、科员各1人。

2004—2010年普兰县安全生产监督管理局领导一览表

表9-8-1

机构名称	职务	姓名	性别	民族	任职时间	备注
普兰县安全生产监督管理局	局长	边　巴	男	藏族	2004.11—2008.4	
		土旦格勒	男	藏族	2008.5—	副科级

第二节　安全生产体系建设

普兰县落实安全生产责任制，每年年初层层签订安全生产目标管理责任书，健全县、乡镇、村组三级负责的网络体系，落实责任，规范安全监管职责、内部监督和考核机制等，增强安全生产责任心。召开安全生产工作会议、行业部门安全生产专题会议，总结经验。建立安全生产事故灾难应急救援组织体系，规范安全生产事故灾难的应急管理和应急响应程序，及时有效地实施应急救援工作，减少人员伤亡、财产损失，维护人民群众的生命安全和社会稳定。完成“三大节日”、科迦那木冬、西德次杰、塔尔钦佛事活动、“五一”劳动节、雪顿节等节庆期间的安全生产工作。

一、组织领导

2006年，普兰县制订《普兰县安全生产事故灾难应急预案》，建立安全生产事故灾难应急救援组织体系，由县安委会、县（中）直单位、各驻地部队、各乡镇安全生产事故灾难应急领导机构、综合协调指挥机构、专业协调指挥机构、应急支持保障部门、应急救援队伍和生产经营单位组成。县安全生产事故灾难应急领导机构为县安委会，综合协调指挥机构为县安委会办公室，安全生产应急救援指挥中心具体承担安全生产事故灾难应急管理工作，专业协调指挥机构为县有关部门管理的专业领域应急救援指挥机构。乡镇安全生产事故灾难应急领导机构由各乡镇政府确定。应急救援队伍由消防部队、专业应急救援队伍、生产经营单位的应急救援队伍、社会力量、志愿者队伍及有关外援力量等组成。现场应急救援指挥以属地为主，事发地乡镇政府成立现场应急救援指挥部，负责指挥所有参与应急救援的队伍和人员，及时向县政府、县安委会办公室报告事故灾难事态发展及救援情况；涉及多个领域、跨乡镇行政区或影响重大的事故灾难，由县安委会或县有关部门组织成立现场应急救援指挥部，负责应急救援协调指挥工作。

2008年，普兰县制订《普兰县处置突发事件总体应急预案》《安全生产事故应急预案》，在发生重特大突发公共事件后，各乡镇、各部门立即向县委、县政府报告，最迟不得超过3个小时，相关单位迅速赶赴事故现场，开展现场勘察、取证、安置、汇总等工作。对于前期处置未能有效控制事态的特别重大突发公共事件，由县应急指挥机构或应急工作组统一指挥。

2009年，普兰县制定《“三大节日”期间安全生产工作方案》《质量安全年活动方案》《安全生产执法、治理、宣传方案》《做好汛期安全生产工作方案》《4·30交通安全日宣传方案》《进一步加强道路交通安全方案》《整顿和规范矿产资源开发秩序》等文件。

2010年，普兰县为加强基层安全生产工作监管力量，筑牢安全生产监管第一防线，制定印发《关于配备乡镇安全监管人员的通知》，实现安全生产监管工作“关口前移，重心下移”。调整充实安委会组成人员，完善《普兰县处置突发公共事件应急预案》《普兰县安全生产事故处理应急预案》，提高应急管理、救援工作水平。成立事故处理小组，在各乡镇设立信息联络员，对重点部位进行登记排查造册，县安监局等安全执法部门加强与消防、公安、发改委、医院等单位的经常性联系，确保及时掌握情况，在第一时间赶到现场及时进行处理。制定印发《关于开展农用拖拉机、摩托车驾驶员安全宣传培训通知》《安全生产大检查实施方案》《切实加强和预防道路交通安全管理工作的紧急通知》《严禁领导干部私驾公车的通知》《公众聚集场所消防安全及屋顶违章简易建筑排查整治的通知》等文件。

二、安全生产会议

2008—2009年，普兰县召开安全生产专题会议15次，建立完善安全生产例会制度，及时发现问题，解决安全生产方面问题25个，排除安全隐患16处。

2010年1月19日，县安全生产委员会召开2010年第一次全体会议，由副县长、安委会主任南加石确主持，主要通报2009年全县安全生产形势，部署2010年度安全生产工作，着重对春节、藏历新年期间安全生产工作作出安排。实行安全生产例会制度，全年召开安全生产专题会议7次。

第三节　安全生产宣传

2001—2010年，普兰县按照“治理隐患，防范事故”的宣传工作思路，每年开展综治宣传月、安全生产月、119消防宣传等宣传活动，加大《中华人民共和国安全生产法》《危险化学品安全管理条例》《西藏自治区安全生产条例》《生产安全事故报告和调查处理条例》等法律法规的宣传力度，同时对安全知识、事故案件以及防范技巧进行宣传，增强全民安全意识。

2005年6月，普兰县开展以“遵章守法、关爱生命”为主题的安全生产月活动，宣传、学习《国务院关于进一步加强安全生产工作的决定》《安全生产许可证条例》。

2006年，普兰县成立由主管副县长为组长的安全生产月活动领导小组，制订安全生产月活动方案，以“安全发展，国泰民安”为主题开展形式多样的活动。组织监督员开展义务咨询和问卷调查活动。

2008年，普兰县安全生产月活动领导小组成立。6月1—30日，开展以“治理隐患，防范事故”为主题的安全生产月宣传活动。普兰县将6月8日（星期日）定为安全生产咨询日，动员各相关单位通过悬挂横幅、制作宣传栏、张贴标语、发放宣传资料、播放相关录像宣传片等形式，开展一系列安全生产法治宣传活动。全年悬挂横幅10条，发放宣传资料5000余份，受教育2600余人。向驾驶员发放温馨提示210份。

2009年，普兰县落实安全生产“三项行动”（执法行动、治理行动、宣传教育行动），开展“质量和安全年”“4·30全国交通安全反思日”活动，开展以消防知识、交通安全知识、施工安全知识为内容的宣传教育，发放宣传资料6000余份。5月6日，县安监部门协同县消防大队到各学校，对学生进行法治讲座，增强学生的消防安全意识，宣传活动中播放《消防必读》录像宣传片，发放宣传资料200余张，出动执法人员5人次、车辆1台。6月，在县城主街道、人员密集处，围绕“关爱生命、安全发展”主题，开展安全生产月活动，运用报刊、广播、电视等媒体，宣传贯彻安全生产方针、政策，普及安全生产法律法规和安全知识，弘扬安全文化，落实“安全生产年”的各项措施，增强全民的安全发展理念。为落实企业安全产生主体责任，直接面向广大从业人员，宣传安全生产的重要性、必要性和紧迫性，组织收看由自治区安监局和有关单位联合组织拍摄的安全系列片《共铸雪域安全屏障》。6月14日，围绕活动主题，开展咨询日宣传活动，以安全发展理念、安全生产法规、安全生产先进典型为宣传重点，悬挂横幅14条，出动人员19人，宣传车辆3台，发放资料8000本。开展“我把安全带回家”校园主题教育。组织参加自治区“职业安全健康”知识竞赛。开展送安全文化到基层活动，使宣传资料和展板进企业、进学校、进机关、进社区、进乡村，开展流动性安全生产宣传活动。

2010年，县安监部门围绕“三项行动”“三项建设”（安全生产法制体制机制建设，安全生产保障能力建设，安全监管监察队伍建设），开展安全培训工作，落实安全培训责任。到寺庙、学校、村组、施工现场、农贸市场等人员聚集场所，悬挂横幅78条、张贴标语250张，发放宣传资料8000余份。到农牧区、学校、寺庙等地开展消防宣传8次，举行消防演练5次。开展农牧区农用拖拉机、摩托车驾驶员安全培训，完成一镇两乡6个村组宣传培训9场次，受培训教育671人次，发放宣传资料8650张，悬挂宣传图片95张，宣传覆盖率在90%以上；召集各村组党支部书记、宣传委员、组织委员、调解委员、大学生村官等基层干部进行道路交通和消防安全知识专门培训，发放宣传资料300余份，受培训教育75人次。8月20—24日，联合县交警大队到霍尔乡、巴嘎乡牧区进行《西藏自治区〈中华人民共和国道路交通安全法〉实施条例》《关于维护道路交通安全法和驾驶员注意事项》等法治宣传教育，发放藏文资料471份、汉文资料247份。

第四节　安全生产监管

2001—2010年，普兰县安监部门依法行政，围绕“治理隐患防范事故”主题，以“打非治违”为工作重点，对全县建筑施工领域、危险化学品经营、道路交通、公共聚集场所、特种设备、旅游业、烟花爆竹等行业和场所开展隐患排查治理行动。对排查出的问题，逐项进行治理；对发现的重大隐患，实行政府挂牌督办；不能及时消除的，加大防控，防止事故发生。宣传和普及有关防汛、度汛基本安全常识，提升公众抗灾、减灾和自救能力，建立汛期预警预防联动机制，落实汛期值班制度。按照《西藏自治区旅游管理条例》《导游人员管理条例》等相关法律法规，严厉查处黑车、黑导游现象。强化应急保障，配备必要的应急救灾器材、设备和物资。

2009年，结合隐患排查治理专项行动和重大基础设施安全隐患排查工作，由县安委会组织开展2009年春节、藏历新年节前安全生产大检查。按照"减少一般事故，遏制重大事故，杜绝特大事故"的原则，由县安办牵头，组织各有关职能部门对重点行业和重点领域进行重点检查，主要有道路交通安全、危险化学品、民爆器材、烟花爆竹、公共聚集场所和重点文物保护单位消防安全、特种设备、移动公司、电信公司、邮政公司、各加气站和加油站、食品药品安全、学校安全等。成立各部门领导组成的大检查工作领导小组。1月19日前，由各企业进行自查；1月20—23日、2月20—23日，由安全生产监管职能部门组织开展"拉网式"检查，确保春节、藏历新年期间的生产安全。

2010年，普兰县开展为期100天的安全生产大检查行动，深入动员、调研，围绕重点部位、重点领域进行整治。全年开展检查8次（联合大检查3次，专项检查5次），设立景区警示标志17个（双面标识牌），查处黑导游21人次，黑车82台次；查处未配齐安全出口警示牌、消防栓等宾馆2家，娱乐场所1家。

一、道路交通安全监管

县安监部门联合公安部门加强对路面违章行为的监督检查，杜绝客货混装、无证驾驶、酒后驾驶等违法现象，避免重特大道路交通事故的发生。联合交通部门严禁"三品"上车和"带病"车辆上路，对客运驾驶员长途运输有关规定和工作制度落实情况进行重点监督检查。

2007年，普兰县制定印发《普兰县关于进一步加强车辆管理的通知》，严厉打击交通违法行为。与各乡镇签订预防道路交通事故目标管理责任书。在马攸木检查站设立道路交通检查站，检查过往车辆是否存在运输危险化学品、无证驾驶、客货混装和超载、超限等行为。

2008年，普兰县针对客货混装、无证驾驶、酒后驾驶、超载等违法行为，印发《关于进一步做好道路交通安全隐患整治的紧急通知》。查获客货混装行为50余起。

2009年春节、藏历新年期间，普兰县进行上路巡查，加强对危险路段、事故多发路段的监控和治理。实行包重点路段、包车辆、包重点运输企业抓安全监管措施落实责任制，强化道路交通运输监管。重点打击低速载货汽车、三轮车交通违法行为和农用车非法载客行为，防止带"病"运行；加大对农村道路的安全监管力度。

2010年，普兰县调整充实道路交通安全管理领导小组，召开通报、协调会，分析研究和解决道路交通安全工作中存在的问题。开展农牧区农用拖拉机驾驶员培训工作，防止当地农牧民及朝拜人员乘坐不具备安全条件的车辆。在老县油库、老巴嘎等地分别设立交通检查站。在“雪顿节”期间和汛期，组织公安交警大队、安监、交通等部门，到各乡镇、村组，对边民运输、摩托车、农用拖拉机、货车等交通违法违章行为进行查处，为期1个月，严厉打击超员、超载、客货混装、酒后驾车、无证驾驶等行为。组织县交通等部门，定期完成道路巡查，及时整改孔雀河大桥安全隐患，设置警示标志。实行摩托车驾驶员强制佩戴头盔制度，县公安交警大队对摩托车驾驶员进行监督检查，督促驾驶员必须佩戴头盔。处置噶尔、革吉等县朝拜群众和返乡民工等客货混装行为56起、980余人，及时协调车辆人员所属县和部门，对相关人员进行疏散，初步形成与邻县和地区间农用机械车客货混装治理联动机制。登记检查车辆5872台次，查处违章车辆525台次。

二、建筑施工安全监管

县安监部门加大建筑施工行业的安全审查和管理力度，对施工企业进行安全条件审查，制定建筑施工行业目标管理责任书。按照《中华人民共和国安全生产法》《建设工程安全生产管理条例》，加大建筑施工安全监督管理力度，严格新建、改建、扩建项目审批程序。联合县发改委推动各项建筑施工工程的安全检查工作，尤其是检查有无安全施工许可证、是否存在安全隐患等，及时整改，消除事故苗头。全县建筑企业多数属挂靠企业，均具有安全生产许可证。同时对施工单位进行安全宣传教育，实现安全与生产统一。

2008—2010年，普兰县实行建设项目安全设施与主体工程“三同时”（同时设计、同时施工、同时投产）原则。严格审查，严禁不具备条件的施工单位进入市场，对具备条件单位的前期、中期、后期工程建设进行监督。与施工单位签订建筑工程安全责任书及施工现场安全管理目标承诺书，明确责任。成立工程质量安全专项检查领导小组，将建筑施工安全生产责任落实到各环节、各相关人员，进行定期和不定期检查、联合检查和专项检查，指导和帮助施工单位做好安全生产工作。

2008年，县安监部门与8家建筑施工单位签订责任书和承诺书，并规定施工从业人员佩戴劳动防护用品，施工现场悬挂安全生产宣传标语，放置安全生产牌、安全警示标志，并对特种作业人员持证上岗等情况进行跟踪督查，增强从业人员安全意识。检查施工单位35次，依法下达整改通知书1份。

2009年6月18日，县安监部门专门对县城临街美观施工进行检查，发现临街美观施工未进行施工封闭，危险部位和设施设备未设置安全警示标志，依法下达整改指令书1份。8月29日，对县城各施工场所从业人员是否配备劳动防护用品进行全面检查。审查施工项目13项，签订责任书28份，开展检查194次。

2010年，县安监部门重点加强219国道、县、乡镇周转房等基建工程的安全监管，开展以防触电、高坠、物体打击、机械伤害、深基坍塌、火灾等为内容的专项检查，加强县、乡、村安全生产事故信息沟通和联动机制。下发建设工程消防设计审核意见书7份，内部装修审核3项，施工安全生产条件项目审查8项，签订责任书15份，检查35次，发现安全隐患20处，督促整改15处，依法下达整改通知书13份，复查整改率均达标。

2009年9月11日普兰县建筑工地检查统计表

表9-8-2

工地名称	存在安全隐患	整改期限	施工单位
党政办公大楼	槽沟建设不规范；防护网破损	9月13日前整改	札达建司
卫生服务中心	安全生产条件审查未备案		西藏鑫发强建司
农业有害生物预警与控制区域站	安全生产条件审查未备案		四川德阳罗江鸿耀建司阿里分公司
玛旁雍错湿地保护管理站	安全生产条件审查未备案		西藏阿里龙腾建司
国土业务用房	槽沟建设不规范；龙门吊未设置安全网；部分危险地段和设备未设置警示标志；未办安全生产条件审查		札达建司

三、危爆行业监管

县安监部门通过摸底调查、平时监管、设举报箱等方式，对全县危险化学品情况进行全面了解，与消防、工商、公安等相关部门联合对危险化学品、烟花爆竹等生产、经营单位进行安全检查，重点检查《危险化学品安全管理条例》的贯彻落实情况，化学危险品经营单位是否进行安全生产评价、办理安全生产许可证，烟花爆竹批发零售商是否办理经营许可证，是否建立规章制度、应急预案，法人代表和安全管理人员是否进行培训，是否有经营、储存、住宿在一起的“三合一”行为，安全防范措施是否到位、消防设施是否有效等。坚持集中排查与日常监管、全面检查和分类抽查相结合，落实相关工作措施和要求，依法查处擅自经营的单位，最大限度地减少安全隐患。

2008年，县安监部门进行检查15次，出动车辆15台次，执法人员35人次。

2009年，县安监部门重点检查民爆器材经营单位的安全责任制度落实情况，储存、流通环节是否存在安全管理漏洞及隐患，检查中发现的安全问题是否得到整改等。开展各种检查18次，查处擅自经营危险化学品行为5起，解决边防检查站擅自经营汽（柴）油问题。

2010年，县安监部门加大对危险化学品储存、经营、使用、运输、废弃物处置工作监管力度，加强隐患排查治理工作，建立各项规章制度和应急预案，登记重大危险源。加大对企业负责人、安全管理人员、特种作业人员建档备案，严厉查处无证上岗行为。实行农兽药和剧毒性物品等管理由专人负责制度。建立统一购进和发放制度，减少安全隐患。开展各种检查，完成加油站路面改造、防火间距不足、遮阳棚不牢固等问题的整改，完成加油站开放式卸油、加气站无残液罐等问题的整改。全县危险化学品经营单位证照齐全，上岗人员均取得安全管理资格证书。

四、消防安全监管

普兰县每年组织公安消防大队、安监、公安、工商、文化、税务部门对县城娱乐场所、宾馆、网吧、文物保护单位、学校等进行消防安全检查，重点检查消防设施配备、消防安全管理制度落实、安全员配置等情况，对不具备安全条件、违章经营、存在重大火灾隐患的场所予以停业整顿。各机关事业单位加强对各下属企业和出租房屋的日常消防安全管理，消除消防隐患。

2008年，普兰县汲取改则县麻米乡、林芝县尼池古秀拉康火灾事故经验教训，加强对地处偏远、规模较小寺庙的消防安全管理。县安监部门联合县文广、民宗、消防等相关部门，成立联合检查小组，由分管副县长带队，对14座寺庙进行火灾隐患排查整治，实地调查了解各寺庙在消防安全上的困难。与个体工商户进行联系，购买灭火器30罐，其中科迦寺5罐，其余送往其他寺庙拉康。全年出动执法人员25人次、执法车辆7台次。

2008—2009年，县安监部门与其他单位联合开展检查81次，发现火灾隐患97处，督促整改63处。县安监部门开展寺庙消防专项检查5次，发现火灾隐患12处，当场整改8处。

2009年，县安监部门定期对歌舞厅、网吧、宾馆、饭店、寺庙等场所进行拉网式检查。组织各有关部门，深入开展消防宣传月活动，增强消防安全意识。改善消防设施条件，更换、新增灭火器70余个，分配到各寺庙。7月22日，联合普兰镇派出所、县公安消防大队等单位到九年一贯制学校，对学校食堂、实验室、存放液化气场所进行消防安全检查，出动执法人员7人、车辆2台，对灭火器数量少等问题进行整改。

2010年7月23日，普兰县召开消防工作联席会议，县安委会各成员单位主要负责人、各乡镇政府负责人等参加会议，对“生产旺季百日安全生产行动”进行部署。根据《火灾隐患、消防违法百日围剿实施方案》《公众聚集场所消防安全及屋顶违章简易建筑排查整治的通知》《阿里地区构筑消防安全“防火墙”工程》等各项整治活动要求，对人员密集场所、高层建筑、施工工地、生产经营单位等重点场所进行火灾隐患排查，严格控制歌舞娱乐场所易燃可燃材料的使用。开展消防安全检查9次，专项检查4次，检查单位120余家次，发现火灾隐患50余处，当场督促整改42处，填写各类消防监督检查意见书47份，下发《责令整改通知书》10份，行政处罚3起。开展寺庙消防专项检查12次，发现火灾隐患12处，当场整改12处。

五、特种设备安全监管

2001—2010年，县安监部门多次联合县公安、质监部门，对全县锅炉、压力容器等特种设备进行安全检查，重点检查特种设备的设计与制度，安装与修理，使用与管理等情况。每年对特种作业人员建档备案，加大岗前检查力度，登记技术不熟练人员，选派其参加自治区的集中培训。组织县水利部门、移动公司、电信公司等相关单位，定期对电站、电网、电力设施（设备）、现场违章作业、新设备安全投产管理、特种作业人员持证上岗情况进行巡查，保障电力、通信等正常运行。组织安全隐患自查自纠和各类安全台账“回头看”行动，加大非电网电站和各项应急救援预案的检查力度。

2007年，全县特种作业人员均持有特种作业操作证。

2009年，县安监部门强化设备安全防范措施，设置安全管理机构和专业管理人员，建立健全安全管理制度、重要的操作规程和安全管理措施，明确管理责任，确保各设备使用单位对责任范围内设备的底数、安全状况有清楚的了解，并录入数据库实行动态监管。联合县质检部门检查全县特种设备的安全状况，重点检查特种设备是否注册、登记，操作人员是否持证上岗，设备定期检验是否超期未检，安全管理制度、设备运行记录、维修保养记录是否完备，设备是否存在安全隐患等。定期检验实现全覆盖，基本上实现按期检验，设备安全状况现场监督检查率在50%以上，重点设备100%。加大特种设备专项整治力度，消除违规违法现象，未发生特种设备非法安装和修理改造现象，设备使用登记发证率100%。深入开展压力管道和起重机械专项整治，保持重点设备安全形势的稳定好转。

2010年，普兰县组织县安监、质监部门对聚集场所的特种设备进行专项检查。在建材领域，严格执行“谁审核、谁签字、谁负责”的原则，“初审、会审、复核”的程序，严把建材质量审查关。

六、产品质量安全监管

县安监部门发挥企业的质量责任主体作用，强化企业质量安全责任意识，引导企业学习有关质量知识，加强企业质量、计量人员的岗位培训，确保上岗人员资质符合规定要求；引导企业健全并履行内部质量管理制度，按照相关安全标准和产品质量标准配备检测设备，对原材料进厂（坊）验收、生产、检验和销售严格把关，为社会提供安全合格的产品；组织企业开展质量安全自查活动。同时，加强全民法治教育，深入开展质量普法宣传教育。

2007年，县安监部门加大对家用电器、儿童玩具、劳动防护用品、汽车配件、建筑钢材、人造板、扣件、电线电缆、燃气器具等10类产品质量的执法检查力度，对未按国家强制标准生产的产品立即下柜、封存、没收。在水泥预制厂等涉及人身健康和安全的产品质量安全整治方面，严厉打击偷工减料、使用不合格原料生产以及以假充真、以次充好、制假售假，未取得生产许可证或3C认证进行生产、销售的违法行为，集中整治水泥预制构件生产，帮助村（居）水泥预制厂规范生产，提高产品质量。

2009年4月3日至10月26日，质量和安全年领导小组部署开展“质量和安全年”活动，对辖区内肉制品、乳制品、饮料、炒货食品等重点食品生产企业（小作坊），水泥及水泥预制产品、验光配镜、铝合金门窗等工业产品生产企业（小作坊）开展质量状况检查，实施有效整改。质量和安全年领导小组办公室和县纪检委（监察局）以质量法治工作状况为基础，加快推进相关规章制度的修订和完善，形成完整的制度体系。着力为油菜标准示范区建设提供必要的技术和相关标准支持，确保示范区科学有序发展。县安监部门联合县卫生部门开展重点日用消费品专项执法打假活动。围绕服务“三农”，以复混肥、磷肥为重点，开展农资打假活动；开展“家电下乡”相关产品专项打假活动。围绕拉动内需，以安居工程、基础设施建设所需原材料、钢材、水泥、人造板等产品为重点，开展建材市场秩序专项打假活动。围绕节能减排，组织开展对高能产品、能源计量产品和能效标识的执法检查，全面拓展电能表专项整治，电能表检验率100%，合格率100%。开展纤维制品、再加工纤维、毛巾等产品专项打假。

七、教育领域安全监管

县安监部门以督促检查为重要途径和手段，推动教育安全工作细化、量化，形成一级抓一级、层层抓落实的工作机制，突出消防安全、交通安全、食品安全、教学设施安全工作，实行“谁检查、谁签字、谁负责”制度，及时更换老化、失效的消防设施设备，解决电线乱拉、通道不畅通等问题，保障消防通道安全、畅通。加大对学校食堂的卫生，食品采购、运输、储存的监督管理，食堂从业人员持健康证、经培训后上岗，严禁老师和学生乘坐低速载货汽车、农用拖拉机和超员客车，接送学生时学校必须与车主、驾驶员签订道路交通安全责任书，并在有关部门备案，确保学生接送安全。

2009年，为迎接春节、藏历新年，县安监部门开展学校安全检查，重点检查学校交通安全教育工作，是否有学生放假安全返乡的措施预案，学校消防设施配置和开展消防安全教育情况，学校实验室危化品安全管理情况，学校楼道、走廊、照明是否齐全，有无预防踩踏事故的措施等。

八、食品药品安全监管

2006年10月，普兰县成立食品安全专项整治领导小组。县安监部门组织相关部门开展产品和食品安全专项整治行动（2006年10月25—31日为动员部署阶段，2006年11月1日至2007年1月5日为集中整治阶段，2007年1月6—14日为检查验收阶段），集中整治分为以下7个方面：

对重点产品（农产品、食品、药品和其他关系人身健康安全的产品）、重点单位（农副产品生产基地、批发市场、小作坊、餐饮业以及诊所和个体工商户等）、重点区域（县城个体工商户，普兰镇的糌粑加工厂、油菜籽加工厂、蔬菜基地、土鸡养殖场，巴嘎乡的矿泉水公司等）进行集中整治，建立健全工业品从原料进厂、生产加工、出厂销售到售后服务，食品流通销售到餐饮消费全过程监管链条，建立产品质量和食品安全的追溯体系和责任追究体系，加强各种涉及人身健康安全产品的全过程监管。

在农产品质量安全整治方面，联合农牧部门加强种植养殖业产品农药残留，“瘦肉精”“孔雀绿”“硝基呋喃”“氯霉素”等禁用、限用药物残留监测，打击制售假冒伪劣农业投入品的违法行为，基本解决使用违禁农兽药和饲料添加剂问题，无违规销售和使用甲胺磷、对硫磷、甲基对硫磷、久效磷、磷胺5种高毒农药现象。

在生产加工食品质量安全整治方面，联合县工商、防疫部门严厉打击制售假冒伪劣食品、使用回收食品和非食品原料生产加工食品以及滥用食品添加剂的违法行为，强化食品生产加工企业使用添加剂备案制度，对食品小企业小作坊实行食品安全区域监管责任制、原料台账制度、食品承诺书制度（食品质量安全承诺书签订率100%），限定其销售区域；改进生产条件，帮扶具有一定生产条件的食品小作坊（尤其是生产糌粑的小作坊）取得食品生产许可证。

在流通领域食品质量安全整治方面，联合工商部门，在经营者自查自纠的基础上，集中开展清理和规范食品经营主体资格专项执法检查行动，对许可证进行核查，并督促其建立健全进货检查验收、索证索票、购销台账、质量承诺、不合格食品退市以及市场开办者质量责任等制度。各经营店建立食品进货台账制度达90%，基本没有小食杂店、小摊点无证照经营现象。

在餐饮消费安全整治方面，加强对餐饮单位和农牧区学校集体食堂的监督抽查，严厉打击使用不合格、来源不明或劣质食品原料、不合理使用添加剂、无证经营、不按规定要求索证、从业人员无证上岗、餐具消毒达不到规定要求的行为。

在猪肉质量安全整治方面，对私屠滥宰窝点进行调查摸底，严厉打击私屠滥宰和制售注水肉、病害肉、劣质肉等不法行为，完善生猪进场（点）检查验收制度和肉品销售台账管理制度，实现对肉品质量安全的可追溯管理。加快定点屠宰场（点）建设，提高“放心肉”市场占有率；严格按照《中华人民共和国动物防疫法》等法律法规，做好屠宰检疫及卫生监督工作，杜绝检疫不合格的肉食品流入市场。

在药品质量安全整治方面，开展药品注册现场核查和药品批准文号清查工作，重点加强药品购销渠道监管，防止假劣药品流入市场；着力解决药品经营中挂靠经营、超方式经营、超范围经营问题，开展对药品零售企业销售“健字号”“消字号”“妆字号”等产品与药品混淆问题的清理，加强医疗器械产品的监督检查，确保产品质量。

2007年，县安监部门利用产品质量监测等手段，对散装和包装食品开展质量定向监测、跟踪监测，加大监测后处理力度，在中秋、国庆、元旦等重大节庆期间，突出对月饼等节日性食品的监管，保障节日消费安全。结合“农村食品市场整顿年”活动，加强对农牧区食品进货渠道和农牧区集市的管理，保障农牧区食品市场的消费安全。

2009年，普兰县开展“质量和安全年”活动，县安监部门联合县卫生部门，加大对食品的监督和整治力度。实行严格的质量安全追溯、市场准入和退出制度，普遍建立产品质量安全监管责任制，严格责任追究。将原辅材料进厂（坊）把关、生产过程控制、产品出厂（坊）检验和添加剂备案作为食品监管的重点，监督企业严格实施进货验收制度、出厂检验制度、添加剂使用备案制度，建立原材料进货和产品销售台账，实现原材料、产品批批可追溯。将全部食品获证企业以及生产高危食品的企业作为重点，采取巡查、抽查、专项检查、暗访等多种措施实行有效监管。以乳制品、肉制品、调味品、食用植物油4大类食品为重点，加大监督抽查力度，对发现的生产不合格食品生产企业（小作坊）从重处理；开展非食品物质和滥用食品添加剂专项整治，规范食品添加剂的使用；将食品集中区域作为监管重点，加大专项整治力度，将食品安全违法活动消灭在萌芽状态，避免形成群体性、区域性的食品质量安全事件。建立和完善食品质量安全风险防控体系，对违法违规生产行为，做到早发现、早预警、早打击。食品生产秩序得到有效规范，食品安全长效机制初步形成。

第五节　安全生产事故

2008年，普兰县发生安全生产事故4起，死亡4人。

2010年1—8月，全县发生安全生产伤亡事故4起（均为交通事故），受伤4人，死亡6人。其中，巴嘎乡“7·11”较大交通事故死亡3人，巴嘎乡“8·10”交通事故死亡1人，普兰镇“7·20”“7·23”交通事故死亡2人。

第十篇　农牧林水

2001—2010年，普兰县稳固农牧业基础地位，不断加大科技、资金投入力度，调整农业种植结构、畜群结构，引进推广特色优良品种，在发展粮食生产的同时开发城郊养殖业、加工业。实施“科技兴农”战略，努力实现粮食平年自给、丰年有余。随着经济发展和人民生活水平的提高，逐渐增加经济作物种植面积，经济作物特别是蔬菜生产呈现出品种多样化、供给常态化态势，农牧产品供给实现由长期短缺到丰年有余的历史性转变，有力地促进了城乡经济发展。

普兰县森林资源丰富，主要为原生灌木林。2001—2010年，普兰县加强林业资源管理，开展植树造林活动，实施工程造林，林业资源得到合理保护和科学开发利用。

普兰县加强水利设施建设，建设科迦水库、胜利灌区工程，实施人畜饮水工程，做好防汛抗灾工作。

第一章　农　业

2001—2010年，普兰县调整农业种植结构，引进良种，实施“科技兴农”战略，努力实现粮食平年自给、丰年有余。农业产业化进程加快，区域特色农业发展良好，优质农产品持续增加。

第一节　机　构

2000年，普兰县农牧局下设农技推广站、拖拉机站、兽医站。

2004年，普兰县农牧局主管农牧区经济和综合管理种植业、畜牧业、林业、乡镇企业、城镇农牧区扶贫开发及农业机械，乡镇企业管理局为县农牧局管理的副科级机构。行政编制6名，设局长1人、副局长2人、乡镇企业局局长1人。

2005年，普兰县农牧局加挂县科学技术局、县科学技术协会牌子。

2010年8月，机构改革后普兰县农牧局（县科学技术局）无内设机构，编制5名（行政编制4名，事业编制1名），其中科级领导职数4名。

2001年，县兽医站有专业技术人员2人，2005年增至4人，2008年增至7人。至2010年年底，全县有兽医人员70人（县兽医站9人、乡村兽医61人），其中具有中级职称2人，初级职称2人。

2001—2010年普兰县农牧局领导一览表

表10-1-1

机构名称	职务	姓名	性别	民族	任职时间
普兰县农牧局	局长	旺　琼	男	藏族	1999.7—2002.9
		琼达次仁	男	藏族	2002.9—
	副局长	吕继照	男	汉族	2002.7—
		南木色	男	藏族	2002.9—2006.11
		拉　巴	男	藏族	2008.8—

2001—2010年普兰县乡镇企业管理局、农机站、兽医站负责人一览表

表10-1-2

机构名称	职务	姓名	性别	民族	任职时间
普兰县乡镇企业管理局	局长	潘东亮	男	汉族	2001.7—2004.11
		巴桑次仁	男	藏族	2004.11—2007.6
		谢建国	男	汉族	2007.6—2010.9
农机站	负责人	白玛格桑	男	藏族	1998.11—2004.5
		强巴次仁	男	藏族	2004.6—
兽医站	站长	贡觉巴	男	藏族	1999.9—

第二节　农作物种植

一、种植结构

普兰县主要种植青稞、豌豆等粮食作物，油菜、蔬菜等经济作物。农作物主要集中于普兰镇。

（一）青稞

青稞也称裸大麦，适应性强、抗寒耐瘠、抗旱、早熟，属一年生草本植物。普兰青稞品种主要有白青稞、黄青稞、紫青稞。普兰青稞植株较高，穗形较大，每穗35～43粒，千粒重40～48克。适宜在海拔4200米以下地区种植。

白青稞穗型为四棱，穗长8厘米，芒长5厘米左右，颖壳和籽粒均黄白色，株高115厘米左右，秆高、秆粗、穗长、粒饱。全生育期在普兰为113天，生育期需0℃以上的积温约13.5℃，丰产性较好。

黄青稞穗型有四棱、六棱两种，穗长8厘米，芒长15厘米，颖壳黄色，粒色有浅绿色、淡黄色两种，株高105厘米左右。生育期和白青稞相似。在吉让居委会、多油村等多数农业点都有种植。

紫青稞穗型有四棱、六棱两种，穗长7～8厘米，芒长10～15厘米，颖壳有紫色、淡紫色和紫绿色数种，粒色主要有紫色、绿色两种，株高80～90厘米。全生育期在普兰为105～110天，比白青稞稍短。紫青稞较耐旱，在仁贡村普遍种植。

（二）豌豆

豌豆属一年生草本植物，其果实可食用或作饲料，秸秆可作饲草。

（三）小麦

小麦抗寒能力强，适应性与抗瘠能力弱于青稞，主要分布在普兰镇科迦村。科

迦村海拔较低而平坦，水源充足，易于浇灌。2003年，小麦种植15亩。

（四）马铃薯

马铃薯，又名土豆、洋芋，适应性和抗旱能力强，果实生长在较深的土层中，为一年生草本植物。在普兰镇各村均有分布。2008年，马铃薯播种面积64.73亩。2010年，播种面积增至163.83亩。

（五）油菜

油菜适应性较强，抗寒耐瘠，抗风能力较差，属一年生草本植物，果实为角果，可榨油，是人们经常食用的主要植物油。在普兰镇各村均有分布，是普兰县主要经济作物。油菜可单播，或与豌豆、青稞等作物混播。2010年，油菜播种面积804.98亩。

（六）蔬菜

普兰县蔬菜品种主要有大白菜、小白菜、萝卜、圆根萝卜、藏葱等，均可在室外种植；黄瓜、辣椒、菠菜等，在室内（大棚）种植。

2001年，普兰县实施“菜篮子”工程，投资20万元修建温室大棚2座4亩，蔬菜种植面积5亩。2006年，新建大棚15座，种植新品种7种，主要有青椒、莲花白、西红柿、茄子、西葫芦、黄瓜、菠菜等。2007年，全县有塑料温室大棚17座，在13座大棚试种瓜果、蔬菜，试验、示范品种46种。蔬菜播种面积220.15亩。2010年，全县温室大棚增至190余座，种植蔬菜56种。

（七）饲草

2001年，在普兰镇吉让加兴组试点种植苜蓿草1200亩。2006年，饲草种植3.8亩。2007年，饲草种植0.55亩。

2001年，普兰县耕地面积1.1万亩，农作物播种面积10914.06亩。2002—2004年，退耕还草还牧596.73亩。2007年，粮食作物、经济作物、饲草种植比例为88∶11∶1。

2010年，农作物播种面积9551.73亩，粮食播种面积8681.85亩。

2001—2010年普兰县农作物播种面积统计表

表10–1–3　　　　单位：亩

年份	农作物播种面积	粮食作物播种面积	青稞	豌豆	油菜	蔬菜
2001	10914.06	10418.25	8194.09	807.9	495.75	5
2002	10535.1	9522.13	7232.38	2254.5	974.97	7.5
2003	10238.55	8706.6	6500	2179.5	1508.7	19.2
2004	9551.73	7891.08	—	—	1633.95	26.7
2005	9415.52	8335.2	6345.77	1832.99	1145.1	48.15
2006	9551.73	8460.6	6640.2	1675	897.6	193.5

续表10-1-3

年份	农作物播种面积	粮食作物播种面积	青稞	豌豆	油菜	蔬菜
2007	9551.73	8565	7774.59	734.74	767.7	220.15
2008	9551.73	8517.04	7765.18	687.13	874.33	160.35
2009	9551.73	8632.65	7813.74	640	761	158.34
2010	9551.73	8681.85	7613.05	905.01	804.98	158.25

二、农作物产量

2001年，普兰县粮食产量2934.46吨，油菜籽产量65.29吨。

2007年，全县粮食产量2862.85吨，油菜籽产量136.21吨。蔬菜产量170.6吨，农牧民创收109.81万元。

2008年，受“9·19”特大暴雨（雪）影响，粮食减产，仅有2490.68吨，其中青稞产量2174.25吨，比上年降低12%；豌豆产量147.25吨。油菜籽产量119.63吨，比上年降低12.17%。蔬菜产量240.54吨，比上年增长41%。

2009年，全县粮食产量2896.12吨（青稞产量2620吨，豌豆产量142吨），油菜籽产量116吨，蔬菜产量238吨。

2010年，普兰县粮食产量2896.83吨，油菜籽产量141.77吨，蔬菜产量237.86吨。

2001—2010年普兰县农作物产量统计表

表10-1-4　　单位：吨

年份	粮食总产量	青稞产量	豌豆产量	油菜产量	蔬菜产量
2001	2934.46	—	—	65.29	—
2002	2869.89	—	—	102.29	120
2003	2891.81	—	—	133.02	18.73
2004	2688.77	—	—	134.8	40.1
2005	2749.74	—	—	117.07	75.3
2006	2827.25	2570.84	—	90.99	291.85
2007	2862.85	—	—	136.21	170.6
2008	2490.68	2174.25	147.25	119.63	240.54
2009	2896.12	2620	142	116	238
2010	2896.83	—	—	141.77	237.86

第三节　农技推广

2001—2010年，普兰县实施“科技兴农”战略，坚持突出效益、调整结构的原则，加强科技服务，引进良种，调运化肥、农药，积造农家肥，淘汰落后的生产技术，提高农机具使用率，确保粮食稳产，增加农牧民收入。

一、良种引进与推广

2001年，普兰县从日喀则引进“藏青320号”，推广种植500亩。试验试种“喜马拉雅19号”“藏青148号”“北青3号”“藏青909号”10亩。良种推广1000亩，包衣种子试验田3亩。推广“藏油3号”125亩。

2002年，普兰县推广“藏青320号”750亩，试种“藏青320号”“喜马拉雅19号”“藏青148号”“北青3号”共15亩。推广“藏油3号”300亩，试验试种油菜“藏油5号”“年河11号”“山油2号”10亩。推广良种2055亩，优质白青稞500余亩。

2003年，普兰县引进“藏青320号”“藏油3号”等优良品种。调运各类种子5吨，精选“藏青320号”“喜马拉雅19号”“藏青24号”种子25吨，包衣种子15吨。推广“藏青320号”1000亩，“藏油3号”500亩。推广西德白青稞、吉让青稞、仁贡紫青稞等适宜当地种植的优良品种，扩大良种覆盖面。地区农技推广站派科技人员2人到普兰实施科技承包，有良种试验田50亩，高温塑料大棚4亩。

2005年，普兰县推广良种4210亩，以“藏青320号”“喜马拉雅19号”“藏青24号”为主。

2006—2010年，普兰县引进推广“藏青320号”、春小麦、“青油17号”、优质青稞等高效、高产农作物，粮食产量稳步提高。

2006年，普兰县推广品种以“藏青320号”“喜马拉雅19号”“藏青24号”“藏油3号”、西德白青稞为主。其中，推广“藏青320号”500亩，最高产量485千克，最低产量395千克。在科迦村试种油菜、青稞、玉米等新品种，其中青稞品种为“藏青690号”，亩产381千克；油菜品种为“025034—3号”“青油17号”“4034031—1号”“藏油3号”“藏油5号”5个品种，前4个品种亩产分别为209.5千克、215.5千克、214.5千克、215千克。

2007年，西德村、赤德村、科迦村等地推广西德白青稞、“藏青320号”“喜马拉雅19号”“藏油3号”。青稞良种推广1730亩（推广“藏青320号”252亩），推广“藏油3号”700亩。

2008年，普兰县引进良种7吨，精选种子52吨，包衣种子65吨。推广“藏青320号”623亩，引进瓜果、蔬菜新品种56个。

2009年，普兰县精选种子128吨，包衣种子128吨。推广“藏青320号”6046

亩、春小麦60亩、“藏油17号”280亩。

2010年，普兰县调运“藏青320号”种子140吨，精选、包衣种子250吨。推广“藏青320号”5400亩、“青油17号”680亩。

二、调运肥料、农药

2001年，普兰县调运化肥81.84吨（尿素54.64吨，二胺27.2吨），调运各种农药1.5吨。2002年，科学施用化肥350吨。2003年，调运化肥82吨、农药4吨。2005年，调运化肥92吨、农药106箱。

2006年，普兰县调运化肥90吨、农药560箱。2007年，调运化肥104吨，施用农家肥每亩2150千克；调运农药15吨。2008年，调运化肥128吨。2010年，调运化肥64吨、农药65吨，施用农家肥582.5吨。

三、农机具购置

农家在保留传统农用生产工具的同时，逐步引入新式工具。

2001年，普兰县机耕、机播面积2456.4亩。

2002年，全县机耕面积1800亩，机播面积2100亩。

2008年，全县有拖拉机646台、手扶拖拉机5台、手推车88架、喷雾器175部、机引耢耙247部、机引犁247部、机动播种机13台、机动收割机46台、机动脱粒机34台、磨面机7台。至2010年，全县手扶拖拉机增至508台。

四、农牧民技能培训

县农牧部门对农牧民进行各种劳动技能培训，农牧业增产增收，农牧民就业渠道拓宽，生活条件改善。

2001年，县农牧部门科技培训2000余人次。2002年，培训农牧业科技人才100余人次。2003—2004年，培训农牧民2期，培训内容为病虫害防治、蔬菜栽培技术。

2005年，普兰县发生大面积的蝗虫灾害，县农牧部门组织干部对农牧民进行灭蝗方面的专业培训，以配药为主要内容。农技推广站培训800余人次。

2006年，县农牧部门根据农业生产实际需要，加大技能培训力度，从普兰镇选派农牧民10人到自治区农科所参加农牧业知识培训。在巴嘎乡和普兰镇组织创立普兰县职教班，面向农牧区招收学员153人。通过不同形式，培训农牧民群众800余人次。

2007年，县农牧部门培训农牧民群众681人次，其中灭蝗技能及农药使用培训501人次，蔬菜种植技能培训125人次，病虫害防治培训25人次，农业机械、驾驶培训30人次。

2008年，县农牧部门培训农牧民群众717人次，实现就业36人。其中，蔬菜种植技能培训182人次，乡村兽医培训73人次，病虫害防治培训131人次，农业机械、驾驶培训54人次，餐饮服务行业培训56人次，建筑行业培训207人次，美容美发培训14人次。

2010年，通过地、县两级农牧局下派技术骨干、地区下派科技特派员等方式，向农牧民传授粮食、蔬菜等农作物种植技术。培训农牧民群众1426人次。其中，参加自治区农科院组织赴拉萨蔬菜种植等培训20人，为期30天；沼气技能培训39人，为期10天；地区驾驶员培训8人。

第四节　病虫害防治

2001年，县农技推广站防治虫害5325亩，其中防治蚜虫2300亩，地下害虫3025亩，使用的药剂主要为呋喃丹、农大、敌杀死等。除草6500亩，其中野麦草3200亩、百花草3300亩，主要药剂为2.4–D丁酯和野麦畏等。

2002年，防治虫害4500亩，其中防治蚜虫2350亩，地下害虫2150亩，主要药剂为呋喃丹、农大、敌杀死等。除草8000亩，其中野麦草5250亩、百花草2750亩，主要药剂为2.4–D丁酯和野麦畏等。

2003年，防治虫害2066亩，主要是防治蚜虫。除草6300亩，主要为野麦草，使用的药剂为野麦畏。

普兰县易发生蝗虫灾害。蝗虫灾害是一种重大农作物生物灾害，具有爆发性、迁移性和毁灭性，严重影响农牧业生产。蝗虫种类为西藏飞蝗，分布于农田水渠周边、田埂和草丛中，特点是比较集中，呈片分布，主要在晴天活动。

县委、县政府采取“加强监测、群防群治、防治并举、以防为主”的防治方针，“土洋结合，领导、专家、群众三结合，狠治夏蝗，抑制秋蝗，全面监测，集中围歼，重点控制，全面防治”的策略，降低蝗虫灾害造成的损失。每年组织田间调查和蝗虫监测，并利用电话、传真机等现代化手段和蝗灾快讯等形式加快蝗虫信息传递。各乡镇在蝗灾发生后实行信息一日一报、特情特报、零报告制度。及早落实防治措施，组织地面应急防治专业队和当地群众，开展地面应急化学防治，当蝗虫迁飞时，在其迁移方向合理设置防护隔离并喷洒农药，降低虫口数量，压缩蝗虫扩展面积。同时，举办灭蝗实用技术培训班，培训蝗区农牧民、兼职监测以及防蝗专业队人员。年度蝗虫防治工作过程中及结束后，县灭蝗领导小组及灭蝗办公室及时对防治情况进行督促检查，确保防治效果。

2006年，多油村8个作业组、仁贡村6个作业组先后发生蝗虫灾害，受灾面积5400亩，其中严重受灾面积1500亩。严重受灾地方虫口密度为每平方米15～30头，中度受灾地方虫口密度为每平方米4～5头，轻度受灾地方虫口密度为每平方米1～2

头。蝗灾发生后，县委、县政府成立普兰县防治蝗虫工作领导小组，对蝗虫进行紧急灭控，农技站派出技术人员3人到灾区蹲点，开展灭蝗指导工作。投入灭蝗资金15万余元，组织动员群众615人次（多油村248人次，仁贡村367人次），使用农药6吨、手动喷雾器74台，其中地区农技站提供农药1吨、喷雾器14台，县农牧局从新疆购进农药5吨（高效氯氢菊酯）、喷雾器60台。用60毫升高效氯氢菊酯兑水15千克，防治蝗虫效果显著。喷药时间选择在早上和傍晚，历时2个月，蝗虫灾害得到控制。

2007年，蝗灾面积15042亩，严重受灾面积950亩，其中仁贡村沙朗组1932亩、多玛组1449亩、嘎东组2862亩、若南组3219亩、多瓦组1863亩、阿岗组2654亩；多油村6个作业组共800亩；吉让居委会章杰组250亩、贡嘎堆组5亩、塔亚组8亩。蝗虫大部分活动在田埂地头和周围山坡草地上，蝗虫平均密度为每平方米10～15头，严重地段为每平方米15～20头。县委、县政府启动《普兰县灭蝗预案》，县财政投入灭蝗资金3万元，动用相关技术人员16人、拖拉机43台，发动群众438人次，使用农药2.5吨、喷雾器54台（电动喷雾器20台、电动双枪喷雾器4台、手动喷雾器30台），灭蝗面积14240亩。

第二章　畜牧业

普兰县草场资源丰富，畜牧业是主要产业，巴嘎、霍尔2个乡属纯牧业乡，以饲养牦牛、黄牛、山羊、绵羊、马为主，牧民经济收入结构单一，粮食大部分需从其他地方购买或用牲畜交换。

第一节　草　场

普兰县根据实际，加强畜草基地建设，开展草场承包、人工种草。至2010年，全县草场总面积1136万亩，可利用草场面积945.58万亩，其中草畜平衡面积715.58万亩，禁牧面积230万亩（36个禁牧地块）。天然草原草畜平衡载畜量13.96万只（绵羊单位）。

一、草场承包

2005年，普兰县在霍尔、巴嘎2个乡4个作业组开展草场承包经营责任制试点工作，草场承包到户占2个牧业乡可利用草场面积的27%。

2006年，普兰县在巴嘎乡5个作业组、霍尔乡6个作业组全面推广草场承包责任制。承包范围包括所有可利用的冷季草场、国家投资建设的围栏草场、国家投资建设的人工种草基地。2个牧业乡以2002年行政区划调整后的村为单位进行草场承包。参加承包草场的对象为2个牧业乡所有牧业人口，包括在校牧民子女、属牧业户口的现役军人、属农村户口的劳教和在押人员，宗教职业者参加原籍的草场承包。坚持以人为本，人、畜计算系数分别为0.7和0.3，人口以2004年年底各乡实有人数为准，牲畜以2004年年底存栏数为准。草场无偿承包，有偿使用，家庭承包后，坚持“增人增畜不增草、减人减畜不减草”的原则落实。年底，两个牧业乡全面实现草场承包到户。

2007年3月30日前，总结推行以草定畜、草场承包工作的成果与经验，通过阿里地区落实草场承包经营责任制领导小组的验收。

草场承包经营责任制的贯彻落实，有利于实行牧民定居、草场围栏、改良、棚圈、人畜饮水、人工种草等畜牧业综合性建设，各户承包的草场相对集中连片，并留出牧道、饮水点、配种站（点）等公共用地，方便农牧民的生产生活。

二、人工种草

“十五”（2001—2005年）期间，普兰县人工种草2500亩。

2008—2010年，普兰县实施人工种草与天然草地改良项目，项目投资从2008年的18.7万元增至2010年的120万元，投资建设方向从购买草种向加强配套基础设施建设转变，从以往的单一种植一年生牧草品种逐渐向种植多年生牧草品种转变。

2008年，县农牧部门投入资金18万元，实施人工种草项目，项目建设地点为巴嘎及霍尔乡帮仁村，动员农牧民760人，历时24天，使用草种6吨，动用机械18台，人工种草1245亩，兑现农牧民补助资金8.74万元，产草60吨。

2010年，县农牧部门提供草种9吨，投资19.8万元，提供2台拖拉机进行草场翻耕、播种，并解决1台小四轮及其相关配套设施，人工种草9600亩，其中普兰镇4100亩，霍尔乡3500亩，巴嘎乡2000亩。产草23.26吨。

三、草场管理

2001—2010年，普兰县为保障牲畜获得充足的草场资源，建立健全四季草场轮牧制度，严禁随意放牧，规定平常不得随意将牲畜赶入禁牧草场，以便冬春季节能够保障母畜、幼畜拥有充足的草料。乡镇、村组加强牧场管理，保障草料及时供应。

“十五”期间，普兰县建设草场围栏8.3万亩。至2010年年底，普兰县大部分草场的网围栏修建完成。

县、乡（镇）、村（居）采取发放宣传单、刷写标语、悬挂横幅、召开各种会议的方式，向广大农牧民宣传国家、自治区、地区、普兰县关于落实草原补奖政策的法律法规、工作程序和工作内容，覆盖率100%。县农牧局与驻村工作队到基层发放草原生态保护补助奖励机制明白卡，经常性征求农牧民群众对草补工作的意见和建议，调动广大农牧民的积极性，为开展草原补奖工作奠定群众基础。县补奖办对全县工作进展情况以及部分乡镇好的做法和经验，及时以简报形式进行通报，起到良好的宣传教育和舆论引导作用。

第二节　畜禽种类

普兰县畜禽种类主要有绵羊、山羊、牛、马、驴、鸡等。

绵羊是普兰县饲养历史悠久、数量多且分布广的畜种，最早有土种藏绵羊。

普兰县藏山羊为古老品种，各乡镇均有分布，数量略小于绵羊。山羊善爬陡坡、石山等，终年放养，食物多且广，不用补饲或少给补饲即可。山羊在海拔4100米以下的山地灌丛草原地带具极强的适应能力。山羊繁殖、抗病能力强。山羊毛分内外两层，内层为柔软、细长、光滑的绒毛即山羊绒，工艺价值极高，是理想的珍贵纺织原料；外层为粗长的毛发，光泽度较差，工艺价值不大。

牛主要有牦牛、黄牛、犏牛三种。

马是普兰农牧区群众重要的畜力畜种之一，各乡镇均有分布。马对高寒恶劣的气候和生态环境的适应性较强，可粗饲，抗病能力和繁殖能力较强，遗传性能稳定。马善行走，跋山涉水行动敏捷、灵活，骑乘舒适，负重稍差，负重一人可日行45～55千米。公马4岁性成熟，可开始配种，母马3岁可配种繁殖，每年的配种时间为4—7月，两年一胎，一胎一驹，马的受胎率在70%左右。

驴适应高寒恶劣气候和生态环境，比马小，能耐粗饲，有一定的抗病能力，役用能力较马差，在各乡镇农区均有分布，在农区分布较马广，是普兰历史上农区肥料、农作物驮运的主要畜力之一。公驴平均身高93.5厘米，身长96厘米，胸围106厘米；母驴平均身高93.3厘米，身长95.3厘米，胸围107厘米。

普兰的鸡个小、尾长，母鸡毛色黑、白、黄色为多，公鸡红、白色为多。小巧玲珑，羽毛紧凑，翼羽和尾羽特别发达，体形似船，行动敏捷，胆小善飞，夜间歇宿在家中高处或所钉木条上。公鸡冠大，冠齿4～6个，平均体重1.5千克；母鸡冠小，多呈侧伏状，平均体重1千克。母鸡年产蛋近百个，蛋小，呈椭圆形。一般在4—9月自然孵化繁殖，每窝孵蛋8～12个，孵化率在80%～90%。

第三节　畜牧业生产

2001—2010年，普兰县优化畜群结构及种群结构，实施牧业示范工程，建设白绒山羊基地和畜产品加工基地。2006年，为规范活畜交易市场秩序，提高交易效率，在西德村、霍尔乡建设活畜交易市场。

一、饲养管理

在农区，一般是山羊、绵羊一起放牧，黄牛、马、驴一起放牧。通常是几户或多户将家畜集中到一起放牧，各家除产子母畜以外，其余的家畜指定专人常住高山草场进行放牧；各家的产子母畜由几户或多户集中到一起，由各户轮流派出人员常年早出晚归上山放牧。

在牧区，一种是牛、羊较多的牧户进行自养、远牧；另一种是几户或多户将家畜集中到一起，由各户轮流派出1～3人长住草场远牧。

2001—2010年，国家扶持建设高质量的畜圈、羔羊暖洞。2003年，普兰县修建半封闭式羊圈6个，标准羊圈8个，暖洞69座。

二、畜群结构

2001年，普兰县建设霍尔乡白绒山羊基地。普兰县牲畜存栏187407头（只、匹），其中牦牛、犏牛、马22408头（匹），占牲畜总数的11.96%；绵羊、山羊164999只，占牲畜总数的88.04%。

2002年，普兰县遭遇特大雪灾，因灾牲畜死亡11591头（只、匹）。

2003年起，普兰县按照“适当减少绵羊饲养比例、控制马驴比例、提高绒山羊饲养比例”的畜种结构调整方案，优化畜种结构，普兰镇黄牛改良和霍尔乡白绒山羊基地加快建设。

2005年，年末牲畜存栏131633头（只、匹）。仔畜繁殖成活21660头（只、匹），成活率30.61%；成畜死亡18399头（只、匹），死亡率11.1%；牲畜出栏率25%。

2007年，普兰县根据草场不断退化的实际情况，增加绒山羊和牦牛比例。

2010年，牲畜存栏161546头（只、匹）。仔畜繁殖成活率64%，成畜死亡4317头（只、匹），牲畜出栏44408头（只、匹），出栏率33%。

2001—2010年普兰县牲畜存栏、出栏统计表

表10-2-1

年份	牲畜存栏（头、只、匹）	牦牛、犏牛（头）	绵羊、山羊（只）	马（匹）	牲畜出栏率（%）
2001	187407	18445	164999	3963	24
2002	174500	18382	152277	3841	23.72
2003	171226	17776	149787	3661	23.09
2004	165982	18414	144272	3296	33
2005	131633	16495	112133	3005	25
2006	165247	20326	141957	2964	25.42
2007	178819	18189	157966	2664	—
2008	161804	20036	141317	451	28
2009	163033	18990	143611	432	32
2010	161546	20385	140729	432	33

三、畜产品

2001年之前，普兰县由于畜产品数量少，一直未能进行统一收购。

2001年，普兰县人民政府与阿里地区行署签订收购任务，地区外贸公司与普兰县各乡镇签订畜产品收购合同，采取由各乡镇负责贷款、地区外贸公司负责销路的办法，实行“三统一”政策，组织人员对普兰县畜产品进行统一收购。收购山羊绒6.12吨、牛绒3.5吨、绵羊毛94吨。

2002年，全县肉类产量862.48吨，比上年增长7%；山羊绒产量8.04吨，牛绒产量7.99吨，绵羊毛产量94.14吨。

2003年，全县收购山羊绒7.65吨、绵羊毛67.79吨。

2006年，全县收购山羊绒5.83吨、绵羊毛53.06吨。

2010年，全县肉类产量552.01吨，奶类产量732吨，山羊绒产量8.77吨，牛绒产量6.45吨，绵羊毛产量62.21吨，山羊毛产量3.1吨，牛毛产量2.85吨。由村委会牵头，组织牧户出售畜产品，出售山羊绒8.72吨、牛绒5.15吨、绵羊毛55.59吨、山羊毛2.42吨、牛毛0.11吨。

2001—2010年普兰县畜产品产量统计表

表10-2-2

年份	肉类（吨）	奶类（吨）	皮张（万张）	山羊绒（吨）	绵羊毛（吨）
2001	804.7	1238.62	1.14	6.46	139.97
2002	862.48	988.26	1.22	8.04	94.14.
2003	856.44	890.66	2.73	7.99	75.13
2004	997.08	1263.3	1.75	8.23	88.31
2005	413.23	752.43	2.84	8.88	66.17
2006	322.58	710.03	1.14	8.11	59.87
2007	234.3	921.03	1.36	8.47	65.71
2008	254	783	1.87	8.5	66
2009	254	643.18	1.91	7.86	56.64
2010	552.01	732.67	1.92	8.77	62.21

四、畜种改良

2001年，普兰县建设霍尔乡白绒山羊基地，从日土县引进“克什米尔”白绒山羊530只（种公羊80只），主要分到巴嘎乡和霍尔乡各村组和普兰镇仁贡村、西德村，改良绒山羊1万只，对80户牧民进行推广。对普兰镇当地黄牛进行部分改良，引进西门塔尔和黑白花奶牛共110头，分配到普兰镇各村组。2002年，引进日土白绒山羊种羊63只，改良黄牛120头。2005年，换进、调入优良畜种4307头

（只、匹）。

2006—2010年，普兰县引进和改良畜种1432头（只、匹）。2007年，黄牛改良212头。2008年7月，县农牧局联系自治区畜科所，从日喀则白朗县引进种公牛（西门塔尔牛）8头，分配到普兰镇各村组。黄牛改良后，培育杂交改良二代牛300余头。

第四节　疫病防治

一、疫病

普兰县牲畜疫病种类多，可分为传染性疫病和常见性疫病。其中，口蹄疫（“五号病”）是一种传染性较强且普遍的疫病。尼泊尔是口蹄疫发生的老疫区，几乎每年都暴发口蹄疫。普兰县与尼泊尔毗邻，每年夏季有大量的尼泊尔商人到普兰县进行贸易，商品主要通过驮畜运输，成为病源传入普兰的源头之一。

二、疫病防控

2001—2010年，普兰县坚持“预防为主，综合治理”的原则，每年多次到基层，向农牧民群众宣传《中华人民共和国动物防疫法》以及重大动物疫病有关知识。针对县内疫情流行情况，设立斜尔瓦消毒检测站、霍尔乡畜产品消毒检疫站，专门用于检测预防牲畜疫病。调运、发放各类疫苗，提前预防各类牲畜疫病。

2003年10月，科迦村斜尔瓦组发生口蹄疫疫情，各相关部门组成疫情应急处置领导小组，对疫区内的牲畜接种疫苗、隔离和消毒，对发病牲畜进行扑杀，扑杀犏牛48头。之后，在斜尔瓦设立消毒检测站。

2005年，普兰县成立高致病性禽流感领导小组，县委副书记、县长扎西旺堆任组长，副县长扎西多吉任副组长，负责指挥、组织、协调和部署疫病防治工作。领导小组下设办公室，负责实施、落实、监督、检查疫病的各项具体工作，组织制定和落实各项治疗、预防、控制疫情的措施，防止疫情扩散。领导小组组建疫情防治应急预备队，参加疫点或疫区病禽的救治和疫情的预防控制。各乡镇相应成立高致病性禽流感疫情防治协调领导小组。县农牧局成立高致病性禽流感疫情防治技术工作组，由县兽医站专业人员组成，研究制订应急预案，加强专业培训，完善疫情监测、诊断等手段，全面评估疫情，组织实施消毒、隔离等措施，建立紧急控制物资（消毒药品试剂、医疗器械、防护医疗器械、防护用品等）储备库。

2006年7月上旬，普兰县及时防控玛旁雍错区域候鸟禽流感。

2009年，普兰县投入资金2万元，调运疫苗132箱。

2010年，普兰县在霍尔乡设立畜产品消毒检疫站。在疫苗接种补助、调运疫苗运费、设卡人员帐篷、房屋出租费等方面投入疫病防控专项资金62170元。调运各种疫苗422箱，其中口蹄疫疫苗132箱，三联疫苗160箱，小反刍疫苗120箱，炭疽疫苗10箱。全部发放。按照“早准备、早部署”“乡不漏村、村不漏户、户不漏畜、畜不漏量”的要求，牲畜接种疫苗160181头（只、匹），其中牦牛18613头、犏牛107头、黄牛4546头、绵羊70979只、山羊65936只，接种率100%，接种密度100%。

2001—2010年普兰县牲畜疫苗发放统计表

表10-2-3　　单位：箱

年份	合计	口蹄疫疫苗	炭疽疫苗	三联疫苗	四联疫苗	布病疫苗	羊链球菌	小反刍疫苗	禽流感疫苗
2001	184	37	5	80	50	6	6	0	0
2002	184	37	5	80	50	6	6	0	0
2003	261	80	14	167	0	0	0	0	0
2004—2007	960	285	51	624	0	0	0	0	0
2008	262	46	10	85	0	0	0	120	1
2009	266	50	11	85	0	0	0	120	0
2010	422	132	10	160	0	0	0	120	0
合计	2539	667	106	1281	100	12	12	360	1

第三章 林 业

第一节 机 构

2010年之前，普兰县林业工作由农牧局负责，由副局长分管。

2010年1月，普兰县林业局成立，正科级建制，无内设机构，编制4名（行政编制3名，事业编制1名），其中科级领导职数3名。由拉巴担任局长。

第二节 林业资源

2010年，普兰县林业用地面积198842.2公顷，其中灌木林地198128.5公顷，宜林地6700.86公顷，未成林造林地199公顷，苗圃地3.31公顷。森林资源主要为原生灌木林。灌木林是普兰县陆地生态系统的主体，主要分布在普兰镇，主要种类有变色锦鸡儿、沙棘、水柏枝、蔷薇等，有乡土树种普兰柳、白柳、藏川杨等，风景林主要有高山松、侧柏等。

一、人工林资源

普兰县人工林资源全部分布在普兰镇孔雀河流域海拔3500～4999米的高山山地，其中72.85%的人工林地分布在坡度5度以下的平坡地带，27.15%的人工林地分布在坡度6～15度的缓坡地带。

全县人工林地面积237.24公顷，土地所有权均为国有，土地使用权均属于集体。其中，乔木林地21.22公顷（按龄组分，近熟林15.03公顷，占70.83%；成熟林1.4公顷，占6.6%；过熟林4.79公顷，占22.57%），均为纯林；灌木林地17.02公顷，均为国家特别规定的灌木林；未成林造林地199公顷。各类工程林185.38公顷，占78.14%；一般造林等非工程林51.86公顷，占21.86%。各项林业工程建设以退耕还林、荒山造林、工程造林和重点区域工程造林为主。

人工林活立木总蓄积2414立方米，其中人工乔木林蓄积526立方米（近熟林135

立方米，占25.67%；成熟林27立方米，占5.13%；过熟林364立方米，占69.2%）；人工四旁树蓄积1887立方米。人工森林活立木蓄积526立方米，占活立木蓄积的21.79%。人工四旁植树150774株，折算绿化面积91.35公顷，人工林木绿化率0.01%。

乔木林单位面积蓄积平均每公顷24.79立方米。人工林地单位面积株数为每公顷1570株，其中乔木林地单位面积株数每公顷2038株，未成林地单位面积株数每公顷1422株。人工乔木林平均胸径5.7厘米，平均郁闭度0.51，年均生长量每公顷1.08立方米。人工林健康面积236.3公顷，占99.6%，均为亚健康森林；较健康0.94公顷，占0.4%。林木生长发育中等偏差。

全县人工林经营类型全部为其他公益林，按保护等级分，全部为一般保护；按行业管理类型分，全部为林业部门管理。人工林各经营类型中，防护林占16.12%，一般公益林占83.88%。

二、防护林资源

普兰县人工森林38.24公顷，全部为防护林，其中乔木林21.22公顷，占55.49%；国家特别规定的灌木林17.02公顷，占44.51%。防护林活立木蓄积526立方米。防护林全部为水土保持林，全部为普兰柳。

第三节　造林育林

2001—2010年，普兰县根据实际进行苗木培育和补栽补种。每年春季，组织开展植树造林活动，普兰镇义务植树造林760亩13.68万株。2007年起实施工程造林项目，2010年县城周边工程造林3163亩，种植苗木360572株。

一、采种育苗

县林业部门主要引进普兰柳、青杨、沙棘。2008年，县林业部门投资80万元，新建赤德苗圃、章杰苗圃，总面积50亩，主要培育普兰柳、变色锦鸡儿。

二、植树造林

2001—2010年，县林业部门多次组织人员到城镇周边各村组调查了解地形、土壤、水源等情况，并与村组负责人进行协商，安排造林任务，调动农牧民群众的积极性。组织全县干部职工、驻地部队、学校师生参加植树造林，主要在普兰镇进行植树造林，树种为普兰柳。在植树造林期间，专门成立巡察小组对各村组的造林质量进行监督、指导，讲解植树造林技术，并进行现场示范，让农牧民群众了解更多的造林知识，确保造林质量。

2003年，全县成片造林50亩，零星植树5万株，建设苗圃地种植5000株。

2007年，普兰县在吉让居委会和赤德村义务植树2.5万株，造林面积200亩。县城周围绿化带植树800株。庭院植树500株。

2010年，普兰镇多油村植树造林105亩，种植树苗1.89万株。

2001—2010年普兰县义务植树造林统计表

表10-3-1

年份	造林地点	造林面积（亩）	植树（株）
2001	普兰镇科迦村	35	6300
2002	普兰镇吉让居委会	40	7200
2003	普兰镇多油村	30	5400
2004	普兰镇吉让居委会	40	7200
2005	普兰县城	200	36000
2006	普兰镇科迦村	60	10800
2007	普兰镇西德村	75	13500
2008	普兰镇吉让居委会	80	14400
2009	普兰镇科迦村	95	17100
2010	普兰镇多油村	105	18900

三、工程造林

2006年6月，自治区党委、政府调研组对阿里地区社会经济运行状况进行调查研究时决定，在普兰县城周边及公路沿线实施造林绿化工程建设项目。普兰县专门成立林业领导小组，组织人员到各村组进行实地调查、登记、选点。

2007年，普兰县开始在县城周边实施工程造林，造林地点主要是普兰镇6个村（居），一直持续到2010年，城镇周边造林建设项目总投资243.01万元，树种有普兰柳、北京杨、新疆杨等。

2007年，城镇周边造林项目总投资37万元，有4个作业区，造林面积1271亩，种植苗木134199株。第一作业区为科迦村，造林面积363亩，种植苗木40293株；第二作业区为吉让加兴综合开发区，造林面积690亩，种植苗木76590株；第三作业区为多油村唐嘎拉，造林面积156亩，种植苗木17316株；第四作业区为普兰县林业苗圃项目，造林面积62亩，投资20万元。安排管护人员12人负责城镇周边树林的管理，签订管护合同，负责树林灌溉、水渠维修、围栏维修、病虫害监控等工作，植树造林成活率85%。

2008年，普兰县计划城镇周边造林1299亩（多油村作业一区1245亩，多油村作业二区54亩），因原计划造林点大部分处在巴普公路修建地段，将原多油村一区造林1245亩保留造林地108.8亩，剩余的1136.2亩造林地安排到科迦村167.9亩、古让居委会62.6亩、赤德村302.2亩、西德村386.5亩、仁贡村217亩；多油村作业二区造林地54亩保持不变。筹措树苗142760株，其中当地树苗112760株，引进树苗3万株。城镇周边造林实际完成1203亩，种植苗木144189株。管护人员增至22人，植树造林成活率90%。

2009年，工程造林项目分为5个作业区，造林面积2654亩，种植苗木31.88万株。第一作业区位于仁贡村嘎东组，造林面积700.2亩，种植苗木8.9万株；第二作业区位于仁贡村多玛组，造林面积360亩，种植苗木4.6万株；第三作业区位于多油村，造林面积1065亩，种植苗木11.8万株；第四作业区位于赤德村扎西岗莎，造林面积439.8亩，种植苗木5.6万株；第五作业区位于科迦村岗孜组，造林面积89亩，种植苗木0.98万株。

2010年，工程造林项目分为5个作业区，造林面积3093亩，种植苗木360572株。第一作业区位于吉让加兴组，造林面积970亩，种植苗木101010株；第二作业区位于科迦村，造林面积228亩，种植苗木36095株；第三作业区位于多油村，造林面积232亩，种植苗木45322株；第四作业区位于赤德村江嘎组，造林面积163亩，种植苗木61645株；第五作业区位于西德村角入组（荒山荒地造林），造林面积1500亩，种植苗木11.65万株。

第四节　林政管理

林权管理主要由村集体管理。

2005—2008年，普兰县有国家级重点公益林171321亩，发放重点公益林生态效益补偿基金583205.5元。其中，巴嘎乡管护人员21人，管护面积136699.75亩，发放生态效益补偿基金479341.75元；普兰镇管护人员11人，管护面积20446.25亩，发放生态效益补偿基金61338.75元；霍尔乡管护人员8人，管护面积14175亩，发放生态效益补偿基金42525元。

2006年，普兰县发放公益林护林员工资23万元。

2009年，普兰县兑现公益林护林员工资59万元（2007年25万元，2008年34万元）。

2010年，全县有国家重点公益林和西藏自治区地方公益林共2958825亩，中央财政森林生态效益补偿基金发放标准每亩3元。兑现生态效益补偿基金887.65万元，其中普兰镇（199人）509.28万元，霍尔乡（119人）174.04万元，巴嘎乡（98人）204.33万元。

第五节　动植物保护

一、保护措施

冈仁波齐国家森林公园（原玛旁雍错、冈仁波齐景区）位于普兰县巴嘎乡和霍尔乡，东起霍尔乡政府，北抵普兰县县界，西至219国道普兰县与噶尔县分界，南以219国道为界，总面积167703.91公顷。植物资源丰富，种类较多。冈仁波齐国家森林公园建立以来，实施多期的保护与建设工程。2005年，森林公园范围内的灌木林全部纳入国家生态公益林补偿范围，实施全面、长效的保护。2007年，对森林公园范围内的草场全部实施退牧还草工程，建设部分网围栏，并采取3年休牧措施。

2008年12月，玛旁雍错湿地获批为自治区级自然保护区。

“十五”期间，霍尔乡北部被列为国家级藏羚羊保护区。

2005年，普兰县开始野生动物保护工作。2005—2010年，普兰县有野生动物巡护管理人员5人，负责开展一般性的常规巡护检查工作，检查有无偷猎分子使用汽车、夹子、猎枪偷猎野生动物情况。每年5月底至7月初，藏羚羊迁徙期间，县林业部门安排专人到马攸木蹲点，保障藏羚羊顺利迁徙。

2008—2010年，每年4月1日，县林业部门组织安排护林员和野保员加强对重点区域藏羚羊迁徙路线的监测、候鸟等野生动物疫源疫病的防控工作，并安排专人对湿地自然保护区的疫病进行监测，每日向地区及自治区有关部门报告。每年5月25日至6月25日，由林业科（局）牵头，派出4人组成野生动物监测小组到马攸木蹲点。2009年，在马攸木219国道附近监测到藏羚羊300只。2010年，监测到藏羚羊850只。

二、野生动物肇事补偿

县林业部门多次派人到各村、组开展调查取证、统计工作，对野生动物肇事损失进行赔偿。2006—2007年，普兰县兑现野生动物肇事补偿12.51万元，160人领取野生动物肇事补偿。2008年，兑现野生动物肇事补偿21万元，领取野生动物肇事补偿130人。2009年，兑现野生动物肇事补偿108510元，领取野生动物肇事补偿70人。2010年，兑现野生动物肇事补偿21.59万元，领取野生动物肇事补偿135人。

第四章　水　利

2001—2010年，普兰县持续加大水利投入力度，建设各类水利工程，增加有效灌溉面积，治理水土流失。以解决人、畜饮用水为重点，实施人畜饮水工程，解决一镇两乡饮水问题。实施电力工程，建设水电站，为人民群众提供生活用电。

第一节　机　构

一、水利局

1999年，普兰县水利电力局成立，正科级建制。2001年，县水利电力局行政编制4名。

2002年，普兰县水利电力局更名为普兰县水利局。2003年，行政编制7名。

2010年，普兰县水利局无内设机构，编制4名（行政编制3名，事业编制1名），其中科级领导职数3名。下设光电管理中心，编制4名。

2001—2010年普兰县水利机构领导一览表

表10-4-1

机构名称	职务	姓名	性别	民族	任职时间
普兰县水利电力局	副局长	马 俊 峰	男	汉族	1999.7—2002.9
		达瓦顿珠	男	藏族	2001—2002.9
普兰县水利局	局长	马 俊 峰	男	汉族	2002.9—
	副局长	达瓦顿珠	男	藏族	2002.9—2008.7

二、水电公司

2006年7月，普兰县水电公司成立，编制4名，人员从相关单位和水利局抽调，参与县自来水和所有电站的运营及管理。2010年，公司编制8名。

第二节　水利设施建设

一、水库建设

科迦水库，2008年4月20日开工建设，坝高1.9米、坝长210米，属微型水库，设计灌溉面积4500亩，国家投资158万元，当年10月完工。可灌溉耕地1208.9亩、草场231376.4亩、林地124亩，农田保灌率90%，粮食产量由每亩300千克提高至每亩400千克，科迦村146户699人受益。

二、水渠、塘坝建设维护

2003年，普兰县安排群众投劳6万余个工日，对91条水渠和53座水塘进行清淤加固；建设赤德引水工程，总投资93万元，建设内容：挡水坝、冲砂闸、进水闸各1座及相关附属挡水防冲建筑物、引水渠、渠系交叉建筑物等。

2004年，普兰县加大农田灌溉设施建设，维修新修农田灌溉渠道36条。

2006—2009年，每年冬闲时节，县水利部门组织群众对所有水渠、塘坝进行维护清淤工作，使水渠、塘坝在春灌期间发挥作用。2008—2009年，投入维修补助资金13.2万元，维修水渠、水塘50处。

2010年10月，胜利灌区工程开工建设，建设干渠17.4千米，可灌溉改善耕地3898亩。

第三节　安全饮水

一、自来水

2001年，普兰县城自来水铺通，投入使用。2007年之前，县城自来水由个人（马胡赛尼）承包运行。

2007年8月8日，普兰县自来水管理工作交由县水利局。县城有1个水厂，位于孔雀河与章杰沟交会处。自来水管网长度约1.6千米，覆盖面积约0.32平方千米。新、老县城均为集中式供水。2008—2009年，普兰县完成4处农村自来水的维修管理工作。

二、人畜饮水工程

2001年年初，普兰县人畜饮水工程实施，国家投资520万元，解决3461人、1.3万头（只、匹）牲畜的饮水问题。

2003年，普兰县人畜饮水工程投资183万元，到位资金30万元。完成土方开挖

2291.05立方米，配置C20混凝土2.5立方米，打砖块2.4万块，完成砌石、碎石31立方米，建设房屋6间72平方米。县水利部门选派技术骨干在人畜饮水解困工程施工现场蹲点。

人饮工程包含管道引水工程和打井工程两种形式。2004年，普兰县实施第一期人饮工程，建设管道引水工程3处4.5千米和机电井8眼，解决2295人、3.01万头（只、匹）牲畜的饮水问题。普兰镇投资81.3万元，解决1022人、18342头（只、匹）牲畜的饮水问题。巴嘎乡投资34万元，解决240人、8354头（只、匹）牲畜的饮水问题。霍尔乡投资13.5万元，建设采暖井，解决200人、3451头（只、匹）牲畜的饮水问题。

2007年8月，普兰县人畜安全饮水工程开工建设，项目建设点5处（科迦村斜尔瓦组、岗孜组、西德村角入组、吉让居委会章杰组、多油村曲登切莫组），总投资150万元，建设内容：取水口5个、公共供水房15座、检查井30眼、安装管道1114米（主管道9997米，支管及入户177米）、开挖沟槽19710立方米、回填19680立方米。其中，科迦村斜尔瓦组批复32万元，安装管道2036米，解决228人、373头（只、匹）牲畜的安全饮水问题；科迦村岗孜组安装管道1766米，解决140人、550头（只、匹）牲畜的安全饮水问题；西德村角入组批复42万元，安装管道2391米，解决424人、14870头（只、匹）牲畜的安全饮水问题；吉让居委会章杰组批复35万元，安装管道2247米，解决522人、3468头（只、匹）牲畜的安全饮水问题；多油村曲登切莫组安装管道1557米，解决379人、591头（只、匹）牲畜的安全饮水问题。其中，科迦村斜尔瓦组、岗孜组、西德村角入组、多油村曲登切莫组4处饮水工程2007年11月10日前全部竣工并通水，吉让章杰组饮水工程由于气候情况拖延至2008年6月10日完工。

2008—2009年，普兰县完成农村饮水现状调查评估及“十一五”安全饮水规划工作。

2009年，自治区批复普兰县安全饮水工程资金211万元，实施农村安全饮水工程11处。其中，赤德村批复33万元，解决314人、4710头（只、匹）牲畜的安全饮水问题；吉让塔亚组批复9万元，解决150人的安全饮水问题；吉让曲龙组批复17万元，解决152人的安全饮水问题；吉让苏孜组批复15万元，解决144人的安全饮水问题；吉让加兴组批复16万元，解决156人的安全饮水问题；吉让多萨组批复12万元，解决82人的安全饮水问题；多油村批复67万元，解决370人、5124头（只、匹）牲畜的安全饮水问题；多油村噶入组批复13万元，解决120人的安全饮水问题；多油村切来组批复15万元，解决36人的安全饮水问题；仁贡村批复9万元，建设4眼保暖井；巴嘎乡雄巴村吉吾组批复5万元，建设1眼保暖井。安全饮水工程建设内容包括取水口、管道、公共给水点三部分，其中取水口由反滤层、截水墙、沉沙池、蓄水池、半暖房组成。县水利部门负责人和乡镇负责人一同考察和了解农村安全饮水困难的村、组，县水利部门采取集中与分散相结合、近期与长远相结合的原则，选出农村安全饮水工程3处（赤德村管道饮水、多油村管道饮水、吉让居委会管道饮水），总投资68.432万元，建设内容主要有渠首8座、蓄水池8座、集中供水点31处、检查井45眼，管线总长16.42千米，解决1689人、11412头（只、匹）牲畜的安全饮水问题，当地老百姓管线开挖补助为每米4元，补助资金6.568万元。此外，“兴边富民”项目投入31万元用于饮水项目。

2010年，普兰县争取到农村安全饮水项目资金127万元，解决194户977人的饮水困难。

第四节　防汛抗旱

一、防汛

2006年，县水利部门根据地区水利局《关于认真做好防汛抗灾工作的通知》要求，专门成立防汛领导小组，准备防汛物资，上级防汛部门下拨铁丝50捆、防汛袋5000袋。

2007—2008年，县水利部门开展防汛工作，准备铁丝50捆、防汛袋5000袋和砂石料600方，并及时发放到各村组。虽连遭大雨袭击，未造成农田、房屋、人员等损失。

2008—2009年，县水利部门在汛期到来之前，备齐所有防汛物资，包括铁丝、编织袋、塑料薄膜等。向科迦村发放“8号铁丝”10捆、编织袋1600个、劳务补助费1000元，在仁贡村发放“8号铁丝”10捆、编织袋50个，在西德村角入组发放水泥2吨，在吉让多萨组发放水泥1吨、长6米的“150号钢管”2根，发放科迦村岗孜组水毁资金5000元。

二、抗旱

2006—2009年，每年冬闲时节，县水利部门组织群众对所有水渠、塘坝进行维护清淤工作，使水渠、塘坝在春灌期间发挥作用。

2008年，科迦水库开工建设，可灌溉耕地1208.9亩、草场231376.4亩、林地124亩，农田保灌率90%。

2010年10月，胜利灌区工程开工建设，建设干渠17.4千米，可灌溉改善耕地3898亩。

第十一篇　工业　商贸　粮油

2001—2010年，普兰县以经济建设为中心，着力将优势资源、优势产业推向市场，在对外开放中培植新的经济增长点。加大政策（融资、税收、土地使用等）和资金支持，发展非公有制经济，鼓励和引导企业在资本市场融资。推进商贸流通体制改革，扩大对外开放和招商引资，加强国内经济合作和对外经济贸易，形成多种经济成分并存的格局。

第一章　工　业

普兰县工业生产稳定增长。2001年，工业总产值50.8万元，比1997年（31.67万元）增长60.4%。2005年，发电量111.06万千瓦时，实现产值477.55万元。岗仁波齐矿泉水销售额200余万元。

第一节　机　构

2010年，普兰县工业和信息化局成立，由县发展和改革委员会管理，负责人由发改委领导兼任。

第二节　电　力

一、电力建设

“十五”期间，普兰县有各类水电站5座，投资近5000万元，基本上解决了县城周边的照明问题。同时，实施“光明工程”，为农牧民发放家庭户用电源，基本解决农牧民的生活用电问题；为农牧民发放太阳灶，缓解生活能源短缺问题。

2003年年初，普兰县被阿里地区水利局确定为500千瓦及以下电站推广试点县，县委、县政府对普兰县电站资产进行评估登记造册，开展电站承包工作。

（一）普兰县水电站

普兰县水电站位于孔雀河中下游河段，距县城3.5千米。1999年4月12日，普兰县水电站开工建设，装机容量2×250千瓦，投资3410万元，2001年投入运行发电，保证出率229.4千瓦，设计年平均发电量344.5万千瓦时。

该水电站由中国长江水利委员会长江水利勘测设计院设计，中国人民武装警察部队水电三总队第十二支队施工，中国水利水电第三工程局工程公司为监理单位。项目概算总投资3143.81万元。因部分工程设计变更和漏项，2005年3月26日，经西藏自治区发展和改革委员会审查，下达《关于阿里地区普兰县水电站工程调整概算的批复》，调整后工程总概算3473.99万元。电站10千伏升压站出线两回，一回供多油村，另一回供普兰县城，县城又经过10千伏开关站分3路分别供新县城、老县城、边防连的生产生活用电。

（二）多玛水电站

多玛水电站位于普兰镇仁贡村嘎东河下游，距县城25千米，为引水式电站（全长760米），装机容量2×55千瓦。2003年，经自治区计委批准立项，为西藏自治区“117送电到乡”小水电项目。2004年5月1日，多玛水电站开工建设，主要建筑物有挡水坝、引水渠、压力前池、主厂房，附属设施有职工住房2套，投资413.6万元，10月完工。

多玛水电站年发电量10万千瓦时左右，解决了仁贡村6个组200余户400余人的生活、生产用电问题。

（三）斜尔瓦水电站

斜尔瓦水电站位于普兰镇科迦村斜尔瓦组，距县城25千米，距中尼边境不足1千米，为引水式电站。2003年8月，斜尔瓦水电站开工建设，装机容量30千瓦，建筑物有拦水坝、引水渠（长150米）、主厂房等，2005年6月完工。

之后，对斜尔瓦水电站进行技改，根据水量分析结果，斜尔瓦群众和口岸管理单位生产生活用电需求，提高电站水头，机组型号调整为斜击式机组，装机容量调整为55千瓦。技改后，斜尔瓦水电站实现半自动化运行管理，保证了枯水期正常供电能力，提升了供电质量。2007年11月18—19日，斜尔瓦水电站通过阿里地区水利局组织的初验，2008年9月30日正式投产发电，2009年8月竣工通过验收。

斜尔瓦水电站年发电量19.27万千瓦时左右，解决了科迦村、科迦寺、幼儿园、边防派出所750人的生活用电问题。

二、农网改造

2003—2007年，普兰县实施第一、第二期农网工程，总投资389万元，建成10千伏高压输电线路25.1千米，低压输电线路19.7千米。

2007年6—10月，普兰县实施第三期农网改造项目，改造仁贡村4个组（阿岗、多瓦、沙朗、若南）和西德村洛巴组线路，工程规模：10千伏农网线路18.4千米，0.4千伏低压线路2.9千米，变压器5台，解决150户群众用电问题。

2008—2009年，普兰县投资194.11万元（合同价144.35万元），改造10千伏线路18.4千米，400伏线路2.9千米，变压器5台，新增用电人口384人。设计、招投标、资金拨付等均由地区水利局统一管理，县水利局实行代管。2009年，实施1个村的电网改造。

三、供电

2001—2003年，普兰县发电量178.725万千瓦时。

2004年，完成发电量30万千瓦时，实现产值121万元。

2005年，完成发电量111.06万千瓦时，实现产值477.55万元。

2009—2010年，普兰县水电站年发电量140.16万千瓦时，多玛水电站年发电量19.27万千瓦时，斜尔瓦水电站年发电量19.27万千瓦时。

普兰县供电质量显著提高，但城区电力供应紧张，局部用电缺口较大。

第三节　矿　业

2001—2010年，普兰县按照“统一规划、合理利用、科学开采、强化管理”的原则，开展多种形式的联合与合作，加快冈底斯带矿产开发，加强对已探明金矿的管理，合理开采，开发岗仁波齐矿泉水，寻找新的矿源和矿种，培植新的经济增长点。

矿泉水开发

1997年，由普兰县人民政府牵头，通过爱国人士洛桑山丹的努力，西藏阿里岗仁波齐资源开发总公司（位于普兰县巴嘎区塔尔钦）成立，填补了阿里地区矿泉水产业的历史空白。

1998年之后，阿里地区有关部门出资，委托有关专家对冈仁波齐峰周边近2000平方千米范围内的天然泉水、冰雪融水、湖水等进行调查和取样检测工作。在12处具备天然矿泉水形成条件的基础上，选取冈仁波齐主峰南侧的达尔穷泉点（编号GQ-5）进行饮用天然矿泉水的勘查和评鉴工作，2000年7月14日通过西藏自治区有关专家的评审，核发鉴定证书藏地鉴定（2000）第01号，确定该泉水为优质的锶饮用天然矿泉水，批准开采量为每天216吨，规模为中型水源地。

2000年9月27日，普兰县人民政府下发《关于建设岗仁波齐优质天然矿泉水厂的批复》，同意立项建设。

2003年，普兰县争取到国家和个人投资183万元，成立岗仁波齐矿泉水公司，10月1日正式投产并投放市场。

2004年年初，县人民政府有关领导协同岗仁波齐矿泉水公司经理与印度商户、尼泊尔商户洽谈合作生产、销售事宜，8月签订合作协议，引进印度商户资金804万元，并在印度、尼泊尔两国建立销售网点。争取国家贴息贷款400万元。岗仁波齐矿泉水公司日产矿泉水20吨，年产矿泉水超过4000吨。

2005年，岗仁波齐矿泉水厂被西藏自治区人民政府授予“优秀乡镇企业”称号。

2007年，岗仁波齐矿泉水被西藏自治区国土资源厅认定为矿泉水，发放证书

（藏国土资矿水〔2005〕002号）。

2008年5月，阿里地委、行署将岗仁波齐矿泉水厂经营权移交给阿里地区对外贸易总公司，并作为阿里地区对外贸易总公司的子公司。阿里地区对外贸易总公司出资580万元进行并购，其中支付工程队工程款437万元，退还原法人洛桑山丹个人投资143万元。

2009年，岗仁波齐矿泉水厂产量120吨，实现销售收入60万元。

2010年9月，岗仁波齐矿泉水厂有职工17人，其中管理人员2人，水处理员1人，吹瓶员1人，检测员1人。

岗仁波齐矿泉水水源地为冈仁波齐内侧转山道色龙寺前方山谷中的自涌泉口，泉眼海拔5686米，为天然冰雪融水，是纯天然原生态冰川矿泉水，水质甘甜凉澈，富含锶、锌、钾等人体所需微量元素。据检测，岗仁波齐矿泉水锶含量为0.4～0.7毫克/升，被称为“天然健康的锶饮用水”。受气候影响，水源地常年积雪冰冻，每年有6个月可以采取矿泉水。

第四节　工业企业

一、西藏阿里藏酿青稞酒业有限公司

普兰县开发特色产业，探索“公司+基地+农户”经营模式。2009年，西藏阿里藏酿青稞酒业有限公司成立，年产青稞白酒50吨，消耗青稞200吨。

二、乡镇工业企业

普兰县为增加农牧民群众收入，使其有固定收入，引导农牧民组建专业经济合作组织。先后建成青油加工厂、西德糌粑加工厂、农机修理厂、吉让预制厂、多油农牧民施工队、岗莎牦牛运输队。

各经济合作组织不断开拓市场，经营运行状况良好。至2010年年底，普兰县有农牧民经济合作组织8个，分别是多油农牧民施工队、吉让预制厂、西德糌粑加工厂、岗措经济实体、曲龙蔬菜种植协会、岗莎牦牛运输队、霍尔乡扶贫加油站、吉吾澡堂，其中西德糌粑加工厂、吉让预制厂、多油农牧民施工队、巴嘎乡岗莎村牦牛运输队较为出名。

（一）糌粑加工厂

2002—2003年，普兰县连续两年申报普兰镇白青稞和油菜籽加工生产项目立项，争取到35万元的国家投资。2004年6月，糌粑加工厂建设安装完成，8月投入生产，当年销售白糌粑15吨、菜籽油4吨。

2004年，由上级投入资金，以村办经济实体名义建立西德白糌粑加工厂。2005

年年初，西德糌粑加工厂正式成立并开始运行，主要经营生产、销售白糌粑，由仁青、普琼等7人具体负责日常工作。2006年，购买生产设备，改进加工工艺，扩大生产规模。2010年，加工厂创收3万元。

（二）预制厂

吉让居委会预制厂创建于2006年，由杰阿次仁、小加布等5人负责组织运营，是普兰镇创办的第一家农村经济实体的小型企业。

预制厂有厂房1间、库房1间、车库4间、筛选机1套、翻斗车2辆、装载机2辆、小拖拉机2辆、制砖机15对、搅拌机4台、发电机4套、大发电机1个。随着普兰县城镇规划和建设规模的扩大，对预制砖的需求增长，预制厂争取资金购置翻斗车、装土机、小拖拉机各1辆，专用搅拌机2台，发电机1套，制砖机10对，并扩建厂房6亩，建设砂石料场3.5亩。

预制厂承包赤德村职业学校围墙、校舍，县城部分基建工程，蔬菜大棚围墙等多项工程，为县城各工地提供砖块。2009年，购进部分先进设备。制砖104万块，纯收入10万元，为当地群众2970余人和168户小拖拉机运输户创收30万元。2010年，预制厂与居委会开始分开管理使用资金。制砖170万块，纯收入增至35万元，为当地群众4000余人创收33万元，为居委会（168辆运输车）创收45万元。

（三）多油农牧民施工队

2008年，多油村组织成立农牧民施工队，有21人，由多吉、拉巴江赞等8人具体负责。施工队有车库（土木结构）700平方米、办公间24平方米、东风车1辆、搅拌机2台、振动棒10个、小四轮拖拉机1台、大翻斗车1台、装载机1台、挖土机1台、发电机1台及劳动工具等。承包水渠、建筑等施工业务。2010年，施工队人员增至31人。

2008—2010年，施工队承建扶贫项目3个：塔亚水渠、多油村荣贡水渠、赤德水渠，总投资204.79万元。承建县交通局和水利局项目3个：新修胜利水渠1千米、涵洞3个和防洪墙2个、赤德强拉公路挡墙和涵洞工程，总投资69.8万元。施工队年人均工资8000元。

第二章 商 贸

2001—2010年，随着改革开放的深入，普兰县社会主义市场经济体制逐步建立。除粮食、食盐、石油、烟草等特殊商品外，流通市场全面放开，综合超市、专卖店等新兴销售形式涌现，市场网点遍布城乡，商品供应充裕，流通渠道顺畅。国营商业所占比重降低，个体、私营商业成为市场的主力军。

第一节 机 构

1996年10月，普兰县商业局更名为普兰县贸易局。

2004年10月，普兰县商务局成立，副科级建制，由普兰县发展和改革委员会管理。

2010年8月，普兰县商务局升格为正科级建制，无内设机构，行政编制3名，其中科级领导职数3名。

2001—2010年普兰县商务局领导一览表

表11-2-1

机构名称	职务	姓名	性别	民族	任职时间	备注
普兰县贸易局	局长				1999.11—2004.10	未配备
普兰县商务局	局长	旦 增	男	藏族	2004.11—	

第二节 市场建设

2006年，普兰县建设斜尔瓦木材交易市场，与尼泊尔进行木材交易，项目投资50.5万元，建设房屋10间200平方米、木材堆放点200平方米、围墙1000米。斜尔瓦位于科迦村东南部，与尼泊尔隔河相望，有23户109人，大部分人参与边贸活动，主要是进行木材交易。在西德村、霍尔乡建设活畜交易市场。

2008年，普兰县推动“万村千乡市场工程”，在各乡镇分别配备1辆“万村千乡市场工程”配送车，19家农家店和1个联谊总部挂牌营业。2009年，建市场网点20个。2010年，上报9家（新建3家、改造6家），累计建设农家店22家，均通过地区检查组检查。

2009年，普兰县启动“家电下乡”工程。2010年，围绕“家电下乡、惠民利国”主题，以扩大消费需求为目标，加强家电下乡政策宣传。以户籍部门资料和农牧民家庭户口簿为依据，向每家每户发放家电家具下乡产品购物簿。

第三节　商业管理

普兰县实施“万村千乡市场工程”，以县城为中心，带动一镇两乡零售商店的快速发展，为广大农牧民提供快捷方便的服务。引导农牧民更新消费观念，转变消费习惯，扩大住、行、娱等方面的消费。加大农房改造、新村建设和农牧区电网建设与改造力度，发挥其拉动农牧区消费的基础性作用。

2001年，普兰县社会消费品零售总额900万元，服务性营业收入290余万元。2002年，批发、零售贸易及餐饮业收入1267万元。2005年，批发、零售贸易及餐饮业收入2390.02万元。

2009年，个体私营经济产值85万元，营业收入3636万元。

2010年，个体私营经济产值52万元，营业收入3820万元，社会消费品零售总额2697.96万元。

2001—2010年普兰县社会消费品零售总额统计表

表11-2-2　　　　单位：万元

年份	社会消费品零售总额	年份	社会消费品零售总额
2001	900	2006	1427
2002	987	2007	1652.47
2003	1014.44	2008	1385.69
2004	1061	2009	2568.73
2005	1661.55	2010	2697.96

县商务局专门成立相关机构，负责碘盐推广。2008年，完成碘盐推广44吨。

2009年，碘盐销售38.28吨，碘盐推广使用面100%。2010年，碘盐推广42.11吨，其中普兰镇26.6吨，霍尔乡8.8吨，巴嘎乡6.71吨。

第四节　招商引资

普兰县以开放促开发，实施对外开放，优化投资和市场环境，简化审批手续，改进服务方式，坚持“放手、放胆、放开、放活”的原则，以提高质量、扩张总量、增进效益为目标，进一步完善和落实非公有制经济发展的各项政策措施。采取有效措施，整顿和规范市场经济秩序，加强文化娱乐、药品、食品卫生、商业、旅游等市场管理，形成公开竞争的市场机制，用活、用好各项优惠政策，创造良好的投资软环境，吸引更多的国内外客商投资经商，促进非公有制经济的发展。

2001年，普兰县废除与西部大开发、招商引资、扩大开放不相适应的政策条文。2003年，唐嘎国际边贸市场搬迁后，市场经济秩序进一步规范，物价趋于稳定。

2004年，普兰县着力扩大民间投资，出台有利于吸引民间投资的政策，进一步拓宽投资领域，简化审批手续，改善投资环境，鼓励和引导民间投资者采取独资、参股、合作等形式，进入法律法规未禁止的领域参与建设和经营，发展粮油加工、旅游资源开发和矿泉资源开发，确保民间投资达到400万元以上。采取政府扶持的办法，建立信用担保机构，为各类企业特别是非公有制企业创造良好融资条件。对地价实行适当优惠，鼓励私人投资。与印度商户、尼泊尔商户就岗仁波齐矿泉水签订合作协议，引进印度商户资金804万元，在印度、尼泊尔建立销售网点。争取国家贴息贷款400万元用以岗仁波齐矿泉水开发。

2006年，普兰县从民间引资650万元用于神山宾馆的建设，与圣地旅游公司达成2500万美元的协议，并与坦途实业有限公司签订旅游开发协议。

2009年，普兰县参加招商活动，与西藏旅游股份公司达成协议项目7个，实现引资7亿元。

第五节　服务业

2005年，普兰县规模较大的宾馆3家：孔雀宾馆（普兰县宾馆）、普兰宾馆（普兰旅游公司）、冈底斯宾馆。2009年，全县有宾馆11家，家庭旅馆32家（星级标牌旅馆6家）。2010年，全县有宾馆和家庭旅馆58家（4星级宾馆2家，3星级宾馆3家），床位1466个，其中县城9家，共126间房266个床位；塔尔钦21家，共172间房700个床位；吉吾13家，共78间房350个床位；霍尔乡15家，共51间房150个床位。价格随季节有所浮动，7月、8月为旺季，部分可在网上预订。10月1日，由西藏旅游股份有限公司开发建设的普兰国际大酒店开工建设。

2005年，全县有饭店78家。至2010年，饭店、茶馆有209家，座位3300余个。以川渝风味为主，兼之东北、陕西、甘肃等全国各地风味的中餐厅，藏式餐厅及茶馆，尼泊尔风味餐厅。

2005年，全县有商店143家。至2010年，有商店152家。

2002年，普兰县城有理发店3家，从业人员4人，理发价格为5元、8元。2005年，理发价格为10元、15元。至2010年，县城有理发店3家，理发价格为20元。

2001—2010年，全县有加油站1个（孔雀加油站）。2010年，建设2个加油站（1个在普兰县城南郊，1个在霍尔乡以东）。

2004年，全县有液化气站2家，还有少量个体户私营液化气。

第三章 粮 油

普兰县贯彻落实国家、自治区和阿里地区的粮食政策，做好地方储备粮的收购储存、调运、轮换和销售，发挥粮食流通主渠道作用，采购、调运政策性粮油，调拨县内粮油，保障粮食流通和粮食市场安全，为国民经济的持续快速发展和社会稳定提供坚实的物质基础。

第一节 机 构

1987年7月，县商业粮食科分设为县商业局和县粮食局。

2001—2010年，县粮食局归县发展和改革委员会管理，为内设机构，由发改委副主任兼任粮食局局长、粮食公司经理。

2010年8月，机构改革后县粮食局无内设机构，科级领导职数1名。

2001—2010年普兰县粮食局领导一览表

表11-3-1

机构名称	职务	姓名	性别	民族	任职时间
普兰县粮食局	局长	旦 增	男	藏族	1997.5—2004.11

第二节 粮油储藏

2001—2010年，普兰县依法管粮，按照“广积粮、积好粮、好积粮”的宗旨，围绕粮食局的各项职能职责，严格执行好粮食工作方针、政策、法规，组织落实地方性粮食管理办法。在粮食企业开展粮食安全储粮检查118次，出动人员590人次，确保各种储粮安全。落实粮食储备任务，在储备粮的管理工作中，要求工作人员严格遵守规章制度，并依照科学保管程序，严防不漏，抓好粮食安全生产管理工作，做好防盗、防火、防水、防虫鼠、防高温等工作，确保粮食安全。

第三节 粮油购销

2001年，普兰县完成粮食上交任务500吨。2003年，收购青稞500吨、大米153.3吨、面粉143.8吨，销售青稞441.5吨、大米93.8吨、面粉76.7吨，销售收入30万元。2005年，收购青稞410吨。

2006年，普兰县销售青稞410吨、大米57.8吨、面粉84.3吨。2010年，收购青稞300吨、大米200吨、面粉100吨、食油20吨，销售青稞300吨、大米190吨、面粉95吨、食油20吨。

第十二篇　财税　金融

2001—2010年，普兰县实施财税体制改革，完善财税体制，建立起“严格预算，合理收支，规范操作，严密监督”的财政体系。努力开发财源，强化财政管理，财政收入持续增长。调整和优化支出结构，支持重点支出需求，压缩一般性开支。整顿财经秩序，严肃财经法纪，实现依法理财；加强国有资产、预算外资金的管理。累计完成财政收入5.14亿元，财政支出4.97亿元。

2001年，普兰县税务机关征收增值税、营业税、个人所得税、土地增值税、印花税、车辆购置税。之后，陆续开征资源税、企业所得税、车船税、耕地占用税、城市维护建设税、消费税（只在卷烟批发环节和海关代征进口环节征收）。至2010年，实际征收税种12种。2001—2010年，税收收入1646万元。

普兰县逐步建立以中国人民银行为领导，中国农业银行为主体，政策性金融与商业性金融分离的金融体系。中国农业银行普兰县支行开办存款、贷款、结算、联行、代理国库及国际结算等业务。2010年年末，中国农业银行普兰县支行各项存款余额11023万元，比2001年年末增长5.28倍；各项贷款余额5523万元，比2001年年末增长9.19倍。

第一章 财 政

第一节 机 构

1996年8月，普兰县计划财政局分设为普兰县经济计划委员会和普兰县财政局。2001年，普兰县财政局编制4名。2004年，普兰县财政局行政编制5名，设局长1人、副局长1人。会计核算中心成立，集中办理业务，负责国库和专项资金管理。

2010年，在财政局挂政府国有资产监督管理委员会牌子。县财政局（县政府国有资产监督管理委员会）无内设机构，编制5名（行政编制4名，事业编制1名），其中科级领导职数4名。实有干部职工15人，其中局长1人，副局长2人，副主任科员2人，科员7人，公益性岗位3人。

2001—2010年普兰县财政局领导一览表

表12-1-1

机构名称	职务	姓名	性别	民族	任职时间
普兰县财政局	局长	明久多吉	男	藏族	1998.1—2001.4
		顿 珠 玛	女	藏族	2002.10—2003.10
		李 辉	男	汉族	2003.10—2006.8
		洛卓桑姆	女	藏族	2006.12—
	副局长	顿 珠 玛	女	藏族	1996.11—2002.10
		洛卓桑姆	女	藏族	2002.9—2006.11
		高 元 昆	男	汉族	2006.11—

第二节 财政收入

2001—2010年，普兰县财政收入大部分来自上级补助。中央、自治区及阿里地区制定了一系列有利于普兰县发展与稳定的特殊政策及灵活措施，对普兰县长期实行扶持政策，补助额度逐年增加，并对一些事务实行长期专项定额补助。中央补助包括一般预算外收入和其他补助两部分，其中一般预算外补助是普兰县财政收入的主要来源。2003年实行农牧区税费改革之后，中央对农牧区税费改革补助逐年递增。本级财政收入总体上呈现递增的状态，财政收入不断增加。

2001年，普兰县财政总收入1545万元，其中各项补助收入1398万元，本级财政收入153万元，上年度超支6万元。财政自给率12%。

因工资普调、特殊津贴兑现、新增人员、转移支付的增加，补助收入持续增加。至2005年，财政总收入3890万元，其中各项补助收入3374万元，本级财政收入271万元，上年度结余245万元。普兰县本级收入有所增长，未能从根本上缓解财政压力。

2006年，财政总收入3756万元，其中各项补助收入3151万元（因一般性转移支付减少，补助收入较上年减少223万元），本级财政收入314万元，上年度结余291万元。

2007年，财政总收入6058万元，其中上级补助收入5477万元，本级财政收入372万元［税收收入181万元，非税收收入191万元（国有资产有偿使用收入3万元，其他收入188万元）］，上年度结余209万元（结转下年支出197万元，净结余12万元）。

2008年，加大税收和非税收收入的征管力度，财政收入从靠投资拉动型转为有稳定财源型。本级财政收入331万元，比上年减少41万元。

2009年，县财政局严格监督管理各单位收入，严厉打击各单位“小金库”，与税务部门协同加大征税力度，应收尽收、足额入库，同时加强房租收入和旅游门票收入的管理，旅游业成为县域经济支柱产业。财政总收入10947万元，其中上级补助收入9623万元，本级财政收入400万元，上年度结余924万元。

2010年，财政总收入10257万元，其中上级补助收入9672万元，本级财政收入472万元，上年度结余113万元。

2001—2010年普兰县财政收入统计表

表12-1-2　　单位：万元

年份	财政总收入	上年度结余	上级补助	本级财政收入			
				合计	税收收入	其他收入	利息收入
2001	1545	–6	1398	153	104	49	0
2002	2203	0	2028	175	121	54	0
2003	2543	213	2130	200	170	30	0
2004	2665	40	2385	240	171	69	0

续表12-1-2

年份	财政总收入	上年度结余	上级补助	本级财政收入			
				合计	税收收入	其他收入	利息收入
2005	3890	245	3374	271	210	61	0
2006	3756	291	3151	314	170	144	0
2007	6058	209	5477	372	181	191	0
2008	7574	556	6687	331	142	186	3
2009	10947	924	9623	400	161	237	2
2010	10257	113	9672	472	216	253	3

第三节 财政支出

2001年，普兰县财政总支出1593万元，主要用于全县干部职工的人员经费和公用支出。其中，农林水利气象等部门事业费124万元，主要用于县农机站、农技站及兽医站、水电站等部门的人员工资、公务费等；文体广播事业费49万元，主要用于电视台、电影队、调频广播事业及人员工资发放；教育事业费305万元，主要用于全县中小学教师工资发放、学生助学金和奖学金支出；卫生经费190万元，主要用于人员经费和公共医疗开支；抚恤和社会福利救济支出39万元，主要用于全县防抗灾物资的支出；社会保障补助支出11万元，主要用于养老金的缴费；行政管理费745万元，主要用于党政机关人员经费、车辆开支和各项杂项开支；政策性补贴支出3万元；支援不发达地区支出2万元；其他支出119万元，主要用于干部职工住房公积金开支等。

2004年，县财政局初步执行部门预算，严格控制一些不必要的开支，财政总支出2420万元，比上年减少3.32%。

2005年，普兰县财政总支出3572万元。其中，农业支出82万元，主要用于县农机站、农技站及兽医站等部门人员经费及下乡补助；水利和气象支出252万元，用于县水电站退休人员工资及气象局补助；文体广播事业费66万元；医疗卫生支出321万元，主要用于医院的人员支出、乡镇医生的补助及全县公费医疗和农牧民免费医疗；抚恤和社会福利救济支出80万元，主要用于全县防抗救灾支出及牺牲病故抚恤；社会保障补助支出16万元，主要用于缴纳失业金及养老金；行政管理费1627万元，主要用于党政机关人员经费、车辆开支、差旅费及其他开支；城市维护费1万元，用于环保人员的工资；其他支出544万元，主要用于干部职工住房公积金、大庆经费、老干部考察费等。

2001—2006年普兰县财政支出统计表

表12-1-3　　单位：万元

分类	2001年	2002年	2003年	2004年	2005年	2006年
总支出	1593	1942	2503	2420	3572	3547
农林水利气象等部门事业费	124	136	133	107	334	118
文体广播事业费	49	52	68	81	66	71
教育事业费	305	343	409	398	—	505
卫生经费	190	198	245	269	321	325
抚恤和社会福利救济支出	39	93	61	39	80	84
社会保障补助支出	11	2	27	14	16	16
行政管理费	745	884	159	1354	1627	1593
城市维护费	—	2	—	—	1	5
政策性补贴支出	3	1	2	1	—	—
支援不发达地区支出	2	0	—	—	—	—
其他支出	119	73	241	173	544	483

2006年之后，由于国家加大对“三农”、边境转移支付力度，加之新增人员的支出、初中校舍建设、2008年灾后重建补助支出、边境地区居民补助、公检法办案经费、转型事务指标支出等转移支付和专项补助的增加，普兰县财政总支出逐年递增。坚持“一要吃饭、二要建设、三要发展”的方针，将确保工资发放和政权运转放在首位。按政策落实兑现干部职工工资福利待遇，从有限的财力中建立各种专项资金县级配套，逐年提高公用经费人均标准，满足工作发展的需求。加大力度支持解决“三农”问题，将促进社会主义新农村建设作为财政工作的重中之重，贯彻落实新农村税费改革和农村综合改革，着力推进农牧区各项社会事业的发展。支持平安建设，足额安排公、检、法、司系统的公用经费，促进政法部门发挥职能作用。落实国家的优抚安置和抚恤政策以及社会救助和社会福利政策，兑现各种专项资金，保障社会弱势群众的合法权益，构建健全健康的社会保障体系。牢固树立以人为本的科学发展观，合理配置教育资源，加大对教育事业的投入，落实“三包”政策，并从有限的本级财政收入中建立教育配套资源，保障农牧民子女受教育的权利。推进社会保障体系建设，解决老百姓“看病难、看病贵”的问题。在

财政资金使用方面，对机关人员、车辆、会议、电话等方面进行控制，严格执行年初预算。

2009年，财政总支出10833万元，突破1亿元，比上年增长62.9%。一般公共服务支出、公共安全支出、教育支出、社会保障和就业事务支出、城乡社区事务支出、农林水事务基本支出较上年增幅较大。一般公共服务支出2926万元，其中人大常委会事务支出98万元、政协事务支出106万元、政府办公室及相关机构事务支出1647万元、发展改革事务支出106万元、财政事务支出253万元、人事支出125万元、纪检监察事务支出39万元、人口计划生育支出5万元、国土资源事务支出56万元、气象事务支出2.5万元、宗教事务支出101万元、档案事务支出7万元、党务支出316万元、群众团体事务支出60万元。教育支出1942万元，其中教育管理事务支出45万元、普通教育支出1897万元。社会保障和就业事务支出1240万元，其中民政管理事务支出75万元、对社会保险基金的补助支出370万元、就业补助200万元、抚恤支出114万元、社会福利支出10万元、残疾人事业支出1万元、城市居民最低生活保障支出3万元、自然灾害生活补助支出460万元、农村最低生活保障支出2万元、其他农村生活救济支出4万元。城乡社区事务支出85万元，其中城乡社区公共设施支出5万元、城乡社区环境卫生支出38万元、国有土地使用权出让金支出42万元。农林水事务基本支出674万元，其中农业支出549万元、农林支出29万元、水利支出96万元。

2010年，财政总支出10242万元。其中，一般公共服务支出3098万元；教育支出1183万元；科学技术支出26万元；文化体育与传媒支出371万元；社会保障和就业支出622万元；医疗卫生支出765万元；城乡社区事务支出145万元；农林水事务支出696万元；交通运输支出75万元；资源勘探电力信息等事务支出18万元，比上年增加4万元；商业服务业等事务支出4万元；国土资源气象等事务支出63万元；住房保障支出278万元；其他支出1997万元，比上年增加620万元。

县级财政配套472万元，包括科技配套（4%）16万元，教育县级支教资金配套80万元，抗灾救灾配套（5%）21万元，支农配套资金17万元，民政两保配套9万元，农村医疗救助配套4万元，城市医疗救助4万元，廉租房配套5万元，人居环境建设配套支出18万元，网络维修与租赁19万元，野生动物保护配套3万元，消防征地费及业务费18万元，公安征地10万元，检察院征地费5万元，防汛县级配套4万元，普法宣传配套2万元，合作医疗县级配套1.5万元，大额医疗保险4万元等。

财政支农资金2899万元。其中，绵羊短期育肥项目44.88万元，年可创纯利润20.88万元，受益40户174人，户均收入5221元，人均收入1200元；人工种草基地项目90.9万元，缓解全县草畜矛盾，促进畜牧业快速、健康、持续发展；岗莎村牦牛运输队建设项目30万元，解决巴嘎乡岗莎村运输牦牛供应不上的问题，并为游客提供更好的旅游服务，促进岗莎村经济发展，改善岗莎村人民群众的生产生活，人均年收入5152元；巴嘎乡劳动矿泉水转移项目300万元，群众各项收入均有一定程度的增加，经济效益十分显著；良种推广补贴项目1.94万元；农村公益事业项目873.17万元。

基础建设项目：人畜饮水工程项目174万元，变色锦鸡儿基地项目35万元，荒山荒地造林项目21万元，民宗业务用房建设项目487万元，物价局基础设施建设项目140万元，高寒棚圈建设项目45万元，霍尔小学附属设施建设项目42万元，牧民定居项目171万元，塔尔钦建设项目48万元，垃圾填埋场建设项目516万元。

2007—2010年普兰县财政支出统计表

表12–1–4　　单位：万元

分类	2007年	2008年	2009年	2010年
总支出	6398.34	6650	10833	10242
一般公共服务支出	2303	2408	2926	3098
教育支出	818	781	1942	1183
科学技术支出	0	0	15	26
文化体育传媒支出	201	203	233	371
社会保障和就业支出	175	494	1240	622
医疗卫生支出	729	549	614	765
城乡社区事务支出	22	26	85	145
农林水事务支出	446	381	674	696
交通运输支出	55	65	68	75
工业商业金融等事务支出	14	14	14	4
其他支出	1070.99	1017	1614	1997

第四节　财政管理

普兰县狠抓各项收入（尤其是非税收入）的征缴力度。强化财政监督，加强收支两条线管理，严格财务审批程序与报账制度，实行规范化财务管理。健全完善符合普兰实际的公共财政体系，推进财政体制改革，转变理财观念，丰富理财手段，调整财政支出结构，建立起“严格预算，合理收支，规范操作，严密监督”

的财政体系。

一、财源建设

县财政局统一思想，紧紧围绕县委、县政府确定的经济工作目标，加大引资力度，加快财源建设，培育新的财政增长点。通过一系列扶持企业生产发展的优惠政策，主动帮助企业克服困难，实现收入均衡入库。同时，加快新县城基础设施建设，增强城市服务功能，推动县域经济发展，夯实财政收入基础，实现财政收入平稳较快增长。

2010年，县财政局加强对税源的调查研究，完善征收机制，强化责任考核。将均衡入库作为考核财、税、库三家部门工作任务的重要指标。优化财税环境，严格执行国家税收政策，防止税收“跑、冒、滴、漏”。加强非税收入征收力度，严格管理国有资本的使用。协同旅游局设立旅游门票售票点，加强旅游门票管理，旅游收入180万元。设立房租协管员，保障国有资产的保护和有效利用，增加本级财政收入。加强管理罚没收入等上缴任务，从数据发放到资金上缴严格按照“收缴分离，收支两条线”原则，有效杜绝多支和设立小金库现象。

二、预决算管理

2001年，普兰县改革预算管理，试编部门预算。财政预算全面落实收支两条线管理。

2002年之前，农业资金中70%用于土地治理项目，30%用于各种经营项目。

2002年，普兰县深化预算管理改革，以农牧民增收、农牧业增效、农牧区稳定为中心任务，加大对农牧业的投资。对农业资金作出调整。

2004年，普兰县规范预算单位银行账户管理，促进财政管理制度改革的实施，从源头上预防和治理腐败。由财政部门按规定在商业银行为预算单位开设零余额账户，主要用于核算和反映预算单位的上级补助收入、原账户转入零余额账户资金和实行授权支付的财政性资金收付等业务。

2005年，普兰县开始试编政府采购预算，县综合部门预算从“早、严、细、全、实、硬”6个字入手，细化预算编制科目，严格预算项目编制。

2007年，普兰县按照收入、支出功能、支出经济三部分重新编制预算。

2008—2009年，普兰县细化部门预算，严格控制支出，加强财政对“三农”、社会公共事业、科教、文化、卫生、政法部门、弱势群体等保障能力，优化支出结构。各单位、各部门的休假费用、所有社会保障资金的配套、公共突发事件的应急资金、“三农”资金等均纳入部门年度预算。在执行预算中，各单位、各部门一律不再追加任何经费，实现预算收支平衡，严格控制各单位不必要的支出，执行“超支不补、结余留用”的准则。根据财政收入增长比例加大本级财政对“三农”投入的比例。严格按照财政“收支两条线”的管理办法，对属于行政事业收费范围的各项收入执行“先收后支”制度，对于收入“坐支”现象加大监督和检查力度，属于入库部分的收入及时足额入国库；执行有收入单位的上缴收入部分奖惩制度，各有收入单位的收入任务年增长率12%。

2010年，普兰县完善以部门预算为主的预算管理改革，提高预算编制质量，进一步规范预算的程序和内容，预算编制的科学性和准确性逐步体现，预算管理的可预见性和透明性明显增强。财政预算部门牢固树立以人为本、改善民生的理财观念，坚持科学发展观，降低行政成本，贯彻厉行节约措施，合理分配县级财力，集中财力保障民生和重点支出需要。对年初安排的单位公用经费按时予以拨付，保证各预算单位的正常用款；确保人员工资按时发放；确保关系人民群众根本利益的政策性支出，确保“三农”资金到位，坚持财力向“三农”倾斜，扩大公共财政覆盖范围。

普兰县加大科技投入力度，科技投入预算的比率逐步提高到10%。

三、财政支付管理

2001年，普兰县推行国库集中支付方法。

2003年以前，政府财务、农牧财务、公检法财务、教育财务和卫生财务独立运行。2004年年初，普兰县试行国库集中支付制度。

2005年，会计集中核算实施“一个窗口”对外，“一个大厅”办理和“一条龙”“一站式”服务，所有制度、操作程序一律公开明示，增强资金使用和运作的透明度。设立指标管理、预算拨款、非税收入、工资统发等8个专项柜台。通过集中支付，报销票据更加正规化，不合理票据、假冒违纪票据大幅度减少。

2006年11月19日，国库改革启动。12月29日，国库集中支付系统上线运行。财政支付改革将预算资金纳入信息管理。

2007年，普兰县安装工资统发及国库集中支付系统，国库集中支付系统正式投入使用。

2008—2010年，普兰县简化手续，核算中心实行营业室化的办公管理，财政口径的所有经费在办理业务时从初审、复审到签字以及开支票在一个办公室完成，实现一条线服务，提供更加高效快捷的服务。加强会计从业人员管理和培训，会计人员业务素质明显提高。国库集中支付系统运行良好，逐渐实现由国库单一账户管理和核算所有财政性资金收支活动，加强财政资金支付管理与监督，提高财政资金的使用效率。

2008年，普兰县改革部门决算，将政府财务、农牧财务、公检法财务、教育财务和卫生财务五大分类细分为47个独立核算单位，人员编制759名（行政编制589名，事业编制170名）。年末实有人员1065人（在职987人，退休78人），其他人员11人。严格控制和界定政府大型接待费和大型会议费，除自治区四大班子和地区四大班子的工作组外，各部门的工作组一律由部门自行支出接待费；大型接待费单独预算到政府办，由政府办指定专人负责接待。

2009年，各乡镇独立核算单位归口到县级隶属单位，全县独立核算单位减少5个。会计核算中心将财务审核与部门预算、“收支两条线”管理、国有资产监管相结合，对核算单位的会计业务实施监督，在报账中严把“受理关”“政策关”“监督关”。

2010年，普兰县严格执行“厉行节约”的各项措施，加强经费管理，压缩人、车支出，开源节流，增收节支，节约资金115万元，节约率15%。严格控制和界定政府大型接待费和大型会议费，各工作组由后勤中心统一安排食宿，统一结账；车辆统一安排，修车、加油都在指定点统一结账。

四、国有资产管理

2008—2010年，普兰县完善国有资产管理职责、分工，加强国有资产管理，完善管理制度。2009年，实现财政管理的国有资产安全运营。加强行政事业单位车辆管理，防止国有资产流失。

五、政府采购管理

2003年1月1日，《中华人民共和国政府采购法》正式实施，实行“管采分离”，标志着政府采购制度改革进入了一个新的历史时期，对政府采购工作提出了更高的标准和新的要求。

2008—2010年，普兰县进一步规范和扩大政府采购范围，凡单价超过5000元的办公用品和各种设备均实行政府采购，并登记固定资产账户。在实施过程中接受财政、监察、审计等部门的监督。2009年，强化政府采购管理，贯彻落实《中华人民共和国政府采购法》《中华人民共和国招标投标法》，对符合条件的采购均纳入政府采购范围。

六、基本建设资金管理

2005年，普兰县实施《阿里地区基本建设资金管理办法》，规范基本建设资金使用、拨付和管理。设立基建专户。

2006—2008年，农牧民安居工程项目设立专项资金，设立专门账户，由专人负责，未发现挪用专项资金现象。

七、财政监督

2003年起，县财政局按照中共中央、国务院关于“依法治国，依法行政”的有关要求，推进依法行政，依法理财，建立完善财政监督体系，健全财政监督机制，先后制定《阿里地区普兰县预算外资金管理办法》《阿里地区普兰县“收支两条线”管理办法》《车辆定点加油管理办法》《车辆定点维修办法》等规章制度，规范专项资金的使用行为。

2003年，县财政局对各行政、事业单位的银行账户进行清理、整顿，防止多头多户、私设小金库等问题。

2005年，开展行政、事业单位资产清查，掌握行政事业单位资产存量、使用情况以及管理现状，建立资产管理数据库，规范行政事业单位资产配置、使用、调配、处置，杜绝“单位占有使用”变成“单位所有”。设立粮食风险基金专户、社会保障补助资金专户、教育专户、涉农专户（扶贫、农发、支农、水利）、基建专户。

2008年，按照政府财务公开的要求，财政资金实现公开化、透明化，接受广大干部群众的监督。

2009年，县财政局根据中央《关于深入开展“小金库”治理工作的意见》和自治区《关于党政机关和事业单位开展“小金库”专项治理工作的实施办法》要求，按照“一般单位5%，重点单位25%”的标准，对各行政、事业单位进行抽查，规范财务管理，未发现私设小金库现象。同时，加强财政投资评审；及时调度保障资金支出，跟踪资金使用，提高资金使用效益。

八、审计评价

县财政局在总预算资金的管理和使用方面，遵守财经纪律和有关财经法规，实行统一计划、统一核算、统一管理，严格核算和审批手续，规范会计核算及原始凭证、发票，加强资金使用的透明度。

2008年起，除常规的干部离任审计外，重点加强专项资金审计，特别是联合纪检等部门监督和检查农牧区税费改革资金、农民种粮补贴资金、农牧区免费医疗资金、教育“三包”经费、民政各种专项经费等落实情况，并建议财务人员调离岗位时进行就地审计。

第五节　财政体制改革

2001—2010年，县财政局研究财政资金管理模式，实现会计集中核算制度和国库集中支付制度有机结合。加大国库支付力度，规范国库集中支付操作和系统管理。全面实施政府收支分类改革。

县财政局结合年度财政资金安全检查情况，建立健全财政资金收付制度、岗位责任制度和内部机构制度等管理制度，规范资金流程，严格责任分工，强化会计核算，加强系统管理，确保财政资金安全、规范、有效运行。研究制定《财政资金安全管理办法》《财政资金缴付管理办法》《财政国库管理业务内部控制制度》等规章制度。同时，加快对财政资金专户的清理和归并，将所有财政资金归口到财政国库部门管理，实现财政资金专户的“集中管理、分账核算、统一调度”。

县财政局以全面建设小康社会为根本目标，转变传统的理财思路和观念，精确审批项目，对确需保留的行政审批项目和权限，建立科学管理和相互制约机制，并实现审批项目、审批程序、审批时限和审批结果“四公开”，接受群众监督，减少资金分配过程中的人为因素，资金分配公开、公正、合理。

第二章　税　务

第一节　机　构

1994年，普兰县税务局成立，正科级建制。

2003年，普兰县税务局有税务人员3人。2008年，税务人员增至4人。2010年年底，普兰县税务局有税务人员5人。

2001—2010年普兰县税务局领导一览表

表12-2-1

机构名称	职务	姓名	性别	民族	任职时间	备注
普兰县税务局	局长	次旦多吉	男	藏族	2002.6—2006.6	
		李　华	男	汉族	2006.6—2010.1	
		郁万全	男	汉族	2010.1—	
	副局长	才旦多吉	男	藏族	1999.6—2001.1	
		次旦多吉	男	藏族	2001.1—2002.6	主持工作
					2002.7—2010.12	未配备

第二节　税　种

2001年，中央召开第四次西藏工作座谈会，确定西藏继续执行“税制一致、适当变通”的税收政策，除关税、进口消费税、增值税外，其他各税的具体管理办法由西藏自治区人民政府拟定，报国务院批准后实行。此后开征新的税种，按全国统一的税制执行，如需变通，应报国务院批准。西藏在其他省（市）所办企业，其所得税仍回西藏缴纳。至2010年年底，西藏开征增值税、营业税、企业所得税、个人所得税、土地增值税、耕地占用税、印花税、资源税、车辆购置税、车船税、城市维护建设税、消费税（只在卷烟批发环节和海关代征进口环节征收）等12种税种。

印花税，对经济活动和经济交往中书立、领受应税经济凭证征收。1988年10月开征。

增值税，对在中国境内销售货物或销售、委托加工、修理修配劳务及进口货物的单位和个人征收。1994年开征。

营业税，对有偿提供应税劳务（包括交通运输业、建筑业、金融保险业等七个税目）、转让无形资产和销售不动产的单位和个人征收。1994年5月开征。

个人所得税，对个人（自然人）取得的各项应税所得（包括个人的工资、薪金所得，个体户的生产、经营所得等11个应税项目）征收。西藏地区各类税目扣除标准高于全国，如工资薪金扣除标准、休假路费补贴扣除标准等。

车辆购置税，对购置汽车、摩托车、电车、挂车、农用运输车等应税车辆的单位和个人征收。

土地增值税，在中国境内转让国有土地使用权、地上建筑物（包括地上、地下的各种附属设施）及其附着物并取得收入的单位和个人，对其转让所取得的增值额征收。

资源税，对各种应税自然资源征收。

企业所得税，对在中国境内一切企业和其他取得收入的组织（不包括个人独资企业、合伙企业），就其生产经营所得和其他所得依法征收。2008年开始征收，税率15%。

车船税，以在中国境内依法应当到车船管理部门登记的车辆、船舶为征税对象，向车辆、船舶的所有人或管理人征收。2008年1月1日，西藏自治区开征车船税。

耕地占用税，对在中国境内占用耕地建房或从事非农业建设的单位和个人，就其实际占用耕地面积征收。占用林地、牧草地、农田水用地、养殖水面及渔业水域滩涂等其他用地建房或者从事非农业建设的，视为占用耕地。2009年开征，普兰县税额标准为18元/平方米。军事设施、学校、幼儿园、养老院、医疗占用地免征耕地占用税；铁路线路、公路线路、飞机场跑道、停机坪、航道占用地，按2元/平方米的税额征收耕地占用税。

城市维护建设税，以纳税人实际缴纳的增值税、消费税和营业税税额为计税依据征收，西藏自治区城市维护建设税税率统一为7%。2009年，普兰县才有城市建设税收入。

消费税，对在中国境内生产或销售、委托加工和进口应税消费品的单位和个人征收。2009年5月1日，西藏自治区在卷烟批发环节开征消费税。

第三节　税款征收

2001—2010年，普兰县贯彻落实国家税务总局关于西藏企业纳税人及个体工商户的多项税收优惠减免政策，释放税收“政策红利”，为普兰经济大发展作出贡献。

2007年，普兰县税收收入181万元，其中增值税3万元，营业税131万元，个人所得税9万元，资源税38万元。

2010年，普兰县税收收入216万元，其中增值税3万元，营业税176万元，企业所得税13万元，个人所得税7万元，印花税4万元，城市维护建设税13万元。

2001—2010年普兰县税款征收明细表

表12-2-2　　单位：万元

年份	总计	增值税	营业税	企业所得税	个人所得税	资源税	固定资产投资方向调节税	印花税	城市维护建设税
2001	104	3	83	0	16	0	1	1	0
2002	121	2	94	0	22	2	0	1	0
2003	170	2	147	0	20	0	0	1	0
2004	171	2	112	0	0	22	34	1	0
2005	210	2	167	0	21	19	0	1	0
2006	170	3	153	0	12	1	0	1	0
2007	181	3	131	0	9	38	0	0	0
2008	142	4	124	11	1	1	0	1	0
2009	161	3	136	5	4	1	0	2	10
2010	216	3	176	13	7	0	0	4	13

第四节　农牧区税费改革

2003年，普兰县推行农牧区税费改革。召开专题会议，成立由县委、县政府主要领导任组长，组织、财政、农牧、教育、民政、卫生、文化、纪检、监察等部门负责人组成的税费改革工作领导小组，负责农牧区税费改革工作的领导、方案制订和协调指导、组织实施等。各乡镇成立相应组织机构。

普兰县农牧区税费改革遵循的基本原则：按全国农村税费改革的总体要求，框架一致、政策衔接，税收改革必须坚定不移地推行；透明、简便易行，从实际出发，符合农牧民意愿，便于基层操作和农牧民监督；规范统一，税费负担明显减轻。

普兰县在农牧区开展政策宣传。规范收费管理，取消涉及农牧民出资的达标升级活动，整顿农牧区经营服务性收费，杜绝收取不合理税费。根据“县统乡管村用、专款专用、单独核算、专项审计”的原则，成立由检察部门牵头，财政、计委、农牧等部门组成的监督组织，负责农牧区收费、农牧民负担情况的监督管理，对农牧民收费项目实行一票否决和监督卡制度；并成立乡镇、村监督机构，建立“纵向到底”的监督机制。建立健全信息反馈制度、咨询服务制度、信访查办制度、电话举报制度，对税费改革情况进行定期公布，加大对增加农牧民负担行为的查处力度。

农牧区税费改革前，普兰县公共财政负担费用538150.9元，农牧民负担费用259447.1元，人均负担费用35.5元，占人均收入的1.84%。

农牧区由公共财政负担的费用6项，共452339.6元。其中，代课老师（27人）年开支19.44万元；计划生育经费人均1元，年开支7310元；民兵训练费19.55万元；牧业技术人员（村医、兽医）111人，每人每月误工补贴47.8元，共63669.6元；村干部误工补贴92616元（全县村干部42人，每人每月误工补贴189元；村委会副主任及村委委员共22人，每人每月误工费179元）；享受村级退休干部待遇77人，每人每年退休费标准972元，共74844元。

农牧民负担费用4项，共224223.4元。其中，农业发展基金及草场管理费用，年收取63293.4元（收取标准：每只羊年收取0.2元，每头牛年收取1.5元，每匹马年收取1.8元）；“村村通”广播电视管理误工补贴费用，共26280元（全县“村村通”广播单收站73座，每座管理员1人，每人每月30元）；14个教学点燃料补贴费，共2.5万元；农村合作医疗农牧民集资，共109650元（每人每年15元）。

由公共财政和农牧民共同负担费用3项，共121035元（公共财政负担85811.3元，农牧民负担35223.7元）。其中，村公用经费年总计62109元（公共财政负担43476.3元，农牧民负担18632.7元）；五保户生活补助费用31885元（全县35人，年人均生活补助费911元，农牧民承担1.26万元）。

普兰县实行“大稳定、小调整”，对不同收费区别对待，部分应列入公共财政支出的由公共财政予以保证；经济发展项目给予专项支持，继续执行免征牧业税收，对兽医、各种疫苗等继续实行适度财政补贴，规范牧区各项用工，各种收费、集资和摊派。

改革内容：行政村（一类村1个、二类村8个、三类村1个）村干部误工补贴，每人每年1500元，共6万元（含合作医疗个人集资部分）；村公用经费，标准为一类村1600元、二类村1200元、三类村800元，共1.2万元，通过财政转移支付，主要用于报刊、笔墨纸张、照明等开支，超出部分由村集体负担；五保户基本生活标准由588元增至900元，所增部分通过转移支付进行定额补贴，共10920元，原标准仍由原渠道解决；村教学点燃料费2.1万元（每教学点每年1500元），通过转移支付进行定额补助；计划生育经费标准由人均3元（由区、地、县三级各承担1元）增至人均6元（2003年年末人均4元，2004年年末人均5元，2005年年末人均6元），增加部分由自治区通过农牧区税费改革专项转移支付解决，共21930元；"村村通"广播电视和村文化站补助76650元（每座1050元），通过财政转移支付予以补贴。此外，乡村医生、兽医、合作医疗集资款、农用车养路费及按市场经济原则享受服务应承担的各项服务费用，属生产经营服务性收费，仍按国家有关规定执行；进一步规范草场建设费，村级道路维护、草场基本建设等集体生产设施和公益事业用工和筹资实行"一事一议"制度，由村民大会民主讨论决定，逐步取消统一规定的义务工和劳动积累工。

农牧区税费改革后，普兰县公共财政负担费用增加到744130.9元，比改革前增加205980元，增长38.28%；农牧民独立负担费用减少到189329元，人均负担费用25.9元，占上年人均收入的1.3%。

第五节　税收征管

2001—2010年，普兰县全面推行税收征管改革，建立以纳税人自行申报纳税为核心的申报缴税体系、办税服务厅为载体的优化服务体系、计算机网络为依托的管理监控体系和人工与计算机相结合的选案稽查体系四大征管基础体系，加快征管机制转换，建立新的税收征管运行机制，形成"以申报纳税和优化服务为基础，以计算机网络为依托，集中征收，重点稽查，强化管理"的税收征管模式，初步建立征收、管理、稽查三分离的新型征管运行机制。新模式实现由分散征收到集中征收、由手工操作到计算机征管、由重点征收到重点稽查的转变，通过基层征收机构和人事制度的配套改革，逐步实现税收专业化管理，税收征管质量大幅度提高，确保了新税制的实施。

2001年，县税务局推进征管改革，按照"集中征收、分类管理、一般稽查"的改革思路，统一征管业务规程，开展标准化县局建设工作。

2002年，县税务局以征管信息化为改革的切入点，按照"巩固、提高、规范、完善"的原则，在加快信息化建设的基础上，推进税收专业化管理，完成城域网建设，实现征管数据大集中工程，建立内外网站，开展多元化申报试点。以自治区统一征管软件系统数据综合处理平台为基础，构建起“信息集中共享、优化管理服务、强化执法监督”的税务管理信息系统，初步建立基于信息化技术支撑和专业化管理的征管模式。

2005年，普兰县完善税收管理员制度，落实管理责任。加强宏观税负分析和预测，有针对性地采取加强管理的措施。推进税控收款机工作，加强小规模纳税人、商业零售环节以及服务业的税收管理。突出以票控税，落实增值税“一四六小”管理要求。深入实施增值税申报纳税“一窗式”管理，推行纳税人信息资料“一户式”储存，促进了各系统的工作联系与信息共享。简化印花税贴花手续，根据《西藏自治区财政厅、西藏自治区税务局转发财政部、国家税务总局关于改变印花税按期汇总缴纳管理办法的通知》，对同一种类纳税凭证，需频繁贴花的可以采用汇总缴纳印花税的方式，汇总缴纳期限为1个月，缴纳方式一旦选定一年内不能更换。

自2006年起，普兰县执行新的个人所得税费用和扣除标准；执行资源税新政策、企业所得税计税工资税前扣除标准的新政策和房屋租赁业营业税起征点新政策；完成税务登记证换发、清理漏管户和清理垃圾数据工作，推动征管向数字化、精细化、集约化转变；修改完善税收征管业务流程，落实税收管理员制度，制定税收管理员责任追究办法，完善征管质量考评体系，开展征管质量专项清理，在建章立制、构建平台等方面取得初步成效。

2008年，普兰县按照“一根本，四必须”要求，因地制宜，稳妥推进税收制度改革，完善税收政策。根据内外资企业所得税合并方案，落实两税合并政策的宣传和衔接等工作。严格执行房地产交易最低计税价格体系标准，执行西藏自治区核定征收企业所得税应税所得率等。落实国家出口退税调整政策。深入实施增值税申报纳税“一窗式”管理，加强审核比对，堵塞征管漏洞。加强货物运输、农副产品等发票抵扣管理，防止骗抵税款。强化代扣代缴，加强对高收入行业和人员的个人所得税征管。

2009年，普兰县执行新的企业所得税优惠政策实施办法。按照新《中华人民共和国企业所得税法》开展新旧政策的过渡衔接，进一步规范个人所得税费用扣除标准，贯彻落实新修订的《中华人民共和国耕地占用税暂行条例》及其实施细则。按照“精简、效能、规范、统一”的要求，对征管业务流程进行梳理，出台税收征管涉税业务操作规程。开展个体工商户计算机核定系统测试和试点准备工作。优化和完善电话申报系统，20户纳税人纳入电话申报。落实网上申报系统建设前期准备工作，基本完成财税库银横向联网开发调试工作，实现对纳税人适时扣税。

2010年，加强纳税评估，将其作为落实“四位一体”（税收分析、纳税评估、税源监控和税务稽查）新机制的核心内容，制定企业类纳税人增值税、营业税税赋及预警标准。创新评估工作方式，提高评估成效。调整完善农林牧采购环节营业税政策。按规定取消绵羊毛等22种农林牧采购环节营业税。

通过十年的征管改革实践，普兰县基本建立起适应社会主义市场经济体制要求的较为科学严密的税收征管体系，完成征管运行机制的三大转变：在征管手段上，实现由行政主导型向法治主导型的转变；在征管机构上，实现由综合性、全功能设置基层机构向征、管、查专业化分工型的转变；在管理方式上，实现由“管户制”向“管事制”的转变。

第三章　金　融

第一节　机　构

2001年，中国农业银行普兰县支行有工作人员12人，全部为藏族。

2004年7月，中国农业银行普兰县支行办公区由老县城搬迁至新县城贡嘎路23号，有工作人员15人，其中藏族14人，汉族1人。2009年，有工作人员20人，其中藏族19人，汉族1人。

2010年，中国农业银行普兰县支行设行长办公室、营业室、信贷股、保卫股，有县支行、冈仁波齐营业所、霍尔营业所3个营业机构。有工作人员32人。

2001—2010年中国农业银行普兰县支行领导一览表

表12-3-1

机构名称	职务	姓名	性别	民族	任职时间
中国农业银行普兰县支行	党支部书记、行长	普布赤来	男	藏族	1994.5—2001.7
		马 建 海	男	汉族	2004.7—2006.8
		普布它决	男	藏族	2006.9—2007.10
		南　　杰	男	藏族	2007.11—2009.12
		平　　措	男	藏族	2010.1—
	副行长	卓　　嘎	女	藏族	1998.8—2005.8
		明　　久	男	藏族	2005.9—2010.5

第二节　储　蓄

2001年年末，中国农业银行普兰县支行（以下简称农行普兰县支行）各项存款余额1756万元，其中农牧区存款207万元，财政性存款1万元，个人存款1120万元。此后，各项存款余额、个人存款逐年递增。

2004年，农行普兰县支行多举措加大营销力度，拓展支行存款业务。根据总行年初会议精神，召开支行揽储动员大会，组织员工学习《关于调整存款营销激励政策的通知》。制定支行相应的存款任务，确立奖罚措施，将具体揽储任务落实到人。年末各项存款余额3525万元，个人存款1760万元。

2010年年末，各项存款余额11023万元，比2001年年末增长5.28倍，其中个人存款9560万元，比2001年年末增长7.54倍。

2001—2010年中国农业银行普兰县支行储蓄业务统计表

表12-3-2　　单位：万元

年份	各项存款余额	个人存款	对公存款
2001	1756	1120	3654
2002	1950	1320	4546
2003	2607	1411	5623
2004	3525	1760	5865
2005	4608	2306	6542
2006	5620	2560	6856
2007	7582	5852	7562
2008	9350	6850	7860
2009	10020	8560	8350
2010	11023	9560	8784

第三节　信　贷

2001—2010年，农行普兰县支行坚持以各类平台支撑信贷业务发展方向，对已有客户进行深度挖掘，发挥优势力量集中争取优质客户贷款，丰富客户资源，增强市场优势。每年定期召开信贷工作会议及客户经理工作会议，明确各部门、各岗位的工作职责及任务，规范信贷工作流程，促进信贷工作精细化和高效化，提升员工的业务技能及综合能力。组织客户经理做好每一笔贷款的后期跟踪及利息催缴工作，加强与贷款客户的联系，明确贷款资金的动向，确保贷款到期回收。重视横向交流与学习，加强支行间沟通。逐步拓宽贷款业务，拓展新的贷款模式，提升金融服务水平。

2001年，农行普兰县支行各项贷款余额542万元，其中扶贫贷款25万元。发放贷款120笔。

2003年，农行普兰县支行加强信贷资金管理，严格执行信贷政策，优化信贷结构，规范信贷操作，执行信贷管理责任制度，加大对不良贷款的催收力度。正常贷款752万元，不良贷款29万元（占比3.71%）。发放贷款300万元，收回贷款228万元，贷款比率30%。

2004年，农行普兰县支行特邀上级行客户经理到县支行进行信贷业务交流活动，并申请与鸿大汽车服务有限公司开展汽车按揭贷款业务合作项目。

2005年，各项贷款余额1200万元，其中个人一般贷款452万元，涉农贷款748万元。

2008年，农行普兰县支行强化市场营销机制，拓展农牧户贷款服务，结合阿里分行相关活动，狠抓个人消费贷款。发放贷款6520万元，收回贷款4650万元。清收不良贷款7万元，不良贷款余额保持零纪录。

2010年，各项贷款余额5523万元，其中个人贷款3250万元，扶贫贷款350万元。年底，存量涉农贷款3200万元，不良贷款余额保持零纪录。

2001—2010年中国农业银行普兰县支行贷款统计表

表12-3-3　　单位：万元

年份	各项贷款余额	涉农贷款	个人一般贷款	发放贷款	收回贷款	不良贷款余额
2001	542	320	220	160	154	0
2002	650	420	310	250	175	0
2003	781	490	356	300	228	29
2004	980	540	425	350	270	0
2005	1200	748	452	358	325	0
2006	1460	950	554	425	354	0
2007	1625	970	615	455	375	0
2008	2060	989	625	6520	4650	0
2009	3620	1200	750	565	435	0
2010	5523	3200	855	585	457	0

2001—2010年，农行普兰县支行根据上级行金融业务营销指导意见，增加农牧区贷款发放量，投放重点为四卡证贷款。逐步推进农牧户贷款证发放业务及贷款信用乡镇、村评定工作。贯彻落实有关“三农”文件精神，加大“三农”信贷政策宣传力度，引导农牧民转变消费观念，利用贷款优惠政策实现发家致富。

2002年，农牧户贷款证发证率、使用率分别为40.02%、40.2%。2007年，农行普兰县支行对乡村1255户农牧民开展农牧户贷款证准入清查工作，确定952户发证对象，发放农牧户贷款证875户（钻石卡6户，贷款余额54万元），贷款证发放率和使用率均超过65%。2008年，对乡村1350户农牧民开展农牧户贷款准入清查工作，确定980户发证对象。

2010年，为加大金融支持“三农”发展和农牧民增产增收力度，实现社会经济和谐发展，农行普兰县支行根据《阿里地区农牧民贷款担保管理暂行办法》，对具有劳动生产能力和管理能力的家庭给予创业贷款，单笔贷款额度不超过5万元，用于农牧业生产的贷款期限不超过3年，其他不超过2年。

2001—2010年普兰县农牧户贷款证发放统计表

表12-3-4　　单位：户

年份	钻石卡	金卡	银卡	铜卡
2001	3	50	70	155
2002	6	60	90	164
2003	9	75	105	120
2004	12	86	115	126
2005	23	95	123	130
2006	36	103	135	145
2007	6	—	—	—
2009	46	115	146	156
2010	55	125	160	180

第四节　货币业务

农行普兰县支行按照人民银行相关文件要求，规范管理回收残损人民币，开设残损人民币回收专柜窗口，经常组织员工到县城主干道路及寺庙、学校、部队等单位回收残损人民币。2001—2010年，累计向人行阿里中心支库上交入库残损人民币8400万元。

农行普兰县支行开设反假人民币专柜窗口，对柜面人员进行相关知识培训，均持人民银行反假人民币资格证上岗。

农行普兰县支行逐步扩大对外国人的服务范围，针对尼泊尔、印度商人的电子化资金结算初显成效，开展个人结算、售汇业务办理，以护照等开立个人结算账户办理业务的客户逐年增多。2010年上半年，兑换外币折合美元46万元，比2001年增加60万元（人民币），新开办结售汇业务61笔。

第五节　中间业务

2008年，农行普兰县支行注重增加中间业务渠道，加大电子产品的推广营销力度。零售业务稳步推进，新增企业网银3户、个人网银120户、手机银行25户、短消息服务350户，发放惠农卡160张，IC卡27张。

2001—2010年农行普兰县支行中间业务收入统计表

表12-3-5　　单位：万元

年份	中间业务收入	年份	中间业务收入
2001	12	2006	22
2002	16	2007	12
2003	19	2008	17
2004	21	2009	28
2005	23	2010	35

第六节　金融管理

2001—2010年，农行普兰县支行明确责任分工，形成有效的管理模式。根据上级行的财务管理要求，执行财务专户管理，严格执行财务管理制度。至2010年，各项业务均实现电子化。

2001年，农牧区信贷从业人员重新配置。

2002年，农行普兰县支行以基础管理提升年为契机，强化内控管理。贯彻落实《农行西藏分行关于开展两项专项治理活动实施方案》精神，动员部署，按照“统一领导、分工负责、突出重点、分步实施”的原则，开展两项专项治理。坚持“标本兼治、综合治理、惩防并举、注重预防”的方针，以提升基础管理、建立长效机制为重点，规范员工行为和业务操作。

2004年，农行普兰县支行根据《关于开展银行业金融机构安全评估自查、检查的通知》要求，开展自查，通过上级安全检查，检查内容包括营业场所安全、消防安全、计算机安全、安全防范、安全保卫等。

2005年，农行普兰县支行重视宣传指导基础管理就是合规管理的理念。鉴于上年度“三化三铁”（标准化、规范化、制度化；铁账、铁款、铁规章）考核验收未通过，召开专题会议，强调加强柜面业务运营基础管理、提升柜面业务质量，加强日常指导，要求运营主管和分管领导掌握和熟悉“三化三铁”考核方案，针对性开展整改工作，首次被自治区分行评为“三化三铁”良好单位。

2006年，农行普兰县支行贯彻落实信贷新规则，强化贷后管理，控制新的信贷资产风险。严格信贷准入管理，统一标准、统一口径，严禁降低客户准入条件，确保信贷资源有效配置；严格授权管理制度，规范操作流程，执行审贷分离、平行制约等制度。客户部全面、真实地反映客户信息，提高专业能力，避免主观随意性和“量体裁衣”式习惯；信贷部严格信贷审查，限定办结期限，规范细化贷审会运作程序，提高审贷效率。建立贷款期限管理的分期收回机制，从严控制贷款展期、借新还旧，规范收回再贷行为。

2007年，农行普兰县支行加快转型步伐，加大投入改造网点环境、设施，重塑网点功能，网点功能有所侧重；重新分配资源，优化客户结构；多次组织员工到外地参观学习，转变观念，提高营销水平。转型后网点营销业绩大幅提高，员工精神面貌、营销水平有所进步，农行普兰县支行整体竞争能力大幅提高。

2009年，农行普兰县支行在加强支行硬件建设的同时，加强软件建设，提升总体服务水平。

2010年，农行普兰县支行完善《农行普兰县支行优质文明服务工作细则》，成立优质文明服务工作领导小组，到其他银行参观学习，吸收采纳先进的服务理念。同时，建立激励机制，每月评选出服务标兵1人，每季度评选出1个优质文明服务窗口，并进行奖励，提高员工的服务热情。

一、风险管控

2001—2010年，农行普兰县支行按照信贷模式建立相互协助、相互推动、相互制约的可控风险管控模式。开展案件防控工作，有效遏制金融案件。2个营业所位于景区、公路沿线，随着流动客户的增多，押运频次增多，县支行层层签订安全保卫责任书，落实值班带班制度、守库押运制度、枪支弹药管理等各项规章制度。

2001年，农行普兰县支行梳理信贷业务操作流程，规范操作环节，对票据业务、贷款新规、低风险业务进行全面自查，严防操作风险。

2002年，农行普兰县支行按照《关于印发〈农行阿里分行关于开展案防制度落实年活动实施方案〉的通知》要求，落实各项案防制度，开展自学、自查、自改；强化责任意识，建立健全案防责任机制；强化警示教育，筑牢案防思想基础；强化案防分析，堵塞案件隐患漏洞。

2004年，农行普兰县支行组织员工学习各类案防文件，通过分析案件特点、研究案防措施，增强员工安全防范意识及案防能力；开展案件防控自查。根据总行《关于开展年末风险隐患大排查的通知》要求，召开风险隐患大排查相关会议，部署自查工作，重点加强对敏感环节、重点部位、重点领域、重点岗位、重要凭证的检查。成立以支行副行长为首要责任人、各部门负责人为主要成员的检查小组，按照“从严、从细、从实”原则，开展自查工作，对柜面风险、信贷风险、信息科技系统风险、办公环境风险、员工行为以及各种应急预案落实、衔接情况等进行排查。

2005年，农行普兰县支行以合规守法教育活动为切入点，增强员工的合规、守法与诚信意识，加大对风险隐患的标本兼治和综合治理力度，建立前台操作、后台复核和岗位间监督三道防线，落实要害部位和关键环节的风险防范和安全保卫措施。

2006年是内控制度落实年。农行普兰县支行以财务会计基础管理为重点，实施基础管理建设工程，在规范制度和作业流程、完善岗位制约机制的前提下，将主要精力集中到制度落实上，严厉查处违章操作行为，结合内外检查中发现的问题，有针对性地对薄弱环节进行整改；财会监管员每个月对各网点进行1次财会质量检查；增强各网点主任和一线操作员的自律监管意识，前移监管重心，将常规检查与专项检查相结合，监控财务收支、支付结算、往来账务、库存现金等重点项目和重要环节，消除财会风险。

2007年，农行普兰县支行开展“安全年”活动。定期召开“安全年”工作会议，执行岗位轮换制度、强制休假制度，落实《农行普兰县支行案件防控及整改方案》，强化“三基”（基层工作、基础管理和基本功）管理，建立案件防控与整改的长效机制；落实银监要求和总行“九项严禁”规定，监控检查基层机构关键风险点，防止出现利用信贷资金炒股等风险投资、以个人名义擅自接受客户委托代客理财等行为；提高全体员工对反洗钱工作的认识，加强反洗钱业务培训，定期组织反洗钱工作专项检查，狠抓客户身份识别工作，上报大额可疑交易报告。

2008年，农行普兰县支行推进合规文化建设，健全案防体系。树立“安全就是效益”的意识，以预防和惩治案件为着力点，开展规章制度学习和警示教育活动，落实案件防范工作责任制。从早接款、晚送款到出入通勤门，制订规章制度，督促员工遵照执行，做到人人熟悉防抢预案，定期演习。将防抢劫、防盗窃、防诈骗尤其是防票据、银行卡诈骗作为安全工作重点，提高对高科技犯罪的防范能力。根据《阿里分行开展合规守法教育活动实施方案》，成立合规守法教育活动领导小组，召开合规守法教育活动动员会，制订学习计划，开展教育活动。

2009年，农行普兰县支行以“宁可百日无案，不可一日不防”为指导思想，开展内控综合治理教育活动，组织观看警示教育宣传片，增强员工的风险、合规意识。支行领导执行复核授权制度，员工牢记“双十禁”规定，并严格执行。

2010年，农行普兰县支行开展“内控和案防制度执行年”活动。树立“安全也是效益”的思想，全面开展安全教育活动。完善指纹考勤制度、干部值班制度、干部轮岗休假制度等，加大安全保卫工作的组织力度和监督检查力度，检查营业网点及重要岗位20余次，进行防火、防暴演练3次，维修和改造硬件设施4次。

二、金融宣传

2001—2010年，农行普兰县支行组织开展多项金融宣传活动，普及金融安全知识，提高公众识别和防范金融风险的能力。开展防范和打击非法集资宣传活动，根据总行《开展防范和打击非法集资宣传教育活动》要求，制作关于防范和打击非法集资的宣传页，组织员工到彰泰小区、德天广场开展拒绝非法集资宣传。

开展金融知识进万家宣传活动。2004年，金融宣传小组成立，开展为期1个月的金融知识宣传活动。宣传小组走进社区、商区以及学校等多个公共区域，设置金融知识宣传点，摆放宣传海报及宣传页，由业务骨干担任宣传员，对安全用卡、防范短信诈骗、警惕非法集资等方面的金融知识进行细致解读，侧重介绍县支行的服务理念、经营特色以及金融服务产品。在营业网点附近的德天商区及社区组织开展以“零容忍”为主题的反假币宣传活动，工作人员向居民宣传人民币的防伪特征及方法，普及反假币知识，提高群众防范假币意识及识别能力；此外，还介绍爱护人民币的重要性、假币流通的危害、如何处置假币等知识。

第十三篇　教育　科技

2001—2010年，普兰县本级财政对教育投入逐年上升（2003—2007年，教育总投资1500余万元），学校办学条件得到改善，师资队伍不断壮大。合理利用教育资源，大力发展规模办学，提高办学效率。入学率、巩固率进一步提高。2000年，普兰县通过自治区“普六”评估验收。2002年，组建普兰县九年一贯制学校。2003年，科迦幼儿园成立，至此，普兰县有幼儿园2所，小学5所，九年一贯制学校1所。2004年，普兰县通过自治区“扫盲”评估验收。2006年，普兰县通过自治区“普九”评估验收。2007年，普兰县实行中小学学生生活费、住宿费、学杂费全免政策。小学在校生1063人（含县外学生），本县在校生1033人，适龄儿童入学率98.1%；初中在校生362人（包括职业班80人），初中入学率91.14%。享受国家“三包”（包吃、包住、包着装费）政策1217人，其中小学861人，初中356人。2010年，小学在校生898人。

2009—2010学年，全县有小学教师62人，其中专任教师59人（包括幼教2人）；有中学教师28人，其中专任教师23人。2003—2007年，开展职业技术培训1606人次。

20世纪90年代初，普兰县制定“科技兴县”战略。普兰县逐年增加经费投入，壮大科技队伍，科技进步对经济增长的贡献份额有较大提高。

第一章　教　育

第一节　机　构

1997年10月，普兰县文教局分设为县文广局和县教育局。

2002年9月，县教育局改为县教育（体育）局，正科级建制，编制5名。实有人员5人，其中局长1人，副局长2人，干事2人。

2010年8月，机构改革后县教育局（体育局）无内设机构，编制5名（行政编制4名，事业编制1名），其中科级领导职数4名。

2001—2010年普兰县教育（体育）局领导一览表

表13-1-1

机构名称	职务	姓名	性别	民族	任职时间
普兰县教育局	局长	彭 次 仁	男	藏族	1997.10—2002.9
	副局长	洛桑旦增	男	藏族	2000.4—2002.9
普兰县教育（体育）局	局长	洛桑旦增	男	藏族	2002.9—2010.8
	副局长	顿珠扎西	男	藏族	2002.9—2003.9
		仓决桑姆	女	藏族	2005.9—2010.8
普兰县教育局（体育局）	局长	洛桑旦增	男	藏族	2010.8—
	副局长	仓决桑姆	女	藏族	2010.8—

第二节　基础教育

普兰县有幼儿园2所（普兰县幼儿园，科迦幼儿园），小学5所（完全小学3所：霍尔乡中心小学、巴嘎乡小学、多油村中心小学，初级小学2所：仁贡村初级小学、西德村初级小学），九年一贯制学校1所（普兰县九年一贯制学校）。2010年，全县中小学教学及辅助用房总面积1.6万平方米，有物理实验室、化学实验室、生物实验室各1个，小学科学实验室1个，音乐舞蹈室、美术教室3个，图书阅览室4个，藏书130456册；学生电脑教室3个，计算机97台。体育运动场地总面积10150平方米，有篮球场6个，简易露天运动场地4个。

一、幼儿教育

普兰县有幼儿园2所：普兰县幼儿园、科迦幼儿园（2003年建立）。2003年，全县小学招生168人，其中受过学前教育16人。

（一）普兰县幼儿园

1987年6月26日，普兰县机关小学合并至吉让小学，改为普兰县机关幼儿园。1996年9月，县机关恢复建立机关托儿所，修建房舍4间，有教职工、保育员2人。幼儿大班开始学习幼儿教材，进行识字、数数等学前教育。

2001年，普兰县幼儿园在职幼儿教师1人（代课教师），有幼儿23人。2010年，县幼儿园占地面积2408平方米，建筑面积368平方米。有教师3人，学生27人，分2个班。

2001—2010年普兰县幼儿园负责人一览表

表13-1-2

机构名称	职务	姓名	性别	民族	任职时间	备注
普兰县幼儿园	园长	嘎　旦	女	藏族	1992.7—2001.9	合同制工人
		次久玛	女	藏族	2001.9—2008.9	公益性岗位
		德　吉	女	藏族	2008.9—	公益性岗位

（二）科迦幼儿园

2002年，科迦小学集中到县完全小学。2003年，通过社会捐资，在原科迦小学的基础上建设科迦幼儿园，占地面积1170平方米，建筑面积130平方米，为阿里地区第一所农村学前幼儿园。2010年，科迦幼儿园有教师2人，其中1人为代课教师，1人为“三支一扶”（大学生毕业后到农村基层支农、支教、支医、扶贫）幼教，在园学生26人。

二、小学教育

普兰县有小学5所，九年一贯制学校1所。

2005年，全县小学在校生939人，入学率97.35%。

2005—2006学年，全县小学在校生1039人（含县外借读生57人），其中一年级219人（含县外借读生7人），二年级203人（含县外借读生10人），三年级220人（含县外借读生4人），四年级141人（含县外借读生16人），五年级169人（含县外借读生10人），六年级87人（含县外借读生10人）。

2006年，全县小学在校生1049人。

2007年，全县小学在校生1063人（含县外学生），本县在校生1033人，适龄儿童入学率98.1%。享受国家“三包”政策861人。

2008—2009学年，全县小学在校生959人。学年末，全县小学在校生998人（包括从县外转学43人），其中一年级128人，二年级142人，三年级167人，四年级166人，五年级207人，六年级188人。

2009年秋季，全县小学适龄儿童970人（残疾4人），小学在校生998人（含县外学生），本县在校生950人，适龄儿童入学率98.34%。

2010年，全县小学建筑面积11278.43平方米。小学在校生898人，其中一年级132人，二年级130人，三年级142人，四年级147人，五年级153人，六年级194人。

（一）普兰县九年一贯制学校

2002年，科迦小学集中到县完全小学。在县完全小学的基础上，组建普兰县九年一贯制学校，设有小学部、中学部。学校占地面积36739平方米，建筑面积13550平方米（生均19平方米）。设立德育室、电教室、图书室、化学实验室、生物实验室、物理实验室；图书室藏书13045册（生均17册）；有足球场、篮球场等运动场，面积9014平方米。

2002年9月，县九年一贯制学校实施教师聘任制，健全学校教育和管理工作机制，调动教师竞争上岗的积极性。有教职工70人，其中专任教师59人，工勤人员11人。有小学教师32人，其中本科以上学历2人，大专学历28人。在校生729人，其中享受国家“三包”政策700人，享受助学金29人。入学率98.9%，巩固率100%。小学部设10个班，在校生338人（不含校外借读生）。

2003年，学校争取资金870万元，实施配套设施改扩建工程。2006年，学校建设项目总投资1146.01万元，其中教学楼投资251.61万元，学生食堂投资87.87万元，学生宿舍投资294.82万元，教职工周转房投资329.03万元，道路、围墙、给排水和电气投资110万元，其他费用72.68万元。6月4日，教工住宅楼、学生宿舍楼和综合教学楼建成。2008年，学校配齐班班通电视设备器材。2009年，建设教学楼、学生宿舍、教职工周转房、围墙等，投资846万元。

2010年，学校占地面积49747.2平方米，建筑面积7905.5平方米。有中学物理、生物、化学实验室各2间，小学自然室1间，学生机房1间，设舞蹈室、美术室、校医务室等，配备各功能室设备，能够满足教育需求。有图书13045册。学校有教职工93人，其中专任教师54人，工勤人员39人。教师学历合格率100%。小学部师资专业结构不够合理，缺自然科学、音乐、计算机任课教师。

2001—2010年部分年份普兰县九年一贯制学校情况表

表13-1-3

年份	教学班（个）	在校生（人）			寄宿生（人）
		合计	小学生	初中生	
2001	12	431	313	118	385
2002	18	729	338	391	—
2005	16	599	372	227	529
2010	18	773	338	435	645

县九年一贯制学校按照自治区小学课程计划和改革要求，从一年级至六年级逐步实施课程改革。2003年，小学三年级以上开设英语课。2004年，四年级开设计算机课程。

每年制订教师交流计划，选出教师2～3人到两乡交换，进行交流。开展校本培训、听课讲课、集体备课等形式多样的教研活动，提高教师的专业素质和教学能力。

（二）霍尔乡中心小学

霍尔乡中心小学始建于1965年，为全日制寄宿学校。

2001年，学校占地面积1万平方米，教学建筑面积120平方米，生活用房面积230平方米，有计算机1台，藏书420册，仪器设备价值5万元。在职教师4人（专任教师3人，代课教师1人），在校生120人，升学率100%。

2005年，学校占地面积1万平方米，建筑面积491平方米，生活用房面积145平方米，有计算机1台，藏书420册，仪器设备价值10万元。在职教师6人（专任教师5人，代课教师1人），在校生131人，适龄儿童入学率100%，升学率100%。

2009年，学校收到阿里地区旅游局等单位和个人捐款1.92万元，捐赠计算机2台、打印机1台、图书500册。

2010年，学校占地面积1万平方米，建筑面积786平方米，生活用房面积430平方米，有计算机2台，藏书1530册。在职教师15人（专任教师14人，代课教师1人），在校生184人（女生88人），升学率100%。

2001—2010年霍尔乡中心小学负责人一览表

表13-1-4

机构名称	职务	姓名	性别	民族	任职时间
霍尔乡中心小学	校长	达瓦曲英	男	藏族	1998.9—2007.9
		多 布 杰	男	藏族	2007.9—

（三）巴嘎乡小学

巴嘎乡小学始建于1966年。2001年，学校占地面积1万平方米，建筑面积977平方米，生活用房面积460平方米。有计算机1台，藏书960册，仪器设备价值10万元。在职教师9人，设7个班，在校生218人。

2002年，巴嘎乡人民政府从巴嘎迁至塔尔钦，新建巴嘎乡塔尔钦苹果小学。

2005年9月，巴嘎乡小学从巴嘎迁至塔尔钦，更名为巴嘎乡塔尔钦苹果小学。在职教师9人（专任教师5人，代课教师4人），在校生222人。

2006年10月，学校设6个年级，每个年级1个班。有教职工12人，来自巴嘎、霍尔2个牧区乡的学生221人，师生全部住校。

2009年，阿里地区民宗局帮助解决2万元资金，改善学校办公条件。

2010年，学校占地面积1.8万平方米，建筑面积1429平方米。有计算机17台，藏书5446册。在职教师12人，学历全部合格。设有6个教学班，在校生184人。升学率100%。

2001—2010年巴嘎乡小学负责人一览表

表13-1-5

机构名称	职务	姓名	性别	民族	任职时间
巴嘎乡小学	校长	益西久美	男	藏族	1999.9—2005.9
巴嘎乡塔尔钦苹果小学	校长	扎西顿珠	男	藏族	2005.9—2007.9
		普布顿珠	男	藏族	2008.9—2010.10
		达瓦曲英	男	藏族	2010.10—

（四）多油村中心小学

多油村中心小学创办于1959年，原名为僧舍小学。后改制为民办小学。1996年，在民办小学的基础上组建完全小学，是当时阿里地区唯一一所村级完全小学。

2009年，多油村中心小学收到社会各界捐款12450元、图书1324册。多油村出劳力420人次，水泥80袋，对校园进行整修和美化。

2010年，多油村中心小学对学校围墙、屋面、墙面等进行维修，安装微机室。学校占地面积9030平方米，建筑面积1165平方米。生均图书31册。有教学班5个（一年级、二年级、四年级、五年级、六年级各1个班）。有教师10人，其中本科学历1人，大专学历8人；40～50岁1人，30～40岁3人，20～30岁6人；具有小学高级职称1人，小学一级教师3人，小学二级教师2人。生源地有7～12岁适龄儿童128人，在校生128人，均享受助学金，小学适龄儿童入学率、巩固率、毕业率、升学率均为100%。

1996—2010年，多油村中心小学毕业学生339人，考上其他省（市）西藏班73

人（2005年5人，2007年9人，2008年6人，2010年7人）。

2001—2010年多油村中心小学负责人一览表

表13-1-6

机构名称	职务	姓名	性别	民族	任职时间
多油村中心小学	校长	才 旺 巴	男	藏族	1992.9—2004.9
		多 布 杰	男	藏族	2004.9—2007.9
		扎西顿珠	男	藏族	2007.9—

（五）仁贡村初级小学

仁贡村初级小学距县城23千米。

2001年，学校建筑面积230平方米，生活用房面积156平方米。在职教师4人（专任教师1人，代课教师3人），在校生46人，升学率100%。

2005年，学校占地面积2.65万平方米，建筑面积275平方米，生活用房面积156平方米。在职教师4人（专任教师1人，代课教师3人），有3个年级，在校生37人。升学率100%。

2010年，学校占地面积2.65万平方米，建筑面积275平方米，生活用房面积216平方米。在职教师3人（专任教师1人，代课教师2人），有3个年级，在校生24人。升学率100%。

2001—2010年仁贡村初级小学负责人一览表

表13-1-7

机构名称	职务	姓名	性别	民族	任职时间
仁贡村初级小学	校长	拉巴扎西	男	藏族	1980.1—2007.9
		益西久美	男	藏族	2007.9—

（六）西德村初级小学

西德村初级小学距县城约9千米。

2001年，学校占地面积11280平方米，建筑面积684平方米。有教职工5人（专任教师1人，小教一级1人，幼教1人，以工代教1人，代课教师1人），在校生43人（享受“三包”政策38人，享受助学金5人）。学生入学率、巩固率、毕业率、升学率均为100%。

2002年，学校占地面积1.5万平方米，建筑面积560平方米，生活用房面积256平方米。在职教师4人（专任教师3人，代课教师1人），有3个年级，在校生96人。升学率100%。

2005年，在职教师3人（专任教师2人，代课教师1人），有3个年级，在校生74人。升学率100%。

2010年，学校占地面积1.5万平方米，建筑面积660平方米，生活用房面积356平方米。在职教师2人（专任教师1人，代课教师1人），有3个年级，在校生45人。升学率100%。

2001—2010年西德村初级小学负责人一览表

表13-1-8

机构名称	职务	姓名	性别	民族	任职时间
西德村初级小学	校长	其美多吉	男	藏族	2000.9—2002.9
		仁青多吉	男	藏族	2002.9—

三、中学教育

1996年9月6日，经阿里地区教体委研究，决定建立普兰县初级中学，与县完全小学实行两块牌子、一套人马。由于条件不成熟，只开设初级中学班，设3个教学班。

2002年，普兰县九年一贯制学校组建，设有小学部、中学部。有中学教师27人，其中本科学历26人，大专学历1人，学历合格率100%。中学部设8个班，在校生391人（不含校外借读生）。县九年一贯制学校按照自治区中学课程计划和改革要求，从七年级至九年级逐步实施课程改革。

2005年，初中在校生有172人，初中入学率86.7%。2006年，初中在校生有209人。2007年，初中在校生有362人（包括职业班80人），其中享受国家“三包”政策356人。初中入学率91.14%。

2008年，配齐班班通电视设备器材，为中学部配置综合性电教室。初中在校生有358人。

2010年，学校有中学物理、生物、化学实验室各2间。中学部师资专业结构不够合理，缺汉语文、地理、计算机任课教师。

第三节　“两基”工作

普兰县教育基础薄弱，高中阶段入学率和高等教育入学率较低，人均受教育年限不足5年，农牧民受教育水平总体较低，青壮年文盲率超过2%，人口整体素质较低。2001—2010年，各项教育事业不断发展，师资队伍不断壮大，适龄儿童入学率、巩固率得到提高，全县范围内普及九年义务教育，广大儿童少年接受义务教育的权益得到保障。2010年年初，普兰县召开教育工作会议，对“两基”（基本实施九年义务教育、基本扫除青壮年文盲）攻坚迎国检工作进行专项部署，层层签订“两基”巩固提高责任书，组织工作组到农牧区，就每户成员受教育程度进行统计，义务教育普及率基本达标。

一、“普六”“普九”

2000年，普兰县通过西藏自治区“普六”评估验收。

2001—2003年，普兰县巩固“普六”成果，定期或不定期检查各学校入学和辍学情况，开展控辍保学。2003年6月6日，西藏自治区“普六”复查组到普兰县，以实地看、查、听的方式全面分析、综合评估，普兰县各项指标均达到要求，通过“普六”复查验收。适龄儿童入学率96%，巩固率97%。

2004年，全县8～13周岁的适龄儿童960人，在校914人，适龄儿童入学率95.21%。全县有小学生849人，其中辍学9人。14周岁人口189人，其中完成小学学业171人，完成率90.48%；从未入学9人，14周岁人口文盲率4.76%。

2005—2006学年，全县8～13周岁的适龄儿童1036人，在校1005人（含县外学生），适龄儿童入学率98.24%；辍学3人（均为女生），辍学率0.3%；巩固率99.7%。14～16周岁的适龄少年496人（残疾10人），中学在校生447人（含在外借读生、其他省市西藏班、职教班275人），初中毛入学率90.12%，辍学1人（女生），巩固率99.04%。16周岁人口194人（女性105人），其中完成小学教育184人（女性98人）；18周岁人口137人（女性70人），其中完成初中教育117人（女性59人）。

2006年，小学在校生有1049人。普兰县通过西藏自治区“普九”评估验收。2007—2009年，连续三年通过西藏自治区“普九”复查验收。

2007—2008学年，全县小学适龄儿童1053人（残疾5人），小学在校生1063人（含县外学生），本县在校生1033人，适龄儿童入学率98.1%。适龄少年542人，在校生494人（含其他省市西藏班和在外借读生），初中入学率91.14%。

2008—2009学年，全县小学在校生959人（女性488人），有4人（女性3人）辍学，辍学率0.42%。学年末，全县小学在校生998人（包括从县外转学43人），其中一年级128人，二年级142人，三年级167人，四年级166人，五年级207人，六年级188人。初中在校生483人（女性206人），5人（女性4人）辍学，辍学率1.04%。15周岁人口209人（女性104人，残疾1人），其中完成小学教育201人（女性99人），完成率96.63%；全县17周岁人口164人（残疾3人），其中完成初中教育120人，完成率74.53%。

2009—2010学年初，全县小学适龄儿童970人（残疾4人），其中适龄女童429

人（残疾2人）；小学在校生998人（含县外学生），其中女童451人，本县在校生950人，适龄儿童入学率98.34%，比2006年“普九”验收时提高0.25个百分点。初中适龄少年523人（残疾2人），其中女性230人（残疾2人），在校生478人（含其他省市西藏班97人和在外借读生23人），其中女性202人，初中入学率91.74%，比2006年“普九”验收时提高0.78个百分点。

2008—2010学年普兰县九年义务教育普及程度统计表

表13-1-9

项目	2008—2009学年	2009—2010学年
小学适龄儿童（7~12周岁）入学率（%）	98.57	97.94
小学阶段辍学率（%）	0.42	0.41
初中适龄少年（13~15周岁）入学率（%）	91.14	91.4
初中阶段辍学率（%）	1.04	1.02
15周岁人口小学教育完成率（%）	96.63	96.52
17周岁人口初中教育完成率（%）	74.53	74.57

二、扫盲工作

2001—2010年，普兰县巩固和提高扫盲成果，在基本扫除青壮年文盲的基础上，以各学校为依托，建立农牧民培训点，利用每年农闲季节对农牧民群众进行扫盲培训。

2003年，普兰县按照《普兰县扫除文盲工作规划及措施》《普兰县今冬明春开展扫盲攻坚战的实施方案》，健全扫盲档案。全县15~50周岁的人口3991人，其中文盲1180人，非文盲2811人。完成小学三年级教育1988人。通过脱盲考试520人，发放脱盲证书520份。青壮年非文盲率70%。

2004年夏季、冬季，普兰县在一镇两乡开展扫除青年文盲工作。全县有扫盲点82个。15~50周岁的人口4396人，其中非文盲4142人，脱盲巩固率100%。普兰县通过西藏自治区“扫盲”评估验收。

2005—2006年，全县15周岁的人口151人（残疾4人），其中文盲半文盲2人，文盲率1.3%。其中，女性人口71人（残疾3人），其中文盲半文盲2人，文盲率2.9%。全县15~50周岁的人口4318人（残疾38人），其中文盲142人，文盲率3.32%，非文盲率96.68%。

2006—2009年，普兰县采取丈夫教妻子、子女教父母的方式，完成农牧民识字教学工作。累计扫除青壮年文盲2186人。2009年，全县15~50周岁的人口非文盲率提高至97.7%。

2010年，巴嘎乡率先开始青壮年扫盲试点工作，普兰镇各村开始国家通用语言扫盲工作。普兰县一镇两乡10个村（居）全部通过西藏自治区扫盲验收，全县15～50周岁的青壮年非文盲率98.15%，人口综合素质明显提高。

2010年普兰县15～50周岁的人口扫盲统计表

表13-1-10 单位：人

项目	人数	女性人数
总人口	4982	2463
文盲人口	92	59
脱盲人口	1945	1055
完成小学三年级教育人口	2882	1324

第四节　教师队伍

2001—2010年，普兰县中小学新分配专任教师学历全部合格。中小学校长均参加岗位培训，持证上岗率100%；学校领导日趋年轻化，均为45岁以下的中青年。2008—2009年，普兰县出台《骨干教师职责》，促进年轻教师成长，各校培养了一批年轻骨干教师。

一、师资力量

2001年，普兰县有中小学、幼儿园教师62人（男性39人，女性23人），其中幼儿园教师1人（代课教师），小学教师54人，初中教师8人；本科学历5人，专科学历36人；具有一级职称6人，初级职称等38人。

2004年，全县有专任教师43人，其中学历符合国家规定的41人，小学专任教师学历合格率95.3%；有代课教师7人。有小学校长6人，其中5人经过校长岗位培训，并取得合格证书。

2005年，全县有中小学、幼儿园教师52人（男性31人，女性21人），其中幼儿园教师1人（代课教师），小学教师40人，初中教师12人；本科学历8人，专科学历35人，专科以下学历9人，小学教师学历合格率80%，中学教师学历合格率91.7%；具有高级职称1人，一级职称9人，初级职称等36人。

2006年5月，全县有小学专任教师41人（不含拉萨援教3人），其中大专学历4人，中专（含高中）学历28人，无合格学历从事教学工作20年以上8人。初中专任教师11人（不含拉萨援教2人），其中本科学历9人，大专学历1人，中专学历1人，学历合格10人，初中专任教师学历合格率90.91%。有小学代课教师3人（不含学前班代课教师2人），其中学历合格1人，无合格学历从事教学工作20年以上1人。

2008年，全县有教师78人，其中大专以上学历47人，占教师总数的60.26%；中高级职称9人，占教师总数的11.54%。

2008—2009学年，在全县小学教师中，大专学历40人，中专学历10人，高中学历3人。在初中教师中，本科学历21人，中专学历1人。

2009—2010学年，全县有小学教师62人，其中专任教师59人（包括幼教2人），其中大专学历31人，中专学历24人，无合格学历但教龄满20年4人。有中学教师28人，其中专任教师23人，其中本科学历21人，大专学历1人，中专学历1人，学历合格22人，初中专任教师学历合格率95.65%，比2008年“普九”验收时提高5.65个百分点。

2008—2010学年普兰县中小学教师职称统计表

表13-1-11　　单位：人

职称	小学		初中	
	2008—2009学年	2009—2010学年	2008—2009学年	2009—2010学年
高级教师	1	1	1	1
中级教师	10	9	1	1
初级教师	23	24	6	6
未聘	19	28	14	20
合计	53	62	22	28

二、教师聘任和表彰

2002年，县中学、县完小、多油村中心小学实行聘任制和工资改革，制订并落实《30%活动工资改革方案》。

2003年，普兰县加强教学管理，完善《普兰县教师工作量考核办法》《普兰县教学质量考核办法》《普兰县教职工请假制度》，基本解决了教职工人浮于事问题。对县教育局聘用的临时工，采取签订合同、提高工资待遇等措施。完善教育系统聘任制改革。

普兰县决定自2008年起每两年召开1次教师表彰大会，在全县中小学教师和全体职员中开展优秀教师、优秀班主任、优秀教育管理工作者、优秀后勤管理工作者、优秀校长、优秀学校等评选活动。

2009年，普兰县落实和完善中青年教师轮岗、教师聘任制。全县聘任中学高级教师2人、中学一级教师1人、小学高级教师7人、初级教师26人。筹措资金5.26万元，用于慰问和奖励在教育教学工作中作出贡献的教师。

2008—2010年普兰县人民政府奖励教师统计表

表13-1-12

年份	受奖人数（人）	奖励金额（万元）
2008	15	1.5
2009	16	2
2010	21	2.5

三、教师培训

普兰县选派教师参加各级各类培训。2001—2010年，累计选派教师45人外出参加国家级培训；组织开展县、校级培训，参训教师235人次。

2001年，普兰县为适应新课程计划，选派基层教师29人参加区内外小学英语教师培训班（学制1年），选送中小学校长5人参加西藏民族学院校长培训班。

2003年，普兰县选派事业心、责任心较强的骨干教师3人到西藏大学参加为期20天的培训，学习远程教育和先进的管理经验。开展在岗培训，如开展教研活动、进行观摩教学、评选教学能手以及在岗考试等。

2005年，采取脱岗和在岗培训相结合的方法进行培训，在阿里地区和拉萨市参加培训的教师10人次。7月，针对新课程改革内容，在县九年一贯制学校开展为期7天的教师培训，改善教师教学方法，增强教师事业心，提高教职工的业务素质。

2009年，动员全县教师参加阿里地区教学课件比赛，组织教师参加阿里地区教育事业统计培训，开展“教师杯”有奖论文评比和观摩教学活动。

第五节　教育经费

一、教育投入

2001—2010年，普兰县本级财政对教育投入逐年上升。2005—2010年，逐年提高经费标准，主要增加学生的伙食费、服装费、装备费和学习用品费等，新增支出由自治区财政全额承担。中小学公用经费逐年提高，至2010年，小学公用经费生均400元，中学公用经费生均600元。

2001—2010年普兰县教育经费统计表

表13-1-13

年份	本级财政对教育投入（万元）	占本级财政收入比例（%）	小学				初中	
			教育事业费（万元）	生均教育事业费（元）	公用经费（万元）	生均公用经费（元）	教育事业费（万元）	生均教育事业费（元）
2001	28	18.3	—	—	—	—	—	—
2002	33	18.86	—	3118.34	—	59.36	—	—
2003	40	20	—	2572.9	—	48.2	—	—
2004	—	—	—	3743.41	—	55.6	—	—
2006	69	21.97	408	3889.42	8.39	79.98	73	3492.82
2007	74	19.89	756	7111.95	12	112.89	116	3204.42
2008	66.2	20	810	8481.68	14.8	154.97	243	6787.71
2009	80	20	862	9026.18	34.3	359.16	220	6145.25
2010	80	16.95	—	—	—	400	—	—

二、“三包”经费

农牧民子女享受义务教育“三包”（包吃、包住、包着装费）政策。普兰县义务教育阶段“三包”政策覆盖面100%。普兰县分管教育副县长为落实“三包”政策和奖（助）学金制度的第一责任人，县教育局局长、执行学校校长为落实“三包”政策和奖（助）学金制度的具体责任人。由县教育局财务室管理“三包”经费，财务室设“三包”专项账目，各学校建立“三包”总账、明细账、现金账、伙食账、银行账，制定物资出入库制度和月公示制度。

“三包”经费标准逐年提高。至2010年，边境县、乡小学生提高到每生每学年1850元，初中生提高到每生每学年1950元。各校在“三包”伙食上实行“每天午餐、晚餐不少于两个菜，早餐必备鸡蛋、牛奶，每周至少加一次水果”，改善“三包生”的伙食质量。

2007—2010年阿里地区“三包”经费标准表

表13-1-14　　单位：元/每生每学年

项目		2007年	2009年	2010年
三包经费	小学生	1200	1300	1750
	初中生	1350	1450	1850

续表13-1-14

项目		2007年	2009年	2010年
三包经费	边境县、乡小学生	1300	1400	1850
	边境县、乡初中生	1450	1550	1950

三、教育资金援助

2003年，普兰县与瑞士西藏教育文化协会建立长期教育援建关系。瑞士西藏教育文化协会投资24万元建成科迦村幼儿园，投入使用。2008—2010年，中瑞西藏教育文化基金会援助31万元。

陕西省加大对普兰县教育事业的对口支援力度，陕西省第五批对口支援（2007年7月至2010年7月）为普兰县教育事业投入资金20余万元，为县九年一贯制学校新建语音图书楼。2008—2010年，争取支援资金投入教育386万元，其中陕西援助20万元。

普兰县每年组织全县干部职工及县直部门开展“捐资助教，为学校办实事”活动。2005年，普兰县多渠道筹措资金，为巴嘎乡小学和霍尔乡中心小学住校生添置被褥350余套，价值3万余元；解决学生被褥300余套和桌椅板凳300余套。2008—2010年，干部职工及驻地部队官兵捐资捐物折合人民币32.5万元。

第六节　教学管理

一、学制与课程

2001—2010年，普兰县贯彻国家教育方针、政策，贯彻执行自治区义务教育教学计划，开全开足规定课程，全面实施素质教育，重视藏语文教学，开展双语教学，坚持汉藏双语教学并重的教学模式，实施新课程改革，学校教育系统不断完善，教学质量不断提高。

小学学制六年，开设藏语文、汉语文、数学、英语、体育、美术、音乐、思想品德、信息技术等课程。

初中学制三年，开设藏语文、汉语文、数学、英语、政治、物理、化学、体育、历史、生物、信息技术等课程。

二、思想品德教育

2001—2010年，普兰县各学校重视对学生的德育工作，丰富德育内容，突出德育教育的针对性、主动性和实效性。对所有班级开设品德（思想政治）课程。以德育室为重点，加强校园文化建设，利用学校教学楼、食堂、围墙、学生和教职工宿舍等场所，制作宣传栏、宣传画，书写宣传标语等。坚持“五育并重、德育为首”“以德立校、以德育人”的原则，加强德育机构和队伍建设，有目的、有组织、有计划地开展德育工作，针对学生不同年龄特点，进行爱国主义教育、法纪教育、理想教育、“老西藏精神”教育、品德养成教育等；开展民族团结和“四观”“两论”教育，开展揭批达赖集团活动，激发广大师生爱祖国、爱西藏、爱家乡的情感，培养学生德、智、体、美、劳全面发展。

三、招生与考试

普兰县各级学校坚持以质量为中心，创新工作思路，优化教育管理，稳步提升教育质量。

2001年，在小升初考试中9人被录取到其他省（市）西藏班。全县参加中考28人，其中6人被拉萨那曲高中录取，22人被阿里地区高中或区内外中职班录取。

2003年，其他省（市）西藏班招生考试报名69人，参加考试68人，1人因病未参加考试，其中升入其他省（市）西藏班17人，升入县中学（九年一贯制学校）及其他学校51人。全县小学招生168人，初中招生35人。

2005年，参加其他省（市）西藏班招生考试139人，其中升入其他省（市）西藏班27人，升入县中学及其他学校112人。全县参加中考53人，其中12人被拉萨那曲高中录取，26人被阿里地区高中录取，13人被区内外中职班录取。全县小学招生156人，初中招生102人。

2009年，全县小学毕业班学生203人全部毕业，参加其他省（市）西藏初中班招生考试66人，其中13人考入其他省（市）西藏班。初中毕业生59人，其中9人考入拉萨中学、拉萨那曲高中等重点高中，1人考入西藏民族学院附中，2人考入藏医学院，14人考入阿里地区高中、林芝二高等普通高中，33人考入林芝职业高中、那曲职业学校、财经学校、地区职校等职业学校。

2010年，在小升初考试中19人被录取到其他省（市）西藏班。全县参加中考89人，其中10人被录取到区内重点高中（拉萨那曲高中、林芝一中、山南二高），19人被录取到那曲高中，35人被阿里地区高中录取，25人被录取到区内外中职学校。

2001—2010年部分年份普兰县中小学毕业、升学统计表

表13-1-15

年份	小学			初中		
	毕业率（%）	升学率（%）	考入其他省（市）西藏班（人）	毕业率（%）	升学率（%）	考入重点高中（人）
2001	—	—	9	—	100	6

续表13-1-15

年份	小学			初中		
	毕业率（%）	升学率（%）	考入其他省（市）西藏班（人）	毕业率（%）	升学率（%）	考入重点高中（人）
2003	—	—	17	—	—	—
2005	—	100	27	—	96.23	12
2009	100	100	13	96	100	9
2010	100	100	19	96	100	10

第七节　学校安全与卫生工作

2003年，国内部分地区发生非典型肺炎疫情。县教育部门结合实际，到各学校宣传“非典”基本知识，加大校园清洁力度，对教学场所和食堂的卫生采取有效措施，监督学生注重个人卫生。4次派专人下乡，对各学校的“防非”工作进行监督、检查、指导。卫生防疫部门向各学校发放宣传图册30余张。

2009年，县教育部门与有关部门一同开展学校安全和未成年人保护工作，开展中小学生自我保护、防震逃生演练等活动，提高学生安全防范意识；加强食堂食品卫生监督检查；对校园及周边治安、消防安全隐患、学校交通安全进行专项整治，净化校园及周边环境。5月，组织各学校进行地震疏散逃生演练。7月，自治区教育厅、发改委、地震局、建设、消防等部门对普兰县中小学校舍进行全面测量和登记，杜绝使用D级危房，拆除多油村中心小学厕所，整修仁贡小学教师宿舍124平方米，排除学校校舍安全隐患。

2010年，各学校通过各种渠道申请配备学校安保人员和安保设备。通过主题班会、集中学习、团队活动等形式，对师生进行交通安全、食品卫生安全、防火、防盗、防溺水和防雷电、洪水、泥石流、地震等自然灾害的安全常识教育，提醒学生外出活动时或放假期间注意交通安全等，制定责任制度和报告制度。在重点敏感节日期间，加大校园巡逻力度。根据校园安全工作和维护稳定工作安排，5月17日，针对县九年一贯制学校和霍尔小学外来人员较多的情况，对外来人员进行排查和登记造册87人，并到乡镇派出所备案。

第二章　科　技

第一节　机　构

2005年，普兰县农牧局加挂县科学技术局、县科学技术协会牌子，编制2名。2010年，县科学技术局仍属县农牧局下设机构，编制3名。

2005—2010年普兰县科学技术局领导一览表

表13-2-1

机构名称	职务	姓名	性别	民族	任职时间	备注
普兰县科学技术局	局长	南木色	男	藏族	2005—2007	农牧局副局长兼
		吕继照	男	汉族	2007—	农牧局副局长兼

第二节　科技经费

普兰县不断加大科技投入。2009年，科技三项经费15万元。2010年，科技三项经费26万元。

2005年，普兰边防检查站太阳能电站作为重点科研项目，自治区拨款100万元，由成都市飞跃智能系统集成有限公司协助完成。

第三节　农牧业科技

一、科技培训

2001—2010年，县人民政府和县农牧局、教育局、卫生局、妇联等部门累计举办各种培训班200个，培训各级各类农牧民技术人员1000余人次。

二、良种引进推广

2001—2010年，县农业技术推广站推广优良青稞品种主要有“藏青320号”“藏青2000号”“喜马拉雅19号”，平均亩产分别为325千克、300千克、287.5千克；推广优良油菜品种主要有“藏油3号”“青油17号”“藏油5号”，平均亩产分别为81.5千克、105千克、75千克。2002年，示范种植“藏青320号”800亩，推广面积3200亩；示范种植“藏油3号”50亩。2010年，推广“藏青320号”5400亩、“藏青17号”680亩。

2001年，县农牧局在普兰镇吉让居委会加兴组试点种植苜蓿草1200亩。从日土县引进绒山羊530只，分配至各乡镇，主要分到巴嘎乡和霍尔乡各村组以及普兰镇仁贡村、西德村。引进西门塔尔牛和黑白花奶牛110头，分配至普兰镇各村组。2005年，引进绒山羊600只、奶牛200只。2010年，引进绒山羊550只、奶牛200只。

三、蔬菜种植

（一）整地与消毒

精细整地，浅耕灭茬，清除前茬作物残株、病株残体、烂叶，运出田外深埋或烧毁。消灭虫卵、虫蛹，清除田间杂草，阻止病虫害的传播寄生，预防病虫害发生。

育苗时要对种子和苗床进行消毒。种子消毒以物理消毒为主，采用温汤浸种，高温干热消毒，必要时选用高效低残留农药进行浸种或拌种消毒；苗床可铺地热线升高苗床土温进行消毒，或用40%甲醛消毒。

种子采用核苷酸浸种，在50～55℃温水中浸种20分钟可起到种子消毒作用。采用营养钵和温室电热育苗，育苗管理采取高温促根、及早炼苗等措施，以防止徒长，减轻苗期病害，使幼苗生长健壮，增强抗病力，严格筛选无病虫的壮苗进入栽培场地。栽培场地若为温室，在种苗移栽前要用硫黄粉等药剂熏蒸消毒。

（二）蔬菜栽培技术

统一规划绿色蔬菜生产基地，选择远离城镇、工矿企业、交通要道，土壤、大气、水源未受污染，土质肥沃、空气清新、生态环境良好的地方，符合无公害蔬菜产地环境质量的规定。水源洁净，不含有害物质，严禁用死水和工业废水浇灌。保持生产区排水沟畅通，降低土壤湿度。

在茬口间歇时抓住时机适当晾露或暴晒土壤，促进土壤熟化，改善理化性状，及时灭茬，耕地前要清除根茬、烂叶及杂物。田间不得存留枯枝烂叶及残茬，及时中耕除草。

采取高垄窄畦栽培，三沟配套。菜地畦宽1.2～1.4米，畦沟深0.2米，腰沟深0.3米，围沟深0.4米。做到畦面不积水，雨停沟干，采取合理密植、地膜覆盖、科学管理等措施，降低田间湿度，减少病虫害的发生。另外，应用嫁接技术，推行喷灌、滴灌、湿润灌溉技术，做好腐殖酸肥料和无土培栽技术的试验、示范工作。

（三）田间施肥技术

田间施肥以有机肥为主，尽量减少或不用化肥，耕地前每亩施用优质圈肥、堆肥、沤肥、沼肥、绿肥、秸秆等农家肥4000～5000千克，并翻入耕层深部；同时配以浅层施肥，每亩施用腐熟饼肥150～200千克，并拌入复合菌肥，抑制病虫发生。在追肥上以腐熟的人粪尿、大粪干为主，或者每亩每次冲施腐殖酸水溶肥料“乌金膏”10升，全生育期冲施2～3次，每次间隔10～15天。生长期间，用腐殖酸肥料“生命素”兑水500～600倍进行叶面喷施，全生育期喷施2～3次，每次间隔10～15天。

通过有效施肥，可促进植株生长健壮，提高抗病能力；促进作物早熟，延长采摘时间，有效提高亩产量，改善产品品质；与农药复配可提高药效，增强作物抗病、抗寒、抗旱等抗逆能力，尤其对韭菜、油菜、白菜等叶菜类作物和番茄、茄子、辣椒等茄果类作物效果更好、更明显。

（四）病虫害防控技术

病虫害防控以“农业防治和生物农药苦参碱防治为主、物理防治为辅”为原则，严格选用符合绿色蔬菜生产标准的农药，育苗移栽时采用永业强根宝蘸根，以增强根系活力和抗病性，促进植株健壮生长，提高秧苗移栽成活率。前期和中期冲施腐殖酸水溶肥料“乌金膏”，以增强植株抗病虫能力；定植后选用除草膜，抑制杂草生长；选用苦参碱、BT乳剂、农抗120、井冈霉素、农用链霉素等生物农药防治病虫害。大蒜、烟叶、洋葱、臭榕、夹竹桃等植物，含有对害虫有抑制作用的物质，简单加工后可制成植物源农药。使用印栋素防治菜青虫、小菜蛾；使用苦参碱、烟碱、天然除虫菊素防治菜青虫、蚜虫；利用丽蚜小蜂防治温室白粉虱；使用2%武麦菌素水剂200倍液防治黄瓜炭疽病；使用4%春雷霉素可湿性粉剂1000倍液防治黄瓜细菌性角斑病；在每公顷叶面喷施苏云金杆菌可湿性粉剂2.25千克，用于防治蚜虫、红蜘蛛。

采用生防技术防治病虫害，利用寄生蜂、七星瓢虫、草蛉、赤眼蜂等害虫天敌进行生物防治。推广性引诱剂诱杀害虫技术，斜纹夜蛾、甜菜夜蛾、小菜蛾均可采用性引诱剂诱杀，可因地制宜选用。小菜蛾性引诱剂在4—6月和9—11月使用，每亩放1个诱捕器，内置3个诱芯；斜纹夜蛾和甜菜夜蛾性引诱剂在7—10月使用，每亩放1个诱捕器，内置1个诱芯。诱捕器间距30米，诱捕器挂在棚架或木棍上，高出蔬菜30厘米；春秋季每30天更换诱芯1次，夏季每20天更换诱芯1次。性引诱剂可杀死雄蛾，减少雌蛾交配繁殖，降低卵孵化率，大面积长期使用，效果更佳。自制诱捕器可采用可乐瓶、油瓶、矿泉水瓶，在瓶子颈部膨大部位下方3厘米处剪2个对称的2厘米×2厘米孔口，在诱捕器中加水和洗衣粉，诱芯接近水面，但不能浸泡到水中，以免失效。

推广机械物理防治方法，即采用人工器械捕杀，利用昆虫的趋光性，用黑光灯、高压汞灯诱杀害虫。每年4—10月，每30～50亩菜地安装一盏杀虫灯，杀虫灯底部距地面1.5米。每晚天黑开灯，天亮关灯，诱杀斜纹夜蛾、甜菜夜蛾、豆荚螟、小菜蛾、瓜绢螟等蔬菜害虫的成虫。采用黄板诱杀蚜虫技术，在蚜虫、粉虱、美洲斑潜蝇成虫发生期，用黄板诱杀成虫，每亩均匀插挂黄板20块，黄板高出蔬菜30厘米，每月更换1次。

严禁使用1605、1059、3911、氧化乐果、甲胺磷及汞制剂等剧毒农药。蔬菜生产温室覆膜选用无滴防老化透明膜，不使用再生有毒膜、地膜。棚膜用完后要彻底回收清除，棚内要及时通风换气，调节温度、湿度，增加光照。在蔬菜大棚内，夏季换茬期间，选择晴天将大棚完全密闭后，连续高温闷烤5～7天，可杀灭青枯病、枯萎病、疫病病菌。棚室内病虫害防治采用烟雾和粉尘法防治，通过降低温度控制病虫害的发生。大棚蔬菜生长期内，在棚架上覆盖50目防虫网，将网棚的四周压紧，不留缝隙，防止小菜蛾、斜纹夜蛾、甜菜夜蛾、瓜绢螟、豆荚螟等害虫进入棚内为害。在盖网棚之前要处理地下害虫，进出棚时及时关严棚门。春季气温回升后，保留大棚棚膜和裙膜，平时将裙膜卷起，棚门打开，下雨时放下裙膜，关上棚门，避雨降湿，预防茄果类、瓜类疫病及青枯病等土传病害。

合理轮作和改进栽培方式，可调节地力，有利于蔬菜的生长发育，增强抗逆性，尤其对土传性病害防治效果较好。在一块菜地上不能连续种植同科蔬菜，瓜类、茄果类蔬菜与水稻轮作或与葱、蒜、叶菜类轮作，以减少枯萎病、青枯病等土传病害发生。蔬菜生长期间，及时摘除病虫为害的叶片、果实或拔除病虫株。蔬菜收获后，清理菜地病虫残体，带出田外集中烧毁、深埋或放于粪窖内，可减少病虫初次侵染源，防止病残体上的病菌再次传播，减轻病虫害的发生和蔓延。

四、温室大棚示范种植

普兰县为缓解县城蔬菜供应不足，增加农牧民收入，开始修建温室大棚。2000年，示范种植蔬菜温室大棚50座。2004年，在科迦、吉让章杰组新建大棚15座，种植蔬菜新品种7种（青椒、莲花白、西红柿、茄子、西葫芦、黄瓜、菠菜）。

2006年，在农技站温室以及曲龙、科迦村采用大棚种植西瓜“京欣1号”、抗旱早花蜜、玉糯1号获得成功，收获的西瓜具有皮薄、瓜红、汁多、口感佳的特点。2007年，在13座大棚试种瓜果、蔬菜，试验、示范品种46种。2008年，投资235万元（国家投资165万元，普兰县投资70万元），修建15座高效温室。至2010年，全县有大棚190余座，种植蔬菜56种。

五、沼气池建设

2008—2010年，普兰县实施“一池三改一棚”沼气项目。2008年，科迦村建设沼气池5座，全部点火成功。2009年，新建农村户用沼气546座，乡村服务网点2

个，投入资金368万元，项目涉及普兰镇6个村（居）546户农户。2010年，推广沼气池403座。

农村户用“一池三改一棚”沼气项目建成初期，当地群众期望很高，秸秆、畜禽粪便等得到再生利用，在短期内扭转了农村脏、乱、差的状况，改善了村容村貌，遏制了流行病的传染渠道，改变了农牧民传统的生活方式，使广大农民走上了卫生、清洁、健康、文明的生活之路，提高了土地综合生产能力。但由于项目落地后温度不达标、肥料不足、群众搬迁或新建住房等情况，项目延续时间短，至2010年部分停用并废弃。

第三章　气　象

2001—2010年，普兰县气象局坚持将发展作为气象工作的第一要务，集中力量抓好大气监测自动化和台站综合改善为重点的气象现代化建设，提高基础业务质量，提高预报准确率，增强气象服务能力，提高服务质量，拓展服务领域，以建设多轨道气象业务为重点，促进气象事业实现跨越式发展。树立“公共气象、安全气象、资源气象”的新理念，突出气象事业的公益性和基础性，体现以人为本的发展观和人与自然和谐相处的自然观。

第一节　机　构

1997年7月1日，普兰县气象站更名为普兰县气象局，为自治区气象局派出机构，垂直管理。2006年11月21日，普兰县气象局党支部成立。

2007年1月，普兰县气象局更名为普兰县观象台。4月15日，农牧经济信息网正式挂牌成立。

2009年，普兰县观象台更名为普兰县气象局，正科级建制，实行双重领导。2010年，县气象局无内设机构，事业编制10名，在编8人。

2001—2010年普兰县气象局领导一览表

表13-3-1

机构名称	职务	姓名	性别	民族	任职时间	备注
普兰县气象局	局长	洛桑元旦	男	藏族	2005.8—2007.1	
	副局长	巴桑金宗	女	藏族	1999.9—2002.10	主持工作
		巴桑扎西	男	藏族	2000.8—2002.6	
		洛桑元旦	男	藏族	2002.10—2005.8	主持工作
普兰县观象台	台长	洛桑元旦	男	藏族	2007.1—2009	
普兰县气象局	局长	洛桑元旦	男	藏族	2009—	

第二节　气象观测与气象预报

一、气象观测

2001—2010年，普兰县气象局主要观测项目有空气温度、湿度、风速、风向、蒸发、云、降水、大气能见度、辐射、日照等，包括自动观测数据质量监控、探测环境变化情况监测，及时对各项自动站数据进行备份。

2005年1月，县气象局开始在塔尔钦收集气象资料，并申请建立旅游气象站。5月18日，大气探测自动站正式建立，11月1日开始平行观测。

2007年，以自动站为主，由之前每年7次观测增至24次观测。在业务体制改革中，将发展气候观测系统作为气象观测系统改革的重要内容之一。8月底，完成所有观象台环境调查评估。

2009年，以自动站数据为主，将每小时观测改为3小时观测发报。在老巴嘎建立无人自动站，并安排看管人员。专门派人指导积雪和降水量测量，对旅游气象服务和牧区气象灾害数据监测起到较大作用。

2010年，县政府专门下文件加强气象探测环境保护，县气象局在观测场四周进行全面检查，发现观测场西边建设的县周转房对气象探测环境有影响，普兰县将周转房向西迁移12米，高度降低10厘米。

二、气象预报

县气象局面向普兰经济社会发展需求，开展冬春天气预测预估，做好天气预警预报，为防灾减灾工作提供科学的决策依据。

2003年年初，气象服务领导小组成立。以重大灾害预报服务为重点，开展预报工作，分析并及时提供天气演变情况。

2006年，县气象局按照大气探测自动站的各项规定和操作程序，发送气象信息30余条。

2009年10月，县气象局连续2天发布强降水蓝色预警信号，收集灾情资料。

2010年2月，普兰县出现暴雪天气，县气象局及时发布天气过程以及巴嘎、霍尔两乡的降雪分布情况，同时发布年度第一次降雪黄色预警信号。

第三节　人影作业

普兰县受地形影响，云系变化大。2000年起，普兰县开展人工影响天气作业。县气象局宣传贯彻《中华人民共和国气象法》《气象灾害防御条例》《人工影响天气管理条例》等法律法规，在农牧区实施防雹减灾、人工增雨服务，为农牧业生产创造良好条件。由于人口密度变大，地面施工增多，弹药质量比较差，存在安全隐患，每年进行人影安全检查，确保人影设备和作业安全，杜绝发生作业事故。

2003年，县气象局坚持“安全第一”原则，贯彻《人工影响天气安全管理条例》《阿里地区人影办2003工作部署》，加强人影炮弹、火箭弹的管理，对作业人员进行系统培训，组织对作业装置进行擦洗、上油、紧螺丝，对火箭弹射程进行调查，避开城镇和人口稠密区，杜绝安全事故。7月1日至8月6日，利用天气形势，在多个作业点发射炮弹，进行人工增雨和防雹减灾作业，增加局地降雨，削弱局地雹灾。其中，吉德作业3次，方位在西南和西北；多油作业2次，方位在西南；在赤德西南和西北进行8次增雨和4次防雹作业。

2004年，县气象局对作业人员进行业务及安全意识培训，配备专人进行仪器维护和弹药管理，由于火箭增雨没有固定的作业点，每次作业都在离县城几十千米处进行作业，确保安全。

2005年，县气象局严密监视天气变化，适时开展人工防雹增雨作业，最大限度地减少灾害损失。组织专人进行人影装置检查，学习中国气象局和西藏自治区气象局发布的《37毫米高射炮防雹增雨作业安全技术规范》《人工影响天气作业用37毫米高射炮技术检测规范》两项行业标准，提高作业效率。

2006年，县气象局注重人影规范化管理和现代化建设，提高人影作业水平。10月，选派作业人员1人到自治区气象局参加人影技术培训。普兰县降雨较多，人影作业次数相应较多，为农作物提供良好的保障，未出现雹灾等现象。

2007年，县观象台重点关注旅游气象服务建设，上报建设冈仁波齐旅游气象服务的可行性报告。4月，在西德村和多油村进行人影作业培训，为期2天，发放人影技术、管理等书籍，制定人影安全管理制度。选派作业人员1人到自治区气象局参加人影技术培训。6月10日，组织到2个人影作业点，对高射炮进行全面检查。9月26日，普兰县出现强降雨天气，为不影响收田，组织安排人影消雨作业。

2010年，县气象局鉴于人影炮库陈旧，投入13.8万元（地区气象局解决资金），修建3个人影炮库，新增1个作业点（仁贡）。贯彻执行《人工影响天气管理条例》，规范人影工作管理，定期组织安全检查，多次到作业点进行人影作业指导，提高人影工作效益。

第四节　防雷工作

2004年，阿里地区气象局启动防雷工作。普兰县气象局积极宣传自治区《防雷减灾管理办法》，在易燃易爆场所发放防雷宣传资料，为开展防雷和检测工作做好前期工作。

普兰县雷暴天数少，防雷设施不规范、不标准，群众防雷意识普遍淡薄。每年在全县范围内开展防雷安全知识和防雷法律法规宣传活动，发放防雷资料，使防雷安全知识家喻户晓，干部群众防雷安全意识明显提高。2007年9月18日，县政府办公室下发《关于切实做好我县防雷安全工作的通知》。全年发放防雷资料500份。

贯彻防雷法律法规。2006年，县气象局对所有易燃易爆场所和通信部门等开展防雷检测，防止发生雷击安全事故。

第十四篇　文化　卫生　体育

2001—2010年，普兰县整合国家投资、支援资金和地、县财政资金，推进文化设施、文化队伍建设，加强风俗文化、民族服饰文化整理保护工作。至2010年，普兰县有5支业余群众文艺团队；有国家级非物质文化遗产1个，自治区级非物质文化遗产5个，自治区级非物质文化遗产传承人1人。普兰县公共文化服务覆盖面进一步扩大，服务功能和水平显著提高。

随着支援医疗队的进入，普兰县医疗机构逐步健全，医疗设备不断完善，加上当地藏族医学生学成归来，医疗技术水平明显提高。2007年，全县有各级各类卫生机构3个，床位40张，卫生技术人员100人，其中县级30人，乡级10人，村级10人，组级50人。广大干部群众能享受基本医疗和公共卫生服务。

普兰县兴建一批文体活动室、健身室等场所，其中孔雀河公园占地面积近900亩，青少年校外活动中心占地面积3900余平方米，一定程度上满足了群众参与体育健身的需求。

第一章　文化管理

2001—2010年，普兰县完善文化服务体系，推进文化设施、文化队伍和文化活动机制建设，推动乡村文化活动中心建设，开展形式多样的群众性文化活动，扩大公共文化服务覆盖面，服务功能和水平显著提高。保护传承传统文化，组织重点作品的规划和创造，推出弘扬主旋律、体现时代精神和民族特色的文艺精品。

第一节　机　构

一、管理机构

1997年10月，普兰县文化广播电影电视局从县文教局分设，正科级建制，编制5名，其中科级领导职数3名。2000年，普兰县文化广播电影电视局下属的县广播站（1971年建立）、县电影管理站（1983年县广播电影站更名）、县电视台（1986年9月建成）划归县委宣传部管理。

2001年，普兰县调频广播台成立。

2010年，在普兰县文化广播电影电视局挂县新闻出版局牌子；组建县文物局，由县文化广播电影电视局管理。县文化广播电影电视局（县新闻出版局）无内设机构，编制4名（行政编制3名，事业编制1名），其中科级领导职数3名，县文物局科级领导职数1名。

2001—2010年普兰县文化广播电影电视局领导一览表

表14-1-1

机构名称	职务	姓名	性别	民族	任职时间
普兰县文化广播电影电视局	局长	彭次仁	男	藏族	2002.5—2003.10
		才旺玛	女	藏族	2003.10—2006.5
		加　措	男	藏族	2006.11—
	副局长	袁国忠	男	汉族	2000.5—2006.7

续表14-1-1

机构名称	职务	姓名	性别	民族	任职时间
普兰县文化广播电影电视局	副局长	拉巴次仁	男	藏族	2001.5—2002.10
		吴 建 斌	男	汉族	2006.5—
电视台	台长	石　　确	男	藏族	1990.5—
调频台	台长	索 玛 加	男	藏族	2001.1—2010.10
电影队	队长	桑杰拉姆	男	藏族	2000.5—2010.10

二、民间艺术团

2004年，普兰县民间艺术团挂牌成立，为西藏首批县级民间艺术团。艺术团成员均为普兰县农牧民，为合同制临时工。在职演员22人，其中舞蹈演员20人、独唱演员1人、音控人员1人。

县民间艺术团编排节目主要包括歌舞、小品、普兰非遗节目（果尔子、科迦藏戏、宣舞）等，自编自导的节目数次在自治区、阿里地区文艺会演中获得奖项。参加“三大节日”（元旦、春节、藏历新年）、“3・28”西藏百万农奴解放纪念日、“五下乡”（科技、文化、卫生、法律、政策下乡）等重大活动，每年演出65场以上。

至2010年，普兰县有业余群众文艺团队5支：科迦藏戏团、西德果尔子舞团、赤德仲舞团、多油宣舞团、巴嘎牧民文艺团。

三、格列藏文书店

格列藏文书店严格按照《出版物市场管理规定》开展出版物的发行活动。

2010年4月18日，对2009年出版物发行情况进行自查，进一步规范出版物发行。对2009年图书销售情况进行核查统计，销售出版物12373册（期），其中图书9544册、期刊2829期，销售额13万余元，利润4.5万元。

第二节　文化设施建设

2007年，普兰县投资建设县文化广播电视中心，建设内容为无线电视台、有线电视台、调频广播台。规划占地面积10亩，建筑面积2200平方米，总投资843.81万元（土建部分投资473万元，设备购置336.81万元，其他费用34万元），全部申请陕西省援藏资金。

2009年，普兰县投资480万元，新建文化广播电影电视大楼。

2010年，文化广播电影电视大楼投入使用，投入支援资金280万元，购买42套有线电视设备、2台非编机、1套自办节目播出平台及3台摄像机等设备。

2010年，普兰镇文化站建设项目实施。

第三节　历史文化村

一、科迦村

科迦，藏语意为“定居”，位于孔雀河东岸。世代以耕种、放牧为生，孕育了丰富的农耕文化和独特的民俗风情。地处中尼边境线上，是对外开放的前沿。科迦村传承了普兰服饰（国家级非物质文化遗产），普兰“雅尔松吧”歌（自治区级非物质文化遗产）、科迦那木冬（自治区级非物质文化遗产），科迦男人节、科迦寺佛事活动等。此外，还有宣舞、卡尔舞、锅庄、民歌等文化艺术资源，人们将科迦村称为“普兰民俗文化保护库”。2006年，科迦村被评为全国文明村镇、西藏自治区小康示范村。

二、西德村

西德村位于县城西南部孔雀河西岸的台地上，距县城9千米，平均海拔4000米左右，传承有“果尔子”舞（征战舞），为自治区级非物质文化遗产。

第四节　非物质文化遗产

至2010年，普兰县有国家级非物质文化遗产1个；自治区级非物质文化遗产5个，自治区级非物质文化遗产传承人1人（普兰“果尔子”舞传承人）。

2010年普兰县非物质文化遗产统计表

表14-1-2

名称	类别	级别	批准时间、批次	备注
普兰“宣”服饰	传统技艺	国家级	2008年第二批	2007年自治区级第二批
普兰“雅尔松吧”歌	传统歌曲	自治区级	2009年第三批	
普兰“果尔子”舞	传统舞蹈	自治区级	2009年第三批	

续表14-1-2

名称	类别	级别	批准时间、批次	备注
赤德“仲”舞	传统舞蹈	自治区级	2009年第三批	
阿里岗廓转神山节	民俗	自治区级	2009年第三批	
科迦那木冬	民俗	自治区级	2009年第三批	

一、普兰“宣”服饰

普兰“宣”（ཞོན།）服饰主要指普兰妇女服饰，有上千年历史，主要由袍子、披风、头饰、项链（6~8条，长短不一）、耳坠、靴子组成。袍子为纯羊毛通过纺线、染色、编织等工序制成，披风由羊羔皮和丝绸布缝制而成，头饰、项链、耳坠由黄金、白银、绿松石、珍珠、玛瑙等各种珠宝组成，鞋子底部用牦牛皮和牦牛毛缝制，上面有手工刺绣的各种图案。普兰“宣”服饰主要在娶亲、佛事活动等大型民俗活动，跳普兰“宣”舞和唱“央子”歌时穿戴。

二、普兰“雅尔松吧”歌

普兰“雅尔松吧”（ཡར་གསུམ་པ།）歌（“央子”歌）与西藏传统意义上的酒歌不同，有特定的时间、地点（场合）和内容，对妇女所穿服饰有要求。“央子”歌是在大型聚会、过年过节、婚礼等期间，由身穿普兰“宣”服饰的妇女手端银木碗、“央子”、酒壶，整齐排成一排，唱“央子”歌。

三、普兰“果尔子”舞

藏历六月四日西德拉德寺佛事活动中，都会表演“果尔子”（ཀོ་རྫེད།）舞，有特定舞步、歌曲和鼓点，慢慢形成独具特色的西德“果尔子”文化。

在传统舞蹈演员9人的基础上，组建西德“果尔子”舞传承团队，成员35人，其中舞蹈演员33人，鼓手2人。县民间艺术团学习“果尔子”舞，地区艺术团多次改编“果尔子”舞，在区内外演出。在继承和保留传统舞步和歌曲内容的基础上，在舞蹈编排上改变舞蹈队形，加强观赏性，在舞蹈编曲上除鼓外，加入一些其他藏式乐器。

四、赤德“仲”舞

“仲”（འབྲོད།）舞传统上在贤柏林寺佛事活动和村里的各种大型聚会中表演，分为寺庙僧人跳的“仲”舞和民间流传的“仲”舞。“仲”舞表演者身穿黄色丝绸袍子，头戴大红帽，披着红白绸缎披肩，随着鼓、唢呐节奏翩翩起舞。“仲”舞既有规定动作，表演者也可以即兴表演。在跳“仲”舞高潮时，表演者会在头顶上放置酒壶，边跳舞边给客人敬酒。属于宫廷礼仪舞蹈。“仲”舞主要流传于农区的赤德村、多油村和科迦村。

五、阿里岗廓转神山节

藏历四月十五日为阿里岗廓（གངས་བསྐོར།）转神山节，转山是来自不同地方朝圣者最常采用的方式。起点是塔尔钦或色尔雄竖经幡杆处，终点即是起点。转山道分两条：外圈（线）是以冈仁波齐为核心的大环山线路，南起塔尔钦（海拔4700米），西到塔布齐，北抵卓玛拉山口（海拔5734米），东至宗曲，再回到塔尔钦，外圈总长52千米，沿途有河谷、高地、垭口、溪流、陡坡险路，多为河谷陡坡地段。内圈（线）是以冈底斯山南侧的因揭陀山为核心的小环山线路，有30千米左右。转山人一般都是在转足12圈外圈之后再转内圈。沿途有数座寺院值得朝拜。一般的徒步者需2天，磕长头则需1个月左右。在冈仁波齐背后的芝热寺（革吉县），观看冈仁波齐，早晚金碧辉煌，瑰丽异常，这里也是一般转山者停留夜宿的地方。每逢藏历马年、羊年，转山的朝圣者、游客最多。马年转一圈相当于平常年份的13圈，转单不转双。

六、科迦那木冬

藏历一月十二日、十五日，科迦寺举办那木冬佛事活动。活动中僧人表演佛教面具舞蹈，休息间隙科迦村民会表演“宣”舞、“噶尔”舞。科迦寺在阿里和尼泊尔佛教界影响较大，到此参加佛事活动的僧人和群众不下千人。

第五节　文化活动

普兰县民间艺术团组织开展各种内容健康、形式多样、丰富多彩、群众喜闻乐见的文化活动，丰富广大群众的精神文化生活。

2005年，西藏自治区成立40周年大庆期间，阿里地区群众艺术馆从普兰县组建一支由26人组成的演出队，参加西藏自治区成立40周年民间文艺调演，获得全区民间文艺调演第一名。

2007年，地区群众艺术馆组织普兰县民间艺术团先后参加阿里地区“八一”建军节演出、阿里昆莎机场奠基仪式演出。

2010年，地区群众艺术馆率普兰县民间艺术团参加“庆五一、迎世博”全区农牧区文艺展演活动4场，观众突破2万人次。

第六节　文化市场管理

普兰县坚持常抓不懈和集中整治相结合，规范文化市场秩序。

2007—2009年，普兰县开展文化市场专项检查10次。2009年，普兰县开展“扫黄打非”专项斗争，开展集中行动和专项治理5次，有效净化文化市场。

第二章　文学艺术

第一节　文学艺术创作

一、文学创作

2001—2010年，文学内容、形式产生新变化，文学创作空间得以拓展。

（一）散文

2005年1月，人类学家格勒著《月亮西沉的地方》由四川民族出版社出版，作者将发生在阿里地区的故事娓娓道来，透过阿里高原神秘信息，力图触及人类心灵、触摸文明轨迹、透析生命意义、关注人类终极问题。该书分为六章，其中第五章题为“神山圣湖”，第六章题为踏访普兰。

2008年，西藏民俗学家廖东凡著西藏民间文化丛书由中国藏学出版社出版，其中《节庆四季》《灵山圣境》《拉萨掌故》《藏地风俗》等6部先期出版。其中，《灵山圣境》以藏族民间“神山圣湖”文化为基础，记述流传在民间的关于冈底斯、玛旁雍错等故事。

（二）文史著述

罗伯特·维他里著英文《古格普兰王国》，围绕古格堪钦·昂旺扎巴用藏文写的《阿里王统记》作了解释和研究。

曲阿著藏文《神山圣湖志》，2010年1月由西藏人民出版社出版。

二、文艺创作

德吉慈白（普兰县人，阿里地区象雄艺术团国家二级演员）出版个人专辑磁带《冈底斯之歌》，与关觉玛、白玛桑姆合录专辑磁带《仙鸟鸣曲》。

普兰县民间艺术团编排节目主要包括歌舞、小品、普兰非遗节目（果尔子、科迦藏戏、宣舞）等，自编自导的节目数次在自治区、阿里地区文艺会演中获得奖项。

三、书画摄影

2002年11月，杨年华《冈仁布钦雄姿》在第四届拉萨美术书法摄影艺术展中获银奖。

第二节　民间文艺整理与抢救

2008年4月，阿里地区群众艺术馆组织作业组到普兰县赤德、西德、科迦、多油等村普查民间艺术，并对具有独特艺术魅力的“卡尔”（“嘎尔”）、“仲”“果尔子”“宣”等民间艺术进行摄像、拍照、记录等工作，收集整理濒临失传的民间艺术。

第三章　广播影视

普兰县深入推进“村村通”工程（村村通广播电视）、农村电影“2131工程”（在21世纪初，基本实现全国农村一村一月放映一场电影的目标）等，扩大广播影视覆盖范围，提高覆盖质量，满足基层农牧民群众的精神文化需求。2001年，普兰县有县级电视转播台1座，县级调频转播台1座，乡村广播电视收转站25座，县电影站1座，乡镇电影队2个。至2010年，有县级电视转播台1座，县级调频转播台1座，乡村广播电视收转站25座，“村村通”广播电视单收站108座，“户户通”广播电视810户，县电影站1座，乡镇电影队3个。“村村通”工程覆盖率92%，“户户通”工程覆盖率85%，有线电视用户800余户。

第一节　广播电视

为解决广播电视信号覆盖“盲区”群众收听广播、收看电视问题，国家从1998年开始实施广播电视“村村通”工程等惠民政策。普兰县广播电视设施得到改善，信号覆盖面不断扩大，信号质量大幅度提高。

一、广播

2001年6月，普兰县调频广播台成立，安装接收机、发射机，架设室外发射天线，配备发射功率100瓦的发射机，频率分别为88.8MHZ、103.8MHZ、106.8MHZ。8月，开播中央人民广播电台中国之声、西藏汉语、西藏藏语3套节目。

2002年，调频台3套节目分别配备备机，保证调频广播满功率、满调幅、满时间播出。

2007年起，调频广播台增加电子显示屏设备，可以接收自治区发送的信息，提前应对突发事件，保证广播的安全播出。

二、电视

（一）无线电视

2007年之前，普兰县开播无线电视节目3套（中央一台、西藏汉语、西藏藏语）。2007年，无线电视增加中央七台节目。

（二）有线电视

2000年，普兰县实施有线电视工程，开播有线电视节目8套。

2001年，加强有线电视网络工程建设，有线电视覆盖范围内80%的干部职工及商户均安装有线电视。

2002年，为贡嘎及老县城古宫一带住户架设有线电视线路，新增有线电视用户100余户。

2005年，有线电视节目由原来的8套增加到16套。由于太阳辐射、大风、大雪等天气情况，外线网络接口松动、线路老化、电缆断裂，外线网络维护任务重，广电工作人员除基本的机房监测、值机工作外，经常加班维修外线网络，维修外线网络1000余次。

2006年，普兰镇及附近新建住房陆续安装使用数字电视。

2007年，租用电信光纤网络，收转阿里台节目。新增新闻回传系统，传送普兰新闻，提高了新闻的时效性。

2009年，有线电视节目由原来的16套增至42套，有线电视网络由电缆更换为光纤。

2010年，对有线电视网络进行更新改造，普兰台自办节目开播。新增有线电视用户55户，普兰县有线电视用户800余户。

三、广播电视覆盖工程

（一）“村村通”工程

2000年，普兰县开始实施“村村通”工程。

2001—2005年，县文广局工作人员累计下乡2300余人次、620余天，农牧区广播电视覆盖率在80%以上。2001年，在多油村、赤德村、科迦村架设广播电视收转站3座，3个村能够收听收看广播电视节目。2002年，完成11座地面卫星单收站维修工作，解决部分乡村电视收看难问题。

2006年，普兰县新建收转站3座、广播收转电视接收站2座。广播电视覆盖率90%。

2008年，升级改造巴嘎乡、科迦村、科迦村斜尔瓦组、仁贡村多玛组4+3广播站4座，霍尔乡8+3广播站，多油村6+3广播站。截至2008年年底，累计建立“村村通”基站125座，其中广播电视单收站101座、收转站13座、广播收转电视单收站11座，普兰县基本实现广播电视全覆盖，牧区广播电视覆盖率在88%以上。

至2010年，普兰县有“村村通”广播电视单收站108座，“村村通”工程覆盖率92%。

（二）“户户通”工程

2009年，阿里地区实施“户户通”工程，向农牧民免费发放“户户通”设备。

普兰县发放广播电视卫星接收器810套，并派出技术人员10人为农牧民群众安装调试。

至2010年，普兰县“户户通”工程覆盖率85%。

第二节　中波转播台

一、机构

普兰中波转播台始建于1995年，为股级事业单位，隶属普兰县文教局，主要承担转播中央人民广播电台中国之声、西藏汉语、西藏藏语3套节目。2000年，将西藏自治区内拥有1千瓦以上中波发射机的14座中波台（包括普兰中波台）上划到西藏自治区广电局直属管理。

2001年，西藏自治区新闻出版广电局普兰中波转播台编制8名（初级3名、员级5名）。

2010年，普兰中波转播台编制15名（中级2名、初级5名、员级8名）。

2001—2010年西藏自治区新闻出版广电局普兰中波转播台领导一览表

表14-3-1

机构名称	职务	姓名	性别	民族	任职时间	职称
西藏自治区新闻出版广电局普兰中波转播台	台长	益西多吉	男	藏族	2000.8—2002.7	助理工程师
		汤　昆	男	汉族	2002.7—2003.5	工程师
		李　明	男	汉族	2003.5—	高级工程师

二、中波台建设

2000年，国家投资420万元，新建普兰中波台台区、技术区以及职工周转房等，同时对接收系统、控制系统、发射系统、调配网络、供电系统以及发射铁塔等设施设备进行更新和改造。11月23日，普兰中波台与普兰县签订征地合同，征地2.9亩，每亩3.5万元。

2001年7月25日，普兰中波转播台完成48米拉线铁塔架设。9月，安装广播发射机。10月，安装控制桌和信号源，完成中波转播台土建等建设任务，总建筑面积1263.76平方米，职工住宅楼高度10.6米，机房和学习室高度5.8米，办公室、会议室、附属楼高度4.7米。

2004年5月，普兰中波转播台与普兰县水电站签订关于普兰中波转播台架设专线的合同，总造价35.25万元，6月20日工程通过验收，10月安装配电系统。普兰中波转播台基本覆盖普兰县全境，人口覆盖率在95%以上。

三、安全播出

由于县水电站冬季供电不足，普兰中波转播台利用2台50千瓦康明斯发电机轮流发电，以保证安全供电。局中波处维护队帮助改善普兰中波转播台所有发射机指标。在重要保证期间，实行24小时值班制，重要时段值班领导必须在工作第一线进行指挥。为机房安装安全播出预警系统，有效保证中波转播台节目的准时播出。

2003年，普兰中波转播台转播中央人民广播电台第一套节目、西藏人民广播电台藏语节目及1套汉语节目，共转播23542.5小时。

2005年，加大补充备用设备的力度，中波转播台中央一套节目有4路信号源，西藏藏语、西藏汉语节目各有2路信号源。

2006年，普兰中波转播台完成安全播出和“三满”（满功率、满时间、满调制度）播出工作任务，转播质量和播出率比往年都有所提高。特别是在倒电造成停播的关键环节上，规定外电倒内电须在3分钟内完成，内电倒外电须在5分钟内完成，尽可能降低电力原因的停播率，并对信号源做充足备份，保证安全播出。

2007—2009年，普兰中波转播台到附近村组了解节目收听情况和效果，得知有些群众收听的是短波节目，捐款筹资购买50部小型收音机，赠送给当地贫困农牧民，教他们收听中波节目，得到群众好评。

四、技术维护

普兰中波转播台严格执行局中波处各项规章制度，结合实际制定《机房管理制度》《检修制度》等。

2003年，普兰中波转播台对存在隐患的设备和线路进行改造，将两路主要供电线路都在地下重新布线；为避免在配电柜断路器发生故障后造成停播，在断路器后面加上短路开关；改装1个油箱，解决了上年新配的50千瓦康明斯发电机油箱清洗不方便等问题；发射机天线倒换开关用铜管代替之前的细线。

2005年，普兰中波转播台每周进行1次小检（每周二下午），每月进行1次大检。对机房所有设备包括6部发射机、稳压柜、配电柜、控制室、卫星接收天线、发电机、天调室，实行“分区到人”（所有的检修区都有人负责检修）、“包机到户”（每套节目的主备机检修计划和检修质量由相关领导负责监督）。每套节目的主、备发射机都有2人负责检修，一个负责检修主用发射机，另一个负责检修备用发射机（槽路箱除外），不能更换所检修的发射机。

2006—2010年，技术维护工作主要包括发射机房和发电机房的设备维护。发射机房主要维护6部发射机，卫星接收机系统、配点系统。每次开关机前后进行日检，检查线路，查看发射机、卫星系统是否正常，各个开关是否到位。每周进行检修，对发射机、卫星系统、配电系统进行去尘，检修线路是否有问题，螺丝是否松动，查看备用发射机是否正常。每月第三个周二进行1次大检，对发射机进行全面检查，拆卸功放单元，打开槽路箱、各个小盒进行清洁；对卫星系统进行全面清洁，检查每个接收机的信号强度，若信号强度弱立即进行调试；对配电系统进行全面清洁，检查线电压，发现不合格马上调整。另外，每天查看发电机的柴油和机油量，若油量低于标准位，立即进行加油；每周二指定2人对发电机进行全面清洁、检查，查看线路，检查水、油、各滤清器（柴油滤清器、机油滤清器、空气滤清器）；按发电时间计算，在指定时间内换机油。

2008年11月中旬，中波转播台备用发电机赛瓦特机组手油泵出现故障，故障现象为电压、频率不稳定，无法正常运行。经与厂家联系后，采取应急措施恢复运行，并订购必要零配件，以备不时之需。实施技术改造，主要是调整和设计走线、布线，机房线路走线布置更加合理、规范、科学；更换从接收天线到接收机的所有高频线；在2天时间内完成中星9#改星任务，新调出的卫星全面投入使用并作为区藏、区汉的备用信号，实现改星转播；还多调一个中星6B和中星9号接收天线，随时可以使用；在改星的同时，将部分旧的接收机更换为新接收机，旧的存入库房作为接收机的备用。

2009年3月，中波转播台机房重新安装控制桌，更改全自动音频处理器。

第三节　电影放映

1961年，普兰县成立电影队。2001年，普兰县有县电影站1座，乡镇电影队2个。至2010年，有县电影站1座，乡镇电影队3个。

2001年，普兰县电影队在县城放映电影80场次，在各乡镇放映电影200余场次，各乡镇放映员到各村组放映电影800余场次，观影5万余人次。

2002年，配备“2131工程”专用放映车1辆。在县城、各乡镇、村居和学校、部队放映电影1200余场次，主要放映革命电影、故事片、生活片、科教片及纪录片等。

2007年，放映电影2100余场次，群众一年能观看3～5场电影。

2008年，进一步加大电影放映工作力度，工作人员行程3万千米，每天放映电影1～2场，放映电影2400余场次。

2009年，普兰县电影队和巴嘎乡、普兰镇电影站更新电影放映机，将电影胶片放映机更换为数字电影放映机，实现电影放映数字化。

2010年，更换霍尔乡和普兰镇科迦村的电影放映机，至此普兰县电影放映机全部更新为数字电影放映机。

“2131工程”启动后，县电影队执行每村每月放1场电影，长期在农牧区一线为农牧民群众放映电影。2003—2007年，“2131工程”累计放映电影3810场次，观影225330人次。2006年，“2131工程”放映电影760场次，其中科教片72场次。

2001—2010年普兰县电影放映统计表

表14-3-2

年份	新增电影（部）	放映电影（场次）	观影人数（万人次）
2001	20	1080	5
2002	40	1200	7
2003	50	1500	8
2004	40	1400	7
2005	30	1800	10
2006	100	2100	11
2007	100	2100	10
2008	80	2400	—
2009	100	2600	12
2010	150	2800	14

第四章　文　物

普兰县是阿里地区文物大县，寺院、民居、田野拥有大量古籍、可移动和不可移动文物。

第一节　机　构

2010年之前，普兰县未单独成立文物局，文物工作由县文广局负责。

2010年8月，组建普兰县文物局，副科级建制，由县文化广播电影电视局（县新闻出版局）管理。无内设机构，科级领导职数1名。

第二节　文物普查

1981—2010年，国家文物局和西藏自治区、阿里地区文物普查小组对普兰县集中进行多次考古普查，先后发现古文化遗迹多处，涵盖前象雄时期（象雄古格部落出现以前，包括史前时期、旧石器时代、新石器时代）、象雄时期、后象雄时期的各类文物，证实古代土著先民很早就在普兰繁衍生息，创造出灿烂的古代文化。

2007年，普兰县成立“贝叶经”普查和保护领导小组，坚持“现状为主、原件不动、分散保管、确保安全”的普查登录原则，对县内“贝叶经”遗存情况进行深入、系统、全面的普查和保护，对发现的“贝叶经”填写《西藏自治区所藏“贝叶经”摸底调查表》，全面掌握“贝叶经”遗存的数量、类别、分布和保存等基本情况。并配合阿里地区“贝叶经”保护工作领导小组开展“贝叶经”影印、征集等相关工作。

2009年，普兰县启动第三次全国文物普查，在全县范围内开展普查、抢救、继承和保护工作，在第三次全国文物普查和古籍普查工作中，发现文物点46处（复查点2处，新发现44处），主要有古遗址、古墓葬、古建筑、石窟寺等（巴嘎乡雄巴村曲西组贡嘎查瓦石构遗迹、喜瓦孜石构遗迹、吉章石构遗址、多沃嘎尔琼石构遗址、赤德村列石；西德卡尔城堡遗址、科迦卡尔果遗址；西德拉德寺、果粗寺、楚果寺、扎朗拉康、赤康遗址；曲登那如佛塔遗迹；江白丹增民宅、土登民宅、扎巴坚参民宅、贡嘎云丹民宅、阿尼桑民宅、尼玛次仁民宅、次仁旺杰民宅、强巴赤来民宅壁画）。在文物普查的同时，对私人收藏的文物进行登记、建档，登记6户人家收藏文物238件，主要为唐卡、佛像、法器、经书等。

2010年，可移动文物普查工作领导小组及办公室成立，配备专职文物普查工作人员，到全县14座寺庙、拉康开展可移动文物普查登记工作，掌握了大量第一手资料，对寺庙文物鉴定级别、建立档案。截至2010年年底，全县累计完成609件古籍收藏登记工作。

第三节　遗址遗迹

普兰县遗址遗迹数量庞大，有城堡遗址、列石遗址、寺庙遗址、洞穴遗址、森巴战争遗址等。

一、城堡遗址

历史上，普兰地域的土著先民很早就在河畔山谷生息繁衍，修建了大大小小的城堡、堡寨。

（一）达拉卡城堡遗址

达拉卡城堡遗址位于县城西北部达拉卡尔山顶上，距县城3.5千米。贤柏林寺最西边有一处三角状高七八米的墙体，为达拉卡城堡仅存部分，由夯土筑成，墙体内多嵌有小鹅卵石，城堡主体部分被埋压在贤柏林寺下边。该遗址年代跨度较大，各个时期都有不同程度的维修、改建、新建，建筑遗存丰富，历史文化内涵丰富。

（二）玛旁布莫卡城堡遗址

玛旁布莫卡城堡遗址位于霍尔乡贡珠村二组，扎藏布温泉沟附近的山坡上，是象雄部落联盟四大中心城堡之一。崖壁下有2个洞穴，1个黑乎乎的，洞穴外侧有石砌残壁，塌落的石块散落一地。崖壁上有一处旧时的雍仲苯教图案。

（三）朗嘎琼宗遗址

朗嘎琼宗遗址位于仁贡村三组西约40千米处，孔雀河源头西约8千米处，海拔4300米左右。年代及历史沿革不详，据仁贡村民讲，为象雄时期遗址。

直贡噶举派高僧坚阿林巴长期在此修行，向附近群众弘扬佛法。直贡噶举派和竹巴噶举派的许多成就者在此地进行参禅、修行。后来，敦珠法王的弟子德加仁波切到此修行，在阿里声望很高。朗嘎琼宗成为阿里信众心中的修行圣地。

（四）西德卡尔城堡遗址

西德卡尔城堡遗址位于西德村多岗组西边的山顶上。早期，西德是一个小部落，在头人首领的组织下修建了这座城堡。始建年代不详，民间传说城堡有1300年以上历史，和达拉卡城堡、玛旁布莫卡城堡同属于象雄部落联盟时期。城堡遗址的原貌、建筑布局、房屋结构不清。清康熙二十二年（1683年，藏历第十一饶迥水猪年）后，城堡成为寺庙的一部分。后遭到破坏，仅残存墙体。20世纪80年代后，主体建筑在原基址上重建，有少量附属建筑埋压于地下。

（五）噶尔东王城遗址

噶尔东王城遗址位于仁贡村嘎东组附近的朗钦日山上，距县城23千米，距207省道7千米。吉德尼玛衮在此修建宰卡尼松宫，是阿里、布让政权的中心。

（六）堆巴城堡遗址

堆巴城堡遗址位于多油村堆巴组东侧山坡上，距207省道2千米，遗址面积大。森巴战争时期，为森巴和藏军反复争夺的堡垒、要塞。

（七）吉让古若碉堡遗址

吉让古若碉堡遗址位于县城北部孔雀河转弯处，仅存夯土残墙，高7～8米，前部有壕沟遗迹。传说最早为洛桑王子时期巫师哈热那布的居住地。1841—1842年森巴战争时期，森巴侵略者占领普兰宗后，在统帅倭色尔的指挥下，从老百姓家里抢木料、粮草、燃料和各种财富，抓百姓做劳役，重新修建古若堡寨，墙体高大，墙壁厚实，2～3层，四壁及转角处设置有瞭望孔、射击孔，坚固异常，将其作为进攻、防御军事基地。西北部靠近孔雀河，地势险要；东南部挖掘陷阱、护城壕，防范进攻；周边建有马圈，遗址面积大。遗址为爱国主义教育基地。

（八）出新卡遗址

出新卡遗址位于赤德村，民间传说这里是洛桑王子（孔雀王子）的出生地。民主改革前后有城堡式的房屋遗址，大部已消失，周围仅保存有一处洞穴遗迹。

（九）科迦卡尔果遗址

科迦卡尔果遗址位于科迦村东南约3千米处的山顶上。该遗址保留有四面墙，东墙长20米，西墙长10米，最高处1.5米左右，用石片和土坯砌筑，南、北墙为夯筑和土坯，墙宽0.8米。东边还有一道防护墙，长30米。

（十）普兰宗政府遗址

清康熙二十五年（1686年，藏历第十一饶迥火虎年），阿里第一任噶本甘丹才旺在普兰建立宗政府，宗政府在达拉卡城堡东部，作为管辖普兰地方的最高行政权力中心，由普兰宗本负责属地内的军政事务和征收赋税、实物，一直延续到1959年。

二、列石遗址

列石，当地藏族人称“朵仁”。所处位置一般近乎草原牧场中央地带，四周难以看到石山，或有一些不高的缓坡形土山丘，显然这些列石是先民从别处搬运过来专门竖立。竖立列石或是某位首领的埋葬地，或是祭祀祈福的场所，或是道路指引方向的标志物，或是部落间的分界线，或记录当时发生的重大事情，或是部落邦国之间的盟约协议。曾在列石下发掘出人的遗骸，表明列石与墓葬有某种关联。

（一）贡嘎查瓦石构遗迹

贡嘎查瓦石构遗迹位于巴嘎乡雄巴村曲西组贡嘎查瓦，2块立石南北向排列，一个高1.76米，一个高1.54米，间距2.3米。无边框，一根为银灰色、一根为黄褐色。当地牧民将此当作祭祀神灵的工具。立石东西两边20～30米处为夏季住所。

（二）肖物哲（夏季草场）列石

在巴嘎乡雄巴村二组拉昂错西侧有许多列石，传说有100根石柱。发现列石遗址2处，相距1千米左右。列石可能是订立部落盟约协议竖立的石碑。

一处位于夏季草场桑多帮日草原上，海拔4617米，列石高1.5～2.5米，宽40厘米左右，厚15厘米以上。列石紧密丛生，高低错落，地面有一圈方形鹅卵石基础，西面地表有鹅卵石铺就突出的半圆弧形圈，有人为建构的基础，初步认为是一处远古遗存的祭坛遗迹。在西部中间一块列石内侧北面的下部，距地表30～40厘米的岩石表面刻画有原始苯教的雍仲符号，其上部60～70厘米处有佛教顺时针方向的雍仲符号，2个符号高差20厘米。再往上30厘米，刻有藏文字母，文字较新，为红色细沙片岩长条状石头组成。

另一处位于夏季草场布嘎窘西南日多多草原上，第一处列石向西偏北约1千米处，与第一处列石和公路接近平行。有四五块倾斜的列石，有几块列石断裂侧翻倒伏地表。东面有半圆形的祭坛遗迹，地表散落有环状的鹅卵石。据推断，这些用石头围成的圈为墓地。

（三）噶尔穷列石

噶尔穷列石位于巴嘎乡雄巴村二组多油噶尔穷夏季草场，有6根立石，南北向排列，1根断裂、1根倒地，倒地立石长1.65米。

（四）喜瓦孜石构遗迹

喜瓦孜石构遗迹位于巴嘎乡雄巴村二组夏季草场居民住所布嘎窘西南日多多山。由石框和立石组成，石框成长方形，长11.4米、宽10.8米，边框细密，厚0.9米，北边边框较为模糊；石框内有4根列石，南北向排列，靠近西边框，间距0.1～0.8米，其中第2根列石向南倾斜，高2.5米，第2根列石和第3根列石相距1米，一个断裂立石残高0.4米。立石东面有1个石框，立石北边有2个倒塌的立石。

（五）吉章石构遗址

吉章石构遗址位于巴嘎乡雄巴村二组西北4千米处二级台地上，2根立石南北向排列，相距0.58米，南边列石高1.3米，0.93米处断裂，断裂残余0.35米，北边列石高1.47米。列石前有一个长5.7米、宽5.45米，石框宽度0.64米的典型的石框遗迹。石框西边有一个直径8米，外围到隔道长6.3米，石框宽度0.75米的椭圆形石框。

山坡下的一级台地上发现4个类似的石框遗迹，大部分属于梯形石框，周边石头较少。

（六）多沃嘎尔琼石构遗址

多沃嘎尔琼石构遗址位于巴嘎乡雄巴村二组夏季草场多沃嘎琼。遗址为石框和立石的组合体，石框呈长方形（长12.8米、宽10.6米），为双层边框，宽0.8米，东边框较为模糊。石框内有6根立石，南北向排列，靠近西边框，从南起L1～L5排列紧密，间距0.1～0.3米，均向北倾斜，其中L3最高（2.3米），L5与L6相距4.2米，两根靠南边中间，1根断裂，1根倒地（长1.65米）。

（七）吉吾寺列石

吉吾寺列石位于吉吾寺下方的玛尼堆旁，仅有一根列石，高不过45厘米。

（八）朗嘎琼宗列石、石圈

列石位于孔雀河源头附近朗嘎琼宗寺庙建筑旁边，高35厘米，周边散落有其他用途的石头。寺庙第三道山门内，河畔有长条形石圈。

（九）仁贡村列石

仁贡村列石位于仁贡村东部与207省道之间的荒野上。仁贡村沙朗组、若南组的荒野草地散落的列石，传说是天降石，也是两个组草场的分界线。

（十）多油村堆巴组列石

多油村堆巴组列石位于多油村堆巴组东面的山坡上，有2块列石，相距约10米，其中一处百姓传说是甘丹才旺打败拉达克人后勒石记功的纪念碑。

（十一）赤德村列石

赤德村列石位于赤德村江嘎组江嘎塘卡西50米处，赤德村和西德村交界处的孔雀河畔，海拔3887米。由3根立石组成，无边框，3根立石南北向排列，由北向南为L1～L3，L1和L2间距3.3米，L2和L3间距3.4米，其中L1高1.4米，L2高1米，L3高1.3米。立石周边有分散的石子。立石石质为细砂岩，没有明显人工敲凿雕刻痕迹，立石旁有数块倒伏的列石，四周全是大小不等的鹅卵石沙土沉积物。东北部孔雀河对岸为曲龙组居住点，南部为西德村角入组居住点。

当地百姓称其为“门珠本松”，意为一个称为“门”的族人的三个兄弟。百姓口头相传，印度有3个神仙相约到远方圣地朝拜，因为只能是夜晚来夜晚回，若天明他们就不能回到原来的地方。他们朝拜完圣地，返回途经此地时，天大亮，太阳升起，他们的身体就被定格在那里。

（十二）赤德村和西德村交界处列石

列石位于两村通往丁嘎山口的山坡上。

（十三）其他列石

据巴嘎乡雄巴村牧民讲，在偏远的荒山野地上还散布着2～3处列石。

西德观音碑门口有3块高度不一样的立石，最高0.78米，最低0.65米。

三、寺庙遗址

（一）斜尔瓦寺庙遗址

斜尔瓦寺庙遗址位于科迦村斜尔瓦组207省道旁的小山坡上，有2处寺院性质的宗教场所遗迹，早期的一座位于山顶上，后期的一座位于山坡上，距公路较近，已荒废，残址上墙体保留较为完整，布局清晰。传说是大译师仁钦桑布修建的寺庙，依据民间传说，此地有可能是古格首领赐予大译师仁钦桑布的供养地。

（二）西德拉德寺遗址

西德拉德寺遗址位于西德村多岗组西部山顶上，垂直高度350米以上，山顶上有西德卡尔城堡，与达拉卡城堡同属象雄时期。10世纪末11世纪初由仁钦桑布主持修建，并为其开光加持。早期属宁玛派，后属噶当派，直贡噶举派。元代，萨迦派势力波及普兰，改宗萨迦派。15世纪，扩建为较大的寺庙。平措旺布统治时期，进行扩建。后遭到破坏，寺内的释迦牟尼像和主供佛像被破坏，仅残存墙体，厚度1.2米，最高5.6米、最低0.9～1.5米。该遗址主体布局结构、原貌不甚清楚。

（三）达拉卡寺庙遗址

在达拉卡山上，东西两侧有数座萨迦派寺庙遗址，表明萨迦教派曾经在普兰一带广为流传。

（四）扎朗拉康遗址

扎朗拉康遗址位于普兰镇西德村角入组，始建年代及历史沿革不详。后建筑被村委会用于开会、接待等，现作为村委会的储藏室得以保存。拉康坐东向西，方形建筑，面阔3间2柱12米，进深3间2柱12.5米，中间有天窗。原四壁均存有壁画，由于雨水冲刷、墙壁贴纸等使壁画受损严重，存在脱落、开裂、空鼓等现象。仅南、西两面墙壁保存有壁画，长12米、高1.6米，内容为药师佛、宗喀巴大师、释迦牟尼、佛母、十六罗汉、朗久旺丹等画像。

（五）赤康遗址

赤康遗址位于普兰镇西德村角入组。遗址东约150米为孔雀河，南边为角入居民点，西约200米为通往县城和西德村的乡村公路，西北为江嘎组。遗址始建年代及历史沿革不详。遗址面积443平方米，平面布局为方形，建筑由土坯砖构成，仅存东、西、北三段墙体，西墙上有破损的洞口，从残墙判断原为二层建筑。

四、洞穴

早期，普兰缺少各种建筑材料，土著先民因陋就简，选择偏僻、天然、安全、向阳的崖壁洞穴作为生活栖息之地，后对崖壁洞穴进行简单的改造、开凿，形成单个洞穴、组合式洞穴、复合式洞穴，大户人家夏季居住在沟谷的房屋内，冬季选择在向阳、避风、保暖较好的洞穴居住。

（一）贡嘎堆—马吾—曲龙洞穴

洞穴位于吉让居委会，地处山崖峭壁中部，有独立的洞穴，也有洞穴和房屋连体组合，土著先民根据采光、安全等条件，利用原有洞穴或开凿洞穴居住生活。时间跨度在数百年至上千年。

（二）古宫洞穴

古宫洞穴位于古宫拉康四周，外侧多修建有房屋，构成连体式洞穴房屋结构，洞穴时间跨度在数百年至上千年。

（三）章杰洞穴

章杰洞穴位于吉让居委会章杰组，分布于章杰沟北陡峭的山崖间，由两部分组成，一部分位于那曲宗普，另一部分位于章杰沟北侧。有大大小小的洞穴百余座，有独立的洞穴，有左右连通的洞穴，有上下勾连组合的洞穴，有洞穴和院落、房屋组合搭配的洞穴，有较好的防御、取暖、采光等功能。

（四）赤德洞穴

赤德先民因其毗邻达拉卡城堡、塘嘎边贸市场，在达拉卡山前山后开凿了许多洞穴作为居住地。在赤德浦曲上方一条偏僻、安全的沟谷内开凿了较多洞穴，距赤德村3千米。民主改革前后，还有百姓居住在洞穴中，20世纪60年代后，在政府的动员下，百姓陆续搬出，住进房屋。

（五）仁贡洞穴

仁贡村各组均有洞穴，沙朗组洞穴最为典型，位于山崖顶端，距县城20余千米。民主改革前后还有百姓居住，20世纪60年代后，在政府和乡村负责人的动员下，百姓陆续搬迁至新居住点。

（六）多油洞穴

多油洞穴位于多油村孔雀河南侧的崖壁中部，距县城5千米，散落着高低错落的洞穴近百处，分上中下数层，有的洞穴因山体塌方、河流冲刷，已不能进入。民主改革前后还有百姓居住，后陆续搬出，居住在新修的房屋里。此外，多油村各组还散布着大大小小的洞穴。

（七）岗孜洞穴

岗孜洞穴位于科迦村岗孜组西部的崖壁中央，距岗孜组1千米，紧邻孔雀河，距地表70米左右，洞穴所在位置略微凹陷，地势险要，有上中下数层，有的洞穴外设有木门、铁锁，传统的小道已坍塌，很难进入。民间传说洞穴中藏有神奇的金马鞍。

五、森巴战争遗址

普兰县森巴战争遗址位于普兰镇多油村堆巴组东部的山坡上。1841年冬，藏军在普兰地方民兵和百姓的支持下，多次与森巴军交战，在堆巴与森巴军决战，杀死森巴首领倭色尔。森巴战争遗址保存有3个佛塔，相传是为战争中死亡的人建的忏悔佛塔。

六、先遣连相关遗址

普兰县烈士陵园，位于孔雀河和章杰沟交会处，普兰县城所在台地西北角，先遣连部分牺牲战士埋葬于此。1951年，先遣连和后续部队进驻普兰之前，先遣连干部战士数人在翻越冈底斯山东君拉大阪（今老巴嘎北部的久玛隆沟）时牺牲。20世纪70年代前后，将牺牲的先遣连干部战士遗骸迁葬于阿里地区烈士陵园。普兰县烈士陵园内保存有当年安葬他们的坟丘，为衣冠冢。

此外，还有江嘎菜地、巨幅大字、丁松哨卡等。

江嘎菜地位于赤德村孔雀河畔。先遣连进驻普兰时，在江嘎等地开垦荒地近千亩，种植青稞、蔬菜，每年除保障连队的基本供给外，富余的部分还向驻守在噶尔昆萨、雅萨的驻军、机关提供青稞和蔬菜。

巨幅大字为历年驻守普兰的边防连官兵在边防连驻地山坡上用石头堆塑的文字，石头上涂白油漆，内容为“毛主席万岁！”“中国共产党万岁！万万岁！”

丁松哨卡。先遣连（边防工作站）进驻普兰宗后，在赤德村西部进出强拉、丁嘎山口岔路口的丁松修建石砌房屋1间。每年通山期间，派驻边防人员进驻检查点，对进出山口的边民、商人、官员、货物、运输工具等进行检查。

七、遗迹

（一）第一块农田

据苯教文献记载和普兰民间传说，在雪域的西部阿里地区有一处象雄时期的“第一块田地”，在仁贡村西部孔雀河源头马甲琼果泉眼下方。田地位于孔雀河沟谷之中，该地属于温润的小气候环境，夏季温度适宜，野生植被较为丰富，红柳树等植物茂盛。人民公社时期，建有农场，修建有引水渠，农田产量较高。

（二）石碑

1. *西德观音碑*　位于西德村角入组北100米处。材质为细砂岩石，高1.2米、宽0.5米、厚0.2米，顶部有些许残损。正面浮雕观世音菩萨像，观音站立，躯体修长，长脸，头戴高宝冠、两耳垂环；上身袒露，胸前装饰不清；下身长裙裹膝；右手下垂结施与印，左手当胸执莲茎，莲花开在左肩上，手腕、手臂上皆有钏饰。姿势和手势均较呆板。石碑两侧均刻有古藏文题记，左侧24行、右侧19行，右侧汉译为“向圣者观世音大自在之盛意致意，忏悔一切罪责，随一切福泽，不为愚者和遮蔽所知之事，福泽和智慧于众生一切圆满，愿吾大尚赞扎贡布王与无限的一切众生一同往无上正等菩提”，左侧汉译为“于马年秋季初，森格大祥（尚）赞扎贡布王愿与无垠众生共存，在石碑凸刻圣者观世音菩萨大自在之佛像，施舍善根，福照众生”。底部新建三层的水泥坐台，高约1米，观音碑立于台座上。

2. *马吾石碑*　位于吉让居委会马吾组村头的池塘旁，石材、大小与西德观音碑相近，无文字，图案严重脱落，仅有一个模糊的形象。据村民们讲，这块石碑和西德石碑同时产生。二十世纪六七十年代，被百姓用作过渠的桥板，得以保存，后迁于池塘旁。

3. *科迦石碑*　原位于科迦寺西南角，后改造场地时搬迁至寺庙南侧。材质为鹅卵石，石碑上部两侧雕刻有太阳、月亮，中部雕刻有海螺。传说，大译师仁钦桑布到普兰，为科迦寺开光加持后，端坐在卡垫上，背靠石块，为僧俗讲经说法。科迦寺确康大殿正门旁边，竖立有一块从附近山坡上发现的刻有梵文的石碑。

（三）佛塔

1. 贡珠佛塔　位于霍尔乡贡珠村二组的一座山顶上，传说是格萨尔王打败牛魔王后，将其头颅埋葬于此修建的塔。

2. 霍尔佛塔　位于霍尔乡政府所在地附近，是在原址上新建。

3. 色拉龙寺佛塔　色拉龙寺位于霍尔乡帮仁村南1.5千米处，玛旁雍错东约100米的台地上。佛塔遭到破坏。1984—2003年，在原址重建。

4. 十三金塔　藏语称“雀尔登久松”，即直贡噶举十三金塔。位于巴嘎乡岗莎村冈仁波齐峰南侧峰腰下部的崖壁内，丹真贡康附近，距乡政府驻地约30千米。一座保存较好，其他仅剩塔基，历史、年代不详。1984—2003年，在原址重建，塔中分别供奉着17位直贡派法嗣的法体。

5. 尊追普寺佛塔　位于巴嘎乡岗莎村冈仁波齐东部的山谷里，距塔尔钦10千米，南面有佛塔3座，东面有佛塔1座，已残缺。

6. 江扎寺佛塔　江扎寺位于巴嘎乡岗莎村，冈仁波齐峰正南面的内圈转山道上，海拔5000米，距塔尔钦（巴嘎乡政府驻地）7千米，属直贡噶举派，也是冈仁波齐一带最大的寺庙。最早为象雄部落联盟时期建造的一座城。12世纪，由修行者古亚冈巴创建。原由主殿、护法殿、甘珠尔拉康、玛尼拉康、僧舍等组成，后遭到破坏。附近有原寺残留的佛塔、拉康、僧舍。新寺前端50米处，有新旧参半的佛塔10余座。

7. 那如佛塔　那如佛塔又称拨嗯佛塔，位于巴嘎乡岗莎村，乡政府北1千米处，地处冈仁波齐外转山道的路边，两面环山，始建年代不详。6座佛塔从东向西依次排列（编号1～6），呈一条直线，建筑结构以石片砌筑为主，4座保存较好，其余仅存塔基。佛塔1保存最完整，高6米、宽3米；佛塔2塔顶倒塌，残高1米；佛塔3基本上只残存塔基，大部分已被破坏，残高0.3米；佛塔4、5基本完整。佛塔2和佛塔3之间有一道玛尼墙，长5～6米，西边有房屋遗迹1座，仅存残墙。房屋西边有玛尼堆，高1米。佛塔4西边约20米处有座较小的玛尼堆。佛塔5北边50米处有座方形的玛尼堆，北边70米处为玛尼墙。其他塔周围也有类似的较小的玛尼堆。

第四节　壁　画

普兰县的壁画主要集中在寺庙、拉康和民居里。早期壁画受尼泊尔和克什米尔绘画风格影响，结合当地的绘画特点，形成了具有普兰特点的艺术表现形式和艺术风格。壁画题材有历史事件、人物传记、宗教教义、民间传说、神话故事、高僧大德等，内容涉及政治、经济、宗教、文艺、社会等方方面面。大体上壁画题材可分为宗教题材和非宗教题材两大类，宗教题材包括佛的传说故事、佛经教义、宗教建筑、高僧大德的传记和相关历史，如表现佛祖诞辰、得道、成佛的历程，佛本生传，莲花生、米拉日巴、玛尔巴的生平事迹，佛、菩萨、天王、度母、观音、密宗本尊和护法神等。

一、噶尔东城堡遗址壁画

考古队曾经试掘过噶尔东城堡的一小部分，发现墙体上保留有壁画。

二、寺庙壁画

（一）科迦寺壁画

科迦寺保存有后弘期以来绘制的壁画。拉康钦莫南墙上有壁画，东边曲珠桑布拉康西墙壁画模糊不清；强巴拉康壁画看不清，桑杰热顿拉康壁画有十八罗汉、四大天王、仁钦桑布像；转经房四面墙有壁画；玛尼拉康有壁画。科迦寺扎西泽巴拉康墙体壁画表现的是释迦牟尼从出生到成佛的全过程。

殿内壁画有佛、菩萨、佛母、度母、金刚、高僧大德等像，周边绘有各种小像，作为画面的陪衬。构图严谨，画面灵动，人物形态各异，表情生动。从这些壁画的艺术技巧和美学风格来看，画师们熟练地掌握了《造像量度经》的仪轨和要求，对不同风格的人物造像、衣饰、动作、表情、神态把握得异常准确和生动。绘画技法吸收融合了西印度、克什米尔等域外的文化色彩，将诸多的技法和审美情调融会贯通。

（二）古宫拉康壁画

古宫拉康杜康大殿东侧平面呈长方形，面阔4.7米、进深8米、高约2米，四周均绘有壁画，主要集中于西壁和东壁。进门处有护法神次仁坚嘎，上方为雪山壁画；西壁与南壁相接处为次仁坚嘎和骑马的随从，其后依次为寺庙全景图及寺志、莲花生大师、无量光佛、无量寿佛、释迦牟尼及其八大弟子、十六罗汉；北壁为金刚持、直贡噶举派活佛转世系统、护法神多吉帕姆；东壁为十万佛桑吉冬吉及众小佛等。

（三）西德拉德寺壁画

西德拉德寺位于西德村多岗组西部山顶上，10世纪末11世纪初由仁钦桑布主持修建，并为其开光加持。20世纪80年代初期，发现残存的壁画，主要是萨迦派五祖等佛像。西德拉德寺东南10米处有西德小拉康，壁画主要为萨迦派五位祖师像和众喇嘛像。山顶上有西德卡尔城堡，与达拉卡城堡同属象雄时期。

（四）西德洛巴拉康壁画

西德洛巴拉康位于西德村洛巴组南约200米处，始建年代和历史沿革不详。拉康有房屋5间，以土坯砖为主，部分墙体与房顶为新建。建筑中间有主殿1间，东、南、西墙体有残余的壁画，内容已看不清，南壁壁画保存一般，东、西两面壁画已看不清楚。大殿西边有玛尼拉康，面阔5间、进深4间，南、北墙有佛像壁画，壁画高1.6米、宽4.2米，部分佛像因房顶漏雨遭到一定破坏。后墙壁上的壁画被涂上白灰，壁画严重损坏。

三、民居壁画

普兰县各村落保留了一些传统的民居建筑，壁画多分布在二层客厅、大厅和佛堂内墙壁上，多为宗教题材和日常生活壁画。

（一）江白丹增民宅壁画

江白丹增民宅位于科迦村科迦寺东，距县城约18千米，为土木结构两层藏式平顶，长16.7米、宽23.4米。经堂位于二层北部，由主室和侧室组成，主室长5米、宽5.35米，墙上绘有精美壁画，东墙为贡嘎桑布，南墙为十六罗汉、千佛等；侧室长3.75米、宽3.6米，有佛像、法器、唐卡等。

（二）扎巴坚参民宅壁画

扎巴坚参民宅位于科迦村，原是僧人私邸，后变成民宅，后进行扩建，占地面积407平方米，门朝西。二层紧邻门道第二间，坐北向南，为土木石结构，面阔一柱二间，柱间距2.45米，进深两柱三间，柱间距1.65米，壁画主要为二圣六庄严、四和睦、蒙人牵虎、喇嘛像等。经堂位于二层北部，门朝南，主供佛为度母、阔洛加参、旺久朗垫等，经堂面阔7.5米、进深2.67米、高0.94米。

（三）贡嘎云丹民宅壁画

贡嘎云丹民宅位于科迦寺西边的缓坡上，南边200米为柏油路。为土木石结构，上层为拉康，西壁、北壁、东壁共有3幅画，内容为阿旺罗垂宁布、观世音（左右两边为米拉日巴和古入两座）、索波达赤等。

（四）尼玛次仁民宅壁画

尼玛次仁民宅位于科迦村科迦寺东，为土木结构两层藏式平顶，长8.8米、宽16米。经堂位于二层北部，朝东，由主室和侧室组成，主室长6.3米、宽4.4米，墙壁上绘有壁画，东墙为七政宝，南墙为吉祥八宝，北墙为萨迦五祖师等。侧室长2.3米、宽4.4米，有佛像、法器、唐卡等。

（五）强巴赤来民宅壁画

强巴赤来民宅位于科迦村，距科迦寺约30米。之前为觉瓦衮巴喇嘛卧室，后变成民居。二层拉康南、北墙壁有壁画，南壁为大译师仁钦桑布、观世音等，北壁为吉祥八宝。

（六）洛卓民宅壁画

洛卓民宅位于科迦村，科迦寺东约30米处，始建年代不详。二层拉康最显眼，南壁和东壁有壁画，南壁绘有土旺、米拉日巴。因长期没有修缮，房顶漏水，壁画变得模糊。

（七）土登民宅壁画

土登民宅位于吉让居委会多萨组，孔雀河东畔，距县城4千米，为土木结构两层藏式平顶。一层粮仓内的墙壁上绘有壁画，高80厘米、长4.27米，主要为度母、坛城、宝幢、十自在相等。经堂位于二层北部，朝东，由主室和侧室组成，主室长2.67米、宽0.94米，墙壁上绘有壁画，东壁为七政宝，西壁为吉祥八宝、财神，南壁为六长寿等。

（八）阿呢桑民宅壁画

阿呢桑民宅位于吉让居委会多萨组二组，孔雀河岸的一级台地上，台地高出河面14米，地势平坦，距县城约4千米。建筑分为两层，上层（72平方米）有经堂、大厅，经堂内绘有壁画，主要为七政宝、吉祥八宝等，大致为清末绘制。

（九）次仁旺杰民宅壁画

次仁旺杰民宅位于吉让章杰组，为藏式二层建筑。二层客厅面阔三间两柱4.45米，进深三间两柱5.1米，正中央顶为天窗。内东、南、西三面墙壁绘有壁画，东面为七政宝、财神、米拉日巴、夏嘎大师、无量寿佛，西面有释迦牟尼、莲花生、赤松德赞等，由于长期被烟熏，壁画表面变黑。客厅北边为“曲康”，进深、面阔均为两间一柱。客厅和“曲康”中间用木板隔成。“曲康”用来供佛，内有佛像（响铜佛像、古格银眼铜佛、绿度母等多个佛像）、经书、唐卡等。

（十）多油村民宅壁画

多油村民宅位于多油村村委会院内，北边约200米为孔雀河，距县城约20千米。有房屋1间，面阔3间、进深3间，长12米、宽12.5米，墙体比较完整。四面墙体都有壁画，壁画高1.6米、长12米，壁画损毁严重，内容已看不清。

第五节　文物保护

2001年6月，科迦寺被国务院认定为全国重点文物保护单位。普兰县对科迦寺建筑进行维修维护，整治寺庙周边环境，搬迁周边农户，文物基本资料全部归档，并建成安全消防体系。对尊追普寺进行维修，投资25万元（国家投资4万元，寺庙投资21万元）。

2002年，古建工程队对科迦寺进行维修。普兰县对曲古寺进行全面维修，投资25万元（国家投资5万元，寺庙投资20万元）。重建贤柏林寺。

2003年10月28日，普兰县重点文物防火机构成立。

2004年，普兰县对朗纳寺主殿墙体进行加高。

2005年，普兰县为西德观音碑、列石建保护房。重建果粗寺，面积135平方米。

2006年9月，中国文物研究所专家、中国人民解放军总装备部工程设计研究总院和西藏自治区文物保护研究所专家先后组成3批工作组，对阿里地区3处国家级文物保护单位进行现场勘察、测绘，将札达县古格王国遗址、托林寺和普兰县科迦寺列入西藏自治区十大文物维修单位，制定文物保护规划，总投资1亿元。科迦寺维修保护工程立项实施。普兰县公安、民宗等部门对全县各寺庙文物进行登记，在各寺庙组建消防队，成员由各寺僧尼组成，确保寺庙文物安全。西德观音碑、那曲宗普遗址被列为县级文物保护单位，西德观音碑被列为自治区级文物保护单位。

2007年9月，西藏自治区人民政府确定在“十一五”期间安排资金800万元，用于科迦寺维修及防洪设施配备。贤柏林寺被列为自治区级文物保护单位，普兰县对寺内文物进行普查登记。7月，普兰县成立“贝叶经”普查和保护领导小组，领导小组下设办公室。7—12月，对县内“贝叶经”遗存情况进行深入、系统、全面的普查和保护，对发现的“贝叶经”填写《西藏自治区所藏“贝叶经”摸底调查表》，并配合阿里地区“贝叶经”保护工作领导小组开展“贝叶经”影印、征集等相关工作。根据“保护第一、抢救第一、合理利用、加强管理”的保护方针，对县内“贝叶经”进行保护。

2008年，由国家出资，西藏自治区文物局负责，派出专业技术人员对科迦寺屋顶上的阿嘎土进行全面维修保护，5年保修期内持续进行保修工作。10月18日，科迦寺文物维修保护工程（西藏自治区“十一五”重点文物维修保护工程）正式开工，总投资799万元，主要对百柱殿、觉康殿进行保护性维修，包括屋顶加固清理、防渗水处理，建筑结构性变形、断裂修复，及寺院内僧舍维修等。2009年8月18日工程竣工。

2009—2010年，那曲宗普洞窟被列为自治区级文物保护单位。2009年，古宫拉康被列为自治区级文物保护单位。

至2010年，普兰县有国家级文物保护单位1家（科迦寺）；自治区级野外文物保护点4个（贤柏林寺、古宫拉康、那曲宗普洞窟、西德观音碑），有看管人员8人，其中自治区级文物保护单位寺庙2家；县级野外文物保护点17个，有看管人员34人，其中县级文物保护单位寺庙（拉康）11家。

第五章　卫　生

2001—2010年，普兰县卫生机构逐步健全，卫生队伍不断发展壮大，技术水平大幅度提高，加之引进先进的医疗设备，普兰县卫生水平迈上了一个新的台阶，基本实现“小病不出乡、大病不出县”。通过计划免疫、地方病防治等工作，一些多发的地方病、传染病得到有效控制。1998年实施农村合作医疗试点成功后，在全县范围内推广农村合作医疗制度，截至2010年年底，全县参加合作医疗7874人。

第一节　机　构

一、行政机构

1987年7月，普兰县卫生局成立。

2001年，县卫生局管理的机构有人民医院、防疫站、藏医院、妇幼保健站、计划生育服务站、食品药品监督管理局和两个乡卫生所。

2004年，县卫生局无内设机构，行政编制4名。2005年，县、乡两级卫生事业编制52名。

2007年，县卫生局有行政人员4人，工勤人员1人。下设有卫生服务中心，包括人民医院、县疾控中心、藏医科、计划生育服务站、两乡卫生院。

2010年8月，机构改革后普兰县卫生局（县人口与计划生育委员会）无内设机构，编制3名（行政编制2名，事业编制1名），其中科级领导职数3名。有行政人员4人。

2001—2010年普兰县卫生局领导一览表

表14-5-1

机构名称	职务	姓名	性别	民族	任职时间	备注
普兰县卫生局	局长	次旦多吉	男	藏族	1999.8—2010.6	
	副局长	洛桑旦增	男	藏族	1999.9—2008.9	

续表14-5-1

机构名称	职务	姓名	性别	民族	任职时间	备注
普兰县卫生局	副局长	姚有斌	男	汉族	2002.7—	
计生办	主任	洛桑旦增	男	藏族	？—2007.6	卫生局副局长兼
	负责人	巧　珠	女	藏族	2009.1—	

二、卫生机构

普兰县卫生机构有县人民医院、县疾病控制中心、县妇幼保健站、乡卫生院。2001年，全县卫生系统有干部职工28人，其中卫生技术人员24人。2003年，全县卫生系统有工作人员26人（卫生局4人，人民医院14人，防疫站4人，计生委1人，后勤人员3人），其中卫生技术人员15人，中级职称4人（卫生局1人，人民医院2人，计生委1人），初级职称10人。全县有“赤脚医生”56人。2004年，卫生技术人员增至82人。2005年，巴嘎、霍尔两乡卫生所升格为卫生院，全县有私人诊所4个。

2007年，全县有各级各类卫生机构3个，床位40张，卫生技术人员100人，其中县级30人，乡级10人，村级10人，组级50人。至2010年年底，全县有卫生机构5个，床位35张，卫生技术人员51人。各行政村设有卫生室，配有乡村医生、接生人员，形成县、乡、村三级医疗卫生网络。

（一）普兰县卫生服务中心

1973年7月10日，普兰县人民医院成立。2000年，县人民医院设内科、外科、五官科、儿科、妇产科、藏医科、检验科、功能科、放射科、B超室、疾病预防控制中心、护理部。编制52名。

2003年6月，卫生系统进行改革，以县人民医院为基础，将人民医院、防疫站、妇幼保健站、计划生育服务站整合，建立普兰县卫生服务中心，设内科、外科、藏医科、妇产科、儿科、B超室、胃镜室、检验室、X射线室、心电图室、护理部、药房科、挂号室等科室。2004年，县人民医院开设专家门诊。

2005年，县级卫生机构设置进行调整，县人民医院更名为县卫生服务中心。

2007—2010年，县卫生服务中心根据一级甲等医院要求，新建院办、急诊科、理疗科、五官科、检验科、门诊观察室、换药室、医保办、医务科、发热门诊等科室，医院科室分配更科学，分工更明确，专业性更强，各专科技术水平得以提高，患者诊治更方便、细致。

2007年，县卫生服务中心建立健全临床科室，细化科室职能。

2009年年底，县卫生服务中心搬迁至人民路，占地面积7337平方米，实际使用面积2710平方米，其中三层门诊楼1栋1200平方米，二层疾控中心1栋360平方米，二层住院部1栋630平方米，二层感染科室楼1栋360平方米，一层制氧站1栋160平方米。

至2010年，县卫生服务中心逐步发展为集医疗、急救、预防、妇幼、藏医等多项功能于一体的综合性卫生服务机构，下设职能科室6个（办公室、医务科、财务科、急诊科、感染科和护理部），门诊临床科室6个（内科、外科、妇产科、儿科、五官科、藏医科），医技室6个（检验科、放射科、B超室、心电图室、手术麻醉室、消毒供应室）。人员编制52名，实有工作人员37人，其中西医医生7人，护士5人，药剂师4人，藏医技术人员9人，疾控中心人员5人；具有中级职称9人，初级职称7人；本科学历7人，大专学历30人。有救护车3台，住院部开放床位25张。藏医科有医务人员5人（藏医师4人，药剂师1人），具有中级职称2人，初级职称3人。

2001—2006年普兰县人民医院领导一览表

表14-5-2

机构名称	职务	姓名	性别	民族	任职时间
普兰县人民医院	院长	强巴桑珠	男	藏族	1999.7—2003.6
		才　旦	男	藏族	？—？
	副院长	永　忠	男	藏族	2000—2006.5

2006—2010年普兰县卫生服务中心领导一览表

表14-5-3

机构名称	职务	姓名	性别	民族	任职时间
普兰县卫生服务中心	副主任	边　顿	男	藏族	2006.10—
		贡　嘎	男	藏族	2006.10—

（二）普兰县疾病预防控制中心

1989年，普兰县卫生防疫站成立。2003年，县卫生防疫站办公用房200平方米，有专业技术人员3人，均为中专学历、初级职称。

2004年，县疾病预防控制中心建成，设食品科、流行病计免科、结防科、微生物检验科、理化检验室、鼠疫强毒室、冷冻室、药房，有职工4人。

2005年，县疾病预防控制中心职能整合归并到县人民医院（县卫生服务中心），在县卫生服务中心加挂县疾病预防控制中心牌子，与县卫生服务中心合署办公，一个机构两块牌子。2007年，县疾病预防控制中心有职工3人。

2001—2010年普兰县疾病预防控制中心（卫生防疫站）领导一览表

表14-5-4

机构名称	职务	姓名	性别	民族	任职时间
普兰县卫生防疫站	站长	多　吉	男	藏族	2000.6—2003.11
		边　顿	男	藏族	2003.11—2005.7
普兰县疾病预防控制中心	主任	边　顿	男	藏族	2005.7—

（三）乡卫生院

2005年，普兰县投资60万元，对巴嘎、霍尔2乡卫生所进行改扩建，升格为卫生院，各配备价值10万元的医疗设备，共有医生6人。

2010年，两乡卫生院人员编制20名，实有12人，未设院长。

第二节　医疗设施与队伍建设

为提高边远地区医疗水平，国家加大扶持和援助力度，从资金、技术、设备等方面支持，普兰医疗事业得到长足发展，人民健康水平不断提高。

一、设施设备建设

至2004年，普兰县其他单位搬迁至新县城，卫生系统仍在老县城，地理位置较为偏远，影响群众就医。普兰县加大卫生基础设施建设力度，重点加强县、乡两级卫生服务机构的基础建设，卫生服务体系逐渐完善。

2001年，干部住院部改扩建（被动式太阳能框架结构，面积368.2平方米），维修藏医科、手术室、会议室。

2002—2006年，普兰县为县人民医院（县卫生服务中心）落实80余万元的医疗设备、器械。

2004年，国家投资96.6万元（含配套设施建设），新建普兰县疾病预防控制中心综合楼，建筑面积500平方米，其中食品科20平方米，流行病计免科20平方米，结防科20平方米，微生物检验科45平方米（操作间20平方米、细菌培养室25平方米），理化检验室45平方米，鼠疫强毒室80平方米（动物实验室20平方米、缓冲消毒室20平方米、培养基制造室20平方米、洗刷消毒室20平方米），冷冻室35平方米，药房20平方米，库房35平方米（套间）。

2005年，普兰县为县卫生服务中心添置B超、胃镜、显微镜各1台，价值2万元。投资60万元，对巴嘎、霍尔两乡卫生所进行改扩建，升格为卫生院，各配备价值10万元的医疗设备。

2006年，普兰县重点改善乡村卫生基础设施。7月，在阿里地区“红十字会”的帮助下，由国外政府组织投资5万元，为多油村援建卫生室，面积16823平方米。其他村级卫生机构无专门房屋，医生在自家开展工作。

二、医疗培训

普兰县卫生局根据自治区《关于进一步加强农牧区卫生工作的决定》《西藏自治区农牧医疗管理暂行办法》，每年年初有计划地对村组医生进行长短期培训，培训内容：全国新型农村合作医疗制度，常见病、多发病的诊断与治疗，医疗突发事件的应急办法，防疫方面计划免疫、结核病防治知识等，采取理论讲解和实际操作相结合的授课方式，提高农牧区医务人员的业务技能。组织医护人员参加各级卫生部门举办的各类学习、培训活动，选派医务人员到其他省（市）各大医院进行学习培训。

1996—2003年，县卫生局累计选派医务人员16人次到其他省（市）医院参加培训，培训乡村赤脚医生42人。2000年，选派医务人员11人到浙江省萧山市进行为期1年的进修。

2004年1月30日，县卫生局举办农牧区乡村医生培训班，为期15天，44人参加培训。

2005年年初，县卫生局组织乡村医生36人开展为期15天的培训。对新参加工作的村级医务人员3人进行为期3个月的培训，选派医务人员6人到陕西省进行为期1年的进修。

2006年下半年至2007年上半年，县卫生局对全县52个村民小组的村组医生61人分2批进行正规、系统的专业培训，落实培训经费127355元。学员基本掌握常见病、多发病的诊断与治疗，学习计划免疫、传染病报告制度，农牧区医疗制度等相关知识。培训结束后进行考核，合格后方能上岗。

2007—2010年，县卫生局每年从县级医疗机构中选派医务人员1～2人到上级医疗单位参加培训。对基层医务人员分期进行培训，重点培训乡村医生，每年选派村医6人到塔尔钦进行7～45天的村医公益性岗前培训；选派村医8人到阿里地区参加村医培训班，为期45天。

第三节　医疗服务

一、西医

2000年前后，县人民医院（县卫生服务中心）陆续配备一些较为先进的医疗器材，有B超、X光机、心电图机等。至2010年，拥有X光机、心电图机、超声波诊断仪、光电分度计等医疗设备。

县卫生服务中心内科可处理常见病、多发病，进行高原反应的应急处理、危重病人的抢救与治疗，尤其对高原性疾病有特殊的治疗效果。每年收治高原性疾病患者30~40例，大多是游客。

2001年，县人民医院外科能够诊疗阑尾炎、淋巴炎、乳房肿物、脾外伤、肠套叠、肾衰、胆囊炎、乳腺炎、脓胸、腹外疝、甲沟炎等外科疾病。2005年，增加各种尿结石和复杂性肾结石等疾病的诊疗。2006年，县卫生服务中心外科能够开展急性及慢性阑尾炎、剖宫产、疝气等常规手术。2010年，增加异物摘除、小血管结扎、坏死组织切除、骨关节损伤复位固定等外科手术，以及脊柱疾病的治疗。

县卫生服务中心妇产科能够诊断妊娠及妊娠期、产褥期疾病，开展孕妇孕期保健（产前检查）及孕期指导，能够进行放置、取出宫内节育器手术，治疗滴虫、假丝酵母菌病、细菌性阴道炎、外阴炎，支原体、衣原体、淋病、梅毒、尖锐湿疣、生殖器疱疹等感染性疾病，以及生殖器肿瘤、月经失调、子宫内膜异位症等疾病。

县卫生服务中心儿科能够诊疗小儿常见病、多发病（普通感冒、流感、婴幼儿腹泻、营养不良、百日咳等），治疗肺炎喘嗽（小儿肺炎）、呼吸道感染、小儿腹泻症、小儿厌食症、小儿烫伤等疾病。

2001—2010年，县卫生服务中心门诊量累计60803人次，其中观察病人1686人次，急诊2195人次，对外门诊55795人次，出诊1127人次。收治住院病人1548人次，施行手术518人次。2003年，治愈率63.3%，好转率32.7%，死亡2例。2004年，免费为县九年一贯制学校师生诊疗200例，提供价值4000元的药品。

2001—2010年普兰县卫生服务中心基础医疗业务统计表

表14-5-5　　单位：人次

年份	门诊					住院	
	合计	观察病人	急诊	对外门诊	出诊	合计	手术
2001	3584	162	118	3163	141	143	48
2002	3759	124	216	3312	107	109	32
2003	4028	112	260	3462	194	134	61
2004	6520	103	840	5398	179	154	72
2005	8785	200	120	8319	146	129	51
2006	8985	221	135	8551	78	106	51
2007	9398	170	82	9037	109	203	56

续表14-5-5

年份	门诊					住院	
	合计	观察病人	急诊	对外门诊	出诊	合计	手术
2008	4863	85	36	4690	52	181	46
2009	5702	310	210	5119	63	221	52
2010	5179	199	178	4744	58	168	49
合计	60803	1686	2195	55795	1127	1548	518

二、藏医

县人民医院设藏医科，实行传统藏医诊疗。至2010年，藏医科有医务人员5人（藏医师4人，药剂师1人），具有中级职称2人，初级职称3人。

此外，在农牧区开业行医的民间藏医1人，乡村医生中有3人能用藏医治疗手段为群众治病。

藏医诊疗主要从“气”“火”“水土”三大部分开展，以脉象诊断为主，另有尿诊、触诊，配合望、闻、问、切方式诊断病症。治疗以药物治疗为主，民间藏医还有针疗、灸疗、浴疗、涂疗和放血等传统治疗方法。

普兰县出产100多种名贵藏药材，以及药用矿物、药用动物，经过加工、磨制等方法，制成药剂、分针剂、粉剂、丸剂（药），配合传统治疗方法，治疗各种慢性疾病和地方病，效果较好。

2001年，藏医科采摘各类藏草药50余千克，加工后投入使用。

三、巡回医疗

县卫生服务中心和疾控中心每年开展巡回医疗活动，推行主动服务、上门服务模式，力争使广大农牧民患者及早得到救治。2003年，巡回医疗诊治患者2598人次，免除医疗费9697元（含住院费用和发放药品费用）；县卫生局提供常用药品价值16044元。2008年，诊治患者5100余人次，免费发放药品价值26540元。2009年，开展送医、送药下乡活动，医治患者3119人，免费发放药品价值2.85万元。

第四节　疾病预防控制

2001—2010年，县卫生部门每年为儿童进行疫苗注射，预防控制各种传染病。2002年，着重开展传染病、地方流行病的预防与治疗。2003年，建立健全地方病和传染病的预防和报告机制。普兰县防疫水平大幅度提升，地方病、传染病、多发病得到有效控制，人民健康水平显著提高。

一、地方性疾病防治

普兰镇西德村3个作业组700余人，因饮用水水质较差，有典型的地方性疾病，老年人、青壮年和青年泌尿系统症状较为明显。普兰镇科迦村边民有大骨节病。巴嘎、霍尔两个牧业乡的农牧民小孩有明显的地方性软骨病。部分村庄有布鲁氏菌病，与其生活条件、饮用水水质等有密切关系。

2002—2007年，普兰县诊治地方性疾病患者168人。2006年，自治区疾控中心地方病科组织人员到普兰县调查大骨节病，在科迦村发现大骨节病患者。

2008—2010年，县疾控中心以调查监测碘缺乏病为主，每年检测居民食用盐300份左右，调查检测妇女60人、学生240人的尿碘含量，对学生240人进行甲状腺肿大率调查，对适龄妇女2536人进行应急补碘。

二、传染性疾病防治

2001年，比利时达美基金会援助麻结项目，卫生部开展消灭脊灰扫荡式免疫活动。普兰县核查统计传染性疾病约70例，其中痢疾约40例，除1例婴儿死亡外，其他得到控制；流感全部消除；疟疾3例，患者为同一个家族，确诊后采取隔离措施，经治疗未见好转先后死亡；淋病7例，全部治愈。

2003年，普兰县成功预防“非典”。全县发现法定传染病86例，其中痢疾76例、结核5例、淋病3例、肝炎2例。

2004年上半年，全县发现法定传染病24例、肝炎2例、腮腺炎1例。

2006年3月、10月，县卫生局先后组织全县干部职工体检799人次。县疾控中心对体检中发现的体弱者、缺少相关传染病抗体和患有疾病的干部职工给予建议，提出治疗和预防方案，并在饮食方面给予相关指导。

2009年，普兰县在全县范围内防控甲型H1N1流感，投入10.7万元，在斜尔瓦通道、霍尔乡设立甲流疫情监测点。

2010年，普兰县被列为“全球基金艾滋病项目县”，完成5个娱乐场所高危人群27人健康教育干预工作和从业人员40人艾滋病、性病、甲肝调查工作，查出淋病1例。

（一）鼠疫防治

普兰县是鼠疫（“一号病”）的自然疫源地，每年都有旱獭死亡，可能发生牲畜和人群之间传染。普兰县坚持“预防为上”的方针，在巩固防治成果的基础上，按照《西藏自治区鼠疫防治办法》，强化管理。

2006年，普兰镇西德村出现旱獭死亡，未传染给人群。

2007年7月26日，霍尔乡强达岭发现1只自毙旱獭，检验证明为“强阳性”，普兰县及时成立领导小组，开展霍尔乡鼠疫疫区监测。普兰县组织疾控人员进行蹲点监测，历时3个月，出动162人，灭獭堵洞3215个，严防鼠疫传播。加强宣传，出动车辆12台次，行程2200余千米，发放宣传材料1000余份。

2008—2010年，县疾控中心每年进行疫情监测2～3次，未发现自毙旱獭。

（二）结核病防治

1998年，普兰县被自治区卫生厅列为结核病防治项目试点县。普兰县政府成立领导小组，明确职责，在全县范围内实施结核病防治工作。县卫生部门牵头召开专题会议，就项目如何更好开展、健全管理机制、组织机构、人员配置、办公条件、制定规章制度、交通燃料等方面问题分别进行商讨。2001年，自治区疾控中心对结核病防治项目进行评估验收。

县疾控中心结防科贯彻“早发现、早报告、早治疗”方针，对结核病人进行规范治疗和监督，每月进行1次复查。县卫生服务中心对药品发放进行严格管理，登记药品出入，实行专人管理、单独存放、专人登记，杜绝发生患者断药情况。DOTS（督导短程化疗）覆盖面保持在95%以上。2003年，普兰县进行痰检130人，拍片96人，发现结核病5例。2006—2007年，普兰县结核病防治项目得到全球基金会援助，2006年援助21771.2万元，2007年援助8320万元。2006年，普兰县进行痰检26人，拍片40余人，发现结核病3例，完成治疗1例。2007年，登记结核病疑似病例81例，确诊18例（新发现涂阳性10例，涂阴性8例），其中复治涂阳1例，肺外结核2例。2010年，检查32人，其中阳性7人，阴性5人，结核性胸膜炎2人。治愈2人。

在每年“3・24”世界防治结核病日，县疾控中心、县人民医院组织医务人员在全县范围内开展宣传活动，发放宣传材料，接受群众咨询。2005—2007年，发放宣传单1800份，张贴宣传画100余张，接受群众咨询4200余人。2007年，县卫生服务中心围绕“结核病流行广泛，控制从我做起”主题，开展为期2天的宣传活动，制作宣传横幅3条、展牌11块，出动车辆6台次。

（三）“非典”防治

2003年，普兰县在全县范围内开展“非典”防治工作，组织县直机关、学校、驻地部队和广大工商户开展为期8天的卫生清洁活动；对公共场所进行卫生消毒（每周2次）；从县人民医院抽调医务人员9人配合公安局和边检站，在霍尔乡、斜尔瓦、强拉山口、老县桥头设立消毒检查站，对进入县境的人员进行消毒检查；卫生局、人民医院、防疫站组织人员对全县的流动人口进行普查、登记、体检；在县人民医院设立发热门诊和隔离病房，发热病人经过隔离、观察、治疗，退烧后排除“非典”病例和“非典”疑似病例后方可出院；建立24小时值班制度，每天上午10时向阿里地区流病科上报1次疫情，坚持零报告制度。

普兰县抗击“非典”历时5个多月，投入医务人员28人、公安民警5人、边检站工作人员10人、霍尔边防派出所民警5人，设帐篷5顶，检查过往车辆430余台次、过往人员1900余人次，投入资金9万余元（阿里地区拨款5万元，县政府拨款3万元，卫生局投入资金、物资价值1万余元），考察设卡点出动车辆33台次，耗费汽油2吨，行程5000余千米，发放宣传品3000余份。为鼓励县内经商人员参与抗击“非典”，适当减免其办理卫生许可证的费用，尽量减少其损失，减轻经商人员负担。

县人民医院发热门诊收治发热病人16例，排除“非典”病例和“非典”疑似病例。

（四）艾滋病预防

2003年，普兰县成立艾滋病预防工作领导小组，由主管卫生副县长任组长。领导小组定期召开会议，及时研究解决预防工作中存在的困难和问题。建立有效的艾滋病预防机制，卫生、公安、司法、民政、旅游、商务、劳动、人事、宣传、教育、科技、计划生育及工会、共青团、妇联等部门共同参与，密切配合，齐抓共管，建立县、乡、村三级传染病情况（艾滋病疑似情况）报告机制。普兰县坚持国家投入、分级负担、多方筹资的原则，落实艾滋病预防经费，并争取国际捐赠和社会资助，拓宽筹资渠道。按照国家有关法律法规和财经制度，规范艾滋病专项经费的管理，强化监督，提高资金使用效率。

每年，县卫生部门联合宣传部门和大众传播媒体开展健康教育，普及艾滋病防治知识。电视台、广播电台定期或不定期播放由自治区卫生行政部门提供的艾滋病防治知识公益广告或有关节目。在“12·1”世界艾滋病日，组织卫生防疫人员到乡村、学校、机关单位宣传艾滋病预防知识，发放艾滋病宣传册。尤其注重学校宣传，联合教育部门，在青少年中开展青春性健康知识、艾滋病知识的普及教育，组织防疫人员对中小学生授课，讲解自治区教育部门编辑的预防艾滋病教育读本。

普兰县发挥疾病预防控制、卫生检验和医疗机构的作用，强化艾滋病预防专业技术，加大艾滋病监测、宣传教育、技术培训和业务指导力度。疾病控制机构加强对高危人群的HIV（人类免疫缺陷病毒）监测和行为干预，依法打击卖淫嫖娼、吸毒贩毒等违法犯罪活动；开展禁毒宣传教育和戒毒工作，宣传和倡导健康的生活方式和行为。

2001—2010年，普兰县未发现艾滋病病毒感染者。

三、疫苗接种

2001—2010年，普兰县在巩固免疫工作成果的基础上，在全县范围内开展疫苗接种工作，各乡村医务人员集中到县卫生服务中心，由卫生防疫科负责培训及发放疫苗；冷藏包及接种器具做到专物专用，保障注射安全。每年6—9月对全县0～4岁儿童进行两轮强化免疫接种。组织县、乡两级工作人员走村入户，完成对6个月至3岁儿童维生素A投服工作，对妇女儿童投服碘丸。

2001年，澳大利亚援助碘缺乏病防治项目。3月5日至4月5日，县卫生系统抽调医务人员14人，分3个小组开展服用碘油丸及碘检测工作。全县0～10岁儿童服用1580人次，服碘率95.83%；15～49岁育龄妇女服用1625人次，服碘率95.83%。母婴投服维生素A达84%。根据卫生部消灭脊髓灰质炎扫荡式免疫活动要求，普兰县组成3个工作组（成员15人）进行2轮免疫活动，覆盖率均在99.08%以上。

2003年，全县完成卡介疫苗接种186例，接种率99.47%；百白破疫苗接种186例，接种率99.47%；麻疹疫苗接种159例，接种率97.54%；乙肝疫苗接种109例，接种率100%；糖丸投服186例，投服率9.47%。

2004年，强化免疫接种第一轮接种713例、第二轮接种724例。

2005年，强化免疫接种578例，接种率98.29%。

2006年，全县完成百白破疫苗接种131例，乙肝疫苗接种123例，糖丸投服126例，强化免疫糖丸投服604例。

2007年上半年，强化免疫接种411例，接种率95%。

2010年，全县完成卡介疫苗接种37例，百白破疫苗接种20例，麻疹疫苗接种436例，甲肝疫苗接种24例，乙肝疫苗接种68例，维生素A投服40例，强化免疫糖丸投服475例。

第五节　妇幼保健

县卫生服务中心根据《关于开展国家免费孕前优生健康检查项目工作实施方案》要求，制订实施方案，确定目标人群，包括各乡镇计划怀孕的农牧区夫妇和符合生育政策的流动人口计划怀孕夫妇，开展免费孕前优生健康检查。为孕产妇建档立卡，建立孕产妇保健手册，指导孕妇住院待产。

2001年，国际红十字会、联合国儿童基金会援助母婴安全项目，主要任务是投服维生素A、宣传住院分娩及坚持母乳喂养，住院分娩妇女在住院期间床费、医药费全免，并给予每人10元补助。普兰县6个月至3岁儿童维生素A投服275人，投服率84%。孕产妇住院分娩率30%；全县有新法接生员6人，新法接生率60%。

2005年，普兰县孕产妇住院分娩率35%；新法接生员10人，新法接生率72%。2005年8月1日至2006年9月12日，全县新生儿121人（男孩64人，女孩57人），其中一孩出生68人，二孩出生35人，多孩出生18人。

2010年，普兰县加大力度培训基层妇幼卫生人员，加强健康教育，提高群众的自我保健意识。完善妇幼卫生监测网络体系。为实现“降低孕产妇死亡率”“消除新生儿破伤风”战略目标，借鉴改则、札达两个试点县的经验和做法，成立“降消”项目领导小组和技术指导小组，各乡镇成立相应机构，推进“降消”项目，对农牧民孕产妇住院分娩实行救助，建立孕产妇急救“绿色通道”和危急症抢救中心，提高抢救危急孕产妇的水平。县卫生服务中心采取查阅制度文件及信息资料、现场观察及访谈、入户调查、查看产房等方法开展督导，对乡卫生院督导4次，每次抽取1个行政村，每村入户访问农村孕产妇2人，重点督促项目信息管理与登记、乡村孕产妇住院分娩顺产免费落实情况、健康教育落实情况、乡卫生院产科建设情况、“绿色通道”建设情况。孕产妇住院分娩率提高至50%；新法接生员增至15人，新法接生率提高至80%。全县常住人口8569人，其中已婚妇女1298人，新生儿114人。

第六节　优生优育

2001—2010年，普兰县倡导晚婚晚育、优生优育、少生快富，推行特殊子女家庭扶助政策，落实农牧区“一孩双女”户困难家庭奖励扶助制度。2001年，全县有育龄妇女1835人，占总人口的22.97%，已婚育龄妇女1261人，占总人口的15.79%。2003年，办理独生子女证3人。2005年，全县15～50岁育龄妇女1272人，已婚育龄妇女1212人。2006年，全县有育龄妇女1824人，已婚育龄妇女1353人。2007年，全县有育龄妇女1353人。

普兰县对于流动人口中育龄妇女，坚持管理和服务并重，按照“属地化管理、市民化服务”的原则，开展便民服务，在县计生服务站和乡镇服务所开设流动人口生殖健康咨询、妇女病普查治疗等项目，免费办理婚育证明，维护流动人口的合法权益。2005—2007年，区内流入县境育龄妇女219人（2005年72人，2006年73人，2007年74人），区外流入育龄妇女395人（2005年130人，2006年132人，2007年133人），流出育龄妇女18人（2005年6人，2006年4人，2007年8人）。全县流动人口中，新生儿29人（2005年7人，2006年8人，2007年14人），其中一孩16人，二孩12人，三孩及以上1人。累计开展孕情检查43人次（2005年10人次，2006年16人次，2007年17人次），生殖健康检查114人次（2005年24人次，2006年42人次，2007年48人次）。2010年，流动人口中育龄妇女642人，其中区外流入321人，区内流入253人。流入已婚育龄妇女159人，为流入已婚育龄妇女提供孕情检查服务79人，妇科病普查36人次，生殖保健咨询服务58人次。

第七节　卫生管理

普兰县着眼于构建平安普兰，加强产品质量和食品安全管理，加强各种涉及人身健康安全产品的全过程监管，强化全社会的质量意识，巩固食品、药品安全良好形势，为创建平安和谐的小康社会提供强有力支撑。2001年，推进职工基本医疗保险和医药卫生体制改革。2003年，在卫生系统推行聘用制。

一、卫生许可证、健康证办理

县卫生部门根据《公共场所卫生管理条例》，发放、复审卫生许可证，对各类服务行业从业人员进行体检，发放健康证。

2003年，办理卫生许可证153户，为从业人员113人体检并发放健康证。

2004年，办理卫生许可证10户。

2005年至2006年上半年，办理卫生许可证193户，办理健康证134人次。

2006年，办理卫生许可证154户，办理健康证131人次。

2006年11月至2007年12月，全县办理卫生许可证102户，办理健康证230人次。

二、卫生监督

2001—2010年，县卫生部门对市场公共卫生开展监督检查，对检查不合格的个体经营单位要求限期整改，对整改不到位的勒令停业整顿；对在检查中发现的不合格产品、变质食品等予以没收，并集中销毁，规范市场，保护消费者合法权益。通过教育和宣传，引导群众“树新风、改陋习”，改变街道“脏、乱、差”现象，自觉养成健康的卫生习惯。

2001年9月，以人大常委会主任索南顿珠为组长的食品检查工作组成立，对全县从事食品生产经营的个体商户、摊贩（60余户118人）进行“清扫”式的大检查，查获伪劣变质食品、副食品51种，重411.9千克，价值3885.6元，勒令1人（无健康证）在规定时间内转业。

2003年，县卫生部门对283户国营、集体和个体业主进行不定期检查，没收销毁假冒伪劣食品、化妆品等51种1523.68千克，价值8972元。组织干部职工、学校师生、工商户和驻地部队开展卫生大扫除15次。

2004年，县卫生部门没收销毁假冒伪劣食品、化妆品等64种388.56千克，价值3150.5元。

2005年至2006年上半年，县卫生部门对全县市场进行检查，没收销毁假冒伪劣食品、化妆品等66种937.31千克，价值11987.8元。

2006年，普兰县设立食品、药品安全举报电话。卫生、文化、安监、发改委、财政、纪检、农牧、粮食、工商、消防等单位组成联合检查执法队，对肉类、畜产品、禽产品、奶制品、豆制品、无碘盐、饮料、儿童食品、保健品、水产品、烟酒、蔬菜、冷冻果品、膨化食品、腌熏制品、调味品、罐头、医药品、粮食等进行检查。加强食品经营监督管理，落实市场巡检制，以“六检六看”为主要监督内容，重点检查无照经营者、食品店、小食品摊点、市场小作坊、从事批发业务的企业和个体工商户、批发门市部、集体商场、超市等场所，规范经营行为，预防假冒伪劣产品、过期腐败变质食品以及有病畜产品在市场上的流通。对154户国有、集体和个体业主进行检查，没收销毁假冒伪劣食品、化妆品72种2201.5千克，价值

18043元。

2007年，县卫生部门以商场、超市、农贸市场、农牧区交易点为重点，加大整治力度，重点对不合格食品、有毒有害食品进行检查，全年出动执法人员75人次、车辆22台次，检查各类食品经营主体487户次，查处各类假冒伪劣、过期变质商品49种209.44千克，价值8131元。组织2次下乡主题调研、1次下乡专项整顿，出动执法人员20人次，检查各类经营主体137户，查处各类假冒伪劣、过期变质、“三无”商品23种89.63千克，价值2131.9元。

2008年，“三鹿奶粉事件”发生后，由县委、县政府牵头，联合质检、工商、卫生、安监等部门，对奶粉经营户进行检查3次，出动人员12人次，检查奶粉经营户27户，下架奶粉1230千克，确保市场上无含三聚氰胺的奶粉，确保全县婴幼儿的身体健康和生命安全。10月8日，对全县6岁以下儿童进行免费B超检查和尿检，检查婴幼儿106人，发现可疑病例5例。

三、药政管理

2001年，普兰县严厉打击无证行医、经营无证诊所、无证销售药品等违法乱纪行为，没收伪劣过期药品、一次性专用医疗器械及部分血液制品共60余件。

2003年，县卫生部门发现天水诊所无证经营且过期药品多，对其予以取缔并依法没收过期药品；没收卫生服务中心过期药品10种，价值250.34元；没收川渝诊所过期药品12种，价值500元。对农牧区卫生所药品进行检查，查处过期药品20余种，价值8975元。根据《关于公布第三批停止使用化学药品品种名单的通知》，对县卫生服务中心化学药品复方黄连素针剂（300盒）、复方黄连素（40瓶）、感冒清（20瓶）、安痛定片（27瓶）、解热止痛散（5盒）进行没收销毁。针对普兰县医药市场混乱状况，县卫生局联合工商局、政府办、人大常委会办公室等部门对县城医药市场进行清理整顿，全年出动人员50人次、车辆25台次，行程100余千米。

2006—2007年，县卫生部门根据阿里地区《整顿和规范药品医疗器械市场秩序工作方案》《产品质量和食品安全专项整治行动药品整治工作实施方案》要求，成立由8家单位组成的普兰县食品、药品整顿规范工作领导小组，下设办公室，健全机制，明确职责，开展食品、药品整顿和监督。

2007年，县卫生部门按照地区食品药品监督管理局的要求，强化药品分类管理，对医疗机构和个体诊所进行药品分类管理法规、科学用药、安全用药的宣传教育。根据《安全用药、食品安全、关注民生、主题宣传月活动的有关通知》，组织开展“食品药品安全宣传周”活动，并通过普兰县电视台等媒体向社会宣传“安全用药、关注民生”等法规知识，发放《中华人民共和国药品管理法》《中华人民共和国药品管理法实施条例》《处方药与非处方药分类管理办法》等宣传资料。全年出动宣传车12台次，悬挂横幅4条，张贴标语40张，发放各种宣传资料540余份，发放《中华人民共和国食品卫生法》等宣传资料700余份。重点对医疗单位和个体诊所的药品包装标识，药品分类管理，精神药品、生物制品管理，医疗器械的采购渠道，票据、销售清单管理等开展专项检查，特别加大对个体诊所生物制品的监督力度，清查医疗机构和个体诊所的过期失效药品。全年开展专项检查3次、日常监督检查12次、常规监督检查8次，出动执法人员55人次，检查商户325户，没收不合格药品2种，价值150元，没收过期失效药品71种3198.89千克，价值5450元。对于没有责任心、群众意见大的乡村医生一律予以辞退。

第八节　新型农村合作医疗

一、组织领导

1998年，普兰县被西藏自治区卫生厅列为农村合作医疗试点县。普兰县按照“政府组织、民办公助、自愿适度、形式多样、科学管理、民主监督”的原则，落实“预防为主”的方针，制定《普兰县农牧区合作医疗实施方案》《实施细则》。普兰县在兴巴区科迦乡开展农村合作医疗试点工作。

1999年，普兰县成立农村合作医疗管理委员会，由卫生、农牧、民政、财政、政府办等相关单位组成。在各村成立合作医疗管理小组，村支部书记担任组长，村主任、农牧民代表为成员。

2006年，普兰县农牧区合作医疗监督管理委员会成立，县委书记郑小东任主任，县委副书记、县长扎西旺堆任第一副主任，县委副书记、县人大常委会主任索南顿珠，县委副书记、纪委书记平措，副县长扎西多吉为副主任，县财政局、民政局、发改委、监察局、农牧局、政府办、卫生局、普兰镇、霍尔乡、巴嘎乡等单位主要领导为成员；各村调整充实村级合作医疗管理小组。成立医管会，分管副县长任组长，卫生局局长任副组长，成员有县财政局、卫生局副局长、干事，核算中心会计、出纳，以及各乡镇分管卫生副乡（镇）长。

2007年，普兰县农牧区合作医疗监督管理委员会设办公室，负责日常事务。

二、农村合作医疗推广

2001年，普兰县在巩固成果的基础上，在普兰镇6个村（居）全面推行农村合作医疗制度，管理上实行镇办、县管、镇村一体化，资金由县卫生局专人负责，投入合作医疗资金12万元，县级财政落实合作医疗配套资金每人2元，以“量力而行、以等定支、合理报销”的办法开展工作。

2002年，普兰县在巴嘎、霍尔2乡全面推广农村合作医疗。

2003年，全县农牧民总人口有7531人，参加合作医疗7500人，人口覆盖率99.59%。

2004年，全县农牧民总户数有1400户，发放家庭档案1400本，发放家庭账户1350本。

2005年，单独建立学生合作医疗制度。

2006年，全县农牧民总人口有7483人，参加合作医疗7483人（农牧民6355人，城镇居民67人，学生1061人），人口覆盖率100%。其中，五保户10人，贫困户792人，特困户317人。

2007年，学生参加合作医疗1061人。2008年，学生参加合作医疗1193人。2009年，学生参加合作医疗1297人。

至2010年，普兰县形成组织领导齐全、机构齐全、制度健全和资金账目清楚、药品账目清楚、收支清楚的农村合作医疗制度，设立农村合作医疗点11个，其中乡级合作医疗点1个，村级合作医疗点8个，学生合作医疗点1个，城镇居民合作医疗点1个。普兰县有农牧民1614户7874人，全部参加合作医疗。

2003—2010年普兰县农村合作医疗统计表

表14-5-6

年份	农牧民总户数（户）	农牧民总人口（人）	参加合作医疗（人）	发放家庭档案（本）	发放家庭账户（本）
2003	—	7531	7500	—	—
2004	1400	7934	7930	1400	1350
2005	—	7890	7885	1680	1680
2006	—	7483	7483	1526	1593
2007	—	7685	7685	—	—
2009	—	7643	7643	—	—
2010	1614	7874	7874	—	—

三、资金管理

每年11月底至12月初，四级政府资金一次性到位。资金到位后，按照比例进行分配：总资金的60%直接划入农牧民家庭账户，主要用于农牧民门诊补偿资金；35%划入大病统筹，主要用于农牧民住院补偿，包括县级、地级、地级以上住院费用补偿；5%转入民政局，用于农牧民医疗救助。

普兰县对农牧区医疗经费实行统一管理，设立银行专户，医管办主任、财务、会计、出纳全部签字后方可支取资金，报销补偿住院费用实行签字制度，制作专项签字发票并盖公章，严格按照财务管理制度和《中华人民共和国会计法》执行。各村建立药品、资金账目，实行专人、专账、专户的账目管理制度。

普兰县建立农牧区医疗制度资金公示制度，对每年医疗总经费到位情况、总资金分类情况、农牧民家庭账户到位情况、医疗救助分流情况、大病统筹分流情况进行公示，在农牧民大会上张榜公布。

（一）资金筹集

1999—2003年，普兰县农村合作医疗资金按照医疗基金占80%、防保占3%、风险占9%、储备占3%、管理占5%的比例进行分配，按照量力而行、以等定支、合理报销的方法循序渐进。普兰镇5个村居（吉让、科迦、赤德、西德、多油）、31个作业组农牧民集体、个人筹集资金22万元。

2000年，普兰县落实农村合作医疗资金21.8万元，其中中央、自治区拨款7.2万元，地区拨款2.1万元，县财政拨款1.5万元，集体筹资4万元，个人筹资7万元。

2001年，落实合作医疗资金12万元，其中国家级拨款4万元，集体筹资3万元，个人筹资5万元。

2002年，中央、自治区拨款18万元，地区、县级资金未到位。

2003年，中央、自治区拨款17.5万元，由地区财政局、政府采购中心和地区卫生局统一采购药品，共120余种。

2004年，农村合作医疗资金总额22万元，药品总金额15万元。

2005年至2006年11月底，中央、自治区、地区、县级医疗经费和农村合作医疗补助到位资金126.61万元，农牧民个人缴纳13.02万元。划入农牧民家庭账户735785元，划入农牧民大病统筹417310元，划入民政局转医疗救助61375元，划入教育局转学生合作医疗183819元。

2006年下半年至2007年上半年，学生合作医疗资金划入1183819元。

2008年，合作医疗财政资金851164元，个人自筹资金76850元。

2009年，农村合作医疗补助1278084元。为农牧民家庭账户落实总资金的60%，划拨资金634600元；大病统筹占33%，划拨资金381548元；民政转医疗救助资金占5%，划拨资金54825元；风险资金占2%，划拨资金21930元；给教育划拨学生合作医疗资金181580元。

2010年，农村合作医疗补助1377048元。为农牧民家庭账户落实总资金的60%，划拨资金826228.8元；大病统筹占33%，划拨资金454425.84元；民政转医疗救助资金占5%，划拨资金68852.4元；风险资金占2%，划拨资金27540.96元；给教育划拨学生合作医疗资金202860元。

（二）农牧民报销补偿

1999年起，普兰县在各村每年年终结算时，对药品的收入进行登记做账，按照比例为农牧民报销医疗费用。其中，门诊费用报销50%，住院费用按照乡级60%、县级40%、地区35%、自治区20%的比例报销。2001年，门诊费用县级报销35%；住院费用按照县级40%、地区30%、自治区20%的比例报销，每季度进行1次报销。不予报销范围为自购药品、自行投医、犯罪行为、打架斗殴、酗酒闹事、计划外生育、服毒自杀、美容整形、交通事故等有关文件规定的不予报销范围。

2003年，普兰县按照乡报销70%、县医院住院报销60%、地区报销40%、自治区报销20%的比例为农牧民报销医疗费用。未参加合作医疗的人员均为五保户、困难户、残疾人等，其医疗费用的50%由民政部门承担。为农牧民报销住院费用17万元。年底，农村合作医疗资金余额17万元，药品价值15万元。

2005年，为农牧民报销医疗费375369元，其中在家庭账户中报销248517元，大病统筹中报销114652元，学生合作医疗报销12200元。各种合作医疗资金报销后，家庭账户余额130142元，大病统筹余额50716元，学生合作医疗资金到位83190元。

2006年下半年至2007年上半年，农牧民家庭账户报销339654元，大病统筹报销397027元。2007年，家庭账户余额396131元，大病统筹余额220283元。

第六章 体 育

第一节 体育设施

2001—2010年，普兰县在城区兴建一批文体活动室、健身室等场所，其中青少年校外活动中心占地面积3900余平方米，孔雀河公园占地面积近900亩，一定程度上满足了县城群众参与体育健身的需求。

第二节 群众体育

普兰县民间传统体育项目主要有秀薄朵、抱沙袋（抱石头）、摔跤、大象拔河、赛马、射箭、掷骰子、玩羊骸骨、藏牌、跳绳以及一些技能取乐性运动等。一般在普兰农民新年、春节、藏历新年、“3·28”西藏百万农奴解放纪念日、兑羌（男人节）、“曲萌果节”（望果节）或重大活动时，由各村组织开展小型体育比赛活动。群众在劳动闲暇、年节时，自发组织开展抱石头、摔跤、藏牌、掰手腕、拔河、大象拔河、久过等一些小型趣味性体育活动。

2001—2010年，每年藏历新年，各村会举办赛马、射箭、射远比赛。兑羌（男人节）和重大喜庆节日，乡镇、村间会举办男女混合参加的十人拔河比赛、两人（大象）拔河比赛、抱石头（沙袋）比赛。2009年，举办首届普兰县干部职工“全民健身”活动。

一、大象拔河

藏语称“郎乌阿孜”，简单易行，不受场地制约，几平方米就能比赛，不受器材限制，不分年龄。二人背对而立，将一条绳子挽成圈，两头分别套在两位选手的脖颈上，再经过其胸部和腹部，最后从身前两腿中间平行穿过。比赛时，双方匍匐于地面，双手触摸地面。将绳子拉直，参赛者间距1.5米，绳子中间系上红布条，垂直于地表中界。裁判吹响口哨，比赛开始，2人各自用力爬动（动作酷似大象），向前移动身体，用力拉拽。选手巧妙地借助颈部、胸部、腰部、双足、双手的力量和技巧，将对手拉过中界点，便算取胜。

无论在节日里，还是在日常的生产生活中或是茶余饭后，牧场、田头均可进行比试较量，是一种集竞技和娱乐于一体的民族体育活动。

二、久过

“久过”是赤德村曲玛塘五组保留的一种民间娱乐性游戏活动。在场地中央设置一个固定的木桩，地面放置一个卡垫，一根木棍。两位表演者以嘎玛宣舞步一同出场。传统上，达玛鼓点响起，表演者伴随着达玛鼓节奏，手持1米多长的木棍，环绕木桩，自由舞动，随意发挥，摆出各种姿势造型，为大家助兴；然后将棍头抵住木桩，双手握住前端木头，灵活转动身体，转完一圈后，继续转动，三圈过后停止，组织者给表演成功者献上哈达，表演者以嘎玛宣舞步返回座位。若是表演者没有成功转圈，会要求表演者唱一首歌，算是处罚。若唱歌的人唱得动听，村民们会与其一同歌唱；若唱得不好，发挥不佳，就要喝下一碗青稞酒。

三、抱石头

藏语称“多交”。参赛者首先弯腰将巨石抱起，随之将巨石扛在肩上，手臂用力远掷，以投掷的远近定胜负。另一种比赛方法是将巨石扛在肩上向前走，以走得远近来定胜负。

四、赛马

历史上，普兰每年都会举行赛马射箭活动。随着社会经济的发展变化，马匹使用率越来越低，其功能也不断弱化，各村落马匹保有量越来越少，导致赛马射箭活动逐渐消失。

五、射箭

射箭是一项娱乐性较强的传统体育比赛项目，主要分布在科迦、章杰。新年、兑羌节、望果节期间，在田间地头举办男子射箭比赛，老百姓身着盛装观看射箭比赛。比赛开始前，由组织者检查射箭选手的箭杆，每支箭杆上写有选手的名字或代号，由村组负责人高喊名号，喊到的人出场射箭，当所有人射箭完毕后，由负责人带领监督者捡拾箭杆，根据射程远近确定名次。根据规则，前十名予以奖励，奖品为哈达、砖茶等，并派出盛装妇女敬献酒歌和青稞酒；对于最后一名，用哈达串联起2个牛粪饼挂在其脖子上，作为奖励。颁奖结束后，组织者派出锣鼓师敲锣打鼓，让前十名走在前面，最后一名紧跟在后头，环绕场地转3圈。

第三节　学校体育

2001—2010年，普兰县学校体育活动以春夏之交开展的学校体育运动会为主，还有具有民族特色的藏式广播体操和锅庄舞等。

2009年6月初，普兰县举办中小学生田径运动会。6月底，参加地区中小学生田径运动会，取得金牌2枚、银牌2枚、铜牌4枚、集体三等奖2个、体育道德风尚奖2个。

至2010年，普兰县部分学校有足球场、篮球场、健身场等体育设施，并配备各类体育器材。

第十五篇　民族　宗教　民俗

普兰县有藏族、汉族、回族、维吾尔族、哈萨克族等民族。普兰县贯彻落实民族政策，坚持党对民族工作的领导，巩固和发展平等、团结、互助、和谐的社会主义民族关系。深入开展民族团结进步宣传教育活动，大力宣传党史、新中国史、改革开放史，开展西藏地方和祖国关系史教育，引导各族干部群众树立正确的国家观、历史观、民族观。全面推动民族团结进步创建活动。

普兰县宗教派别主要是藏传佛教。2010年，普兰县有藏传佛教寺庙（拉康）14座。

随着社会经济文化的发展，普兰县的风俗礼仪进一步趋于简化，融入了现代生活元素。

第一章　民族事务管理

第一节　机　构

2010年8月，机构改革后普兰县民族宗教事务局为正科级建制，编制5名（行政编制4名，事业编制1名），其中科级领导职数3名。

第二节　民族政策

1999年9月29日至10月3日，中央召开第二次民族工作会议，会议主题为“加快少数民族和民族地区经济发展和社会进步”，会议报告认为，少数民族和民族地区的发展，不仅是一个重大的经济问题，也是一个重大的政治问题，没有少数民族和民族地区的发展，就没有全中国的现代化。

2001年6月中央第四次西藏工作座谈会强调，要坚持和完善民族区域自治制度，全面贯彻落实党的民族政策，巩固和发展平等、团结、互助的社会主义民族关系。进一步加强党的民族政策和民族团结的教育，加强西藏与其他省（市）的社会经济文化交流。积极保护和开发各民族的文化资源，继承和发展各民族的优秀传统文化，并促进相互学习和借鉴，吸取新知识、树立新观念，增加各民族间的共同因素和社会主义的一致性，以不断巩固各民族的大团结。

2005年5月27—28日，中央召开第三次民族工作会议，会议主题为“以科学发展观统领民族工作，促进民族地区和谐发展”，大会报告在“平等、团结、互助”之外，加上“和谐”二字。

2010年1月中央第五次西藏工作座谈会强调，要毫不动摇地坚持和完善党的民族理论和民族政策，坚持和完善民族区域自治制度，推动各民族和睦相处、和衷共济、和谐发展。

第三节　民族团结

普兰县狠抓民族团结，广泛开展民族团结宣传教育和民族团结进步创建活动，促进各民族交往交流交融，铸牢中华民族共同体意识、各族群众“三个离不开”意识。

2005年，普兰县贯彻上级指示精神和党的方针政策，组织寺庙僧尼学习《中华人民共和国民族区域自治法》。

2009年9月初，县委统战部制订《关于在全县寺庙深入开展民族团结宣传教育活动的实施方案》，在各寺庙开展民族团结宣传教育活动，向各寺庙发放宣传资料58份。

2010年，县民族团结创建活动领导小组办公室印发《普兰县开展民族团结进步创建活动实施方案》，到基层进行宣讲，在党员、干部、寺庙僧尼中开展民族团结宣传教育活动、结对帮扶、军警民共建活动等，进一步夯实民族团结工作。

第四节　兴边富民行动

普兰县实施兴边富民行动，加快补齐住房、道路等设施短板，改善边民生产生活条件，提升边境公共服务，解决边境地区发展不平衡、不充分问题，推进边境地区协调发展。

2010年，普兰县实施赤德人畜饮水工程、吉让预制厂改扩建工程、西德饮水工程。编制和上报“十二五”兴边富民项目63个，总投资3026.3万元。

第二章　宗　教

第一节　宗教政策

《中华人民共和国宪法》规定，“中华人民共和国公民有宗教信仰自由”。在中国，宗教信仰自由，即每个公民有信仰宗教的自由，也有不信仰宗教的自由；有信仰这种宗教的自由，也有信仰那种宗教的自由；在一种宗教里面，有信仰这个教派的自由，也有信仰那个教派的自由；有过去不信教现在信教的自由，也有过去信教现在不信教的自由。

2001年6月中央第四次西藏工作座谈会强调，全面正确地贯彻党的宗教政策，依法保护群众的宗教信仰自由和正常宗教活动，加强对宗教事务的管理，打击利用宗教进行的分裂犯罪活动，积极引导藏传佛教与社会主义社会相适应。

2010年1月中央第五次西藏工作座谈会强调，全面贯彻落实党的宗教工作基本方针和国家管理宗教事务的法律法规，切实维护藏传佛教正常秩序，引导藏传佛教与社会主义社会相适应。

第二节　宗教场所

2001—2010年，普兰流传的藏传佛教有噶举派、萨迦派和格鲁派3个派别。普兰县有寺庙（拉康）14座。

2010年普兰县寺庙、拉康统计表

表15-2-1

寺庙名称	所在地	派别	创建时间	创建人		文物保护单位级别
扎吾拉康	普兰镇科迦村岗孜组	噶举	996年之前	仁钦桑布	རིན་ཆེན་བཟང་པོ།	县级

续表15-2-1

寺庙名称	所在地	派别	创建时间	创建人		文物保护单位级别
科迦寺	普兰镇科迦村	萨迦	996年	仁钦桑布	རིན་ཆེན་བཟང་པོ།	国家级
西德拉德寺	普兰镇西德村多岗组	萨迦	—	—	—	县级
曲古寺	巴嘎乡岗莎村二组	噶举	1118年	瑜伽行者念钦	གྲུབ་ཆེན་ཉན་པོ།	县级
吉吾寺	巴嘎乡雄巴村	竹巴噶举	1173年	岗日日瓦赤列朱杰	གངས་རི་རས་པ་འཕྲིན་ལས་གྲུབ་རྒྱལ།	县级
江扎寺	巴嘎乡岗莎村	直贡噶举	12世纪	古亚冈巴	འགྱུ་ཡ་སྒང་པ།	县级
古宫拉康	普兰镇吉让居委会	直贡噶举	1213年	森格益西	སེང་གེ་ཡེ་ཤེས།	县级
尊追普寺	巴嘎乡岗莎村	竹巴噶举	1217年	杂日热瓦欧巴大师	རྩ་རི་རས་པ་གྲུབ་ཆེན་ནག་པོ།	县级
朗纳寺	巴嘎乡雄巴村	竹巴噶举	16世纪	桑丹平措	སྐྱེ་མོ་བསམ་བསྟན་ཕུན་ཚོགས།	县级
色龙寺	巴嘎乡岗莎村	直贡噶举	1686年	喇嘛普琼	གཙང་བླ་མ་བུ་ཆུང་།	县级
贤柏林寺	普兰镇赤德村	格鲁	17世纪末	甘丹才旺	དགའ་ལྡན་ཚེ་དབང་།	自治区级
色拉龙寺	霍尔乡帮仁村	直贡噶举	1728年	成道大师贡觉久赞	རྡོར་འཛིན་ནོ་ནོ་དཀོན་མཆོག་བརྒྱུད་འཛིན་བསྟན་པ་རབ་རྒྱས།	县级
楚果寺	普兰镇仁贡村	格鲁	—	—	—	县级
果粗寺	普兰镇仁贡村	格鲁	19世纪	晋巴诺布	སྨིན་པ་ནོར་བུ།	县级

第三节　宗教活动

普兰保留着一些自然崇拜的习俗，信教群众信仰神灵，如天神、山神、水神、土地神、灶神等。信教群众经常举行各种宗教仪式。每天在自家经堂内进行敬圣水、烧香、点酥油灯、煨桑等简单的供养佛事活动。请僧人到家里诵经，祈祷辟邪；遇到家人患病，举行辟邪消灾仪式；遇到家人亡故，举行亡灵超度仪式。“马年转神山、羊年转圣湖、狗年转狗洞”是普兰地方风俗，较为常见的宗教活动有诵经、磕长头、放生、印经刻经、朝佛转经、转山、转湖、转狗洞、塔尔钦佛事活动、展佛等。

一、转山

冈仁波齐转山起点为塔尔钦或色尔雄竖经幡杆处，终点即是起点。传说转山必先转芝达布日（寺庙，位于噶尔县门士乡）后才可以转山。转山道分2条：外圈（线）是以冈仁波齐为核心的大环山线路，南起塔尔钦（海拔4700米），西到塔布齐，北抵卓玛拉山口（海拔5734米），东至宗曲，再回到塔尔钦，外圈总长52千米，沿途有河谷、高地、垭口、溪流、陡坡险路，多为河谷陡坡地段。内圈（线）是以冈底斯山南侧的因揭陀山为核心的小环山线路，有30千米左右。转山人一般都是在转足13圈外圈之后再转内圈。一般的徒步者需2天，磕长头则需1个月左右。沿途有数座寺院值得朝拜。在冈仁波齐背后的芝热寺（位于革吉县）可看到冈仁波齐，这里也是转山者停留夜宿的地方。

每逢藏历马年、羊年，转山的朝圣者、游客最多。马年转一圈相当于平常年份的13圈，转单不转双。

不同地域的人们因民间传说而口耳相传，逐渐形成转冈仁波齐的朝拜习俗。活着的人以朝拜冈仁波齐为一生之幸事；亡故以到冈仁波齐天葬为吉祥幸事；在朝拜的中途亡故被认为是最有福气之人。

二、转湖

环绕玛旁雍错转行，起点在吉吾寺或柴地、霍尔乡，环湖一周有90千米左右，沿途有河谷、高地、垭口、溪流、险路，多为平地缓坡路段。旧时湖周有8座寺庙，现存5座。民间传说，转湖必先转古加错（玛旁雍错北部的一座小湖）后才可以转湖。因为转玛旁雍错大圈时，小湖已经在内了，所以一般就不需要单独转小湖了。传说在芝达布日有一个象征玛旁雍错的模拟造型，也可以代替转小湖。

大多数信徒都是徒步转湖，部分以车代步。每逢藏历马年、羊年，转湖的朝圣者、旅游者最多。

三、狗年转狗洞

狗洞位于科迦村孔雀河西岸一条山谷高处，海拔近5000米。狗洞入口在中国境内，出口在尼泊尔境内。相传，每逢藏历狗年四月十八日，狗洞之门会自动打开，可进洞朝拜、祭祀、祈福、探险，在其他生肖年份都不能进入。洞内有一处石床，传说能治愈麻风病和其他疾病。传说，在狗年朝拜狗洞可以洗去人一生的罪孽，某人如果罪孽深重，坏事做的太多，进入狗洞后会被卡在洞内狭窄的某处，进不得、退不得。每逢狗年有很多人前去朝拜。

四、塔尔钦佛事活动

塔尔钦佛事活动产生年代很早，因地处偏远，远离西藏的政治、经济、文化、宗教中心，不为世人所知。据实地考察，在色尔雄竖立经幡杆的四周，有数根低矮的经幡杆，是过去竖立的。

1683年，甘丹才旺率领蒙藏联军打败拉达克，收复古格地区。甘丹才旺在返回拉萨时途经冈仁波齐，为庆祝战争的胜利，为在拉达克战争中死难的将士赎罪、祈愿，藏历四月十五日，由甘丹才旺主持，在冈仁波齐脚下的色尔雄举行佛事仪式，竖立一根大经幡杆，高23米，用数截粗大的木头拼接连缀，周身包裹野牦牛皮，四周拉拽牛毛绳子稳固经幡杆，民间俗称“胜利大旗杆”。

此后，塔尔钦佛事活动每年都举行，藏历马年最为隆重。普兰宗本负责组织、召集相关人员，阿里噶本主持竖立经幡杆，由江扎寺和曲古寺僧人负责诵经祈福。

每年藏历四月十四日，将经幡杆放下进行整修检查，换下包裹经幡杆的旧牛皮、旧经幡，检查经幡杆是否腐朽损坏等；四月十五日早晨，对经幡杆顶端金冠内装有的珍珠、玛瑙、藏药、钱币等物品进行检查，换上信教群众新供奉的珍珠、玛瑙、藏药、钱币等供物，所有参与竖立经幡杆的僧俗人士共同将经幡杆竖立起来。参加仪式的宗教人士广泛，有藏传佛教的信徒，也有苯教信徒，更有来自印度的印度教信徒和耆那教信徒。过去在上午10时左右将经幡杆重新竖立，后来一般在中午12时左右完成竖立经幡杆的仪式。

五、展佛活动

科迦寺、曲古寺、色拉龙寺、西德拉德寺等寺庙开展展佛、诵经等活动，各寺举办展佛、诵经活动的时间不同，大多集中在藏历正月十五日前后。

普兰县各寺庙佛事活动统计表

表15-2-2

寺庙名称	佛事活动	活动时间
科迦寺	科迦“那木冬”	藏历一月十二日、十五日

表15-2-2

寺庙名称	佛事活动	活动时间
西德拉德寺	“次杰”佛事活动	藏历一月二十三日至二十四日
曲古寺	曲古主供佛“洗礼节”	藏历四月十三日
贤柏林寺	民俗“展佛”活动	藏历六月四日至五日
色拉龙寺	“古朵”佛事活动	藏历十一月十九日

第四节　宗教事务管理

2001—2010年，普兰县坚持依法管理宗教事务，按照属地管理原则，扎实做好寺庙管理与服务工作。在各寺庙开展爱国主义教育、法治宣传教育和民族团结宣传教育活动，僧人知法、守法、懂法、用法和维护民族团结的意识显著增强。

2003年，普兰县建立健全寺庙民主管理委员会和下属各组织，调整完善寺管会班子，理顺管理体制，落实属地管理，建立规章制度。根据《西藏自治区宗教活动场所年度检查工作实施意见》，专门成立由县民宗局牵头、县委统战部协助的年检工作小组，对各寺庙（拉康）的文物管理、周围卫生进行年检。调整充实普兰县寺庙爱国主义教育领导小组和寺庙普法宣传领导小组，健全县级干部与寺庙（拉康）联系点制度。制定《普兰县开展深化寺庙爱国主义教育的具体意见》，下发到各乡镇、各寺庙（拉康）；将深化寺庙爱国主义教育的学习材料和阿里地区寺教办下发的寺庙爱国主义教育公约等有关材料翻译成藏文，发放至各寺庙（拉康）。

2004年，普兰县贯彻落实中共十六大精神，调整寺管会成员，加强管理，完善各项规章制度。根据《普兰县开展深化寺庙爱国主义教育的具体意见》和地区寺教办下发的寺庙爱国主义教育公约，开展寺庙爱国主义教育，传达学习中共十六大、三级宗教工作会议精神和《公民道德读本》等法律法规和寺庙爱国主义教育各类教材。

2005年，普兰县补充完善《寺庙爱国公约》《寺庙管理章程》《佛事活动管理制度》《财务管理制度》等寺庙管理规章制度。成立建立档案工作领导小组，由统战、民宗、公安协同，到寺庙完成建档工作。在寺庙爱国主义教育工作中，采取县委领导、统战部门配合的方式，以县委书记为寺庙爱国主义教育领导小组组长，政法委书记为副组长，各乡镇党委书记为成员。组织寺庙僧尼学习《宗教事务条例》《中华人民共和国民族区域自治法》。各寺庙除收取正当的布施外，通过开垦农田、开办旅店、茶馆、商店、搞运输等经营方式增加收入。实行门票制度，其中科迦寺门票收入自行管理、自行使用。较大寺庙建立资金管理制度，合理规划资金的使用。

2008年，县委、县政府召开会议，制订《普兰县关于开展寺庙法治宣传教育活动实施方案》，成立以县委书记杨林为组长的普兰县寺庙法治宣传教育领导小组，下设办公室，同时建立县级干部包联寺庙工作制度。4月12日，普兰县召开寺庙法治宣传教育活动动员会，县委、县政府主要领导作动员讲话，提出明确要求。在寺庙法治宣传教育活动中，采取点、线、面相结合的方式开展法治教育，工作人员重点讲解党的民族宗教政策。活动中，开展法律法规宣传教育60余次，制作学习园地5版，新旧西藏对比图片栏3版，播放“新西藏”专题纪录片3次，发放学习资料。

普兰县根据自治区寺庙领导小组《关于在全区寺庙中开展创建和谐寺庙的意见》，阿里地区寺庙爱国主义教育领导小组《关于在全地区开展创建和谐寺庙活动的实施方案》《关于贯彻西藏自治区寺庙爱国主义教育领导小组办公室关于全区创建和谐寺庙争做爱国守法僧尼活动的意见》，在全县14座寺庙（拉康）中开展创建和谐寺庙活动，评选出创建和谐寺庙先进集体3个（科迦寺、贤柏林寺、楚果寺），创建和谐寺庙先进个人5人（西德拉德寺格桑、果粗寺仁增、江扎寺阿地、贤柏林寺土登、吉吾寺旦增次珠）。

2009年，普兰县制定《普兰县2009年寺教工作要点》，下发至各乡镇。3月1日至4月10日，在全县14座寺庙（拉康）中开展寺庙法治宣传教育“回头看”活动。

2010年，普兰县建立健全规章制度，完善寺庙各项规章制度，建立寺庙规章执行监督机制，使寺庙管理走上法治化、制度化、规范化轨道。根据《普兰县深入开展寺庙法治宣传教育活动“回头看”活动的实施方案》，开展寺庙法治宣传教育活动，宣传“兴边富民”政策。

寺庙及文物保护 2001年6月，科迦寺被国务院列为全国重点文物保护单位。普兰县对科迦寺建筑进行维修维护，整治寺庙周边环境，搬迁周边农户，文物基本资料全部归档，并建成安全消防体系。对尊追普寺进行维修，投资25万元（国家投资4万元，寺庙投资21万元）。

2002年，古建工程队对科迦寺进行维修。普兰县对曲古寺进行全面维修，投资25万元（国家投资5万元，寺庙投资20万元）。恢复重建贤柏林寺，并修建盘山公路。

2003年，在吉吾寺原基础上建立拉康。

2005年，普兰县为西德观音碑、列石修建保护房。重建果粗寺，面积135平方米（18米×7.5米）。

2006年，西德观音碑先后被列为县级文物保护单位、自治区级文物保护单位。科迦寺维修保护工程立项实施。普兰县公安、民宗等部门对全县各寺庙文物进行登记，在各寺庙组建消防队，成员由各寺僧尼组成，确保寺庙文物安全。

2007年9月，西藏自治区人民政府确定在“十一五”期间安排资金800万元，用于科迦寺维修及防洪设施配备。贤柏林寺被列为自治区级文物保护单位，普兰县对寺内文物进行普查登记。

2008年，由国家出资，西藏自治区文物局负责，派出专业技术人员对科迦寺屋顶上的阿嘎土进行全面维修保护，5年保修期内持续进行保修工作。重建朗纳寺僧舍。10月18日，科迦寺文物保护维修工程（西藏自治区“十一五”重点文物维修保护工程）正式开工，工程总投资799万元，主要对百柱殿、觉康殿进行保护性维修，包括屋顶加固清理、防渗水处理，建筑结构性变形、断裂修复，及寺院内僧舍维修等。2009年8月18日竣工。

2009年，古宫拉康被列为自治区级文物保护单位。

2010年6月23日，由社会治安重点寺庙排查整治工作协调领导小组组长虢洪志带队，到各寺庙（拉康）对寺庙文物保护等情况进行安全隐患排查。

僧尼社会保障 1993年，《〈西藏自治区免费医疗暂行管理办法〉实施细则》规定，户籍在当地的僧尼享受免费医疗待遇。2010年1月，国家宗教事务局、人力资源和社会保障部、财政部、民政部、卫生部联合发布《关于妥善解决宗教教职人员社会保障问题的意见》，对教职人员的社会保障作出了原则规定。

第三章　民　俗

2001—2010年，随着普兰县经济社会的发展和对外开放程度的加深，对外交流日益增多，人民思想观念得到解放，生活水平显著提高，社会生活（包括衣食住行、婚丧嫁娶、生产生活、节庆礼仪等）发生较大变化。

第一节　生活习俗

一、饮食

普兰藏族传统饮食以糌粑、牛羊肉、酥油、奶茶、青稞酒等为主，食品包括糌粑（རྩམ་པ།）、爆青稞麦花（ཡོས།）、酥油（མར།，藏语称“玛”）、奶渣（ཕྱུ་ར།，藏语称“曲拉”）、肉类、血肠、肉肠、面肠、灌肺、“八思八”（བག་ཚ་མར་ཁུ།，也称“帕杂麻苦”“巴扎麻古”，意为酥油红糖面疙瘩）、“九思九”（གྲོ་མ་འབྲས་སིལ།，即人参果米饭）、老人耳朵（མི་རྒན་ཡམ་ཅོག།）、褪（藏制糕点）、措、夏馍馍（ཤ་མོག་མོག།，藏包子、饺子）、咖喱饭、尼泊尔饼子；饮品包括清茶、酥油茶、奶汁、酸奶、奶茶、甜茶、青稞酒（ནས་ཆང་།）、青稞白酒（俗称藏白酒）、“青稞牛”（ཕྱེ་ཁུ།，青稞酒浆）、羌果（ཆང་བསྐོལ།）。

2001—2010年，普兰县对外交流增多，饮食习惯发生变化。随着其他省（市）饮食文化的进入，街道两旁出现较多川菜馆、陕西面馆，农牧民吃米、面已较普及，做各种炒菜，饮品也多样化，蔬菜、水果进入普通农牧民家庭，食物品种日益丰富，营养结构更趋合理。各族干部群众对藏族饮食也有所接受。

二、服饰

普兰服饰分为农区服饰和牧区服饰。农区服饰，男人讲究辫饰、耳环、戒指、项链和腰饰；妇女服饰别具一格，只在节日盛典时穿戴，由头饰（“根穷”）、脖圈（“基乌”）和披肩（一般分为“吉巴”“过巾吉巴”两种）组成，三件可以成套穿，也可以任着一件，一套服饰最重的有10千克，一般的也超过5千克。牧区妇女服饰特别，有头饰、耳环、项链，还有特别的腰带。

藏袍是藏族主要服装，腰比较肥、袖较长、大襟没有衣兜，藏袍一般比人身要长。农区藏袍一般以氆氇为主要原料，也有用毛料、绸缎等作为衣料的。牧区藏袍主要为氆氇缝制，肥大、袖口较宽，穿起来自如方便。男式藏袍主要以黑、白氆氇为料，肥大、腰寸宽，大襟、襟、袖和下摆用10～15厘米宽的绒布镶边，有的不做装饰边。女式藏袍大部分以氆氇、毛料、呢子作为原料。

“嘎乌”（ག་འུ།），藏语音译，意为“宝盒”，指护身佛盒。“嘎乌”一般为银质或铜质，形状不一，盒的盖面上镶有各种珠宝，雕刻有多种花纹图案，器形精美。盒内装有小佛像、印有经文的绸片、舍利子、甘露丸等，珍珠为链，挂于脖子上。

2001—2010年，随着社会的发展，现代服饰元素进入普兰，为普兰服饰增添新的内容。普兰藏族服饰从华贵富丽、大红大绿的传统式样逐步向美观、实用、方便、高档方向发展，服饰呈现多元化特征，西式、汉式服装日益流行。农牧民特别是年轻人身着西服、夹克、皮衣、呢大衣、皮鞋、高跟鞋、运动鞋等已较普遍，佩戴现代流行的遮阳帽、太阳帽、珠宝首饰。

三、居住

普兰藏族称房屋为“康巴”“曩”。建房讲究选择地形，一般选取吉祥和顺、近水避风之地建房。房屋一般门朝东，最常见的是平顶房屋，平顶住宅一般有围墙。土石围墙，墙基使用鹅卵石片砌筑三四十厘米，墙体上部采用土块垒砌，渐次收分，墙壁厚实，保暖性好；墙面自上而下用手掌顺势涂抹泥巴，形成掌纹溜槽，便于雨雪水流排泄，保护墙体；柱梁作骨架，木柱截面圆形，上细下粗，梁上铺椽，再加树枝或短棍，上覆以石子和黏土，有些房屋用“阿嘎”土打实抹平，以防漏雨；外部的窗户用绛红色的边玛草作窗檐，向外挑出，窗户两边涂抹黑色牛角状边框，墙壁整体涂刷当地白土，普兰新年前（秋收完毕）都要重新粉刷白土。农区住宅以马蹄形的平房居多，一般坐北向南，房顶四周以80厘米的女儿墙相围，四角垒起垛子。传统住房布局：中间是经堂，两侧各间作居室，厨房挨近居室，厕所在离住房较远的围墙角落。农区宅院内一般设有生产工具堆放室、饲草储存和羊圈牛棚等。房屋前方正中设有煨炉，吉日良辰，焚桑祭祀，大门上方设有小佛龛。

普兰牧区传统的居住方式是帐篷。牧民用牛毛纺线织成叫“恰热”的条状粗毛布，再缝制成两大片长方形的帐篷，然后将两大片帐篷用10多个扣环连接起来，就成了一顶帐篷。一般呈四方体，用8根立柱支撑，十余根牛毛绳一端与篷顶拴结，另一端拴在帐外的一木橛上，使得帐篷平展、稳固。帐篷面积一般为20平方米，顶高1.7米左右，帐顶留有一道宽30厘米、长3米可以开合的长方形天窗，打开可通风、排烟、散热，合盖则能防风雨、保温。帐篷前面篷布上有牵引绳，用木杆支起来就是门，天热时将门支高，帐篷内凉爽舒适。这种帐篷虽然简单，但牛绒捻纺，质地粗厚、耐磨，不怕风雨大雪，滴雨不漏，便于支拆驮运，适宜于牧民逐草而居。

2003年，普兰县投资31.2万元，实施牧民定居工程21户（巴嘎乡16户、霍尔乡5户），建筑面积860平方米。2006年，西藏自治区开始在全区范围内实施农牧民安居工程。普兰县引导农牧民改变居住方式，建设适应农牧区特点、适合民族习惯、具有民族特色的安居房。“十一五”期间，建设安居房1088套，66%的群众住上了安全舒适的安居房。至2010年，全县农牧民住进定居房屋。

四、行旅

普兰藏族放牧、集会、探亲，行必乘马。购物买粮，迁帐搬家，离不开牦牛驮物驮粮。牧民行放出外，一般是晓行夜宿，只要遇到帐房就可安身。遇有急事，连夜赶路亦是常事。一般乘马一小时行15千米，一日可连续奔行10小时，赶150余千米的路程。

2001—2010年，普兰县加快交通基础设施建设，狠抓农村公路建设，全面优化路网结构，交通通行条件得到改善。2006年，基本实现村村通公路。2007年，对207省道巴嘎至斜尔瓦段进行四级油路改造，2008年建成通车。至2010年年底，普兰县公路总里程1120千米，其中乡村公路通车里程490余千米。普兰至拉萨年平均客运量6000余人次，普兰至狮泉河年平均客运量4000余人次。2010年7月1日，阿里昆莎机场通航，进出普兰更加方便快捷。随着现代交通工具（汽车、摩托）的普及和公路网不断完善，普兰农牧民出行基本不再乘马。

五、转场

普兰牧区逐水草而居，一年至少两度在暖季和冷季草场间转场。转场十分艰辛，需拆帐集踪，捆绑行装，装上驮牛背，跨上乘马拖带儿女，一路跋山涉水，风餐露宿。转场途中，不分亲疏远近，家家都热情招呼，相伴而行，露宿时互相照顾，看管畜群。普兰牧民在与恶劣自然环境的艰苦斗争中，养成了刚毅、顽强、豁达、乐观的民风，视转场为乐事。

2001—2010年，普兰县先后实施牧民定居工程、农牧民安居工程，牧民定居下来，转场不再普遍。

六、冬宰

藏历十月初，农牧民将最好最肥或不能过冬、老弱病残的成年牛羊选出来，找一处平整干净背风向阳的地方宰杀。妇女不宰杀牛羊，只负责打杂，端盆子、端茶、提水等辅助工作。根据身体部位（头、腿部、排骨、内脏等）分别整理出来，切割成大块长条状，挂在阴凉处风干，或是整只冬储。用牛、羊血制作血肠。

第二节 婚姻、生育与丧葬

一、婚俗

过去，当家里的男孩到婚娶年龄时，母亲会托人寻找年龄适合的女孩，并要生辰八字，从中选取门当户对的女孩。男方父亲和舅舅带青稞酒、哈达等物品到女方家，在女方家大门上粘贴酥油，在距大门20～30米处等女孩家人出门，只要见到女孩家里人出来都要脱帽鞠躬，表示敬意，这样在外面等候五六天，表示诚意，直至女方家人表示愿意接受提亲。女方家人同意亲事后，男方父亲和舅舅到女方家里，邀请女方亲人，商定娶亲的良辰吉日。

娶亲当天，新郎父亲、舅舅、表妹及新郎亲戚家里各出一男一女，组成上百人的娶亲队伍，骑马去娶亲，携带给新娘的藏袍、藏靴子和首饰，青稞、酥油、糌粑、砖茶、青稞酒、哈达等物品。在男方娶亲队伍到达之前，新娘的家人也组成上百人的挡亲队伍，距新娘家50米外阻挡娶亲队伍。两个队伍碰面之后，唱娶亲歌，歌曲以问答的形式演唱，娶亲方每答对一首歌曲前一段，踢翻一个石头堆，一般会设立10个石头堆，直至娶亲队伍推翻全部石头堆。娶亲队伍进入新娘家门后，面对大门、中门、梯子、挤奶桶唱歌，新娘家人会款待娶亲队伍，并跳“宣”“噶尔”等舞蹈，新郎的表妹会给新娘梳妆打扮，穿上藏袍、靴子，戴各种首饰。这时新娘母亲给女儿梳头，新娘会唱哭嫁歌。新娘家人、亲戚会给新娘献哈达祝福。随着歌声和鼓点，新娘在伴娘扶持下，跟着娶亲队伍慢慢出家门，新娘骑上备好的马匹，娶亲方唱赞马歌曲。当新娘骑马离家时，房顶上2个男孩手持羊腿，大声喊家神、土地神。新娘到婆家时一般在晚上，新娘进婆家门之前，在婆家房顶上也有2个小男孩手持羊腿并大声叫喊，希望各神从此日开始保佑新娘。当晚在新郎家念经祈福，男方的亲戚朋友和邻居献哈达祝福。婚礼各项仪式结束，新娘会回娘家，婆家会准备许多东西让新娘带走，从新娘带回娘家的东西可以看出新娘在婆家的地位。

2001—2010年，随着时代的变迁，经济社会的快速发展，群众受教育水平日益提高，在外来文化冲击下，普兰青年婚姻观念得到解放，许多年轻人不再沿用传统婚俗中歌舞和仪式流程，各种仪式慢慢简化，特别是一些歌舞和重要的仪式在婚礼中不再出现。初婚年龄逐渐提高，族际通婚日益增多。

走婚　历史上，普兰青年男女多是自由恋爱，通过村落间的聚会、生产劳动、修建房屋结识。男女彼此心生爱慕，私下里传递信物，约定好时间、地点相会。此后，男女双方建立起稳固的走婚关系，男子隔三岔五到女方家约会，直至女方怀孕生子。此时，女方家人会邀请女孩的舅舅们及村落的负责人，一同确定双方的关系，确定双方没有直系血亲关系就会允许男子继续走婚，至此形成事实上的婚姻关系。到这时，男子就可以光明正大地到女方家过夜，不再是偷偷摸摸的。

普兰家庭结构模式基本上是男住男家、女住女家，男子只能在女方家有事时才能去女方家里，平常是不会去的。一般情况下，走到一定程度，双方家庭都积累一定的财力，就会举办正式的婚礼仪式，女方嫁入男方家或者男方入赘女方家。因各自家庭的缘故，不能嫁娶，也不能入赘，那么两个人各住各家，走婚到底，直至走不动为止。

刚结婚时，男子到妻子家中过夜有一定限制。结婚后必须是一方有事时才可以到对方家中帮忙干活做事。当孩子降生，得到村民的普遍认可后，男子才能堂堂正正地到女方家与妻儿相见。一般情况下，女方家里无事时男子当天就要回去；若是女方家里有事会在女方家过夜，直至完成工作，返回父母家里。生养的孩子均交给女方及其家人养育，直至成年，特殊情况下才会交给男方家养育。男方挣到的钱大部分交给自家父母，偶尔也会将部分钱给妻子使用。

历史上，这种走婚形态的婚姻在普兰县是普遍且典型的一种婚姻形式。进入21世纪，这种婚姻形式仍然少量存在。

二、生育与取名

（一）生育

小孩降生一周后，要举行一种叫做“旁色”的仪式。亲朋好友要带上哈达和新酿的青稞酒，新鲜的糌粑、酥油，以及婴儿用的帽子等，给婴儿“除污”，祝福婴儿福运亨通，以求神佛保佑。孩子满月后才能出门，出门时要选择黄道吉日，并举行出门仪式。出门时，母子（女）都要穿上新衣服，由亲人陪同，首先到寺庙朝佛，祈求菩萨保佑孩子长寿、平安；后到亲朋好友家串门，一般选择各方面较好的家庭，意思是等到孩子长大后也要像这一家一样。

进入21世纪，人们的生育观念发生较大变化，保健意识增强，孕妇定期检查，产妇多到医院住院分娩。

（二）取名

孩子出生后便可以取名字，一般请活佛或名望较高的长者来取。藏族普通百姓有名无姓，名字一般为四个字，也有两个字、三个字或更多。为了方便，人们有用第一、三两个字作为简称的，如“格桑曲珍”简称“格曲”，“格桑旦增”简称“格旦”；也有用前两个字或后两个字简称的，如“阿旺次仁”简称“阿旺”；没有用二、四两个字作简称的。普兰农区男性名字后面大多要加上“巴”，如格桑，后面必定要加上“巴”，变成“格桑巴”，以示是位男性。科迦、西德、吉让等村女性名字后面一般要加“玛”，如曲桑、曲尼，后面必定要加上“玛”，变成曲桑玛、曲尼玛，以示是位女性；其他村则少见。

进入21世纪，支援医疗队到普兰县，为产妇接生，主人特意恳请负责接生的医生给孩子起名，如红英、江晓兰、蔡红星、白玉花、国庆等。

三、丧葬

人去世后，死者家人要请僧侣为死者念经超度，为帮助死者积累福德，死者家人视家庭经济状况，到科迦寺、江扎寺、冈仁波齐、玛旁雍错等地布施钱、物，甚至包括死者遗物。出殡日期与具体时刻多由僧人卜定。不论谁家有人去世，全村人及亲朋好友都会带酥油茶、青稞酒、酥油等前往吊唁，帮助处理丧事。

普兰县丧葬形式主要有天葬和火葬。火葬，由僧侣择定地址，用石块做好台架，堆上柴木，浇上酥油，将尸体用白布或黄布包裹，放在柴堆之上焚化，焚化时在火堆上分撒五谷等物，焚化后将骨灰就地撒开或放置灵塔内。

亲属服孝期为49天或一年。服孝期间，不穿新装、不过节日、不参加娱乐活动，亲属49天内不洗头，供奉香火不断。服孝满1年后，家人会邀请亲朋好友，盛情款待，以表服孝期满，准备迎接新的生活。

第三节　礼节礼仪

亲朋好友到访，无论男女，都会给主人献上丰厚的礼物；主人受礼后，以不少于到访者的礼品回赠，遇有客人送主人一件难得的心爱礼物，主人定以成倍价值的礼物回报，以诚相见，以礼相传。

在各种场合都遵守一定的礼节。做客或聚会，男女宾客，长幼尊卑的座位有严格界限。以锅灶“塔布嘎”为界，男右女左，尊上卑下，不能混淆。牧民见到活佛都要下马，站立路旁，伸出双手，掌心向上，脱帽、躬身，表示礼敬。过去，俗人不能坐僧人的上位，牧民不能坐头人的上位。

在称呼上也有严格的等级界限，晚辈对长辈称“阿巴”（爸爸）、“阿库”（叔叔）、“阿觉”（哥哥），长辈对晚辈直呼其名或称“奴沃”（孩子）。

牧民在个人交往中忌欺骗，爱诚实，言而有信，凡许诺之事绝不食言。一个以诚待人，说话算数，办事牢靠的人，在部落里会威望日长，有许多朋友，成为大家共同信任依靠之人。一方欺骗对方，被认为不道德，很可能就此绝交；一方说话不算数，会失去另一方的信任。

尊老爱幼，见老人到来要站着迎接让座，喝茶、吃饭要先双手端给老人，喝酒要先敬老人。每逢喜庆节日，要先向老人祝贺；向老人赠送礼物或接受老人馈赠，须双手恭敬递接。出远门办事或处理家务大事，须征求老人的意见。老人教训时即使言辞过激，晚辈亦不能强辩计较。牧民对孩童抚育周密，认为孩子是幸福欢乐的使者，爱护备至，细心照料，却不娇纵，使其健康成长。

普兰人民素有好客的传统，路过帐篷前的行人，无论亲疏远近，主人都热情招呼，盛情款待，毫不吝啬，将客人当亲人。在大草原上，每个帐房都是客人理想的客居地方。牧民们流传着一句谚语，“孔雀是森林的装饰，客人是帐房的装饰”。客人进帐，主人端上好茶，拿出糌粑、酥油，切上手抓肉，敬上青稞酒；客人临走，送上肉、糌粑、酥油，解除远行客人的后顾之忧。

第四节 节 庆

普兰农牧区节日繁多，既有民俗节日，又有宗教节日，人们较重视、较隆重的传统节日是普兰新年、望果节等。

一、普兰新年

藏历十一月一日为普兰新年（俗称普兰农民新年）。藏历十一月一日，是夜长昼短的开始，普兰民众认为从这一天起，世间万物都会是新的开始。普兰新年有1500多年历史，各种传统仪式完好留存。

在新年到来前，家家户户都会打扫卫生，洗头、换新衣，放生牲畜。给庙堂神灵换上新的贡品，以全新的精神面貌迎接新年。给院墙涂抹白色涂料，寓意防止雨雪侵蚀冲刷，带来新的吉祥；炒熟青稞，磨制新鲜糌粑；宰杀牛羊，灌制血肠，将牛羊肉冬储风干；缝制新的藏袍衣饰。

“德卡”是新年每家必供的陈设，藏历十月三十日摆好，直至十一月十五日。旧时，将丰收果实供放在藏式柜子上面，表示庆贺丰收，祝福吉祥，并起供佛作用。其摆法是在柜子上正中放一个大盘子，盘内横竖码放近十层卡塞（油条）摞起的塔，盘边周围、塔上、塔身周围空隙处摆上干奶块、各种糖果、葡萄干、干桃子等，上面系一条哈达。“德卡”左右摆方块酥油、砖茶、盐巴块和红糖块；前方正中放一个瓷的羊头或面制羊头和3个瓷碗（分别装青稞酒、酥油茶、人参果与大米饭），两边各放一盒碧绿的麦苗。有的家庭会摆2处“德卡”。

二、牧民新年

牧民新年为藏历十二月初一，一般过三天。因为牧民住地分散，集中起来很困难，而且每天都要有人放牛羊，所以牧民新年要简单得多。几个人或几家人聚在一起，有肉同吃、有酒共饮，尽情地唱歌、跳舞。男人们还掷骰子，有时会玩通宵。大家在一起玩两三天，再各自回到牧场。

三、祭祀土地神节

藏历二月十日为祭祀土地神节。人们带着酥油、糌粑、青稞酒和哈达等贡品，到土地神像前烧香、叩头、献贡品，再挂上新的经幡和彩条。

这种信奉土地神的习惯可能来源于苯教，苯教主张万物有灵，崇拜自然的山、石等。在普兰，一块石头、一座土堆、一座小庙都成为土地神，甚至是一家人有一个土地神，有的是几家或者一个小自然村尊一个石头为其土地神。土地神多被染成暗红色，吉让苏孜组的土地神被染成白色。

四、“兑羌”节

“兑羌”（འདོད་ཆང་།）节是普兰县特有节日。17世纪末，甘丹才旺率兵打败拉达克军队后，为庆祝战争胜利，所有参战士兵庆祝7天，后延续至今。普兰民间因地域不同，时间不同，科迦村为7天，其他村为3天。

科迦村“普兑羌”（俗称“男人节”）为藏历二月十日至十六日。节日期间，男人们每天更换装束，达玛鼓师每天敲响皮鼓呼唤众人。村民聚集到科迦寺广场，妇女们身着盛装，给男人们敬献青稞酒、酥油茶，男人们喝酒看戏，谈天说地。节日期间，表演八大藏戏中的《智美更登》《卓瓦桑姆》《朗萨雯波》《白玛翁巴》《诺桑王子》。

五、春播节

春播节，藏语称“嘎达增巴”。藏历三四月，冰雪消融，大地复苏。土地上好底肥，在开犁下种之前村民们要举行一个仪式，一般由村干部主持，实际上是春播前的思想动员，村干部向大家传达上级的指示，要求大家鼓足干劲，保质保量地搞好春播。念经、敬地神，祈福禳灾，然后牵来几头耕牛，给牛身上挂红花，犄角上挂缨穗，属相合适的男女将头酒及切玛洒在牛身上，寓意春播一帆风顺，秋后丰收。仪式完成后，象征性下犁，村民们聚在一起载歌载舞。

六、祭山神

祭山神是平时主要的祭祀活动。作为一种原始信仰，这种活动已经延续数千年，基本内容却停留在原始阶段。每天早晚，要在屋顶的桑炉煨桑，祈求山神保佑家人吉祥平安。每月的初一、十五要到山头上的玛尼堆旁煨桑。

四五月是祭祀山神的主要时节，到山上插玛尼旗。煨桑的规模较大，堆一大堆祭禾，烟雾越大越好。村民们净手，朝火堆里撒青稞、糌粑，并请僧人念经。近期内家中有人去世或者到过死者家中的人不能参加祭山神活动，若有人犯规，祭祀活动必须重新进行。

七、望果节

在普兰叫“曲崩果”，是农区一年中较隆重的节日，一般在藏历四月底至五月中旬。这一天，全村男女聚集在寺庙前，僧人从寺里取出经书捧在手上，从寺里摘下几幅唐卡由身强力壮的小伙子举着。全村的人列队绕寺3周，然后吹吹打打漫游所有的庄稼地，每到一地，驱雹师都要挥舞五彩幡，表示此地已驱走了冰雹，此时众人念驱邪避难的咒语。转地的人在自家的地里采一束青稞回家，挂于自家的门框上或供在佛龛上，象征带回了青稞的灵魂，即收回粮食有了保证。转完庄稼地，选择有水有草的地方，摆上酒、肉、茶，慢慢地品味，唱歌跳舞。

八、燃灯节

藏历十月二十五日是燃灯节，藏语称“甘丹昂觉”，老百姓向寺庙献酥油，以供点灯之用。燃灯节这天，寺里要举行讲经、祈祷等活动，根据来人多少而定，人越多，规模越大，持续时间越长。添灯的人到寺院后，先是按顺时针方向转寺若干圈，继而将酥油供到佛前，然后参加寺里的活动。

九、其他节日、纪念日

普兰县过农历春节、元宵节、清明节、端午节、中秋节等传统节日，元旦、“三八”妇女节、“五一”劳动节、五四青年节、“六一”儿童节、“七一”建党节、“八一”建军节、“十一”国庆节等节日、纪念日。

2009年1月19日，西藏自治区九届人大二次会议通过决议，确定每年3月28日为西藏百万农奴解放纪念日。

第五节　禁　忌

一、生活禁忌

普兰藏族忌食奇蹄类畜禽、钩爪类动物，如骡、马、驴、狗、猫、旱獭、鹰、乌鸦，以及鱼类。

盛饭时饭勺不能向外倒。不能跨越亲人的衣服；亲人出远门，忌出门后立刻扫地。

在人际交往中，忌用手抚摸长辈肩、头。忌用裂缝碗给客人敬酒；忌在客人面前吵架、打孩子。第一次到人家做客，忌空手进门；不能坐在主人家的枕头被子上。无论何时何地何人，忌狂言妄语和诈骗。忌骂人揭短；忌吵架时骂对方长辈；忌呼死者姓名，要以其他方式改称。

女人无论成年与否均忌散发或剪发；孕妇禁忌遇到、观望吵架场面，不去大场合和寺庙，忌串门，孕妇忌碰到疲劳人畜，忌食乏人乏马带的食品；妇女生孩子忌门，若难产门口放一堆煨桑。

在牧区进帐篷时以男右女左的方式进入，以男左女右顺序就座。坐定后不能东倒西歪，腿不能伸向佛和老年人的方向。

严禁在井上、水沟或泉源附近大小便。不能故意打狗，更不能杀死身上缠着3种或5种不同颜色布条的放生牛羊。不能在冈仁波齐、玛旁雍错周围打猎。

藏族认为藏历的每一个地支终了、第二个地支开始是凶年，如每个人的13岁、25岁、37岁、49岁（依次类推）被称为厄年，要请僧人念经消灾祈福。

二、生产禁忌

忌在牛羊圈里大小便，忌外人清点牛羊头数和打牧羊狗。

三、宗教禁忌

忌不尊重僧侣和经典，忌用手抚摸经典、法器，更不许跨过；忌在寺院殿堂内饮酒、吸烟、高声喧哗。遇到寺院或山口玛尼堆，须下马从右绕行；忌在玛尼经杆晾晒衣物。忌踏踩、滥用印有字的书纸，尤其是印有经文的书纸。供佛的酥油灯上不能接火吸烟或点蜡烛，更不能吹灭酥油灯。佛像前必须保持清洁，不能用自己的器具去缸内取水。

第六节　方　言

普兰方言属汉藏语系藏缅语族藏语支藏语卫藏方言，有46个声母：p、ph、b、m、w、ts、tsh、dz、s、z、t、th、d、n、r、l、ɬ、tʂ、tʂh、dʐ、ʂ、ȶ、ȶh、ȡ、tɕ、tɕh、dʐ、ɕ、ȵ、c、ch、ɟ、j、k、kh、g、ŋ、h、nb、nd、nȡ、ndz、ndʐ、ndʑ、nɟ、ng；有75个韵母，单元音韵母13个：i、ĩ、y、e、ø、ɛ、ɛ̃、a、ã、ə、u、o、õ，其中鼻化元音韵母4个，复元音韵母9个：iɛ、ia、iu、ao、aõ、ua、uã、oa、ou，其中带鼻化元音2个，带辅音韵尾的韵母53个：iaŋ、ip、im、in、ir、il、ik、iŋ、iʔ、yn、yl、yʔ、ep、em、en、er、el、ek、eŋ、eʔ、øn、øʔ、ɛp、ɛm、ɛn、ɛr、ɛʔ、ap、am、an、ar、al、ak、aŋ、aʔ、əu、ən、ək、up、um、un、ur、ul、uk、uŋ、uʔ、op、om、or、ol、ok、oŋ、oʔ。在音系方面，有3种调型、4个调位，分别是平调（55）、升调（12、14）、降调（53）。

该语言有浊声母，这与前人研究成果差异较大，有待进一步核实。复辅音声母的前置鼻音n实际发为与基本辅音同部位的鼻音。齿龈颤音r与卷舌擦音ʐ不区别意义，可归为/r/音位。齿龈擦音s与a拼合时实际音值接近同部位送气擦音[sh]。鼻音n与ȵ发音时有带前置ʔ的情况，但不具有音位价值。实际发音中，元音大都有长短之别，但不区分意义，暂不处理为音位。具有区别意义作用的鼻化元音有4个，主要是由辅音韵尾n、ŋ脱落而来。有7个辅音韵尾，其中i、a、o、u4个元音可与全部辅音韵尾相拼合。

普兰方言分为农区话、牧区话两种方言，农区话指县城及普兰镇下辖6个村（居）所说的方言，因地理位置、生活方式比较接近，这几个地区的方言比较相似，统称为“普兰话”；牧区话指牧民说的方言，巴嘎、霍尔两乡的大部分人均说牧区话，巴嘎、霍尔两乡人民政府所在地因与其他地方的人接触较多，两地方言与纯牧区方言有一定的差别。

第十六篇　乡　镇

1999年，普兰县撤区并乡，设立普兰镇、巴嘎乡、霍尔乡。2000—2010年，普兰镇辖1个居委会（吉让居委会）、5个行政村（仁贡村、多油村、赤德村、西德村、科迦村），巴嘎乡辖2个行政村（岗莎村、雄巴村），霍尔乡辖2个行政村（帮仁村、贡珠村）。

普兰县实现一乡（镇）一品一特色的经济模式。

普兰镇以农业为主，农牧结合，依托207省道将边贸和旅游向广度和深度发展，培育龙头企业（糌粑、清油加工）和城郊畜牧业发展，做到规模和效益并重。

巴嘎乡以牧业为基础，依托219国道，抓好小城镇建设，大力发展旅游资源开发，拓宽家庭旅游服务，提高旅游运输的服务质量。

霍尔乡以牧业为基础，依托219国道，加快小城镇建设，培育成为小商品市场集散地，充分发挥玛旁雍错旅游资源优势，开发新的旅游景点，理顺各种关系，做大做强矿产开发，做到矿产合理开发与保护并重，使之成为富民强乡的拳头产业。引进和培育白绒山羊，调整畜群结构，提高畜产品的流通。

第一章　普兰镇

普兰镇地处普兰县南部，北接巴嘎乡，东连霍尔乡，南与印度、尼泊尔接壤。普兰镇是普兰县党政机关驻地，镇政府驻吉让居委会。位于那木热汁峰和纳木那尼峰之间的马甲藏布（孔雀河）流域，平均海拔3900米左右，最高点为纳木那尼峰，海拔7694米。属高山河谷气候，年平均气温3℃，最热月（7月）均温13.7℃，最冷月（1月）均温-8.2℃；年平均降水量147.1毫米，年平均蒸发量2361.9毫米；年日照时数3226小时，年日照率73%；年平均风速3.2米/秒。

第一节　行政区划与人口

1999年，普兰县撤区并乡，设立普兰镇，辖6个行政村（吉让村、科迦村、赤德村、西德村、仁贡村、多油村）。2000年，吉让村改为吉让居委会，普兰镇辖1个居委会（吉让居委会）、5个行政村（科迦村、赤德村、西德村、仁贡村、多油村）。2010年，普兰镇辖1个居委会、5个行政村，37个村民小组。

2000年，普兰镇常住人口1637人。2010年，全镇总人口933户、4777人。

2001—2010年普兰镇人口统计表

表16-1-1

年份	户数（户）	人数（人）					
		总人数	男性	女性	劳动力	五保户	新生儿
2001	843	4485	—	—	2539	15	51
2002	862	4449	2030	2419	2509	12	70
2003	868	4430	2038	2392	2407	9	69
2004	874	4660	2236	2424	2540	5	82
2005	875	4673	2222	2451	2384	5	76

续表16-1-1

年份	户数（户）	人数（人）					
		总人数	男性	女性	劳动力	五保户	新生儿
2006	877	4690	2232	2458	2726	5	32
2007	907	4521	2083	2438	2331	9	52
2008	911	4763	2286	2477	2745	9	59
2009	929	4773	2289	2484	2774	9	58
2010	933	4777	2288	2489	2654	14	44

第二节　经济发展

普兰镇半农半牧，以农业生产为主，以劳务输出和旅游服务为辅。

一、经济收入

2001年，普兰镇经济总收入5682244元，其中牧业收入2664123元，建筑业收入508044元，商饮业收入338992元，运输业收入166232元，副业收入1604226元，其他收入400627元。各项生产费用1523648元。生产总值415.86万元，农牧民人均纯收入1780元。

2003年，普兰镇第二产业收入88.69万元，第三产业收入337.05万元。乡镇企业产值200万元。组织劳务输出2006人次，创收252.8万元。生产总值1137.3万元，纯收入774.25万元，农牧民人均纯收入1981.2元。

2010年，普兰镇经济总收入21399503元，各项生产费用8131811元，生产总值1326.77万元，农牧民人均纯收入3120.34元。

2001—2010年普兰镇经济收入统计表

表16-1-2

年份	牧业收入（元）	建筑业收入（元）	商饮业收入（元）	运输业收入（元）	副业收入（元）	其他收入（元）	各项生产费用（元）	生产总值（万元）	人均纯收入（元）
2001	2664123	508044	338992	166232	1604226	400627	1523648	415.86	1780
2002	2896673	663544	426616	281873	1637925	345925	568160	709.22	1925

续表16-1-2

年份	牧业收入（元）	建筑业收入（元）	商饮业收入（元）	运输业收入（元）	副业收入（元）	其他收入（元）	各项生产费用（元）	生产总值（万元）	人均纯收入（元）
2003	2871646	91240	480828	336955	2075690	452474	2000553	1137.3	1981.2
2004	4223094	808811	1025919	469873	2175627	245117	5083207	829.37	2071
2005	5004911	670828	843328	939009	2702208	107792	5744625	937.28	2280.5
2006	1639938	1725867	709713	453975	23964	576268	4681494	763.82	1855.3
2007	2901534	548892	1006366	572203	2207415	857741	1683211	1145.47	2535.3
2008	3688212	3189165	574299	1932935	907239	568132	6088783	993.43	2367.5
2009	3169128	3369426	1343040	1829963	2059652	524551	6804950	1110.28	2627.88
2010	—	—	—	—	—	—	8131811	1326.77	3120.34

二、农牧业

普兰镇推广西德白青稞、吉让青稞、仁贡紫青稞等适应当地种植的优良农作物品种，扩大良种覆盖面；以改良土壤及合理施肥为主，改造低产田，使之成为旱涝保收的高产稳产田；推广蔬菜种植，增加蔬菜品种，扩大市场供应。农业逐步从传统农业向现代化农业迈进。2002年，耕地面积10535.3亩。2003年，农作物播种面积10207亩，总产量3063.4吨。2007年，在西德村、赤德村、科迦村等地推广西德白青稞、“藏青320号”、“喜马拉雅19号”、“藏油3号”。

2001年，县农牧局对普兰镇当地黄牛进行部分改良，引进西门塔尔和黑白花奶牛共110头，分配到普兰镇各村组。普兰镇牲畜存栏40334头（只、匹），幼畜繁殖9741头（只、匹），牲畜死亡1600头（只、匹），牲畜出栏8673头（只、匹）。

2003年，牲畜存栏36046头（只、匹），大牲畜9087头（只、匹），牲畜死亡2311头（只、匹），其中成畜死亡188头（只、匹）。山羊毛产量1.7吨，羊绒产量2.06吨，牛毛产量0.54吨，牛绒产量0.87吨，牛皮产量172张，羊皮产量6970张，羊羔皮产量6387张。

2008年7月，县农牧局联系自治区畜科所，从日喀则白朗县引进种公牛（西门塔尔牛）8头，分配到普兰镇各村组。

2010年，牲畜存栏33534头（只、匹），新增幼畜10586头（只、匹），牲畜死亡2707头（只、匹），牲畜出栏1.1万头（只、匹）。

2001—2010年普兰镇牧业统计表

表16-1-3　　单位：头（只、匹）

年份	牲畜存栏	新增幼畜	牲畜死亡	牲畜出栏
2001	40334	9741	1600	8673
2002	37810	9466	3810	10437
2003	36046	11113	2311	86654
2004	39536	10836	2362	16216
2005	33836	5773	3722	7898
2006	29189	538	710	6525
2007	31857	4884	646	7840
2008	34172	9695	1984	8766
2009	34369	9075	1735	9251
2010	33534	10586	2707	11000

三、工业、旅游业

2002—2003年，普兰县申报普兰镇白青稞和油菜籽加工生产项目，争取到国家投资35万元，2004年8月正式投产，2004年销售菜籽油4吨。

2001—2010年，普兰镇培训旅游从业人员89人次，接待游客77232人次。

第三节　基础设施建设

2001年，普兰县修建巴嘎至斜尔瓦公路沥青路面。2003年，建设章杰胜利大桥。2008年，修建赤德铁桥及县城周边道路。2009年，投入支援资金125万元，建成科迦水泥路。2010年，普兰县城至甲达勒线（环湖）公路工程开工建设，里程50.05千米，投资212.7万元。

2003年，普兰县建设赤德引水工程，总投资93万元，建设内容：挡水坝、冲砂闸、进水闸各1座及相关附属挡水防冲建筑物、引水渠、渠系交叉建筑物等。2008年4月20日，科迦水库开工建设，国家投资158万元，属微型水库，坝高1.9米、坝长210米，当年10月完工。科迦水库可灌溉耕地1208.9亩、草场231376.4亩、林地124亩。

2003年8月，斜尔瓦水电站开工建设，装机容量30千瓦，2005年6月完工。2004

年5月1日，多玛水电站（位于普兰镇仁贡村嘎东河下游）开工建设，装机容量2×55千瓦，投资413.6万元，10月完工。

2007年，普兰镇实施安居工程229户，其中改扩建175户，土木结构54户。2009年，实施安居工程20户，均为新建。

第四节　社会事业

一、教育科技

2001年，普兰镇有小学5所，适龄儿童入学率85%。2003年，普兰镇成立“两基”领导小组，小学有教职工11人，在校生225人。2005年，小学有教职工15人，在校生235人。2006年，小学在校生245人。2008年，在校生280人。2009年，小学在校生260人，适龄儿童入学率98%。2010年，适龄儿童入学率98.7%。

2003年，普兰镇建立和完善扫盲教学网络，设置15个扫盲教学点，发放扫盲教材1600余套，完善扫盲工作管理机制，脱盲618人。2010年，普兰镇各村开始国家通用语言扫盲工作。

2002年，普兰镇开展科技下乡活动，培训70余人次。2003年，坚持科技兴农、科技兴镇战略，举办实用技术培训班，6个村（居）45人参训。

二、文化

2001—2010年，普兰镇开展文化惠民宣传191次，文艺演出57场次。开展“讲文明、树新风”“三下乡”、西藏和平解放纪念活动。2008年，贯彻落实《公民道德建设实施纲要》，加强对镇村精神文明建设的指导，围绕建设社会主义新农村，开展“改陋习、树新风”活动和文明创建活动。2010年，坚持物质文明和精神文明相结合，促进普兰镇政治、经济、文化等各项社会事业健康发展。

2009年，赤德“仲”舞、科迦那木冬被列入西藏自治区第三批非物质文化遗产名录。2010年，普兰镇文化站建设项目实施。

2001年6月，科迦寺被国务院评为全国重点文物保护单位。2005年，为西德观音碑修建保护房。2006年，科迦寺维修保护工程正式立项实施。西德观音碑、那曲宗普遗址被列为县级文物保护单位，西德观音碑被列为自治区级文物保护单位。2007年，贤柏林寺被列为自治区级文物保护单位。2008年，由国家出资、自治区文物局负责，派出专业技术人员，对科迦寺屋顶上阿嘎土进行全面维修保护，5年保修期内持续进行保修工作。

2000年，普兰县开始实施“村村通”工程。2001年，在多油村、赤德村、科迦村架设广播电视收转站3座，3个村能够收听收看广播电视节目。2004年，广播电视混合覆盖率65%。

2009年，普兰镇电影站更新电影放映机，将电影胶片放映机更换为数字电影放映机，实现电影放映数字化。2010年，科迦村电影放映机更换。

三、卫生

2006年，普兰镇有卫生室3所，村医6人。

1999年，普兰县在普兰镇试点农村合作医疗制度。2001年，在巩固成果的基础上，普兰镇全面推行农村合作医疗制度，管理上实行镇办、县管、镇村一体化，资金由县卫生局专人负责，投入合作医疗资金12万元，县级财政落实合作医疗配套资金每人2元，以“量力而行、以等定支、合理报销”的办法开展工作。至2010年年底，全镇有4383人参加合作医疗。

第二章　巴嘎乡

巴嘎乡地处普兰县西北部，东与霍尔乡相接，北与革吉县接壤，西与噶尔县、札达县毗邻，南与普兰镇相连，西南与印度接壤。乡政府驻塔尔钦，距县城105千米，距阿里地区行署所在地狮泉河镇314千米。巴嘎乡位于冈底斯山脉与喜马拉雅山脉之间的高原峡谷地区，地势南北高中间低，平均海拔4700米，最高点为冈仁波齐峰，海拔6656米。属高原亚寒带季风半干旱气候，年平均气温4℃左右，最热月平均气温20℃左右，最冷月平均气温-24℃左右；年平均降水量不足70毫米，年蒸发量2430毫米；年平均风速3.9米/秒；无霜期120天。巴嘎乡是典型的纯牧业乡。

第一节　行政区划与人口

1999年9月10日，普兰县撤区并乡，设立巴嘎乡，辖岗莎、雄巴2个行政村。2002年，巴嘎乡人民政府从巴嘎迁至塔尔钦。2010年，巴嘎乡辖岗莎、雄巴2个行政村，7个村民小组。

2000年，第五次全国人口普查时，巴嘎乡常住人口1208人。2010年，全乡总人口335户、1402人。

2001—2010年巴嘎乡人口统计表

表16-2-1

年份	户数（户）	人数（人）					
		总人数	男性	女性	劳动力	五保户	新生儿
2001	275	1132	550	582	680	5	14
2002	264	1208	593	615	842	5	16
2003	272	1229	676	553	846	4	21

续表16-2-1

年份	户数（户）	人数（人）					
		总人数	男性	女性	劳动力	五保户	新生儿
2004	283	1247	687	560	852	4	16
2005	289	1268	698	570	864	4	15
2006	297	1292	711	581	868	4	15
2007	355	1310	644	666	654	4	16
2008	317	1337	735	602	887	3	21
2009	325	1364	748	616	894	4	26
2010	335	1402	766	636	917	5	30

第二节　经济发展

巴嘎乡是典型的纯牧业乡，以牧业生产为主，劳务输出和旅游服务为辅。盛产羊毛、羊绒、牛毛、皮张、牛羊肉、奶制品等。

一、经济收入

2001—2010年，巴嘎乡生产总值、牧业收入、人均纯收入总体呈上升趋势。2001年，巴嘎乡生产总值394.94万元，牧业收入235.13万元，人均纯收入2400元。2010年，生产总值893.05万元，牧业收入447.79万元，岗莎村砂石料厂收入158万元。人均纯收入4700元。

2001—2010年巴嘎乡经济收入统计表

表16-2-2

年份	生产总值（万元）	牧业收入（万元）	人均纯收入（元）
2001	394.94	235.13	2400
2002	413.51	242.56	2300
2003	573.11	396.2	3200
2004	618.38	426.82	3400

续表16-2-2

年份	生产总值（万元）	牧业收入（万元）	人均纯收入（元）
2005	645.62	432.2	3400
2006	657.72	437.2	3400
2007	671.29	442.01	3500
2008	657.81	444.93	3300
2009	807.88	446.12	4300
2010	893.05	447.79	4700

二、农牧业

2001年，巴嘎乡耕地面积98.4亩。

巴嘎乡坚持“立草为牧、草业先行、以草定畜”的原则，落实人工种草项目，将饲草种植纳入种植业中，提高种草质量，改变牲畜缺草状况，提高抵御自然灾害能力。实施夏秋草场承包到户和退牧还草工程，实现草场资本经营、有偿转让和草畜平衡。实施牧业示范工程，优化畜群结构及种群结构，加大出栏率，增加农牧民收入。2001年，牲畜存栏25946头（只、匹），幼畜繁殖8250头（只、匹），牲畜死亡1060头（只、匹），牲畜出栏1700头（只、匹）。2010年，牲畜存栏48896头（只、匹），幼畜繁殖14047头（只、匹），牲畜死亡1743头（只、匹），牲畜出栏13240头（只、匹）。雄巴村短期育肥收入13万元。

2001—2010年巴嘎乡牧业统计表

表16-2-3　　单位：头（只、匹）

年份	牲畜存栏	幼畜新增	牲畜死亡	牲畜出栏
2001	25946	8250	1060	1700
2002	58446	9145	3624	1760
2003	75430	14312	1012	1893
2004	57802	18350	1850	14520
2005	56850	21021	6252	18252
2006	42530	18562	1245	12352
2007	46329	14997	5041	13911
2008	52652	18227	6525	12635

续表16-2-3

年份	牲畜存栏	幼畜新增	牲畜死亡	牲畜出栏
2009	41688	13771	1326	13698
2010	48896	14047	1743	13240

三、旅游业

2001—2010年，巴嘎乡发展旅游服务业及相关第三产业，引导农牧民按照市场需求提供适销对路的产品，以旅游业带动经济发展。巴嘎乡旅游业以冈仁波齐转山游、玛旁雍错旅游和塔尔钦佛事活动为开发重点，动员群众以冈仁波齐、玛旁雍错为依托，在周边开设帐篷旅游接待处、牧家乐。2007年年初，浙江商人投资320万元，在塔尔钦修建圣地宾馆，2008年正式投入使用。2010年5月1日，在塔尔钦开工建设旅游接待集散中心。

2001年，岗莎村旅游服务收入65万元。2002年，岗莎村旅游服务收入92万元。

1996年，岗莎村根据实际情况，结合当地特色及发展状况，成立岗莎牦牛运输队，为村民自发组织的集体经济组织。岗莎村牦牛运输队制定各项规章制度，并组织成员在塔尔钦小学进行英语、国家通用语言、旅游服务等培训，提高服务质量。2002年，牦牛运输队创收51万元。之后，村委会贷款88万元，成立牦牛运输公司，主要为转山游客提供运输服务。至2010年，牦牛运输公司创收287.9万元。

2010年，雄巴村宾馆收入12万元，温泉洗浴中心收入19万元。

四、劳务输出

2001年，巴嘎乡农牧民劳务输出收入145万元。2010年，农牧民劳务输出收入168万元。

2001—2010年巴嘎乡劳务输出收入统计表

表16-2-4　　单位：万元

年份	劳务输出收入	年份	劳务输出收入
2001	145	2006	161
2002	148	2007	162
2003	150	2008	165
2004	155	2009	167
2005	158	2010	168

第三节　基础设施建设

国道219线东西贯通巴嘎乡全境；省道207线连接老巴嘎与普兰县城，向南可通达印度、尼泊尔，交通较为便利。2001年，普兰县修建巴嘎至斜尔瓦公路沥青路面，修通巴嘎至札达的公路。2010年，国道219线、巴嘎至斜尔瓦（108千米）通油路。建设巴嘎至郭隆公路工程，里程23.1千米，投资54.3万元。为改善乡村交通网络，新修涵洞3处，维修乡村公路23千米。

2005年，普兰县启动乡邮工作，巴嘎乡邮网点建成并投入运行，结束了以往捎带到乡的投递模式。2010年，巴嘎乡通信覆盖率在90%以上。

2002年，巴嘎乡光伏电站建成。

巴嘎乡全面推进新农村建设，改善人居环境，2个村新建村民广场及配套设施。2003年，实施牧民定居工程16户。2007年，实施安居工程30户（均为土木结构）。2009年，实施安居工程60户，均为新建。

第四节　社会事业

一、教育

巴嘎乡巩固和扩大"两基"攻坚成果，提高办学水平和教学质量，加大招生和管理力度，确保适龄儿童入学率。

巴嘎乡小学始建于1966年，2001年，学校设7个班，在职教师9人，在校生218人。2002年，巴嘎乡人民政府从巴嘎迁至塔尔钦，新建巴嘎乡塔尔钦苹果小学。2005年9月，巴嘎乡小学从巴嘎迁至塔尔钦，更名为巴嘎乡塔尔钦苹果小学。学校占地面积1.8万平方米，建筑面积1429平方米。在职教师9人（专任教师5人，代课教师4人），在校生222人。小学入学率、升学率分别为92.3%、98.8%。2006年10月，学校设有6个年级，每个年级1个班，有教职工12人，有学生221人（来自巴嘎乡、霍尔乡），师生全部住校。2010年，学校有计算机17台，藏书5446册。设6个教学班，在职教师12人（学历全部合格），在校生184人，升学率100%。

2010年，巴嘎乡率先开始青壮年扫盲试点工作。

二、文化

2001—2010年，巴嘎乡开展"讲文明、树新风""三下乡"活动，普及文化知识。各村民小组每年开展赛马等活动。

2000年，普兰县开始实施"村村通"工程。2010年，实施"电视进万家"工程，发放电视机、电视接收机，巴嘎乡广播电视覆盖率100%。

推进“2131”工程，到牧业点播放电影，2009年，巴嘎乡电影站更新电影放映机，将电影胶片放映机更换为数字电影放映机，实现电影放映数字化。

巴嘎乡有6座寺庙。2010年，投入53万元（乡政府争取15万元，寺庙自筹38万元），对3座寺庙进行维修，确保寺庙僧人和重要文物的安全。

三、卫生

巴嘎乡完善卫生体系，实施农牧区医疗改革，落实农牧区合作医疗制度，逐步建立完善医疗救助体系，医疗服务水平明显提高。

2000年，全乡有医护人员1人，乡村医生2人。2002年，有医务人员2人，村医2人。2005年，巴嘎乡卫生所进行改扩建，升格为卫生院，配备价值10万元的医疗设备。2006年，巴嘎乡村医增至4人。2010年，选派医护人员2人到拉萨进行业务培训。医护人员下乡开展医疗服务，儿童免疫接种率99%。加大对食品、药品的监督检查力度，乡政府联合县工商局、县卫生局对辖区内的所有食品、药品销售点进行4次大规模的排查，确保食品、药品质量。

2002年，巴嘎乡开始推广农村合作医疗。

四、社会保障

巴嘎乡逐步建立健全和完善覆盖农牧区的社会保障体系，多次派工作组到各村组，宣传“新农保”和人畜保险的相关政策，落实农村各项优惠政策。

五、环境保护

巴嘎乡加强生态环境建设，重视冈仁波齐、玛旁雍错景区的生态环境建设。2010年，组织农牧民群众12人对全乡13.3万亩公益林进行维护；成立塔尔钦环卫队，招收工作人员5人，负责塔尔钦辖区的环境卫生治理，并争取项目资金为塔尔钦辖区添置垃圾箱和垃圾车。组织人员对塔尔钦的环境卫生进行3次大规模的清理和打扫；组织群众对老巴嘎、吉吾和转山路上的环境卫生进行清理。

第三章　霍尔乡

霍尔乡位于普兰县东部，东与日喀则地区仲巴县相邻，北与革吉县相接，西与巴嘎乡相邻，南与尼泊尔接壤。乡政府驻帮仁村，海拔4620米，距县城100千米，距自治区首府拉萨市1200千米。霍尔乡位于冈底斯山脉与喜马拉雅山脉之间的高原峡谷地区，地势南北高中间低，平均海拔4595米。属高原亚寒带季风半干旱气候。为典型的纯牧业乡。有玛旁雍错、公珠错、雅鲁藏布江源头等景观。

第一节　行政区划与人口

1999年，普兰县撤区并乡，设立霍尔乡，辖贡珠、帮仁2个行政村，尼玛边卓、大达热、小达热、加达、巴热等8个作业组。2010年，霍尔乡辖贡珠、帮仁2个行政村，8个村民小组。

2000年，霍尔乡总人口1685人。2010年，全乡总人口391户、1783人。

2001—2010年霍尔乡人口统计表

表16-3-1

年份	户数（户）	人数（人）					
		总人数	男性	女性	劳动力	五保户	新生儿
2001	328	1633	801	832	807	5	15
2002	331	1637	804	833	795	5	19
2003	331	1670	850	820	1404	7	41
2004	336	1682	848	834	1284	2	22
2005	335	1685	841	844	872	2	18
2006	355	1693	829	864	1056	2	10
2007	355	1709	838	871	4064	2	16

续表16-3-1

年份	户数（户）	人数（人）					
		总人数	男性	女性	劳动力	五保户	新生儿
2008	355	1727	885	842	763	3	31
2009	364	1760	907	853	666	7	41
2010	391	1783	914	869	843	7	41

第二节　经济发展

霍尔乡是典型的纯牧业乡，以牧业生产为主，劳务输出和旅游服务为辅。盛产羊毛、羊绒、牛毛绒、皮张、牛羊肉、牛羊奶等。

一、经济收入

2001年，霍尔乡生产总值307.46万元，人均纯收入1995.63元。

2003年，经济总收入545.82万元，其中牧业收入470.8万元，第二产业收入13.95万元，第三产业收入61.07万元。生产费用191.04万元，纯收入354.78万元，人均纯收入2317.31元。

2010年，经济总收入10726092元，其中牧业收入8947935元，林业收入77762元，建筑业收入39934元，商饮业收入180045元，运输业收入583245元，副业收入272171元，其他收入62.5万元。各项生产费用3754132元。生产总值697.2万元，人均纯收入4384元。

2001—2010年霍尔乡经济收入统计表

表16-3-2

年份	牧业收入（万元）	建筑业收入（万元）	商饮业收入（万元）	运输业收入（万元）	副业收入（万元）	其他收入（万元）	各项生产费用（万元）	生产总值（万元）	人均纯收入（元）
2001	403.13	0	7.56	3	6.38	3.25	120.79	307.46	1995.63
2002	464.35	0.09	7.80	3.4	7.02	6.74	146.82	342.58	2092.72
2003	470.8	10.39	8.12	4.88	8.72	5.46	191.04	357.53	2317.31
2004	526.92	57.92	8.24	6.6	12.16	11.07	218.01	404.88	2585.45

续表16-3-2

年份	牧业收入（万元）	建筑业收入（万元）	商饮业收入（万元）	运输业收入（万元）	副业收入（万元）	其他收入（万元）	各项生产费用（万元）	生产总值（万元）	人均纯收入（元）
2005	680.77	2.69	22.50	17.6	27.06	1.20	229.01	425.31	2913
2006	376.20	19.24	37.37	31.88	21.32	2.67	171.04	317.65	2192
2007	498.78	18.56	44.35	40.19	33.71	20.36	215.95	421.68	2642
2008	566.93	18.30	50.28	12.88	43.95	32.52	253.70	471.16	2728
2009	568.66	5.63	32.47	240.7	25.16	16.48	311.18	577.91	3842
2010	894.79	3.99	18	58.32	27.22	62.5	375.41	697.2	4384

二、农牧业

2001年，建设霍尔乡白绒山羊基地，从日土县引进“克什米尔”白绒山羊。霍尔乡牲畜存栏91925头（只、匹），新增幼畜20568头（只、匹），牲畜死亡5003头（只、匹），牲畜出栏19863头（只、匹）。

2003年，霍尔乡农作物总产量40吨，野生作物采集40千克。牲畜存栏75430头（只、匹），其中大牲畜7430头（只、匹）；成畜死亡144头（只、匹）。出售牦牛381头、羊14809只；山羊毛产量1.24吨，羊绒产量2.5吨，牛毛产量3.91吨，牛绒产量4.16吨，牛皮产量522张，羊皮产量3104张，羊羔皮产量915张。

2009年，霍尔乡农牧业总产值1092.9万元。

2010年，牲畜存栏62666头（只、匹），新增幼畜24907头（只、匹），牲畜死亡5140头（只、匹），牲畜出栏20168头（只、匹）。

2001—2010年霍尔乡牧业统计表（一）

表16-3-3 单位：头（只、匹）

年份	牲畜存栏	幼畜新增	牲畜死亡	牲畜出栏
2001	91925	20568	5003	19863
2002	89451	19147	4746	20357
2003	75430	18614	3694	22410
2004	75430	28350	2451	21447
2005	79239	32182	9196	23134
2006	59602	28506	2585	16499

续表16-3-3

年份	牲畜存栏	幼畜新增	牲畜死亡	牲畜出栏
2007	60549	29500	2761	19529
2008	63224	24227	9013	17235
2009	63023	24713	2353	21097
2010	62666	24907	5140	20168

2001—2010年霍尔乡牧业统计表（二）

表16-3-4

年份	出售牦牛（头）	出售羊（只）	羊毛产量（吨）	羊绒产量（吨）	牛毛产量（吨）	牛皮产量（张）	羊皮产量（张）	羊羔皮产量（张）
2001	456	13284	0.56	2.80	4.78	501	3562	875
2002	533	15664	0.88	1.96	5.11	585	3945	605
2003	381	14809	1.24	2.5	3.91	522	3104	915
2004	452	17230	2.36	3.13	3.98	536	4328	1089
2005	306	11542	0.82	1.57	2.65	395	2078	800
2006	485	17724	1.33	1.91	5.28	517	4501	587
2007	896	21336	2.45	0.80	6.33	927	4832	1120
2008	1005	25603	1.98	2.33	6.17	1105	5184	658
2009	1187	24312	2.00	2.67	5.36	1247	4933	733
2010	1556	19885	2.57	2.28	7.05	1652	3872	750

第三节　基础设施建设

2009年，普兰县对玛旁雍错环湖公路进行改扩建。2010年，巴嘎至马攸木137千米的柏油路建成，国家投资9.9亿元。

2005年，普兰县启动乡邮工作，霍尔乡邮网点建成并投入运行，结束了以往捎带到乡的投递模式。2010年，霍尔乡移动通信网络覆盖率在50%以上。

2003年，霍尔乡实施牧民定居工程5户。2007年，实施安居工程100户，其中土木结构80户，砖木结构20户。2009年，实施安居工程80户，均为新建。

2002年，霍尔乡光伏电站建成。

第四节　社会事业

一、教育

霍尔乡有小学1所（霍尔乡中心小学）。霍尔乡中心小学始建于1965年，是一所全日制寄宿学校。2001年，在职教师4人（专任教师3人，代课教师1人），在校生120人，升学率100%。2005年，学校建筑面积491平方米，在职教师6人（专任教师5人，代课教师1人），在校生131人，小学适龄儿童入学率100%，升学率100%。2010年，学校建筑面积786平方米，生活用房面积430平方米，有计算机2台，藏书1530册，在职教师15人（专任教师14人，代课教师1人），在校生184人（女生88人），升学率100%。

2003年，霍尔乡组织2次青壮年扫盲班，青壮年脱盲160人。

二、文化

2000年，普兰县开始实施“村村通”工程。2010年，霍尔乡电视覆盖率在80%以上。

2010年，霍尔乡更换电影放映机。

三、卫生

2000年，霍尔乡有卫生所1所，医护人员2人，乡村医生2人。2001年，霍尔乡卫生所有床位8张。2003年，全乡儿童预防接种覆盖率100%。2005年，对霍尔乡卫生所进行改扩建，升格为卫生院，配备价值10万元的医疗设备。2006年，霍尔乡有医务人员2人，村医3人。

2002年，霍尔乡开始推广农村合作医疗。至2010年年底，全乡有1706人参加合作医疗。

人物

一、传

塔给多吉（1959.10—2004.7） 藏族，西藏普兰县人，中共党员，全国模范法官。1977年1月参加工作，历任阿里地区公安处预审科干事，革吉县公安局副局长，革吉县人民法院副院长。1982年6月加入中国共产党。1997年10月，调任措勤县人民法院院长。他一手抓审判工作和队伍建设，一手抓装备建设，全院一半以上的人员取得大专学历，多数干警掌握计算机操作技能；争取资金建成审判综合楼，办公和生活条件得到极大改善。他带领法院干警坚持公正司法，秉公办案，主持审理案件280余起，未出现一起冤假错案。措勤县人民法院从各方面条件都不太具备的后进法院变成阿里地区先进法院。他积极引导当地群众解放思想，更新观念，并多方筹资为当地村委会修建招待所和茶馆，发展集体经济，增加群众收入，使22户帮扶对象脱贫致富。他在妻子没有工作且多病、要养育两个孩子、家庭并不宽裕的情况下，省吃俭用，先后拿出3万余元，为联系户、贫困户等捐款捐物。塔给多吉长期在阿里地区基层工作，积劳成疾，2004年7月1日，在措勤县主持“七一”活动时突发心肌梗死。

塔给多吉先后被评为西藏自治区法院系统“人民满意的好法官”（1999年），西藏自治区法院系统先进工作者（2000年、2002年），西藏自治区人民司法调解工作先进个人，阿里地区民族团结先进个人，阿里地区公安处、措勤县优秀共产党员，连续4年被评为优秀公务员，荣立个人三等功1次。他所在的措勤县人民法院被评为“全区法院系统优秀法院”（1998年）、“全区人民满意的好法院”，连续6年被措勤县委、县政府评为“先进集体”。

2005年7月，中共阿里地区委员会授予塔给多吉“人民满意的好法官”“优秀共产党员”。同年9月22日，最高人民法院追授其为“全国模范法官”。同年12月13日，中共西藏自治区委员会作出《关于开展向塔给多吉同志学习活动的决定》。西藏自治区党委宣传部组成“全国模范法官”塔给多吉先进事迹报告团，在西藏各地巡回宣讲。

白玛桑姆（1958.8—2007.2） 女，藏族，西藏普兰县人，中共党员。1975年11月，白玛桑姆被阿里地区文化队选中，成为歌唱演员。1977年，在西藏自治区声器乐比赛中获二等奖。1983年，阿里地区文工团（阿里地区文化队更名）选派其到中央音乐学院声乐系深造。1985年，白玛桑姆在全国少数民族专业声乐比赛中获银雀奖。2001年，代表中国西藏出访南斯拉夫、罗马尼亚、斯洛伐克、斯洛文尼亚等东欧四国，进行文化交流演出。2007年，在春节和藏历新年来临之际，阿里地委决定选派文化、科技、卫生、法律工作组到日土县甲岗开展“四下乡”活动，阿里地区象雄艺术团演员白玛桑姆主动承担演出任务，2月10日，在慰问演出中演唱《多彩的哈达》时突发脑溢血去世。

白玛桑姆独立创作《酥油灯》《好政策》《家乡美如天堂》等声乐作品，改编《三朵花》《札达箭歌》等歌曲。

陈康林（1967.3—2007.9） 四川大邑县人，大专学历，中共党员。1984年，陈康林积极响应党的号召，到阿里参加工作，历任革吉县亚热区供销社办事员、革吉县民政局办事员、革吉县贸易公司会计、革吉县民政局科员、革吉县工青妇办公室副主任、革吉县交通局局长、革吉县开发公司总经理。

2006年7月，任普兰县人民政府副县长。由于长期在高海拔缺氧地区工作，陈康林患有高血压、痛风、胃病等，一直带病坚持工作。2007年9月15日，在219国道普兰段放线一天回到县城后，顾不上休息立即与有关人员就219国道建设有关事项进行座谈，由于疲劳过度，在回家途中不慎摔伤，造成颅内出血，9月17日在送往拉萨医治途中去世。

二、简介

康尼·巴桑　1940年生，藏族，西藏普兰县人，爱国人士。康尼·巴桑出生于赤德一个地位较高的家庭。康尼·巴桑充分发挥家庭、身份的影响，广泛宣传共产党的政策，教育和引导当地群众不信谣、不传谣，密切联系进藏部队，主动担当人民解放军和普兰百姓之间沟通联系的通讯员和联络官。1955年，康尼·巴桑加入“青年联谊支会”，系统学习党的理论和各项方针政策。在民主改革前夕，他积极向群众宣传党的政策、化解群众思想顾虑，坚决反对武装叛乱，为推进民主改革营造良好环境。1961—1963年，他冒着生命危险，先后4次徒步翻山到尼泊尔，用亲身经历开展外逃人员的教育和争取工作。在康尼·巴桑的努力下，外逃人员250余人回到家乡。1984年10月参加工作，历任普兰县政协副主席、县人民政府副县长。

1995年8月至1998年9月，康尼·巴桑任政协阿里地区第五届委员会副主席。之后历任政协阿里地区第六届、七届、八届委员会副主席，第九届、十届、十一届全国政协委员。康尼·巴桑1998年当选全国政协委员后，坚决贯彻执行党的民族、宗教政策，充分利用各种活动载体，经常到寺庙、乡村和基层群众中间，广泛开展调研，认真调查阿里经济社会发展遇到的困难和问题，积极反映社情民意，充分利用参加全国和自治区“两会”的有利时机，向全国政协提交《关于尽快修通219国道黑色路面的提案》《关于建设昆莎机场的提案》《关于建立草原生态补偿奖励机制的建议》《关于建设狮泉河电站的提案》《关于西藏边境地区农牧民子女高等教育阶段国家实行资助》《关于解决阿里地区狮泉河镇及七县县城集中供暖》等20余件提案和调研报告，向自治区政协提交60余件提案，促成了部分重大建设项目实施。

拉卓桑姆　1946年1月生，女，藏族，西藏普兰县人，中共党员。1962—1981年，拉卓桑姆任普兰县兴巴区吉让乡苏孜村村长。1975年加入中国共产党。1981—1999年，任兴巴区吉让乡妇联主任。1999—2002年，任普兰镇吉让居委会妇联主任。1962—2009年，为普兰县人大代表。

1998年9月，拉卓桑姆获得西藏自治区“双学双比”女能手称号，2001年4月被评为西藏自治区劳动模范。

索南旺杰　1952年生，藏族，西藏堆龙德庆县人，中共党员。1965—1969年，在西藏民族学院学习。1969年入伍。1975—1987年，在普兰县工作，任县政府办公室副主任。1980年加入中国共产党。1987—1997年，历任措勤县副县长、措勤县纪委书记。

1997—2000年，索南旺杰任普兰县委副书记、县人民政府常务副县长。2000年12月至2010年，任普兰县委常委、县政协主席（第四届、五届、六届）。

贡　布　1957年12月生，藏族，西藏普兰县人，中央党校硕士研究生学历，中共党员。贡布毕业于西藏农牧学院畜牧兽医专业。1978年7月至1986年6月，在阿里地区中学工作，先后任政治、地理、历史教研室主任，后任党组书记、校长。1982年7月，加入中国共产党。1986年6月至1989年3月，任阿里地委党校副校长。1989年3月至1992年12月，任措勤县委副书记、政法委书记，是当时县级班子中最年轻的干部。由于县委书记到中央党校学习3年，贡布主持县委工作2年。他下乡多，了解乡情民情，当地有一种紫绒山羊，所产羊绒极为珍贵，与日土的白绒山羊齐名。他紧紧抓住这一点，狠抓羊绒的生产销售，上档次，上价格，增加群众收入。措勤县国民生产总值取得较大幅度增长。

1992年12月至1993年9月，贡布任日土县委代书记。1993年9月至1998年6月，任噶尔县委书记，1993年9月至1996年10月兼县政协主席。噶尔县大力实施城镇基础建设和农牧区草场围栏、水利等基本建设，大力引进良种，加大良种绒山羊养殖，扩大温室大棚蔬菜种植，个体私营经济快速发展，多种经济全面发展。噶尔县财政收入从30万元增加到400万元。1995年，贡布被阿里地委推荐上报“全国百名优秀县委书记”。1997年冬至1998年春夏的特大雪灾，噶尔县是重灾区，门士乡灾情最为严重，大批牲畜死亡，群众的粮食、燃料消耗殆尽，自救能力差。由于道路交通被大雪阻断，贡布带领大家连夜打通道路，及时将救灾物资送到灾民手中。

1998年6月至2002年7月，贡布任阿里地委组织部常务副部长。2002年7月至2003年8月，任阿里地区公安处党委书记。2003年8月至2010年12月，任阿里地委委员、宣传部部长。

索南顿珠　1957年12月生，藏族，西藏江孜县人。1971年11月至1975年5月，在西藏自治区师范学校学习。1975年5月至1977年8月，在西藏自治区师范学院数理系学习。1977年8月至1985年10月，在阿里地区中学任教。1985年10月至1987年6月任阿里地区中学副校长，1987年6月至1990年9月任阿里地区中学校长。1990年9月至1993年8月，任阿里地区教体委副主任，兼阿里地区中学书记。1993年8月至2000年11月，任噶尔县委副书记。

2000年11月至2010年12月，索南顿珠任普兰县委副书记、县人大常委会主任。其间，2000年9月至2001年1月，在中央党校进修部进修三班（第一期县市委书记班）学习；2004年3月至2005年1月，在中央党校培训部一年制西藏民族干部培训班第三十一期学习。

贾央次仁　1959年8月生，藏族，西藏普兰县人，大专学历。1978年8月参加工作，在普兰县中学任教。1984年4月，进入阿里地区象雄艺术团，后任副团长、团长。2004年聘为二级编剧，2010年聘为一级编剧。

贾央次仁先后创作折嘎《三代折嘎》，扎捻说唱《阿久索南扎巴》，相声《人与人的关心》，话剧小品《裁缝》《官迷与财迷》《穷加懒》《如此巧合》《家庭风波》，相声小品《百姓有钱》，曲艺小品《扎西康桑》《酒后吐真言》《骑飞机》，快板《农村“五新”曲》。2007年，话剧小品《如此巧合》获得西藏自治区委员会宣传部颁发的精神文明建设“五个一”工程作品奖。

杰阿次仁　1962年生，藏族，西藏普兰县人，中共党员。1985年5月至1989年9月任普兰县吉让乡马吾村副村长，1989年9月至1992年6月任马吾村村长。1992年6月至1994年6月，任吉让乡乡长。1994年6月至1999年6月，任吉让乡党支部书记。1995年，杰阿次仁作为阿里地区唯一的群众党员代表参加中国共产党西藏自治区第五次代表大会，提出“阿里地区道路交通不发达问题直接影响着经济和社会各方面的发展，地方的发展离不开交通体系的建设”等提案。

1999年6月至2002年9月，杰阿次仁任普兰镇吉让居委会党支部书记。2002年9月至2010年12月，任吉让居委会党支部书记、居委会副主任。在杰阿次仁的带领下，吉让居委会经济建设、社会治安、子女教育、党建等方面有了显著的提高。2006年，杰阿次仁到阿里地区解决水泥预制加工设施设备缺乏问题，为吉让居委会解决1台搅拌机、4辆推车和其他配套设施，预制场当年净收入13万元。2008年秋，普兰镇遭受严重的雨水灾害，很多房屋被雨水冲毁，农田水利设施遭到严重的破坏，杰阿次仁带领群众维修水渠和被水冲毁的道路，努力将灾害损失降到最低。杰阿次仁被自治区民政厅评为“抗雪救灾先进个人”。

杰阿次仁多次获得自治区级、地区级、县级优秀共产党员、优秀党务工作者等称号。

洛桑山丹　1964年4月生，藏族，青海化隆县人，无党派爱国人士。历任政协第十二届、十三届全国委员会委员，政协第六、七、八、九、十、十一届西藏自治区委员会委员，阿里地区佛协会长、秘书长，地区政协副秘书长、副主席等职务。

1977年，洛桑山丹中学毕业。1978年到西藏出家。

1983年，洛桑山丹个人捐资8.6万元，组织当地群众在玛旁雍错东侧扎曲河上修建1座简易钢架桥，修通简易公路。1984年，他多方筹集资金，对楚果寺进行维修，修建经堂、藏经阁、仓库和僧舍等30余间，总面积3330.6平方米。赡养寺庙周边生活困难的孤寡老人13人，承担其生活、医疗、丧葬等全部费用。1992年，洛桑山丹获得“阿里地区优秀寺庙管理人员”称号。

1993年，洛桑山丹在一场重大车祸中幸免于难，之后还俗。洛桑山丹获1994年度阿里地区优秀寺管人员。1997年，担任阿里岗仁波齐矿泉水前期开发工作负责人，聘请专家在冈仁波齐、玛旁雍错周围1200平方千米范围内进行天然饮用矿泉水的考察、勘察、水源水质检测等工作。在建厂、安装、调试等准备工作就绪，公司正常运转之后无偿移交当地政府管理。1999年，他通过民间渠道，从国外收回贤柏林寺流失到外国的文物157件（经区文物局专家鉴定，国家一级、二级文物10件以上），移交普兰县人民政府。洛桑山丹获1999年度阿里地区文物保护先进个人。2002年，牵头组建普兰县玛旁雍错旅行社。

2008年5月，洛桑山丹当选为政协阿里地区第八届委员会副秘书长。2009年11月至2010年12月，任政协阿里地区第八届委员会副主席。从分管民族宗教文化文史提案委员会以来，组织力量，积极开展文史工作，先后编纂《阿里寺庙志》《阿里四大河流域婚俗民歌》等13本书籍。

洛桑山丹先后获2008年西藏自治区首届见义勇为道德模范，2008年全区民族团结进步先进个人，2008年度全区社会治安综合治理先进工作者，2009年西藏自治区先进工作者，2009年全国民族团结进步模范个人等称号。2010年，洛桑山丹被评为庆祝西藏和平解放60周年“60位感动西藏人物”。他先后被中央电视台《实话实说》《东方时空》《焦点访谈》等栏目和多家媒体报道。

杨　林　1964年7月生，陕西韩城市人，省委党校研究生学历，中共党员。1980年9月至1983年1月，在陕西气象学校气象专业学习。1983年1月参加工作，1983年1月至1988年9月，历任陕西省渭南地区气象局干部、陕西蒲城气象站副站长，1987年9月加入中国共产党。1988年9月至1991年3月，任渭南地区环保监测站干部。1991年3月至2002年12月，历任渭南市委组织部办公室副主任、主任，副县级组织员。2002年12月至2007年6月，任陕西省白水县委副书记。

2007年7月至2010年6月，杨林任西藏普兰县委书记（援藏）。

郑小东　1965年2月生，湖北十堰人，在职研究生学历，中共党员，高级讲师。1981年9月至1985年7月，在汉中师范学院中文系学习。1985年7月任安康农业学校教师，1987年9月至1992年10月任安康农业学校团委书记，1992年10月至1999年10月任安康农业学校学生科科长，1999年10月升任安康农业学校副校长。2002年12月至2006年5月，任汉阴县副县长。2006年9月至2007年5月，任安康市政府副秘书长（正县级）。

2004年7月至2007年6月，郑小东任普兰县委书记（援藏）。2005年9月至2007年12月，在陕西工商管理硕士学院工商管理专业学习。

土登次仁 藏族，西藏那曲人。1983年9月至1992年11月，任札达县完小教师。1992年11月至1993年11月，任札达县文教局会计。1993年11月至1998年9月，任札达县文教局副局长。1998年9月至1999年12月，任札达县文教局局长。1999年12月至2002年10月，任札达县人民政府副县长。2002年10月至2004年6月，任革吉县委常委、副县长。

2004年6月至2006年7月，土登次仁任普兰县委常委、副县长。2006年7月至2010年12月，任普兰县委副书记、县长。

德吉慈白 1967年生，女，藏族，西藏普兰县人，阿里地区象雄艺术团国家二级演员，西藏自治区音乐家协会会员。1982年，在西藏自治区小型节目调演中获独唱三等奖。1983年，在西藏自治区雪顿节首届专业声器乐比赛中获优秀奖。1985年，在西藏自治区第五届专业文艺团体文艺会演中获优秀演员奖、演唱一等奖。在中央民族学院上学期间，参加1989年全国少数民族唱法大赛，获金凤奖。德吉慈白与关觉玛、白玛桑姆合录专辑《仙鸟鸣曲》，出版个人专辑《冈底斯之歌》。

卫　东 1969年3月生，藏族，西藏札达县人。1989年9月参加工作，就职于西藏自治区人民检察院阿里分院经检科。1992年5月任噶尔县人民检察院科员，1995年2月任噶尔县人民检察院副科级检查员。1997年7月加入中国共产党。1998年9月至2002年7月，任札达县人民检察院副检察长，其间在新疆警官高等专科学校法律专业学习。2002年7月至2006年5月，任革吉县人民检察院检察长，其间在清华大学远程教育政法法律专业学习。2006年5月至2009年12月，任革吉县委常委、政法委书记、公安局局长。

2009年12月至2010年12月，卫东任普兰县委常务副书记（正县级）。

旦增多吉 1969年3月生，藏族，西藏普兰县人，无党派人士。1976—1981年，在普兰县赤德乡小学读书。1981—1985年，在普兰县中学读书。1985—1990年，任普兰县工商联委员。1990—1995年，任阿里地区工商联委员。1995—2000年，任阿里地区工商联理事。

2000—2005年，旦增多吉当选普兰县政协委员。2005—2010年，当选普兰县政协常务委员。2009年10月，旦增多吉被评为西藏自治区第三届劳动模范。2010年，当选阿里地区政协委员。

杨光远 1970年1月生，陕西南郑县人，陕西省委党校研究生学历，中共党员。1989年7月参加工作，就职于南郑县冷水区区公所。1991年9月，进入南郑县团委工作。1994年3月加入中国共产党，同年10月任共青团南郑县委员会书记。1998

年6月至1999年4月，任南郑县牟家坝镇党委书记。1999年4月至2001年6月，任共青团汉中市委员会副书记。2001年6月，任汉中市委党校副校长（正县级）。

2001年8月至2004年6月，杨光远任普兰县委书记（援藏）。2004年8月，任陕西省佛坪县委副书记（正县级）。

黑树林　1973年2月生，陕西延长县人，大学学历，中共党员。1996年6月加入中国共产党。1997年7月参加工作，任延长县黑家堡中学教师。2000年8月，任延长县政府办干部。2001年12月至2002年11月，任延长县张家滩镇党委副书记。2002年11月，任共青团延长县委书记，2003年8月至2005年12月参加中央党校函授学院经济管理本科班学习，2004年6月至2006年7月参加陕西师范大学国际商学院经济学研究生班学习。

2007年7月至2010年6月，黑树林任延长县委常委、普兰县委副书记（援藏）。2010年7月至2010年12月，任陕西省延安市委副秘书长、普兰县委书记（援藏）。

三、表

（一）先进人物

2001—2010年普兰县获国家级荣誉称号人物表

表1

姓名	工作单位及职务	荣誉称号	授予单位	授予时间
土登次仁	普兰县县长	民族团结模范个人	国务院	2009.9

2001—2010年普兰县获省部级荣誉称号人物表

表2

姓名	工作单位及职务	荣誉称号	授予单位	授予时间
拉卓桑姆	吉让居委会妇联主任	全区劳动模范	中共西藏自治区委员会 西藏自治区人民政府	2001.4
阿旺赤来	县委政法委副书记	全区先进工作者	中共西藏自治区委员会 西藏自治区人民政府	2001.4
杰阿次仁	吉让居委会党支部书记	优秀共产党员	中共西藏自治区委员会	2001.10
索　多	霍尔乡乡长	全区勘界工作先进个人	西藏自治区人民政府	2001.11
桑杰拉姆	电影队队长	全国农村电影工作先进个人	国家广播电影电视局	2005
琼达次仁	县扶贫办主任	全区定点扶贫工作先进个人	中共西藏自治区委员会 西藏自治区人民政府	2007.1
南木色	县国土资源局局长	全区环境保护先进个人	中共西藏自治区委员会 西藏自治区人民政府	2007.9
格　列	霍尔边防派出所所长	第一届西藏自治区见义勇为道德模范	—	2008

续表2

姓名	工作单位及职务	荣誉称号	授予单位	授予时间
土登次仁	普兰县县长	全区民族团结进步先进个人	中共西藏自治区委员会 西藏自治区人民政府	2008.10
确　巴	霍尔乡党委副书记、乡长	西藏自治区“两基”攻坚先进个人	西藏自治区人民政府	2008.12
旦增多吉	赤德村农民	西藏自治区第三届劳动模范	中共西藏自治区委员会 西藏自治区人民政府	2009.10
仁增欧珠	果粗寺	2009年爱国守法先进僧尼	中共西藏自治区委员会 西藏自治区人民政府	2009
古入次仁	楚果寺	2010年全国首届“创建和谐寺庙”先进个人	国家宗教事务局	2010.12

2001—2010年普兰县获地厅级荣誉称号人物表

表3

姓名	工作单位及职务	荣誉称号	授予单位	授予时间
旺　琼	县农牧局局长	全区农业生产先进工作者	西藏自治区农牧厅	2001.1
多吉加参	普兰镇科迦村	扶贫帮扶先进个人	中共阿里地区委员会 阿里地区行政公署	2002.3
扎西多吉	县公安局	非典防治工作先进个人	中共阿里地区委员会 阿里地区行政公署	2003.11
赵　磊	县边防检查站	非典防治工作先进个人	中共阿里地区委员会 阿里地区行政公署	2003.11
索玛加	县调频台	2004年度宣传思想工作先进个人	中共阿里地区委员会	2005.3
洛桑西绕	县总工会主席	优秀工会工作者	中共阿里地区委员会	2006.5
强　巴	巴嘎乡乡长	优秀共产党员	中共阿里地区委员会	2006.6
才吉卓玛	县九年一贯制学校教师	优秀共产党员	中共阿里地区委员会	2006.6
顿珠玛	县纪委副书记 监察局局长	优秀党务工作者	中共阿里地区委员会	2006.6

续表3

姓名	工作单位及职务	荣誉称号	授予单位	授予时间
杨国栋	县委组织部副部长	优秀党务工作者	中共阿里地区委员会	2006.6
才旺多布杰	县检察院副检察长	2001—2005年全区法治宣传教育先进个人	西藏自治区法治宣传教育工作领导小组	2006.9
加　措	原县民政局局长	“十五”期间民政工作先进工作者	中共阿里地区委员会 阿里地区行政公署	2007.6
达　瓦	县九年一贯制学校教师	优秀教师	中共阿里地区委员会 阿里地区行政公署	2007.9
巴旦桑姆	巴嘎乡小学教师	优秀教师	中共阿里地区委员会 阿里地区行政公署	2007.9
次杰卓玛	县九年一贯制学校教师	优秀班主任	中共阿里地区委员会 阿里地区行政公署	2007.9
琼　拉	县教育局	先进教育工作者	中共阿里地区委员会 阿里地区行政公署	2007.9
杰阿次仁	吉让居委会党支部书记	“反对分裂、维护稳定、加强团结、促进发展”先进个人	阿里地区行政公署	2008.7
尼玛多多	科迦村党支部书记	“反对分裂、维护稳定、加强团结、促进发展”先进个人	阿里地区行政公署	2008.7
贡嘎次仁	赤德村党支部书记	“反对分裂、维护稳定、加强团结、促进发展”先进个人	阿里地区行政公署	2008.7
杰阿次仁	吉让居委会党支部书记	抗雪救灾先进个人	西藏自治区民政厅	2009.1
土登曲扎	贤柏林寺	2008年度“创建和谐寺庙”先进个人	阿里地区行政公署	2009.1
贡觉确巴	色拉龙寺	2008年度“创建和谐寺庙”先进个人	阿里地区行政公署	2009.1
多　吉	多油村党支部书记	优秀共产党员	中共阿里地区委员会	2009.7

续表3

姓名	工作单位及职务	荣誉称号	授予单位	授予时间
赵 立 斌	县委办公室主任	优秀共产党员	中共阿里地区委员会	2009.7
普 达 瓦	县老干部党支部书记	优秀党务工作者	中共阿里地区委员会	2009.7
达娃拉姆	赤德村妇女主任	西藏自治区“双学双比”女能手	西藏自治区妇联	2009
桑杰拉姆	电影队队长	2008年度全区农村电影工作先进个人	西藏自治区广播电影电视局	2009
强巴次仁	县农牧局农机站站长	2008—2009年度阿里地区先进科技工作者	中共阿里地区委员会 阿里地区行政公署	2010.3
杰阿次仁	吉让居委会党支部书记	优秀共产党员	中共阿里地区委员会	2010.3
江久多吉	县九年一贯制学校副校长	阿里地区第五届民族团结进步先进个人	中共阿里地区委员会 阿里地区行政公署	2010
马 克 礼	县电视台记者	阿里地区第五届民族团结进步先进个人	中共阿里地区委员会 阿里地区行政公署	2010
洛桑多吉	科迦寺民管会副主任	阿里地区第五届民族团结进步先进个人	中共阿里地区委员会 阿里地区行政公署	2010

2001—2010年普兰县获县级荣誉称号人物表

表4

姓名	工作单位及职务	荣誉称号	授予单位	授予时间
普 达 瓦	党群支部	优秀党务工作者	中共普兰县委员会 普兰县人民政府	2001
顿 珠 玛	政府支部	优秀党务工作者	中共普兰县委员会 普兰县人民政府	2001
益西平措	农牧支部	优秀党务工作者	中共普兰县委员会 普兰县人民政府	2001
多吉桑姆	公法邮支部	优秀党务工作者	中共普兰县委员会 普兰县人民政府	2001

续表4

姓名	工作单位及职务	荣誉称号	授予单位	授予时间
土　旦	老干支部	优秀党务工作者	中共普兰县委员会 普兰县人民政府	2001
强巴桑珠	卫商粮支部	优秀党务工作者	中共普兰县委员会 普兰县人民政府	2001
扎西瓦	完小支部	优秀党务工作者	中共普兰县委员会 普兰县人民政府	2001
白玛仁增	农行支部	优秀党务工作者	中共普兰县委员会 普兰县人民政府	2001
次　仁	—	优秀党务工作者	中共普兰县委员会 普兰县人民政府	2001
达瓦群英	霍尔乡中心小学	优秀党务工作者	中共普兰县委员会 普兰县人民政府	2001
普布次仁	霍尔乡帮仁村	优秀党务工作者	中共普兰县委员会 普兰县人民政府	2001
张　杰	边检站	优秀党务工作者	中共普兰县委员会 普兰县人民政府	2001
丹　增	边防大队	优秀党务工作者	中共普兰县委员会 普兰县人民政府	2001
边　巴	中队	优秀党务工作者	中共普兰县委员会 普兰县人民政府	2001
刘　福	边防连	优秀党务工作者	中共普兰县委员会 普兰县人民政府	2001
普达瓦	党群支部书记	优秀党务工作者	中共普兰县委员会 普兰县人民政府	2002
扎　瓦	政府支部委员	优秀党务工作者	中共普兰县委员会 普兰县人民政府	2002
土　旦	老干支部委员	优秀党务工作者	中共普兰县委员会 普兰县人民政府	2002
多　吉	多油村党支部书记	优秀党务工作者	中共普兰县委员会 普兰县人民政府	2002
尼　玛	岗莎村党支部书记	优秀党务工作者	中共普兰县委员会 普兰县人民政府	2002

续表4

姓名	工作单位及职务	荣誉称号	授予单位	授予时间
南　杰	贡珠村党支部书记	优秀党务工作者	中共普兰县委员会 普兰县人民政府	2002
德　庆	多油村工作组	“千名干部进农牧区，理思路、促发展”活动先进个人	中共普兰县委员会 普兰县人民政府	2002
顿　珠	多油村工作组	“千名干部进农牧区，理思路、促发展”活动先进个人	中共普兰县委员会 普兰县人民政府	2002
普布次仁	多油村工作组 村委会主任	“千名干部进农牧区，理思路、促发展”活动先进个人	中共普兰县委员会 普兰县人民政府	2002
索　南	吉让居委会工作组	“千名干部进农牧区，理思路、促发展”活动先进个人	中共普兰县委员会 普兰县人民政府	2002
边　琼	吉让居委会工作组	“千名干部进农牧区，理思路、促发展”活动先进个人	中共普兰县委员会 普兰县人民政府	2002
加　布	吉让居委会副主任	“千名干部进农牧区，理思路、促发展”活动先进个人	中共普兰县委员会 普兰县人民政府	2002
索南汪杰	赤德村工作组	“千名干部进农牧区，理思路、促发展”活动先进个人	中共普兰县委员会 普兰县人民政府	2002
贡嘎次仁	赤德村工作组 村委会副主任	“千名干部进农牧区，理思路、促发展”活动先进个人	中共普兰县委员会 普兰县人民政府	2002
巴桑次仁	科迦村工作组	“千名干部进农牧区，理思路、促发展”活动先进个人	中共普兰县委员会 普兰县人民政府	2002
边　顿	科迦村工作组	“千名干部进农牧区，理思路、促发展”活动先进个人	中共普兰县委员会 普兰县人民政府	2002

续表4

姓名	工作单位及职务	荣誉称号	授予单位	授予时间
尼玛多多	科迦村工作组 村党支部书记	“千名干部进农牧区，理思路、促发展”活动先进个人	中共普兰县委员会 普兰县人民政府	2002
达瓦欧珠	西德村工作组	“千名干部进农牧区，理思路、促发展”活动先进个人	中共普兰县委员会 普兰县人民政府	2002
古入次仁	西德村工作组 村委会主任	“千名干部进农牧区，理思路、促发展”活动先进个人	中共普兰县委员会 普兰县人民政府	2002
阿旺赤来	仁贡村工作组	“千名干部进农牧区，理思路、促发展”活动先进个人	中共普兰县委员会 普兰县人民政府	2002
李 季 冰	仁贡村工作组	“千名干部进农牧区，理思路、促发展”活动先进个人	中共普兰县委员会 普兰县人民政府	2002
加央次仁	仁贡村工作组 村委会主任	“千名干部进农牧区，理思路、促发展”活动先进个人	中共普兰县委员会 普兰县人民政府	2002
白玛多吉	雄巴村工作组	“千名干部进农牧区，理思路、促发展”活动先进个人	中共普兰县委员会 普兰县人民政府	2002
曲 次	雄巴村工作组	“千名干部进农牧区，理思路、促发展”活动先进个人	中共普兰县委员会 普兰县人民政府	2002
白玛加布	雄巴村工作组 村委会主任	“千名干部进农牧区，理思路、促发展”活动先进个人	中共普兰县委员会 普兰县人民政府	2002
西 确	岗莎村工作组	“千名干部进农牧区，理思路、促发展”活动先进个人	中共普兰县委员会 普兰县人民政府	2002
琼 达	岗莎村工作组	“千名干部进农牧区，理思路、促发展”活动先进个人	中共普兰县委员会 普兰县人民政府	2002

续表4

姓名	工作单位及职务	荣誉称号	授予单位	授予时间
达瓦次仁	岗莎村工作组	“千名干部进农牧区，理思路、促发展”活动先进个人	中共普兰县委员会 普兰县人民政府	2002
尼　玛	岗莎村工作组 村党支部书记	“千名干部进农牧区，理思路、促发展”活动先进个人	中共普兰县委员会 普兰县人民政府	2002
阿　琼	贡珠村工作组	“千名干部进农牧区，理思路、促发展”活动先进个人	中共普兰县委员会 普兰县人民政府	2002
益西仁增	贡珠村工作组	“千名干部进农牧区，理思路、促发展”活动先进个人	中共普兰县委员会 普兰县人民政府	2002
索南才旺	贡珠村工作组	“千名干部进农牧区，理思路、促发展”活动先进个人	中共普兰县委员会 普兰县人民政府	2002
欧　珠	贡珠村工作组 村党支部书记	“千名干部进农牧区，理思路、促发展”活动先进个人	中共普兰县委员会 普兰县人民政府	2002
次仁旺堆	帮仁村工作组	“千名干部进农牧区，理思路、促发展”活动先进个人	中共普兰县委员会 普兰县人民政府	2002
确　巴	帮仁村工作组	“千名干部进农牧区，理思路、促发展”活动先进个人	中共普兰县委员会 普兰县人民政府	2002
普　布	帮仁村工作组 村党支部书记	“千名干部进农牧区，理思路、促发展”活动先进个人	中共普兰县委员会 普兰县人民政府	2002
平　措	“三代”办	“千名干部进农牧区，理思路、促发展”活动先进个人	中共普兰县委员会 普兰县人民政府	2002
旺　琼	县农牧局	“千名干部进农牧区，理思路、促发展”活动先进个人	中共普兰县委员会 普兰县人民政府	2002

续表4

姓名	工作单位及职务	荣誉称号	授予单位	授予时间
扎　瓦	县政府办公室	“千名干部进农牧区，理思路、促发展”活动先进个人	中共普兰县委员会 普兰县人民政府	2002
嘎　久	县民政局	“千名干部进农牧区，理思路、促发展”活动先进个人	中共普兰县委员会 普兰县人民政府	2002
米　玛	县交通局	“千名干部进农牧区，理思路、促发展”活动先进个人	中共普兰县委员会 普兰县人民政府	2002
索南顿珠	县人大常委会	优秀党务工作者	中共普兰县委员会	2003
才旺玛	县纪检委	优秀党务工作者	中共普兰县委员会	2003
杨国栋	县委组织部	优秀党务工作者	中共普兰县委员会	2003
次仁索南	普兰镇	优秀党务工作者	中共普兰县委员会	2003
曲　扎	巴嘎乡	优秀党务工作者	中共普兰县委员会	2003
贡　嘎	霍尔乡	优秀党务工作者	中共普兰县委员会	2003
杰阿次仁	吉让居委会 党支部书记	优秀党务工作者	中共普兰县委员会	2003
尼　玛	岗莎村党支部	优秀党务工作者	中共普兰县委员会	2003
尼玛多多	科迦村党支部书记	优秀党务工作者	中共普兰县委员会	2003
李　清	县人民检察院	优秀共产党员	中共普兰县委员会	2003
土　旦	退休	优秀共产党员	中共普兰县委员会	2003
旺　久	退休	优秀共产党员	中共普兰县委员会	2003
扎　瓦	县政府办公室	优秀共产党员	中共普兰县委员会	2003
达瓦次仁	县委政法委	优秀共产党员	中共普兰县委员会	2003
阿旺赤来	县委政法委	优秀共产党员	中共普兰县委员会	2003
嘎　久	县政协	优秀共产党员	中共普兰县委员会	2003
江　赞	县委统战部	优秀共产党员	中共普兰县委员会	2003
才　旦	县卫生局	优秀共产党员	中共普兰县委员会	2003

续表4

姓名	工作单位及职务	荣誉称号	授予单位	授予时间
洛　旦	县教育局	优秀共产党员	中共普兰县委员会	2003
扎西瓦	县九年一贯制学校	优秀共产党员	中共普兰县委员会	2003
普布次仁	县九年一贯制学校	优秀共产党员	中共普兰县委员会	2003
白玛加布	县人民法院	优秀共产党员	中共普兰县委员会	2003
多　吉	县水电站	优秀共产党员	中共普兰县委员会	2003
才　旺	县电信局	优秀共产党员	中共普兰县委员会	2003
次　仁	普兰镇	优秀共产党员	中共普兰县委员会	2003
达　瓦	霍尔乡	优秀共产党员	中共普兰县委员会	2003
占　堆	巴嘎乡	优秀共产党员	中共普兰县委员会	2003
白玛益西	仁贡村	优秀共产党员	中共普兰县委员会	2003
旺　加	仁贡村	优秀共产党员	中共普兰县委员会	2003
吉　入	西德村	优秀共产党员	中共普兰县委员会	2003
才旺努布	西德村	优秀共产党员	中共普兰县委员会	2003
阿旺次仁	赤德村	优秀共产党员	中共普兰县委员会	2003
贡嘎次仁	赤德村	优秀共产党员	中共普兰县委员会	2003
多　吉	多油村	优秀共产党员	中共普兰县委员会	2003
才旺多杰	多油村	优秀共产党员	中共普兰县委员会	2003
普布多杰	科迦村	优秀共产党员	中共普兰县委员会	2003
多杰桑姆	科迦村	优秀共产党员	中共普兰县委员会	2003
加　布	吉让居委会	优秀共产党员	中共普兰县委员会	2003
拉卓桑姆	吉让居委会	优秀共产党员	中共普兰县委员会	2003
普次旺	帮仁村	优秀共产党员	中共普兰县委员会	2003
贡　卓	帮仁村	优秀共产党员	中共普兰县委员会	2003
顿　珠	贡珠村	优秀共产党员	中共普兰县委员会	2003
桑　旦	贡珠村	优秀共产党员	中共普兰县委员会	2003

续表4

姓名	工作单位及职务	荣誉称号	授予单位	授予时间
确　论	岗莎村	优秀共产党员	中共普兰县委员会	2003
阿　久	岗莎村	优秀共产党员	中共普兰县委员会	2003
加　措	雄巴村	优秀共产党员	中共普兰县委员会	2003
群　培	雄巴村	优秀共产党员	中共普兰县委员会	2003
旺　堆	仁贡村	2003年综合治理工作先进个人	中共普兰县委员会 普兰县人民政府	2004
尼玛扎西	多油村	2003年综合治理工作先进个人	中共普兰县委员会 普兰县人民政府	2004
杰阿次仁	吉让居委会 党支部书记	优秀党务工作者	中共普兰县委员会	2004.7
才　旦	县卫生局	教育系统先进支教个人	中共普兰县委员会 普兰县人民政府	2004
索　南	县九年一贯制学校	教育系统先进支教个人	中共普兰县委员会 普兰县人民政府	2004
桑　姆	县九年一贯制学校	教育系统优秀工勤人员	中共普兰县委员会 普兰县人民政府	2004
米玛桑珠	霍尔乡中心小学	教育系统优秀代课教师	中共普兰县委员会 普兰县人民政府	2004
扎西顿珠	巴嘎乡小学	教育系统优秀班主任	中共普兰县委员会 普兰县人民政府	2004
大仓决	县九年一贯制学校	教育系统优秀班主任	中共普兰县委员会 普兰县人民政府	2004
多布杰	多油村中心小学	教育系统优秀班主任	中共普兰县委员会 普兰县人民政府	2004
才旺巴	多油村中心小学	教育系统优秀学校管理工作者	中共普兰县委员会 普兰县人民政府	2004
益西久美	多油村中心小学	教育系统优秀学校管理工作者	中共普兰县委员会 普兰县人民政府	2004
扎西瓦	县九年一贯制学校	教育系统优秀教师	中共普兰县委员会 普兰县人民政府	2004

续表4

姓名	工作单位及职务	荣誉称号	授予单位	授予时间
顿珠扎西	县九年一贯制学校	教育系统优秀教师	中共普兰县委员会 普兰县人民政府	2004
白玛央金	霍尔乡中心小学	教育系统优秀教师	中共普兰县委员会 普兰县人民政府	2004
仁　青	西德村初级小学	教育系统优秀教师	中共普兰县委员会 普兰县人民政府	2004
平　措	多油村中心小学	教育系统优秀教师	中共普兰县委员会 普兰县人民政府	2004
班　典	巴嘎乡小学	教育系统优秀教师	中共普兰县委员会 普兰县人民政府	2004
垄升平	县九年一贯制学校	教育系统优秀教师	中共普兰县委员会 普兰县人民政府	2004
则　吉	党群支部	第一批保持共产党员先进性教育活动优秀共产党员	中共普兰县委员会	2005
桑　珠	党群支部	第一批保持共产党员先进性教育活动优秀共产党员	中共普兰县委员会	2005
顿珠玛	党群支部	第一批保持共产党员先进性教育活动优秀共产党员	中共普兰县委员会	2005
王俊华	农牧支部	第一批保持共产党员先进性教育活动优秀共产党员	中共普兰县委员会	2005
扎　瓦	政府支部	第一批保持共产党员先进性教育活动优秀共产党员	中共普兰县委员会	2005
李　辉	政府支部	第一批保持共产党员先进性教育活动优秀共产党员	中共普兰县委员会	2005
徐继文	公检法支部	第一批保持共产党员先进性教育活动优秀共产党员	中共普兰县委员会	2005
杨思军	公检法支部	第一批保持共产党员先进性教育活动优秀共产党员	中共普兰县委员会	2005
曲兴辉	公检法支部	第一批保持共产党员先进性教育活动优秀共产党员	中共普兰县委员会	2005
贡嘎扎西	完小支部	第一批保持共产党员先进性教育活动优秀共产党员	中共普兰县委员会	2005

续表4

姓名	工作单位及职务	荣誉称号	授予单位	授予时间
土　　旦	老干支部	第一批保持共产党员先进性教育活动优秀共产党员	中共普兰县委员会	2005
索南平措	老干支部	第一批保持共产党员先进性教育活动优秀共产党员	中共普兰县委员会	2005
阿旺赤列	老干支部	第一批保持共产党员先进性教育活动优秀共产党员	中共普兰县委员会	2005
加　　卓	老干支部	第一批保持共产党员先进性教育活动优秀共产党员	中共普兰县委员会	2005
达瓦次仁	公检法支部	第一批保持共产党员先进性教育活动优秀党务工作者	中共普兰县委员会	2005
尼玛次仁	政府支部	第一批保持共产党员先进性教育活动优秀党务工作者	中共普兰县委员会	2005
琼　　达	农牧支部	第一批保持共产党员先进性教育活动优秀党务工作者	中共普兰县委员会	2005
才　　旦	卫商粮支部	第一批保持共产党员先进性教育活动优秀党务工作者	中共普兰县委员会	2005
朱 明 斌	党群支部	第一批保持共产党员先进性教育活动优秀党务工作者	中共普兰县委员会	2005
旺　　久	老干支部	第一批保持共产党员先进性教育活动优秀党务工作者	中共普兰县委员会	2005
白 延 东	县委副书记	先进基层党组织优秀党务工作者	中共普兰县委员会 普兰县人民政府	2006
则　　吉	政协副主席	先进基层党组织优秀党务工作者	中共普兰县委员会 普兰县人民政府	2006
桑　　珠	县委组织部副部长 人事局局长	先进基层党组织优秀党务工作者	中共普兰县委员会 普兰县人民政府	2006
江　　赞	县委统战部部长	先进基层党组织优秀党务工作者	中共普兰县委员会 普兰县人民政府	2006

续表4

姓名	工作单位及职务	荣誉称号	授予单位	授予时间
洛卓桑姆	县财政局副局长	先进基层党组织优秀党务工作者	中共普兰县委员会 普兰县人民政府	2006
扎　瓦	县政府办公室副主任	先进基层党组织优秀党务工作者	中共普兰县委员会 普兰县人民政府	2006
琼达次仁	县农牧局局长	先进基层党组织优秀党务工作者	中共普兰县委员会 普兰县人民政府	2006
尼玛次仁	县编译室主任	先进基层党组织优秀党务工作者	中共普兰县委员会 普兰县人民政府	2006
阿旺赤来	退休老干部	先进基层党组织优秀党务工作者	中共普兰县委员会 普兰县人民政府	2006
达瓦次仁	县委政法委书记 公安局局长	先进基层党组织优秀党务工作者	中共普兰县委员会 普兰县人民政府	2006
顿珠扎西	县九年一贯制学校教师	先进基层党组织优秀党务工作者	中共普兰县委员会 普兰县人民政府	2006
旺　琼	普兰镇党委书记	先进基层党组织优秀党务工作者	中共普兰县委员会 普兰县人民政府	2006
杰阿次仁	吉让居委会党员	先进基层党组织优秀党务工作者	中共普兰县委员会 普兰县人民政府	2006
尼玛多多	科迦村农牧民党员	先进基层党组织优秀党务工作者	中共普兰县委员会 普兰县人民政府	2006
普布次仁	西德村农牧民党员	先进基层党组织优秀党务工作者	中共普兰县委员会 普兰县人民政府	2006
贡嘎次仁	赤德村农牧民党员	先进基层党组织优秀党务工作者	中共普兰县委员会 普兰县人民政府	2006
多　吉	多油村农牧民党员	先进基层党组织优秀党务工作者	中共普兰县委员会 普兰县人民政府	2006
加　措	仁贡村农牧民党员	先进基层党组织优秀党务工作者	中共普兰县委员会 普兰县人民政府	2006
索　多	岗莎村农牧民党员	先进基层党组织优秀党务工作者	中共普兰县委员会 普兰县人民政府	2006
大南加	雄巴村农牧民党员	先进基层党组织优秀党务工作者	中共普兰县委员会 普兰县人民政府	2006

续表4

姓名	工作单位及职务	荣誉称号	授予单位	授予时间
普　　赞	帮仁村农牧民党员	先进基层党组织优秀党务工作者	中共普兰县委员会 普兰县人民政府	2006
宋晓彤	政府副县长	先进基层党组织优秀共产党员	中共普兰县委员会 普兰县人民政府	2006
张悦明	县委宣传部部长	先进基层党组织优秀共产党员	中共普兰县委员会 普兰县人民政府	2006
刘彦锋	政府副县长	先进基层党组织优秀共产党员	中共普兰县委员会 普兰县人民政府	2006
旺　　久	县委组织部副主任科员	先进基层党组织优秀共产党员	中共普兰县委员会 普兰县人民政府	2006
朱明斌	人大常委会办公室主任	先进基层党组织优秀共产党员	中共普兰县委员会 普兰县人民政府	2006
桑杰加玛	核算中心科员	先进基层党组织优秀共产党员	中共普兰县委员会 普兰县人民政府	2006
曲　　珍	县政府办公室科员	先进基层党组织优秀共产党员	中共普兰县委员会 普兰县人民政府	2006
曲　　达	县民政局局长	先进基层党组织优秀共产党员	中共普兰县委员会 普兰县人民政府	2006
普达瓦	退休干部	先进基层党组织优秀共产党员	中共普兰县委员会 普兰县人民政府	2006
加　　卓	退休干部	先进基层党组织优秀共产党员	中共普兰县委员会 普兰县人民政府	2006
曲兴辉	县公安局副科级侦查员	先进基层党组织优秀共产党员	中共普兰县委员会 普兰县人民政府	2006
旦巴桑珠	县公安局科员	先进基层党组织优秀共产党员	中共普兰县委员会 普兰县人民政府	2006
阿　　地	县检察院副检察长	先进基层党组织优秀共产党员	中共普兰县委员会 普兰县人民政府	2006
樊宝云（援藏）	县检察院副检察长	先进基层党组织优秀共产党员	中共普兰县委员会 普兰县人民政府	2006
仁增土朵	县人民法院主任科员	先进基层党组织优秀共产党员	中共普兰县委员会 普兰县人民政府	2006

续表4

姓名	工作单位及职务	荣誉称号	授予单位	授予时间
石　　确	县电视台台长	先进基层党组织优秀共产党员	中共普兰县委员会 普兰县人民政府	2006
仓决桑姆	县教育局副局长	先进基层党组织优秀共产党员	中共普兰县委员会 普兰县人民政府	2006
马 建 梅	县农行行长	先进基层党组织优秀共产党员	中共普兰县委员会 普兰县人民政府	2006
次仁索南	普兰镇科员	先进基层党组织优秀共产党员	中共普兰县委员会 普兰县人民政府	2006
次仁扎西	吉让居委会农牧民党员	先进基层党组织优秀共产党员	中共普兰县委员会 普兰县人民政府	2006
普布多罗	科迦村农牧民党员	先进基层党组织优秀共产党员	中共普兰县委员会 普兰县人民政府	2006
古　　入	西德村农牧民党员	先进基层党组织优秀共产党员	中共普兰县委员会 普兰县人民政府	2006
旺　　堆	赤德村农牧民党员	先进基层党组织优秀共产党员	中共普兰县委员会 普兰县人民政府	2006
阿旺次仁	多油村农牧民党员	先进基层党组织优秀共产党员	中共普兰县委员会 普兰县人民政府	2006
拉　　姆	仁贡村农牧民党员	先进基层党组织优秀共产党员	中共普兰县委员会 普兰县人民政府	2006
西绕群培	巴嘎乡副乡长	先进基层党组织优秀共产党员	中共普兰县委员会 普兰县人民政府	2006
古尊欧珠	岗莎村农牧民党员	先进基层党组织优秀共产党员	中共普兰县委员会 普兰县人民政府	2006
尼　　玛	雄巴村农牧民党员	先进基层党组织优秀共产党员	中共普兰县委员会 普兰县人民政府	2006
吴 世 栋	霍尔乡技术员	先进基层党组织优秀共产党员	中共普兰县委员会 普兰县人民政府	2006
益西桑旦	贡珠村农牧民党员	先进基层党组织优秀共产党员	中共普兰县委员会 普兰县人民政府	2006
普 才 旺	帮仁村农牧民党员	先进基层党组织优秀共产党员	中共普兰县委员会 普兰县人民政府	2006

续表4

姓名	工作单位及职务	荣誉称号	授予单位	授予时间
格桑次仁	巴嘎乡	“两基”攻坚先进个人	中共普兰县委员会 普兰县人民政府	2007
巴旦桑姆	巴嘎乡小学	“两基”攻坚先进个人	中共普兰县委员会 普兰县人民政府	2007
顿珠扎西	县九年一贯制学校	“两基”攻坚先进个人	中共普兰县委员会 普兰县人民政府	2007
平措加参	多油村中心小学	“两基”攻坚先进个人	中共普兰县委员会 普兰县人民政府	2007
达瓦曲英	霍尔乡中心小学	“两基”攻坚先进个人	中共普兰县委员会 普兰县人民政府	2007
仁　　青	西德村初级小学	“两基”攻坚先进个人	中共普兰县委员会 普兰县人民政府	2007
欧 尼 玛	普兰镇	“两基”攻坚先进个人	中共普兰县委员会 普兰县人民政府	2007
确　　巴	霍尔乡	“两基”攻坚先进个人	中共普兰县委员会 普兰县人民政府	2007
旺　　旦	支教教师	“两基”攻坚先进个人	中共普兰县委员会 普兰县人民政府	2007
欧珠次仁	职业学校	“两基”攻坚先进个人	中共普兰县委员会 普兰县人民政府	2007
曲 兴 辉	县公安局	侦破“7·20”跨国贩毒集团先进个人	中共普兰县委员会 普兰县人民政府	2007
翟 继 峰	边防连	2006年“双拥”工作先进个人	中共普兰县委员会 普兰县人民政府	2007
阿　　旺	情报站	2006年“双拥”工作先进个人	中共普兰县委员会 普兰县人民政府	2007
加　　措	县边防检查站	2006年“双拥”工作先进个人	中共普兰县委员会 普兰县人民政府	2007
王 祥 生	边防大队所属 马攸木二线检查站	2006年“双拥”工作先进个人	中共普兰县委员会 普兰县人民政府	2007
尹　　波	塔尔钦派出所	2006年“双拥”工作先进个人	中共普兰县委员会 普兰县人民政府	2007

续表4

姓名	工作单位及职务	荣誉称号	授予单位	授予时间
普布次仁	霍尔边防派出所	2006年“双拥”工作先进个人	中共普兰县委员会 普兰县人民政府	2007
何　斌	巴嘎二线检查站	2006年“双拥”工作先进个人	中共普兰县委员会 普兰县人民政府	2007
姜万全	机动中队	2006年“双拥”工作先进个人	中共普兰县委员会 普兰县人民政府	2007
索朗巴珠	温泉二线检查站	2006年“双拥”工作先进个人	中共普兰县委员会 普兰县人民政府	2007
姜维刚	科迦边防派出所	2006年“双拥”工作先进个人	中共普兰县委员会 普兰县人民政府	2007
李管理	交通三大队	2006年“双拥”工作先进个人	中共普兰县委员会 普兰县人民政府	2007
韩林军	武警中队	2006年“双拥”工作先进个人	中共普兰县委员会 普兰县人民政府	2007
陆洪彬	消防大队	2006年“双拥”工作先进个人	中共普兰县委员会 普兰县人民政府	2007
卓　玛	军嫂	2006年“双拥”工作先进个人	中共普兰县委员会 普兰县人民政府	2007
王　敏	军嫂	2006年“双拥”工作先进个人	中共普兰县委员会 普兰县人民政府	2007
扎　瓦	县政府办公室	2006年“双拥”工作先进个人	中共普兰县委员会 普兰县人民政府	2007
洛卓桑姆	县财政局	2006年“双拥”工作先进个人	中共普兰县委员会 普兰县人民政府	2007
多　吉	县公安局	2006年“双拥”工作先进个人	中共普兰县委员会 普兰县人民政府	2007
曲　达	县民政局	2006年“双拥”工作先进个人	中共普兰县委员会 普兰县人民政府	2007
确　巴	霍尔乡	2006年“双拥”工作先进个人	中共普兰县委员会 普兰县人民政府	2007
强　巴	巴嘎乡	2006年“双拥”工作先进个人	中共普兰县委员会 普兰县人民政府	2007

续表4

姓名	工作单位及职务	荣誉称号	授予单位	授予时间
曲　次	普兰镇	2006年“双拥”工作先进个人	中共普兰县委员会 普兰县人民政府	2007
珠　杰	县邮政局	2006年“双拥”工作先进个人	中共普兰县委员会 普兰县人民政府	2007
罗布次仁	科迦村斜尔瓦组	2006年“双拥”工作先进个人	中共普兰县委员会 普兰县人民政府	2007
赵立斌	县委办公室	2006年“双拥”工作先进个人	中共普兰县委员会 普兰县人民政府	2007
杨思军	县公安局	2006年“双拥”工作先进个人	中共普兰县委员会 普兰县人民政府	2007
小南加	贡珠村	2006年“双拥”工作先进个人	中共普兰县委员会 普兰县人民政府	2007
尼玛多多	科迦村党支部书记	2006年“双拥”工作先进个人	中共普兰县委员会 普兰县人民政府	2007
杰阿次仁	吉让居委会党支部书记	优秀共产党员	中共普兰县委员会	2007.6
达　瓦	县九年一贯制学校	教育先进工作者 优秀教师	中共普兰县委员会 普兰县人民政府	2007
南珠桑姆	县九年一贯制学校	教育先进工作者 优秀教师	中共普兰县委员会 普兰县人民政府	2007
多布杰	多油村中心小学	教育先进工作者 优秀教师	中共普兰县委员会 普兰县人民政府	2007
扎西顿珠	巴嘎乡小学	教育先进工作者 优秀教师	中共普兰县委员会 普兰县人民政府	2007
仁青多吉	西德村初级小学	教育先进工作者 优秀教师	中共普兰县委员会 普兰县人民政府	2007
次杰卓玛	县九年一贯制学校	教育先进工作者 优秀班主任	中共普兰县委员会 普兰县人民政府	2007
拉巴桑姆	多油村中心小学	教育先进工作者 优秀班主任	中共普兰县委员会 普兰县人民政府	2007
曲增桑布	巴嘎乡小学	教育先进工作者 优秀班主任	中共普兰县委员会 普兰县人民政府	2007

续表4

姓名	工作单位及职务	荣誉称号	授予单位	授予时间
达瓦曲英	霍尔乡中心小学	教育先进工作者 优秀班主任	中共普兰县委员会 普兰县人民政府	2007
益西久美	仁贡村初级小学	教育先进工作者 优秀班主任	中共普兰县委员会 普兰县人民政府	2007
桑　姆	县九年一贯制学校	教育先进工作者 优秀后勤人员	中共普兰县委员会 普兰县人民政府	2007
白玛仁增	巴嘎乡小学	教育先进工作者 优秀后勤人员	中共普兰县委员会 普兰县人民政府	2007
吾　坚	霍尔乡中心小学	教育先进工作者 优秀后勤人员	中共普兰县委员会 普兰县人民政府	2007
穷　拉	县教育局	先进教育工作者	中共普兰县委员会 普兰县人民政府	2007
群　宗	霍尔乡中心小学	教育先进工作者 优秀支教人员	中共普兰县委员会 普兰县人民政府	2007
扎西顿珠	教职班	教育先进工作者 优秀支教人员	中共普兰县委员会 普兰县人民政府	2007
杰阿次仁	吉让居委会 党支部书记	优秀党务工作者	中共普兰县委员会	2008.7
杨思军	县公安局	2008年度维稳工作 先进个人	中共普兰县委员会 普兰县人民政府	2009
孙连山	县人民武装部	2008年度维稳工作 先进个人	中共普兰县委员会 普兰县人民政府	2009
阿　旺	情报站	2008年度维稳工作 先进个人	中共普兰县委员会 普兰县人民政府	2009
春　节	边防连	2008年度维稳工作 先进个人	中共普兰县委员会 普兰县人民政府	2009
王进豪	边检站	2008年度维稳工作 先进个人	中共普兰县委员会 普兰县人民政府	2009
杨　军	边检站监护中队	2008年度维稳工作 先进个人	中共普兰县委员会 普兰县人民政府	2009
土登次仁	边检站监护中队	2008年度维稳工作 先进个人	中共普兰县委员会 普兰县人民政府	2009

续表4

姓名	工作单位及职务	荣誉称号	授予单位	授予时间
石自勤	边防大队	2008年度维稳工作先进个人	中共普兰县委员会 普兰县人民政府	2009
朱顺孝	边防大队机动队	2008年度维稳工作先进个人	中共普兰县委员会 普兰县人民政府	2009
催腾彪	巴嘎边防检查站	2008年度维稳工作先进个人	中共普兰县委员会 普兰县人民政府	2009
次旦多吉	武警中队	2008年度维稳工作先进个人	中共普兰县委员会 普兰县人民政府	2009
强巴扎西	武警中队	2008年度维稳工作先进个人	中共普兰县委员会 普兰县人民政府	2009
陆洪彬	消防大队	2008年度维稳工作先进个人	中共普兰县委员会 普兰县人民政府	2009
石胜	交通部队	2008年度维稳工作先进个人	中共普兰县委员会 普兰县人民政府	2009
曲次	普兰镇	2008年度维稳工作先进个人	中共普兰县委员会 普兰县人民政府	2009
王军岗	普兰镇	2008年度维稳工作先进个人	中共普兰县委员会 普兰县人民政府	2009
胡珠	普兰镇	2008年度维稳工作先进个人	中共普兰县委员会 普兰县人民政府	2009
边琼	普兰镇	2008年度维稳工作先进个人	中共普兰县委员会 普兰县人民政府	2009
达娃次仁	巴嘎乡	2008年度维稳工作先进个人	中共普兰县委员会 普兰县人民政府	2009
占堆	巴嘎乡	2008年度维稳工作先进个人	中共普兰县委员会 普兰县人民政府	2009
西确	巴嘎乡	2008年度维稳工作先进个人	中共普兰县委员会 普兰县人民政府	2009
尼玛	岗莎村委会主任	2008年度维稳工作先进个人	中共普兰县委员会 普兰县人民政府	2009
杨国栋	霍尔乡	2008年度维稳工作先进个人	中共普兰县委员会 普兰县人民政府	2009

续表4

姓名	工作单位及职务	荣誉称号	授予单位	授予时间
索　多	霍尔乡	2008年度维稳工作先进个人	中共普兰县委员会 普兰县人民政府	2009
拉　旦	霍尔乡	2008年度维稳工作先进个人	中共普兰县委员会 普兰县人民政府	2009
程际高	霍尔乡	2008年度维稳工作先进个人	中共普兰县委员会 普兰县人民政府	2009
扎西顿珠	县公安局	2008年度维稳工作先进个人	中共普兰县委员会 普兰县人民政府	2009
洛　旦	县公安局	2008年度维稳工作先进个人	中共普兰县委员会 普兰县人民政府	2009
普布次仁	县人民法院	2008年度维稳工作先进个人	中共普兰县委员会 普兰县人民政府	2009
夏　飞	县人民检察院	2008年度维稳工作先进个人	中共普兰县委员会 普兰县人民政府	2009
赵立斌	县委办公室	2008年度维稳工作先进个人	中共普兰县委员会 普兰县人民政府	2009
曹　志	县委办公室	2008年度维稳工作先进个人	中共普兰县委员会 普兰县人民政府	2009
旺　琼	县政府办公室	2008年度维稳工作先进个人	中共普兰县委员会 普兰县人民政府	2009
洛卓桑姆	县财政局	2008年度维稳工作先进个人	中共普兰县委员会 普兰县人民政府	2009
尼　玛	县后勤服务中心	2008年度维稳工作先进个人	中共普兰县委员会 普兰县人民政府	2009
郭　勇	机要科	2008年度维稳工作先进个人	中共普兰县委员会 普兰县人民政府	2009
裴瑞堂	县委办公室	2008年度维稳工作先进个人	中共普兰县委员会 普兰县人民政府	2009
顿珠玛	县纪检委	2008年度维稳工作先进个人	中共普兰县委员会 普兰县人民政府	2009
多吉占堆	记者	2008年度维稳工作先进个人	中共普兰县委员会 普兰县人民政府	2009

续表4

姓名	工作单位及职务	荣誉称号	授予单位	授予时间
扎西多布杰	团县委	2008年度维稳工作先进个人	中共普兰县委员会 普兰县人民政府	2009
刘俊杰（援藏）	县卫生局	2008年度维稳工作先进个人	中共普兰县委员会 普兰县人民政府	2009
普达瓦	人大常委会办公室	2008年度维稳工作先进个人	中共普兰县委员会 普兰县人民政府	2009
格桑丹增	县民宗局	2008年度维稳工作先进个人	中共普兰县委员会 普兰县人民政府	2009
普布扎西	县交通局	2008年度维稳工作先进个人	中共普兰县委员会 普兰县人民政府	2009
扎瓦	政府二支部	优秀党务工作者	中共普兰县委员会 普兰县人民政府	2009
多吉	多油村	优秀党务工作者	中共普兰县委员会 普兰县人民政府	2009
加央次仁	仁贡村	优秀党务工作者	中共普兰县委员会 普兰县人民政府	2009
贡嘎次仁	赤德村	优秀党务工作者	中共普兰县委员会 普兰县人民政府	2009
桑巴贡布	人大常委会政协支部	优秀党务工作者	中共普兰县委员会 普兰县人民政府	2009
贡觉桑姆	县委支部	优秀党务工作者	中共普兰县委员会 普兰县人民政府	2009
洛卓桑姆	政府一支部	优秀党务工作者	中共普兰县委员会 普兰县人民政府	2009
小南加	贡珠村	优秀党务工作者	中共普兰县委员会 普兰县人民政府	2009
曹志	县委支部	优秀共产党员	中共普兰县委员会 普兰县人民政府	2009
扎西多布杰	县委支部	优秀共产党员	中共普兰县委员会 普兰县人民政府	2009
尼玛	县后勤中心	优秀共产党员	中共普兰县委员会 普兰县人民政府	2009

续表4

姓名	工作单位及职务	荣誉称号	授予单位	授予时间
白　珍	县总工会	优秀共产党员	中共普兰县委员会 普兰县人民政府	2009
桑吉瓦	政府二支部	优秀共产党员	中共普兰县委员会 普兰县人民政府	2009
拉　巴	政府三支部	优秀共产党员	中共普兰县委员会 普兰县人民政府	2009
明　久	政府二支部	优秀共产党员	中共普兰县委员会 普兰县人民政府	2009
普达瓦	人大常委会办公室	优秀共产党员	中共普兰县委员会 普兰县人民政府	2009
南加多吉	县人民检察院	优秀共产党员	中共普兰县委员会 普兰县人民政府	2009
贡嘎加参	卫生支部	优秀共产党员	中共普兰县委员会 普兰县人民政府	2009
邱旭梅	气象支部	优秀共产党员	中共普兰县委员会 普兰县人民政府	2009
普布次仁	法院支部	优秀共产党员	中共普兰县委员会 普兰县人民政府	2009
南木色	县国土局	优秀共产党员	中共普兰县委员会 普兰县人民政府	2009
洛桑旦增	教育支部	优秀共产党员	中共普兰县委员会 普兰县人民政府	2009
拉　旦	县农牧局	优秀共产党员	中共普兰县委员会 普兰县人民政府	2009
马俊峰	县水利局	优秀共产党员	中共普兰县委员会 普兰县人民政府	2009
阿旺赤来	老干支部	优秀共产党员	中共普兰县委员会 普兰县人民政府	2009
王　建	公安支部	优秀共产党员	中共普兰县委员会 普兰县人民政府	2009
珠　杰	县邮政局	优秀共产党员	中共普兰县委员会 普兰县人民政府	2009

续表4

姓名	工作单位及职务	荣誉称号	授予单位	授予时间
曲　　次	普兰镇	优秀共产党员	中共普兰县委员会 普兰县人民政府	2009
多吉桑姆	科迦村	优秀共产党员	中共普兰县委员会 普兰县人民政府	2009
胡　　珠	普兰镇	优秀共产党员	中共普兰县委员会 普兰县人民政府	2009
欧　　珠	科迦村	优秀共产党员	中共普兰县委员会 普兰县人民政府	2009
罗　　布	仁贡村	优秀共产党员	中共普兰县委员会 普兰县人民政府	2009
达瓦拉姆	巴嘎乡	优秀共产党员	中共普兰县委员会 普兰县人民政府	2009
普　　琼	西德村	优秀共产党员	中共普兰县委员会 普兰县人民政府	2009
小达瓦次仁	普兰镇	优秀共产党员	中共普兰县委员会 普兰县人民政府	2009
班旦益西	巴嘎乡	优秀共产党员	中共普兰县委员会 普兰县人民政府	2009
边巴仓决	巴嘎乡	优秀共产党员	中共普兰县委员会 普兰县人民政府	2009
达瓦曲英	巴嘎乡	优秀共产党员	中共普兰县委员会 普兰县人民政府	2009
普　　成	帮仁村	优秀共产党员	中共普兰县委员会 普兰县人民政府	2009
桑　　旦	贡珠村	优秀共产党员	中共普兰县委员会 普兰县人民政府	2009
大 南 加	贡珠村	优秀共产党员	中共普兰县委员会 普兰县人民政府	2009
杰阿次仁	吉让居委会 党支部书记	优秀共产党员	中共普兰县委员会	2010.4
杰阿次仁	吉让居委会 党支部书记	优秀党务工作者	中共普兰县委员会	2010.7

2001—2010年普兰县获得军事系统表彰荣誉称号人物表

表5

姓名	工作单位及职务	荣誉称号	授予单位	授予时间
陈 建 云	阿里边防支队 普兰大队代副政委	个人三等功	中国人民武装警察部队 西藏边防总队	2003.2
张 玉 林	普兰边防检查站 执勤业务一科检查员	“执法为民标兵” 先进个人	中国人民武装警察部队 西藏边防总队	2006.2
陈　　辉	普兰边防检查站	“执法为民标兵” 先进个人	中国人民武装警察部队 西藏边防总队	2006.2
格　　列	阿里边防支队塔尔钦 边防派出所代理所长	2005年度先进个人	中国人民武装警察部队 西藏边防总队	2006.2
李 爱 民	阿里边防支队 科迦边防派出所所长	个人三等功	中国人民武装警察部队 西藏边防总队	2006.2
张 文 杰	阿里边防支队 楚果寺边防工作站参谋	优秀援藏干部	中国人民武装警察部队 西藏边防总队	2006.2
索朗巴珠	阿里边防支队普兰大队 楚果工作站副站长	个人三等功	中国人民武装警察部队 西藏边防总队	2006.12
旺　　久	阿里边防支队普兰大队 霍尔边防派出所参谋	个人三等功	中国人民武装警察部队 西藏边防总队	2006.12
石　　强	普兰边防检查站 执勤业务一科检查员	提高边检服务 水平先进个人	中国人民武装警察部队 西藏边防总队	2008.3

（二）先进集体

2001—2010年普兰县获省部级先进集体称号统计表

表6

受表彰单位	称号	授予单位	授予时间
普兰县	普及初等义务教育县	教育部	2001
吉让居委会党支部	先进基层党支部	中共西藏自治区委员会	2001
普兰县	双拥模范先进县	西藏自治区人民政府	2004
普兰检验检疫局	全国质量监督检验检疫工作 先进单位	国家质量监督检验 检疫总局	2004
狮泉河海关	全国海关监管系统先进集体	海关总署	2005.8
普兰县人民武装部	征兵工作先进单位	西藏自治区	2007
狮泉河海关	全国海关系统先进集体	人事部、海关总署	2008.1

2001—2010年普兰县获地厅级先进集体称号统计表

表7

受表彰单位	称号	授予单位	授予时间
普兰县	西藏自治区基础教育先进集体	西藏自治区教育厅	2001
普兰检验检疫局	民主评议行风“群众满意单位”	西藏自治区人民政府纠风办	2001
狮泉河海关	先进集体	拉萨海关	2003
狮泉河海关	2002年度保密工作达标单位	中共阿里地委保密委员会	2003
狮泉河海关	2002年度社会治安综合治理目标先进集体	中共阿里地区委员会 阿里地区行政公署	2003
狮泉河海关	支教先进单位	中共阿里地区委员会 阿里地区行政公署	2004
普兰检验检疫局	2004年度先进集体	西藏检验检疫局	2004.12
普兰检验检疫局党支部	2004—2005年度先进党支部	西藏检验检疫局机关党委	2005.7
县委政法委	2005年度社会治安综合治理第一名	中共阿里地区委员会 阿里地区行政公署	2006
乡镇企业局	乡镇企业工作先进集体	西藏自治区乡镇企业管理局	2006
普法办	“四五”普法先进集体	阿里地区普法领导小组	2006
狮泉河海关	2006年度县级领导班子综合目标管理责任制三等奖	中共阿里地区委员会 阿里地区行政公署	2007
普兰检验检疫局	2007年度先进集体	西藏检验检疫局	2008.3
狮泉河海关	先进集体	拉萨海关	2008
狮泉河海关	保密工作先进集体	中共阿里地委保密委员会	2008
狮泉河海关	县级目标管理责任制先进单位	中共阿里地区委员会 阿里地区行政公署	2009
科迦寺	平安建设先进单位	中共阿里地区委员会 阿里地区行政公署	2010.3
科迦寺	创建平安和谐达标寺庙	阿里地区创建平安和谐寺庙领导小组	2010.12
气象局	全区局（政）务公开示范单位	西藏自治区气象局	2010
狮泉河海关	集体“嘉奖”	拉萨海关	2010

2001—2010年普兰县获县级先进集体称号统计表

表8

受表彰单位	称号	授予单位	授予时间
水利局	2000年度全地区水利工作三等奖	阿里地区水利局	2001
普兰镇	2000年度目标管理先进集体一等奖	中共普兰县委员会 普兰县人民政府	2001
巴嘎乡	2000年度目标管理先进集体二等奖	中共普兰县委员会 普兰县人民政府	2001
霍尔乡	2000年度目标管理先进集体二等奖	中共普兰县委员会 普兰县人民政府	2001
卫生局	2000年度目标管理先进集体三等奖	中共普兰县委员会 普兰县人民政府	2001
县农行	2000年度目标管理先进集体三等奖	中共普兰县委员会 普兰县人民政府	2001
教育局	2000年度目标管理先进集体三等奖	中共普兰县委员会 普兰县人民政府	2001
财政局	2000年度目标管理先进集体三等奖	中共普兰县委员会 普兰县人民政府	2001
党群支部	先进党支部	中共普兰县委员会 普兰县人民政府	2001
政府支部	先进党支部	中共普兰县委员会 普兰县人民政府	2001
卫商粮支部	先进党支部	中共普兰县委员会 普兰县人民政府	2001
多油村党支部	先进党支部	中共普兰县委员会 普兰县人民政府	2001
普兰镇机关党支部	先进党支部	中共普兰县委员会 普兰县人民政府	2001
霍尔乡机关党支部	先进党支部	中共普兰县委员会 普兰县人民政府	2001
巴嘎乡党委	“六个好”乡镇党委	中共普兰县委员会 普兰县人民政府	2002

续表8

受表彰单位	称号	授予单位	授予时间
党群支部	先进党支部	中共普兰县委员会 普兰县人民政府	2002
卫商粮支部	先进党支部	中共普兰县委员会 普兰县人民政府	2002
政府支部	先进党支部	中共普兰县委员会 普兰县人民政府	2002
西德村支部	先进党支部	中共普兰县委员会 普兰县人民政府	2002
岗莎村支部	先进党支部	中共普兰县委员会 普兰县人民政府	2002
吉让居委会支部	先进党支部	中共普兰县委员会 普兰县人民政府	2002
贡珠村支部	先进党支部	中共普兰县委员会 普兰县人民政府	2002
普兰镇	“千名干部进农牧区，理思路、促发展”活动先进集体	中共普兰县委员会 普兰县人民政府	2002
巴嘎乡	“千名干部进农牧区，理思路、促发展”活动先进集体	中共普兰县委员会 普兰县人民政府	2002
霍尔乡	“千名干部进农牧区，理思路、促发展”活动先进集体	中共普兰县委员会 普兰县人民政府	2002
政府办公室	“千名干部进农牧区，理思路、促发展”活动先进集体	中共普兰县委员会 普兰县人民政府	2002
交通局	“千名干部进农牧区，理思路、促发展”活动先进集体	中共普兰县委员会 普兰县人民政府	2002
农牧局	“千名干部进农牧区，理思路、促发展”活动先进集体	中共普兰县委员会 普兰县人民政府	2002
民政局	“千名干部进农牧区，理思路、促发展”活动先进集体	中共普兰县委员会 普兰县人民政府	2002
财政局	“千名干部进农牧区，理思路、促发展”活动先进集体	中共普兰县委员会 普兰县人民政府	2002
“三代”办	“千名干部进农牧区，理思路、促发展”活动先进集体	中共普兰县委员会 普兰县人民政府	2002

续表8

受表彰单位	称号	授予单位	授予时间
巴嘎乡	2001年度目标管理先进集体一等奖	中共普兰县委员会 普兰县人民政府	2002
霍尔乡	2001年度目标管理先进集体二等奖	中共普兰县委员会 普兰县人民政府	2002
普兰镇	2001年度目标管理先进集体三等奖	中共普兰县委员会 普兰县人民政府	2002
卫生局	2001年度目标管理先进集体三等奖	中共普兰县委员会 普兰县人民政府	2002
农行普兰县支行	2001年度目标管理先进集体三等奖	中共普兰县委员会 普兰县人民政府	2002
计委	2001年度目标管理先进集体三等奖	中共普兰县委员会 普兰县人民政府	2002
财政局	2001年度目标管理先进集体三等奖	中共普兰县委员会 普兰县人民政府	2002
普兰镇	2001年度劳务输出先进乡（镇） 第一名	中共普兰县委员会 普兰县人民政府	2002
巴嘎乡	2001年度劳务输出先进乡（镇） 第二名	中共普兰县委员会 普兰县人民政府	2002
县委政法委	2001年度社会综合治理先进集体	中共普兰县委员会 普兰县人民政府	2002
霍尔乡	2001年度社会治安综合治理 先进单位	中共普兰县委员会 普兰县人民政府	2002
巴嘎乡	2001年度社会治安综合治理 先进单位	中共普兰县委员会 普兰县人民政府	2002
普兰镇	2001年度社会治安综合治理 先进单位	中共普兰县委员会 普兰县人民政府	2002
邮政局	2001年度社会治安综合治理 先进单位	中共普兰县委员会 普兰县人民政府	2002
财政局	2001年度社会治安综合治理 先进单位	中共普兰县委员会 普兰县人民政府	2002
县委统战部 （民宗局）	2001年度社会治安综合治理 先进单位	中共普兰县委员会 普兰县人民政府	2002

续表8

受表彰单位	称号	授予单位	授予时间
计委	2001年度社会治安综合治理先进单位	中共普兰县委员会 普兰县人民政府	2002
完全小学	2001年度社会治安综合治理先进单位	中共普兰县委员会 普兰县人民政府	2002
普兰镇党委	“六个好”先进党委	中共普兰县委员会 普兰县人民政府	2003
党群支部	先进党支部	中共普兰县委员会 普兰县人民政府	2003
完小支部	先进党支部	中共普兰县委员会 普兰县人民政府	2003
老干部党支部	先进党支部	中共普兰县委员会 普兰县人民政府	2003
西德村党支部	先进党支部	中共普兰县委员会 普兰县人民政府	2003
多油村党支部	先进党支部	中共普兰县委员会 普兰县人民政府	2003
帮仁村党支部	先进党支部	中共普兰县委员会 普兰县人民政府	2003
岗莎村党支部	先进党支部	中共普兰县委员会 普兰县人民政府	2003
江扎寺	2004年先进单位	阿里地区爱国主义教育办公室	2004.6
普兰镇	劳务创收工作先进单位	中共普兰县委员会 普兰县人民政府	2004
霍尔乡	劳务创收工作先进单位	中共普兰县委员会 普兰县人民政府	2004
巴嘎乡	劳务创收工作先进单位	中共普兰县委员会 普兰县人民政府	2004
孔雀饭店	2003年度纳税大户	中共普兰县委员会 普兰县人民政府	2004
桥头分店	2003年度纳税大户	中共普兰县委员会 普兰县人民政府	2004

续表8

受表彰单位	称号	授予单位	授予时间
普兰镇	2003年度乡（镇）目标管理责任制先进单位第一名	中共普兰县委员会 普兰县人民政府	2004
巴嘎乡	2003年度乡（镇）目标管理责任制先进单位第二名	中共普兰县委员会 普兰县人民政府	2004
霍尔乡	2003年度乡（镇）目标管理责任制先进单位第二名	中共普兰县委员会 普兰县人民政府	2004
卫生局	2003年度工作先进单位	中共普兰县委员会 普兰县人民政府	2004
教育局	2003年度工作先进单位	中共普兰县委员会 普兰县人民政府	2004
公安局	2003年度工作先进单位	中共普兰县委员会 普兰县人民政府	2004
政府办公室	2003年度工作先进单位	中共普兰县委员会 普兰县人民政府	2004
普兰镇	2003年度综合治理工作先进单位	中共普兰县委员会 普兰县人民政府	2004
公安局	2003年度综合治理工作先进单位	中共普兰县委员会 普兰县人民政府	2004
邮政局	2003年度综合治理工作先进单位	中共普兰县委员会 普兰县人民政府	2004
卫生局	2003年度综合治理工作先进单位	中共普兰县委员会 普兰县人民政府	2004
组织部	2003年度综合治理工作先进单位	中共普兰县委员会 普兰县人民政府	2004
楚果寺	寺庙管理模范单位	中共普兰县委员会 普兰县人民政府	2004
普兰县人民医院	教育系统先进支教单位	中共普兰县委员会 普兰县人民政府	2004
霍尔乡边防派出所	教育系统先进支教单位	中共普兰县委员会 普兰县人民政府	2004
普兰镇	2004年度劳务输出先进集体	中共普兰县委员会 普兰县人民政府	2005

续表8

受表彰单位	称号	授予单位	授予时间
交通局	2004年度劳务输出先进集体	中共普兰县委员会 普兰县人民政府	2005
巴嘎乡	2004年度劳务输出先进集体	中共普兰县委员会 普兰县人民政府	2005
县委政法委	2004年度目标管理责任制先进单位	中共普兰县委员会 普兰县人民政府	2005
巴嘎乡	2004年度乡（镇）目标管理责任 先进集体第一名	中共普兰县委员会 普兰县人民政府	2005
普兰镇	2004年度乡（镇）目标管理责任 先进集体第二名	中共普兰县委员会 普兰县人民政府	2005
老干支部	“第一批保持共产党员先进性教育 活动”先进党支部	中共普兰县委员会	2005
卫商粮支部	“第一批保持共产党员先进性教育 活动”先进党支部	中共普兰县委员会	2005
公检法支部	“第一批保持共产党员先进性教育 活动”先进党支部	中共普兰县委员会	2005
民政局	2004年度县直机关目标管理 先进集体	中共普兰县委员会 普兰县人民政府	2005
国税局	2004年度县直机关目标管理 先进集体	中共普兰县委员会 普兰县人民政府	2005
财政局	2004年度县直机关目标管理 先进集体	中共普兰县委员会 普兰县人民政府	2005
农牧局	2004年度县直机关目标管理 先进集体	中共普兰县委员会 普兰县人民政府	2005
县委政法委	2004年度县直机关目标管理 先进集体	中共普兰县委员会 普兰县人民政府	2005
县委组织部	2004年度县直机关目标管理 先进集体	中共普兰县委员会 普兰县人民政府	2005
县委宣传部	2004年度保密信息工作先进集体	中共普兰县委员会 普兰县人民政府	2005
县委组织部	2004年度保密信息工作先进集体	中共普兰县委员会 普兰县人民政府	2005

续表8

受表彰单位	称号	授予单位	授予时间
公安局	2004年度保密信息工作先进集体	中共普兰县委员会 普兰县人民政府	2005
霍尔乡	2004年度社会治安综合治理 先进集体	中共普兰县委员会 普兰县人民政府	2005
县委宣传部	2004年度社会治安综合治理 先进集体	中共普兰县委员会 普兰县人民政府	2005
公安局	2004年度社会治安综合治理 先进集体	中共普兰县委员会 普兰县人民政府	2005
交通局	2004年度社会治安综合治理 先进集体	中共普兰县委员会 普兰县人民政府	2005
卫生局	2004年度社会治安综合治理 先进集体	中共普兰县委员会 普兰县人民政府	2005
农行普兰县支行	2004年度社会治安综合治理 先进集体	中共普兰县委员会 普兰县人民政府	2005
巴嘎乡党委	先进基层党组织	中共普兰县委员会 普兰县人民政府	2005
公安党局支部	先进基层党组织	阿里地委组织部	2006
普兰镇西德村 党支部	先进基层党组织	阿里地委组织部	2006
霍尔乡帮仁村 党支部	先进基层党组织	阿里地委组织部	2006
水利局	“十五”水利工作鼓励奖	阿里地区水利局	2006
县委政法委	2005年度社会治安综合治理 先进单位	中共普兰县委员会 普兰县人民政府	2006
巴嘎乡党委	先进基层党组织	中共普兰县委员会 普兰县人民政府	2006
赤德村党支部	先进基层党组织	中共普兰县委员会 普兰县人民政府	2006
老干部支部	先进基层党组织	中共普兰县委员会 普兰县人民政府	2006

续表8

受表彰单位	称号	授予单位	授予时间
县九年一贯制学校	教育先进单位	中共阿里地区 委员会办公室	2007
边防支队	“支教”先进集体	中共阿里地区 委员会办公室	2007
县委政法委	2006年度政法工作先进集体	阿里地委 政法委员会	2007
县九年一贯制学校	教育先进单位	中共阿里地区 委员会办公室	2007
人民检察院	2006年度综治管理先进单位	中共普兰县委员会 普兰县人民政府	2007
县委纪检委	2006年度综治管理先进单位	中共普兰县委员会 普兰县人民政府	2007
邮政局	2006年度综治管理先进单位	中共普兰县委员会 普兰县人民政府	2007
县委组织部	2006年度县直、中直机关目标管理 先进单位	中共普兰县委员会 普兰县人民政府	2007
公安局	2006年度县直、中直机关目标管理 先进单位	中共普兰县委员会 普兰县人民政府	2007
农牧局	2006年度县直、中直机关目标管理 先进单位	中共普兰县委员会 普兰县人民政府	2007
中波台	2006年度县直、中直机关目标管理 先进单位	中共普兰县委员会 普兰县人民政府	2007
普兰镇	2006年度劳务输出先进单位	中共普兰县委员会 普兰县人民政府	2007
巴嘎乡	2006年度劳务输出先进单位	中共普兰县委员会 普兰县人民政府	2007
劳务服务中心	2006年度劳务输出先进单位	中共普兰县委员会 普兰县人民政府	2007
公安局	“7·20”特大跨国贩毒案侦破奖	中共普兰县委员会 普兰县人民政府	2007
巴嘎乡	“两基”攻坚目标先进单位一等奖	中共普兰县委员会 普兰县人民政府	2007

续表8

受表彰单位	称号	授予单位	授予时间
霍尔乡	“两基”攻坚目标先进单位二等奖	中共普兰县委员会 普兰县人民政府	2007
普兰镇	“两基”攻坚目标先进单位三等奖	中共普兰县委员会 普兰县人民政府	2007
县委组织部	“两基”攻坚支教先进单位	中共普兰县委员会 普兰县人民政府	2007
财政局	“两基”攻坚支教先进单位	中共普兰县委员会 普兰县人民政府	2007
卫生局	“两基”攻坚支教先进单位	中共普兰县委员会 普兰县人民政府	2007
“两基”攻坚办公室	“两基”攻坚先进集体	中共普兰县委员会 普兰县人民政府	2007
霍尔乡中心小学	“两基”攻坚先进集体	中共普兰县委员会 普兰县人民政府	2007
霍尔乡	2006年度乡镇目标管理先进单位 一等奖	中共普兰县委员会 普兰县人民政府	2007
普兰镇	2006年度乡镇目标管理先进单位 二等奖	中共普兰县委员会 普兰县人民政府	2007
巴嘎乡	2006年度乡镇目标管理先进单位 三等奖	中共普兰县委员会 普兰县人民政府	2007
公安局	2006年度信息工作先进单位一等奖	中共普兰县委员会 普兰县人民政府	2007
边防大队	2006年度信息工作先进单位二等奖	中共普兰县委员会 普兰县人民政府	2007
人民法院	2006年度信息工作先进单位三等奖	中共普兰县委员会 普兰县人民政府	2007
政府办公室	2006年度信息工作先进单位三等奖	中共普兰县委员会 普兰县人民政府	2007
普兰镇	2006年度乡镇党风廉政建设 先进单位一等奖	中共普兰县委员会 普兰县人民政府	2007
巴嘎乡	2006年度乡镇党风廉政建设 先进单位二等奖	中共普兰县委员会 普兰县人民政府	2007

续表8

受表彰单位	称号	授予单位	授予时间
霍尔乡	2006年度乡镇党风廉政建设 先进单位三等奖	中共普兰县委员会 普兰县人民政府	2007
霍尔乡	2006年度乡镇安全生产目标管理 先进单位一等奖	中共普兰县委员会 普兰县人民政府	2007
巴嘎乡	2006年度乡镇安全生产目标管理 先进单位二等奖	中共普兰县委员会 普兰县人民政府	2007
普兰镇	2006年度乡镇安全生产目标管理 先进单位三等奖	中共普兰县委员会 普兰县人民政府	2007
人民武装部	2006年“双拥”工作先进集体	中共普兰县委员会 普兰县人民政府	2007
边防检查站	2006年“双拥”工作先进集体	中共普兰县委员会 普兰县人民政府	2007
霍尔乡边防派出所	2006年“双拥”工作先进集体	中共普兰县委员会 普兰县人民政府	2007
县委政法委	2006年“双拥”工作先进集体	中共普兰县委员会 普兰县人民政府	2007
完全小学	2006年“双拥”工作先进集体	中共普兰县委员会 普兰县人民政府	2007
普兰镇	2006年“双拥”工作先进集体	中共普兰县委员会 普兰县人民政府	2007
邮政局	“先进县局”称号	阿里地区邮政局	2008
县委政法委	2007年度社会治安综合治理 先进集体	中共普兰县委员会 普兰县人民政府	2008
县委支部	先进基层党组织	中共普兰县委员会 普兰县人民政府	2009
政府一支部	先进基层党组织	中共普兰县委员会 普兰县人民政府	2009
老干支部	先进基层党组织	中共普兰县委员会 普兰县人民政府	2009
霍尔乡机关党支部	先进基层党组织	中共普兰县委员会 普兰县人民政府	2009

续表8

受表彰单位	称号	授予单位	授予时间
吉让居委会党支部	先进基层党组织	中共普兰县委员会 普兰县人民政府	2009
仁贡村党支部	先进基层党组织	中共普兰县委员会 普兰县人民政府	2009
县委政法委	2008年度党风廉政建设工作先进集体	中共普兰县委员会 普兰县人民政府	2009
人民武装部	2008年度维稳工作先进集体	中共普兰县委员会 普兰县人民政府	2009
边检站	2008年度维稳工作先进集体	中共普兰县委员会 普兰县人民政府	2009
边防大队	2008年度维稳工作先进集体	中共普兰县委员会 普兰县人民政府	2009
马攸木二线检查站	2008年度维稳工作先进集体	中共普兰县委员会 普兰县人民政府	2009
科迦派出所	2008年度维稳工作先进集体	中共普兰县委员会 普兰县人民政府	2009
霍尔乡派出所	2008年度维稳工作先进集体	中共普兰县委员会 普兰县人民政府	2009
巴嘎乡派出所	2008年度维稳工作先进集体	中共普兰县委员会 普兰县人民政府	2009
农行普兰县支行	2008年度维稳工作先进集体	中共普兰县委员会 普兰县人民政府	2009
中波台	2008年度维稳工作先进集体	中共普兰县委员会 普兰县人民政府	2009
县委办公室	2008年度维稳工作先进集体	中共普兰县委员会 普兰县人民政府	2009
县委组织部	2008年度维稳工作先进集体	中共普兰县委员会 普兰县人民政府	2009
县委统战部（民宗局）	2008年度维稳工作先进集体	中共普兰县委员会 普兰县人民政府	2009
政府办公室	2008年度维稳工作先进集体	中共普兰县委员会 普兰县人民政府	2009

续表8

受表彰单位	称号	授予单位	授予时间
公安局	2008年度维稳工作先进集体	中共普兰县委员会 普兰县人民政府	2009
普兰镇	2008年度维稳工作先进集体	中共普兰县委员会 普兰县人民政府	2009
巴嘎乡	2008年度维稳工作先进集体	中共普兰县委员会 普兰县人民政府	2009
霍尔乡	2008年度维稳工作先进集体	中共普兰县委员会 普兰县人民政府	2009
林业局	2009年度造林绿化先进单位	阿里地区林业局	2010
县委办公室	2009年度目标管理先进单位	中共普兰县委员会 普兰县人民政府	2010
政府办公室	2009年度目标管理先进单位	中共普兰县委员会 普兰县人民政府	2010
农牧局	2009年度目标管理先进单位	中共普兰县委员会 普兰县人民政府	2010
财政局	2009年度目标管理先进单位	中共普兰县委员会 普兰县人民政府	2010
民政局	2009年度目标管理先进单位	中共普兰县委员会 普兰县人民政府	2010
发改委	2009年度目标管理先进单位	中共普兰县委员会 普兰县人民政府	2010
文化局	2009年度目标管理先进单位	中共普兰县委员会 普兰县人民政府	2010
巴嘎乡	2009年度目标管理先进单位	中共普兰县委员会 普兰县人民政府	2010
普兰镇	2009年度目标管理先进单位	中共普兰县委员会 普兰县人民政府	2010
机要科	2009年度保密工作先进单位	中共普兰县委员会 普兰县人民政府	2010
人大常委会办公室	2009年度保密工作先进单位	中共普兰县委员会 普兰县人民政府	2010

续表8

受表彰单位	称号	授予单位	授予时间
县委组织部	2009年度保密工作先进单位	中共普兰县委员会 普兰县人民政府	2010
县委纪检委	2009年度保密工作先进单位	中共普兰县委员会 普兰县人民政府	2010
公安局	2009年度保密工作先进单位	中共普兰县委员会 普兰县人民政府	2010
邮政局	2009年度保密工作先进单位	中共普兰县委员会 普兰县人民政府	2010
人民检察院	2009年度信息工作先进单位	中共普兰县委员会 普兰县人民政府	2010
县委宣传部	2009年度信息工作先进单位	中共普兰县委员会 普兰县人民政府	2010
县委政法委	2009年度信息工作先进单位	中共普兰县委员会 普兰县人民政府	2010
卫生局	2009年度信息工作先进单位	中共普兰县委员会 普兰县人民政府	2010
司法局	2009年度信息工作先进单位	中共普兰县委员会 普兰县人民政府	2010
县委纪检委	2009年党风廉政建设先进单位	中共普兰县委员会 普兰县人民政府	2010
政府办公室	2009年党风廉政建设先进单位	中共普兰县委员会 普兰县人民政府	2010
机关后勤服务中心	2009年党风廉政建设先进单位	中共普兰县委员会 普兰县人民政府	2010
工青妇办公室	2009年党风廉政建设先进单位	中共普兰县委员会 普兰县人民政府	2010
气象局	2009年党风廉政建设先进单位	中共普兰县委员会 普兰县人民政府	2010
税务局	2009年党风廉政建设先进单位	中共普兰县委员会 普兰县人民政府	2010
普兰镇	2009年党风廉政建设先进单位	中共普兰县委员会 普兰县人民政府	2010

续表8

受表彰单位	称号	授予单位	授予时间
教育局	2009年度安全生产工作先进单位	中共普兰县委员会 普兰县人民政府	2010
安监局	2009年度安全生产工作先进单位	中共普兰县委员会 普兰县人民政府	2010
水利局	2009年度安全生产工作先进单位	中共普兰县委员会 普兰县人民政府	2010
中波台	2009年度安全生产工作先进单位	中共普兰县委员会 普兰县人民政府	2010
消防大队	2009年度安全生产工作先进单位	中共普兰县委员会 普兰县人民政府	2010
霍尔乡	2009年度安全生产工作先进单位	中共普兰县委员会 普兰县人民政府	2010
劳务服务中心	2009年度劳务输出先进单位	中共普兰县委员会 普兰县人民政府	2010
巴嘎乡	2009年度劳务输出先进单位	中共普兰县委员会 普兰县人民政府	2010
吉让居委会	2009年度劳务输出先进单位	中共普兰县委员会 普兰县人民政府	2010
县委统战部 （民宗局）	2009年度寺庙管理和法治宣传教育 先进单位	中共普兰县委员会 普兰县人民政府	2010
巴嘎乡	2009年度寺庙管理和法治宣传教育 先进单位	中共普兰县委员会 普兰县人民政府	2010
普兰镇	2009年度寺庙管理和法治宣传教育 先进单位	中共普兰县委员会 普兰县人民政府	2010
霍尔乡	2009年度寺庙管理和法治宣传教育 先进单位	中共普兰县委员会 普兰县人民政府	2010
巴嘎乡	2009年度农牧区合作医疗工作 先进单位	中共普兰县委员会 普兰县人民政府	2010
霍尔乡	2009年度农牧区合作医疗工作 先进单位	中共普兰县委员会 普兰县人民政府	2010
巴嘎乡	“两基”攻坚“控辍保学”工作 先进单位	中共普兰县委员会 普兰县人民政府	2010

续表8

受表彰单位	称号	授予单位	授予时间
多油村	支持教育工作先进村	中共普兰县委员会 普兰县人民政府	2010
吉让居委会	支持教育工作先进村	中共普兰县委员会 普兰县人民政府	2010
雄巴村	支持教育工作先进村	中共普兰县委员会 普兰县人民政府	2010
西德村小学	2009年度教体局月考成绩优秀学校	中共普兰县委员会 普兰县人民政府	2010
人民法院	2009年度社会治安综合治理 先进单位	中共普兰县委员会 普兰县人民政府	2010
交通局	2009年度社会治安综合治理 先进单位	中共普兰县委员会 普兰县人民政府	2010
工商局	2009年度社会治安综合治理 先进单位	中共普兰县委员会 普兰县人民政府	2010
旅游局	2009年度社会治安综合治理 先进单位	中共普兰县委员会 普兰县人民政府	2010
电信局	2009年度社会治安综合治理 先进单位	中共普兰县委员会 普兰县人民政府	2010
农行普兰县支行	2009年度社会治安综合治理 先进单位	中共普兰县委员会 普兰县人民政府	2010
县委统战部 （民宗局）	2009年度社会治安综合治理 先进单位	中共普兰县委员会 普兰县人民政府	2010
国土局	2009年度社会治安综合治理 先进单位	中共普兰县委员会 普兰县人民政府	2010
普兰中波台	2010年度社会治安综合治理 先进单位	中共普兰县委员会 普兰县人民政府	2010
巴嘎乡	2009年度乡镇综治工作目标责任制 先进单位第一名	中共普兰县委员会 普兰县人民政府	2010
霍尔乡	2009年度乡镇综治工作目标责任制 先进单位第二名	中共普兰县委员会 普兰县人民政府	2010

2001—2010年普兰县获军事系统先进集体称号统计表

表9

受表彰单位	称号	授予单位	授予时间
普兰县人民武装部	基层建设先进单位	南疆军区	2004
普兰县人民武装部	基层建设先进单位	南疆军区	2005
普兰县人民武装部	基层建设先进单位	南疆军区	2006
普兰县人民武装部	军事训练先进单位	南疆军区	2007
普兰县人民武装部	边境防控先进单位	南疆军区	2008
普兰县人民武装部	民兵训练先进单位	南疆军区	2008

大事记

2001年

2月1日，普兰县西藏特殊津贴执行2.5倍工资政策。

3月13日，普兰县农牧区“三个代表”重要思想学习教育活动领导小组及办公室成立。随后，普兰县在农牧区开展“三个代表”重要思想学习教育活动。

4月23—25日，普兰县第八届人民代表大会第四次会议召开。参会代表75人，特邀代表5人，列席代表46人。会议审议通过《政府工作报告》《普兰县人民检察院工作报告》《普兰县人民法院工作报告》《关于2000年普兰县财政预算执行情况及2001年财政预算（草案）的报告》《关于2000年国民经济和社会发展计划执行情况与2001年国民经济和社会发展计划草案的报告》《人大常委会工作报告》6个报告并形成相应的决议，补选产生人大常委会主任1人、副主任2人，增补人大常委会委员4人。

7月23日，普兰县印发《关于调整充实县寺教领导小组成员的通知》，调整充实县寺教领导小组成员。

8月10日，县人民政府同意对县贸易公司库存商品进行销价处理。

8月27日，普兰县开始执行《关于调整事业单位工作人员工资标准中对高套及固定浮动工资处理意见的通知》。

2002年

4月25日，县人民政府通过《关于下调县电网下户线改造收费标准的请示》，个体商户每户250元，动力用户每户500元，各单位仍按输电线距离计算。

4月，西藏自治区国税局和地震局扶贫工作组一行4人到普兰县走访调查，对普兰镇的贫困户危房情况进行调查，普兰镇需进行危房改造的贫困户有16户69人，自治区国税局投入资金15万元（巴嘎乡、霍尔乡各1.1万元），用于贫困户危房改造。

5月10日，县人民政府同意拆除原高压输电线路。

5月24—26日，西藏自治区、阿里地区在普兰县塔尔钦组织举行“2002年阿里旅游年”暨冈底斯转山节揭幕式（文艺演出）、物交会、冈底斯赛马会，色雄马年经幡杆更迭仪式，近3万人参加活动，其中外国旅游团体及散客人数为900余人。

5月29日，普兰县组织全县干部职工观看电视专题片《抗疫史话》。

6月15日至7月14日，普兰县开展第四届村（居）民委员会换届选举工作。全县总人口7837人，选民4602人，选举产生第四届村级领导班子成员30人，平均年龄60岁，其中妇女2人，党员26人。

8月20日，普兰边贸物交会在普兰县塔尔钦开幕。自治区对外贸易经济合作厅边贸局副局长洛丹和自治区财政厅、动植物检疫局有关领导出席开幕式。

9月24日，县人民政府为西藏阿里岗仁波齐资源开发总公司解决修建优质天然矿泉水厂厂房用地30亩，具体位置在塔尔钦河东，岗莎村乡镇企业商品房的围墙至山坡脚150米、河东边泥堆至山坡脚140米处。

10月1日，普兰口岸边防联检大楼破土动工。

是年，普兰县举办第三届普兰口岸边贸物交会，吸引尼泊尔商户128户、195人，印度商户37户、39人。

2003年

5月6日，普兰县开展农牧区“非典”防治宣传教育工作。

5月6日，普兰县二期农网改造工程法人确定为普兰县人民政府，法人代表为扎西旺堆。

5月12日，普兰县成立非典型肺炎防治领导小组及办公室。

5月20日，普兰县在全县范围内深入开展“解放思想、更新观念、与时俱进、加快发展”学习讨论活动。

6月1日，普兰县巴嘎至科迦公路重点整治工程开工建设，工程全长36.44千米，总投资6674.25万元，按照山岭重丘区三级公路标准设计，全线为砂石路面。该项目是西藏“三纵、两横、六个通道”骨架公路网的重要组成部分。2004年12月，省道207线巴嘎至普兰至科迦口岸公路重点整治工程完工。

6月，普兰县建设科迦希望小学，投资47.5万元，其中县财政局投资20万元，共青团西藏自治区委员会协助27.5万元。

7月16日，行署副专员仁青伦珠主持召开专题会议，研究普兰县金矿开采有关事宜。对拉昂错新矿区开采作出决定：立即停止新矿区开采工作，撤离所有人员与设备，留下2台推土机，将已开采挖掘的区域填平。对玛旁雍错老矿区回填工作作出决定：10月底完成回填任务，不得开采新矿。县委书记杨光远、副县长南加石确及金矿企业负责人参加会议。

7月21日，普兰县开展《国家公务员暂行条例》颁布实施10周年宣传纪念活动。

7月，武警总部副政委刘源率领工作组到普兰考察。

8月，自治区党委常务副书记、人大常委会主任列确率工作组到普兰县考察。

8月，由陕西省委组织部副部长余少君带队的工作组一行到普兰县考察援藏工作。

9月12—18日，阿里地区水利局局长凌旭峰带队的工作组到普兰县对一期人畜饮水工程进行阶段性验收。工作组到重点缺水乡和村饮水管道、水井进行检查，并考察在建的普兰县斜尔瓦水电站。

10月1日，普兰县人民政府在阿里地区文化广场举行岗仁波齐矿泉水上市宣传活动及普兰西德青稞白面（糌粑）、普兰油菜清油促销活动。

10月17日，由自治区交通厅厅长常行宪带队的工作组一行20人抵达普兰县。工作组从南线进入阿里，对狮昆公路改建工程进行检查验收，并对国道219线西藏段公路养护和大中修工程、在建的巴普公路建设情况进行全面检查。

10月22日，自治区经贸委党组书记贡觉次仁、阿里地区行署副专员索南平措、自治区口岸办主任任次诚、阿里地区建设局局长尼玛次仁等组成的验收小组对普兰口岸联检大楼进行验收，认为大楼的质量、选点、装修等均完成较好，质量合格。

10月28日，普兰县重点文物防火机构成立。

11月7日，西藏自治区建设厅原则同意《普兰县县城总体规划（1997—2010年）》，明确县城性质为全县的政治、经济、文化中心，是以发展旅游业和贸易为主的商贸口岸城镇；原则同意2010年人口规模定为4000人，用地规模定为60公顷。

11月，普兰县扶贫办组长、政府副县长阿琼率领工作组一行对2003年度扶贫搬迁工程进行自验。工作组先后到霍尔乡嘎拉组和巴嘎乡塔尔钦，对工程进行实地检查。普兰县扶贫搬迁工程共21户，扶贫搬迁房屋主体结构全面完工，工程建设达到预定标准。

11月，阿里地区广播电影电视局成立“村村通”验收领导小组，协同普兰县主管“村村通”工程建设的县委、县人民政府领导一道组成验收组，对普兰县“村村通”工程进行逐乡逐村验收。

是年，普兰县决定单独出资，通过贷款形式开发玛旁雍错矿泉水。由县长扎西旺堆牵头，副县长邓小明参加，组成班子，实施玛旁雍错矿泉水项目。

2004年

2月15日，普兰县成立禽流感应急分队。

2月20日，阿里地委政法委授予阿里边防支队霍尔边防派出所“模范边防派出所”表彰大会在普兰县召开。

4月9日，普兰县成立第一次全国经济普查领导小组，划分3个普查小区。9月22—29日，普兰县进行第一次全国经济普查，经济普查对象为县内从事第二、三产业的全部法人单位、产业活动单位和个体经营户。

5月19—21日，阿里地区农牧局党组书记贡觉旦增带队的工作组一行到普兰县，对2003年度草原建设项目和2004年度天然草场植被恢复与建设项目进行督查和项目布点安排，并召开专题会议，按照两个项目实施方案的建设规模和建设内容，对项目建设点进行细化分解，就存在的问题提出补救意见，同时对项目建设提出具体要求。

5月20日至7月初，按照中尼双方协定，中尼边界内部调查工作全面进行，6月6日中尼边界内部调查工作初步完成。

7月24—25日，由自治区副主席杨海滨带队，自治区交通厅厅长加措、自治区交通厅公路局局长宋万贵等组成的自治区工作组一行，检查普兰县巴普公路、普兰—科迦口岸公路、科迦—斜尔瓦乡村公路、普兰县城—强拉山口边防公路的路况和实施情况。之后，听取普兰县委、县人民政府的专题汇报，县委书记郑小东、县长扎西旺堆向工作组一行进行具体汇报，并向工作组提出6点要求和建议；自治区副主席杨海滨根据普兰县的实际情况作指示，工作组对于县委、县人民政府提出的建议和要求，结合实际考察情况，做了答复。会议由阿里地区行署副专员洛桑主持。自治区工作组一行，蔺小林（阿里地区交通局局长）、郑小东（县委书记）、扎西旺堆（县长）、索南旺杰（县政协主席）、周学刚（阿里地区交通局副局长）、阿旺次仁（副县长）、次仁旺堆（县交通局局长）及4个相关施工队的监理参加会议。

8月4日，阿里首届象雄文化旅游节招商引资项目签字仪式在阿里地区商贸大厦举行，此为中央实施“西部大开发”战略后，阿里举办的首次招商引资签字仪式。普兰县县长扎西旺堆与印商辛格·瑞迪就开发矿泉水及旅游项目签订协议。

8月，以西藏自治区人大常委会副主任洛桑顿珠为团长的“中华环保世纪行·西藏行”活动团一行35人在阿里开展工作，活动团在人大阿里地区工委副主任肖达娃陪同下，到普兰县霍尔乡对马攸木金矿矿山生态环境恢复情况、玛旁雍错金矿及冈仁波齐、玛旁雍错生态环境保护情况进行实地调研。

9月18日，阿里地区农发办和普兰县人民政府等部门在吉让居委会加兴农业综合开发区联合召开现场办公会，对加兴农业综合开发区的水库建设工程进行现场检查，并就水库建设中存在的有关问题形成整改意见。

10月17日，由自治区卫生厅组织的工作组赴普兰县全面调查了解疾病控制中心建设情况、疾病预防和医疗救治体系建设情况等。

10月，普兰县投入49万元，新建大棚7座，作为普兰县大棚示范点，带动农民推广大棚种植，解决群众吃新鲜蔬菜难的问题。

11月1日，普兰县在全县范围内开展学习中共十六届四中全会精神活动。

11月2日，根据中央和陕西省关于对口援建的精神，县人民政府特向陕西省安康市汉阴县委、县人民政府提出争取信息网站工程建设资金的请示；向陕西省安康市委、市政府提出争取援藏干部住宅楼建设资金的请示。

12月4日，普兰县成立清理拖欠民工工资处理信访突出问题预防和妥善处置群体性事件领导小组。

是年，普兰县建筑建材公司、普兰县粮油门市部成立。

是年，普兰县汽车客运站开工建设，工程总造价（合同价）98万元，开通普兰至阿里、拉萨的客运线。

2005年

3月3日，普兰县保持共产党员先进性教育活动动员大会在孔雀宾馆三楼会议室召开，县直、中直（区直、地直）各单位党组关系在普兰县的党员、预备党员，各乡镇党委书记、乡（镇）长、人大主席团主席参加会议。

3月23日，普兰县九届人大四次会议通过《普兰县妇女儿童发展纲要》。

5月16—19日，自治区教育督导委员会常务副主任格桑尼玛带队的区“两基”督导工作组对普兰县“普六”工作进行复查。工作组实地查看巴嘎乡、霍尔乡、普兰镇3个乡镇的工作达标情况，听取普兰县人民政府工作汇报，实地检查各学校工作开展情况。普兰县“普六”工作通过验收。

5月25日，普兰县成立城市医疗救助制度试点工作协调领导小组。

5月26日，自治区气象局局长索朗多吉一行工作组到普兰县气象局检查指导学习和贯彻落实中国气象事业发展战略研究成果情况。

6月18日，普兰县大棚蔬菜项目（1000亩）需资金100余万元，县人民政府向安康市人民政府申请援藏资金50万元。

7月1日，阿里地区扶贫办副主任索南罗布带领工作组到普兰县，听取关于2003年普兰县赤德至西德乡村公路建设项目和2004年江嘎搬迁线路整治建设项目剩余资金的处理意见，2个项目剩余资金34.7万元。研究普兰县上报方案的有关事宜，并作出决定：解决从塔尔钦至拉曲河搬迁点修路及拆迁扶贫补助资金6万元；解决霍尔乡贡珠村牧民定居房屋1套及半封闭式羊圈21套，资金11.5万元；解决2003年霍尔乡搬迁至江嘎村项目缺口资金17万元；资金拨付方式为建设单位核实后进行资金拨款，并将项目进度和资金拨付情况上报地区扶贫办。

7月，由自治区统战部部长袁莎带队的西藏自治区成立40周年专题片《西藏的魅力》阿里部分摄制组到普兰进行摄制。

7月，文化部副部长郑欣淼带队的工作组到普兰考查，主要对西藏藏传佛教文化及民间文化遗产保护工作等进行调查。

8月12日，以自治区政府副秘书长董军仁为组长的自治区矿产资源开发利用暨黄金生产秩序整顿调研组到普兰县调研。

8月，西德初小撤并到县完全小学。

10月1日，由自治区人民检察院党组书记、检察长张培中带领的自治区检察院调研组到普兰县看望检察干警，并检查、指导县人民检察院工作，听取汇报。

10月27日，普兰县委召开常委会，讨论普兰县公房分配办法、政府办提交的车辆事故处理办法、农牧局提交的关于切实保护树木和植被的办法、关于在巴嘎乡建立小康示范村以及人事方面等问题。

11月2日，由自治区纪委副书记罗杰带队，由自治区政法委以及拉萨市、林芝、昌都、那曲地区政法委相关人员组成的自治区综治验收组一行12人到普兰县，对普兰县综合治理工作进行验收。

是年，普兰县关闭拉昂错矿点，并进行回填修复。

是年，普兰县开展第五届村（居）民委员会换届选举工作。全县10个村（居）民委员会52个作业组共有1487户7423人，选民4755人，参选选民4213人。选出新一届村（居）民委员会成员30人（主任10人，副主任10人，委员10人），其中新当选村委会主任6人，委员10人（女性1人）。

2006年

3月10日，普兰县在全县党员干部中开展“学习党章、遵守党章、贯彻党章、维护党章”活动。

4月2—3日，普兰县召开2006年经济工作会议。

4月8日，普兰县成立安居工程领导小组，制订《普兰县农牧民安居工程总体规划》《普兰县农牧民安居工程2006年规划》《普兰县农牧民安居工程2006年实施方案》。普兰县安居工程分2年实施，共建造房屋896户。

4月21日，普兰县成立落实和完善草场承包经营责任制工作领导小组。

5月18日，中尼边界第三次联合检查工作在普兰县正式启动，阿里地区行署副专员边巴、普兰边防检查站负责人及尼泊尔代表巴拉尔一行参加仪式。8月5日，中尼边界第三次联合检查工作完成。

6月12日，自治区总工会和阿里地区工会投入60万元为普兰县工会建设办公用房，县财政解决配套资金10万元，款项按要求存入阿里地区工会账户。

6月14日，阿里地区气象局副局长白玛多吉带队一行工作组到县气象局检查和指导人影安全工作，当场解决存在的问题。

6月19日，由自治区电视台、广播电台组成的赴阿里新农村建设采访报道组一行5人抵达普兰县。随后到农牧基层一线，和农牧民群众深入交谈，采访普兰县新农村建设、特色产业开发、农牧民安居工程建设、农牧民增收、旅游产业开发、农村合作医疗等方面内容。

6月，普兰县启动实施农牧民安居工程建设项目。当年实施安居工程484户（改扩建95户，新建389户），建筑面积53777平方米，受益2319人。

7月3日，代县长土登次仁就水电公司组建、自来水管理、农牧区农田草场水利规划等事宜，召集相关人员进行协调研究。决定成立水电公司，编制4名，人员从相关单位和水利局抽调，抽调人员参与普兰县自来水和所有电站的运营及管理。

7月12日，普兰县被西藏自治区人民政府列为西藏自治区“普九”验收县之一，是阿里地区首批接受验收的县。县委、县人民政府将2006年定为普兰县教育年。

7月17日，自治区人影办和阿里地区人影办到普兰县气象局检查工作，在西德和多油点进行3天人影安全培训。

7月，普兰县一镇两乡普降大雨，降雨量累计42.8毫米，仅7月13日降雨量达31.4毫米，造成农田水利、道路桥梁、电讯等设施不同程度损毁。

8月14日，中国共产党普兰县第七次代表大会召开。应到会代表121人，实到106人，符合法定程序。大会选举产生中国共产党普兰县第七届委员会（委员25人、候补委员4人），中国共产党普兰县第五届纪律检查委员会（委员11人），以及普兰县出席中国共产党西藏自治区第七次代表大会代表（3人）。

8月26—27日，阿里地区水利局党组书记扎西次仁带领水毁水利设施调查与水利工作调研工作组到普兰县进行水毁水利设施调查与水利工作调研。

9月22日，由中国文物研究所所长张延皓带队的中国文物研究所、中国人民解放军总装备部工程设计研究总院和自治区文物局专家组一行到普兰县，对全国重点文物保护单位科迦寺进行现场勘察、测绘。

10月15日，普兰县成立党风廉政建设和反腐败工作领导小组。

10月24日，阿里地区商务局副局长次仁到普兰县查看普兰县国际市场运营情况，并同吉让居委会各组组长就国际市场有关问题进行座谈。

10月24—27日，由自治区教育厅助理巡视员韩志洪任组长的自治区“普九”评估验收组对普兰县“普九”工作进行评估验收。验收组认为，普兰县“普九”工作各项指标基本达到西藏自治区评估验收标准。

10月25日，副县长才旺玛就普兰县国际市场房租和规范管理等问题，组织普兰镇、县工商局、县商务局、吉让居委会主要负责人进行专题研讨，达成共识。

11月28日，普兰县西安宾馆公开招租领导小组召开会议，对参与宾馆公开招租的7家商户进行审查，经讨论决定，谢治华和罗建平为西安宾馆承包候选人，初步确定承包金为每年22万元。

2007年

3月2日，阿里地区工作组到普兰县，就贯彻落实自治区春季工作电视电话会议精神、普兰县灾情、农牧民生产生活情况、接羔育幼工作等进行实地调研，检查指导春季农牧业生产，调研边境管理和民族统战工作情况，走访慰问贫困户、“三老”人员、特困家庭，发放棉衣、棉被、棉鞋、帽子、眼镜等救济物资和慰问金。

3月11—14日，阿里地区普降大雪，持续时间长，覆盖范围广，降雪量大。普兰县积雪厚度60余厘米，219国道马攸木大阪至马攸桥边境检查站的30余千米路段完全中断，30余台车辆、200余人被困。地委、行署组成2个营救小组，于14日到马攸木大阪展开救援，3天后基本疏通国道219线马攸木段，被困者中7人受冻伤、3人雪盲。

4月8日，普兰县对侦破“7·20”跨国贩毒案的集体和个人进行表彰。

4月10日，普兰县开始安装调试新闻电视节目互传系统设备。

4月，普兰县巴嘎乡举行第三届冈底斯文化艺术节，为期3天，包括舞蹈、独唱、赛马、抱沙袋、拔河、跑马、走马、长跑、马术等民族传统文艺表演和体育项目比赛，巴嘎乡岗莎、雄巴两个村4000余人参加。

5月23日，普兰县开展庆祝中国共产党成立86周年及纪念“七七事变”70周年征文活动。

6月26日，普兰县迎接德国、俄罗斯、哈萨克斯坦3个国家的代表记者团，记者团自带车辆12台，陪同车辆2台，有工作人员41人（记者团34人）。该团在阿里地区外事旅游局人员的陪同及县委、县人民政府的支持下，完成对全县旅游景区（点）的拍摄及采访工作，将西藏的旅游景点、民风民俗向全欧洲做宣传，让世人了解西藏、了解普兰。

6月，普兰县巴嘎乡在塔尔钦举行传统佛事活动，吸引国内外、区内外旅客、香客、朝圣者共2.3万人。普兰县委、县人民政府专门成立塔尔钦佛事活动安全领导小组，由县主要领导担任组长，开展佛事活动安全保卫工作。

7月1日，陕西省第五批援藏干部（5人）到达普兰。

8月18日，由自治区民政厅勘察处处长曲培率领的自治区落实和完善草场承包经营责任制工作验收组到普兰县霍尔乡、巴嘎乡2个牧业乡开展草场承包检查验收工作。

8月26日，普兰县迎接由北京中国旅行社王润田带队一行18人的记者团。参加该团的有北京、天津、辽宁、黑龙江、吉林、河南、河北、安徽、贵州等地记者9人。记者团对普兰县国际边贸市场进行实地参观考察，并采访普兰县旅游业和教育事业发展状况，完成对普兰县旅游景区（点）的拍摄、采访工作，通过报刊媒体向全国各地宣传。

8月26日，阿里地委书记董明俊到普兰县检查指导工作，县委、县人民政府召开上半年工作汇报会。

10月22日，普兰县成立宣讲中共十七大精神和加强基层基础建设活动领导小组。

10月25日，阿里地区户用沼气试点工作在普兰县实施。

10月27日，狮泉河海关、自治区红十字会向普兰县巴嘎乡雄巴村贫困牧民群众捐赠扶贫物资。巴嘎乡雄巴村是狮泉河海关定点扶贫联系点，此次捐赠活动是由狮泉河海关牵头，自治区红十字会积极协助并参与的一项社会公益活动，捐赠物资价值13.56万元。

2008年

3月16日，普兰县霍尔乡东南方崩布鄂阿峰处发生4.6级地震和4.0级余震，这是普兰县近60年内发生的强度最大的一次地震。受地震影响，霍尔乡23处房屋盖顶支圆木裂痕较大，部分房屋出现墙壁裂开，无人员伤亡。

4月10日，普兰县在全县开展“反对分裂、维护稳定、加强团结、促进发展”主题教育。

4月25日，普兰县文物局成立。

4月29—30日，普兰县召开2008年经济工作会议。

7月8日，普兰县开展2008年村（居）党支部换届选举工作。

7月30日，普兰县卫生服务中心搬迁项目开工建设，经阿里地区基建领导小组审批后进行议标，议标价格为7162099.33元。

8月20日，由自治区农牧厅副厅长杜杰率领的自治区农牧业基本建设项目验收工作组抵达普兰县，并到普兰镇吉让居委会曲龙组高效温室基地，实地查看该项目的建设、资金落实、蔬菜种植情况以及群众从该项目中所获利润。

8月28日至9月6日，普兰县开展第六届村（居）民委员会换届选举工作。依法选举产生村（居）“两委”班子成员55人，其中3个村（居）党支部书记和村（居）委会主任实现一肩挑，对10个村（居）党支部、村（居）委会成员全部进行交叉任职。

9月19—21日，普兰县发生百年一遇的暴雨（雪）灾害，全县1071户、5302人受灾，造成房屋倒塌及严重危房219户、1648间，轻度受损108户、1066间，围墙倒塌3542米，饲草库及牲畜棚圈等附属设施倒塌73间、5824平方米，村组活动场所需要维修116间，经济损失4599.52万元。

9月23日，普兰县建设局成立。

9月，由西藏日报社副总编马志德率领的《西藏日报》阿里地区边境行采访报道组抵达普兰县，重点采访阿里地区边境县及相关部门、巴嘎乡牦牛运输队、帐篷旅馆、冈仁波齐、玛旁雍错旅游资源开发、普兰边贸口岸、科迦寺、陕西援藏、区党委办公厅扶贫联系点等单位或工作相关的新闻，为期20天左右。

11月2—4日，普兰县十届人大二次会议和政协普兰县委员会第六届二次会议召开。

11月20日，普兰县公安局成立禁毒大队，隶属县公安局。

12月20日，阿里地区国土局党组书记日娃、国土局办公室主任扎西、国土科科长琼达与西藏自治区羌塘矿业公司负责人强巴索巴、旦增以及普兰县副县长李辉、县国土局局长南木色，就普兰县农田开发整治项目召开工作会议。

2009年

2月25日，阿里地区在文化广场举行藏历新年团拜会，地区象雄艺术团、普兰县民间艺术团、军分区锣鼓队进行文艺节目表演。

3月3日，县普法办开展“送法下乡”活动。

6月10日，普兰县启动“万名组织部长下基层”活动。

8月8日，普兰县委、县人民政府与西藏旅游股份有限公司举行座谈会。双方就合作开发普兰冈仁波齐、玛旁雍错旅游项目进行具体协商，就保护生态环境，开发高端旅游产品，旅游城镇规划，业务人员培训，发展边境游、生态游、自然游、宗教游等进行讨论，为加深合作提出建设性意见，重点就2009—2010年的建设项目达成一致意见，对于加快冈仁波齐、玛旁雍错旅游资源的开发具有决定性的战略意义。普兰县委书记杨林，县委副书记、县长土登次仁，县委副书记、县人大常委会主任索南顿珠，县委副书记王海龙，县委常委、县政协主席索南旺杰，副县长拉巴次仁、才旺玛，西藏旅游股份有限公司董事长欧阳旭，董事、副总裁德伦·晋美旺久参加座谈会。

8月14日，普兰县成立领导干部作风建设年活动领导小组。

8月15日，县人民政府申请“神山圣湖”风景名胜区为自治区级重点风景名胜区。

8月18日，普兰县委召开常委会，决定提拔曲次、洛卓桑姆、琼达次仁、杨国栋、旺琼、朱明斌、马俊峰、白珍、旺久、尼玛、南木色、达瓦次仁、贡觉金巴、赵立斌、袁国忠等16人为副县级后备干部。

8月27日，在普兰县召开中印尼边民有关事宜工作会议，针对尼泊尔驻拉萨总领事乌帕达雅于7月8—10日在普兰县就两国社会发展、双边贸易、边民问题等有关情况进行非正式会晤时提出的相关要求进行研究。会议决定，按照区公安厅的批复，允许尼印边民到冈仁波齐、玛旁雍错朝圣，决定朝圣门票价格50元/人；跨境打工方面，允许尼方边民在普兰县有效边境区内打工或干农活；尼方边民和用工单位必须签订用工劳动协议和安全协议，并报县劳务服务中心和县安监局备案；尼方边民必须遵守中国的各项法律法规。

9月18日，普兰县成立第六次全国人口普查工作领导小组。

10月4日20时至8日7时，普兰县普降暴雨雪，降水量95.9毫米，积雪厚度约21厘米，部分牧业点积雪厚度40厘米以上，并伴有11℃的强降温。

11月12日前后，普兰县遭受强降雪灾害，造成207省道和通往灾区的乡村道路被大雪封堵，加之10月的强降雪还未融化，造成冬春季草场和夏秋季草场基本被积雪覆盖，牲畜在转场后也基本无草可吃，牲畜膘情急剧下降。

12月2日，普兰县开展“12·4”全国法治宣传日宣传活动。

12月7日，《普兰县“9·19”特大暴雨（雪）灾后农牧民安居工程重建实施方案》制订出台。219户群众（普兰镇135户、巴嘎乡43户、霍尔乡41户）受灾严重，按照相关重建工作要求，全县需要重建资金438万元（普兰镇168.8万元、巴嘎乡102.2万元、霍尔乡97万元）。

12月20日，阿里地区公益性村医岗前培训班在普兰县岗底斯藏医学校开班，来自各县的基层村医60余人参加培训。

12月28日，普兰县“神山圣湖”风景名胜区资源调查评价编纂工作领导小组成立。

12月28日，县人民政府申请将省道207线的日常养护任务交予普兰县承担。

是年，狮泉河海关查处1起走私海洛因案，毛重1160克。查处绕关走私红木案1起，查扣红木14吨，案值400余万元。

2010年

1月14日，经普兰县机构编制委员会（机构改革领导小组）研究，建议成立普兰县外事办公室，挂牌在县人民政府办公室。

1月，自治区发改委下达阿里高寒地区牲畜棚圈建设资金200万元。该项目计划在措勤、改则、革吉、普兰四县每县投资50万元，建设牲畜棚圈118套3.28万平方米，扶持农户164户。

2月25日，经县委、县人民政府研究决定，科迦村为县级爱民固边模范村。是年，普兰县将创建爱民固边模范县（乡、村）纳入新农村建设、兴边富民行动。

4月16日，普兰县人民政府与尼泊尔胡木拉县政府举行非正式会晤，就2009年

11月17日中尼双方确定的援助方案进行具体商谈，达成一致意见。确定2009年援助资金为30万元；2010年尼泊尔胡木拉县在普兰县购买柴油11吨、水泥18吨、钢筋5.2吨、面粉4.7吨，总价值30万元；采购在阿里地区进行，为保证采购的公正公开，采购双方共同定价，签订合同，并确定援助时间，进行简单的交付仪式。

5月31日，普兰县成立创建爱民固边模范县领导小组。

8月12日，中国人民大学白雪文具公益科考队一行19人到普兰县多油村小学开展公益活动，科考队捐助价值约7万元的图书和文具，并与在校学生进行游戏、体育、教学等互动。

8月13—16日，科考队到科迦村，与科迦边防派出所官兵一起参加“爱民固边”系列活动。

8月17日，普兰县成立创建全国“双拥”模范县领导小组。

8月21日，阿里地区农牧民沼气技工培训班在普兰县开班，为期10天，来自普兰、札达、噶尔、日土四县的农牧民学员39人参加培训。

9月1日，普兰县正式启动第六次全国人口普查工作。

9月9日，普兰县成立开展民族团结进步创建活动领导小组。

9月23日，阿里地区工作组到普兰县巴嘎乡调研，查看某旅行团队宿营地建设情况；并在巴嘎乡政府召开有地、县、乡三级干部参加的会议，就中秋、国庆双节期间旅游接待、社会稳定、应急处突等进行部署，对做好旅游接待和维护社会稳定工作提出要求。

9月，《普兰县城总体规划（2011—2030年）》修编工作正式开始，该项目由河北省规划设计研究院承担。

10月8日，自治区妇儿工委主任次仁白珍一行工作组飞抵阿里。在阿里地区妇儿工委副主任、地区妇联党组书记、主席胡雪飞和地区妇儿工委办公室主任、妇联副主席孔庆华的陪同下到普兰县督导评估验收“两纲”工作。

附 录

普兰县国民经济和社会发展“十五”计划纲要

2002年11月16日在普兰县第九届人民代表大会第一次会议上通过

“九五”期间，面对普兰落后的经济形势和历史上罕见的严重自然灾害，全县人民在自治区和地区两级支持下，县委、县政府的领导下，以邓小平理论为指导，坚持党基本路线，认真贯彻“抓住机遇、深化改革、扩大开放、促进发展、保持稳定”的方针，紧紧围绕新时期西藏工作指导方针，解放思想、更新观念、狠抓落实、团结奋斗，正确处理改革、发展、稳定的关系，立足县情，理清了经济和社会发展的基本思路，实现了经济持续、快速、健康发展。到2000年，全县生产总值达到3634万元（按2000年现价算），年均增长10%以上；县级财政收入达到111万元，比1995年增长69%。农牧业和农牧区经济全面发展，到2000年，农牧业生产总值达到1991.1万元，比1995年增长66.3%，农牧民人均纯收入达到1669.1元，比1995年增长44.4%，粮食总产量3138吨，比1995年增长12%，实施“菜篮子”工程，蔬菜面积达50亩，牲畜存栏17万头（只、匹），农畜产品综合商品率达到49%，比1995年提高12个百分点，实现了农牧产品供给由长期短缺到丰年有余的历史性转变。二、三产业快速发展，在国内生产总值中的比重越来越大，黄金产值达440多万元，发电量达17万千瓦时，旅游业营业收入达400万元。商业、服务业生机勃勃，非公经济迅速发展，个体私营经济已发展到376户，注册资金达1560万元，社会商品零售总额达到226.1万元；经济体制改革取得较大进展，社会主义市场经济框架已基本形成，国民经济社会化、市场化程度普遍提高；宏观调控改革和住房、医疗保险、社会保障等方面配套改革有新的进展；对外开放格局逐步形成，外向型经济迅速发展，边贸经济快速增长，边境贸易总额达到1070万元，比1995年增长168%。扶贫攻坚取得阶段性胜利，到2000年共完成156户752人脱贫，从1995年的240户1140人下降到84户388人，贫困面下降7个百分点，完成了20户的移民搬迁和定居点工程。人民生活水平显著提高，城镇居民人均生活费比1995年提高800余元，城乡居民储蓄存款余额达到1566万元，全县绝大部分人民基本解决温饱，部分群众达到小康。能源、交通、通信等基础设施建设有新的突破，装机容量500千瓦的县水电站已处于收尾阶段，霍尔、塔尔钦水电站相继建成；五年共完成了19.5千米的公路新修、5座公路桥和6座人行吊桥建设，乡村公路通车里程达到1120千米；通信上，全县固定电话达到330部；城镇公共设施有所改善，商品房建筑面积达3500平方米，建成县城自来水站，办公条件部分改善；到2000年，造林达230亩，全县零星植树达13.5万株，社会事业全面进步，积极实施“科教兴普”战略，通过了自治区的“普六”验收，学龄儿童入学率达到95%以上，巩固率达到98%以上，教育覆盖率达74%以上，青壮年扫盲教育取得新成效，广播、电视、文化、卫生等各项社会事业全面进步。社会主义民主法制和精神文明建设取得丰硕成果，党的各级组织战斗力不断提高，反分裂斗争不断深入，社会政治局势日益稳定。

在回顾“九五”的同时，但也应看到我县经济社会发展的制约和困难：一是经济基础差、底子薄，政府负担过重，贫困面还大。二是基础设施建设滞后，“瓶颈”制约严重。三是我县的资源优势未得到合理利用，潜力没有得到发挥。四是产业结构仍不合理，经济体制改革有待进一步深化，国企改革还没有取得实质性进展，扭亏增盈任务艰巨。五是科技、教育落后，人民群众科技文化素质低，人才奇缺。六是各级党政机关中，一些干部职工程度不同地存在着事业心、责任心不强，作风不够深入，创新意识和竞争意识薄弱等问题。七是地处边境要地，反分裂斗争任务艰巨。对此我们必须保持高度认识，在今后五年和更长一段时期尽快加以解决。

进入21世纪，是我县参与西部大开发和促进人民奔小康，推进社会主义现代化建设新的发展阶段。今后五年到2015年，是我县改善基础设施和进行经济结构战略性调整的重要时期，也是完善社会主义市场经济体制和扩大对外开放的重要时期。制定和实施好这一时期的规划，对普兰县在新的起点上加快发展，抓住机遇，指导全县人民实现经济跨越式发展和社会长治久安具有承前启后的重要意义。

一、“十五”计划的指导思想、基本方针和奋斗目标

1. 指导思想和发展思路

以邓小平理论为指导，坚持新时期西藏工作指导方针，抓住西部大开发的历史机遇和第四次西藏工作座谈会将带来的发展机遇，围绕“一个中心、两件大事、三个确保”的方针，加快发展，以调整经济结构和壮大特色经济为主线，以科技进步和改革开放为动力，加强基础设施建设，稳定农牧业基础地位，加快城镇化进程，加快非公有制经济发展，确保财政增收，确保农牧民增收，全面推进社会事业进步，实现经济跨越式发展和社会长治久安。

具体是：围绕发展优势产业，加快城镇化进程，建设“一城三镇”，即县城、巴嘎、霍尔、科迦“一城三镇”小城镇建设；以“稳粮、优牧、促旅游”的发展路子，大力发展农区粮食生产、草原畜牧业、旅游业三大主导产业，形成三大经济区

域，即普兰镇农业经济区、霍尔牧业经济区、巴嘎旅游经济区；有重点地发展边贸、矿产、民族手工业、建筑建材业，培养和扶持成为四大支柱产业；实施“科教兴普、可持续发展、城镇带动”三大战略；重点抓好“基础设施建设、农业综合开发、牧业示范工程、扶贫开发、国企改革和非公有制经济”五大工程。

2. 基本方针

坚持加快发展，牢固树立发展是硬道理的观念。以参与西部大开发，加快优势产业的开发，合理布置产业布局，理清思路、统一思想，发展“农、牧、旅”三大主导产业，突出边贸等四大支柱产业的开发，实现经济快速发展。

坚持思想大解放，观念大更新不断引向深入，从服从大局和普兰实际出发，把党的大政方针同我县实际相结合，把紧紧依靠上级的支持同我县人民自力更生相结合，树立新观念，探索新思路，广辟资金，确定开发和发展规模，综合投入，创造性开展工作，处理好经济发展中的各种关系，推动各项工作不断登上新台阶。

坚持可持续发展战略。控制人口增长，合理利用资源，保护环境，防止水土流失，防治沙化、荒化，加强生态建设和治理保护。以水利为龙头，推进农牧业综合开发，择优投入，发展特色经济。

坚持“科教兴普”战略，优先发展教育事业，全面推进素质教育，加强基础教育，加快科技引进、示范推广和科技成果的转化，靠科技应用和提高劳动者素质，进一步优化资源配置，以提高经济增长的质量和效益。

坚持统筹兼顾，非均衡发展，因地制宜，明确重点，发挥优势和特色，坚持城镇带动战略，搞好产业布局和区域布局，正确处理重点区域开发和一般区域开发的关系，逐步形成各具特色的区域经济的格局。

坚持富民为本，改善城乡居民生产生活条件，加强基础设施建设，把增加收入作为经济发展的着眼点，增加财政收入，提高人民生活水平。

坚持“两手抓、两手都要硬”的方针，推进社会主义民主法制和精神文明建设，深入开展反分裂斗争，促进经济和社会协调发展。

3. 奋斗目标

“十五”时期，国内生产总值年均增长15%，五年翻一番，达到7300万元；财政收入年均增长15%，五年翻一番，达到230万元；农牧民人均纯收入年均增长10%，达到2688.1元；旅游营业收入达到600万元，个体私营经济迅速发展，社会商品零售总额力争突破1000万元；边境贸易额突破2000万元，比2000年增长87%；全县年发电量达到657万千瓦时。

“十五”时期，农牧业总产值达到2198.3万元，年均增长2%；粮油总产量达到3250吨，农畜产品综合商品率达55%，分别比2000年提高3.5、6个百分点；粮经饲种植比例达到7：2.5：0.5；牲畜存栏控制在17.5万头（只、匹）。

“十五”时期，完成180千米的主干线公路整治扩修，400千米的乡村公路建设，全县公路覆盖率90%；村通电，完成410千瓦的水电站建设和30千瓦的光伏电站建设；铺通至狮泉河的光缆，开通移动通信；城镇化水平提高到20%。孔雀河流域植树造林达537亩，零星植树达20万株；人工种草达15000亩，治沙达5000亩，城乡环境质量和城市卫生明显改善。

“十五”时期，小学适龄儿童入学率超过98%，初中毛入学率达到90%，巩固率分别达到98%和95%；科技明显进步，科技普及率和成果转化率分别达到85%、55%；人口自然增长率控制在16‰以内，总人口不超过8543人。

“十五”时期，实现贫困户60%脱贫，完成800户的脱贫，城镇居民可支配收入年均增长300元以上，农牧民人均纯收入年均增加200元以上，绝大多数群众达到小康，部分群众过上富裕生活；实现村村通广播电视，城乡户户通有线电视，乡村全面推行农村合作医疗，社会事业全面进步。

二、政策措施

1. 进一步深化改革，加快建立和完善社会主义市场经济体制

按照“循序渐进、积极稳妥、适当变通、实质突破”的原则，按照建立和完善社会主义市场机制的要求，把整体推进与重点突破结合起来，建立机制上要有创新，进一步深化各项改革。

深化国企改革：以市场为导向，对县属国企采取联合、兼并、租赁、拍卖、承包经营、国有民营和公司制等形式进行改组改造，实现扭亏为盈。对县贸易公司采取国有民营、租赁、承包或托管托营等形式进行改组。矿产开发采取联合形式，成立玛旁雍错金矿开采和矿泉水生产企业；对农畜产品加工、建筑建材经营采取政府扶持，农牧民和外贸部门参与经营，成立加工、经营性企业；旅游、边贸开发，采取政策引导，鼓励县内外企业参与联合，成立边贸旅游集团公司；孔雀饭店采取租赁、承包等形式，与政府脱钩，实行市场化经营，实现固定资产增值。全县电站、自来水站改为普兰电力公司，实行有偿用电用水制；切实做好企业领导班子建设和企业内部生产管理，选贤任能，充分发挥企业管理队伍的核心作用。围绕国企改革，改革和完善企业分配制度、人事制度、劳动制度，建立健全社会保障体系，加强住房制度改革。

深化宏观体制改革：财税改革，建立社会主义市场经济体制的公共财政基本框架，健全财政职能，强化财政管理，加强税收征管，改革收费制度，提高财政收入，逐步建立县政府综合财政预算。实行行政事业单位工资集中支付，推进政府采购制度改革。严格财政监督管理机制，优化财政支出结构，做好增收节支。加强财政建设，培植财源，争取优惠的财政政策，增加财税收入来源。改革以行政审批为特征的投融资体系，对非国家投资的一般性项目取消行政审批，实行项目登记备案和投资信息发布制度，全面推行项目的招投标制度，强化工程质量管理和监督。计划要变直接管理为间接管理，制定符合我县实际的产业政策，增强计划的战略性、政策性和预测性。进一步加快金融体制改革，改进金融服务，增加融资渠道，有效

发挥信贷杠杆作用，引导信贷投向，把重点工程建设、支柱产业发展、乡镇企业发展、农牧业生产、扶贫开发和小康工程等经济建设作为投向重点。

深化政府机构改革：切实转变政府职能，大力减少行政审批和程序，实现政企分开，建立廉洁高效、运转协调、行为规范、依法行政的行政管理体系。加快养老保险、医疗保险、失业保险等改革步伐，建立起与社会主义市场经济体制相适应的社会保障制度。

调整所有制结构，大力发展非公有制经济，促进市场体系建立。按照“先发展、后规范、先扶持、后受益”的原则，制定和完善鼓励非公有制经济发展的政策措施，取消一切限制社会投资、非公有制经济发展的不合理的规定和条款，重点以减免税收等优惠政策鼓励私人投资、多方合资、有偿筹资等形式开办企业，实现个体私营经济等非公经济有重大突破。加快流通体制改革步伐，在国企改组改造的前提下，充分发挥流通主渠道作用，大力发展城乡一体化经营和多种经营，提高竞争力和农牧区市场占有率。坚决打击走私，维护正常的市场经济秩序，依法规范市场秩序。

2. 扩大对内对外开放，形成全方位、宽领域的开放格局

开放才能发展，我县要打破区域封锁，更新观念，抓住实施西部大开发历史机遇，努力形成全方位、多形式、宽领域的对内对外开放的新格局。吸引国内外投资者来普兰投资；深化外贸体制改革，加强我县同印、尼两国毗邻地方政府会晤，加快协调，尽快打通边境公路，实现互通大车，加强口岸边贸市场和国内市场的建设。依法保护各类投资者的合法权益；切实为扩大对内对外开放创造良好的软硬投资环境。

本着“互惠互利、共同发展”的原则，大力发展多层次、多形式的国内横向经济联合，特别是同对口支援省的联合和协作。把优势资源，优势产业推向市场，把实施西部大开发和对口支援结合起来，把我县的政策优势、资源优势、区位优势同其他省（市）的资金、技术、管理和人才优势有机结合起来，共同开发，共同发展。积极创造有利条件，吸引其他省（市）企业、个体私营经济实体和个人来我县开发资源、投资办厂。

3. 加强和巩固农牧业基础地位，调整优化农牧区和农牧业结构

农牧业是我县经济社会发展的主导产业，始终要把农牧业工作摆在全县经济工作的首位，以农业综合开发、牧业示范工程和农牧业生态工程建设为切入点，以农牧业基础设施为支撑，加快发展农牧业为主题，调整农牧区和农牧业结构为主线，增加农牧民收入为目标；以市场为导向，因地制宜、明确重点、突出特色、发挥优势，围绕“稳粮、增收、调结构”，加快农牧业科技进步和农牧区社会化服务体系建设的步伐，实现农牧业增产增效、农牧民增收和农牧区经济全面进步。

一是深化农牧区改革，完善基本政策，促进农牧业产业化经营和社会化服务体系建设，继续坚持和完善“两个长期不变”的政策，进一步健全统分结合的双层经营机制，建立健全群众性“自主经营、自我约束”的储粮会、储金会和储草会，建立健全农畜产品市场体系、农牧业灾害防御体系、农牧区社会保障体系、以科技和流通服务的社会化服务体系。

围绕优势资源开发和农畜产品加工，优化农牧区经济结构，鼓励发展多种形式的联合和合作，兴办经济实体；扶持农牧业产业化经营，培育龙头企业，建立“种、养、加”基地，建立普兰镇粮油综合加工厂和霍尔畜产品加工厂；城乡结合，城镇与市场相结合，龙头企业同农牧民相结合，逐步形成“公司＋基地＋农牧民”稳定的购销关系，向专业化、规模化、市场化发展。

二是调整和优化农牧业及农牧区经济结构，调整的原则是：加快发展种植业，突出发展草业，稳定发展草原畜牧业，大力发展农区和城郊畜牧业、养殖业；突出发展交通运输、服务、商贸为主的第三产业和矿产开采加工、农畜产品加工为主的第二产业。

农区：大力发展粮食生产的前提下，调整优化种植业布局和内部结构，调整粮、经、饲的种植比例为7∶2.5∶0.5。主攻单产，向“两高一优”作物发展，建立商品粮油基地、“两高一优”示范基地、蔬菜和油菜籽基地、农业综合开发示范园；推进本地黄牛、山羊改良，提高农作物秸秆的氨化贮存和农副产品的转化利用，扶持庭院牧场，发展专业户、示范户、重点户，建立肉牛、奶牛养殖基地和城郊猪、鸡、鸭综合养殖场，以及农区畜牧业示范区，开展牲畜短期育肥，把种植业资源优势转化为肉蛋奶优势，提高畜牧业在农业中的比重，加快“菜篮子”工程步伐。

牧区：在稳定发展草原畜牧业的前提下，着力进行畜群畜种结构调整。巴嘎乡加快无水、缺水草场开发利用和天然草场的保护，稳定草原畜牧业，推广白绒山羊，推行短期育肥措施。霍尔乡大力发展草原畜牧业，在稳定牲畜总量的前提下，适度调整畜群畜种结构，畜种结构调整要坚持控制总量，发展以绒山羊为主的特色产业和产品，控制马、驴，稳定牛、羊，建立绒山羊生产基地和肉食供应基地，积极发展绒山羊专业化生产和示范户；畜群结构调整要针对牲畜年龄结构老化，繁殖母畜比例低下，非生产畜比例偏高，努力提高适龄母畜比例，加大老龄畜和非生产畜的出栏力度，加快畜群周转，优化畜群结构，提高草原畜牧业的经营管理水平。

三是积极推进农牧业科技进步，实施“科技兴农兴牧”，加大农牧业实用技术的引进、示范和推广，提高农牧业生产的科技含量。农业上，以种子工程为先导，推广优良品种，全部实施种子良种化，亩均增产20%以上；大力推广农业机械化，搞好农业生产的产前、产中、产后服务；大力推广农业科学种植和配方施肥技术、农产品加工技术及养殖业实用技术；普及病虫害综合防治和灭草技术，促进粮食增产增效。牧业上，大力推广以绒山羊为主的畜种改良和选育，着力引进繁育、快速育肥技术，加快草原灭鼠、优良牧草培育种植、退化草场的治理、无水草场开发利用、秸秆作物贮存转化利用等技术；加强牲畜疫病防治工作。

四是加强农牧业基础设施建设，改善农牧业生态条件，紧密结合扶贫开发，以农业综合开发、牧业示范工程建设、农牧业生态工程建设为切入点，开展农田水利草场基本建设。

南部农业区，结合农业综合开发、农业生态体系建设，以水利为龙头，要以开发现有水利资源，加快农田水利设施及配套建设，着力改造中低产田，提高农业机械化程度，改变传统的耕作方式，发展节水灌溉农业和扩大灌溉面积为主，兴修水渠、水库，以提高抗御自然灾害的能力。

北部牧业区，结合牧业示范工程建设、扶贫开发，坚持走“人、草、畜”三配套建设的路子，提高畜牧业防抗灾能力，实现畜牧业畜种良种化、生产规模化、管理科学化、生活条件现代化，加快牧区防抗灾体系建设，加强无水草场开发、冬季草场牲畜棚圈建设，发展饲草饲料基地，力争户户有基地，加快草场网围栏建设。

五是努力增加农牧民收入，是农牧区工作的落脚点，要树立“围绕增收调结构，调好结构促增收”的思想，拓宽增收渠道，按市场、价值规律，调整农牧业及农畜产品结构；把种植和畜牧业的优势与农畜产品初加工相结合，实现农畜产品增值；大力发展乡镇企业，参与农牧业产业化进程，促进农牧业向产业化、市场化发展；引导农牧区剩余劳动力向城镇转移，向二、三产业转移；组织农牧区剩余劳动力的劳务输出，外出务工经商。

4. 加强扶贫开发，继续打好扶贫攻坚战

继续认真贯彻实施《国家八七扶贫攻坚计划》，结合我县实际，巩固扶贫成果，充分利用和开发我县的优势资源，帮助贫困人口拓宽稳定脱贫致富的路子，确保消除绝对贫困。坚持走开发式扶贫、生产扶贫、科技文化扶贫、智力扶贫、卫生扶贫的路子，“十五”末，使全县贫困群众生存条件和生活环境得到较大改善，贫困地方抵抗自然灾害的能力大大提高，返贫率控制在4%以内，脱贫人口的巩固率超过95%，居民实际生活水平有明显提高。

“十五”期间，完成800户的脱贫任务，贫困人口人均收入增长12%，牧区达1700—2000元，半农半牧区达1600—1800元，农区达1500—1700元，主要开展以下四个方面工作：一是继续实行定点扶贫联系对口帮扶式扶贫，做到不脱贫不脱钩，脱贫不断线；二是对生产条件差，高寒高海拔地方贫困群众实行扶贫搬迁，向城镇和交通条件较好的地方迁移，切实改善居住条件、生产生活条件；三是实行科技扶贫，兴办扶贫经济实体，解决贫困人口科技素质低和增收难问题，加大科技培训力度，指导贫困群众运用科技进行农牧业生产，提高农牧业产品的产量和质量，增加收入；四是加强贫困地区的交通、能源、人畜饮水等基础设施建设，使贫困人口尽快脱贫；做好防抗灾工作，防止因灾致贫或因灾返贫。

5. 以资源优势为依托，壮大特色经济和发展优势产业，促进二、三产业结构优化升级

从我县实际出发，抓住西部大开发的历史机遇，按照“稳定发展第一产业、有重点地发展第二产业、大力发展第三产业”的原则，以资源优势开发为依托，以市场为导向，在稳定发展农牧业经济的同时，加快发展以旅游为主导产业的第三产业，重点培育和扶持农畜产品加工、矿产、民族手工业、建筑建材业等第二产业成为我县的支柱产业，使这些产业发展成为今后我县经济的“龙头”，推进产业结构在加快发展中实现优化调整。

旅游业：按照“大力发展国内旅游、稳步发展国际旅游”的原则，发展特色旅游，把普兰建成以巴嘎为中心的宗教、文化、自然特种旅游区。大力改善景区内外旅游环境和基础设施建设，成立玛旁雍错旅行社，改扩建旅客定点饭店——孔雀饭店的基础配套设施，搞好冈仁波齐、玛旁雍错、科迦寺等现有景区（点）公路设施建设和配套设施建设，积极探索纳木那尼峰探险旅游、贤柏林寺宗教传统文化旅游等新景区（点）的建设，加快塔尔钦旅游基地的建设。积极开发旅游产品，拓宽旅游市场，带动相关产业的发展。树立旅游精品意识，发展精品旅游，围绕我县自然、人文、宗教景观，形成观光、探险、宗教活动的旅游产业体系，从根本上改变旅游粗放式开发利用的状况。

农畜产品加工业：农区突出粮油加工，建立普兰镇粮油加工企业；牧区突出畜产品加工，建立霍尔畜产品加工企业，依托玛旁雍错鱼类资源加工鱼粉、鱼食品制品，建成毛、绒、皮、肉综合初加工基地；走“产、工、贸”一体化路子，实现农畜产品初加工增值。

矿产：按照“统一规划、合理开发、形成规模、科学开采、强化管理”的原则，进一步摸清我县矿产资源状况，进行矿产资源普查和勘探，加快我县矿产开发。根据市场需求和资源优势，开发的重点是金矿和冈仁波齐、玛旁雍错矿泉水。要强化矿山管理，切实保护生态和资源的合理利用，控制对资源的破坏和浪费。

民族手工业：突出氆氇、卡垫加工，引进木碗生产和银制品加工技术，开发具有地方民族特色的民族手工艺品、民间传统产品，并加以生产；开发具有旅游特色和旅游纪念的民族手工艺品，在巴嘎乡建成一个民族手工业加工企业，以增加农牧民收入，解决就业和增加我县经济综合实力。

6. 加快小城镇建设步伐，发挥城镇经济带动作用

加快小城镇建设是加快经济结构调整，改善投资环境，缩小城乡差别，开拓农牧区市场的重大举措，是带动农牧区经济社会发展的大战略。坚持把引导农牧区各类经济实体和社会合理集聚，完善市场体系，发展农牧业产业化经营和社会化服务等同小城镇建设相结合，打破城乡分割关系，建立市场经济体制的新型城乡关系。要把以给排水、城镇道路为重点的城镇基础设施和综合配套设施建设同小城镇建设相结合，合理确定城镇规模、产业方向和功能分区，切实按规划建设，完善城镇功能为目标，进行高效能管理。

按照“科学规划、突出特色、合理布局、规模适度”的原则，重点建设以县城（普兰镇）为中心，辐射带动公路沿线巴嘎、霍尔、科迦三个小城镇建设，即“一城三镇”。进一步提高城镇综合功能，加快创新户籍制度改革和移民搬迁步伐，鼓励县内外农村具有经济实体的个人迁居城镇；创新用地制度和投融资体制，妥善解决城镇用地，推进土地商品化改革，采取拍卖、招标或协议方式出让，创造良好的投融资环境。

7. 加强基础设施建设，改善经济和社会发展环境，根本上缓解“瓶颈”制约

坚持“统筹规划、适度超前”的原则，抓住西部大开发和自治区重点建设口岸县的机遇，要下最大决心，用最大力量，提更高要求，加强水利、能源、交通、通信、市政等基础设施建设，从根本上缓解我县经济社会发展的“瓶颈”制约。

水利能源建设：坚持“统筹规划、标本兼治、综合治理”的原则，以农田水利和防洪建设为重点，加快牧区中小型电站和人畜饮水工程建设为突破口，把孔雀河流域和两湖流域综合治理作为基础，大力开发无水草场，解决人畜饮水问题，采取改造、配套、巩固等方式加强农业水利设施建设，增加农田有效灌溉面积，把流域综合治理、发展农田灌溉、植树种草结合起来，加强水土保持做好防洪工作；结合光明工程，加强乡村小型水电站，实现普兰镇组组通电，霍尔、巴嘎两牧区村村通电、户户拥有太阳能灯的多能结构用电方式。一是重点抓好灌溉渠系建设，病险水库除险加固，节水工程新修建设，完成胜利（吉让、多油）、扎拉（赤德、西德）、科迦三大引水灌区45千米主干渠和水利配套建设，完成洛巴、科迦、赤德、斜尔瓦、贡嘎、多瓦、岗孜等节水工程建设；二是加强巴嘎、霍尔两乡居民点人畜饮水工程、供水工程建设和无水草场开发，完成草场打井和居民点打井142眼；三是加强孔雀河流域、两湖流域综合治理，搞好县城12千米堤防建设，加强水土保持，提高防洪能力和河滩地的利用率；四是加强饲草饲料基地配套建设；五是加快仁贡、赤德沟、斜尔瓦、角入、岗孜等小水电站建设和巴嘎、霍尔两座光伏电站建设，完成多油、吉让、西德、赤德等供电农网改造和县城及乡镇城网改造。积极抓好普兰二级电站的规划、论证、立项工作。要加强水资源的管理利用，建立有利于节约用水和保护水资源的水利建设体系。

交通建设：要以狮普公路、拉普公路改造、整治、维修、养护，及通往尼泊尔、印度的中印、中尼主通道公路建设为重点，提高现有公路等级和质量，保证干线公路常年畅通。同时，加快县、乡、村、组公路建设步伐，逐步形成以县城为中心，能出能进，四通八达，安全畅通的全县公路网。“十五”期间，完成霍尔—巴嘎—县城—科迦—斜尔瓦143千米三级砂石路面的加宽整治改建，及全县公路20个涵洞和8座公路桥架桥建设。力争打通县城至丁嘎山口、强拉山口两条通道，争取险要地段能通大车。完成乡村道路新修400千米，修通县城至全县十三个不通车组公路，加快建设12条重点乡村道路，连接36个组。加强乡村道路的加固加宽、架桥、涵洞修建和维修、养护，提高公路质量。争取建成县城—巴嘎、仁贡桥—仁贡、县城—西德、县城—赤德、县城—斜尔瓦、霍尔—帮仁、霍尔—贡珠、巴嘎—雄巴、巴嘎—岗莎9条213千米主干沥青路面公路，到“十五”末全县达到1600千米的通车里程。

通信建设：以城镇通信和铺通至狮泉河的光缆为重点，辐射农牧区，实现村村、城镇附近各组通电话。要强化科学管理，改善服务水平，提高现代通讯的使用效率和经济效益。完成县城至狮泉河的光缆工程，将程控交换网同阿里地区本地网联网，开通移动通信，扩大容量；加快农话网的建设，彻底解决通话难，信息不灵不通的问题。到2005年，城镇电话入户率超过95%，农话覆盖率超过90%，开设巴嘎、县城、科迦三个移动通信基站。

市政建设：加强县城、基层乡镇的基础设施建设，结合“一城三镇”小城镇建设，以完善城镇功能为目标，以城镇道路、配套服务设施建设为重点，切实改善生产生活条件。县城完成3千米主干道水泥路面建设，连接新老县的胜利大桥建设；加强城镇的合理规划，加快城镇居住条件的改善及生活配套设施建设；加快国际市场搬迁及建设，国内市场的建设，以满足商品房和商品住房紧俏的需要；完成联检大楼的建设；加强供水设施建设，加强污水、垃圾的处理设施建设。基层乡镇切实改变基层干部队伍的办公条件。霍尔乡建立起畜产品集散市场，要加强规划，重点整治街道。巴嘎重点加强进镇道路建设，城镇规划，完成以旅游服务为主的基础配套设施建设。科迦重点加强科迦寺的基础设施建设，完善城镇综合服务功能。

8. 实施可持续发展战略，加强生态环境建设、治理和保护

加强生态环境的建设、治理和保护，要贯穿于经济社会发展的各个领域各个阶段，按照“统筹规划、突出重点、分类指导、合理安排”的原则，坚持基础设施建设、农牧业生态工程建设、小城镇建设与生态建设同步规划、同步实施。“十五”时期，重点抓好三大生态体系的建设、治理和保护：一是神山圣湖自然保护区及巴嘎、霍尔两乡草原生态体系，恢复草原植被、控制载畜量，防止水土流失，对已退化、沙化草场进行综合治理，实行人工种草1.3万亩，建立饲草饲料基地10万亩，完成治沙5000亩；抓好神山圣湖自然保护区生态保护和建设，重点搞好旅游区、旅游景点的规划和建设；抓好矿产开采综合管理，做到边开采边建设，防止生态恶化。二是孔雀河流域生态体系建设，以农业生态体系建设为重点，防止水土流失，完成植树造林540亩，田边地埂及庭院周围零星植树8万株，完成荒滩荒坡种草1000亩；进行基础设施建设的同时，完成防洪堤防建设12千米。三是县城及周围附近生态环境和生活环境建设，以绿化美化县城环境为重点，以净化生活环境为目标，加强现有树林的保护，突出治理县城环境脏、乱、差，落实卫生清扫保洁责任制，抓好垃圾污水处理和生活区环境卫生，规划一处垃圾填埋场，落实工程施工场地周围环境建设，力争做到县城环境洁、亮、绿、美。

9. 实施“科教兴普”战略

坚持把科技和教育放在优先发展的战略地位，推进科技进步，增强科技转化能力，大力发展基础教育，全面推进素质教育，加快发展不同层次、不同形式的职业教育和扫盲教育，努力提高全县人民的科技文化素质。

教育事业：坚持基础教育的重要地位，加大义务教育力度，加快扫盲教育和职业教育步伐，坚持“三教”统筹和“农、科、教”结合，实施好“贫困地区义务教育工程”。重点抓好两牧区教育工作，抓好幼儿教育。进一步深化教育体制改革，以布点建设和配套建设为重点，理清办学思路，改善办学条件，优化教育结构，提高办学层次，合理师生比例，提高师资水平。根据集中办学的原则，完成学校布点调整，把现有教学点拆并成初小，全县形成“一中一职、四完、五初”的学校布点格局，即普兰中学，普兰职业培训中心，巴嘎、霍尔、纳峰、普兰镇四个完全小学，仁贡、赤德、西德、科迦等五个初级小学。重视发展儿童早期教育，办好县城及各乡（镇）幼儿园（所），完成农区和城镇幼儿教育布点建设，幼儿教育人口覆盖率达到70%以上；以德育为首，全面推进素质教育，实现农区“普九”教育，牧区“普六”教育，全县7—15周岁适龄儿童入学率达到95%以上，其中农区达98%以上，牧区达90%以上；学校（小学、初中）强调基础教育同职业教育、劳技等结合起来，以培养复合多能型毕业生；加强多形式的成人扫盲教育，将扫盲同职教、生产实用技术相结合，全县15—45周岁人口中扫除文盲率达到95%以上，复盲率低于5%。

科技：经济建设必须依靠科技，科技必须面向经济建设，围绕我县经济社会发展的总要求，必须以农牧业科技进步为动力，以实用技术、优良品种引进、示范和推广为重点，以优势资源开发为突破口，努力发展科技产业，加速科技转化，引进科技人才到我县从事国民经济建设进行科技指导。大力加强科学宣传活动，增强广大农牧民群众学科学、用科学、破除迷信的科技意识。努力提高科技队伍素质，建立县、乡、村、组科技服务网，县成立科技推广服务中心，乡（镇）设立农科站，村（组）设立农科员；加强科技队伍的培训和学习，实行各乡村组科技人员每年轮流培训，培养实用技术人才、科技带头人和明白人；建立科技示范乡、村；到2005年，科技普及率和成果转化率分别达85%、55%左右。

10. 促进各项社会事业全面发展

文化事业：坚持“二为”方向和“双百”方针，弘扬民族优秀文化，加强文化市场的建设和管理。加强县图书馆和档案馆的建设和管理。利用科技加强文物的保护、开发和利用，建立县文物馆，搞好边境文化长廊建设，建立集文体、娱乐、科教、扫盲、宣传为一体的文化娱乐中心，组建县文化业余队。

广播电视事业：坚持正确的宣传舆论导向，准确及时地宣传报道党的基本路线、方针、政策和我县经济社会发展、参与西部大开发的时事动向及成绩。加快实施广播电视“村村通”工程，建立县、乡、村三级广播电视网络，开通有线电视，完成县城有线电视二期工程，完成各乡（镇）有线电视建设，加快各村有线电视建设，加强偏远村组广播电视设施建设，建立普兰县电影院，改造露天电影的状况。到2005年，广播、电视覆盖率分别超过70%、90%，城乡有线电视入户率达超过95%。

卫生保健事业：以农牧区为重点，实施初级卫生保健为龙头，优化农牧区卫生资源配置，巩固完善合作医疗制度。到2005年，全面推进农村合作医疗制度，实现人人享有初级卫生保健，建立起以县医院、卫生防疫、妇幼保健、藏医院合并为一的县卫生服务中心，巴嘎、霍尔两乡卫生院，10个行政村卫生所，偏远村级卫生室的卫生保健服务网；加强妇幼卫生事业；着力改善卫生服务条件，扩建县医院住院部，达到千人拥有病床8张；改善医疗设备；加强传染病、地方病的预防治疗措施，达到各卫生院（所、室）有治疗常见病和地方流行病的常用药物及开展初级卫生保健的条件；加强医疗卫生队伍的思想道德和业务水平建设。

11. 深入开展反分裂斗争，认真做好民族、宗教、统战工作

认真贯彻落实中央关于同达赖集团斗争的方针和区党委关于维护稳定工作“三个不变”的要求，紧紧依靠群众，坚持主动治理、深入持久、针锋相对地开展反分裂斗争，组织和发动群众，揭穿其在政治上的反动性和宗教上的虚伪性，增强维护祖国统一和民族团结的自觉性，坚决同分裂势力作斗争。强化“主战场”意识，坚定反分裂斗争的信心和决心，采取有力措施，紧紧依靠军、警、民，彻底粉碎各种分裂活动，严格出入境管理，坚决打击非法出入境和偷渡活动，加强反动宣传品的查禁工作。

狠抓社会治安综合治理，继续推行社会治安治理目标责任制，要突出重点，集中打击，确保一方平安。严厉打击一切破坏市场经济秩序、扰乱社会治安的刑事犯罪分子。深入开展马克思主义民族观教育，走“五湖四海”之路，坚持把“三个离不开”思想深深扎根于各族人民心中，巩固和发展平等、团结、互助的社会主义新型民族关系，把全县各族人民的意志和力量凝聚到加快发展及参与西部大开发上来。

全面正确地贯彻党的宗教政策，保障公民的宗教信仰自由，扎实加强对寺庙的管理和复查整顿工作，引导宗教与社会主义相适应。深入开展对寺庙的爱国主义教育和建立正常秩序，巩固爱国主义教育成果，促进寺庙管理法治化、规范化，切实保障寺教工作的质量和效果。

大力推进人民政协的政治协商、民主监督、参政议政的规范化、制度化。充分发挥民族宗教界等爱国人士的作用，调动一切积极因素，团结一切可以团结的力量，共同致力于我县参与西部大开发和改革开放、经济建设。

12. 加强社会主义民主法制和精神文明建设

加强社会主义精神文明建设，坚持不懈地用邓小平理论教育党员干部职工，武装群众；坚持不懈地进行党的基本理论、基本路线和新时期西藏工作指导方针的教育；深入开展“三个代表”重要思想的学习教育和实践，在全县形成共同理想和精神支柱。坚持破立结合、治乱治愚，破除封建残余、陈规陋习、不良宗教影响；治理达赖集团祸藏乱教在人民群众思想上造成的混乱。大力开展马克思主义祖国观、民族观、宗教观、文化观，无神论教育，提高全县人民的思想道德素质和科学文化素质；在干部职工中深入开展全心全意为人民服务的公仆意识教育，树立勤政为民的思想；在全县大力提倡“讲文明，树新风”活动，建立文明窗口和推进服务承诺，大力开展群众性精神文明创建活动，搞好基层乡村“文明村镇”“文明户”建设；坚持不懈地开展爱国主义、集体主义、社会主义教育，倡导职业道德、家庭美德、社会公德。进一步密切军民关系，广泛开展军、警、民共建活动，共同为普兰经济发展，边防巩固和社会长治久安作出新的贡献。

加强社会主义民主法治建设，各级党政部门领导干部要深刻领会“依法治国”“以德治国”的重要意义，要不断推进社会主义民主进程，充分发扬民主；各党政部门积极认真处理人民代表及其常委会，政协委员及其常委会的建议、提案以及人民来信来访，及时反馈处理结果，虚心听取社会各界对我县一切工作提出的意见，完善决策的民主化、科学化；进一步扩大基层民主，实行政务、村务公开。切实加强社会主义法治建设，加大执法力度，提高执法水平，为我县经济社会发展、参与西部大开发和社会长治久安创造良好的法治环境。加强普法宣传和法律知识的学习力度，全面制定和启动“四五”普法，搞好普法工作，加强法律监督和执法检查，坚决纠正有法不依、执法不严、违法不究现象，保证我县各项工作有效开展，提高广大人民群众特别是干部职工的法治观念和道德水平。

“十五”计划是我县进入21世纪开始实施现代化建设第三步战略目标，参与西部大开发，建立和完善社会主义市场经济体制，实现经济跨越式发展和社会长治久安，促进人民奔小康的行动纲领，我们将在县委、县政府的统一领导下，团结全县各族人民，齐心协力、增强信心、抓住机遇、振奋精神、求真务实、开拓进取，为实现“十五”计划和建设美好的新普兰而努力奋斗！

普兰县“十一五”时期国民经济和社会发展规划纲要

2006年4月在普兰县第九届人民代表大会第五次会议上通过

一、“十五”计划执行基本情况

过去五年，是我们认真贯彻邓小平理论、“三个代表”重要思想，以及中共十六大、十六届三中、四中、五中全会和第四次西藏工作座谈会精神，贯彻和落实科学发展观的五年。在地委、行署和县委的正确领导和陕西省的无私援助下，紧紧依靠全县人民，开拓进取，团结奋斗，完成“十五”时期的目标任务，经济和各项社会事业取得很好的发展。

（一）县城经济持续快速发展，综合实力明显增强

2005年，全县生产总值7464万元，“十五”期间年均增长保持在18%以上，比2000年增长130%；财政收入252万元，年均增长19.6%，比2000年增长144%。2005年，人均纯收入2575.32元，年均增长10%，比2000年增长54.3%，农产品综合商品率60%。五年来，经济体制改革取得较大进展、社会主义市场经济框架基本形成，国民经济社会化、市场化程度普遍提高，对外开放格局基本形成。

（二）“三农”工作成绩显著，农牧业综合生产能力稳步提高

始终把“三农”工作摆在全县工作的首位，经过这五年的工作，农牧业得到较好发展，农牧区交通、水利等基础设施得到很好的改善。2005年，粮食产量2749.7吨，牲畜存栏数131633头（只、匹），人畜饮水工程得到改善，加强了乡村公路建设，加强草场管理和保护，增强农牧业防抗灾能力。

（三）城乡基础建设得到进一步加强，人民生活水平显著提高

五年来，加大基础设施建设力度，完成新县城环道水泥路面建设；完成乡镇办公楼建设，改善县、乡办公条件。五年间，共完成公路402.3千米，新修公路桥11座和人行吊桥3座，乡村公路通车里程490余千米；通讯方面，全县固定电话、无线电话分别超过1000部，人民生活水平显著提高，城镇居民人均生活消费比2000年提高100余元，城乡居民储蓄存款余额1542万元，贫困人数减少，绝大部分人民基本解决温饱问题，部分达到小康。

（四）教育、文化、卫生等各项社会事业成绩显著

经过5年努力，通过“扫盲”“普六”验收，“普九”工作在全面筹备中，截至2005年底，全县中小学在校生1111人，全县适龄儿童入学率98.2%，在校生升学率100%。

在精神文明建设方面，不断提高人民群众文化生活水平，扎实开展“千名干部进牧区”和“下基层、办实事、保稳定、促发展”等主题实践活动，推动农牧区精神文明建设步伐。加大硬件设施建设力度。2005年底，共架设完成96座广播电视“村村通”工程建设。

五年来，加快公共卫生体系建设，基本建立疾病预防和医疗救治体系，增强公共卫生服务能力。加快“五大体系、一个系统”建设步伐。各乡镇均新建卫生所，医疗条件有大幅度改善。

（五）民主法治建设得到加强

加强民主法治建设，自觉接受人大和政协监督，推行行政执法责任制，不断提高依法行政水平。深入开展普法宣传教育，全民法治意识明显增强。认真开展保持共产党员先进性教育活动，加大廉政建设和反腐败工作力度，密切党群、干群关系，推动政治文明建设步伐。

（六）社会保持和谐稳定

五年来，深入揭批达赖集团，严防和严打分裂破坏活动，确保社会稳定。乡镇和基层政法部门工作条件明显改善，基层基础工作不断加强。依法加强宗教事务管理，深入开展寺庙爱国主义教育围绕民族工作主题，全面贯彻党的民族政策，巩固安定团结的政治局面。

高度重视安全生产，认真贯彻落实各项安全生产法律、法规，加大对道路交通、公共场所、消防安全等有关行业的监管力度。

严格落实安全生产责任制，加强安全生产监督管理，为安全生产提供保障，确保经济生产安全运行，杜绝重特大事故发生。

五年来，在加快普兰经济社会发展的实践中，积累了一些宝贵经验，概括起来就是：必须把上级的决策部署与普兰县情紧密结合，以落实科学发展观统领全局，积极探索符合普兰发展的路子以农牧业为基础，增加农牧民收入；必须加大环境保护力度，发展循环经济；必须不断深化改革、扩大开放；必须正确处理改革、发展、稳定的关系；必须实现好、维护好、发展好人民群众的切身利益；必须保护好、引导好、发挥好各方面各阶层积极性，形成同心同德谋发展的强大合力。这些经验，在实践中弘扬创新不断提高领导和管理经济社会的能力。

同时，普兰经济社会发展中还有不少困难和问题，主要是经济总量不大、人均水平较低，质量和效益不高，人民群众还不富裕，还有一部分人民群众没有摆脱贫困，财政收入不高以及财政收入来源陷入“瓶颈”时期，行政效能有待提高，投资环境有待优化等，所以必须居安思危，应对各种挑战。

二、“十一五”时期指导思想和任务

纵观区内发展新格局，普兰县“十一五”时期所面临的仍是机遇和挑战交织，总体上有利于加快发展的环境。我们一定要认清形势，抢抓机遇，应对挑战，准确把握“十一五”时期发展的总体要求和主要任务，努力开创现代化建设新局面。

我县“十一五”时期指导思想是：以邓小平理论为指导，坚持新时期西藏工作指导方针，抓住西部大开发、其他省（市）支援西藏以及第四次西藏工作座谈会带来的发展机遇，围绕“一个中心、两件大事，三个确保”的方针，以加快经济发展，推进普兰建设为首要任务，以做好“三农”工作为基础，以建设社会主义新农村为农牧区主要工作，以调整经济结构和壮大特色经济为主线，以深化改革开放为动力，加强基础设施建设，加快城镇化进程，加快非公有制经济发展，确保财政增收，确保农牧民增收，全面推进社会事业进步，实现经济跨越式发展和社会长治久安。

根据“十一五”时期的形势和任务，《纲要》提出五年经济和社会发展的主要目标为：“十一五”期间，国内生产总值力争达17000万元，年均增长18%，五年翻一番；财政收入达到540万元，年均增长15%以上，五年翻一番；农牧民人均收入达到5179元，年均增长15%以上，旅游业收入达到1100万元，粮油总产量达到300万千克，农畜产品综合商品率达75%以上，粮经饲种植比例达到70∶25∶5，牲畜存栏控制在16万头（只、匹）以内。

（一）坚持发展主题，大力推进普兰小康社会建设步伐

全面建设社会主义新农牧区，按照“生产发展、生活宽裕、乡风文明、村容整洁、管理民主”的要求，以增强农牧业综合生产能力、促进农牧民增收为核心，解决农牧民居住环境为关键，扎实推进新农村建设。以优质农产品和畜产品为切入点，培育壮大农牧业特色优势产业。建立健全农牧区基础设施建设长效机制，努力改善偏远农牧区群众生产生活条件。大力发展农牧区服务业，提高农牧业服务保障能力。深化村务公开和农牧民自治工作，完善县镇村三级农技推广服务体系。加强对农民职业技术和就业技能培训，千方百计增加农民收入。

切实搞好小城镇建设。做到“高起点、高规划、高标准建设、高效能管理”的原则，加快推进普兰、霍尔、巴嘎、科迦城镇体系建设，发挥小城镇各自优势，科学定位城镇功能，统筹布局产业，努力把普兰建成基础设施完善、功能齐全、人居环境优美、产业承载能力强、带动辐射区域广的小城镇模式。

做好农牧民安居工程，努力在五年期间，让我县80%以上农牧民安居下来，充分调动群众的投入积极性，立足于依靠自己建设家园，坚持“大范围、小规模、适度集中”的原则，注重配套搞好牧区通电、通路、通水等基础设施建设，为建设高质量社会主义新农牧区奠定坚实基础。

加大扶贫开发力度。增加投入，提高综合开发水平，提高贫困地区可持续发展能力。因地制宜，大力开展定点扶贫、科技扶贫、产业扶贫，对缺乏生存条件地区的贫困人口实行重点扶贫。扶持和引导农牧民从事旅游业、服务业等第三产业，提高脱贫致富能力。力争实现人口脱贫95%以上，坡镇居民可支配收入年均增长300元以上，农牧民人均纯收入年均增加200元以上。

加强项目投资建设。发挥投资对经济增长的拉动作用，保持固定资产投资较快增长，争取“十一五”时期完成固定资产投资1亿元以上。对重点项目实行分类指导，分类管理，分级负责，分步实施。健全项目目标责任制和激励机制，强化对项目的动态跟踪管理，保障重大规划项目的申报和实施。

（二）深化农牧区改革，推进农牧业发展

农牧业是我县经济社会发展的主导产业，始终要把农牧业工作摆在全县经济工作的首位，深化农牧区改革，才能发展好农牧业，农牧业得到很好的发展才能切实改善农牧民的生产生活条件，增加农牧民的经济收入，才能实现农牧区经济又快又好的发展。

深化农牧区改革，尽快落实和完善草场承包工作，增加传统农牧业的科学含量，逐渐向现代农牧业转变。引导项目资金向农牧业倾斜，建立稳定的农牧业投入增长机制，提高农牧业的综合生产能力，有计划地提高粮食产量，确保粮食在量和质上同时提高加大牧民的技术培训，建立健全农牧业技术推广、农产品市场、牲畜防疫、环境保护等农牧业服务体系建设。

（三）壮大特色经济和发展优势产业，加快二、三产业的发展步伐

继续发展旅游业。坚持打出自己的特色品牌，坚持政府引导好，相关部门管理好，以市场为向导，鼓励社会参与创办企业的发展之路，大力发展国内旅游，积极发展国际旅游，争取旅游业率先实现跨越式发展。重点改善我县冈仁波齐、玛旁雍错和科迦寺等重要景区的交通和通信设施。规范景点开发和经营运作，与当地文化、民俗和历史相结合来挖掘我县的旅游潜力和亮点，走出一条符合普兰实际的现代旅游产业发展道路。到2010年，力争旅游创收达到1100万元。

大力发展特色农牧业及加工业。立足普兰特色，积极发展好普兰镇优质青稞、油菜和大棚蔬菜，逐渐实行“公司＋基地＋农户”经营模式，搞好我县的糌粑和油菜加工，推进特色农畜产品深加工，建设好2个牧区乡的牦牛产业带，延伸产业链，提高附加值，增强竞争力。

（四）加强基础设施建设，改善经济和社会发展环境

按照“统筹规划、适度超前”的原则，搞好我县的水利、能源、交通、通信等设施，改善经济和社会发展环境。

水利能源建设方面，重点搞好农田水利和防洪建设，加快中小型电站和人畜饮水工程建设。结合光明工程，加强乡村小水电建设，逐步实现普兰镇组组通电，霍尔、巴嘎村村通电、户户有太阳能的多能结构方式，争取完成2800千瓦的水电建设和200千瓦的光伏电站建设。加强霍尔、巴嘎两乡居民点人畜饮水工程、供水工程建设和无水草场开发。加快帮仁、赤德、岗莎等水电站建设和装机容量为2×800千瓦的孔雀河梯级电站建设。

交通建设方面。将以狮普公路、拉普公路改造、整治、维修、养护以及通往尼泊尔、印度的中尼、中印通道公路建设为重点，同时加快县、乡、村、组公路建设步伐。“十一五”期间，完成巴嘎—县城科迦—斜尔瓦118千米三级沥青路面建设：完成多村道路新修420千米，改扩建446千米，到“十一五”末，争取全县路网密度达到2022千米／万平方千米，力争全县公路覆盖面达到90%。

通信建设方面。以城镇通信为重点，辐射农牧区，实现村村、城镇附近各组通有线和无线电话，重点搞好科学管理，改善服务水平，提高现代通讯的使用效率和经济效益，加快农话网建设，争取到2010年，城镇电话入户率100%，农话覆盖率超过95%。

（五）坚持可持续发展战略，加强生态环境的建设

合理保护和利用资源。在做好保护的前提下谋发展，以发展来促进保护，合理科学地开发资源，提高其利用效率。实行管理和利用草场、耕地，做好草场建设、耕地保护工作。

加强生态建设和环境保护。按照“统筹规划、突出重点、分类指导、合理安排”的原则，做好农牧业生态工程，小城镇建设和生态建设同步规划、同步实施。“十一五”期间，我们要抓好三大生态体系的建设、治理和保护工作，一是神山、圣湖自然保护区以及巴嘎、霍尔两乡草原生态体系，恢复草原植被，控制载畜量，防止水土流失，对已退化、沙化的草场进行综合治理，到2010年，争取人工种草2000亩，治沙500亩；二是孔雀河流域生态建设；三是县城及周围附近生态环境和生活环境建设。到“十一五”末，力求达到植树50亩，零星植树20万株。

发展循环经济。以节地、节材、节能、节水、资源综合利用为重点，全面推行清洁生产、消费，从源头上减少废物产生，制定法规，完善政策，创新体制，促进循环经济发展，逐步形成节约型增长方式和消费模式，努力建设节约型社会。

（六）扩大对内对外开放，形成全方位、宽领域的开放格局

促进经济外向发展。树立开放意识、服务意识，提高办事效率，改进服务方式，提高服务质量和水平，优化投资软环境，做好国际市场的硬件建设。以建设特色优势产业为重点，大力发展开放型经济。瞄准国际、国内两大市场，依托特色优势资源的开发，立足于促进就业和当地群众增收致富，要“引进来”，也要“走出去”，主动接纳周边地区的产业、资金、技术、人才、信息辐射。发挥口岸优势，加强对外合作，促进产业发展，积极参与印、尼的交流与合作，扩大利用外资。完善招商引资激励政策，改善投资软硬环境，吸引外来投资。

大力发展非公有制经济。在政治上鼓励、政策上扶持、方向上引导、法律上保护，放手发展非公有制经济。依法保护私有财产从融资、税收、土地使用等方面加强对非公经济的支持。做好市场体系建设。鼓励和引导企业在资本市场融资。加强市场监管和社会诚信建设。

（七）实施“科教兴普”战略，促进各项社会事业全面发展

实施“科教兴普”战略；促进各项社会事业全面发展；深入开展反分裂斗争，认真做好民族、宗教、统战工作，这是《纲要》的重要内容，也是实现今后五年各项任务的重要保证。

实施“科教兴普”战略，首先要坚持教育优先发展。全面普及九年义务教育，巩固“两基”成果，全面提高入学率和巩固率。到2010年，要求达到小学适龄儿童入学率超过98%，初中毛入学率达到90%，巩固率分别达到98%、95%，全面普及九年义务教育，调整优化教育结构。逐步发展职业教育和远程教育，重视幼儿教育。做好学校“三包”经费管理工作，根据上级有关政策和我县经济情况逐渐提高“三包”经费，做好困难家庭子女上学问题，切实保障家庭困难学生接受教育的权利，加强师资队伍建设，提高办学质量继续推进教育改革工作，全面推进素质教育。

建立一支能适应跨越式发展的人才队伍。加大人力资源开发投入，以“用好现有人才，稳住关键人才，引进急需人才，培养未来人才”为指导方针，高度重视培养党政干部队伍、专业技术队伍和高素质劳动者队伍。积极引进先进技术，进行推广和应用。政府相关部门要引导农牧民用科学的方法种植、兴牧，加大宣传力度，以先进适用技术引进推广为重点，加强农牧区技术服务体系建设。搞好就业和社会保障工作。实施积极的就业政策，拓宽就业渠道，做好我县大中专毕业生和复转军人的就业工作。加快完善社会保障体系，多渠道筹措资金，逐步扩大基本养老保险覆盖面，加快推进医疗保险制度改革。

加快发展卫生文化体育等社会事业。把医疗卫生工作的重点放在农牧区，完善以免费医疗为基础的农牧区医疗制度，提高农牧民免费医疗补助标准。加强农牧区卫生服务体系建设，逐步提高乡镇医疗卫生服务水平，形成以县带乡的农牧区医疗体系。推进疾病预防控制体系、突发公共卫生事件医疗救治体系和卫生执法监督体系建设。建立健全传染病、地方病防治的长效机制，逐步健全城镇基本医疗服务体系。推进医疗体制和药品流通体制改革。

加强社会主义精神文明建设，继承、保护和弘扬民族优秀传统文化。积极推进“村村通”工程、“2131工程”和文化信息资源共享工程，加快基层文化设施建设。推动特色文化产业发展。在党员干部、学生和人民群众当中深入开展“荣辱观”教育。要引导好广大干部群众特别是青少年树立社会主义荣辱观，以热爱祖国为荣、以危害祖国为耻，以服务人民为荣、以背离人民为耻，以崇尚科学为荣、以愚昧无知为耻，以辛勤劳动为荣、以好逸恶劳为耻，以团结互助为荣、以损人利己为耻，以诚实守信为荣、以见利忘义为耻，以遵纪守法为荣、以违法乱纪为耻，以艰苦奋斗为荣、以骄奢淫逸为耻。

（八）深入开展反分裂斗争，认真做好民族宗教和统战工作

做好民族宗教工作。围绕共同团结奋斗、共同繁荣发展的民族工作主线，巩固和发展平等、团结、互助、和谐的社会主义民族关系，全面贯彻党的宗教信仰自由政策，依法管理宗教事务，积极引导宗教与社会主义社会相适应。认真实施《宗教事务条例》，依法加强对宗教事务和宗教活动场所的管理，坚决打击利用宗教从事分裂破坏活动。深入开展寺庙爱国主义教育和法治教育。

维护社会局势稳定，努力建设平安普兰进一步维护安定团结的政治局面，不断巩固和发展大好形势，建设政治局势稳定、治安秩序良好、法治建设完备、人民安居乐业的平安普兰继续深入开展反分裂斗争。坚持“旗帜鲜明、针锋相对、主动治理、强基固本”的方针，打好反分裂斗争。健全反分裂斗争的工作机制，加强情报信息工作，严密防范敌人的渗透。

（九）关注民生，努力建设和谐普兰

做好就业和社会保障工作，努力扩大就业，实施积极就业政策，努力新增就业岗位。实施积极的就业政策，拓宽就业渠道，做好我县大中专毕业生和复转军人的就业工作，积极开展就业培训、农村劳动力转移培训和创业培训，促进城乡统筹就业。

加快完善社会保障体系。扩大社会保险覆盖面，提高城乡居民社会保障水平。完善医疗保险制度，做好合作医疗。拓宽社保基金统筹渠道，加强运行管理，增强保障能力。实施城乡医疗救助，完善社会救助制度。

切实解决好群众关注的热点难点问题。切实解决部分群众住房难、饮水难、入学难、看病难等问题，不断改善群众生产生活条件，妥善解决“五保户”和特困户的生活困难。解决好拖欠农民工工资问题。下大力气整治脏乱差现象，努力改善县城面貌。开展食品药品专项整治，认真实施食品、药品放心工程。

全力维护社会治安稳定。积极排查调处人民内部矛盾纠纷，加强和改进群体性事件的预防处置工作。严厉打击重大恶性犯罪，解决突出治安问题。全面推进社会治安防控体系建设，加强出租屋和流动人口管理，积极创建平安和谐社区，构建社会治安长效机制。打击各种假冒伪劣产品，加强市场价格监管，规范市场经济秩序。

维护边疆安全稳定。健全和完善“党政军警民”联防联控体系，实施“爱民固边”战略，爱民就是要访民、知民、亲民、助民、安民、富民；固边就是要把好国门、守好边界，进一步在“党政军警”体系中树立全心全意为人民服务的宗旨意识，热爱人民、服务群众，联动各方，依靠群众，群防群治，全力构筑边境地区安全稳定战略屏障，为经济社会发展创造平安和谐的大环境。

狠抓安全生产。严格落实防范重大安全事故责任制，加大安全生产执法检查和消防安全专项整治力度，加强安全生产基础设施建设，加强消防安全宣传教育，逐步建立安全生产长效机制，坚决遏制重特大安全生产事故发生。

（十）依法行政，建设廉洁勤政、务实高效的政府

完善民主政治制度。坚持政府向人大及其常委会报告工作、向人民政协通报情况的制度，自觉接受人大及其常委会的法律监督和人民政协的民主监督，认真办好人大代表议案、建议和政协委员提案、议案。听取人民群众的意见建议，健全科学民主依法决策机制。推进电子政务建设，提高政府工作透明度，实行村务公开，加快推进村（居）民自治。全面推进依法行政。转变政府职能，深化行政管理体制和行政审批制度改革，提高行政效率和服务水平。加强对经济运行的监测分析，改进政府管理经济的方式方法，提高政府领导经济工作能力。建立健全突发事件应急机制，提高政府保障公共安全和处置突发事件能力。依法管理和规范社会事务，建立健全社会利益协调机制，提高依法处置和化解矛盾能力。规范执法监督，规范行政执法行为。启动“五五”普法工作。

加强勤政廉政建设。贯彻实施《中华人民共和国公务员法》，加强和改善公务员管理、加强机关效能建设，改进机关作风。切实精简会议、文件，狠抓各项决策和工作部署的检查落实。积极推进预防和惩治腐败体系建设，落实廉政责任制和廉洁自律各项规定。强化监察和审计工作。加大违纪案件查处力度，坚决纠正损害群众利益的不正之风。

2006年发展的主要预期目标是：国内生产总值达到8795万元，比上年增长18%；人均纯收入达到2370.2元，比上年增长15%；财政收入达到289.5万元，比上年增长15%；农产品综合商品率60%；劳务输出收入达到600万元，脱贫人数573人；粮食播种面积9551亩，粮食产量3267吨，牲畜出栏率25%，牲畜总增长率26%；收购山羊绒8吨，收购绵羊毛50吨。工作重点是：坚持抓好普兰经济社会发展，做好“三农”工作，把领导干部的精力、政策扶持的重点、资金投入的方向，全方位向农牧区倾斜，重点改善农牧区生产生活条件，努力寻找增加农牧民收入渠道，为建设社会主义新农村起好步，着力加强基础设施建设和特色产业建设，加强项目建设以及项目运营和监管，争取特色农牧业，旅游业有新的突破，逐渐改善经济增长从粗放型向集约型的增长方式。重视社会事业发展，把重点放在农牧区，优先发展教育，加快卫生事业发展步伐，推进文化建设。加强生态建设和环境保护、建设、治理工作，促进经济社会全面协调可持续发展。坚决做好维护稳定的各项工作，深入开展反分裂斗争，严厉打击刑事犯罪，及时稳妥地处理好人民内部矛盾，搞好平安普兰创建活动，为全县人民创造安居乐业的良好环境。坚持执政为民思想，高度重视解决人民群众关心热点、难点问题，以饱满的热情，为人民服务为宗旨，维护好人民的切身利益，让人民群众深切体会到社会主义社会的优越。

中共普兰县委关于贯彻中央十五届六中全会和自治区六届二次全委（扩大）会议精神加强和改进党的作风建设的意见

普党发〔2002〕07号

在21世纪初，党中央统揽全局，站在时代的高度，重视和加强党的建设，作出《中共中央关于加强和改进党的作风建设的决定》。区党委为认真贯彻中央六中全会精神，召开六届二次全委（扩大）会议，分析全区党的队伍及党政机关在作风建设中存在的突出问题，对加强和改进全区党的作风建设提出具体明确的要求。为全面学习领会和贯彻落实好中央和区党委两级会议精神，认真分析和找准全县党的作风建设方面存在的主要问题，并采取切实有效的措施加以改进，为完成“一加强，两促进”的历史任务提供坚强有力的保证。中共普兰县委对中央和区党委两级会议特提出以下贯彻意见：

一、充分认识新时期加强和改进党的作风建设的必要性与紧迫性

中国共产党从建党开始，就以优良的作风赢得广大人民群众的拥护和支持，以正确的路线、纲领、方针、政策和优良的作风团结带领人民消灭封建剥削、战胜列强、解放全中国，建立起一个伟大的中华人民共和国，领导人民走上社会主义的康庄大道；以优良的作风领导人民解放思想、实事求是、拨乱反正，开创建设有中国特色社会主义的新道路。在进入新的历史时期，我们要把改革开放不断推向前进，完成建设社会主义现代化伟大历史任务，要靠党的坚强领导，要靠加强党的建设，更重要的是要靠党的优良作风，创造性地加以落实。在西藏革命和建设的历程中，形成许多好的作风，如“特别能吃苦、特别能忍耐、特别能战斗、特别能团结、特别能奉献”的老西藏精神，新时代的“孔繁森”精神，一批批干部在环境艰苦的条件下不畏艰辛努力工作，缺氧气不缺志气，缺氧不缺精神的优良传统，实际就是西藏干部优良作风的具体体现，也是普兰面貌发生巨大变化和各项事业取得巨大成就的一个重要原因。

在新的历史条件下，党中央、区党委强调加强和改进党的作风建设，是加强党

的建设适应新形势发展的需要，是贯彻江总书记“七一”重要讲话和实践“三个代表”重要思想的需要，是贯彻落实好中央第四次西藏工作座谈会精神，自治区六次党代会精神的需要。只有切实转变好作风，才能团结带领全县各族群众完成好“一加强、两促进”的历史任务。

普兰县党的作风建设总体情况是好的，各级组织、各级干部克服困难，团结奋斗，开拓创新，取得经济发展、社会进步、人民生活不断改善、社会局势稳定、边防巩固的巨大成就。但是，必须清楚地看到，在全县发展稳定的进程中，还面临着许多困难和问题。党的作风建设还存在一些问题：干部思想还不够解放，思维方式、行为方式不适应新形势发展的要求；从整体上看，对工作抓落实不够。会议多、文件多、对工作部署多、检查落实少，这是全县普遍存在的实际问题；工作作风不深入，在深入基层、深入群众解决实际问题等方面比较欠缺，存在做表面文章、作风虚浮等问题；干部学习气氛不浓，尤其领导干部不重视理论学习，领导水平和工作水平不高，进步不明显；在贯彻《干部选拔任用条例》，选人用人方面还存在考察不细，民主程度不高等问题；在干部管理教育方面，要求不严，力度不够，部分干部工作积极性和热情不高，缺乏事业心和责任感；有的领导班子不能正确地贯彻民主集中制原则，班子内部不团结、不协调，存在内耗现象；干部纪律观念不强，强调环境艰苦和困难多，部分干部不能廉洁自律，存在着损公肥私现象等等。所有这些问题严重影响着党和政府在人民群众中的形象，影响着各级组织的战斗力、向心力和凝聚力。如果不尽快加以纠正和改进，就会脱离群众，脱离实际。这样不仅难以实现中央第四次西藏工作座谈会、自治区第六次党代会提出的奋斗目标，而且对取得的良好发展势头也难以保持和继续推进。因此，全县各级组织、各级干部一定要从战略全局的高度，充分认识加强和改进党的作风建设的重要性、必要性和紧迫性，提高认识，统一思想，以实际行动贯彻落实中央六中全会和自治区六届二次全委（扩大）会议精神，为实现全县经济社会跨越式发展而努力奋斗。

二、坚决按照中央六中全会提出的“八个坚持、八个反对”的要求，全面加强和改进党的作风建设

“八个坚持、八个反对”，是中央六中全会就全面加强和改进党的作风建设提出的主要任务，是党的建设历史经验的总结，是实现“三个代表”重要思想的具体要求，是贯彻党要管党，从严治党的方针，密切党同人民群众的联系，保持党的先进性、纯洁性和增强党的创造力、凝聚力、战斗力的重要措施。

全县各级组织、各级干部都要认真学习领会中央六中全会和自治区六届二次全委（扩大）会议精神，特别是要深刻领会“八个坚持、八个反对”的内涵，而且要结合实际认真地进行对照检查，查找在作风建设方面存在的实际问题，研究制定转变作风的意见和措施，并切实地加以贯彻落实，决不能只停留在口头上。一定要取信于民，见到实际效果。

“八个坚持、八个反对”是加强党的作风建设的具体要求和重要内容，广大党员领导干部要自觉遵守，严格要求。各级组织要把它贯彻在党的建设的工作中，特别是领导干部要自觉遵守，严格要求。要教育广大党员和干部坚决地贯彻执行，并形成制度，经常性地督促检查贯彻执行的情况，把它作为各级组织是否加强党的建设的重要标准，作为党员干部的座右铭。只要各级组织和党员干部真正贯彻“八个坚持、八个反对”，就一定能切实加强和改进党的作风建设，就一定能推进党的建设上新台阶。

三、紧密结合实际切实解决全县党的作风建设方面存在的突出问题

贯彻落实中央六中全会和自治区六届二次全委（扩大）会议精神，加强和改进党的作风建设，关键要见行动，最迫切的是需要采取切实措施解决当前在党的作风建设方面存在的突出问题，让人民群众看到转变作风的具体效果。根据普兰县实际情况，从以下七个方面转变党的作风。

（一）转变干部思想作风。其重点是教育广大干部进一步解放思想，更新观念，树立开拓意识和创新精神。近几年，全县上下开展解放思想大讨论，广泛地进行解放思想、更新观念的宣传教育，从而推动全县改革开放和各项事业快速发展，取得非常明显的成效。但在一些干部特别是领导干部中仍存在思想不够解放，因循守旧，不思进取或解放思想与实际工作结合不紧的问题。解放思想是永无止境的。面对新形势和新任务，需要各级干部思想有更快的解放，观念有更大的转变。在全县加强和改进党的作风建设，首要的任务就是要求广大党员干部，特别是领导干部坚决改变用旧传统方式和老办法想问题、做工作的习惯。要树立市场经济意识和法律意识，按照市场经济规律和要求，用新的思维方式和行为方式对待和处理新情况、新问题和新矛盾。要坚持“三个有利于”标准，继续鼓励和提倡敢闯敢干的精神，以与时俱进的思想观念和奋发有为的精神状态开展工作，不断把全县改革开放的伟大事业推向新的发展阶段。各级、各部门要进一步掀起解放思想大讨论的热潮，在思想创新上取得突破。

（二）转变工作作风，其主要要求在工作上突出抓落实。求真务实，真抓实干，是党历来强调的工作要求，江泽民讲“安排部署只是完成了事情的一半，更重要的一半是抓好落实”。转变工作作风，就是要坚决改变落实不够的现象。在做好工作部署的同时，更加注重“落实”。部署工作，不抓落实，就等于没有部署。各级干部在工作作风上突出一个“实”字，脚踏实地，埋头苦干，注重实际，少说空话，多办实事，务求实效。精简会议文件，从文山会海和应酬接待等事务中解脱出来，把主要的精力用在抓落实上，实实在在地做工作。各级领导检查工作，不仅要看部署得怎么样，关键要看落实得怎么样，上下形成抓落实的良好风气。要建立工作制度，对部署的工作要有专人督查落实，上下都要建立落实责任制，要严明纪律，政令畅通，确保工作措施、任务落到实处，使全县各项工作在落实上取得突

破，见到明显成效。其次，为贯彻落实党的十五届六中全会和区党委六届二次全委（扩大）会议精神，全面加强和改进党的作风建设，进一步密切党群干群关系，县委决定积极响应地委号召，在2002年利用2个月的时间，调干部100人，在全县范围内开展“百名干部进千户”活动，让机关干部深入基层，深入农牧区群众当中，调查了解并帮助群众解决生产生活中的实际困难和问题，促进农牧区两个文明建设再上新台阶。

（三）要弘扬理论联系实际的学风，加强干部政治理论学习，提高干部政治思想素质。随着改革开放的深入和社会主义市场经济的发展，新事物、新问题层出不穷，要适应和跟上新形势的步伐，造就新的历史任务的要求，就必须加强学习。要坚决改变一些干部重视吃喝玩乐、忽视学习的不良风气。各级干部重视和加强学习马列主义、毛泽东思想、邓小平理论，学习时事政治，学习社会主义市场经济知识和法律法规知识。一切有关提高理论素养，提高工作和专业技能，提高领导水平的知识都要进行学习。各级组织重视和加强对干部的组织学习，制定相应的制度，并加以坚持。同时，广大干部重视个人自学，树立求知好学的良好风气；端正学风，理论联系实际，做到学以致用，用学习成果指导工作实践，解决工作中遇到的矛盾和问题。通过加强学习，提高干部政治思想觉悟，提高工作业务能力，提高领导和服务水平。近几年，全县一大批年轻干部走上领导岗位，而且新参加工作的干部也占相当比例，加强对干部的培养学习，对于提高干部队伍的整体素质显得十分重要。各级领导一定对此高度重视，并把它作为加强和改进党的作风的一项重要任务和措施加以认真落实。

（四）深入基层，密切联系群众，解决实际问题。密切党同人民群众的联系是加强和改进党的作风建设的核心问题，改变存在的干部工作作风，不深入下基层和到群众中，到生产第一线调查研究，少走马观花、形式主义、不解决问题等不良作风。干部特别是领导干部下基层开展工作要形成制度，科级以上干部下基层驻乡、驻村、驻户工作时间每年不少于3个月，乡镇干部每年要有2/3的时间入村入户蹲点工作。而且，领导干部下基层不准迎来送往，不准高规格接待，工作不搞形式主义，不得给基层和群众增加负担，要体察民情，了解民意，切实帮助基层和群众解决在工作和生产生活中遇到的实际困难和问题。各级党委、组织部门要把能否深入基层作为考核干部政绩的重要内容和依据。要继续坚持和完善干部、部门联系点制度，县委、人大、政府主要领导各联系一个乡，其他县级干部每2人联系一个行政村，联系点单位每年派干部职工在联系点调研、蹲点不得少于2个月，要实实在在采取措施帮助农牧民脱贫致富。联系点工作要名副其实，不得应付差事，每半年汇报一次联系点的工作情况。各乡（镇）、县直各职能部门每年要为县委、县政府决策提供有情况、有分析、有意见或建议的调研报告不少于2份。各乡（镇）、“两办”要加强解决来信来访工作各涉农部门，综合工作部门，各机关单位要指定专人负责基层办事人员的接待工作。县委、县政府及县直各单位对基层上报和反映要求解决的问题在15日内要作出明确答复，能及时办理的决不能拖延。

（五）要牢记全心全意为人民服务的宗旨，千方百计增加农牧民群众的收入。全心全意为人民服务，是党的根本宗旨，也是加强和改进党的作风建设的出发点和落脚点，各级干部特别是领导干部要树立以民为本的观念，倾听群众呼声，关心群众疾苦，想群众之所想，急群众之所急，全心全意为人民群众谋利，把广大群众的利益放在第一位。当前，各级单位要把千方百计增加农牧民收入作为转变作风密切联系群众的重点，各单位要根据不同的工作特点和业务情况，制定如何帮助农牧民增加收入的意见，并采取积极措施认真落实，要真心实意地为群众办实事办好事，以实际行动体现密切联系群众和全心全意为人民服务的宗旨。

（六）要加强党风廉政建设，坚决反对腐败。加强党的建设，必须搞好党风廉政建设和惩治腐败。在改革开放不断深入、新旧体制转换阶段，与之相配套的法律法规和政策尚不够完善的情况下，腐败最容易乘虚而入。因此，越要加强廉政建设和反腐败斗争。加大反腐倡廉的教育力度，分清楚为推进改革而探索创新与借改革之名为个人谋取私利的是非界限，教育干部经得起改革开放的考验，特别是领导干部要正确对待权力、地位和自身利益，做人民的好公仆，要做到廉政建设警钟长鸣。纪监、监察部门要进一步建立健全廉政方面的各项规章制度，认真落实好党风廉政建设责任制，切实加大案件追究力度，坚持有案必查，违纪必究。要坚决查处党政领导机关、行政执法机关、司法机关、经济管理部门和区（和科）级以上领导干部中贪污受贿、徇私枉法的案件。严肃查处侵害国家、集体和群众利益的案件。要继续纠正部门和行业不正之风。要按照中央和自治区的要求，建立和规范行政审批和政府采购制度。要加强对建筑市场的规范和管理，坚决实行工程招投标。要坚持领导干部离任审计及财务管理和财务纪律执行情况大检查制度，堵塞漏洞，防止腐败，防患于未然。

（七）要正确贯彻执行《领导干部选拔任用条例》，防止和杜绝选人用人上的不正之风。正确选拔任用干部是加强和改进党的作风建设的组织保证。组织人事部门要进一步严肃干部人事管理制度，选拔干部要坚持任人唯贤，反对任人唯亲，要坚持走群众路线，广泛听取群众意见，选用那些群众满意和拥护、政绩突出、作风好的干部担任领导，对群众不满意不拥护的干部不能提拔；要扩大民主推荐、民主测验和民主评议的范围，改革和完善考察、考核干部的方法，对考察程序不完善的不予以讨论研究，要在选拔任用干部方面真正密切联系群众，用好的作风选人，选作风好的人担任不同岗位的领导，加大对干部特别是领导干部的教育、监督力度，克服重培养提拔、轻管理的现象，确保党的事业后继有人。

四、建立和完善各项制度，确保加强和改进党的作风建设落到实处

加强和改进党的作风建设，既要靠教育增强各级上部的自觉性，又要靠建立必要的制度，加以保证。“两办”及有关部门要从实际出发，建立健全重大事项、重

要工作及领导批示督查督办制度，完善领导干部工作责任制和干部岗位责任制、加强政治理论业务等学习制度、干部下基层开展调研和蹲点工作制度、廉洁从政制度以及选人用人制度等。各乡（镇）、各单位既针对各自在作风建设方面存在的突出问题，研究加以改进的具体办法，又要从全面加强和改进党的作风建设方面研究制定切实可行、易于操作的规定制度，使党的作风建设能长期坚持，持之以恒。

制度建设贵在坚持。以往的经验证明，一项制度不仅在于它制定得好，关键在于执行得好。如果制度流于形式，就成为废纸空文。为转变作风制定制度，定了制度不能坚持和贯彻落实，转变作风也就成了空话。全县各级组织把建立和完善制度作为转变作风的关键措施，确保加强和改进党的作风建设的任务在实处。

五、领导带头转变作风是加强和改进党的作风建设的关键

分析全县党的作风建设中存在的问题，一个重要的原因是，领导不能带头转变作风。群众看干部，干部看领导，如果领导干部作风不好，就带不出好的队伍，必然影响单位和干部的作风。普兰县贯彻落实中央十五届六中全会和自治区六届二次全委（扩大）会议精神，改进党的作风建设的任务能否落在实处，关键在领导。只有领导带头转变作风，才能带动干部队伍转变作风。因此，各级领导干部在落实加强和改进党的作风建设的任务中起到表率作用，以高度的政治责任感，重视和加强作风建设，按“八个坚持、八个反对”要求，解决作风建设方面存在的突出问题，以作风建设成效确保中央第四次西藏工作座谈会和自治区第六次党代会精神的贯彻落实，为实现经济跨越式发展和社会局势长治久安而努力奋斗。

各乡（镇）、各部门根据这个意见，制定出相应的、更加细化的、具有可操作性的、符合本地、本部门实际的措施，上报县委、县政府，在加强落实上下功夫，确保措施落到实处。

中共普兰县委员会

2002年4月10日

关于外商在普兰县边贸市场开展商品交易行为的管理措施（试行）

普政发〔2010〕41号

为了繁荣普兰经济，促进普兰边贸市场的规范健康发展，根据国务院《城乡集市贸易管理办法》《城乡个体工商户管理暂行条例》和国家、自治区人民政府的有关规定，结合普兰县实际，特制定本措施。

第一部分　注册登记管理方面

第一条　措施所指的外商，主要是指外国籍自然人进入边贸市场从事个体商品交易行为的市场主体，根据目标实际，特指印度商人和尼泊尔商人，简称印商，尼商。

第二条　凡是在普兰辖区内从事生产、经营和服务的外商，必须到普兰工商行政管理局进行登记注册，领取营业执照后方可开展经营活动。

第三条　外商以自然人名誉在普兰开展经营活动要具备下列条件方可办理注册登记手续。

（一）原国籍的身份证明材料；

（二）普兰县公安局颁发的暂住证；

（三）有固定的经营场地和必要的与经营规模相适应的经营资金。

（四）身体健康；

（五）涉及前置审批的经营项目，要先办理前置审批手续。

第四条　工商行政管理部门为外国籍经营者入市交易提供服务，有固定经营场所且经营期限在一年以上的，纳入个体工商户登记管理，并参加每年的个体工商户的验照；租摊开展临时性经营的，进行备案登记。

第五条　工商机关在收到符合条件的外商个体工商户开业申请后，应依法尽快作出核准登记。

第六条　外商在普兰从事经营活动的经营项目除国家明令禁止从事的项目外，

都可开展经营。

第二部分 市场交易行为方面

第一条 外商在取得合法主体资格后在普兰开展经营活动的，在政策上与本地人员一视同仁。

第二条 外商在普兰开展经营活动，必须遵守中国的法律法规和规章，不得经营假冒伪劣商品，不得进行不正当竞争行为。

第三条 工商行政管理机关依法对外商的经营活动进行监管，保护合法生产、经营行为，查处违法经营行为。

第四条 外商持有效证件进入边贸市场参与商品交易行为享有的权利：

（一）人身权、财产权不受侵犯的权利；

（二）自主经营的权利；

（三）以个人身份加入个私协会的权利；

（四）向管理部门及工作人员提出意见、建议和改进工作要求的权利；

（五）中国公民入市交易享有的其他权利。

第五条 外商进入边贸市场开展经营行为应履行的义务：

（一）爱护市场设施，维护环境卫生；

（二）保证商品质量，保证食品安全；

（三）入市交易的商品检验，提供检验证明；

（四）入市交易的活禽检疫，提供检疫证明；

（五）遵纪守法，交纳税费；

（六）诚实守信，文明经商；

（七）尊重当地少数民族风俗习惯和宗教信仰；

（八）举报违法经营活动；

（九）建立进销货台账和索证索票制度，保证商品质量安全。

第六条 外商从事餐饮服务须持有中华人民共和国检验检疫部门颁发的健康证和卫生许可证，按照食品卫生管理规定开展经营活动。

第七条 外商从事食品经营须到工商行政管理机关申领食品流通许可证，审核合格后按照《中华人民共和国食品安全法》管理规定开展经营活动。

第八条 工商行政管理机关依法查处外商在边贸市场内的下列行为：

（一）掺杂使假，销售假冒伪劣商品行为；

（二）欺行霸市，强买强卖，骗买骗卖行为；

（三）销售淫秽书刊、光碟行为；

（四）使用不合格计量器具，弄虚作假行为；

（五）虚假广告行为；

（六）商标侵权行为；

（七）设赌违法活动；

（八）违反中华人民共和国法律法规的其他市场交易行为。

第九条 工商行政管理机关应在边贸市场内设立12315申诉举报提示牌，公示工作人员姓名、照片、举报电话，并分别用国家通用语言、藏文、英文标注，聘请精通中印、中尼两国语言的外国籍自然人1～2人作为消费维权联络员，协助工商局处理涉及外商的消费投诉，解决涉及外商的市场交易纠纷，帮助宣传中国市场管理和消费维权的法律法规。

第十条 工商行政管理机关在市场上发现超越管辖权的涉及外商的违法违规行为，应当及时向有管辖权的部门通报、移交、移送。

第十一条 普兰县工商局要每季度向地区局报送外商入市交易统计数据。

第十二条 本措施自下发之日起执行，由普兰县工商行政管理局负责解释。

索　引

说　明

一、索引范围包括篇、章、节等。

二、本索引按主题词首字汉语拼音音序（同音按音调）排列，若首字拼音相同则按第二字音序排列，以此类推。

三、索引款目后的数字表示内容所在的页码。

四、本索引篇、章用黑体字表示。

A

安居工程　338
安全保卫　241
安全生产监督管理　377
安全生产监管　380
安全生产事故　388
安全生产体系建设　377
安全生产宣传　379
安全饮水　412
安置帮教　259
案件办理　113
案件侦查　235
案件执行　255

B

巴嘎乡　565
保密机要　102
壁　画　509
边境贸易　290
边贸市场　290
兵　役　273

病虫害防治　397

C

财　政　431
财税　金融　429
财政管理　436
财政收入　431
财政体制改革　440
财政支出　433
藏语文工作　168
草　场　399
城乡规划　334
城乡建设　334
城镇建设　335
出入境管理　242
出入境检验检疫　287
储　蓄　449
畜禽种类　400
从业人员培训　310

D

大事记　631
代表大会　132
代表选举　131
档案管理　101
党风廉政建设　106
党务工作　71
党校工作　99
登记管理　364
地　貌　4
地　质　3
地方人民代表大会　131
地方志工作　167
地质　地貌　3
地质灾害　35
电　力　417
电　信　330
电影放映　499
动植物保护　410
对外贸易　291

F

法　院　250
法纪检察　245
法律监督　247
法律援助　258
法治　军事　229
法治宣传教育　248
方　言　555
防雷工作　482
防汛抗旱　414
非物质文化遗产　489
扶　贫　218

扶贫开发　217
服务业　424
妇女联合会　124
妇幼保健　524
附　录　645

G

概　述　1
工　业　417
工商行政管理　363
工业　商贸　粮油　415
工业企业　420
工资福利　182
公　安　231
公路桥梁　317
公路养护与抢险保通　322
共青团　119
固定资产投资与重点项目建设　347
广播电视　495
广播影视　495
国民经济发展状况　343
国土资源管理　358

H

海　关　283
海关业务　284
行政区划　46
行政区划与人口　559　565　571
河　流　13
湖　泊　14
户政管理　236
环境保护　38
会　议　62　147　173
婚姻、生育与丧葬　549
婚姻管理　215
货币业务　452
霍尔乡　571

J

机　构　58　105　134　143　171　178　192　200　231　243　250　258　283　287　310　317　326　334　349　353　356　358　363　374　377　391　406　411　417　422　426　431　442　449　459　475　480　487　501　514　537
基层民主政治建设　210
基础教育　459
基础设施建设　562　569　574
疾病预防控制　520
计划编制　350

计划管理　349
计划执行　350
纪检监察　105
监督检查　111
监所管理　240
检　察　243
检验检疫工作　288
建置　区划　43
建置　区划　人口　41
建置沿革　43
交　通　317
交通　邮政　通信　城乡建设　315
交通管理　239　325
交通建设　321
教　育　459
教师队伍　468
教学管理　472
教育　科技　457
教育经费　470
节　庆　552
金　融　449
金融管理　453
禁　忌　554
经济发展　560　566　572
经济合作　292
经济检察　245
经济收入　345
经济综合管理　341
经济综述　343
景区环境保护　313
救灾救济　200
军　事　264

K

科　技　475
科技经费　475
口岸　海关　边贸　279
口岸发展　281
口岸分布　281
矿　产　4
矿　业　419
矿产资源管理　362

L

劳动保护　194
劳动和社会保障　192
劳动就业　192
老龄工作　216
礼节礼仪　551
历史文化村　489
“两基”工作　465
粮　油　426
粮油储藏　426
粮油购销　427
林　业　406
林业资源　406

林政管理 409
旅 游 293
旅游发展区位条件 302
旅游服务 307
旅游管理 310
旅游开发 302
旅游开发思路 303
旅游商品 305
旅游市场 306
旅游市场监管 312
旅游市场与收入 306
旅游收入 308
旅游线路 303
旅游项目建设 304
旅游宣传 305
旅游资源 295
履行职能 136 174

M

玛旁雍错湿地自然保护区 37
民 俗 546
民 政 200
民间文艺整理与抢救 494
民商事审判与行政审判 253
民事行政检察与监所检察 247
民俗文化旅游资源 300
民族 宗教 民俗 535
民族事务管理 537
民族团结 538
民族政策 537

N

农 业 391
农技推广 395
农牧林水 389
农牧区税费改革 444
农牧业科技 475
农业综合开发 217
农作物种植 392

P

票务管理 311
普法宣传 261
普兰口岸 281
普兰镇 559

Q

其他支援 227
气 象 480
气候 物候 8

气候分区　8
气候特征　8
气象观测与气象预报　481
气象要素　9
气象灾害　32
区划界线管理　209
群众体育　532

R

人　口　49
人　物　577
人才支援　225
人口变动　54
人口分布与结构　49
人民调解　260
人民团体　115
人民政府　143
人事工作　179
人事管理　178
人文旅游资源　298
人影作业　481
日常性统计　353

S

商　贸　422
商标管理　371
商业管理　423
社会保险　195
社会福利　206
社会救助　203
社会事业　563　569　575
涉诉援助与信访　256
审判改革　251
审判监督　257
生活习俗　546
生态保护　37
施　政　153
食品监督管理　374
食品药品监督管理　374
市场管理　370
市场建设　422
受援工作　225
水　利　411
水　文　13
水利设施建设　412
税　务　442
税　种　442
税款征收　444
税收征管　446
司法行政　258

T

体　育　532

体育设施 532
通 信 330
统计管理 353
统战工作 89
土 壤 17
土地调查与规划 358
土地征管 359
土地资源 17
土壤 动植物 17

W

卫 生 514
卫生管理 525
位置 境域 43
文 物 501
文化 卫生 体育 485
文化管理 487
文化活动 491
文化设施建设 488
文化市场管理 492
文物保护 512
文物普查 501
文学艺术 493
文学艺术创作 493
武装力量 264
物 候 12
物价管理 356
物价监管 356

X

乡 镇 557
消费者权益保护 372
新型农村合作医疗 528
信 贷 450
信 访 166
信访接待 113
刑事检察 244
刑事审判 252
兴边富民行动 538
畜牧业 399
畜牧业生产 401
宣传工作 83
学校安全与卫生工作 474
学校体育 534

Y

雅鲁藏布江源头 15
药品监督管理 375
野生动物资源 28
医疗服务 518
医疗设施与队伍建设 517
移 动 332
遗址遗迹 502
疫病防治 404
拥军优属 208

拥政爱民　274
优生优育　525
邮　政　326
邮政管理　328
邮政建设　326
邮政业务　327
运　输　324

Z

造林育林　407
招商引资　424
政党　人民团体　55
政法协调　91
政权　政务　政治协商　129
政务公开　114
政协地方组织　171
支援思路　225
植　被　19
植物资源　22
治安管理　232
中波转播台　497
中国共产党普兰县代表大会　57
中国共产党普兰县地方组织　57
中间业务　453
住房制度改革　337
专项调查和普查　355
资金项目支援　227
自然地理与生态保护　1
自然旅游资源　295
自然灾害　32
宗　教　539
宗教场所　539
宗教活动　541
宗教事务管理　543
宗教政策　539
总工会　115
组织工作　71

编后记

2016年3月，《普兰县志（2001—2010）》编修工作启动，历时6年多完成编纂，通过阿里地区和西藏自治区地方志编纂委员会审定，由方志出版社出版发行。

该志是《普兰县志》（2011年版）的续志。2016年3月启动后，随着人事变动，普兰县先后5次（2016年10月、2017年5月、2018年5月、2019年10月、2021年6月）调整普兰县地方志编纂委员会。

《普兰县志（2001—2010）》编修工作启动后，县地方志编纂委员会办公室专门聘请退休干部周文强，先后从各单位抽调拉吉、巴鲁、任彦宏、巴桑卓玛参与编修工作。编辑人员深入研究县情，精心编制《普兰县志（2001—2010）》篇目大纲，广泛征求意见，反复调整，形成较为合理的篇目大纲，力求彰显地方特色和时代特色。

2016年7月，开始资料收集工作，至2019年2月完成资料收集工作。

2019年2月，《普兰县志（2001—2010）》编辑工作正式开始。编辑人员树立精品意识，立志打造精品志书。采取“审、编、写、纂、改、校”六位一体工作法；秉承实事求是、忠于史实的理念，严把政治关、保密关、史实关。按照篇目设计，对收集到的资料进行编写。同年5月，《普兰县志（2001—2010）》初稿完成。6月14日，《普兰县志（2001—2010）》通过普兰县地方志编纂委员会初审。

初审后，编辑人员根据初审会上提出的意见建议进行修改、调整。随后进行资料核实，补充部分资料加以完善。2019年10月底，普兰县以地方志办公室人员为基础，抽调在普兰工作多年的干部（白珍、边巴欧珠），组建地方志专班，负责《普兰县志（2001—2010）》编修工作。地方志专班创新管理机制，形成分工明确、相互配合、协调推进的运行机制。同年11月，陕西省选派地方志专家张帜、高勇杰到普兰县指导帮助《普兰县志（2001—2010）》编修工作，主持对复审稿进行修改完善，提出了许多宝贵意见，如将边贸、旅游升格为篇，突出普兰地域特色。12月初，形成《普兰县志（2001—2010）》复审稿，志书体例更加规范，篇目安排更加合理，文字流畅度提高，可读性增强，质量得到大幅度提高。12月14日，《普兰县志（2001—2010）》通过阿里地区复审。

2020年1月20日，《普兰县志（2001—2010）》通过普兰县地方志编纂委员会终审。

终审后，编辑人员根据终审意见进行修改完善，强调著述性，精雕细琢，提高质量。邀请陕西省地方志专家张帜、高勇杰对《普兰县志（2001—2010）》进行统稿。2020年7月，形成《普兰县志（2001—2010）》验收稿。8月5日，《普兰县志（2001—2010）》通过西藏自治区地方志办公室验收。

验收会议结束后，编辑人员立即对与会领导、专家提出的意见建议按篇目顺序进行整理。8月9日，普兰县地方志专班召开会议，对领导、专家意见建议进行研究讨论，商讨下一步修改工作，研究制定修改工作方案，拿出切实可行的“时间表、任务图”，细化目标任务，明确分工，压实工作责任。县地方志专班加强组织领导，各成员分工明确、相互配合、协调推进。9月，普兰县地方志办公室人员联系西藏大学教授其美多吉，邀请其对《普兰县志（2001—2010）》进行统稿，着重对自然地理部分进行修改完善。10月，形成《普兰县志（2001—2010）》总编稿，体例规范，内容全面，篇目安排更加合理，观点正确、记述准确、表达通顺，质量得到大幅度提高，地域特色更加突出。11月，《普兰县志（2001—2010）》进入总编阶段，2021年总编工作完成。

2021年，交方志出版社编辑出版。

《普兰县志（2001—2010）》较为准确地记述了普兰的历史与现状，全面系统地记述了普兰县2001—2010年政治、经济、文化和社会发展历程，客观真实地反映了普兰县改革、发展、稳定取得的显著成就和人民生活发生的巨大变化。

《普兰县志（2001—2010）》编修期间，各级领导重视，社会各界大力支持。县委、县政府在人力、物力、财力上给予大力支持，为《普兰县志（2001—2010）》编修工作提供了精神支柱和物质保障。志书的问世，熔铸着全体编辑人员的心血和才智，他们甘于清苦，默默奉献。各部门、各单位积极配合，在提供资料方面倾尽所有。本志选用图片中，封面和封底图片由西藏广播电视台珞加央提供，普兰县城全景由米玛次仁提供，其他图片由普兰县各部门提供。在此向关心、支持《普兰县志（2001—2010）》编修出版工作的单位和个人致以真诚的谢意。

因资料来源不一，征集不易，部分资料难以查找，加之编辑水平有限，续修《普兰县志（2001—2010）》难免有疏漏和不足之处，敬请方志界同行和广大读者予以批评指正。

普兰县地方志编纂委员会

2022年12月